课题组项目负责人： 马 艺

课题组主要成员：
李秀云　王 薇　刘 锢　陈 娜　张 培
刘桂芳　张 岩

本书主要撰稿人（以姓氏笔画为序）：
马 艺　马 欣　马 淼　王 薇　王志辉　冯 帆
李秀云　李学智　李 泽　刘 锢　刘 旸　刘桂芳
关 淼　张 岩　张 培　张曦文　陈 娜　陈 奇
杨东伶　杨佳琳　佟 欣　狄媚婷　孟 夏　武慧芳
罗晶晶　郎 晶　郭晓莹　葛 夏　戴元祥

国家社会科学基金项目

天津通史专题研究丛书

万新平 主编

天津新闻史

源自一八八六年的天下公器

马艺 等著

天津出版传媒集团

天津人民出版社

图书在版编目（CIP）数据

天津新闻史 / 马艺等著. -- 天津：天津人民出版
社, 2015.5
ISBN 978-7-201-09264-5

Ⅰ. ①天… Ⅱ. ①马… Ⅲ. ①新闻事业史–天津市–
近代 Ⅳ. ①G219.295

中国版本图书馆 CIP 数据核字(2015)第 071935 号

天津人民出版社出版

出版人：黄　沛

（天津市西康路 35 号　邮政编码：300051）

邮购部电话：（022）23332469

网址：http://www.tjrmcbs.com

电子信箱：tjrmcbs@126.com

高教社(天津)印务有限公司印刷　　新华书店经销

2015 年 5 月第 1 版　2015 年 5 月第 1 次印刷

787×1092 毫米　16 开本　47.25 印张　20 插页

字　数：630 千字

定　价：148.00 元

天津地方新闻史研究所成立揭牌留念

左起：

秦绍德（复旦大学党委书记、中国新闻史学会副会长、教授）

马　艺（天津师范大学新闻传播学院副院长、教授）

赵玉明（中国新闻史学会会长、中国传媒大学教授）

李家祥（天津师范大学党委书记，教授）

丁俊杰（中国传媒大学副校长、教授）

吴廷俊（华中科技大学新闻与信息传播学院院长、教授、中国新闻史学会副会长）

天津地方新闻史研究所成立揭牌留念

第一排左起：

刘　亚（南京解放军政治学院教授）、曾宪明(湖北大学教授)、乔云霞(河北大学教授)、黄　瑚(复旦大学教授)、秦绍德(复旦大学党委书记,教授)、马　艺(天津师范大学教授)、赵玉明(中国传媒大学教授,中国新闻史学会会长)、李家祥(天津师范大学党委书记,教授)、郭镇之(清华大学教授)、丁俊杰(中国传媒大学副校长,教授)、吴廷俊(华中科技大学教授,中国新闻史学会副会长)、李　文（兰州大学教授）、孙瑞祥(天津师范大学教授)

第二排左起：

陈培爱（厦门大学教授）、李　磊(中国传媒大学教授)、王大龙(中国记协处长)、刘卫东(天津师范大学教授)、籍祥魁(天津师范大学新闻传播学院党总支书记)、刘书峰(中国传媒大学博士)、张　昆(武汉大学教授,中国新闻史学会副会长)

天津新闻史图片选录

马艺

《时报》，1886年5月16日—1891年9月，创刊于天津时报馆，由天津海关税务司德璀琳和英商怡和洋行"总理"笳臣集资创办，是天津的第一种近代中文报纸。

《京津泰晤士报》,1894年3月—1941年创刊于天津英租界维多利亚路181号(今解放北路和营口道一带),是中国北方影响最大的英文报纸。

《直报》,1895年1月26日创刊,创办者为德国人汉纳根,是天津出现的第二种中文报纸。

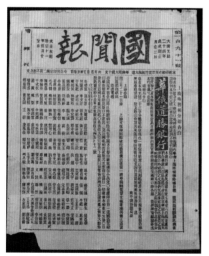

《国闻报》,1897年10月26日—1898年12月创办于天津紫竹林海大道国闻报馆,创办人严复。它是维新派在天津的舆论喉舌,也是维新派创办的第一家日报。

严复,《国闻报》、《国闻汇编》创办者。

《北洋官报》创刊于1902年12月25日，是一份中国清末创办最早、最有影响的地方政府官报。地点在：天津河北狮子林集贤书院内（今狮子林大街与金纬路交口，金天地酒楼对面）。

《醒报》,1911年创办,总理王建侯。

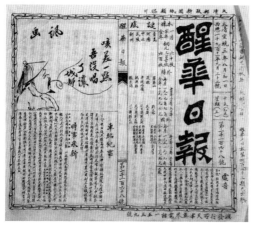

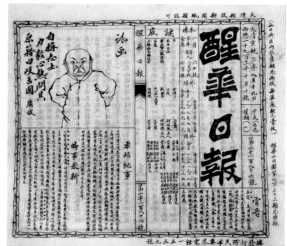

《醒华日报》,1908年4
月—1912年，天津醒华
画报馆主编。

《庸言》,1912年12月1日—1914年6月,创刊于天津日租界旭街17号,创办人梁启超。它是以政论为主的综合性刊物。

《益世报》,1915年10月10日—1949年1月创刊于天津南市荣业大街,主编刘豁轩。它是天津近代新闻传播史上一份重要报纸。

《天津午报》,1916年9月创刊于天津南市广兴大街,社长刘仲赓。

《华北明星报》,1918年创刊于天津特别一区苏州路37号。

《汉文京津泰晤士报》，1918—1934年，创办人熊少豪。

《天津学生联合会报》，1919年7月21日创刊，周恩来任主编。它是五四运动中天津学生联合会的机关报。

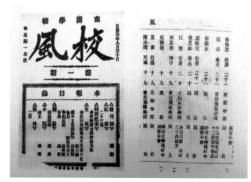

◀ 五四运动时期，天津南开学校（《校风》）刊载周恩来赴日留学消息。

1914年10月—1917年4月，周恩来参与创办的《敬业》刊物，刊内有周恩来撰写的诗5首，文章10余篇，还辟有"飞飞漫画"专栏。

天津南开大学学生自治会1919年创办的反内战的《南开周刊》。

《觉悟》，创刊于1920年1月20日—1920年1月29日，周恩来主编。它是"五四"时期天津学生团体觉悟社社刊。

《向明》，1919年（一说1923年）创刊，天津向明学会编辑出版，后更名为《导言》。

《大中华商报》，1920年8月28日创办于天津南市广兴街，创办人萧润波。

《朝霞》，《新民意报》副刊，1923年11月创办，主编赵景深，鼓吹新文艺运动。

《华北新闻》，1921年8月1日—1933年10月创办于天津法租界4号路，创办人钱芥尘。

《星火》,《新民意报》副刊,1923年1月1日创刊,编辑主任马千里。它注重宣传马克思主义。

《女权运动同盟会直隶支部特刊》,《新民意报》副刊,1923年1月创刊,邓颖超、王贞儒负责。

《明日》,《新民意报》副刊,1923年1月5日创刊,主编吕一鸣。它是《新民意报》中旗帜鲜明宣传马克思主义的副刊。

《觉邮》,《新民意报》副刊,1923年4月5日—1924年3月,主编邓颖超、谌小岑。

《女星》,《新民意报》副刊,后改为《妇女日报》副刊,1923年4月—1924年9月,李峙山主编,宣传妇女解放。

《青声》,《新民意报》副刊,1923年7月创刊,周克臣负责编辑工作。它是讨论青年问题的刊物。

《诗坛》,1923年由天津绿波社创刊。

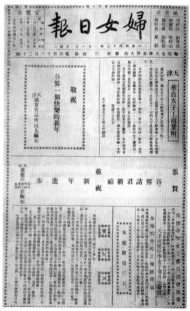

《妇女日报》,1924年创刊,创办人刘清扬。它是中国第一张由妇女主办的日报。

《明德报》,1924年11月创刊,编者曹恕伯,由天津回教联合会出版。

《天津新闻》,1926年创刊,创办于天津日租界大罗天后身伏见街求实庐2号。

《庸报》,1926年5月26日—1949年,创办于天津法租界26号路,创刊人董显光。在抗日战争时期成为日伪新闻机构。

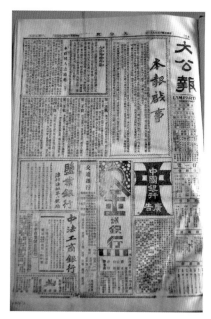

1926年9月1日新记《大公报》复刊。

胡政之，新记《大公报》创办
人之一。

张季鸾，新记《大公报》创办人
之一。

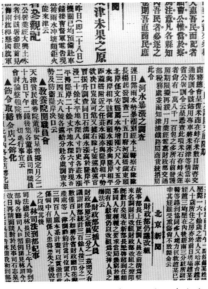

1927年7月《益世报》本埠新闻对天津水灾的报道。

罗隆基,天津《益世报》主笔。

刘豁轩,《益世报》社长、总编辑。

《玲珑画报》，1929年6月28日创刊于
天津特别二区福安街庆阳里6号，刘
先礼主办。

《天津民国日报》，1929年12月1日创刊于
天津特别三区三经路，社长鲁荡平。它是
国民党中宣部党报。

《天风报》，1930年2月20日创刊于天
津日租界福岛街，创办人沙大风。

《风月画报》，1933年1月1日—1937年7月
创刊于天津法租界兆丰路兴义里3号，创
办人叶庸方。

《玫瑰画报》，1933年（1936年2月28日？）创刊于天津法租界26号，负责人包注第，定位为在中国北方发行的画报。

《广播日报》，1935年9月1日创刊，是中国第一份独立于电台之外的广播报。

《天声报》，1937年1月1日创办于天津南市平安大街，社长谢龙阁。它是抗战时期日本特务报纸。

《东亚晨报》，1937年9月创刊于天津市宫北大街16号，社长郑万瞻。它是抗日时期天津知名大报。

《天风画报》,1938—1945年。

《天津青年日报》,1945年创刊于天津英
租界海大道105号,负责人李东序。

《工商日报》,1945年创刊于天津河北
路88号,负责人左甦。

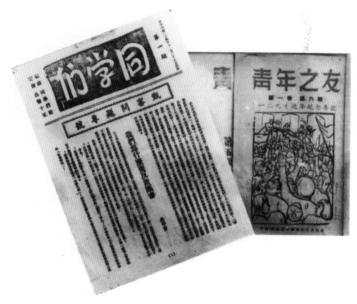

《青年之友》,1945年9月18日创办,为中共天津学委的机关报,天津解放委员会委派左建负责,从第6期更名为《同学们》。

《天津导报》,1945年9月30日由中共天津党组织组建的天津解放委员会在天津附近霸县胜芳创办,为天津解放委员会机关报,社长、总编辑由天津解放委员会宣传部副部长娄凝先担任。

《民生导报》，1946年—1948年8月创刊于
天津市第一区兴安路218号，社长刘子威。

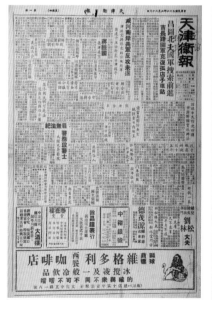

《天津卫报》，1947年创刊于天津第一区迪化道31号，发行人戴玉璞。

《新星报》,1947年6月1日创刊于天津第二区博爱道23号,负责人张师贤。

《民国晚报》,1948年3月29日创刊于天津第一区罗斯福路373号(今解放北路),发行人卜青茂。它是附属于《民国日报》的国民党党报。

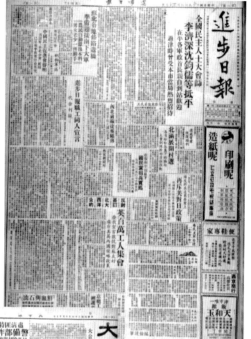

《进步日报》，1949
年2月27日由新记
《大公报·天津版》
改组更名的天津首
家民营报纸。

《大公报》于1949年10月17日，经中共
中央批准，遵照天津市军管会批准获
得新生。

王芸生，《大公报》后期总
编辑、社长。

《天津日报》，1949年1月17日创刊，主编朱九思。它是中国共产党天津市委员会机关报。

1949年，天津市政府与军管会核发给天津日报社的天津第一号报纸杂志登记证。

《天津日报》建立旧址,和平区山西路。

1995年《天津日报》大厦落
成新址，天津市河西区解
放南路。

1960年7月1日在天津创刊的《天津晚报》。这张报纸创刊后,销量达到20万份,与当时《新民晚报》《北京晚报》《羊城晚报》并称当时的《四大晚报》。

《今晚报》,1984年7月1日创刊,总编辑李夫。

新华社天津分社旧址，和平区睦南道。

2001年新落成的新华社天津分社，天津南开区红旗南路(近景)。

2001年新落成的新华社天津分社,南开区红旗南路。

天津人民广播电台诞生地,天津市南市华安街。

1995年迁址后的天津人民广播电台,天津市和平区卫津路91号。

1995年5月1日开始启用的天津广播电视国际新闻中心大厦,天津市和平区电台道。

1991年10月1日建成启用的天津广播电视塔,天津市河西区卫津南路。

总 序

万新平

　　盛世修史是我国的文化传统。编纂《天津通史》是我市广大干部群众和专家学者期盼已久的文化盛事。2004 年 12 月，在纪念天津设卫建城 600 周年之际，《天津通史》编纂工作正式启动，这是跨入 21 世纪后天津历史学界的一件大事，是一项具有重要现实意义和学术价值的划时代的文化建设工程。

　　《天津通史》作为天津市哲学社会科学重大研究项目，将以马克思列宁主义、毛泽东思想、邓小平理论和"三个代表"重要思想为指导，以唯物史观为主导，完整把握天津历史发展的脉络，全面分析天津历史变迁的特征，深入总结天津发展的规律，深刻论述天津在中国历史发展中的地位和作用。这项工程对进一步推进天津改革开放和现代化建设，挖掘地方历史文化资源，推动文化建设和学术研究的发展，进而提高天津城市文化品位，都具有十分重要的作用。

　　编纂地方通史历来是一个地区文化建设的重要标志性工程。近年来，地方通史编纂工作方兴未艾，北京、上海、重庆、河北、山东、山西、湖北、贵州等省市都相继编辑出版了大型地方通史。天津是我国历史文化名城，有许多独特的历史发展轨迹和特点。在古代，天津从军事重镇逐步成为畿辅名城，具有中国封建城市发展的重要典型意义。在近代，天津是近代中国的缩影，所谓"近代中国看天津"就是对天津近代重要历史地位的一种通俗的概括。比如，天津是帝国主义列强侵略中国的战略要地，是中国人民反抗外来侵略的重要战场，是近代中国政治势力角逐的主要舞台，是近代中国海陆军建设的重要基地，是中国北方城市近代化的发源地，是中国共产党领导北方白区革命斗争的重要中心，是中国北方最大的进出口贸易口岸和工商业经济中心。中西社会思潮在此交汇，新式文化教育由此兴起，一批思想家、教育家和文人巨匠聚集津门，从而形成汇纳百川、包容中外的社会人文环境和历史文化积淀。新中国成立后，在社会主义建设历程中，天津克服了发展中的种种艰难曲折，取得了令人振奋的显著成就。改革开放以来，天津进入了社会主义现代化建设快速发展的新时期。在党的领导下，全市广大干部群众，在中国特色社会主义伟大旗帜指引下，解放思想，开拓创新，真抓实干，团结奋进，努力建设国际港口城市、北方经济中心和生态宜居城市，不断开创改革开放和社会主义现代化建设的新局面。天津正在迅速崛起，成为推动环渤海经济圈发展的强大引擎。

回顾历史，在中国社会由一个建基于古老农业文明之上的传统社会，逐步向以高度发达的工业文明为标志的现代社会转变的历史进程中，天津占有突出的地位，起了很重要的作用，拥有极为丰厚的历史文化底蕴。中国城市发展进程中的成就与局限、经验与教训、发展与曲折、突破与障碍，都集中反映到天津这一历史文化名城身上，致使天津的演变成为中国城市变迁的重要代表。通过编纂《天津通史》，对天津历史进行深入的研究，可以更深刻地认识中国城市发展的复杂性和多样性，不仅可以深入地研究天津、认识天津、展示天津，而且可以更深入地研究中国、认识中国、展示中国。

编纂《天津通史》，是一项汇聚集体智慧和力量的系统工程，是在前人基础上的升华和提高，是在新的起点上的开拓和创新。因此，必须牢固树立精品意识，力求在理论构架、学术观点、研究方法和史实资料上有所创新，有所突破；必须组织一批素质优良、功力深厚、作风扎实的专家学者集体攻关。因此，从专题研究着手，从基础资料起步，是做好该工程的基本路径。要坚持对天津历史发展进程进行全方位、综合性的研究，把各个时期、各个阶段天津地区变迁的历史全貌,真实地加以展现和记述,深入地总结天津城乡地区的政治、军事、经济、社会、文化诸方面的发展进程。不仅要研究和叙述天津的规模、形制、建筑和环境,更需要研究和分析其经济特征、文化渊源、社会结构、人口变化、居民素质等发展和演变的内涵;不仅要注重天津与周边地区,乃至与华北、西北、环渤海地区的关系和互动,还要关注天津与国内其他区域中心城市、东北亚地区乃至世界各国的相互关系;不仅要着重叙述天津本身在政治、军事、经济、文化和社会诸方面的演变史实,并从中得出符合客观实际的带有规律性的认识,还要反映出不同时期天津在全国的地位和影响。要高度重视天津历史资料的搜集和积累。史料是史学研究的基础。应该看到,前人已经收集整理了大量的天津历史资料,但从编写大型多卷本通史的需要来看,还有相当大的差距。如历代实录、通鉴、类书、文集、方志中有关天津地区的史料,开埠以来各个时期的大量档案文献,特别是散失在国外档案馆、图书馆收藏的有关天津的外国租界、领事馆、教会活动的文件、报告、调查和私人日记、信件等,近现代中外文报刊杂志中关于天津的记述,以及反映天津历史的考古和现存文物资料等,都需要进行全面系统的征集整理工作,以使《天津通史》编纂工作建立在坚实完备的史料基础之上。

为此,我们根据《天津通史》编纂工作的需要,将国内外专家学者对天津历史研究的重要成果汇编为"天津通史专题研究丛书";将经过专家整理的较为珍贵的中文历史档案和文献资料选编为"天津通史资料丛书";将征集到的有重要价值的外文历史档案和书刊资料编译为"天津通史编译丛书"。这三种丛书的编辑出版,不仅有利于提高《天津通史》的研究和编纂工作水平,同时可以把一些重要的研究成果和珍贵的历史资料及时介绍给学术界和广大读者,对深入地了解天津、认识天津、研究天津,将发挥积极的不可或缺的作用。

目　录

绪　论 / 1

第一章　天津新闻传播业的出现 / 19

第一节　天津新闻传播业出现的历史背景及发展特征 / 19

第二节　天津最早出现的中文报刊 / 23

第三节　天津最早出现的外文报刊 / 38

第二章　辛亥革命前后的天津新闻传播业 / 41

第一节　英敛之时期的《大公报》/ 41

第二节　天津的官报与商业报刊 / 62

第三节　天津的白话报与画报 / 67

第四节　《庸言》杂志 / 73

第三章　"五四运动"前后的天津新闻传播业 / 80

第一节　《益世报》/ 81

第二节　《新民意报》/ 152

第三节　天津的学生报刊 / 157

第四节　共产党建立初期的新闻活动 / 175

第四章　十年内战前后的天津新闻传播业 / 187

第一节　新记《大公报》/ 188

第二节　《益世报》/ 252

第三节　中共天津地下党领导出版的报刊 / 355

第四节　天津广播电台与《广播日报》/ 361

第五章　沦陷时期的天津新闻传播业 / 368

第一节　日伪报刊和广播电台 / 368

第二节　中共天津地下党的新闻宣传活动 / 390

第三节　坚持抗战的油印小报 / 392

1886年11月,外国人创办的中英文两版的《时报》,成为天津新闻传播业的开端。

在中国漫长的古代新闻传播历史的长河中,天津和中国其他地域的新闻传播业相比,似乎显得格外年幼。但在它日后的发展进程中,天津的新闻传播业却记录了我国进入半封建半殖民地社会以来的大量历史印迹,反映了自近代以来各个历史时期的重大事件和社会、政治、经济、军事、文化、教育、宗教等各领域的变化,并记录了众多历史人物的实践活动。在国人办报的第一次办报高潮中,它迅速成为我国"灿若群星众多报刊中"的"三个宣传中心"之一,即:天津、长沙、上海。①

1949年前,天津新闻传播业出现的各类形式的新闻媒体,无论在数量和内容上,都受到了全中国乃至全世界读者极大的关注。据目前研究者统计,天津在1949年前曾出现过中文报刊1325种(报纸275种,期刊1050种);外文报刊44种(包括英、日、俄、法、德文);通讯社61家;广播电台30多个。1949年后,在中国共产党的领导下,尤其是改革开放以来,天津新闻传播业发展迅速,先后出现的中文报刊有728种(报纸53种,期刊675种),除郊县外的广播电台共有7个。报刊的主要形式有:日报、晚报、画报、白话报、文艺报、副刊、体育报、商报等。报刊读者对象有:官员、外国人、商人,还有以一般读者为对象的综合性报刊和以工、农、青、妇、学生等为对象的专门报刊。报刊的性质各异,有以政论为主的报刊、综合性的时事报刊、官办报、私人办报、政党报、教会报、汉奸报等。

在天津近、现代新闻传播业中,曾先后出现过一批声名显赫的报刊和一大批著名报刊政论家、新闻工作者及报刊经营者。这些报刊有:《国闻报》《国闻汇编》《大公报》《益世报》《商报》《庸报》等。重要人物包括:严复、梁启超、雷鸣远、张季鸾、胡政之、罗隆基、范长江、萧乾、徐铸成、王芸生、曹谷冰等。

天津的通讯社和广播电台在全国也产生过不小的影响。在世界第

---

① 胡太春:《中国近代新闻思想史》,山西人民出版社,1987年版,第57页。

一座广播电台建立7年后,天津就出现了国人创立的广播电台,在当时国内名列第二。

甲午战争以后,由于天津所处的特殊地理位置,国内许多具有先进思想的历史人物来到天津,为了振兴中华,开始运用报刊这一舆论工具鼓吹变法维新,呼吁反帝救国,主持公理,揭露邪恶,宣传民族民主革命思想,与封建顽固派和形形色色的反动势力进行了坚决斗争。他们在报刊上的新闻实践活动,直接影响了中国新闻传播业的发展。中国共产党成立不久,中共天津地下党组织建立。很多老一辈无产阶级革命家受党的直接委派相继来到津门,继续利用报刊这一舆论工具,团结爱国的新闻工作者,有力地推动了马克思主义在天津的进一步传播和新民主主义革命的胜利。在日后的历史阶段中,为新中国的建立做了充分的舆论上的准备,并形成了很多好的革命传统,为中国共产党的新闻实践和理论增添了新的内容。在天津不同的历史时期出现的这些门类众多的报刊和新闻工作者的新闻实践活动,长期积累下来的办报办刊经验,应当受到充分的重视。总结和借鉴这些大量的新闻实践活动的经验,研究中国新闻的衍变发展规律,对当今社会的新闻改革和媒介产业化的开发,无疑都会产生积极的推动作用。

自天津新闻传播业出现,一百多年的时间过去了。截至到目前,虽然有不少学者和报界人士做出了不少努力,但在天津却没能出版一本全面总结和较系统地介绍天津新闻传播发展事业的著作。这是一件憾事。正是出于这些遗憾和责任,收集总结过去许多老报人所撰写的追忆文章和吸取研究者的专题研究成果,编写出一本较有系统的天津新闻史,应当是一件迫在眉睫的工作。

一、目前研究现状

天津对本地区新闻传播史的研究工作应该始于粉碎"四人帮"之后。当时百废待兴,新闻传播史研究工作也和其他各项工作一样,受到了应有的重视。1978年底,天津人民出版社出版了由中国人民政治协商会议天津市委员会文史资料研究委员会编写的《天津文史资料选辑》(以下简称选辑)。该《选辑》共设8个栏目,对天津在旧中国的政治、经济、军事、宗教、生产建设、文化教育及新闻出版等诸方面问题，邀请著名人士撰写了大量回忆文章。至今已出版了百余期。《选辑》在新闻出版栏目中，发表了天津老报人和民主人士撰写的不少有关天津新闻传播界的介绍和总结亲身经历的文章。这无疑对从事新闻传播史的研究者，提供了珍贵的第一手资料。

随着全国新闻研究机构对新闻传播史研究的深入，天津日报社新闻研究室于1982年出版了《新闻史料》。老一辈新闻工作者、天津日报社总编辑石坚同志为这个内部专刊，写了一篇中肯的序言。他在序言中大声疾呼"抢救新闻史料"，并写道："抢救新闻史料，从某种意义上讲，也可以说是抢救近代史中的一个重要部分"，"是一件刻不容缓的事。如再拖下去，我们就要犯错误"。"整理新闻史料对天津来说，更是大有可为。天津是全国办报最早的大城市之一，《大公报》《益世报》《商报》等报纸都曾在这里出版"，"把这些活生生的材料公之于世，教育后人，大有裨益。"①正是在石坚同志的呼吁下，这本不定期的专刊，抢救出一大批有关天津新闻界的珍贵史料。迄今为止，这本专刊已出版40余辑。

多少年来，《新闻史料》的工作人员和外省市老报人及专门研究者收集了天津近现代创办的大量报刊、通讯社、广播电台、广告社的介绍文章。从1993—1995年开始，这个专刊从撰写一般性回忆文章，又进一步发展到初步梳理天津新闻传播业发展概况的研究文章。该专刊先后发表了《天津志略》(民国20年)一书中的"新闻事业编"，《天津市概要》(民国二十三年)一书中的"新闻事业编"，刘永泽撰写的"辛亥革命前天津新闻史编年"，邹仆撰写的"解放前天津市新闻事业发展概要"(初稿)等。

在这本专刊的敦促下，1986年，天津市地方史志编修委员会总编辑室出版了侯振彤编写的《二十世纪初的天津概况》，作者分别在第二十、二十一章分节专门撰写了天津1949年前的新闻发展及宣传概况。

---

① 天津日报社新闻研究室编：《新闻史料》第一辑，1982年版，第2页。

1987年，南开大学出版社出版了由著名史学专家来新夏教授主编的《天津近代史》，书中的第十二章特别介绍了天津近代新闻传播业的发展情况。1988年百花文艺出版社出版的《天津出版史料》，也收集了不少有关天津新闻出版界的回忆文章。

进入新世纪初，在天津市政府的主持下，2001年天津人民出版社出版了《天津通志·出版志》，之中不少章节，都比较准确地介绍了天津新闻出版界的发展概况。

2003年，天津人民出版社在1978年正式出版的《天津文史资料选辑》的基础上，特别专门出版了第96期：《天津报海钩沉》专辑。这本书是由天津新闻界前辈，原天津市政协常委、副秘书长，现年84岁高龄的徐景星老先生编写的。可以说，这是目前研究天津新闻传播史的力作。徐老先生分五个时期，收集了前人对1949年前天津65家报刊的介绍评述文章，并写出了数万字的天津报业概述。另外，还编辑收集了150多个天津著名报人的情况介绍。这本书正像徐老先生说的那样："像是从大海金钩捞沉积在海底的遗物一样艰难。"[①]他老人家超人的毅力、勤奋、敬业和责任感，实在是令人崇敬。

正是由于天津新闻传播业的重要地位，全国许多著名学者对天津的报刊和报人进行了深入的研究。党的十一届三中全会以后，李纯青撰写了《为评价大公报提供史实》《抗战时期的大公报》；徐铸成撰写了《对大公报的几点个人看法》；周雨撰写了《大公报史》；方蒙、谢国明合编了《大公报与现代中国》；李秀云撰写了《〈大公报〉专刊研究》；许多研究者也撰写出一批有关《大公报》的文章。这些专著和文章都根据各自的理解，提出了自己独到的看法和观点。1994年，华中科技大学新闻与信息传播学院院长、博士生导师、中国新闻史学会副会长吴廷俊教授，"六载耕耘，六载心血"，潜心撰写出版了近40万字的专著《新记〈大公报〉史稿》。中国新闻史学会名誉会长，中国著名新闻史学专家方汉奇教授，在此书序言中给予了高度的评价。2002年，天津大学历史系贾

---

① 徐景星：《天津报海钩沉》后记，天津人民出版社，2003年版。

晓慧博士,从中国人民为中国实现现代化奋斗的新角度,公开出版了《〈大公报〉新论》一书。

此外,据初步统计,近年来陆续出自中国新闻史专家、学者、研究者之手的专著和教材,有数百本都把天津新闻传播史列入其中,并曾在全国及世界产生影响的媒介和报人列入了重要章节之中。举其大者有:《中国新闻事业通史》(方汉奇、宁树藩)、《中国现代广播简史》(赵玉明)、《中国现代新闻史》(王洪祥)、《中国新闻通史》(刘家林)、《中国新闻通史纲要》(白润生)、《中国新闻事业史新编》(丁淦林)、《中国新闻传播史稿》和《中国新闻史新修》(吴廷俊)、《中国国民党党报历史研究》(蔡铭泽)、《中国近代新闻思想史》(胡太春)、《新闻界人物》(戴邦)、《新闻研究资料》(中国社会科学院编)等等。

盛世修志,是中国一项传统。目前,全国各地在研究和编写地方新闻传播史的高潮已经进入了一个新的阶段。上海、湖北、湖南、北京、黑龙江、四川等地区的研究硕果累累。在天津市各级领导的支持及老一辈新闻工作者多年辛勤耕耘,为后人提供了编写《天津新闻史》的有利条件。这项工作也是研究者多年追求的神圣事业和责无旁贷的社会责任。

二、历史分期和研究重点

无论编写哪个领域的史书,首先需要考虑的问题就是历史发展阶段划分,即历史分期。新闻传播的历史,是新闻传播学的重要组成部分。一部成功的新闻传播史著作,必须建立在科学历史分期的基础上。能否实事求是恰当地划分天津新闻传播史的发展阶段,关系到是否正确解释和总结新闻传播史自身发展规律的问题。由于新闻传播业的特殊性,新闻传播史的研究和各时期的政治史、经济史、文化史都有着紧密的联系。研究新闻传播史,离不开各时期和各意识形态领域的发展历史。这是因为生产力和社会经济的发展,直接影响着新闻业的发展历程。中国地域广阔,情况复杂,各地区文化和接受外来意识影响的差异,肯定都有自己的内在发展规律。天津在中华大地发展长河中,不足以称为历史悠久。1860年受外来势力的压力被迫开埠,迅速开始沦为半封建半殖民地城市。天津各方面受到统治者的制约,但又是北方商贸重镇,尤其受到外国殖民主义者政治、经济、文化等影响,它的社会发展与其他地区有着明显的差异,具有与众不同的特殊性。研究天津新闻传播业分期的问题,主要应该以它本身历史发展的规律为依据。只有这样,才能正确反映天津新闻传播业在各个发展阶段的特征,并揭示出天津新闻传播发展历史与整个人类发展历史的联系。因此,如何划分天津新闻传播史的历史阶段是一个较为复杂的问题,从目前研究者出版的著作中不同做法和观点来看,大致情况有以下两种。

(一)媒体类型和性质分期法

邹仆先生认为,天津1949年前的新闻传播业自1886年11月《时报》创刊开始至今,经历了100多年的历史。可分为启动时期(1886—1911年),发育时期(1911—1927年),繁荣时期(1928—1937年),抗战时期(1937—1945年),复苏时期(1945—1949年)。然后,邹仆先生根据这五个时期,将出现的媒体又按性质类型分为如下方面的内容,即:外报在天津的扩展;民办报纸的崛起;中国官报之开端;天津的党政报纸;天津商报之兴起;天津的白话报;天津的画报;天津广播事业等。①

(二)媒体创办顺序分期法

徐景星先生认为,19世纪以前中国没有报纸,清朝虽出现了《京报》,但还不是近代化的报纸。用中文刊印的近代化报纸,最早是从国外传入国内的。鸦片战争打开中国大门,西方传教士和商人从通商口岸进入中国。从1886年天津出现《时报》到1949年,天津新闻报业发展大致经历了五个时期,即:辛亥革命前天津近代报业;民国后各种报纸繁荣兴起;"九一八事变"后报业发展趋向成熟;沦陷时期的天津报业;抗战胜利后天津报业再现。最后,徐景星先生另外增补了"其他新闻机构"部分内容,包括通讯社、广告社、广播电台等。②

以上这两种分期法, 是天津研究者长期从事新闻工作的一个成

---

① 以上均引自《新闻史料》第29辑。

② 以上均引自《天津文史资料选辑·天津报海钩沉》目录,天津人民出版社,2003年版。

果。他们根据个人亲身的新闻实践和研究方法,出于天津地区的特殊性的考虑,得出了这些结论,其中有很多地方不无道理,值得后人参考,供后来研究者探讨。不过,随着全国新闻传播业研究的深入,这些历史分期方法都各有其不完善之处。天津新闻传播史是中国新闻传播大环境中的一个分支。它有自己与众不同的特征,但又与中国新闻传播业的发展有着相当密切的联系。所以,我们应该把新闻传播和新闻事业本身发展过程中所呈现出来的不同阶段作为历史分期的标志。本地区社会发展的特殊性应该贯穿于论述内容之中,仅仅表现于外在形式上,不能说是一种特征的体现。另外,在天津各时期出现的各种形式的媒体,一是说明人类生产力和科学技术水平进步的必然体现;二是它们之间有相互联系和补充的要求,把报刊以外的新闻媒体剥离介绍和论述的做法值得商榷。

天津新闻传播史是各历史时期许多进步的和正直的新闻工作者,为促进和发展新闻传播和新闻事业而英勇奋斗的历史。研究这个地区的新闻传播业,不可不注意研究各个历史阶段的优秀的和杰出的新闻工作者的新闻实践经验,总结他们的业绩。所以在各个历史时期中,注意新闻历史人物这条主线是一个不容忽视的课题。

根据以上这些看法,本书在借鉴了许多研究者成果的基础上,将天津新闻传播业的发展历史,具体划分为九个时期。

第一个时期:维新变法前后的天津新闻传播业(1886—1898年)

本时期为天津出现新闻传播业的初创期。1860年《北京条约》辟天津为商埠,天津很快成为全国商贸中心。1886年第一份报纸《时报》创办,拉开了天津新闻传播业的序幕。甲午战争中国失败,宣告洋务运动破产,国人救亡图存的爱国热潮日益高涨。天津许多爱国人士受国内鼓吹社会改良派知识分子影响,很快积极行动起来,严复率先在《直报》上发表了一批政论文章,在全国产生反响。随着全国维新变法运动的不断深入,严复等人创办的《国闻报》和《国闻汇编》,使天津成为国内重要的宣传鼓吹变法推行新政的舆论宣传中心。

第二个时期:辛亥革命前后的天津新闻传播业(1898—1918年)

本时期为天津新闻传播业的发展期。1900年八国联军侵占天津，义和团运动进入高潮，天津新闻媒体表达了不甘屈辱、力求富强的意愿。1902年，以敢言著称的《大公报》创办，著文揭露清政府的腐败，主张开工厂，兴实业，办学堂，立宪法，灌输科学知识，批判封建迷信等，唤起了一批支持社会进步报刊的出现。随着资产阶级革命派报刊的兴盛，天津新闻传播业又有了很大发展。据统计，当时已有近60种报刊。这些报刊的宣传，和全国主张革命的报刊形成一股不可抗拒的政治声势，对结束两千多年封建专制统治的辛亥革命做了舆论上的准备。"中华民国"建立不久，北洋军阀篡夺辛亥革命成果所建立的北洋政府，给天津带来了灾难。反动当局的独裁专制，一度阻挠和限制了天津新闻传播业的正常发展。不过，军阀混战和派系纷争，又为新闻界提供了丰富的新闻来源，天津很快成为北方的新闻宣传重地。1915年，雷鸣远主办的《益世报》创立。该报对读者关注的袁世凯称帝、帝国主义侵华行为等进行了揭露报道，成为天津新闻传播业的又一亮点。

第三个时期："五四运动"前后的天津新闻传播业（1918—1925年）

本时期为天津新闻传播业的高潮期。五四新文化运动把中国的新闻传播事业推向了一个崭新的发展阶段。天津新闻传播业受其影响，在很短的时间内，进入兴办报刊的高潮。一大批宣传新文化、新思想、新道德、新观念的报刊，如雨后春笋般破土而出。这些报刊摆脱了旧的资产阶级政党政治趋向，成为这一时期知识界的普遍要求。周恩来、马千里等，在天津创办的《天津学生联合会报》、《新民意报》等在社会上产生了很大影响。1921年，随着中国共产党的诞生，天津出现了共产党员创办的早期报刊。据统计，当时天津的报刊数量猛增到130多种。另外，中国官方创办的第二座广播电台在津落成。这个时期新闻界的兴盛显示出，只有顺应历史潮流，跟上时代的步伐，新闻媒体才能生存和发展。

第四个时期：十年内战前后的天津新闻传播业（1925—1937年）

本时期为天津新闻传播业的繁荣期。由于五四新文化运动的影响与国共两党的合作,给天津新闻传播业的民营企业化报纸提供了生存空间,它们无论从数量上还是质量上都有了进一步的发展。天津新闻界创办的许多私营企业报纸出现了令人瞩目的变化。新记《大公报》起死回生,再造辉煌,与众不同地提出"不党、不私、不卖、不盲"的八字办报方针,形成了自己的独特风格。接着,《益世报》《庸报》《商报》等报迅速发展起来,四报形成竞争态势。《大公报》涌现出张季鸾、胡政之、范长江等一大批著名的新闻工作者。"九一八事变"后,全国人民同仇敌忾,一致要求团结抗战,反对蒋介石执行"不抵抗政策"。天津新闻传播界在此期间,与国内许多报刊及时反映了民众的抗日要求,始终站在斗争的前列,受到全国读者的关注。据统计,当时天津又出现了各种中外文报刊90余种,发行量大幅度增加。新闻通讯社、广播电台数量也较之以前成倍增加。这个时期可以说是天津新闻界的黄金时期。

第五个时期:抗日战争时期的天津新闻传播业(1937—1945年)

本时期为天津新闻传播业的沦陷期。"七七事变"爆发,天津沦入日寇之手。新记《大公报》离津南下,《益世报》等逃离租界。其他媒介迫于无奈,逐渐销声匿迹,而活跃在新闻界的却是一批日伪报刊。原有的《庸报》投入日本帝国主义的怀抱,成了全国著名的汉奸报。共产党领导的地下报刊和爱国记者自发创办的油印报刊,与日伪政权进行了坚决的斗争,并成为当时天津人民获取抗日前线消息和了解共产党抗日统一战线政策的重要信息来源。

第六个时期:解放战争时期的天津新闻传播业(1945—1949年)

本时期为天津新闻传播业的恢复期。日本投降后,国民党政府借助于美国的帮助,利用敌伪势力,抢先占据天津,恢复了对天津的统治。当时,国民党在天津出版了《民国日报》等。新记《大公报》《益世报》在津恢复出版,但一度在宣传报道上偏离了方向。一批进步报刊报道了学生爱国运动的消息,谴责美帝国主义的暴行,揭露国民党官员的腐败,受到读者欢迎。代表人民利益的中共天津地下党报刊,在与国民党进行较量的过程中,成为当时新闻宣传的主流,一直坚持到天津解放。

第七个时期:新中国成立初期的天津新闻传播业(1949—1956年)

随着天津解放和新中国的建立,天津的新闻事业也进入了一个新的历史历程。

本时期为天津社会主义新闻事业的创建和初创发展时期。

从1949年1月开始,天津市委党报系统《天津日报》《天津青年报》《天津工人日报》等报;新华社天津分社、天津新华广播电台;民营系统报纸《进步日报》《新生晚报》等相继创建。1953年以后,民营新闻媒体最后过渡到公营媒体。这些媒体和全国的媒体一样,在这个阶段的历次政治运动中,尤其是对开国盛典的报道、"抗美援朝,保家卫国"的报道、国民经济恢复和各项社会改革运动的宣传报道、对天津人民的生活报道等,都发挥了积极的宣传作用,取得了一定的成绩。

第八个时期:政治运动中的天津新闻传播业(1957—1976年)

本时期为天津新闻业进入一系列政治运动的时期。

这一时期延续了1949年初期国家内部出现的部分问题,出现了反"右派"斗争、"大跃进"、反右倾等严重的历史倒退现象,极左思潮不断演进。新闻界为了迎合政治运动的需要,刊发违背真理的言论,为后来爆发的"文化大革命"埋下了隐患,给党和国家造成了重大政治和经济损失。1960年下半年,全国国民经济开始实施"调整、巩固、充实、提高"的八字方针,新闻事业也随之进行调整。但好景不长,1962年9月,中共八届十中全会强调阶级斗争为纲和反对修正主义思想倾向,新闻事业的调整随之中断。之后,极左思潮愈演愈烈,终于导致1966年爆发了长达十年之久的"文化大革命"。天津新闻业在本阶段的一系列的政治运动中,尤其是在"文化大革命中",全部从属于中央文革宣传政策的领导,基本上成为中央文革新闻业的"地方版",出现了丢失专业精神,丧失社会责任感的失实报道,在本地区和全国造成了不良影响。直到1976年党中央一举粉碎"四人帮",天津新闻事业才随着历史大背景回归正轨。

第九个时期:改革开放后的天津新闻传播业(1976—2000年)

本时期为天津新闻事业进入大改革和大发展时期。

1976年10月6日,"四人帮"被粉碎后,"文化大革命"的十年浩劫至此结束,中国的新闻事业也步入了新的历史时期。改革开放后至20世纪末期,天津新闻传播业,为天津新闻界的拨乱反正,恢复经济建设的全面改革,以"团结、稳定、鼓劲"为基调,坚持"以正面宣传为主"的方针,配合党和政府的中心工作,顺利完成媒体转型,在宣传改革、宣传社会主义建设等方面发挥了重要作用,为天津新闻事业的发展翻开新的一页。

综上所述,天津新闻传播发展的九个时期,客观地反映了天津新闻传播业的历史全貌,大体沿着天津历史发展的轨道进行,尽量考虑到各时期互相之间,既有历史内在联系,又都具有各自特点。当然,这种分期,从某种意义上来说,没有完全脱离当前许多新闻史学者和研究者的观点,但是,这也是一种力图将新闻传播史区分于历史学、思想史、政治史的研究方法,尽量使其具有一定的独立性。期待后来的研究者,能有更加完善、科学的观点与分期方法问世。

三、发展特征及历史贡献

中国新闻传播和新闻传播事业的历史悠久,源远流长,这是世界上任何一个国家和民族都不能比拟的。从现在有证可考的唐代封建官报算起,中国手写新闻历史至少已有1200多年,而且表现出一些明显的特征。比如:政治色彩浓重,政治家办报,传达政令,充当政府喉舌等。另外,还有一个特征和天津的新闻传播业的出现紧密联系到一起。从历史沿革的角度看,中国的新闻传播业有一个"在华外报的发展和垄断时期"。这个特征是由于中国近代史是由半殖民地半封建社会开篇所造成的,也是因为中国经济落后和封建统治者只许外国人办报而不准国人办报的政策所造成的。中国虽然很早就有了《朝报》《邸报》《京报》,但并不属于近代化的报纸。相反,中国的第一张近代化报刊是外来势力对中国进行新闻侵略的产物。目前,还没有发现中国古代新闻报刊在天津创办的记载,而天津新闻传播业的出现,正是在这段特殊历史条件下产生,并以一种奋发自强、破旧立新的意识和强烈炽热的爱国主义激情发展起来。如果说天津是近现代中国的缩影，那么天津新闻传播业一出现，就开始真实地记录了中国进入半封建半殖民地的整个历史，并形成了自己与众不同的特征。

（一）天津新闻传播业在国难当头的时刻，最坚决地提出了一整套政治改良主张，以先进思想为全国新闻界确立了全新的哲学观念，并最先在新闻媒体上，注重新闻规律，在媒介宣传内容上具有石破天惊的作用，在形式上形成了夹叙夹论的独特风格。

甲午战争刚刚结束，严复连续在天津较早创办的《直报》上发表了《论世变之亟》《原强》《辟韩》《原强续篇》和《救亡决论》等震动一时的政论文章，文中猛烈抨击封建专制政体，宣传民权思想，鼓吹变法自强，宣传"尊民叛君、尊今叛古"的主张。①同时，他又着手翻译英国生物学家赫胥黎的《天演论》。此文1898年正式发表在《国闻汇编》。这篇译文，是当时中国第一个把达尔文进化论介绍到中国来，用"物竞天择，适者生存"理论唤醒国人、教育民族自强的文章。严复发表的这些文章，以"一种颇为壮阔的思想意境和铿锵的音节"②，告诫和启发读者"必须坚决抛弃那些落后的、腐朽的东西，努力学习先进的、新鲜的事物，从斗争中才能找到中国人民生存的道路"③。严复提出的进化论和一系列社会改良学说，"不仅在当时中国思想界起了划时代的振聋发聩作用"④，取代了原有的历史循环论，而且"成为许多维新派人士办报思想的理论基础"⑤。这些在当时还属于全新的哲学概念，给中国新闻传播业注入了新鲜血液。

严复是中国著名的报刊政论家，但他在从事新闻实践的过程中，最早感悟到读者最关心的是发生在身边与自己有切身利害关系的重

---

① 胡太春：《中国近代新闻思想史》，山西人民出版社，1987年版，第59页。

② 林志浩：《鲁迅传》，上海人民出版社，1976年版，第17页。

③ 林志浩：《鲁迅传》，北京出版社，1981年版，第21页。

④⑤ 胡太春：《中国近代新闻思想史》，山西人民出版社，1987年版，第58页。

大政治事件。于是,严复等人按照新闻的这一规律在《国闻报》上,把新闻写作直接夹叙到政论文中,并做到确、详、多、速,四美俱全。"该报对于重大事件进行跟踪报道,连续时间之长、过程之详是其他报刊所没有的"①。因此,《国闻报》在维新变法期间的许多敢于揭示真相,与钳制舆论、封锁消息的清政府针锋相对的新闻报道,不仅为后来维新运动历史的研究者,留下了许多真实可信的第一手资料,也为以后各时期的新闻工作者提供了可借鉴的写作方法。

(二)天津新闻传播业的重要报纸始终坚持论政而不参政、以文章报国、代民众讲话的"文人办报"和"言论报国"的传统。

在世界历史上,办报者有两种,一种是党人办报,一种是商人办报。"党人办报专从政治上考虑,为党派的政治利益做宣传","商人办报专从经济上打算,为充实自己的钱柜做营业","而在中国除了商人办报和党人办报之外,还有一种书生办报"②或被称为"言论报国"。这种现象,成为中国新闻传播史的一个特点。这个特点,尤其凸显在天津"五四"以后的新闻传播业的发展过程中。

"文人办报"和"言论报国"始于中国第一个报刊政论家王韬。在国门洞开,西方列强侵入中国,清政府腐败无能、国运倒悬之时,他利用新闻媒介面向社会宣传自己深切的爱国之情和救国主张,1874年在香港创办了《循环日报》。在他的带动下,陆续在内地出现了类似的报刊和报人。这种做法到维新变法以前,逐渐形成一种风气。虽然,以康有为、梁启超为代表的维新派发动了维新运动,使"文人办报"和"言论报国"转化为"党人办报",但"文人论政"的做法,最终形成中国新闻传播业的一种传统。1902年,天津《大公报》的创办,也是对这种传统的一种集成。这个传统,随着五四新文化运动的兴起,陈独秀创办《新青年》,实际上再一次使"文人办报"和"言论报国"传统得到了的延续。中国共产党成立后,尤其到1927年国共两党的分裂,中国出现两种决然不同

---

① 方汉奇:《中国新闻事业通史》第一卷,中国人民大学出版社,1992 年版,第 610 页。

② 《吴廷俊序言》,陈龙:《书生报国》,湖北人民出版社,2011年版,第1页。

的政治势力。从此,国共两党的新闻事业开始成为中国新闻事业发展的主流。但是,1926年,天津新记《大公报》创立并提出"不党、不私、不卖、不盲"的办报方针,重新树立起"文人办报"的招牌,并带动和影响了天津《益世报》等一批进步报刊。以新记《大公报》为首的这些报刊,无论是在十年内战期间,还是在抗日战争期间,倾一腔救国为民之热情,在揭露国民党反动派的罪行、客观公正地报道评述中国共产党坚持抗战的主张等方面,为全国的新闻传播媒介做出了榜样。尤其是出自新记《大公报》张季鸾等人之手的篇篇社评,表达了中国文人对国家的诚挚感情。"我们是报人,生平身怀文章报国之志,在平时,我们对国家无所赞襄,对同胞无所贡献,深感惭愧,兼为同胞勉者,惟有这三个字——不投降"①。在中华民族生死存亡的危急关头,新记《大公报》"高扬爱国旗帜,恪守中国传统文人高尚的民族气节"②,为中国的抗日民族解放事业做出了特殊贡献。在新中国建立之前,新记《大公报》的文人论政,客观公正地反映了中国现代政治、经济、军事、文化、外交、教育、社会等诸方面的情况,并对世界风云的变化、国际斗争的激荡进行了充分地报道,1941年曾得到了美国最负盛名的新闻学府密苏里新闻学院的奖章。同年,该报总编辑张季鸾逝世,周恩来在唁电中盛赞他是"文坛巨擘,报界宗师",毛泽东也在唁电中赞扬他"坚持团结抗战,功在国家"。③

　　中国文人历来有"为天地立心,为生民立命"的历史责任感。这是不同于西方文人的一种价值观。新记《大公报》在中国及世界上的声望和重大影响,主要一个原因是取决于它为国家、为民族、为人民的责任感。该报坚持"文人办报"和"言论报国"的做法,也正是它在读者中享有声誉的原因,最终成为研究中国近现代史和新闻传播史的一个重要对象。因此,"中国新闻史上'文人办报'是有功的,用毛泽东自己的话

---

① 《不投降论》,上海《大公报》1937年12月4日。
② 吴廷俊:《论中国文人办报的历史演变》,《新闻春秋》1998年,总第6辑。
③ 方汉奇:《〈大公报〉的历史地位》,引自2000年大公报创立98周年发言。

说,叫'功在国家'"①。

目前有的学者运用新的传播学理论将坚持论政而不参政,以文章报国,代民众讲话的"文人办报"和"言论报国"的传统提升为"亚政治文化"②特征的层面,可以说是对"文人办报"和"言论报国"传统的进一步升华。

(三)天津新闻传播业以爱国主义为宣传主流,为国家的独立和兴盛,始终站在读者的角度,揭露和抨击一切阻碍社会发展的恶势力而不懈地斗争。

天津的新闻传播业产生于中国近代史进入一个新的转折时期。维新变法前后,中国的社会受外来势力侵略,国难当头。维新派为反抗外国侵略,挽救民族危亡,纷纷创办报刊以唤醒统治者和读者的觉悟,强烈抒发自己的爱国热情。严复等人在天津的新闻传播活动,在不断陈述殖民主义者鹰瞵鹗视、伺机而动的严重局势的同时,提出了自己的一系列改良主张。《国闻报》等在揭露外国侵略行径中,强烈的爱国主义思想展现得尤为显著。在该报的影响下,在天津创办的报刊,高举爱国主义旗帜,为中华民族的利益公开辩护,和外报的侵华宣传进行不懈的斗争。这在中国新闻传播史上,给读者留下了深刻的印象。

抗日战争前夕,"九一八事变"后,天津的新记《大公报》《益世报》《新天津报》等,在日寇入侵面前,主张抗日,在敌人面前,大义凛然,与蒋介石推行的"不抵抗政策"进行了坚决斗争。《益世报》主笔罗隆基,因撰文揭露国民党内部首脑人物,在抗日救亡关头,相互争权夺利,尔虞我诈现象,而险遭暗杀。新记《大公报》一心一意为抗日,在揭露国民党政府的无能和军队的贪生怕死、一触即溃的同时,热情讴歌了中国共产党领导的八路军、新四军的英勇顽强。抗日战争期间,新记《大公报》为共度国难,所有资财荡然无存;所有人员,全部撤回敌后,没有在沦陷区办过一天报纸。周恩来在1958年和费

---

① 吴廷俊:《论中国文人办报的历史演变》,《新闻春秋》1998年,总第6辑。
② 李秀云:《〈大公报〉专刊研究》,新华出版社,2007年版,第40~50页。

彝民谈新记《大公报》的历史贡献时,曾经肯定该报一是爱国的,二是坚持抗日的。①

(四)多元化政治势力与新闻事业的并存。

1949年前的天津,是一个半封建半殖民地的典型城市,因为它曾经历过一段九国租界地的屈辱历史。1868年以后,英、美、法、德、日相继在天津强设租界;1900年八国联军占领天津后,又出现了俄、意、比、奥租界。这些帝国主义国家相继在天津创办了多种新闻媒介,大量兜售他们不可告人的各项反动主张,为本国获取政治和经济利益而鸣锣开道。辛亥革命后,中国政党林立,各自为政,利用报刊为自己谋利。国民党统治中国后,以蒋介石为代表的国民党的新闻业及民族资产阶级、地方实力派的报业,也分别为各自依附的政治势力服务。中国共产党诞生后,利用新闻媒介,站在全国劳苦大众一边,在广大读者中建立了崇高的威望。在中国这百余年的新闻传播历史中,天津出现了千余种报刊、六十多个通讯社和三十多个广播电台。在这些新闻媒体中,有中文报刊与外文报刊的长期并存、中国人办的报刊与外国人办的报刊并存、合法报刊与非法报刊的长期并存,也有敌我友报刊的长期并存、不同信仰报刊的同时存在,可谓色彩斑斓。这种多元化政治势力的现象和特征,一直延续到解放战争时期。

(五)坚持中国共产党的领导,在新时期保持主流媒体的地位,切实提高党报的感染力和影响力,在社会改革的大变革时期实现党报聚合、控制和引导的"三力"合一。

1949年以后,天津新闻事业紧跟党中央的各项部署,尤其进入新世纪以来,随着经济全球化、信息化、信息技术化成为整个新闻界面临的大背景,社会的多元化的体现和人们生活方式的变化,给党领导的媒体提出了更高的要求。在这个大改革的时代面前,人们的价值取向也随之产生了很大的变化。所有这些都为党直接领导下的媒体如何壮大主流舆论,切实提高媒体舆论引导能力,防止主流媒体边缘化,坚持

---

① 方汉奇:《〈大公报〉的历史地位》,引自2000年大公报创立98周年发言。

党的领导,发挥媒体鼓励人们积极向上的正面宣传作用,弘扬民族精神,提出了新的十分紧要的课题。

进入21世纪之前,天津日报报业集团率先在全国提出了"大报不能小报化,主报不能边缘化"①的理念,并开始实施了自己一系列做法,在全国产生了很大反响。该报业集团在实施的一系列做法过程中,强调要善于把主流媒体的定位操作到位,在更大的阅读空间放大主流媒体的政治优势和资源,提高和扩大主流媒体的市场占有率。无论是传统媒体的有效覆盖,还是数字渠道空间的占领,都必须实现聚合、控制和引导的"三力"合一。这个理念和具体做法成为全国地方主流媒体的典范。

纵观天津新闻传播史,在这段令人难忘又充满苦涩的历史中,记录了人们熟知和未知的历史事件和历史人物,它给人们留下的各种印记和宝贵的史料,应该是中国新闻传播史中不可缺少的重要组成部分,值得后人继续发掘和升华。

---

① 张建星:《大报不能小报化,主报不能边缘化——关于提高党报舆论引导能力的几点思考》,《新闻战线》,2006年第9期。

第一章　天津新闻传播业的出现

近代意义的新闻事业出现以前,天津唯一的信息报道印刷物是《京报》。清代嘉庆道光年间的天津卫,以《京报》作为唯一的新闻来源。这虽然是天津新闻业的嚆矢或是滥觞,但是也在客观上起到了一些提高读者新闻欲的作用,为天津日后新闻业的出现多少奠定了一定的基础。天津近代新闻业开始于19世纪80年代,外国人在此创办了报刊。当时,随着洋务运动在中国的开展,天津很快聚集了一批掌握近代科学技术的专业人才。这些人为当地新闻事业的产生和发展奠定了良好的物质基础和一定的文化氛围。从1886年开始,天津陆续出现了外国人创办的中外文报刊,如《时报》《直报》《京津泰晤士报》《中国时报》等。尽管这些报刊在主观上是为配合列强的侵华政策服务,为他们在中国进行的政治、军事侵略做文化上的准备,但在客观上随着时代的进展,也为天津新闻传播业踏入了一个新起点,让侵略者给自己准备了最终灭亡的条件,为中国人民大众的革命斗争准备了物质和精神条件。戊戌变法时期,随着国人第一次办报高潮的出现,天津的《国闻报》《国闻汇编》等,在全国起到了振聋发聩的作用,在中国新闻传播史上产生了重大影响。

第一节　天津新闻传播业出现的历史背景及发展特征

一、历史背景

天津新闻事业是近代天津政治、军事、经济、文化综合作用的产物。

近代以前,天津是中国北方的重要交通枢纽。天津地处渤海之滨,北运河、永定河、大清河、子牙河、南运河汇聚而成的海河,横贯天津而注入渤海。河海相接的自然条件使天津的交通枢纽位置十分突出。公元13世纪以来,元、明、清相继建都北京,天津又成为北京的重要门户,从而增强了天津的政治、军事地位。河海沿岸的广阔滩涂,促使天津漕运、盐业兴盛起来,使天津成为中国北方重要的商业贸易中心。这一切自然会引起封建王朝对天津的充分重视,使天津河口都市的各种设施逐步完善起来。

天津在政治、经济、地理位置上的重要地位,令西方列强觊觎天津已久。鸦片战争开始后,西方列强便把天津作为设法谋取的重要猎物。1858至1859年,三次大沽之战后,清政府签订了丧权辱国的《天津条约》与《北京条约》。《北京条约》的一项重要内容就是开天津为商埠。此后,随着整个中国一步步沦为半封建半殖民地社会,天津也逐渐成为西方列强对中国进行侵略的一个重要据点。英、法、美等资本主义列强利用他们在不平等条约中所取得的种种特权,加紧对天津这一"距京甚近"的中国北方重要通商口岸的侵略活动,列强通过强行划定租界,纷纷设立领事馆,控制天津海关,开设洋行和银行,培植买办,倾销鸦片,建立教堂,开办学校和医院等种种途径,从政治、经济、军事、文化各个方面,加强对天津的控制和掠夺,对天津进行疯狂侵略。①19世纪80年代,列强将它们的侵略深入思想文化领域,开始在天津开办一些中外文报刊,开启了天津近代新闻事业的先河。

第二次鸦片战争结束后,清政府由于列强的入侵与太平军、捻军的奋力反抗,已陷入内外交困的境地。19世纪60年代开始,清政府统治阶级内部一部分有识之士开始转变观念,认识到学习西方的重要性,他们从器物层面学习西方,认为西方"利器"对中国自强有利,于是在中国南北各地纷纷着手办理"洋务"。"洋务"的举办开始于军用,渐次推广到民用,并形成了一定的规模,这就是"洋务运动"②。天津当时成为进行"洋务运动"的一个重镇。

---

① 参见来新夏主编:《天津近代史》,南开大学出版社,1987 年 3 月,第 65 页。
② 同上,第 100 页。

　　天津举办的"洋务"开始于19世纪60年代末,由当时的三口通商大臣崇厚主持,但经营数年,成效甚微。1870年6月"天津教案"发生后,天津地位问题越来越引起重视,清政府采纳工部尚书毛昶熙的建议,裁撤三口通商大臣一缺,所办事宜,全部交由直隶总督李鸿章办理,管辖范围也由原来的三个通商口岸扩大为奉天(今辽宁)、直隶(今河北)及山东三省。李鸿章靠着天津得天独厚的地理位置,开始大举兴办洋务。19世纪60年代至90年代,全国各地兴办了近20个军事工厂,而在北方兴办最早、规模最大的军用工业是天津机器局和大沽船坞等。

　　19世纪70年代至90年代,"洋务运动"进入第二个发展阶段,即从兴办军事工业转向民用工业,洋务派着手兴办采矿、冶炼、纺织等工矿业以及航运、铁路、电讯等企业。天津也是一个重要的基地。1872年,在李鸿章的主持下,筹办轮船招商局。1878年,李鸿章在天津创办了开平矿务局。1878年,李鸿章在天津英租界设立了"华洋书信馆",由招商局免费代为运送邮件,1879年改称为"拨驷达"(post的译文)信局,也就是后来的天津邮政总局的前身。它以天津为中心,投送北京、牛庄(营口)、芝罘(烟台)、上海等地信件,也投送南北重要口岸以及内地各处的来往信件。天津共设有七个分局,十个柜,用以同总局之间进行大小邮件的收集和分发。天津以外的信件主要通过航运寄交,冬天封河后才改由陆路快马投递。天津成为"我国近代邮政事业发展的起点"[①]。1879年,李鸿章在天津直隶总督行政总署(今河北区金刚桥北)与大沽炮台及北塘兵营之间架设电线,试办电报。这是中国自己建立的第一条电报线路,成为中国电信事业的开端。1881年,李鸿章聘请英国人金达为技师,修建了一条从唐山矿地到胥各庄约11公里长的铁路,"这是中国早期自己修造的最长的一条铁路"[②]。1887年,天津机器铸钱局创立。李鸿章还在天津设立水师营务处和海防支应局,并将其作为筹办北洋海军的机构,天津又成为北洋海军的一个重要基地。

---

① 来新夏主编:《天津近代史》,第115页。

② 来新夏主编:《天津近代史》,第117页。

总之,天津是中国北方的"洋务"中心。"洋务运动"中,天津的邮政、电信、铁路运输事业的发展,为天津新闻事业的产生提供了技术条件,并奠定了良好的物质基础。

天津在举办洋务运动过程中,为了培养各类洋务事业人才,还陆续开办了一些新式学堂,如水雷学堂、电报学堂和水师学堂等等。这些学堂为天津培养了掌握近代科学技术的洋务人才。到了19世纪80年代中期,天津华人中已有一批精通中西文化的人与掌握一技之长的专门人才。据统计,1881年大清国的首批归国留学生中,有50名留在天津水师、机器、鱼雷、水雷、电报、医馆等处学习当差①,严复就是其中之一。这些人才的聚集,无疑成为天津新闻事业产生的一个重要前提。

天津"洋务运动"的开展,带动了天津社会风气的转变。社会上,不仅中上层人士以学习西洋文化为时兴,一般的贫民寒室也开始关注识字问题。19世纪80年代中期,"津人始以不识字为愧"②,天津城厢内外很快建立起30余处义学。文化教育事业的推广,为天津新闻事业的产生奠定了良好的文化基础。

此外,天津早期报人的个人地位与人际交往,也是影响天津新闻事业产生的一个要素。《时报》的创办者德璀琳、《直报》的创办者汉纳根、《直报》的主笔李提摩太等外国人,都很善于结识中国上层人士,他们与当时任直隶总督的李鸿章的关系较好,这使他们主办的报纸可以得到天津地方官的支持,开拓了新闻发布渠道。而且,德璀琳、汉纳根、严复等人,都不是职业报人,而是在政界、军界或学界担任各种职务,这也为他们的办报活动提供了便利条件。

二、发展特征

天津近代新闻传播业的出现,同全国其他城市新闻传播业的出现一样,是中国半封建半殖民地化进程的一个环节,因而带有明显的殖民化特征。天津最早出现的报纸,无论是中文报纸还是外文报纸都是

---

① 参见董俊蓉著:《天津第1、2、3种近代报刊(中文)研究》,《天津出版史料》第五辑,百花文艺出版社,1993年版。

② 转引自董俊蓉:《天津第1、2、3种近代报刊(中文)研究》,《天津出版史料》第五辑。

由外国人创办的,而不是由中国人创办的。外国人在天津创办报纸的目的,是为了满足列强对天津进行侵略的信息搜集的需要,而不是为了帮助天津发展新闻事业。然而,这些外国人毕竟给天津带来了近代意义的新闻事业,其客观结果毕竟开启了天津新闻事业发展之端绪。

天津近代新闻传播事业出现于19世纪80年代,较之广州、澳门、上海、香港等地要晚数十年。正因为其出现较晚,天津新闻事业才得以在"洋务运动"充分发展的前提下产生。"洋务运动"中,天津在铁路、邮电、军事工业、煤矿业、造船业、教育业等方面都位居全国领先地位,这为天津新闻事业的产生奠定了较为雄厚的物质、技术、教育及文化基础。天津新闻事业虽然出现较晚,却发展迅速,成为近代中国新闻事业最为发达的重要城市之一,在很大程度上恰恰得益于此。

第二节　天津最早出现的中文报刊

一、外国人在天津最早创办的中文报刊

(一)《时报》

天津最早出现的中文报刊是由外国人创办的。1886年5月16日[①],天津海关税务司英籍德国人德璀琳和英商怡和洋行"总理"笳臣集股创办了中文报纸《时报》,1891年6月下旬至9月下旬之间停刊。《时报》是天津的第一种近代中文报纸。

《时报》创刊之初,每日出版,直长版式,仿照南方报纸的格式,设有"谕旨""抄报""论说""京津新闻""外省新闻""外国新闻"等栏目。新闻多用四字标题。这种格式,在以后很长的时间内被天津的报纸模仿并沿袭下来。《时报》封面上方刊有隶书"时报"二字,二字下方有两条横线,注明中西历日期、期号。横线下自右向左行文。报首刊有"天津天文录寒暑表"和报纸内容目录,定价每年三元五角。《时报》基本是

---

① 有关《时报》的创刊时间,一般文献都标识为1886年11月6日。但董俊蓉在查阅《时报》过程中发现,其创刊时间是1886年5月16日。参见董俊蓉:《天津第1、2、3种近代报刊(中文)研究》,《天津出版史料》第5辑,百花文艺出版社,1993年版。

八版,登少量文艺稿,多为旧体诗词。《时报》大量刊登为南方各报所少见的京津地区新闻,其篇幅常常超过其他新闻的总和,显示出鲜明的地方特色。

《时报》的出版发行有如下特点:第一,报道消息快。《时报》由专人用电报传送上谕,用快马传递当日的京报。第二,《时报》时事性强,消闲性稿件较上海等地的报纸要少。第三,在全国设有多处销售点,发行速度较快。第四,报道内容丰富。《时报》报道内容涉及洋务活动、西学教育、社会要闻等方方面面。第五,撰稿人员广泛。《时报》的撰稿人不仅有洋人编辑,还有中国学生、社会文人。第六,延揽广告业务和印刷业务。天津近代报纸刊印广告和报馆印书的传统,是由《时报》开创的。第七,刊载一定数量的社论。

从1890年6月到《时报》停刊,英国传教士李提摩太(Timoth Richard,1845—1919)担任主笔。李提摩太是当时最活跃的传教士之一,1870年来华,先后在山东、东北和山西等地传教,广泛接触中国社会,结识了包括李鸿章在内的一些清政府大员,提出了一系列改革主张。李提摩太就是应李鸿章之邀请而出任《时报》主笔的。

李提摩太担任主笔后,《时报》发生了重大变化。李提摩太积极把这张报纸作为宣传自己主张的重要舆论阵地。李提摩太大力加强言论写作,《时报》的言论主张包括多方面的内容:第一,为西方列强的侵略服务,公开表明自己是帝国主义代言机关的立场。《时报》的论说文章《报中杂述总论》美化殖民地:“近今西南最强之国,莫印度也。”《时报》的论说文章《非洲不能养民致失广地说》还把帝国主义割宰殖民地说成好事,把亚非国家受西方列强侵略,说成是咎由自取,把非洲被分割说成是“盖因不善养民之故耳”。第二,《时报》以大量篇幅宣传“洋务运动”,如修路、开矿、训练海军等。《时报》的论说文章《论开煤矿之益》指出,“中国新兴三大事是铁路、矿务、制造。”《时报》论证了修铁路的必要性——防水赈灾需要铁路,足民食需要铁路。《时报》还登载世界各国铁路长度图表。论说文章还谈及山西矿产,论证开煤矿之益,图表中也有关于世界各国金、银、煤、铁产量的数字。《时报》曾经表扬两湖总督张之洞、台湾巡抚刘铭传,称赞他们所管辖的地方"讲求铁路、轮舟、矿务、机器"等等。第三,《时报》的论说文章还介绍自然科学知识,并在论说中提倡女子读书,这对启迪民智起到了一定的作用。在李提摩太的主持下,《时报》成为一种政论性的报纸,它的宣传内容,与1889年复刊的广学会的《万国公报》南北呼应,在全国的知识界与政界引起了较大反响。

李提摩太从1890至1891年间共撰写论说文章二百余篇,李提摩太撰写的社论,"重登各报者几及其半"①。李提摩太曾经公开表白写作这些文章的宗旨:"仆来华二十余年矣,深知中华受病之由,并今时各国兴衰之故,且有明效大验于此。倘效寒蝉而不言,坐视中华缚于贫弱之中不能自振,恐乖践士食毛之义,亦非圣教一视同仁之心。故特借承报馆之乏而视缕以陈。非不惮烦也,实报馆之职也。"②后来,李提摩太的社论文章汇辑成《时事新论》一书,共12卷,附有地图与图片。《时事新论》被梁启超列为"通论中国时局之书"之一种。《时报》的论说文章,绝大部分都有名字,但不用外国名字,也不用笔名,而是用别号一类的名字。

为扩大《时报》的影响,李提摩太还于1890年8月23日创办《直报》周刊③,将每日《时报》所载谕旨、抄报、论说、新闻,撮其要者汇订一编。

《时报》虽然由外国人创办,但作为天津出现的第一种中文报纸,它产生的社会影响是不可否认的。《时报》的出现,"不特北五省的洋人先睹为快,很多上海和华中的中外人等也争先订阅,俾获京津的政治报道。"④《时报》的影响,已远远超出天津的地域界限。

(二)《直报》

《直报》是天津出现的第二种中文报纸,是继《时报》之后由外国人

---

① 方汉奇:《中国近代报刊史》,山西人民出版社,1986年版,第40页。

②《报中杂述总论》,《直报》1891年6月27日。

③《直报》周刊与1895年创刊于天津的《直报》并非一回事。

④ 胡光麃:《影响中国现代化的一百洋客》,台湾传记文学出版社,1983年版,第367页。

创办的又一张中文报纸。

《直报》创刊于1895年1月26日(清光绪二十一年正月初一),创办人是德国人汉纳根。汉纳根是德国贵族,于19世纪70年代来华,不久与《时报》的创办者德璀琳的女儿结婚。之后,汉纳根办起了井陉煤矿,投资天津印字馆、赛马场、起士林点心铺而发了财。《直报》的社址在天津,隶属直隶省(今河北省),故取名为《直报》,同时还有言论要"直"言、新闻要"直"书的意思。

汉纳根是报馆的创办人,实际主持编辑业务的是杨荫庭,另有副手二人。最初,《直报》内容比较贫乏,"每日所载除新闻三、四则外,仅有上谕及官场文告。广告一项,完全无之……顾其所论,大都本地风光,无关紧要。当新闻缺乏或无从评论之时,则将往日所载之旧闻,或他报所曾载者,重行登录。"①因汉纳根是德璀琳的亲戚,《直报》的某些办报方针有可能是仿效《时报》。《直报》的栏目有"上谕恭录""评论""新闻"等。新闻也是四字标题。印刷与纸张也与《时报》相似,日出四版,一度星期日无报。1895年4月间,《直报》告白曾说:"原拟于三月间加足八幅……讵昨沪上寄来铅字,生僻字数交到不少,合用者仍属寥寥,碍难骤增八幅之数。今订于十六日先将'京报'提出,另用竹纸作袖珍书式……腾了地步,一概排印新闻。"可见,《直报》对新闻报道还是比较重视的。《直报》的社会新闻比《时报》要多一些,文末常带有慨叹。

《直报》创刊之初,就连续发表严复的五篇文章:《论世变之亟》(1895年2月4日—5日)、《原强》(1895年3月4日—9日)、《辟韩》(1895年3月13日—14日)、《原强续篇》(1895年3月29日)、《救亡决论》(1895年5月1日—6月16日)。

《论世变之亟》一文批评了顽固派的主张,指出,那种"老死不与异族相往来,富者常享其富,贫者常安其贫"的状态只是妄想,中国只有像西方国家一样办,才能强民救国。

---

① 熊少豪:《五十年来北方报纸之事略》,《最近之五十年》,申报馆五十周年纪念,申报馆1923年版。

在《原强》一文中,严复全面阐述了自强救国的理论。严复根据英国学者斯宾塞的社会学说,指出,一个国家的生死存亡,取决于国民"力""智""德"三者的高下。严复以这三个标准来考察当时中国的实际状况,揭露了清王朝的腐败。"岁月悠悠,四邻眈眈,恐未及有为,已先作印度、波兰之续。"面对严峻的形势,严复大声呼吁变法图强。严复认为,形势虽然危急,还是有办法的,但要注意"民之可化,至于无空,惟不可期之以骤"。而"化民"的具体途径有三,即"鼓民力""开民智""新民德"。"鼓民力"就是要禁止鸦片与禁止缠足,"开民智"是要废除八股与提倡西学,"新民德"的主要办法是创立议院。可见,通过《原强》一文,严复较为全面地阐述了变法自强理论。

《原强》陆续发表于1895年3月4日至9日(光绪二十一年二月)。当时清政府派李鸿章到日本谈判,当接受"和约"条款的消息传来,举国哗然。严复深感形势紧急,于3月29日又发表了《原强续篇》,呼吁继续抗战,反对签署不平等条约。严复在《原强续篇》一文指出,"'和'之一言,其贻误天下,可谓罄竹难书矣!""今日北洋之糜烂,皆可于'和'之一字推其原。"他主张:"今日之事,舍战固无可言!"他又反复强调一定要抗战到底,千万不要言"和"。严复对中日双方的形势进行了分析,认为日本方面,因为战争的胜利而冲昏了头脑,狂妄嚣张,加之战争中消耗严重,国力空虚,人民终会因为战祸的惨痛而起来反抗;中国的情形恰恰相反,在被迫抗战的情况下,"民心日辑合,民气日盈"。为此,他得出当前除抗战以外,别无他路可走,只有坚决抗战,下决心打它"十年、二十年",终究可以获胜的结论。

《辟韩》就"新民德"问题进行阐发,对几千年来被人看作神圣不可侵犯的封建君主制度进行批判,提出了资产阶级民权思想。通过这些文章,严复提倡新学,对传统的儒家思想进行强烈的批判,主张变法革新,挽救危亡,这为当时的资产阶级改良运动制造了舆论。

《救亡决论》就"开民智"一问题进行较为深入的论述,痛快淋漓地批判八股取士的危害,阐明提倡西学的必要性。

这五篇文章的发表时间在中国著名维新派报刊《中外纪闻》发刊

以前,大部分文章也发表在康有为的"公车上书"以前,这对维新运动起到了舆论先导作用,意义重大。严复的这五篇文章在《直报》上刊载,引起了强烈的社会反响,许多报纸纷纷转载,严复声名大振,《直报》的身价也顿增。

《直报》在创刊之初,之所以能刊登思想如此激进的文章,与创办人汉纳根有关。汉纳根原是德国军人,1879年退役后接受中国驻柏林公使的聘请来华,在天津担任军事教官,兼任李鸿章的副官,曾设计建筑旅顺口炮台。1894年,汉纳根参加中日海战。战争结束后,他仍担任中国军队教官。此时,严复在天津北洋水师担任总教习,他们的思想有相通之处。在当时天津没有其他中文报纸的情况下,严复的文章自然在《直报》发表。

《直报》还刊载了陈炽为郑观应的《盛世危言》所写的序文。另外还登载了主张变法自强的评论文章《论治贵乘时》《原西法》等。对于中日战争,《直报》所刊载的评论《和战利害弊》,主张不要急于求和。《直报》还对中日战争后期的零星战况进行了报道,对台湾的抗敌情况的报道尤其详尽,还派有记者在台湾进行采访。

在"百日维新"期间,《直报》以新闻的形式报道了当时一系列受读者关注的社会政治新闻,如杨锐、林旭、谭嗣同、刘光第、张荫桓、徐致靖、杨深秀、康广仁被捕的情况;清政府搜查康有为的住所,搜查大同书局的情况;杨深秀、杨锐、林旭、谭嗣同、刘光第、康广仁被杀的情形;张荫桓、徐致靖、徐仁铸被处理的情况;湖南巡抚陈宝箴与其子陈三立、江标、熊希龄经刑部传案看管的情形。然而,在《直报》上也出现了不少对维新派进行笔伐的评论文章,如《讨康有为檄文》《伪学误国判》等。

1899年以后,《直报》内部有了较大的变动,报头下的号码从一号开始。报上刊登启事,招聘山东、河南、山西、陕西、四川五省"访事友人",并登报觅人向东北、河北、山东、山西、河南等处售报,但没有什么起色。之后,报头下面又加上了"主笔经理贾禄福"字样。1904年2月,《直报》因刊载袁世凯下属部队溃散的消息,被袁世凯查禁。1904年6

月,《直报》改为《商务日报》,由曾在《国闻报》任主笔的杭辛斋任主笔,地点设在法租界万国铁桥畔,8月又停刊。9月,《直报》迁址改名为《中外实报》。1915年,北洋军阀政府对德宣战,因该报是德国人创办的,于是被查封停刊①。

二、中国人在天津最早创办的中文报刊

(一)《国闻报》

19世纪末,天津的新闻事业经过十余年的发展,开始走出外国人办报的时代,而迈向中国人办报的时代。在维新变法期间,曾在全国产生重大影响的《国闻报》,成为完全由中国人在天津创办的一张报纸。

《国闻报》创刊于1897年10月26日,是维新派在天津的舆论喉舌,也是维新派在华北地区出版的唯一报纸和维新派创办的第一家日报。维新运动期间,《国闻报》"一举成为当时北方地区办得最好的一家日报,起着其他维新派报刊所无法替代的重要作用"②。《国闻报》与上海的《时务报》、湖南长沙的《湘报》三足鼎立,为维新变法进行舆论宣传。

《国闻报》名义上的馆主是福建人李志成,实际创办者和主持者是严复、王修植、夏曾佑、杭辛斋。

严复(1854—1921),福建侯官人。最初名传初,乳名体乾,入福州船政学堂时改名宗光,字又陵,登仕籍后又改名复,字几道,晚号瘭懋老人,别号尊疑、尺盦,辅自然斋主人、观我生室主人。严复幼年受过严格的传统文化教育,1866年考入洋务派福州船政学堂,以最优等成绩毕业后到军舰上实习,先后到新加坡、槟榔屿、渤海湾、辽东湾、日本等地。严复的一生与天津结下了不解之缘。1876年,李鸿章为加强海军建设,从英国订购两艘兵舰。李鸿章考虑到"北洋文武洋务多生,殊乏可用人才"③,于是把严复等4名福州船政学堂毕业的高材实习生调到天

① 参见董效舒:《天津的〈直报〉》,天津日报社新闻研究室编《新闻史料》第14辑,1986年8月。

② 方汉奇主编:《中国新闻事业通史》第1卷,中国人民大学出版社,1996年版,第604页。

③ 转引自林开明:《严复第一次来津》,《今晚报·副刊》,2004年6月24日。

津参与验收兵舰事宜。这是严复第一次来天津。严复在天津仅仅数月，就给李鸿章留下了很好的印象。李鸿章给福州船政大臣吴赞诚的信中，赞扬严复"洋学、船学均有涉历，才器大可造成"①，并遵皇谕旨，将严复留津"效用"。1876年底，李鸿章和南洋大臣沈葆桢奏请，选派福州船政学堂学生分赴英、法学习造船和驾驶技术，为建立中国海军准备人才，按例应派30名。可是学习驾驭的学生各额不足，时在天津的严复和另一人被李鸿章批准补额出国学习。1877年2月，严复等28名福州船政学堂的毕业生分赴英、法两国留学。严复被清政府派往英国留学，在格林尼治海军大学全面深入地接触了资本主义社会和西方文化。1879年，严复返国，翌年被李鸿章聘为天津水师学堂总教习，在天津水师学堂执教长达20年之久，历任会办、总办。20世纪初，严复也多次来天津。严复在天津的诸多活动成为他一生的亮点。早在1895年，严复就在《直报》上发表了《论世变之亟》等五篇文章，宣扬民权思想与变法思想。1897年，严复集资参与创办《国闻报》与《国闻汇编》，并发表许多政论文章。严复在天津翻译《天演论》等名著，大量介绍西方社会政治学说，给19世纪末中国思想界吹来了一阵清新之风。

王修植，浙江定海人，字菀生，又作畹生。进士出身，曾在翰林院任职。办《国闻报》时王修植担任候补道台、天津北洋学堂总办、北洋水师学堂总办，主持天津西学官书局工作。王修植除了负责为报纸撰写文章以外，还负责发行工作。筹办《国闻报》与处理《国闻报》的工作都是在王修植家里进行的。日本外务省档案《新闻杂志操纵关系杂纂》载："国闻报，原系候补道北洋大臣校长王修植所办。戊戌政变后，处境日益艰难，乃由日本人西村博领有，实际仍由王修植主其事。清政府要求日本方面查禁，该报经济亦日益困难。光绪二十五年三月二十日，王修植遂正式立约将国闻报所有机器、铅字、生财什物出卖给日本驻津领事郑永昌，共计11000元。"②可见，《国闻报》售与日本人的合同，也是王

---

① 转引自陈振江：《严复与李鸿章情随事迁》，《今晚报·副刊》，2004年8月6日。
② 转引自方汉奇主编：《中国新闻事业通史》第1卷，中国人民大学出版社，1996年版，第607页。

修植签署的,王修植是《国闻报》业务上的主要和实际负责人。

夏曾佑,浙江杭州人,号别士、碎佛。进士出身,曾任礼部主事。1897年1月到天津,任天津育才学堂教读。夏曾佑在《国闻报》创办前,曾在《时务报》发表许多文章。夏曾佑与王修植是旧交,到天津后就住在王修植的家中,因王修植的关系结识了严复。夏曾佑在给表兄汪康年的信中说:"到津之后,幸遇又陵,衡宇相接,夜辄过谈,谈辄竟夜,微言妙旨,往往而遇。"①夏曾佑有时也住在报馆里,严复则"足迹未履馆门"。

杭辛斋,浙江海宁人。名凤元,别署慎修、夷则。1890年到北京,就读于总理各国事务衙门同文馆,学习历算及法国文学。甲午战争后,上书光绪帝条陈变法自强,授内阁中书。1897年与夏曾佑同时到天津,参与《国闻报》的编撰工作。当时的分工是严复、夏曾佑主持旬刊,王修植、杭辛斋负责日刊,旬刊停办后,则集中办日报。

《国闻报》每日出版一大张,用毛边纸单面印刷,8个版面,4号字排印。版面初期类似《申报》,前4个版面是新闻与评论,后4个版面是广告。另外,每日以附张的形式,免费赠送"京报"。

《〈国闻报〉缘起》公开宣称"略仿英国《泰晤士报》之例",《国闻报》创刊目的如下:"将以求通焉耳。夫通之道有二:一曰通上下之情;二曰通中外之故。如一国自立之国,则以通下情为要义。塞其下情,则有利而不知兴,有弊而不知去;若是者,国必弱。如各国并立之国,则尤以通外情为要务。昧于外情,则坐井而以为天小,扪籥而以为日圆;若是者,国必危……泰西各国所以富且强者,岂其君若臣一二人之才之力有以致此哉?亦其群之各自为谋也。然则今日谋吾群之道奈何?曰,求其通而已矣。而通下情,尤以通外情为急,何者?今之国,固异各国并立之国,而非一国自立之国也。"②创办《国闻报》是为了"通上下之情","通

---

① 《汪康年师友书札》(2),上海古籍出版社,1986年版,第1325页。

② 严复:《〈国闻报〉缘起》,《中国新闻事业史文选》,张之华主编,中国人民大学出版社,1999年版,第98~99页。

中外之故",从而拯救民族危亡,而在当时的历史条件下,"通外情"更为重要。通过办报来"求通",是维新派康有为、梁启超、严复等人一致的主张,但偏重点却不相同。康、梁重在"通上下",即报纸要向上陈述变法的主张,向下传达朝廷改良措施;但留过学,对西方社会文化有着较全面了解的严复更重视传播西方文化与改造传统文化,他首先强调"通中外",主张通过报纸广泛介绍西方科学文化知识,为日后社会变革做好思想上的准备。

天津地处京畿要地,离天子很近,因此,《国闻报》的办报方针十分谨慎。

第一,报馆馆址设在天津紫竹林海大道(今大沽路)租界地面,这样可以依附洋人庇护。

第二,《国闻报》的创办者隐瞒真实身份。严复、王修植、夏曾佑、杭辛斋是真正的主办者,却推出一个不知名的福建人李志成充当馆主,他们几个人撰写的论说文章,也都不署名,都不承认是主笔,报馆的有关事宜,也不在报馆商议,而是在王修植家里商议。百日维新期间,光绪帝曾在乾清宫召见严复。光绪帝问:"本年夏间有人参汝在天津《国闻报》主笔,其中议论可都是汝的笔墨乎?汝近来尚在《国闻报》馆主笔否?"严复回答说:"臣非该报主笔,不过时有议论交与该报登载耳。"①据考证,1897年11月至1898年9月,不到一年的时间,《国闻报》共发表社论42篇,其中至少有23篇是严复所作②。严复能在维新运动最辉煌的时候保持冷静的头脑,做出不是主笔的回答,更可见他对办报策略的讲究。

第三,《国闻报》明确规定:"毁谤官长,攻讦隐私,不但干国家之律令,亦实非报章之公理。凡有涉于此者,本馆概不登载。即有冤抑等情,借报章申诉,至本馆登上告白者,亦必须本人具名,并有妥实保家,本馆方许代登。如隐匿姓名之件,一概不登。"③

---

① "中国近代史资料丛刊"《戊戌变法》第三册,神州国光社,1953年版,第407页。
② 王栻:《严复传》,上海人民出版社,1976年版,第35页。
③《国闻报馆章程》,《中国新闻事业史文选》,中国人民大学出版社,1999年版,第100页。

　　第四，戊戌政变前，《国闻报》曾假卖给日本人，希望得到日本政府的庇护。《国闻报》主持人办报之谨慎由以上四方面清晰可见。

　　《国闻报》采取谨慎的办报方针，从一侧面反映出在国内政局动荡、外患日盛的情形下，办报之艰难。陈曼娜、杨培基根据严复的《说难》一文对《国闻报》在当时面临的重重压力进行了考证。1898年8月5日、6日，《国闻报》刊载了《说难》一文，《说难》以甲乙二人对话的形式，将"酒肆中之庖人""北里中之女子""报馆中之文章"三者进行对比，并得出了"酒肆最易，女间稍难而仍易，惟报馆最难"的结论。原因在于众口难调，无法直面社会上所有的人："从甲则违乙，从乙则违甲，故甲观之以为是，乙观之必以为非"，"因此报馆之文章至难也"。严复借"某乙"之口回答了《国闻报》采取谨慎办报方针的原因。在没有办报之前，严复对中国报馆的状况是十分不满的，具体如下：第一，中国的报纸，"其论事也，诡入诡出，或洋洋数千言，而茫然不见其命意之所在"。第二，"其记事也，似是而非，若有若无，确者十一，虚者十九。"然而，办报以后的严复改变了看法："及其后经于世故者渐深，乃知人世间之情伪相攻，爱恶相取，崎岖险阻，不可方轨而驰也。"这时，严复开始理解"彼之为此，盖有不得不然之道焉，非所谓欲人人讨好，而乃不觉而成此习气哉。"①通过《说难》一文，我们可以看出《国闻报》的办报方针实在是"不得不然之道"。

　　《国闻报》创办过程中，始终面临重重困难。首先面临的是经济的困扰。该报在筹办期间，由于向南方各省发行的经费无从筹措，严复写信求汪康年帮忙，"将来出报之后，南中各省埠尚拟依附贵馆派报处代为分送"。报纸创刊后，王修植于1898年2月27日写给汪康年的信中说："馆中母财不足，开销太大，深恐难以持久。若能支持至明年春夏，则亦日起有功也。"这时《国闻报》仅仅创刊4个月。1898年3月27日，《国闻报》就对外宣称，因为"销行不广，资本折阂"，已出盘给日本人西村博。

---

　　① 转引自陈曼娜、杨培基：《从严复的〈说难〉看〈国闻报〉历经的坎坷》，《新闻研究资料》第59辑，中国社会科学出版社，1992年版。

为了解决经济困难，《国闻报》除了向同行求援，还对当时的实力人物张之洞寄予很大希望。王修植曾写信求汪康年进行疏通："《国闻报》南皮(张之洞)既以为然，能否怂恿之，略仿《时务》《知新》之例，通饬各属士商看报否？"张之洞曾以湖广总督之名义，用行政手段推销过维新派的报纸《时务报》《知新报》和《湘学报》，王修植希冀借张之洞的力量来推销《国闻报》，从而解决经济困窘问题。结果是《国闻报》并没有得到张之洞的支持。甲午海战后，沙俄以"三国干涉还辽"有功，极力促使清政府采取联俄外交方针。当时，掌握实权的"后党"是亲俄势力，而"帝党"和维新人物则主张联英、联日。《国闻报》作为维新派的报纸，其立场上自然属于后者，夏曾佑在给汪康年的信函中曾说："至于馆中外交政策，则俄与敝馆最为不协，而东邻则与敝馆最合。"《国闻报》曾在1897年12月上旬连续刊登两篇沙俄强占旅顺、大连事件的文章，对沙俄的侵略行为进行抨击，从而引起了沙俄的嫉恨，它直接出面或策动清政府出面，对《国闻报》进行打击报复也就成为必然。夏曾佑在给汪康年的信中，屡屡谈及相关的情况："俄人与敝馆是为不协。""敝馆因政府阻力太甚，俄人亦有违言。虽屡行消弭，而终非持久之道。兹不得已，与东邻矢野君相商，借作外援，始得保全自主。俄人之发阻力，不足为奇，可奇者政府也，然此正所以成为今日政府耳。""敝报风波叠见，虽不足为害，而蜩螗聒舌，殊厌所闻。总而言之，中国之事万不能做，而报馆尤不可开也。"1898年5月12日，夏曾佑在信中说："敝馆既不能售，遵谕停寄。"①也就是说，官方指示《国闻报》不准外寄，而这时正是维新运动高涨的时期，这时尚且如此，其他时候可以想见。

难能可贵的是，《国闻报》在重重威压下，却以富有特色的报道成为维新派的重要舆论阵地。《国闻报》设有"电传""上谕恭录""制台辕门钞""路透电讯""论说""国闻录要""本埠新闻""国内新闻""国外新闻""广告"等专栏。《国闻报》的一个特色是新闻多、消息快。《〈国闻报〉

① 书信内容皆转引自陈曼娜、杨培基：《从严复的〈说难〉看〈国闻报〉历经的坎坷》，《新闻研究资料》第59辑。

缘起》曾声明,"采访之报,如天津本地,如保定省会,如京师,如河南,如山东、山西,如陕、甘、新疆,如奉天、吉林、黑龙江三省,如前后藏,如内外蒙古,外国如伦敦、如巴黎、如柏林、如圣彼得堡、如纽约、华盛顿,访事之地大小百余处,访事之人中外凡数十位。"[1]《国闻报》拥有较为强大的采访队伍,分布国内各省与西方各国,这为新闻报道提供了有力的保障。当时担任总理衙门章京的汪大燮在给汪康年的信中说:"《国闻报》请人法最妙,所请即泰晤士报馆所请之人,消息确而速,又极多极详……不确、不详、不多、不速,人不要看,四美具则费钜矣!"[2]可见,《国闻报》新闻报道确、详、多、速四美皆备。

《国闻报》对一些重大政治事件进行跟踪报道,其时间之长、过程之详细也是首屈一指的。如,《国闻报》对胶州湾事件的报道,50天中刊发29篇连续报道,有几天甚至一日刊载两篇,时效性很强,还发表评论七八篇。有关维新运动的报道,《国闻报》更为出色。《国闻报》于1898年4月3日刊发新闻《公车上书》。5月5日,梁启超写信给夏曾佑,告诉他保国会受到顽固派弹劾,却得到光绪帝的支持,要求把保国会的章程在《国闻报》上发表,夏曾佑立即编发,5月7日就见报了。此后,《国闻报》还以连续报道的方式,对保国会进行报道,发表一系列新闻、评论,与北京的维新派人士相呼应。"百日维新"期间,因天津的地理位置优越,北京的信息能很快传到天津,加之外国友人还可以提供一些情报,《国闻报》可以得到一般报社不可能得到的确切而有价值的消息。所以,《国闻报》报道戊戌变法的消息既多又快。在戊戌变法失败以后,慈禧发布了查禁报馆、缉拿主笔的上谕后,《国闻报》借助日商的招牌,仍能在极其困难的条件下,顶住压力继续报道有关的消息。如,戊戌政变后的第6天(1898年9月27日),《国闻报》竟刊出新闻《视死如归》,同一天还将康有为脱险一事进行了客观报道。10月21日与22日,《国闻报》还连续转载香港《京华日报》的文章,揭露政变的真相。这些报道引起顽

---

[1] 严复:《〈国闻报〉缘起》,《中国新闻事业史文选》,张之华主编,中国人民大学出版社,1999年版,第100页。

[2] 《汪康年师友书札》(1),上海古籍出版社,1986年版,第784页。

固派惊恐,清政府当即与日本驻津领事馆提出查禁要求,在此情况下,《国闻报》却于11月3日、4日连续刊登《论中国禁报馆事》,对清政府进行猛烈抨击。直到1898年12月初,迫于政治形势,夏曾佑才辞去报馆的职务,其后严复与王修植也停止了报馆工作。1899年2月,《国闻报》卖给了日本人,才真正改变了报纸的性质。

(二)《国闻汇编》

国闻报馆在出版《国闻报》的同时,还于1897年12月8日出版了旬刊《国闻汇编》,就像湖南的《湘报》和《湘学报》一样,国闻报馆一度也实行双刊并行、互为补充的制度。

《国闻汇编》采用三号字排印,每期一册,约3万字左右。

鉴于"通中外"比"通上下"还重要的认识,严复把旬刊看得比日报还重要,他亲自主持旬刊的工作,而日报则交由别人来打理。旬报与日报的分工不同,读者对象也有所区分:"大抵日报则详于本国之事,而于外国之事则为旁及。旬刊则详于外国之事,而于本国之事则为附见。阅报之人亦可分为二类:大抵阅日报者,则商贾百执事之人为多,而上焉者或嫌其陈述之琐屑。阅旬报者,则士大夫读书之人者为多,而下焉者或病其文字之艰深。"①旬报的对象是士大夫知识分子,报道内容重在国外;而日报的读者则是普通百姓,报道内容重在国内。然而,《国闻汇编》的出版状况并不理想,先后出版6期,销路不好,每期只售五六百份,因赔不起而于1898年2月停刊。对此,严复进行了反思:"唯近来《汇编》所译印者,前半论说,均录西儒考求治化专书,意蕴根深,体例严密,若分期排印,则今日一鳞,明日一爪,读者懂不得其全书宗旨之所在矣。《汇编》后半均翻译洋报,又以先睹为快,积至一旬,已成旧闻,反不足以餍阅者之耳目。兹拟将每旬所出之《汇编》暂行停止,以其余力详印西儒专书,如赫胥黎治功《天演论》,斯宾塞《劝学篇》之类,继续将其全书印出,即由本馆出售。《汇编》后半所译登之洋报,一并刊之日

---

① 严复:《〈国闻报〉缘起》,《中国新闻事业史文选》,张之华主编,中国人民大学出版社,1999年版,第98页。

报,庶不至为失晨之鸡,贻后时之谓。"①严复已从《国闻汇编》的失败中充分认识到新闻时效性的重要,也反映严复对报刊性质认识的深化。其实,"严复办旬刊的失败主要在于他夸大旬刊内容高雅深入、全面系统的一面(这是他的偏好),使之更合适于书籍,因而不受读者欢迎,这一点上他不如《湘学报》的编者那样把握得准确。至于说辗转编译的洋报时效性会受影响,大概是一个借口,因为只要内容以知识为主的,时效性稍差并不成为主要病由。"②

《国闻汇编》内容广泛,举凡政治、文化、军事、教育、经济、贸易、金融、工业、农业等领域都有所涉及,内容译自英、法、德、俄、日等多国报刊。《国闻汇编》每期均有两部分内容,前半部为论著,主要是译稿,也有对外国情况和国外学术著作的介绍;后半部为译报,都是从外文报刊中翻译的新闻和评论。严复在《国闻汇编》上发表两部未完书稿:《天演论》和斯宾塞的《劝学篇》。《国闻汇编》最大的历史功绩,是发表了《天演论》。《天演论》是根据英国生物学家托·赫胥黎(T. Huxley)的《进化论与伦理学》翻译的。严复在译文中夹入许多按语来表达个人的见解和思想倾向。《天演论》中的诸多观点其实不是赫胥黎的,而是与赫胥黎的观点根本对立的斯宾塞的。赫胥黎强调优胜劣败、适者生存的观点只适用于自然界,而人类的社会伦理关系不同于自然法则。斯宾塞却认为自由竞争、弱肉强食也同样适用于人类社会,提倡社会达尔文主义。严复留学英国的时候,正是达尔文学说与斯宾塞的思想流行的时候,他同时接受了两种观点。严复接受了赫胥黎"天人争胜"的观点,又抛弃了斯宾塞的"任天为治"的主张,通过有目的增删与改造,把两种理论糅合在一起,并以按语的形式,强调物竞天择、弱肉强食、适者生存是自然和人类社会的共同规律。在西方列强侵略的严峻形势下,不能自强就会亡国亡种,严复希望中国人民团结一致,奋起自救,强国保种。经严复改造过后的赫胥黎的这部著作,成为维新派变法自

---

① 严复:《启事》,《国闻报》,1898年2月26日。

② 徐培汀、裘正义:《中国新闻传播学说史》,重庆出版社,1994年版,第165~166页。

强的有力思想武器,在当时起到了开启民智、推广科学的积极作用。

《天演论》出版以前,就在知识分子中产生了较大的影响。梁启超是最早读《天演论》译稿的一个人。《天演论》还没有出版,他就加以宣传,并根据《天演论》开始做文章了。康有为从梁启超那里看到《天演论》后,称赞严复所译"《天演论》为中国西学第一者也"①。夏曾佑更是"佩钦至不可言喻"。1898年《天演论》出版以后,在社会上产生了更广泛的影响。当时,小学教师往往拿这本书做课堂教本,中学教师往往拿"物竞天择,适者生存"做作文题目,青年们也往往不顾长辈的反对,偷偷地看《天演论》。鲁迅曾说,他"星期日跑到(南京)城南去,买来了白纸印的一厚本(《天演论》)"。不仅觉得书中写得很好的文字,而且"一口气读下去,'物竞天择'也出来了,苏格拉底、柏拉图也出来了"。尽管一位本家老辈严肃地反对,鲁迅"仍然自己不觉得有什么不对,一有空闲,就照例地吃侉饼、花生米、辣椒,看《天演论》"②。事实上,不过几年工夫,《天演论》就成为爱国人士的救国救民的理论根据,"物竞天择"、"适者生存"等名词,也成为社会上最流行的口头禅了。《国闻汇编》最早刊载《天演论》,这自然决定了其在近代天津新闻事业以致中国新闻事业发展过程中都具有相当重要的地位。

第三节　天津最早出现的外文报刊

随着天津成为商埠,外文报刊早在19世纪80年代初就在天津出现了,它早于天津最早出现的外国人创办的中文报刊,更早于中国人独立创办的中文报刊。在天津新闻事业的初创期,主要的外文报刊有《北方邮报》《中国时报》《京津泰晤士报》三种。

一、《北方邮报》

《北方邮报》(*Northern Post*)是在天津出现的的第一种外文报刊。《北方邮报》刊行于1880年至1881年间,主要刊登海关贸易统计之类的

---

① 参见王栻:《严复传》,上海人民出版社,1976年版,第43页。

② 参见王栻:《严复传》,第45页。

材料,非时事政治性质,社会影响很小。

二、《中国时报》

英文《中国时报》(*The Chinese Times*)与中文《时报》为同一报馆出版,创刊于1886年11月15日前后①,比中文《时报》晚六个月。《中国时报》是一张周报,主编为宓吉(Alexander Michie,1833—1902)。宓吉是英国人,1853年来华,从事商业活动,也为香港和上海的英文报纸撰稿。1883年来到天津,任伦敦《泰晤士报》驻华通讯员。主持《中国时报》后,宓吉被誉为在华外报中最有才能的编辑之一。宓吉认为,他的报纸不在于和上海的报纸竞争,而是要多花力气刊登北方地区的新闻,以形成自己的特色。《中国时报》重视言论,经常撰稿的有李提摩太、马丁(W.Martin)、英诺森(P.Innocent)、亚瑟·斯密斯(A.Smith)等,大多是中国通。雷穆所著的《天津小史》曾对该报作出评价:"中国时报的社评,公允精当而斐然成章;虽然篇幅有限,但可说是远东方面最好的报纸之一。"②《中国时报》还译载《时报》的一些重要文章。"从业务上看,该报被认为是外国人在华主办的第一流的英文报纸。"③《中国时报》因销路不畅于1891年停刊,被天津印刷公司所购买。

三、《京津泰晤士报》

《京津泰晤士报》(*Peking and Tientsin Times*)创刊于1894年3月,是由天津印刷公司创办的,也是北方影响最大的英文报纸。《京津泰晤士报》的首任经理和主编是贝令汉(William Bellingham),次年贝令汉逝世,由史密斯(A.M.Vanghan Smith)继任主编。伍德海(H.G.W. Woodhead)、彭纳尔(W.Pennell)等在中国有影响的英籍报人都曾先后主持该报笔政。

《京津泰晤士报》于1902年10月1日从周刊改为日刊。在欧战爆发

---

① 中文《时报》第145期《本报馆启》载:"订于西历十一月望日前后,每值星期出西字报一纸。"参见董俊蓉:《天津第1、2、3种近代报刊(中文)研究》,《天津出版史料》第五辑,百花文艺出版社,1993年版。

② 转引自胡道静:《新闻史上的新时代》,世界书局,1946年版,第26页。

③ 方汉奇主编:《中国新闻事业通史》第1卷,第370页。

不久,该报由伍德海担任编辑,"他对中外许多问题,都有坚强的主张,因此一时势力很大。有一位美国新闻记者曾评该报为'外人在华北的圣经'"。①

《京津泰晤士报》是天津英租界工部局的喉舌,重点报道京津地区和北方各通商口岸的新闻,对欧洲新闻除紧要者外很少刊载。它关注中国形势的变化,经常评论时事,条陈政见,并宣称该报的宗旨在于输入西方文化以激励中国的改革。辛亥革命及其后的一个很长时期内,经常发表诋毁革命,干涉中国内政的言论,曾遭到革命报刊的反击。

1930年10月,伍德海辞职,由彭内尔继任。天津沦陷后,在日本侵略势力的压制下,《京津泰晤士报》很少有走出英法租界的机会,1941年被迫停刊。

---

① 胡道静:《新闻史上的新时代》,第26页。

第二章　辛亥革命前后的天津新闻传播业

戊戌变法失败以后,中国政治斗争发生了重大变化。天津的新闻业和全国的新闻业一样,又出现了新的格局。1900年5月,八国联军攻入北京,造成了严重的民族危机。这时,不愿亡国灭种的天津人民,为挽救日益加重的民族危机,在资产阶级维新派试图进行自上而下的改良变法运动失败之时,爆发了反抗帝国主义的义和团爱国运动。在这个不可抵挡的事实面前,清政府不得已开始推行"新政",开报馆、办报纸成为应时措施,1902年的《北洋官报》就是当时的产物。同时,天津的知识分子也逐步从当时的思想禁锢下解放出来,初步萌发了社会的参与意识。他们在此期间创办各种类型报刊,一方面通过报刊介绍世界、传播新知、交流思想;一方面又以唤醒国民为己任,通过报刊揭露即将灭亡的清政府。本时期在天津不仅出现了以"敢言"著称的《大公报》,还出现了一些代表不同政党的报刊,一大批商业报刊、白话报和画报。这些报刊的大多数,在揭露清政府的腐败和卖国行径,揭露社会病态,批判旧陋习俗,宣传新知,倡导新风尚等方面,都发挥了一定的积极作用,有些报刊还办出了自己的特色。

第一节　英敛之时期的《大公报》

《大公报》是"中国历史上除了古代的封建官报以外出版时间最长的报纸,也是中国新闻史和全球华文传媒史上唯一拥有百岁高龄的报纸"。[1]

---

[1] 方汉奇:《前言:再论大公报的历史地位》,方汉奇等著:《〈大公报〉百年史》,中国人民大学出版社,2004年版,第3页。

《大公报》于1902年6月17日创刊于天津法租界狄总领事路（现哈尔滨道42号）。《大公报》百余年的历史大概可以分成四个时期：1902年至1916年为英敛之时期；1916年至1925年为王郅隆时期；1926年至1949年为新记公司时期；1949年至今为新生时期①。

1902年6月17日《大公报》创刊时，采用直排书版式，加细线版框，日出16版。第一版是报头占据右半部分，隶书直排"大公报"三个大字。"大公报"三字的上边是法文"L'IMPARTIAL"（无私之意），下边是"天津"的英译文"TIEN TSIN"，左边是西历纪年与馆址，右边是光绪纪年与期号。第一版的左半部分全部刊载"本报代派处"的广告。从第二版开始，依次刊登"上谕电传""宫门邸抄""路透电报""论说""时事要闻""中外近事""译件""附件""广告"等栏目。《大公报》在国内各大中城市设有65个代派处，在南洋、美洲、日本等地，也设有代销点。"开始时日印3800份，三个月后，增至5000份，成为当时华北地区一份引人注目的大型日报。"②

一、《大公报》的创办人英敛之

大公报的创始人为英敛之（1867—1926年），名华，字敛之，号安蹇，满洲正红旗人。英敛之家境贫困，他的父亲与长兄都是体力劳动者，他没有条件接受完整、系统的学校教育。20岁前后是英敛之的一个转折期，具体说来，有两个转向：

第一，英敛之由一介武夫而成为一个文人。英敛之在年少时一度习武，因为旗人习武可以入军籍，得粮饷。他在少年时给朋友的一封信中曾说："予以家贫亲老，无以为养，兼之多事待了，债负满前，每以拙于生计为忧。故自挽弓操臂，俟挑入勇时，得补粮饷，尚为一线之路。所以不惮烦劳，每日挽六力弓逾百膀也。但祝彼苍，悯予苦心，曲赐矜全，则一枝有托，不复奢望矣。"③英敛之在他的文集《也是集》的《自序》中

① 参见吴廷俊：《新记〈大公报〉史稿》，武汉出版社，2002年版，第2页。
② 方汉奇等著：《〈大公报〉百年史》，第11页。
③ 转引自：王芸生、曹谷冰：《英敛之时代的旧大公报》，《文史资料选辑》第9辑，中华书局，1960年版。

也曾表白："仆以一武夫,不屑于雕虫刻篆。顾石可掇三百斤,弓能挽十二力,马步之射十中其九,每借此自豪。然此等伎俩,见遗于社会,无补于身家,遂弃之。弱冠后知耽文学,则又以泛滥百家,浏览稗史佹渊博;甚至穷两月之目力,读《四库提要》一周,亦足见其涉猎之荒矣。"①由此可见,英敛之习武是为了维持生活。后来,他转而从文,依然是为了生活。困苦的生活,磨炼了英敛之的意志,也使英敛之形成了愤世嫉俗的优良品格。英敛之对"奸贪误国,豪暴虐民"的"达官显爵"尤为痛恨,正如严复赠送给他的一副对联所云:"能使荆棘化堂宇,下视官爵如泥沙。"②

第二,英敛之确立宗教信仰,信奉天主教。英敛之喜欢读书,而且"尤爱哲学之探究。故虽为青年,而能广涉佛、道、回诸家诸教之书"。③在广泛涉猎的过程中,英敛之找到了自己的宗教信仰,"自22岁信奉了天主教"④。此后,英敛之自学了法文,因为当时的天主教中国教区归法国管辖。从此,英敛之与天主教徒与外国神甫及社会名流发生了交往。

总之,这两个转向提升了英敛之的思想境界,奠定了英敛之的思想基础,这对英敛之以后的创办生涯产生了重大影响。

甲午海战前后,英敛之携家颠沛流离,过着困苦的生活:"米完柴罄,只余三洋元,每日五口用度,倘事不足,后此实难办理也。"⑤为了谋生,英敛之于1900年3月来到了云南蒙自法国领事馆做文案工作。1900年8月,英敛之回到了经过八国联军洗劫的天津,他"目击神伤,不能自已"⑥。为了养家,英敛之于1900年10月又来到了上海,给三个外国人做汉语家庭教师。1901年4月,英敛之回到天津,适逢紫竹林天主教总管柴天宠提议集资办报,并邀请英敛之主持报馆工作,这样,英敛之开始了创办《大公报》的历程。经过一年多的艰辛努力,《大公报》于1902年6月17日创刊。

---

① ② 转引自王芸生、曹谷冰:《英敛之时代的旧大公报》,《文史资料选辑》第9辑。

③《英敛之先生传记资料》,转引自方汉奇等著:《〈大公报〉百年史》,第3页。

④ 王芸生、曹谷冰:《英敛之时代的旧大公报》,《文史资料选辑》第9辑。

⑤《英敛之日记遗稿》,第121页,台北文海出版社,1974年版。

⑥《英敛之日记遗稿》,第186页。

二、《大公报》的报道特色

《大公报》的创刊号，刊载了英敛之的序文："岁辛丑，同人拟创《大公报》于津门，至壬寅夏五而经营始成，推都门英华氏董其事。报之宗旨，在开风气，牖民智，挹彼欧西学术，启我同胞聪明。顾维浅陋，既惧且惭。兹当出报首期，窃拟为之序曰：忘己之为大，无私之谓公，报之命名固已善矣。夫徒有其名毫无其实，我中国事往往而然，今此报得毋亦妄为标榜而夜郎自大济私假公乎？抑果是是非非原原本本而一秉大公乎？要之，亦自未敢定其如何也。凡事于初创之时，譬如人当幼稚，志趣虽佳，历练尚少，精神未旺，疏漏必多。迨久而久之，或能取长舍短，推陈出新，渐入自然，折中一是。故本报断不敢存自是之心，刚愎自用；亦不敢取流俗之悦，颠倒是非。总期有益于国是民依，有裨于人心学术。其他乖缪偏激之言，非所取焉；猥邪琐屑之事，在所摈也。尤望海内有道，时加训诲，匡其不逮，以光吾报章，以开我民智，以化我陋俗而入文明。凡我同人，亦当猛自策励，坚善与人同之志，扩大公无我之怀，顾名思义，不负所学，但冀风移俗易，国富民强，物无灾苦，人有乐康，则于同人之志偿焉，鄙人之心慰已。"①由此可见，《大公报》就是取"大公无私"之意。《大公报》序文是英敛之新闻思想的首次集中阐发，此后，英敛之在十余年间的办报活动中，他的新闻思想日臻成熟，而他的新闻思想也影响了他的办报活动。具体而言，这一时期的《大公报》在宣传报道方面具有如下特色：

（一）肩负开启民智、转移风俗的重要使命

在英敛之看来，"新闻纸者，近世文明之一大原动力也，其笔锋之所至，则有利用人类所禀有之喜怒哀乐爱憎以左右之，非宗教之大力所能及也。其记述之所及，则有陶冶国家所固有之政治风俗人情以转移之，非帝王之权势所能比也。凡势力所能及，感化所必到者，毕莫非新闻纸活动范围之内。"②新闻纸具有陶冶国家政治、风俗与人情之巨

① 英敛之：《大公报序》，《大公报》1902年6月17日。
② 《论新闻纸之势力》，《大公报》1908年8月24日。

大功能,这一功能是宗教势力所无法实现的,也是帝王之权势所达不到的。正因如此,英敛之把《大公报》的宗旨定为"开风气,牗民智,挹彼欧西学术,启我同胞聪明",从而把开化民智、改造国民这一沉甸甸的使命捐到了自己的肩上。

英敛之急切呼吁中国人都来阅报。《大公报》创刊第6天,即1902年6月22日,就在头版的显著位置刊载了论说文章《原报》。该文历陈西方各国报纸之源流及作用,指出,西方各国报纸林立,人们"视报纸竟如性命,若与水火饮食同为养生具",并希望,中国能像西方国家那样,"男女大小富贵贫贱莫不识字,莫不阅报"①。《大公报》创刊第21天,又刊载论说文章《论阅报之益》,历数读报的种种好处:"吾请更举阅报之益,以质天下。今夫国家建一议行一政,君若相谋之于上,百司庶职奔走承奉于下,而乡曲下士草野编氓或不能遍喻其故,虽有上德而莫之宣,虽有下情而无所抒,阅报则政事得失灿然共明,此其一矣。乱民蠢动贻祸国家,立约通商动关全局,利害之巨国人所当并目注视者也。而报章所记语焉能详,曲折既呈,趋避斯悉,此其为益二矣。平权均势之说,各国外交家讲之最明,行之尤力,公法有时不必遵条约,有时不必守我,虽适当其冲,而彼中大小异形,强弱异宜,或甲起而乙仆,或西缩而东赢,竞争愈剧,权势愈明,彼我同舟,谓宜自镜。苟不阅报,乌由了然?此其为益三矣。学问之事演而益上,泰西近百年来智术之日辟,技艺之日新,如风起潮涌,瞬息改观,不可遏止。恫我士夫莫肯措意,坐使神明之胄侪于半化,民业不振恭然有不足自存之惧,此诚可谓太息者也。惟阅报则知某国多新学某人创新艺,观感兴起实在于兹,此其为益四矣。"②办报有益于国家的兴盛,阅报有益于民智的开化,所以大力倡导中国人阅报。

英敛之积极利用《大公报》做好开启民智的舆论宣传,《大公报》"倾向'西学',反对保存'国粹';宣传科学知识,威风凛凛反对封建迷

---

① 《原报》,《大公报》1902年6月22日。

② 《论阅报之益》,《大公报》1902年7月7日。

信;提倡办新学堂,反对科举制度;主张多立报馆,反对思想专制。在当时,做了许多具体的资产阶级思想启蒙的工作。"①所有这些无疑都有利于民智的开发。

《大公报》还积极致力于国民性的改造。国难当头,社会民众却对国家的前途与命运不闻不问,呈现出麻木不仁的状态。为此,《大公报》屡屡撰文,批评、痛斥这种现象,其目的是激发中国民众的爱国热情。英敛之撰文阐述爱国心的重要作用:"国者何?民众团体之所由成也。爱国心者何?思所以固结团体,保持爱护之也。保持爱护者何?不使异族侵害我之自由,致失其权利也。谁人当具爱国心?凡属人类,无不当有之也……然则我中国人爱国心,何以若是其弱薄?曰:以国家为一人之私物,难责以人人真之;以国家为公共物,则人人不得不爱之。西儒谓专制之国,爱其国者,只有一人,其是之谓也。"②英敛之认为,中国受侵略的根源是民众缺乏爱国心,而中国民众缺乏爱国心的根源是中国的封建专制统治,英敛之不仅具有爱国主义思想,而且具有反封建专制的思想。英敛之还指出,"夫政尚压迫,则迫民无爱国心;官贪吏横,则纸民无爱国心;无纯正宗教,则民昏昧涣散,而不能有爱国心。"③可见,英敛之把中国民众缺乏爱国心的另一根源归结于中国"无纯正宗教",这一思想再现了一个虔诚天主教徒的独特理论视角。

(二)敢于批评时政,发挥舆论监督的重要职能

《大公报》一直具有敢言的传统。《大公报》刚一创刊就明确宣称:"本报但循泰西报纸公例,知无不言。以大公之心,发折衷之论:献可替否,扬正抑邪,非以挟私嫌为事;知我罪我,在所不计。"④这是英敛之对报刊舆论监督功能的首次阐述,后来,他又将报刊的这一功能细化为

---

① 方汉奇等著:《〈大公报〉百年史》,第33页。

② 转引自方汉奇等著:《〈大公报〉百年史》,第26页。

③ 英敛之:《爱国心之派别》,转引自方汉奇等著:《〈大公报〉百年史》,第27页。

④ 《大公报出版弁言》,《大公报》,1902年6月18日。

"国民之向导"，"政府之监督"①。

《大公报》以"大公之心"，通过大量的新闻报道来指陈时政，对清政府及一些高官大吏的行为进行舆论批评。1902年袁世凯在天津做直隶总督，《大公报》却经常点名批评天津秕政。1905年，《大公报》拒登美国广告，支持反对美国虐待华工运动，从而惹怒了袁世凯。袁世凯以"有碍邦交，妨害和平"之名，下令禁邮禁阅《大公报》，《大公报》毫不畏惧，在8月17日头版头条的显著位置刊载文章《特白》，抨击袁世凯。1907年7月，清政府杀害了革命党人徐锡麟与秋瑾，7月30日的《大公报》刊登了《党祸株连实为促国之命脉》一文，力加挞伐清政府"野蛮凶残行径"。1908年，清政府以"官办"、"国有"之名拍卖筑路权，《大公报》于8月13日、14日连续刊载长文《论官办铁路之恶果、忠告邮部警醒国民》，批评清政府"畏惧外人"、"压制国民"之恶行。1910年，各地立宪派人士先后发起三次大规模的国会请愿活动，《大公报》都给予强有力的舆论支持。1915年，《大公报》坚决反对卖国"二十一条"，反对段祺瑞内阁发动的满蒙五路对日贷款，反对袁世凯称帝。《大公报》在办报实践中一直恪守对读者做出的"知我罪我，在所不计"之承诺。

(三)反对严设报律，力倡新闻自由

通过制定"报律"来钳制新闻自由，是晚清政府实施新闻统制的一个重要手段，《大公报》坚决反对"严设报律"：严设报律者，是"异想天开"，究其实质，无非是"售阻挠之术以图博顽固之快"。中国数千年"官场之情状"是"舍攻讦不可以升官，舍贿私不可以发财"，"以若斯之官律，且欲效各国之厘正报体，是何异绘虎类犬，画竹成柳？匪难振报界之精神，实徒贻外人以笑柄也。"②

《大公报》反对严设报律，是为了倡导新闻自由。"言论自由者，世界所公认也，况吾国预备立宪之声虽震于耳，而开设国会之期尚未可卜，今日所赖以代表人民忠告政府者，惟此新闻耳。若并此而亦不许其

---

① 《说国家思想》，《大公报》，1904年9月10日。

② 《严设报律问题》《大公报》，1902年11月23~24日。

昌言,又何庶政公诸舆论之足云哉"。①

《大公报》对新闻自由的倡导在有关"沈荩案"的报道中得到了充分体现。

1903年,新闻记者沈荩取得《中俄密约》的全文,并在日本报纸上公开发表,消息传到中国,群情激愤。1903年7月17日,清政府拘捕沈荩,慈禧太后懿旨"立毙杖下"。《大公报》从7月21日至9月16日,对"沈荩案"进行了为期近两个月的连续报道。如,7月21日《大公报》首次发表相关消息:"肃亲王于二十三日②奉旨交拿人犯3名,于虎坊桥地方拿获。至其被拿之故及所拿者何人,俟访明再布。"③8月4日,《大公报》报道了沈荩受刑的情况:"拿交刑部之沈荩,于初八日被刑,已志本报。兹闻是日入奏请斩立决,因本月系万寿月向不杀人,奉皇太后懿旨改为立毙杖下,惟刑部因不行杖,故此次特造一大木板,而行杖之法又素不谙习,故打至200余下,血肉飞裂犹未至死,后不得已始用绳紧系其颈勒之而死。"④9月16日,《大公报》对沈荩受刑情况还进行了后续报道:"探闻刑部司官,自杖毙沈荩后,托故告假者颇多,皆以杖毙之惨,不忍过其地。出而述其始末,照录于后,以补各报之缺。当杖毙时先派壮差2名,打以80大板,骨已如粉,始终未出一声。及至打毕,堂司均以为毙矣。不意沈于阶下发声曰:何以还不死,速用绳绞我。堂司无法,如其言,两绞而死。"⑤沈荩案传出后,在社会上引起强大反响,这与《大公报》的详尽报道有着直接关系。

(四)要求慈禧归政,主张君主立宪

英敛之坚持改良派立场,他主张清政府效法英、日等国,实行君主立宪,同时要求慈禧归政。每年阴历六月二十六日是光绪帝的生日,《大公报》都要表示庆贺。1903年8月18日(阴历六月二十六日),《大公

① 《新闻纸之势力》,《大公报》,1908年8月25日。
② 光绪二十九年五月二十三日,即公元1903年7月17日。
③ 《时事要闻》,《大公报》,1903年7月21日。
④ 《时事要闻》,《大公报》,1903年8月4日。
⑤ 《时事要闻》,《大公报》,1903年9月16日。

报》在报头旁边的显著位置刊登庆贺广告:"恭贺大清国大皇帝万寿圣节:一人有庆,万寿无疆;宪法早立,国祚绵长。本馆敬祝。"同时,《大公报》还刊发题为《本日庆贺万寿之感情》的"论说"文章,大加称颂"皇上",并阐发立宪思想:"中国之政体不改良则已,欲改良惟有立宪。吾甘与维新诸少年作反对,偏尊崇我皇上,偏属望我皇上,我皇上将来必可以立宪,以救我国民四百兆生灵之众,以奠我国家亿万年有道之长。"1903年11月3日还刊登了题为《论立宪之要素》的"论说"文章,指出:"世界无开通而不成立之国,世界亦即无不开通而可成立之国。无他,开通不开通之征,一视诸宪法成立不成立,而即以觇国家之成立不成立也。宪法不立,则虽其国强盛,终滋危殆之忧,如今日之俄土是;宪法苟立,则虽其国狭小,已固雄富之基,如今日之德日是。若是者,知宪法之与国家诚所谓不可一日或离者。"

从1905年开始,《大公报》每年举行一次纪念性征文活动,都以立宪为题。1905年4月,该报公布的1000号征文题目是《振兴中国,何者为当务之急》史彬、何瑞堂、大悲等人的应征文章都主张"变专制为立宪,实为当务之急"[①]。1908年2月10日,《大公报》公布的2000号征文题目是《实现立宪之政体如何》1910年11月30日,《大公报》3000号公布的征文题目是《立宪国之要素,一曰国会,一曰宪法。然当预备立宪之时,究应先开国会而后定宪法欤?抑应先颁宪 法而后开国会欤》《大公报》对以强大的舆论声势进行有关君主立宪的宣传。

(五)倡导白话文,开启白话文运动的先河

《大公报》创办之初,就本着"为开民智起见,多半是对着平等人说法,但求浅、俗、清楚"的原则提倡白话文。《大公报》创刊当天,就在"附件"栏目中刊载了一篇题为《戒缠足说》的白话文章,内容是反对女子缠足,提倡女子读书。从1902年至1905年8月17日止,《大公报》一直沿用"附件"作为白话栏目。

1904年,英敛之选辑《大公报》刊登的白话文汇辑成书,取名为《敝

---

① 《振兴中国,何者为当务之急?》,《大公报》1905年4月13日、4月21日、4月27日。

帚千金》,全书的内容分"开智""避邪""合群""劝戒缠足""寓言"等五类。到了1908年,《敝帚千金》已汇集了30册,除附报赠送外,另行装订销售达数万册之多。

从1908年开始,白话文栏目逐渐发展,"专件""演说""广告"等栏目都开始广泛刊载白话文文章。如,1908年8月"专件"栏目连载《违警律白话释议问答》,1908年12月28日"演说"栏目刊载白话文章《年轻之过》,1918年"广告"栏目刊载的《张氏一家大得幸福》,用白话来介绍"中将汤"的药性与价格等。

1908年《大公报》敬告读者,以开风气为由,不再坚持白话,但《大公报》毕竟开启了报刊白话文的先河,功不可没,正如英敛之在1905年8月20日《本馆特白》中所说:"中国化文之报附以官话一门,实自《大公报》创其例,以其说理平浅,最易开下等人之知识,故各报从而效之者日众。"英敛之在《敝帚千金》一书的自序中也曾说:"看见别家的报,常有抄我们白话的。也有在各报附一段白话的,可见好善之心,人有同情。"①《大公报》在推行白话文方面有着卓越的贡献。

(六)重视女性,传播女学

《大公报》高度重视女性,积极倡导女学。《大公报》创刊刚满一周,就刊载文章倡导创办女学堂,对"女子无才便是德"那句古语提出批评,明确指出,许多外国妇女比中国许多男人还出色,恰恰是从念书认字里得来的好处②。《大公报》对女学的倡导,"并不只停留在舆论呼吁上,而更注重通过新闻报道,来直接促进女性素养的提高和女学的发达。因此,在言论上倡导女学、放足的同时,《大公报》在新闻报道上也很注重对当时各地女学、女校办学情况的及时报道。无论大江南北,凡是有关办女学的信息,该报都仔细收集,予以报道。同时,对西方文化女性的介绍也自然成为该报的一项经常内容,如关于美国女律师、女

---

① 转引自:蔺安:《〈大公报〉开白话文之先》,《天津报海钩沉》第67页,《天津文史资料选辑》总第96期,天津人民出版社,2003年版。

② 参见《讲女学堂是大有关系的》,《大公报》1902年6月24日。

医生等的报道与赞扬等。在提倡废缠足的同时,该报还报道了各地办戒缠足会的消息,以及女子放足的信息。这些信息在《大公报》上俯拾即是。"①

《大公报》之所以下大力气倡导女学,源于《大公报》对女学问题的正确认识。《大公报》认为,"女子为国民之母",只有女子是"明白事理的人",才"能够管教出来好孩子","女子有了好智识,不愁将来的国民,没有家庭的好教育"。兴办女学"往大处说,关乎国家的强弱兴衰;往小里说,也关乎风俗人心"。因此,"讲究强国的法子,先由女子教育入手"②。"女学之兴,有协力合群之效,有强国强种之益,有助于国家"③。兴办女学不仅仅是解放妇女的问题,而且还关系国运的兴衰,为此必须提倡。

《大公报》不仅在言论与新闻报道方面倡导女学,还积极吸纳女性参与到具体的新闻工作中来。最早为《大公报》采写新闻的是英敛之的夫人爱新觉罗·淑仲。淑仲是皇族,"时侍慈禧太后,屡为《大公报》写宫廷通讯,颇为精彩"④。而"加入《大公报》的第一位正式女新闻工作者是吕碧城"⑤。安徽旌德的吕凤岐是光绪三年(1877年)的进士,他有四个女儿,都以诗文见长,其中三女儿吕碧城声誉最佳,后来成为"南社"成员,柳亚子称赞她"足以担当女诗人之名而无愧"⑥。1904年4月至9月,吕碧城受聘担任《大公报》的编辑,为《大公报》撰写了一系列提倡女学、倡导女权的论文与诗词,在京津地区产生过较大的影响,革命家秋瑾曾经专门莅临津门探访吕碧城。当时给《大公报》撰稿的还有吕碧城的两个姐姐吕惠如、吕眉生,此外还有女教员陈作新、"紫英女史"等。《大公报》以实际行动给当时的女学运动以强有力的支持。

---

① 方汉奇等著:《〈大公报〉百年史》,第62~63页。

② 《国民之母》,《大公报》,1908年9月22日。

③ 《论提倡女学之宗旨》,《大公报》,1904年5月20日。

④ 张篷舟:《大公报大事记(1902—1966)》,《新闻研究资料》总第7辑,新华出版社,1981年版。

⑤ 方汉奇等著:《〈大公报〉百年史》,第65页。

⑥ 转引自方汉奇等著:《〈大公报〉百年史》,第66页。

三、辛亥革命中《大公报》的政治倾向

1911年10月10日,武昌起义爆发。《大公报》除了做一些消息性质的报道外,还发表了不少对于时局,特别是对于革命党、清王朝等各种势力的评论。透过这些评论不仅能够为全面认识辛亥革命提供一个独特的视角,更使我们看到了《大公报》的政治倾向。

(一)对武昌起义予以同情

武昌起义爆发后,时人对其性质、发展和结局很难有准确清楚的认识,未必预料到这一事件会为清王朝的灭亡拉开帷幕。从中国传统社会的一般观念而言,揭竿而起,反抗统治当局的行为是要冒很大风险的。对于这种事件媒体往往是持批判态度的,即使不如此,也会相当谨慎。然而《大公报》对这次起义却有自己独特的认识。

10月13日,《大公报》在一则《闲评》中先概括说了一番时局,然后笔锋一转写道:"呼嗟革党!呼嗟川民!何苦以满腔劲血为肉食者升官发财之资料呼?"①此时的《大公报》并没有指责革命党起事的行动,反而多多少少表达出一种与对因保路而揭竿而起的川民一样的同情。《大公报》在革命党人举行起义后发出这样怀有同情的感叹,实在是不同寻常。

而对于此次起义发生的经过,《大公报》也有颇为大胆的推测。《大公报》的编者未必知晓起义筹划的详细过程以及当时武汉市面的情况,但是他们却断定起事是经过详细谨慎之策划的。在他们看来,革命党"处心积虑,谋发难于是邦也,必已匪伊朝夕。而于事前之布置,事后之继续,亦必筹之已熟用,"并称革命党人能够做到如此周密,真是"何其易也!"②事实上,武昌首义能够在当时当地发生,显然是多方面因素共同作用的结果,而本身的具体过程,带有相当的偶然性。1911年9月24日,湖北革命党人团体共进会与文学社召开联合大会,共同商量首义计划。起初决定10月6日中秋节为起义日。然而由于南湖炮队自发暴

---

① 《闲评一》,《大公报》,1911年10月13日。
② 《言论·读二十、二十一两日上谕赘言》,《大公报》,1911年10月14日。

动后，社会上纷传"八月十五杀鞑子"而引起了官方的戒备，不得已又把日期推后到10月11日。如果不是10月9日宝善里革命党秘密机关制造炸弹时爆炸事故的巨响，也许这段历史就又要改写了。而《大公报》带有推测的评论，带有强烈的同情与认同的色彩。不过《大公报》认为革命党起事必然会带来社会秩序的混乱和不可预测的损失。因此，在10月31日指出："革党一起而举武汉，其势虽可畏，其祸虽甚烈，然根本未坚缮备，未完，岂肯轻离其基础……即推进一步言之，革党万一思逞于北方，亦思彼之所疾恶之专制之政府而已，虽未必心口如一，然亦何致如盗贼之肆行掠杀呼？"①在《大公报》看来，革命党人的起义会造成破坏，带来可畏之祸，但是他们不会轻易离开武汉而北上，即使革命党的军队北上，其矛头所向也是"专制之政府"，不会像盗贼土匪一样对无辜民众"肆行掠杀"。这表现了《大公报》对革命党人这次武装起义基本性质的正确认识。

而对于清王朝，《大公报》的指责之词就显得比较直接明确了。这在10月19日的一篇题为《军变民变之纷纷》的"代论"中表现得尤为突出。文章认为，武昌起义以及后续各省的先后响应都应该归咎于清王朝的"大失军民之心"，而"军队离心绝非一朝一夕之故，使无所感触历久相安于无事，谁肯弃财产、轻性命以蹈于危亡？"②在指责清朝政府的同时，也含蓄地表达了对此次革命正义性的肯定。此外，对于各地清朝官吏在革命风潮来临之时的情状，《大公报》也十分巧妙地描述了一番："官吏闻得革党的风声也有一个字诀，曰：抖。官吏见了革党的踪影也有一个字诀，曰：逃。官吏预防革党的方法也有一个字诀，曰：躲。官吏辨别革党的眼光也有一个字诀，曰：瓣。"③其讽刺揭露意味可谓淋漓尽致。

武昌首义后，仅在当月就有湖南、陕西、江西、山西、云南诸省相继

①《言论·为本埠人心慌乱正告大吏与居民》，《大公报》，1911年10月31日。

②《代论·军变民变之纷纷》，《大公报》，1911年10月19日。

③《闲评一》，《大公报》，1911年10月24日。

宣布独立。进入11月后,上海、浙江、江苏、安徽等也先后独立,这些中国最为富庶的地区的独立使得革命党人的声势更为浩大。随后出版的《大公报》开始把革命党与清政府进行对比,其中的政治倾向与态度的分野也就更为明显了。

《大公报》认为此次起义绝非突然事件,而是革命党人长期奋斗的结果。11月17日《大公报》在一篇题为《论排满排汉之谬见》的文章里写道:"自欧美革命风潮浸灌于亚洲大陆,少年有志之士受外人之激刺,痛祖国之沦亡,乃组织此轰轰烈烈之革命党。十余年来前者虽踣后者又起,至今日而始成武昌革命之举,不逾月而响应半天下";对于促成革命的起因,则明确指出:"皆政府之专横残暴。"①

对于时局的前景,《大公报》亦有清醒的估计。11月23日,《大公报》指出,如今的清王朝"大势去者什九,存者什一。各省无可调之兵,无可筹之饷。大小臣工除一二有人望者外,皆不学无术,非临战而逃则残民以逞,与之同享富贵则有余,与之分担患难则不足";而革命党一方相反"则大开招贤之馆,高才卓荦之士,皆在其中,"相较之下,"二者不可同日而语也。"此外对于清王朝平定这场起义前景表示了极大的怀疑:"华侨诸商输金以助革命军者不下数百万,人心离散以至于此。以今日政府之实力,而欲平革党,不能无疑。"②《大公报》甚至明确断定:与旧政府相比较,"革军有后援,官军无后援,革军有接济,官军无接济。旧政府之人才,不及革军,旧政府之财力,不及革军,旧政府之民心更不及革军,揆只优胜劣败之理,淘汰固不待言……"③

辛亥武昌起义初期,《大公报》对于此次革命的同情,其实未必是在完全了解具体的情况后所表达出来的。之所以能够同情革命,甚至对革命党人的行动不乏称赞,一方面反映了其对清王朝专制统治的不满,甚至是憎恨;一方面也表达了对新的革命力量的希冀。作为中国北方舆论的领袖,《大公报》希望这场革命党人的起义能够给整个国家和

---

① 《言论·论排满排汉之谬见》,《大公报》,1911年11月17日。
②③ 《言论·论中国现在及将来之大势》,《大公报》,1911年11月29日。

社会带来新的气象,能够革去过去的专制与腐朽,从而开创一番救国救民的新局面。

(二)对革命党人日渐批评

随着1911年12月初南京城的光复,除直隶、河南、山东以及东北三省外,大半个中国都倒向了革命的一方。然而此后,《大公报》的态度开始发生微妙的变化,对于革命党人同情赞扬渐少,而批评指责日多。

12月5日,《大公报》首次对革命党人提出了直接的批评。当天的一则《闲评》不仅称:"人皆谓此次革命,谋造中国之幸福,对朝廷而泄宿怨。吾谓此次革命,是断送中国之前途,为外人代除后患",而且特别强调:"自革党起事,战死奚止数万,真正革党实寥寥无几。效死前敌尸骸枕藉者,无非可爱之学生。"甚至开始认为,"革党筹备数十年,自必有可恃之实力,精锐之军队,然后乘机而动,乃羌无所有,专以口舌上之虚荣鼓动青年弟子,利用其未定之血气,驱而纳诸硝烟炮烬之中……" ①其实,革命党起事的主力大多是二三十岁投身新军的年轻人,虽然其中不免有投笔从戎的学生,但也未必就像《大公报》中所指出的那样,似乎都是学生在参加战斗。况且,为什么先前没有提出这样的批评,反而表示过对革命党的同情。笔者觉得,这一转变似乎或多或少与江浙联军攻打南京过程中的伤亡较多,对社会造成一些破坏有很大关系。因为《大公报》接着在第二天的"闲评"中写道:"当革军未起事时,张勋在宁已久何以南京之人民安堵如故,南京之市面繁盛如故,未闻遭此惨剧……若以人道主义而论张勋固残酷,然革命军糜千万人之膏血换一空城亦觉于心太忍,况以张勋一人革军合三江之财力与兵力血战经旬仅乃克之,亦可见战事之未可轻量矣。"②从这一简单对比中,不难发现《大公报》态度转变背后的原因。

12月6日,清朝隆裕太后发布懿旨,准监国摄政王载沣退归藩邸,不再预政,而把一切用人行政都交由袁世凯负责。第二天,又发布懿

---

① 《闲评一》,《大公报》,1911年12月5日。

② 《闲评一》,《大公报》,1911年12月6日。

旨称:"现在南北停战,应派员讨论大局,著袁世凯为全权大臣,由该大臣委托代表人驰赴南方,切实讨论,以定大局。"①袁世凯即委任唐绍仪为全权大臣总代表,并组成议和代表团。随后,南方也组成了以伍廷芳为首的南方议和代表团,南北议和。然而,《大公报》对于革命党人更为严厉的批评也随之而来。先是告知革命党,停战与讲和已经为国泰民安提供了契机,并警告称:"如革命军仍持种族主义不计大局不顾民生,旁观者固无所容其置喙。若犹是政治主义则所争者在共和之实际不在民主之虚名,在一国之政权,不在个人之功业,今姑不闻,其利害得失,但就目前各方面观察之,亦当知所变计矣。"②进而对于当时革命阵营所处的政治地位,《大公报》也一反过去的肯定态度,转而强调:"以革军一方面而论以兵力占据者不过江鄂两省,其余虽宣告独立,然或主保守或主观望,其宗旨已不相同,况浙则分东西,粤则分南北。以一省而立两大都督其势已不能并立,久必成为割据之局以行其吞并之谋。"③

当时南方革命阵营正在组建临时政府,《大公报》对此十分关注。11月17日《神州日报》上刊登了所谓临时政府成员名单。这份名单中,虽有黎元洪、汤化龙、伍廷芳、张謇等加入革命阵营的旧军官与立宪派,但革命党人占据主要地位。④《大公报》对此表示了明显的质疑和强烈不满:"至于选举一事必得国民之同意始可谓之共和,今国会未开党人先已拟定某为总统某为国务大臣,即将来投票公举不过凭一二代表之私见以附和党人,试问各省果肯公认乎?"⑤《大公报》的倾向实际上是反对革命党人建立自己的政权。

---

① 观渡庐主编:《共和关键录》,《中国近代史料刊从·辛亥革命(八)》,上海人民出版社,1981年版,第71页。

② 《言论·对于革命军之忠告》,《大公报》,1911年12月10日。

③ 《言论·对于革命军之忠告》,《大公报》,1911年12月11日。

④ 金冲及、胡绳武:《辛亥革命史稿》,第三卷,上海人民出版社,1991年版,第478页。

⑤ 《言论·对于革命军之忠告》,《大公报》,1911年12月11日。

　　此后,《大公报》甚至把质疑与指责的矛头直指当时尚在归国途中的孙中山及黄兴等革命党人。12月13日《大公报》指出,既然"革军以君主立宪问题前曾质问政府,曰:满人非具有特体必欲临我四万万同胞之上,不知是何理由,真驳得无词可答",而"孙文黄兴亦非具有特体,必欲举为大统领大元帅以临我四万万同胞之上,又不知是何理由?"同时,《大公报》认为:"此次革命发起者为军队,响应者为人民,并非孙黄能力乃倡议之。黎元洪、程德全辈反瞠乎其后,更不知是何理由。"《大公报》甚至认为,"所谓皇帝也,统领也,一言以蔽之曰势力而已,并无所谓理由也。"①由此可见,《大公报》开始认为革命党排满之后要建立的不过仍是过去的皇权专制统治而已。这样,《大公报》改变了此前认为这次革命具有正义性与合法性的评价,否定了这场革命政治上的进步意义。在《大公报》看来,革命党以黄帝子孙为旗帜号召革命与其所倡导之民主政治是互相矛盾的。文章以质问和怀疑的口气写道:"革命党以皇帝为纪元,以皇汉为标识,其果黄帝之子乎? 抑皇汉之孙乎? 如谓黄帝之子孙则固俨然帝胄矣, 如谓皇汉之子孙则亦俨然皇族矣,以此二字大书于民主国旗之上,得毋以子之矛陷子之盾乎?"文章得出的结论是:"可知皇帝二字实为中国人之目的物,忻慕皇帝二字实为中国人之脑筋病所斤斤焉,力争民主者仍不过借以排满而已。"②很明显,《大公报》认为革命党人虽然倡导发动了革命,但依然摆脱不掉传统中国人想当皇帝的意识,这次革命无非是要借民主的旗号来实现推翻满族统治,实现汉族人做皇帝的事实罢了。

　　1911年12月18日,南北议和正式在上海开始举行。当南北双方因为是君主立宪还是民主共和而发生分歧后,12月22日的《大公报》特别提醒革命党人:"吾国革命党,既以共和号召同胞,虽欲改变方针,其势已难反汗。然吾国卧榻之旁,久有他人酣睡,今当同室操戈之际,倘因扰其清梦,而登我卧榻之上,不知革命党将以何法驱逐之。固吾今日政

---

　　①《闲评一》,《大公报》,1911年12月13日。

　　②《闲评一》,《大公报》,1911年12月18日。

体,无论为满为汉,总当以君主立宪为前提,今因争议君主民主问题,反使外人借口调停,借词干涉。如此而欲完革命之目的,呜呼难矣!"①此时,《大公报》对革命后的国家政治明确赞成北方提出的君主立宪方案,此文不过是借外人干涉来否定南方所提出的民主共和主张而已。

这一时期的《大公报》不仅再也找不到同情革命党的文字,而且借将清王朝与革命党进行比较,对革命党进行讽刺批评。如12月28日的"闲评"对"政府"和"民军"作了这样的评论:"政府以鼓吹民主,仇视报馆;民军亦以鼓吹君主,仇视报馆,是谓同一专制。政府以爱国公债,强迫亲贵;民军亦以爱国军饷,强迫商民,视为同一手段。政府以停战期内,违约进兵;民军亦以停战期内,违约进兵,是谓同一计划。政府欲以君主政体,运动外人承认;民军亦以民主政体,运动外人承认,是谓同一心理。呜呼!政府呼,民军呼,现象如此,其将为一丘之貉。"②从肯定革命党人这次武装起义的正义性,谴责清王朝统治的专制腐朽,到将双方视为一丘之貉,《大公报》政治倾向发生的急剧变化于此可见。

总的看来,这一时期《大公报》对于革命党人的批评有一些是有道理的,甚至是相当中肯的,但同时也不免染有大量主观臆断的色彩,有的甚至是过分夸大,捕风捉影。至于其中的原因,笔者以为应该是多方面的。《大公报》毕竟地处北方经济政治中心地带的天津,随着北方保守势力的日益膨胀,难免会受到一些影响。而南方革命党人虽然代表着历史进步力量,但在当时的历史条件下也难免有不甚妥当的举动,被舆论指摘也是不可避免的。

《大公报》所表达的态度,或多或少也代表了当时舆论界对此次革命大概方向的认识。

(三)对南京临时政府表示怀疑

1912年1月1日孙中山在南京就任临时大总统,中华民国成立。不

---

① 《闲评一》,《大公报》,1911年12月22日。

② 《闲评一》,《大公报》,1911年12月28日。

过,《大公报》对于这一革命政权以及革命党人的批评却没有任何缓和的迹象。1月9日,《大公报》以《道德心为革命之急需》为题,就道德心的具备对于革命的重要性做了一番强调,实际上表示了对这场革命或革命党人所具道德水准的怀疑。文章先是指出:"诸君今日革命之宗旨,不外乎挣脱强权之压制,谋求生存之幸福,破坏专制政府而建设一大共和民国也。但今日之破坏事业原为激愤力与反动力相合而成,其发端由于不平,其进行注于摧陷。"这里虽然没有明确指出此次革命是否具备道德心,但后一句的批评意味却是显而易见的。其后此文称:"设人人无道德心,只为私益私利是谋,则一切革命之经营,将悉成变幻泡影,终不免步洪杨之后尘,且不独步洪杨之后尘而已,恐由此演出瓜分之惨祸,中国之共和将永沉大海,……道德心实为今日之要务急需也。"①在文章看来,道德心对于革命而言是至关重要的。没有道德心,这场革命不仅不会挽救中国,反而会把这个国家引向歧途末路。

此外,《大公报》对于南京临时政府组成状况也颇抱怀疑的态度。1月11日的《闲评》认为:"中国省界之争由来已久,然在专制时代人民不知共和之义犹可说也。今民军动以共和政体号召天下,而新组织之共和政府,自大总统以下,大半粤人,西人谓之广东政府。吾不知所谓共和者一省之共和耶,抑全国之共和耶……如此而欲联合各省,联合满蒙回藏成一大共和国,吾未之敢言。"②这一批评未免有些夸张。南京临时政府的组成没能满足一些湖北革命党人的期望,引起革命党人内部的矛盾和不满。如果说新政府里广东人占到一半以上,甚至说成了广东政府,那就未免有些离谱了。其实新政府内阁中,只有外交总长王宠惠、财政总长陈锦涛、司法总长伍廷芳是广东籍,《大公报》的批评未免过于夸大。

当时,孙中山作为革命领袖而成为大总统是众望所归。不过,《大公报》对孙中山的政治能力抱有怀疑。在《大公报》看来,清王朝的专制

---

① 《代论·道德心为革命之急需》,《大公报》,1912年1月9日。
② 《闲评一》,《大公报》,1912年1月11日。

统治已经坏到了极点,现在要建设共和政体,不能不经过大破坏。但同时又指出:"所谓破坏者,乃破坏专制之政治学说,风俗习惯,非破坏人民之生命财产,国家之土地主权也。若以糜烂人民危害国家为破坏,则暴君污吏,土匪流寇,皆忧为之,亦何取乎革命哉。……然知有建设矣,而移头换面,徒称共和之名,未得共和之实,仍不过袭自古帝王之故智,专制之根,不能铲除,专制之毒,必将复发,故欲缔造共和国家,不可无大破坏真建设之能力,兼此者始可为新共和国之总统。"接着《大公报》又特别强调:"今南京组织共和政府,第一任总统首举孙文,夫孙固以洪秀全第二自命者,频年漂泊外洋,屡起屡蹶,是其才不尚足言破坏,何论建设。观其受任之始,首以排满为唯一之目的,以改历为伟大之政策,仍不脱易姓改元之旧知识,谓其无帝王思想,吾不信也。"①在这里,《大公报》不仅怀疑新总统的破坏专制与建设新共和的能力,而且对于新政府的政策也毫不客气地提出了批评和质疑。至此,《大公报》对以孙中山为首的中华民国南京临时政府的恶感达到了极点。

虽然以孙中山为临时大总统的南京临时政府已经成立,但袁世凯对最高统治权的争夺并没有停止。面对复杂的局势,孙中山不得已做出"如清帝实行退位,宣布共和,则临时政府决不食言,文即可正式宣布解职;以功以能,首推袁氏"②的妥协,对此,《大公报》也持讥讽的态度。《大公报》认为:"清朝皇帝尚未允认退位,临时大总统反先筹议禅让,皇帝退位,犹属前朝成例,总统禅让却是环球罕闻。盖总统由国民公举,前任总统与后任总统,断不得私自接受。今孙中山与袁项城约,袁能与清廷断绝关系,孙即辞职,命南京参议院举袁为总统,是俨然以总统一席,作帝位之禅让也。"③而此时《大公报》对于南北两方的态度,也出现了翻转。通过南北一些行为的对比,《大公报》含蓄而辛辣地表达对南京临时政府的不满:"政府代表可以至上海,民国代表不可至北

　①《言论·论大总统应兼具破坏建设之能力》,《大公报》,1912年1月18日。

　②《复伍廷芳电(一九一二年一月十五日)》,《孙中山全集》,第二卷,中华书局,1982年版,第23页。

　③《闲评一》,《大公报》,1912年1月31日。

京,此吾所不解者一;北省绅民可以通民党,南省官吏不可通官军,此吾所不解者二;北省报馆可以说民主,南省报馆不可说君主,此吾所不解者三;民军政府可以捕汉奸,北京政府不可捕革党,此吾所不解者四;南方军民可以杀官吏,北方官军不可杀土匪,此吾所不解者五;官军停战可以退百里,民军停战不可退一步,此吾所不解者六;十七票之总统,可以称民国,三百年之京师,不可称首都,此吾所不解者七。"①《大公报》的这些评论似乎居中南北,不偏不倚,但多有不恰当的类比或政治见解上的偏颇,实有失公允。

由以上所述可见,南京临时政府成立后,《大公报》的指责批评可谓激烈尖锐,但是其中有不少远离实际的情况。从上述文字里不难发现,《大公报》之所以把革命前后的一些情况进行比较,其中很多是因为新政府的所作所为并没有如同他们此前所期望的样子,他们似乎是怀着一种希望破灭后的失落来认识和批评新政权的。

此外,对于临时政府内务部颁布的《暂行报律》一事,《大公报》也和其他一些报纸一样表达了强烈的不满。《大公报》指出:"中国此次革命,不数月而大业告成,虽由军人发起之功,亦由报纸鼓吹之力。今共和甫定,方谓专制之弊,一扫而空,此后报纸更可言论自由矣。乃南京政府首以报纸为酬功之典,曰:停止出版,曰:按律科罚,曰:处以应得之罪。视满清报律为尤酷,此上海报界同盟会所以极端反对也。高鸟尽良弓藏,狡兔死走狗烹,……恐封禁拿办之祸,将接踵而至矣。"②这一《暂行报律》属南京临时政府内务部违反立法程序擅自颁行,孙中山得知后即令内务部取消了《暂行报律》,令称:"民国一切法律,皆当由参议院决议宣布,乃为有效。该部所布暂行报律,既未经参议院议决,自无法律之效力,不得以暂行二字,谓可从权办理。"③同时,孙中山复电上海报界俱进会及各报馆,作了说明:"民国一切法律,须经参议院议

①《闲评一》,《大公报》,1912年1月15日。

②《闲评一》,《大公报》,1912年3月15日。

③《令内务部取消暂行报律文(一九一二年三月九日)》,《孙中山全集》,第二卷,中华书局,1982年版,第198~199页。

决发布,乃生效力。此次内务部所布暂行报律三章,未经参议院决议,应作无效。"①此后风波遂息。当时上海具有一定影响的各种报纸达数十家,政治背景复杂,其中对南京临时政府的各项政策及举措不时加以批评及攻击者,时有所闻。这对于当时革命党人主持的南京临时政府的政治统治或有所不利,但在限制舆论还是尊崇法治两者之间,孙中山还是选择了后者,这既显示出其恪守政治原则的坚定性,更表现出对以法治国理想信念的执着和容纳各种声音的气魄。

由此可见,关于这个问题,《大公报》的批评言辞不免过于激烈。先是极言报界对革命的贡献,然后指责讥讽南京临时政府,危言耸听。这里或有为表达对南京临时政府的不满,借题渲染的嫌疑。

辛亥武昌起义爆发后,《大公报》予以高度关注,通过一系列文章对各方力量作了报道和评论。对于革命党人,《大公报》最初是表示同情的,然而随着形势的发展变化,其态度发生了明显的变化。不仅对革命党的所作所为几乎都提出了批评,此外还对于孙中山等革命领袖也表示了怀疑和不满,多方进行了指责批评。通过考察当时的历史,可以发现,在这些指责批评当中,有一些是比较中肯和客观的,但也有一些指责过分夸大或属捕风捉影, 或是希望借题发挥或者做某些渲染,来表达某些不满情绪。从这些评论中,我们不仅可以看到《大公报》在辛亥革命中的政治倾向,亦为我们认识辛亥革命在当时中国产生的影响提供了独特的视角。

第二节 天津的官报与商业报刊

一、官报

(一)《北洋官报》——中国第一份新式官报

《北洋官报》(又称直隶官报),创刊于1902年12月25日(清光绪二十二年十二月一日),为直隶地方当局主办的政府官报,初为隔日刊,后改十日刊,1911年10月停刊。

①《复报界俱进会及各报馆电(一九一二年三月六日)》,《孙中山全集》,第二卷,第191页。

现在的天津河北区狮子林大街与金纬路交口,也就是集贤书院旧址内,就诞生过一份袁世凯为迎合朝廷新政,上折子请示慈禧太后和光绪皇帝,最终获准制办的地方官报——《北洋官报》,这块地方正是策划创办该报的机构——北洋官报局。

1900年,康有为、梁启超与光绪小皇帝的百日维新失败后,中国内外交困,内有资产阶级知识分子改良夭折、义和团运动遭封建势力与资本主义侵略势力联合镇压,外有八国联军侵华、不平等条约的签订,以慈禧太后为首的清政府根基有所撼动,颜面大大受损。尽管骨子里反感改革,但为当时不堪的局势所迫,也不得不选择开"新政"以挽回丢掉的脸面,缓和内忧外患带来的双重压力。

既然要自上而下推行"新政"须有重要的传播渠道和宣扬工具为其服务,而报刊,尤其作为封建政府喉舌的官报,无疑是堪当此重任的首选。传递新政思想、传播官方信息、传承传统文化、引介西方先进思想文化,进而引导国民认清国内外形势并不断获得觉醒,既能满足清廷标榜"革新"、用"新政"修复封建政府形象的原始初衷,又能借此官方喉舌的舆论强势遏制民报在民间舆论中的影响力。于是,1901年4月,时任直隶总督兼北洋大臣的袁世凯给清廷上了一道奏折,"以宣德通情,启发民智为要义","讲求政治学理,破锢习,浛知识,期于上下同志,渐致富强"为宗旨创办一份新式官报,地点设在当时民办报业市场较为发达而官报相对匮乏的天津,即清廷推行新政的重镇。

北洋六镇,辖天津、山东两地,拱卫京城,大臣由皇帝任命,可直接办理外事,权力之重越过各地督抚。当时的北洋大臣袁世凯颇识时务,率先推行北洋新政。天津,作为北洋六镇的核心重地,成为清末新式官报的滥觞之地,也是情理之中的事情。清末民初的天津,出版业有所发展,全市外围内"兴学之风"盛行,教育和文化普及程度较高。与此同时,邮政事业也有了一定程度的发展,天津邮政总局借助大清邮政总办代发的优势,在全国十几座城市设有代销处,发行范围广泛,保证了报刊发行渠道的稳固与畅通,这些都为新式官报的发展营造出相对成熟的报业发展环境与人文环境。

1901年8月,北洋官报局成立,袁世凯针对当时天津民办报纸纷纷出版,但无一张官报,特地派人到日本选购最先进的印刷设备,并聘请日本技师指导。一切准备就绪后,1902年12月25日,《北洋官报》创刊,又名《直隶官报》。其办报宗旨为:"讲求政治学理,破锢习,瀹知识,期于上下通志,渐致富强。"身份是直隶地方政府官报,开始是隔日一期,之后改为10天一期,直至1911年10月停刊,总共不到9年时间。

·该报内容定位于政府公报,但没有拘泥于此,除了政府官方信息之外,还系统介绍了国外社会情况、外来的新思想、新知识,并对中国时下形势与不足之处提供了改革意见和措施,成为封建改革派的宣传工具。该报凭借官方传播渠道和信息,以及外来信息的引入,起到了"广见闻,开风气,而通上下"的作用。

《北洋官报》可以说是一份清末创办时间最早、最有影响力的地方政府官报,也是清末第一份新式官报。①毕竟在此之前,所谓的古代官报,并非纯粹意义上的政府机关报,更多的是停留在封建官文书的状态,具体来看,没有固定报名,没有自采新闻,更没有自己的评论,信息量小,覆盖面小,时效性差,别说外国人嘲笑它,就连国人也对它嗤之以鼻。

而《北洋官报》,虽说也是封建朝廷自上而下的官方行为,有点附会改革的味道,但却形成了报刊固定的内容、体例、办报思想、办报方法等相对完整的模式,相对于之前的封建官报——报房《京报》而言,有了很大的进步。《北洋官报》在维护封建统治的喉舌功能得以发挥的同时,也让清廷看到了这一推进新政舆论工具的重要作用。随后,1903年,南方又请办《南洋官报》,并由此带动了大多数地方和部门纷纷模仿《北洋官报》的潮流,揭开了"新政"的序幕,引发了清末10年新式官报的迅速发展。

然而随着辛亥革命爆发,清王朝覆灭,以《北洋官报》为代表的新

---

① 马艺、张培:《〈北洋官报〉——中国第一份新式官报》,《天津日报》,2009年4月5日,第五版。

式官报时代也随之终结。尽管新式官报标榜"新政",但仍然是维护封建统治的工具,带有一定的反动性,因此不得民心,而最终匿迹于时代的更迭中。不过,也不能不承认,由《北洋官报》引领出的新式官报模式,在清末推进朝廷"新政"、促进近代报业发展中,发挥了"启迪民智"、"开社会风气之先"的作用。

《北洋官报》由天津邮政总局承办发行。它借助大清邮政总办代发的优势,在山东、河南、江苏、浙江、湖北、湖南、江西、福建、安徽、广西、陕西、四川、广东等地的十几座城市设有代销处,因其刊登内容多是"圣祖庭训格言""宫门抄""上谕""奏议"等与朝廷公务活动有关的内容,加之发行范围广泛,故在当时曾起到清朝中央政府官报的作用。

(二)其他官报

在《北洋官报》出版的同时,天津先后出版的官办报刊还有:

《教育杂志》,直隶学务公所发行,1904年12月创刊,半月刊,1907年改为《直隶教育杂志》,1909年又改名为《直隶教育官报》,1911年9月停刊。

《北洋学报》,周刊,北洋官报总局于1906年1月出版,同年12月停刊。

《北洋法政公报》,北洋官报局主办,1906年9月创刊,旬刊。初刊时为《法政杂志》,1910年11月停刊。

《直隶警察杂志》,直隶警务公署主办,1910年9月19日创刊。

《兵事杂志》,北洋陆军主办,1910年创刊。

《天津警务官报》,1907年创刊,该报由官方命令各州县派销。

《警察报》,1907年5月19日创刊。社址在河北区狮子林桥。清政府在兴办报纸的同时,对报刊舆论进行多方摧残,如"禁阅禁邮"等,就是《大公报》也难免厄运。天津有一张《北方日报》1910年5月9日创刊,王厚齐、李秋岩等主办,社址设在河东区奥租界大马路。日出两大张。因该报馆所出广告有"以监督政府"等语,创刊当日被直隶总督衙门串通租界当局查封,被称为"天津最短命的报纸"。津京各报对此表示不满,在舆论的压力下,直隶总督衙门被迫同意该报继续出版。6月5日复刊,下午三点在新亚饭店举行续刊式,有百数十人到会。《大公报》社长英敛之发表演说,到会人员对政府嬉笑怒骂,庄谐杂出,并拍照留念。

二、商业报刊

天津自辟为商埠之后,因外有海运直通外洋,内陆交通发达,尤其地处京畿大门,中外商人相继涌入,成为北方第一大商埠。因此,天津的商报出现也较早。早在1880年与1881年两个冬季,天津即出版过一份小报《北方邮报》,此报虽非正式报纸,但它确是一份提供经济、商业信息的报纸, 比起在上海1889年9月创刊的第一张工商报纸《工商学报》要早9年。此后又发刊过《类类报》《北洋商报》等商业性报纸。到1905年出版了《天津商报》。

《天津商报》是天津商务总会的机关报, 创刊于1905年12月26日(清光绪三十一年十二月一日),馆址设在北马路商务总会内。创办人王贤宾(字竹林)即当时天津商务总会经理。因在1904年天津曾出版《北洋商报》,故该报报名上冠以"天津"二字,以示区别。报纸创办初期,聘请北京报馆主笔朱淇担任总经理,取名《天津》,后因朱淇一直没有到职,乃改聘刘孟扬任主笔,改名《天津商报》。刘孟扬是天津有名的士绅,旧学新学都有基础,曾任《大公报》主笔。在言论上代表工商界上层人士维护自身权益和社会参与的思想动向,编报的主导思想是鼓吹君主立宪,提倡兴办实业。曾发表论说《立宪与实业之关系》《救贫急策主要推销国货》等。与此同时,也时有批评政府和代商界呼吁的言论和报道。如关于津浦铁路南开设站之事批评地皮公司;《醒华画报》被砸,《天津商报》以《是何裁判》为题加以报道,在当时引起社会反响。该报还刊登小说,有的影射时事,也为天津各报之先。

《天津商报》的办报宗旨,在"天津商会为创办《商报》事致商部文"①中称:"今公议设立报馆,亦系振兴商务之一端。盖以商务无报馆,不能以图远大;报馆非赖电报迅速,不能以贯通各处货价、行情。且津

---

① 邹仆:《解放前天津市新闻事业发展概要(初稿)》,《新闻史料》第29辑,天津日报社新闻研究室编。

埠学堂林立,尤以阅新闻、开智识为要。职等此举为助学校、振商务,籍可收回言论之权起见。"这张报纸的栏目设置繁多,意图适应不同层次、不同界别读者的需求。有《邸抄》《谕旨》《论说》《演说》《公文录要》《电报译要》《商界汇闻》《学界汇闻》《路矿界汇闻》《国际要闻》《社会要闻》《琐闻汇志》《各国纪事》《巡警纪事》《官场纪事》《商会纪事》《各署批示》《各署告示》《译件》《专件》《丛谈》《杂俎》《小说》等。这种五花八门以"杂"取胜的编报风格,对以后天津各报有一定影响。

在此后,天津的商界及企业报纸还有:

《类类报》,商报,1898年创刊。

《华洋时报》,商报,1904年创刊。

《北洋商报》,1904年6月14日创刊。社址在法租界万国桥。

《白话报》,1912年创办,为顾琅创办的直隶国货维持会所办,宋则久主编,宣传振兴实业,强国富民的道理。

《售品所半月报》,1915年2月15日天津国货售品所(专售国货的商店)刊行一种八开小报《售品所半月报》,由该所总经理宋则久主持编写。编辑宗旨是:"提倡实业、鼓吹国货、激发道德、矫正风俗、灌输知识、传递技能。"报纸用中国传统的毛边纸铅印,每份售价1分5。内容有言论、要闻和小说等。另辟《童孩小岛》栏目刊登童话、歌谣等。该报经历了三个办报过程,中间曾两度停刊,于1917年因水灾停刊,1920年复刊,1925年再停刊,1935年最后停刊,先后出版了七年,是天津独有的一份由一家商店刊行的报纸。冯玉祥阅读该报,赞赏宋则久的观点和作风而与之结交。

《商联周报》,负责人张逊之。

第三节 天津的白话报与画报

一、白话报

中国第一张白话报是1876年3月30日由上海申报馆附出的《民报》。此后,在维新运动推动下,全国出现了大量的白话报纸。

义和团运动以后,清廷实行假维新,一向查禁的报纸此时放宽了政策,天津出现了许多报纸,其中不乏白话小报。天津出版的白话报,是1905年9月《大公报》附出的《敝帚千金》周刊,随报附送,也单独发行。该报登载的稿件全用白话写成。在《敝帚千金》的"凡例"中写着:"中国华文之报附以官话一门者,实自《大公报》创其例,以其说理平浅,最易开平常人之知识——今另出一编,逐日刊行,以餍阅者。"又说:"此编以警官邪、开民智、无背真理、普益国民为宗旨。"

这张报纸的读者对象是普通市民,因为它用白话文写稿,通俗易懂。它从身边小事议起,纵论国家大事,进行宣传教育。它以开民智、警官邪为宗旨。关于开民智方面的论文,归纳起来可分为三类:倡导移风易俗、灌输科学知识、进行品德教育。

在移风易俗方面,《敝帚千金》发表了大量的文章。首先就是戒缠足。文章指出:"中国有两件坏处,大坏处是缠足,小坏处是蓄辫(指男人)。"还指出:"应改掉三种毛病:缠足、早婚、吸食鸦片。"其次是批判重男轻女的思想。在一篇题为《生女儿的父母请看》中指出:"世界最不平等的事就是重男轻女,——东西各国的女子都有用处,——比起男子来,一样做事,毫无区别。——如果世界上的人全不生女子,岂不就到了世界末日了吗?"①在破除迷信方面发表的文章更是包罗万象,如批判"风水""相面""算卦""烧香""符咒"等。还有提倡丧事简办,主张戒赌、反对早婚、纳妾等。

在灌输科学知识方面,它向读者介绍历史、地理、自然科学方面的新知识。地理知识方面,该报介绍了欧洲、亚洲、中国的地理形势;历史方面,讲述了普法战争、埃及向英、法借债受害的经过以及德国首相俾斯麦的故事;在自然科学方面,则介绍了月球、虹霓、潮汐、地震等形成的原理;介绍了降雨和雷电殛人的道理以及电灯、风雨表、气球等新知识。在品德教育方面,该报重点鼓吹爱国主义,人人讲公德,还提倡发展工商业,兴办教育等。

---

① 邹仆:《解放前天津市新闻事业发展概要(初稿)》,《新闻史料》第29辑,天津日报社新闻研究室编。

在警官邪方面,该报根据马克思《法兰西内战》中的思想,提出了"公仆"论,指出因为官吏的"权位、势力、财产、名誉都来自国民,没有国民也就无须官吏,所以说官吏应当自居为国民的公仆"。不应当"骄傲自大,由着性欺负国民"。并提出具体要求:"在官场中,第一是不走门子,专凭才干;第二,绝不受请托,铁面无私;第三,不要不合理的钱,但守着俸禄……"这些观点现在看来,仍有一定的意义。不过,无论怎样,该报始终坚持君主立宪的立场,要官吏忠君爱民。

总之,《敝帚千金》最早倡导白话文,报纸接触到社会生活的许多方面,广泛联系了"文理不深的大众读者",传播了许多新的东西,在当时起到了一定的作用,有的还具有较深远的影响,其功绩是值得肯定的。

此后,天津又出现多家白话报。如:

《白话开通报》,1905年创刊。

《竹园白话报》1907年9月10日创刊,中医师丁国瑞主编。日刊。社址在北门外针市街小伙巷。丁国瑞希望通过这份报纸"辅教育之不逮,通上下之隔阂"。自《大公报》的英敛之创设《敝帚千金》附刊提倡口语式的白话文以来,《竹园白话报》紧随其后。天津报纸采用白话文一时成为风气。丁国瑞还将他在《竹园白话报》上发表的时评文章汇编为《竹园丛话》,先后出版了24集,以"敬慎医室"的名义印行。

《天津白话报》,1910年1月11日创刊。地址在旧日租界。

《公民白话报》,1910年温世霖等人创办。温曾领衔向国会请愿,1911年7月被捕,旋即发配新疆,该报停刊。

《天津白话报》,辛亥革命前出版。

《晨钟白话报》,辛亥革命前出版。

《白话晨报》,1912年10月10日创刊。日报。社址在南市广兴大街。社长刘仲赓、经理白幼卿。

《白话晚报》,1912年4月8日创刊。与《白话晨报》为一家。

《白话报》,1912年创刊。主编宋则久。

《白话报》,1914年5月1日创刊。创办人为马千里。南开学校出版。周报。

"五四运动"以后,各报都采用白话文,也就没有单独的"白话报"了。

二、画报

清朝末年,随着资产阶级民主革命运动的高涨和外国的压力,清政府被迫实行"新政"。天津是当时北方工商业比较发达的城市,又被清政府作为推行"新政"的实验地,资产阶级民主思想较为活跃。在出版界,一种刊载墨线勾画,以写实新闻报道为主,兼有讽喻时弊的漫画开始出现,此时宣传新思想、反对旧风俗的天津的最早画报《醒俗画报》应运而生。

《醒俗画报》创刊于1907年3月23日(光绪三十三年二月十日),创办人温子荣、吴芷洲,主编陆莘农(笔名新农、醒农、文郁),馆址在天津北马路启文西阅报社内,后迁城内鼓楼东大街。初为旬刊粉纸单页石印,32开,每册十图,折叠制订。封面绘有花卉,印有刊名,期数、地址、电话号码,内容不设栏目,一事一画,有叙有议。

画报自创刊开始即刊明宗旨:"本馆同人以唤醒国民,矫正陋俗为宗旨录事概用图说,以期人人易知易解"①,并郑重声明,如热心志士所投稿件,"有不符合本馆宗旨及本馆复查不实者概不登录",反映编辑的明确目的和态度。由于图画用素描和漫画形式,形象逼真,生动有趣,加上文字通俗,讽喻辛辣,很受社会欢迎。每期报刊初为铜圆七枚,后为六枚而页数不减,销量逐渐增多。除在本埠发行外,外埠在奉天、北京、保定、太原、开封、济南、烟台、镇江、上海、杭州等地设有代销处,甚至国外也可订阅。画报发行告白上表示:"本局送报不惜工资,风雨无阻。本埠送的早,外寄不隔日。"他们还在茶馆戏院及其他集会场所大力推销,如《大公报》1907年3月22日载:"昨广益善会之戏在立公祠早晚开演,来宾甚盛……有售《醒俗画报》及捐款。"可见该报推销不遗余力。

1907年6月吴芷洲和陆莘农脱离《醒俗画报》,另创《人镜画报》。7

---

① 梅素文:《天津最早的画报——醒俗画报》,《天津报海钩沉》,天津人民出版社,2003年版,第87页。

月14日第13期起,改为五日刊。1908年5月4日第72期起《醒俗画报》更名《醒华画报》,为三日刊。5月16日该刊又增发《醒华日报》双日刊,后改为日刊。内容除仍有一事一画外,增加简要文字报道的电讯、时事采新、车站记事等拦目。1908年10月30日馆址迁往奥租界大马路(今建国道)。此外,1909年1月29日起还刊行《天津两日画报》,每期六图,页首载"上谕录要"或"朝政录闻"。总发行所注明"醒华报馆"。

画报的创刊发行,正是清末立宪派要求速开国会请愿运动和革命派推翻清王朝的革命运动蓬勃发展的时期。1910年12月该报画了《学生为爱国流血二则》,描述北洋军医学堂学生方宏燕和北洋政法学堂学生江元吉在讨论国会请愿问题时分别断指割臂的惨烈景象,

《醒俗画报》的政治态度随政治形式而有所变化,开创初期主张君主立宪,支持立宪派。随着革命派推翻清政府的武装斗争越来越激烈,画报逐渐倾向革命,对辛亥革命进程做了热情报道。8月24日画报以《中山先生到津》为题,描绘海河远方河面,一轮船驶来,岸边人民挥帽欢迎的热烈场面。接着一期详细报道了孙中山先生在津两次演说的情形和内容。孙中山指出"吾国自改建共和,仅有其名,尚无其实,危险较专制时代尤甚",号召革命中人,"此时较破坏专制尤应牺牲一切千万倍共谋建设……"从支持立宪派到倾向革命派,正是《醒俗画报》的鲜明政治特点。

鞭挞清政府贪赃枉法的腐败统治和奴颜婢膝的卖国行径,是画报另一鲜明特点。一幅《贪官上下任》右边画一身穿官服骨瘦如柴、肩抗竹耙的官员上任,左边是他下任时肥头大耳、肩挑财宝的得意形象。

光绪末年,正是日本、沙俄争夺我东北领土、攫取侵略特权的危机时期。画报以鲜明的立场表示爱憎。画一日本人用一支竹竿挑着三个"省"字,嘴里说"我买的",在旁的中国官吏手捧三个元宝,口中说"我卖了"。编者还通过绘画,号召人们齐心协力起来救国。如画一只猎犬口含小兔,配诗曰:"救国何难,病在心路,真心望效,如犬搏兔。"这一幅幅画寓意深刻,文字生动,洋溢着浓烈的爱国主义精神。

　　画报的第三个特点是充分揭露清朝末年的社会病态。这是在每一期都占有多数篇幅的内容,诸如杀人、抢劫、偷盗、赌博、娼妓、迷信等等的事件。画报以消息报道形式,对每日发生的各种重大新闻一事一画,写明时间、地点、姓名、叙述过程原委,编者以文前标题、文后按语表示观点,文字简练,发人深思。对于封建迷信有《迷信误事》《女子算命者鉴》《邪教宜禁》等为题详细地记述发生在本地的真人真事,指出巫医、算命者的骗术,以及为了"敛财肥己"的"传道者",告诫人们"后有病幸勿再为其欺骗"。

　　在反对陋习的同时,对于当时出现的新思想、新风尚则大力宣传提倡,这是画报的第四个特点。1907年7月14日为八国联军攻陷天津城的国耻纪念日,启文日报社举办展览,画报展现一幅观众络绎不绝、踊跃参观的场面。文字写道,举办这一展览"俾人触目惊心,痛定思痛",使人回忆起八国联军入侵时"何等困苦何等流离",希望不要"好了疤、忘了疼"。

　　提倡放足新风,反对缠足陋习,曾经是当时天津社会的一件大事。一幅题为《文明一半》描写接受学堂文明教育的十几个女学生,都是缠足,步履艰难,指出"今日女学生仍居大半,岂该家长拘执旧见,尚有一半未文明耶"。按语议论说:"缠足陋习统环球五大洲论之,唯我东亚中国一隅,有百病而无一善,久为文明各国所诟病……"在戏剧舞台上,画报对"移风乐会"编演新内容的京戏大加赞扬。1911年7月该会在广东会馆、李公祠、升平茶园先后演出"国耻纪念"、"家庭教育"两出戏,有文有武、有说有唱。在题为《新戏志盛》画中指出这是"一日千里,大有进步"。

　　到1912年5月至1913年1月(1401期至1618期),一种叫《醒华报》日刊(亦系画报)仍在发行,版面较大,每期两页。该报馆还于1910年5至6月,出版《醒华杂俎》两卷。据称,是为了弥补《醒华日报》"不过画几段新闻,没有什么议论"的不足。但此非画报,是议论文集。

　　在此以后天津还出版过的画报有:

　　《人镜画报》,1907年7月22日创刊,三个月共出24期即停刊。

《全球画报》，1910年创刊，费希礼主编。内容有新闻、科学知识等。

《民辛画报》，1911年4月创刊，日报。曾报道天津妇女界纪念"天津失城"开会情况，讽刺清朝官员的新闻和报道。

《正风画报》，辛亥革命前出版的通俗画报。体例模仿北京宣统元年出版的《正俗画报》和《白话图画日报》。

第四节　《庸言》杂志

一、梁启超与《庸言》

维新运动期间，梁启超因主持或支持《万国公报》《中外纪闻》《时务报》《湘报》等改良派报刊而脱颖而出，成为当时中国最有影响的报刊活动家与宣传家。戊戌政变发生后，梁启超流亡日本，但言论救国之矢志不改，相继创办《清议报》与《新民丛报》，继续通过报章来宣传自己的政治主张，从而被誉为"舆论界之骄子"。1911年11月，袁世凯被清政府起用为内阁总理大臣时，袁世凯曾写信邀请梁启超回国"商定大计，同扶宗邦"，梁启超则明确表示："鄙人行以言论，转移国民心理，使多数人由急激而趋于中立，由中立而趋于温和，此其所长也。"[1]此时的梁启超仍未改其言论救国之初衷。1912年10月8日，梁启超结束了14年的流亡生活，从日本归国抵达天津，受到北洋系军政大臣张锡銮及唐绍仪等人的欢迎，"三天之中，登门拜谒者达200人"[2]。梁启超在天津只小住了12天就到了北京，每日赴会演讲，应酬不断。繁忙之中，梁启超仍不忘记回天津办报。10月22日[3]，梁启超在北京报界欢迎会上发表演说，表达了热衷报业的决心："鄙人二十年来，固以报馆

---

① 转引自刘佐亮：《梁启超在天津创办〈庸言〉报》，《梁启超与饮冰室》，天津古籍出版社，2002年版，第81页。

② 李喜所、元青：《梁启超传》，人民出版社，1993年版，第299页。

③ 参见梁启超：《鄙人对于言论界之过去及将来》，《庸言》第1卷第1号，1912年12月1日。也可参见杨光辉、熊尚厚、吕良海、李仲明：《中国近代报刊发展概况》，新华出版社，1986年版。另一说为10月21日，参见《梁任公在报界欢迎会之演说词》，《大公报》1912年10月24日，第23页。

为生涯,且自今以往,尤愿终身不离报馆之生涯者也。"①他在北京给他女儿写信说,应酬繁多,"铁石人亦受不住,故非逃遁不可矣",决定"返津后闭户十日,将第一期报出版"。11月1日,梁启超回到了天津,为《庸言》第1卷第1号撰稿。

《庸言》创刊于1912年12月1日,终刊于1914年6月,共出两卷30期。庸言报馆设在天津日租界旭街17号。

《庸言》第1卷包括第1号至24号,时间起于1912年12月1日,连续出版到1913年11月16日,半月刊,每月1日、16日出版。第1卷封面采用横排版式,印有"新会梁启超主干"字样,封底内页标明:编辑人是吴贯因,发行人是梁德猷。可见,梁启超是《庸言》的创办者,而主持编务的是吴贯因。撰述人很多,主要有丁世峄、孔昭焱、吴贯因、周善培、周宏业、周效璘、周季侠、林纾、林唯刚、林长民、夏曾佑、徐佛苏、姚华、梁启超、梁启勋、麦孟华、麦鼎华、景学钤、汤明水、陈衍、陈家麟、汤觉顿、黄为基、张嘉森、张謇、熊垓、严复、魏易、蓝公武、饶孟任、籍忠寅等。

刊物为什么取名"庸言"?梁启超明确指出:"庸之义有三。一训常,言其无奇也。一训恒,言其不易也。一训用,言其适应也。振奇之论,未尝不可以骤耸天下之观听,而为道每不可久,且按诸实而多阙焉。天下事物,皆有原理原则,其原理之体常不易,其用之演为原则也。则常以适应于外界为职志,不入乎其轨者,或以为深赜隐曲,而实则布帛菽粟。夫妇之愚可与知能者也,言其庞杂至今极矣,而其去治理若愈远。毋亦于兹三义者,有所未惬焉,则庸言报之所为作也。"②由此可见,"庸"有平常、永恒与适应三层内涵。梁启超所追求的是信实、公正的办报方针。封面在中文"庸言"两字下面,大字印有"The Justice"字样,是对梁启超"独立不倚"办报精神的明确表述。

《庸言》是一份以政论为主的综合性刊物,内容宏富,共分四门十八类。四门是"建言""译述""艺林""金载"。

---

① 梁启超:《鄙人对于言论界之过去及将来》,《庸言》第1卷第1号,1912年12月1日。
② 梁启超《庸言》,《庸言》第1卷第1号,1912年12月1日。

"建言"门包括四类：一为"通论"。"或政治或论学，凡以指导政府忠告国民贯彻革新政治及改良社会之初志。每册由主干撰著者两篇以上。"二为"专论"。"专就一问题或一事实，为缜密之讨论，原始要终期裨实用。每册由主干撰著者一篇以上。"三为"杂论"。"一问题或一事实未及专论者，或专论之外有余义有疑问者，以简语评之。主干撰述诸君随时担任。"这一门是《庸言》的言论重心，主干梁启超的文章最多。

"译述"门包括三类：一为"名著"，"欧美名著为中国所当服膺者，断章节译加以发明。"二为"外论"，"译东西各报论事论学之文"。三为"杂译"，"外报短篇零语足觇思潮足资多识者译焉。"

"艺林"门包括五类：一为"史料"，"前清一代掌故或录口碑或辑遗著，务求传信以俟良史。"二为"随笔"，"中外遗闻轶事信笔掇录，以广见闻增兴味为主"。三为"谈艺"，"诗话文话乃至版本金石小说诸业话皆录焉。"四为"文录"，"并世文士所为诗古文辞未见专集者录焉。"五为"说部"，"或译或著以短篇为尚。"

"金载"门包括六类：一为"国闻"，"政界随时发生之事实为系统的叙述。"二为"外纪"，"世界大事择要记载逐条加以按语，使国人原始要终洞见各国大势。"三为"日记"，"中外时事稍重大者按日记其概要"。四为"法令"，"已经公布之法令择其关系重大者录之。"五为"撷言"，"编辑之余潘藉资谭助。"六为"附录"，"曾经印布之文，无论私人所著或团体所布，凡本报认为极有价值者，复印以广其传。"①

梁启超以"言论独立"的精神主持《庸言》："启超除本报外与一切日报丛报皆无直接关系，故对于他报之主笔言论，毫不负责任。缘国中多谣传某报某报为启超所办，故特声明。""启超现在对于国中各团体尚无深切关系，无论何团体之言论行事启超皆不负责任。"②在主持半月刊《庸言》时期，梁启超投入相当大的精力，并坚持"文负其责"的原

---

① 《本报内容》，《庸言》第1卷第1号，1912年12月1日。

② 《梁启超启事》，《庸言》第1卷第1号，1912年12月1日。

则。梁启超公开宣称:"一,启超所为文皆署姓名,文中辞义直接全负责任。二,本报撰述诸君之文皆经启超校阅负附带之责任。三,对于各种问题撰述诸君各自由发表意见,或互有异同或与启超有异同,原不为病,故一号中或并载两反对之说或前后号互相辩难,著者各负其责……五,启超独立发表意见,虽最敬爱之师友,其言论行事,启超一切不负连带责任。"①

梁启超不仅主持《庸言》,也是一位重要的撰稿人。从第1卷第1号至18号,梁启超为"通论"、"专论"、"杂论"、"讲演"、"附录"各栏目撰写文章共37篇,其中第1卷第2号就有梁启超的5篇文章。通过这些文章,梁启超指陈时政。袁世凯为了控制国会选举,反对国民党人干预他的专制政治,于1913年3月派人刺杀了宋教仁。梁启超在《庸言》刊载文章,对袁世凯的刺杀之举力加挞伐:"旬日以来,最耸动天下耳闻者,为宋君教仁遇刺一事。吾与宋君所持政见,时有异同,然固确信宋君为我国现代第一流政治家,歼此良人,实贻国家以不可复之损失,匪直为宋君哀,实为国家前途哀也……决斗与暗杀,皆野蛮时代所艳称为壮烈之举,而文明时代之大蠹也……故暗杀为天下莫大之罪恶,且为最可羞之罪恶……暗杀者,贻国家以不可规复之损失,其获罪国家什伯千万于他罪而未有已也。"②1913年4月,袁世凯向英、法、德、俄、日五国银行团进行"善后"大借款,梁启超在《庸言》刊发文章揭示"善后"大借款的后果是"率四万万人以鬻身为奴不止也",痛斥道,"此次借款合同,为有史以来所未尝睹闻之奇耻大辱。"③

梁启超主持期间的《庸言》,曾连续刊载介绍康有为主编的《不忍》杂志广告,并刊载《不忍》杂志各期的目录。《庸言》从第1卷第6号开始一直到1卷24号,都刊登有"京奉铁路时间表"、"津浦铁路行车时刻表",充分体现了"庸言"的"适应"之义,体现了该杂志为读者服务的精

---

① 《梁启超启事》,《庸言》第1卷第1号,1912年12月1日。

② 梁启超:《暗杀之罪恶》,《庸言》第1卷第9号,1913年4月1日。

③ 梁启超:《进步党调查政费意见书》,《庸言》第1卷第12号,1913年5月16日。

神。《庸言》杂志还代售各种书籍。

《庸言》第1卷封面印有"日本大正"字样，为此，创刊之初就遭到读者的质疑。杂志为此刊登"特别启事"澄清事实："敬启者本馆因开设日本租界，又因寄报之地有日本美洲各埠，故不得不在日本邮局挂号以符定章，而收便利，非有他也，近日频接各处来函，均问本报何以用日本大正年号，用特登报声明以被祛群惑。此启。"①

《庸言》由于梁启超的声望而成为当时最有影响的刊物之一。《庸言》第1期就发行1万份，最多曾发行1.5万多份，"超出梁氏前此所办任何一种报刊"②。梁启超在1912年12月18日给女儿梁令娴的信中曾提及《庸言》刚出版时的情形："庸言报第1号，印一万份，顷已罄，而续定者尚数千，大约明年二三月间，可望至2万份。"③

1913年10月，庸言报馆还曾发行《庸言报汇编》。编者在其《弁言》中阐明发刊理由："梁任公先生之著述，海内人士，莫言不争先快睹。""是以汇订成编，俾邦人士，可以随时购携，取价既廉，翻阅亦便，以广先生文字之流传。而启斯民之常识云尔"。在《凡例》中又指明，"本编仅汇订《庸言》半月刊中"建言"、"译述"两门，而"艺林，金载两门概行删去，惟附录间亦摘入"。《庸言报汇编》第一编共八册，从第《庸言》第1号通论编到第12号附录为止。

二、黄远生与《庸言》月刊

《庸言》从第2卷开始，改为月刊，所有的编辑事务改为"中国民初三大名记者"之一的黄远生负责。《庸言》月刊共出了6期，从《庸言》第25号出至30号，时间从1914年1月至6月，每月5日发行。《庸言》月刊封面版式改为竖排。"公正"报道的原则不变，封面仍赫然印有"The Justice"字样。《庸言》月刊的"言论独立"精神更加鲜明："本报极力保持言论独立之精神，与一切个人关系及党派无涉。"④《庸言》月刊还采用了

① 《本馆特别启事》，《庸言》第1卷第4号，1913年1月16日。

② 赖光临：《中国近代报人与报业》，台湾商务印书馆，1980年版，第205页。

③ 转引自：赖光临：《中国近代报人与报业》，第205页。

④ 《本报特别启事》，《庸言》第2卷第4号，1914年4月5日。

"兼容并包"的原则:"本报此后推广范围凡各方面人士之意见或观察均极力搜罗以冀阐扬真理总集材料,故各方面之稿均极欢迎。"①

《庸言》月刊第1号刊载了黄远生的《本报之新生命》一文,该文既对梁启超主编的《庸言》半月刊给予了充分认可,又指明了《庸言》月刊的宣传重心。"吾庸言报之出生,虽仅周年,而其前身之所累积者,固源远流长,无待繁说。吾曹既日在此大机轴中,吾此区区之报,亦在此一大机轴中,其为递嬗乘除,以符于组织精美之公律者,亦岂能外,今吾曹及此报之周身细胞,固时时刻刻除旧布新,以逄吾人至于新生活之途,吾曹自身,亦不深晓其故也。"②黄远生以极大的热情投入《庸言》月刊的编辑活动中,以期实现"除旧布新"、改造社会之理想。

在《本报之新生命》一文中,黄远生系统阐发了客观、真实、全面的新闻报道思想。"吾曹此后,将力变其主观的态度,而易为客观,故吾曹对于政局,对于时事,乃至对于一切事物,固当本其所信,发挥自以为正确之主张,决不以一主张之故,而排斥其他主张,且吾曹有所主张,以及其撷取其他之所主张之时,其视综合事实而下一判断之主张,较之凭恃理想所发挥之空论,尤为宝贵。若令吾人所综合事实,尚未足令吾人下笔判断之时,则吾人与其妄发主张,贻后日之忏悔,不如仅仅提出事实,以供吾曹及社会异日之参考资料,而决不急急于有主张。"③在此,黄远生强调,对事实的记录比观点的阐发更为重要,观点的阐发一定要建立在事实的基础之上,这样才能改变"主观的态度"。黄远生进一步强调,"以是吾人造言纪事,决不偏于政治一方"④。新闻报道不能站在任何政治立场上,要客观中立。如何坚持客观立场?"以是吾人所综合之事实,当一面求其精确,一面求其有系统。盖由通塞之辨,即在浑画,浅智之人,观察万象,万等于一,进化之民,观察万象,一可化万,

① 转引自:赖光临:《中国近代报人与报业》,第205页。
② 《本报特别启事》,《庸言》第2卷第4号,1914年4月5日。
③④ 《远生遗著》第一卷,商务印书馆,1927年,第103页。
⑤ 《远生遗著》第一卷,第104页。

故学问分科之多,乃益见世界进化之复,而科学之道,即在分别种类,体验万物,以察往知来。明体达用,记者之意。本报既为月刊,凡此一月内之内外大事及潮流,吾人皆负有统系的纪载,以供诸君参考及判断之责任也。"①客观的报道在于"精确""系统"地"综合"各种"事实"。为此,黄远生重申《庸言》的客观、中立报道立场:"以是吾曹不敢以此区区言论机关,据为私物,乃欲以此裒集内外之见闻,综辑各种方面之意见及感想,凡一问题,必期与此问题有关系之人,一一发抒其所信,以本报为公同论辩之机关,又力求各种方面最有关系人士,各将其所处方面之真见灼闻,汇为报告,以本报为一供参考材料之宝库。"②对于这一新闻思想,黄远生身体力行,远生的通讯,以大量客观的、真实的报道,为我们留下了民国初年的珍贵史料,不仅他主编的《庸言》月刊,就是他本人也为我们留下了"一供参考材料之宝库"。

---

① 《远生遗著》第一卷,第 104 页。
② 《远生遗著》第一卷,第 105 页。

第三章 "五四运动"前后的天津新闻传播业

1911年10月10日,武昌起义的枪声推翻了清政府,结束了统治中国几千年的君主专制制度,中国历史上第一个资产阶级共和国终于诞生。历时十年之久的辛亥革命,不仅打击了帝国主义在中国的侵略势力,也为中国日后传播民主革命思想的进步潮流打开了闸门。对此,天津新闻传播业和全国一样都先后做出了反应。虽然袁世凯继任临时大总统后,把天津作为北洋军阀统治的重地,对天津新闻业进行了种种独裁和限制,但"五四运动"以前的天津新闻业依然为当时全国的报刊和通讯社,提供了大量新闻来源,并出现了受到国内众多读者关注的报刊,成为北方的新闻中心。1915年雷鸣远创办的《益世报》等在全国产生了很大的影响。

以《新青年》为核心的新文化运动,对中国人民思想产生了重大的启蒙作用。受其影响,当时天津新闻传播业宣传新思潮新思想报刊风行一时。"五四运动"爆发后,天津教育界、工商界、文化界等和当时纷纷成立的各爱国团体联成一体,热烈支持京津两地的学生爱国运动和新文化运动。周恩来等主办的《天津学生联合会报》《觉悟》和马千里等主办的《新民意报》等一大批进步刊物,和全国许多报刊一样,迅速把中国这场反帝反封斗争推向高潮。据现有掌握的材料,天津在"五四运动"前后出现了90多种中外文报刊。在这场具有划时代意义的运动中,天津新闻业发挥了积极的推动作用。

1921年,中国共产党在上海诞生。不久,李大钊等派人到天津发展工人运动和妇女运动。截至1926年,中共天津地下党,先后创办了

《劳动》《工人生活》《工人小报》《妇女日报》等。这些报刊在党的领导下,推动了当时革命运动的深入发展,使党领导下的群众报刊成为党的事业的一个重要组成部分,宣告了中国无产阶级新闻事业在天津的诞生和发展。与此同时,天津资产阶级民营报刊有所发展,为迎合市民阶层的文化娱乐需要的小报,成为天津街头的一大读物。

第一节 《益世报》

天津《益世报》创刊于1915年10月10日,停刊于1949年1月天津解放前夕。除抗日战争期间曾在昆明、重庆出版,其余均在天津发行,行销全国。《益世报》作为天津近代新闻传播史上的一份重要报纸,曾经与《大公报》比肩齐名,为中国近代新闻传播业的发展写下了浓墨重彩的一笔。

一、《益世报》的创办人雷鸣远

《益世报》的创办人为雷鸣远(Frederic Lebbe)。雷鸣远是比利时籍的天主教传教士,他的结交甚广,很多北洋以及国民党的官僚政客,都和他有着千丝万缕的联系。雷鸣远年轻时曾在巴黎修道院做修士,1900年"庚子之乱"后,大批传教士踏上中国的土地进行宣传活动。在这股宣教大潮中,雷鸣远受比利时教会的派遣到中国传教,足迹遍及中国大江南北。1906年,调至天津,担任河北望海楼坐堂神甫。

早期的西方传教士大多以在华传播宗教为目的,继而参与文化事业创办报刊谋求更大的发展,雷鸣远亦是如此。他在恪尽职守传播教义的同时,也非常热心参与天津的教育、慈善等公益事业,将传教与文化、教育、社会公益事业结合起来。1906年雷鸣远初到天津望海楼教堂后,即在堂内创办诚正小学、贞淑小学,广招教内外子弟入学读书,学生逐年增加,学校规模不断扩大,由初小、高小而到师范一应俱全。1912年辛亥革命成功,中国成立共和体制,关心中国时政的雷鸣远在望海楼内成立共和法政研究所,聘请专职教师和当时天津的社会名流讲授现代政治学、经济社会学和法学,一时报名学习者异常踊跃。雷鸣远在传教活动之外,还编印了一份《广益录》周刊,供教友订阅,后改为《益世主日报》,专门宣传天主教教义。之后,雷鸣远认为,一份周刊不能充分发挥宗教的作用,便联合几位天主教教友,广泛募款,正式创办《益世报》。雷鸣远任董事长,刘浚卿、杨绍清、杜竹萱分别任正副总经理。与民国初年中国报馆大都设在外国租界内不同,雷鸣远不主张该报设在外国租界内,因此《益世报》最初的馆址选在南市荣业大街,两年后迁移至东门小洋货街。

当时,在天津传教的外国天主教教士中,以法国的势力为最大,中外的天主教徒一律都要接受法国传教士的领导,雷鸣远对法国传教士的生活作风和宣教方式极为不满,这种领导是他所不能接受的,而法国传教士对他办学办报、热心中国事务的举动也是侧目而视。1916年法帝国主义扩充租界,强行侵占老西开,武装强占土地并掳走驻守警察,即历史上的"老西开事件"。此举激起了天津各界的反抗,一致支援法租界各业中国员工的罢工运动。虽为天主教的传教士,雷鸣远却和中国人站在一起,对此表示反对,指示《益世报》大力声援反法罢工运动,严词抨击法帝国主义的侵略行为,并对各界的反抗运动给予连篇报道和大力支持,使法租界一切机构陷于瘫痪。由于雷鸣远与《益世报》完全站在反法方面,触怒了法国主教,进一步激化了与法国人之间的矛盾。1918年雷鸣远迫于法国传教士的压力,不得不去职离开天津回到比利时。

1927年,雷鸣远再次来到中国,身为《益世报》的董事长,他始终关注着报纸的发展。长期在华的生活经历和宗教的普世情怀,使他对中国怀有深厚的感情。他在自己讲演集序言里曾这样写道:"忆自弃国(指比利时)来华,主前矢志之际,已将此身此生,献为中国之牺牲,即已不复视为己有。抵华后数年间与帮人君子游,亲爱日深,感情日厚,献身中国之志弥坚。故虽籍隶比国,但自间此生已为中国人矣。"①1927年重返天津之后,雷鸣远即要求加入中国国籍,直至1928年加入中国

---

① 罗隆基:《天津〈益世报〉及其创办人雷鸣远》,《天津文史资料选辑》第42辑,天津人民出版社,1988年版。

国籍之后,他便自称为中国人。

20世纪30年代,随着日本不断在中国挑起各种事端,日本的侵略野心昭然若揭。雷鸣远经营的《益世报》,也开始成为反日的舆论先锋,他积极主张中国抗战,并表示赞成天津《益世报》武力抗日的主张。报馆经常顶住重重压力发表痛快淋漓的社论或文章。雷鸣远对于这些反日言论,不但未加阻止,而且还大加鼓励,因为他觉得自己是一个中国人。"九一八事变"发生后,雷鸣远曾对时任天津《益世报》主笔的罗隆基说:"我非常喜欢读你那篇《可以战矣》的社论,我要我的兄弟们都读你的社论。我们中国人非把日本鬼子打出去不可。"①

长城抗战时期,年逾六十的雷鸣远亲自组织救护队,亲任队长赴华北、西北的抗日战场进行救护工作。当救护队行至河北遵化,有人为他拍电影请他讲话时,他说:"你们不要看我的鼻子,我的脸是外国的,我的心是中国的。我们抗战要抗到底!"②后来他还为英勇抗日的二十九军创办了"残疾军人教养院",表示永远愿同中国人一起工作。1937年全面抗战爆发后,天津《益世报》被迫停刊,雷鸣远也不得不撤离到大后方。此间,1938年12月8日天津《益世报》终于在云南昆明复刊,雷鸣远亲自到昆明视察报馆,并鼓励同仁一定要坚持抗战到底。1944年,这位《益世报》创办人,病逝于重庆,终年69岁。

二、《益世报》创办初期及其宗教宣传

(一)《益世报》的辉煌与刘氏兄弟

《益世报》自1915年创办直至被迫停刊,作为天津的新闻纸,仅次于《大公报》,甚至有时声望高于《大公报》。这种地位和影响的确立,得益于该报创办初期,刘浚卿、刘豁轩兄弟的努力,他们为《益世报》立下了汗马功劳。

1915年,雷鸣远创刊《益世报》时,天主教徒刘守荣作为主要助手,出任《益世报》总经理。刘守荣,字浚卿,蓟县人。民国之后在乡下教小

---

① 罗隆基:《天津〈益世报〉及其创办人雷鸣远》,《天津文史资料选辑》第42辑,天津人民出版社,1988年版。

② 侯杰、姜海龙:《〈益世报〉九十载》,《天津日报》,2004年7月10日。

学后到天津,当时在雷鸣远办的师范学校任教,是雷鸣远的忠实追随者。刘守荣凭借其干练的办事能力和出色的口才,深得雷鸣远的赏识,是当时天津天主教徒中出类拔萃的人物。雷鸣远所创设的诚正小学、贞淑女学和法政研究所皆由刘守荣出任校长和所长,雷鸣远对刘守荣的信任可见一斑。《益世报》自创办之日起,刘守荣就被任命为总经理,全权负责报馆的日常经营活动。从1915年到1934年逝世止,这20年的时间里,除1925年至1928年天津《益世报》被奉系强占外,刘守荣一直担任重任。在雷鸣远离开天津的九年中,刘守荣更是一人独掌大局。所以时人亦称《益世报》为"刘家报"。

刘守荣任《益世报》总经理近二十年,凭借其复杂的社会关系和出色的管理才能,以及天主教友的大力支援,报纸销路与广告营业均能打开销路,物质基础得以奠定,1919年"五四运动"时期,《益世报》对北平、天津学生反日爱国和新文化运动,著论宣传,全力支持,受到广大学生和知识界的重视。刘守荣还聘请学识渊博、思想进步的唐梦幻为总编辑,与北京《益世报》呼应并进,热烈拥护学生反帝爱国及提倡新文化运动,立论公正,秉笔直书,深得人心,使《益世报》的社会声誉颇佳,一举奠定了名报的地位。1925年奉系势力进入天津,因刘守荣所主持的《益世报》反对奉系拥护直系的政治立场,奉系不仅逮捕了刘守荣,还强行接收了《益世报》,直到1928年夏奉系被驱逐出关,报纸才被刘守荣收回,此时《益世报》已是千疮百孔,奄奄一息了。1928年奉系败退撤除天津之后,刘守荣重回报社任社长,此时的《益世报》不仅已失去了初开办时从"五四运动"借来的一点声誉,又被奉系抹上了一层灰色阴影,经济情况也已到了山穷水尽的地步。面对资金短缺、人才匮乏以及同行激烈竞争的局面,刘守荣不能不励精图治、挽救危机。他与雷鸣远商议,将《益世报》由独资经营改为允许股本入股的有限公司形式,这样就使天津《益世报》从此由雷鸣远私人创办的报纸变成了中国若干天主教徒的合伙企业,解决了资本短缺的燃眉之急。尔后,又启用南开大学毕业的堂弟刘豁轩担任《益世报》总编辑一职,奋起直追,挽回《益世报》走下坡路的危险境地。

刘豁轩是刘守荣的同村同族兄弟。1919年他从家乡到天津考入天津南开中学,在南开初中、高中、大学前后学习了近10年,得到了刘守荣的帮助。1928年毕业时,刘守荣邀其担任《益世报》总编辑。刘豁轩到任后,很快就显示出超群的办报才华,与兄长刘守荣一起使《益世报》从消沉中重新振作,走出困境。

1932年,刘守荣因患病逐渐退出。《益世报》所有的大事小情,实际上皆取决于总编辑刘豁轩的决定和裁断。1934年,刘守荣去世,雷鸣远通过董事会正式任命刘豁轩兼任总经理一职。这种"兄终弟继"的权力交接方式,保持了《益世报》的办报风格,而刘豁轩出色的办报才华,又使《益世报》更上一层楼。

(二)《益世报》的宗教宣传

雷鸣远创办天津《益世报》的本旨是为了宣传天主教教义,因此报纸早期曾刊登过不少宗教宣传方面的内容。从1928年起,《益世报》在第六版,以全版约1/5的篇幅辟有"公教丛谈"栏,由雷鸣远主持的安国县"真福院"主编,逐日刊登约2000字的宣传天主教教义的文章。其中有一些文章是雷鸣远自己所写,如《何谓天主?天主是谁?》《天主教存在之理徵》《天地间之秩序证明天主之实有》等,这一栏持续出版了一年多而停刊。1930年在原版另辟"真道言"栏,逐日刊登教会出版的《真道正言》一书,专门批判天主教认为的"邪说异端",从算命、占卜、土地、观音,以至元始天尊、玉皇大帝等等,共登了83个题目,全书登完,这一栏目才停刊,它的目的是要用天主教来替代中国社会对鬼神的迷信。

从1933年1月起,在第十版,以全版1/4的篇幅辟"宗教与文化"栏,由上海徐家汇乐善堂马相伯的学生徐景贤主编。主要内容介绍天主教的几位历史人物对中国科学文化发展的贡献,特别是徐光启、冯应东、利玛窦等人。这个栏目企图用天主教对中国文化科学的贡献,来扩大天主教在中国的影响。自1934年4月起,"宗教与文化"栏改由全国公教进行会总部编辑,每星期出版一次。除刊登论文外,每月最后一期专载公教信息,首列罗马公教信息,次列国外公教信息,末列全国各地公教信息。次周刊一直发行到1937年天津沦陷,《益世报》停刊为止。天津《益世报》的宗教宣传仅占报纸内容的一小部分,因为《益世报》如果局限于宣传宗教,是无法在社会上立足的。它的言论必须要触及政治、经济和社会的种种方面。加之报馆许多工作人员并不信仰宗教,他们的思想和言论也不受报馆业主的限制,是比较自由的,以至于《益世报》后来在政治、经济等方面的宣传和影响,远远超过了它对天主教的宣传和影响。

三、"五四运动"中天津《益世报》的宣传报道

1919年"五四运动"时期,《益世报》对北平、天津学生反日爱国和新文化运动,著论宣传,全力支持,受到广大学生和知识界的重视。刘守荣还聘请学识渊博、思想进步的唐梦幻为总编辑,与北京《益世报》呼应并进,热烈拥护学生反帝爱国及提倡新文化运动,立论公正,秉笔直书,深得人心,使《益世报》的社会声誉颇佳,一举奠定了名报的地位。而同一时期的《大公报》,正是安福系的机关报,对于国民所反对的"二十一条"和卖国贼曹汝霖、章宗祥、陆宗舆不敢非议,大失人心,报纸名誉剧降。《益世报》虽为天主教徒所办,却能伸张正义,声望与销路俱较《大公报》为高。

(一)《益世报》的宣传策略

1.前期准备——从1919年1月起连续报道巴黎和会

"五四运动"的直接起因是巴黎和会通过使中国蒙受屈辱的和约。《益世报》对1919年1月起举行的巴黎和会的关注和报道,在"五四"前几个月就开始了。一直的关注是其能在第一时间报道"五四运动"的原因。新闻界的报道吸引了全国的注意力,时局的每一变化都可能引起舆情的震荡。正是在这样的情况下,巴黎和会拒绝中国代表要求的消息传来,新闻舆论界沸腾了,整个社会沸腾了。报纸一披露巴黎和会决定将青岛交付日本的消息,群情激愤。3日晚,北大国民杂志社、新潮社等学生团体得知北洋政府同意代表团在合约上签字的消息,召开学生大会,《京报》社长邵飘萍也在大会上演讲,鼓动学生"救亡图存,奋起抗争"。学生代表纷纷发言,声泪俱下。会议决定次日在天安门前举行示威游行,抗议北洋政府的卖国外交政策。"五四运动"爆发,

北洋政府出动军警逮捕学生30余人。全国新闻界不顾北洋政府的淫威,详细报道了运动的经过,并发表言论予以声援。胡适先生在《纪念"五四"》中写道:"八年四月底,巴黎的电报传来,威尔逊的理想失败了,屈服了!克里蒙梭和牧野的强权主义终于胜利了!日本人自由支配山东半岛的要求居然到手了!这个大打击是青年人受不住的。他们的热血喷涌了,他们赤手空拳地做出一个壮烈的爱国运动,替国家民族争回了不少的权利。"①

2.高潮——言论主导,两步胜利

5月4日,"五四"爱国运动爆发了。北京三所高校的3000多名学生代表冲破军警阻挠,云集天安门,他们打出"还我青岛"、"收回山东权利"、"拒绝在巴黎和会上签字"、"废除二十一条"、"抵制日货"等口号,并且要求惩办交通总长曹汝霖、货币局总裁陆宗舆、驻日公使章宗祥,学生游行队伍移至曹宅,痛打了章宗祥,并火烧曹宅,引发"火烧赵家楼"事件。军警镇压,并逮捕了学生代表。随后,全国各地掀起了一波接一波声援学生的爱国运动。《益世报》全程参与,采用消息、专栏、评论、漫画、广告等多种方式,分布于二、三、六、十版,集中报道,引导舆论。媒体铺天盖地的全方位宣传,配合全国声势浩大的支援活动,"五四"爱国运动取得了两个阶段性胜利。通过第一阶段的斗争和集中报道,政府被迫释放了学生、惩办了卖国贼,这是第一步胜利;接下来的舆论引导,巴黎和会代表最终拒绝在和约书上签字,取得了"五四"爱国运动的第二步胜利。

(1)报道注重时效性

第一时间报道"五四"学生爱国运动。《益世报》在5月4日当天就出版号外②,报道北京大学发起的"五四"学生爱国运动,足见其对时效性的注重。《益世报》能在第一时间报道该运动也源于其对巴黎和会消息

---

① 参见胡适:《纪念"五四"》,《独立评论》第149号,1935年5月4日。

② 1919年5月5日,《益世报》第二版刊登《山东问题之日益扩大》,报道中称"以上昨日已出号外"证明了《益世报》从一开始就对"五四"运动特别重视。

的一直关注,使其及时捕捉到了这极为重大的消息,正确判断出其新闻价值,在报纸上大胆报道,适时引导舆论。转天即5月5日,《益世报》在与广告(命令专电)等同版的2版醒目位置发表题为《山东问题之日益扩大》的文章,大标题为大号字体,并有阴影底纹以示突出。接着,又有数个副标题,为"学生三千余人 高举白旗""与卖国贼拼命"等。正文开始以大号黑体浓墨重彩突出 "由北京大学校发起召集各高等专门学校学生,有谢君当场破指,大书曰:'还我青岛'四字,演说均极沉痛。今日(四日)午后时,全体学生三千余人齐集操场,各人手持一小旗,上书'勿作五分钟爱国心''争回青岛方能休''宁为玉碎勿为瓦全''愿全国人共弃卖国贼''头可断青岛不可失''中国宣告死刑了'种种字样,又有种种绘旗上书 '卖国之四大金刚应处死刑''小饿鬼想吃天鹅肉' 等字样……"该报道大约八百余字,对这场"五四"学生爱国运动进行了全面、具体的补充报道,有细节,生动可读。关于学生齐集操场,在旗帜上写字等动作,言语描摹细腻,如"一生以砖头击章首,血流被面……"可读性强。一系列消息都精确到时,如"昨日下午四钟接北京电话云……""旋於夜十钟又接北京电云……"足见其对时效性的追求。

《益世报》对"五四"爱国运动及时的报道,使其一时间销量大增。在6月7日的一则消息《沪上罢市之续闻》中写道:"上海为全国商务之中枢,一旦罢市其影响至为重大,本报前日述接两电,本拟发刊号外,嗣因近日销数大增,机器皆已占用,赶印不来,又以关系至重,不得不往返电询,以昭慎重。"从这则消息中不难看出《益世报》当时"五四"爱国运动报道的受关注程度,也体现出编辑部同人们在追求时效性的同时格外强调准确性。

(2)立足本地,关注天津学界、商界的爱国行动

《益世报》一直立足本地,关注天津各界的爱国行动,尤其是天津的学界和商界的反应。5月6日,《北洋大学全体致北京两电》,这是天津最早支持"五四"运动的举动。在致电北京大学时,北洋大学认为"惩贼有勇,极表赞同,以后共同进行";在致电北京政府时,北洋大学学生认为北京学生的举动是爱国行为,应该将所拘留的学生释放。正

当北洋大学学生为声援"五四"运动而奔走呐喊时,5月6日晚,天津官立、私立中等以上10所学校的代表聚会,大家在一起热烈的讨论,为声援北京、追回利权而斗争。会上大家一致通过决议,先是请求北京政府释放被关押的学生,二是一定要追回青岛的利权,不达到目的绝不罢休。并决定致电北京政府,如果三日得不到回复,派代表进京;联络上海的学校和社会各界,同时声援北京;最后决定派9位代表分别到直隶省教育会、天津总商会、直隶省议会,要求天津组织公民大会,唤起天津民众的注意。《益世报》于5月7日刊载了《国民力争外交之三记》"天津学界之电争",将天津各高校、中学的学生代表开会决定公之于众。此外,关于商界的反应,5月8日,《国民力争外交之四记》"天津各方之电争",天津总商会致电巴黎和会代表力争青岛;天津留日学生致电大总统保释被捕学生;日本经商的天津商人抵制日货,一律回国等。5月30日,特别专稿《忠告天津总商会中之正副会长》呼吁天津商会向上海商会学习,不落其后。

5月14日下午5点,天津学生联合会在水产学校正式成立。来自新学书院、北洋大学、高等工业学堂、育才中学、南开中学、官立中学、水产学校等代表参加。选举谌志笃、马骏为正副会长。天津学生联合会成立后,就积极投身到"五四"运动的革命洪流之中,先后组织了学生的请愿活动和致电北京政府等活动,成为当时天津"五四"运动的一个重要的团体。5月16日天津学生联合会与北京学生联合会互通消息。确立四点目的:一、追还青岛;二、严惩卖国贼;三、如果政府惩办被捕学生则全体自首;四、政府明令挽留北京大学校长蔡元培先生,还任原职,如若不然,全体学生自行解散。此外,订立三项决议:一、抵制日货及日币,派出专人同商会商洽一同抵制,号召全体学生拿出自己所有的日货十八日一起公开焚毁。二、派出代表到外交部探听确切消息。三、各校组织演说团在各校周围演说。①因天津学界反响激烈,出于安全考

---

① 《本埠新闻·学生联合会开成立大会》、《本埠新闻·学生联合会会议报告》,《益世报》第六版,1919年5月16日。

虑,日警察署派巡捕保卫谌志笃和马骏二人眷属宅院。这一事件从侧面说明天津学界的反响巨大。

5月24日,专栏《内忧外患之交争记》6篇消息,其中"津校罢课之详情","昨日(二十三日)上午八时天津学校联合会全体罢课并散步宣言书。其罢课之学校为北洋大学校、直隶法政学校、直隶第一师范学校、高等工业学校、南开中学、官立中学、孔德中学、成美中学、大营门中学、直隶水产学校、育才中学校、扶轮学校、私利法政学校、新学书院、甲种商业学校,以上共十五学校,学生共万余人。"学生们提出六条要求:"(一)请政府明白宣布青岛由日本处置一条绝不签字。(二)请将中日二十一条协约提出巴黎和会请求废止。(三)请设法取消民国七年参战军密约。(四)曹汝霖章宗祥卖国国人共知,请斥罢交法庭严惩。(五)傅总长、蔡校长教育界泰斗,请收回准免命令,挽留回任。(六)日政府拘殴留学生并侮辱国旗,请严重交涉以上六条。如蒙允准,学生等即日上课待罪。"学生们团结一致,爱国之情满溢。

(3)关注弱势群体爱国活动,体现人文关怀

《益世报》特别注重在报道中关注弱势群体爱国行为,包括老人、儿童、妇女(女学生)的爱国之情。如,5月27日,《小学生之爱国热》报道广北小学高等一年和国民四年两个年纪学生听说青岛问题,纷纷捣毁先前所买画笔、画碟和杯子等日货,以示爱国决心。一位农村教员李润吾曾经给《益世报》写了一封信,在信中,李润吾提到,当他对小学生讲到这次中国在巴黎和会上的失败并主张抵制日货时,当时就有同学将自己使用的日制铅笔捣毁抛弃,并对学生们发誓以后不再使用日货。

《益世报》表现了女学生,尤其是天津女师范生的爱国热情。直隶第一女子师范学校学生在5月5日召开各班同学代表紧急会议,计划响应北京学生爱国运动,该校的毕业生刘清扬也赶回母校参加紧急会议,由郭隆真、邓颖超等倡议成立以天津各女校学生为主的"女界爱国同志会"。一时间,该校学生的扣针、压发圈等日货都被学生丢弃,大家相约永不使用。《益世报》特别关注女性在社会政治问题上的反应,

对于她们的壮举大加褒扬。5月13日,第六版"时评"高度评价天津女师范生抵制日货的行为,号召全国人民学习。5月23日,专栏《外交紧急与和局破裂八》"师范女生之热忱"报道了女学生们的爱国举动,北京女子师范学校组织女子救国会,全体学生减免晚餐一顿,省下的钱用作会费;学生关应麟演讲并写血书以作警劝:"痛哉,痛哉,我中华民国实在一发千钧危亡在而,我同胞快起来,打这个不知死的小日本鬼,现在即如此的侵害,要到亡的时候,那就不堪设想了,我的同胞快谋个济难救危,万全之法,不然将为小日本亡国奴了。"6月5日,天津学联在南开广场召开第一次爱国大会,并举行游行请愿。以刘清扬为首的女界爱国同志会全体会员在金钢桥旁、伪省公署对面列队声援。当时,《益世报》称赞她们:"以少数弱女子具精诚毅力,始终不渝,我中国可不亡矣。"6月6日天津女师范中西两校学生为请谒省长,在署前露天站立六小时之久,爱国之情感天动地①。

由于20世纪初期具备言说能力的知识女性的匮缺,所以1920年《益世报》北京版决定增设《女子周刊》并将"女子主任编撰"视为自己的办刊特色时,苏雪林作为《益世报·女子周刊》的主编之一,发表了大量白话小说、新诗、杂论等新文学体裁,作品标志了其对新文化运动精神的服膺和对新兴的新文学文体的热情响应。其文学创作无论就题材选择还是艺术手法都呈现出多元驳杂的复杂倾向,但在基本价值取向上却较为一致地体现出一种决绝的服膺新道德、提倡新文化的"新女性"姿态。

(4)开辟专栏,连续报道

为了更好地报道"五四"爱国运动,《益世报》在5个月的时间里,在第二、三版显著位置用15个连续不同的专栏大规模地、全面报道,其重视程度可见一斑。

5月6日专栏《国民力争外交之再记》直至5月15号《国民力争外交十一记》。

---

① 《内忧外患之交争记十五·女学界之光荣史》,《益世报》第二版,1919年6月7日。

5月16日专栏《外交紧急与和局破裂》至5月23日《外交紧急与和局破裂八》。其中《外交紧急与和局破裂三》,"京校罢课之消息"称北京各学校决定下周集体罢课,原因有三:一,学生不满意大总统挽留蔡校长的命令,措辞有责备不满之意;二、对学生所下命令规劝之中含中伤之意;三、只允许傅增湘辞职,是为了严厉对待学生。提出三个条件,如果政府允许,那么将继续上课。一、从严惩办卖国贼;二、请派专人请回蔡校长复职;三、取消前令,不准傅增湘辞职。①

5月24日专栏《内忧外患之交争记》至6月10日《内忧外患之交争记十八》。《内忧外患之交争记十三》"再捕学生之骇闻"报北京四日步军统领之南营兵队逮捕讲演学生数千人。未被逮捕的学生毫不畏惧,继续讲演。天津学生联合会声明若不释放被捕学生,将号召全国爱国学生前仆后继。

6月10日专栏《本埠公民大会开会记》。

6月11日专栏《全国牺牲生业就亡记》全面报道各地罢市情形。至6月14日《全国牺牲生业就亡记四》。

6月15日专栏《国民第一步胜利后之所闻》报道各地纷纷开市的情况。学生高兴,民气激昂。至6月25日止。

6月25日专栏《鲁代表与总统谈话之详情》。

6月26日专栏《全国拒绝签字声中之所闻》各界声援拒绝签字。

7月4日专栏《国民第二步胜利后之所闻》证实拒签和约,报道中国代表拒绝签约的经过,报道拒签之后,各国反应,面对日本的威胁,我代表据理力争,各个救国团体纷纷成立支援。至7月19日止。

7月20日专栏《全国预防补签声中之所闻》至7月22日止。

7月23日专栏《吉奉风潮险恶声中之所闻》至8月6日止。

8月7日特别记载(关于吉奉风云)至8月25日止。

8月26日、27日专栏《官逼民愤之救亡声》始终站在民众一边。支持民众爱国运动。

---

①《外交紧急与和局破裂三》,《益世报》第二版,1919年5月18日。

8月28日特别记载。

8月29日专栏《官逼民愤之救亡声》至9月12日止。

9月13日专栏《国民救国官僚亡国竞争史》至9月27日止。

9月28日至30日专栏《内忧外患救亡潮》等。

(5)身体力行,投入反帝爱国运动

《益世报》及其负责人还以实际行动参与到"五四运动"中来。致电巴黎和会,呼吁国际舆论界不得漠视中国人民收回权利的要求;致电北洋政府,呼吁当局立即释放被捕学生,以顺舆情;举行天主教教民大会,成立天主教救国团;参与组织为救国成立的天津各界联合会;披露天津警察局长杨以德镇压群众爱国运动的暴行;号召全国报纸拒登日商广告等。

6月11日第二版专栏《全国牺牲生业就亡记》中"公教救国团出现",消息报道了6月8日,天津东郊仁慈庄数百名天主信徒举行教民大会,要求收回青岛,决定抵制日货与提倡国货;并首先发起成立了"公教(即天主教)救国团",公推聂醒吾为临时总团长。会后,全体教民游行,并发表了宣言书。这篇宣言书充分表明了津门天主信徒"誓保国土"和"誓除国贼"的坚定爱国立场。宣言书指出:"青岛事起,全国奋发。学生拼死以相争,商会发传单而罢市,京、津、沪、汉万众同心,士农工商全体一致。我教中见义勇为,当仁不让如争国教,英风义烈前事可凭,而此次青岛事起亦当不落人后,奋袂而起,此其时乎!固我教爱人为本旨,爱国为前提,我教崇正除邪,杀国贼即在除邪之内。教内(因能速其醒诸)是用奋发风云,暂保国土,千钧一发,时不再来,赶急组织团体成立会所,或十人或五人分队出发,随处演讲,争将亡未亡之国脉,唤醒半生半死之人心。我教中不乏热血男儿,接此书后,赶急组织公教救国团,即日实行,以为全国之一助。"

5月12日,直隶省议会邀集天津绅、商、学、教(宗教)各界知名人士二百余人举行联合会议,反对巴黎和会将中国领土青岛割归日本,要求北洋政府"外争国权","内惩国贼"。天津《益世报》经理刘浚卿(天主信徒)和南天学校庶务副主任马千里(基督信徒)均被邀请参加了会议,并在会上发了言,就救国方针提出了积极建议。后来,天津各界联合会于6月18日成立时,马千里和刘浚卿同被举为副会长,积极领导天津各界人民展开了反帝救国活动。

从5月19日至6月10日在第六版连续刊登《抵制日货诸同胞注意》。报馆刊登此注意,声明由于日货品种繁多,怕民众不易分辨,报馆特派专人分类调查后刊登在报纸上,帮助爱国同胞辨别。调查后曝光的用品涉及日常生活用品有20多种。

9月8日,第二版专栏《官逼民愤之救亡声》:"上海来电,《益世报》转各界联合会,鉴今日午后开各界大会,团体八十有三,到者万余人,公决誓与贵会一致行动,特间学生总会叩。"《益世报》承担消息传递使命,积极投入爱国救国运动。

1919年10月,天津警署长杨以德反对天津群众庆祝共和纪念,并殴伤学生多名。《益世报》在头版显目位置打出了"杨氏不去,天津不安","杨以德为众矢之的"等反对口号,并专门开辟"为民请命之去杨消息","去杨声中之各要闻"等栏目,迫使杨以德引咎辞职,斗争取得了重要的胜利。

(6)言论立场鲜明

《益世报》在"五四"爱国运动中,从始至终,言论立场鲜明,即使面对当局的压力,也毫不动摇。社论笔锋锐利,力透纸背,论点鲜明,敢于直谏。时评短而精,篇篇精彩。谐文诙谐幽默,辛辣讽刺。尤其是在"五四"爱国运动中的几件重要事件中,其鲜明的立场,清晰可见。

5月6日,第二版发表以竹宣为笔名的《论评一 为被拘学生之请命》,为学生运动辩护,表达自己的看法,"学生游街会之结果,被官方拘捕者,计十九人之多,实吾人所引为遗憾者也。夫官厅拘捕学生是否合当兹不予论,惟有不得不请当局注意者,为左列之数项:一学生游街会,系因外交失败,怵于亡国,特为唤醒国人而起。一学生与曹汝霖章宗祥辈并无私怨。所以愤恨曹章者纯系发于爱护国家之热诚。一数千人公愤之行为不能使十九人负责",并以此事"为全国人民所关心之一事"为由积极发挥舆论作用,希望当局以此为一定压力,正确处理该事件,尽早释放被捕学生,勿要有"拂逆人心之举动"。同时,该版发表《论评二 忠告卖国者》。两篇评论言辞犀利,立场鲜明,态度坚决。不但支持学生运动,更表明《益世报》立场,打响了"五四"报道天津站的第一枪。转天,即5月7日"论评"《三不可》陈述了有关要解散大学消息的"三不可",其因有"第一欲解散各校学生。夫学生非乱党非游兵乃国家立校培养企为爱国之贤才也。日前举动形势虽近于暴烈然其心确为爱国热血所激荡……第三……摧残爱国士子以激动中外之人心则大乱迫于眉睫"。该评论大胆直言,直截了当地点明当局的决定是错误的,不可的。甚而提出对于日前的举动"诚宜善加调护",而非以待乱党游兵之手段对待学生,甚至作出要解散大学的荒唐之举,那将导致大乱。再一次强调了报纸的立场。一支持一反对,观点自现。

《益世报》充分发挥言论的引导作用,呼吁民众团结起来,一致对外。5月8日,《益世报》的记者在天津东马路某元宵店里听到了两个身着短衣的苦力的对话,甲说:"兄弟,你知道日本强占我们山东的事情吗?"乙说:"知道啊,但我们不能就这样善罢甘休。"甲说:"听说北京已经开始抵制日货了,要我看,天津也应该这样。"乙说:"这样很好,我不买他的货,他也不能强迫我买。"甲说:"我们两人立志,谁要买一个钱的日本货,不算人类。"乙说:"赞成、赞成。"转天(即5月9日),《益世报》第六版"时评"(郁青)就此事专门发表了评论,"爱国心人之所同具也,不以贫富贵贱而判等差,然以记者冷眼观察,其富贵程度愈高,其爱国心亦愈薄弱;而极贫极贱之人,其爱国心反极真诚、极热烈,此种现象在我国几成一种普通之公例矣。……吾不知何年何月日,彼一班有权有势者,乃能以贩夫走卒之心为心也,然而国家亡矣。"指斥那些高官的爱国热诚尚不如贩夫走卒。又如,5月10日,"时评"评论"五四"运动中牺牲的两位学生,"苟不能争回青岛保全山东,剪除卖国贼,则不如与郭君同死,与彭君同疯也,我同胞当椎心泣血,以此自誓。"再如,5月14日,"时评"指出虽全国民众万众一心进行声援,然而政府默不作声,也无济于事。只有军民一气,政府民众团结一致,才能发挥最大的力量,成为死里逃生的急救法。

5月9日，蔡元培出走。《益世报》坚持公开报道，但在言论上却相对客观，站在政府立场，呼吁挽留蔡元培，稳定学生。5月16日刊载的《蔡元培出京后之情形》，蔡元培因"五四"爱国运动受累，辞去北京大学校长职务，政府并不挽留，津京两地派出代表共同挽留蔡元培。5月11日下午北京教育界成立教职员联合会，选出九名代表前往大总统处请求："（一）对于北京教育界之切实态度；（二）善后之办法；（三）对于挽留蔡校长之态度。"5月17日，专栏《外交紧急与和局破裂二》，其中《蔡元培君之谈话》蔡元培为保全学生被迫离京回乡。如果蔡元培不离开北京，政府就要严办学生，但是如果蔡元培离开北京，政府认为学生无所依仗，就宽大处理，草草了结了。5月30日，短评《傅蔡宜早回京》呼吁政府尽快招二人回京，学生尽快复课，不能继续荒废学业了。

6月5日，全国各大城市罢课、罢工、罢市，声援北京学生的爱国运动。《益世报》为罢市大造舆论，爱国运动取得阶段性胜利。6月8日，专栏《内忧外患之交争记十六》"北京之国民大会"、"沪商罢市之三记"上海各商家为救国集体罢市，置之死地而后生。随后天津、汉口、吴淞、南京、唐山等各地纷纷响应，罢市如火如荼展开。天津总商会于九日下午四时开会决定十日起罢市，制订布告电文，请求惩办卖国贼，保护学生。"商会已决议罢市矣，从今日实行，开会以前之见闻""开会演说之盛况""商会之罢市会议""罢市之布告电文"①。各地罢市后，《益世报》刊登消息报道各地情形，特别是针对天津罢市后情形，做了深入细致的报道，如6月11日，第六版"本埠新闻"《天津罢市后之形形色色》"秩序如常安谧""商务会之会议""童子军之游行""警察队之保卫"等等。6月11日《益世报》刊登大总统令批准免除曹汝霖、章宗祥、陆宗舆三人的职位。各界的爱国活动取得了第一步的胜利。

（7）用漫画、诗歌、谐文、广告等配合传统的消息、专栏、评论，多种形式进行整合报道

《益世报》从1919年5月9日起，在第十版漫画部分刊登关于"五四"

---

① 《本埠公民大会开会记》，《益世报》第二版，1919年6月10日。

运动的漫画,讽刺强权者的暴行。漫画宣传较为集中,到5月底共刊登了11幅。抵制日货时期,刊登各种商家广告,宣传使用国货。

5月8日,第十版"益智粽""谐文"《拉拉杂杂之时局谈》《山东问题新问答》采取一问一答的新颖方式,道出了平民百姓的心声:"他们做官的既当卖国贼就不怕挨骂,也不怕挨打,我们若想对待他,非制他死命不可。"痛快淋漓地指责当权者的卖国行为。

5月9日,第十版"益智粽""谐文"《戏拟东海观音致西天活佛书》,《青岛二字新剖释》,"谐诗"《嘲曹交嫁女油诗》追溯到曹家的祖辈曹操,讽刺曹操嫁女窃汉室江山,可惜后代子孙更不贤德,一心出卖国土卖钱,直指曹汝霖卖国行为,讽刺其弄巧成拙,赔了夫人又折兵。

5月13日,第十版"益智粽""谐评"提倡借鉴北京做法,不看日本人机关报《顺天时报》,文明抵制日货,提醒国人不要三分钟热度,抵制日货一段时间后,又重新接纳。

5月14日,第十一版"民声"《敬告同胞急起》哀痛大好江山将要断送于卖国贼之手,号召人民奋起抗争。"宋有施全刺秦桧故事,今如秦桧者多矣,四顾茫茫,施全何往?风萧萧兮易水寒,壮士一去兮不复还,慷慨爱国之英雄,不当如是耶。呜呼豺狼当道,狐狸横行,致使天然丰富、宝藏无穷之中华民国,聪明灵秀之四万万同胞,为狗彘不食之卖国贼曹章陆等断送于日本。此稍有血气者能不愤恨填胸、拔剑而起、拼一死以相争。与其生为亡国奴,不若一死之为快,敢问吾最亲爱之同胞以为何如,呜呼死……呜呼死……"

3.后期斗争——中国共产党领导的工人运动和革命活动

(1)主笔徐谦的直谏敢言

1919年10月,《益世报》聘请徐谦为主笔,徐谦以"佐治"为笔名,连续发表一系列社论,从而标志《益世报》发展进入一个新的阶段。

徐谦字季龙,教名佐治。安徽歙县人,清同治十年(1871年)出生在一个世代书香家庭,清光绪二十九年(1903年)成进士,入翰林仕学馆攻读法律政治。1919年巴黎和会期间,徐谦和汪精卫、伍朝枢等被南方军政府派往巴黎,观察中国代表团及有关中国在和会上所面临的国际形势。徐谦力主拒签和约,同中国代表团作了激烈的争论。他在回国后警告国人说:"要防外贼,须除家贼。"

而事实上,徐谦担任《益世报》主笔后,发表的第一篇社论就是《胡为而卖国》,矛头直指安福系阁员。1918年段祺瑞利用日本借款收买议员,拼凑"安福俱乐部",为取得日本对其"武力统一"的支持,大肆出卖国家权益,安福议员实际充当其鹰犬。徐谦指责安福议员为"卖国者"。另一方面,徐谦坚决支持学生运动,在1919年12月12日《忠告救国学生》的社论中,徐谦呼吁"非流血不能得救",青年学生要"革我之命,流我之血,救我之国"。徐谦将基督的牺牲精神与基督徒的爱国精神结合起来,即应有"宗教精神"。

徐谦将反日提到救国的高度来看待,在《救国与反对日本》的社论中徐谦认为"救国必反对日本,反对日本即所以救国",把日本看作是最主要的威胁。抵制日货运动是"五四运动"的重要内容,天津以"救国十人团"的成立为标志,在天津商人的领导下也掀起了声势浩大的抵制日货运动。徐谦支持风起云涌的抵制日货运动,并专门作《抵制日货之正轨》,认为抵制日货有"充足的理由"。在政府下令取缔这一运动时,徐谦又发表《拒绝抵制日货之要求》的社论,对政府遏制民情的做法予以批驳。

另外徐谦还发表了《辟日华共存论》《日本宣布继承山东权利之无效》《山东案应坚持到底》《反对直接谈判》等社论。这一系列社论都紧扣了时代的主题,表达了时代的最强音,也最终奠定了《益世报》作为全国大报名报的地位。

(2)爱国运动走向低潮

天津信徒的爱国举动使罗马教廷变得不安起来。罗马教廷得知中国天主信徒纷起参加反帝爱国的"五四运动"后,立即派遣教务巡阅使光若翰前来中国。他在十月二十日抵达上海后,即与徐家汇耶稣会的传教士研究中国天主教会的形势,指示立即在《圣教杂志》发表一项所谓"特别声明","声明"竭力为帝国主义利用天主教侵略中国辩护,攻击天津爱国信徒的正义行动,并重申"迭次表示反对此次学潮",信徒"如果违犯,应得神罚处分",以此来恐吓信徒。受其影响,天津信徒的爱国运动走向低潮。

(二)接受"五四"新文化运动洗礼后《益世报》的嬗变

8月10日,《益世报》第二版"论评"《本报今后之使命》,洋洋洒洒660字,阐述了该报今后的目标和任务。这篇使命是因"五四"爱国运动而做,也阐述了报社同人们对于继续报道"五四"爱国运动的一些主张,从字里行间透露出报社同人们在经历了"五四"新文化运动后,办报思想上的成熟和转变。正如《使命》开篇所言:"本报自成立以来,向以国民的组织堂堂正正入我社会监督政府,色彩鲜明,从不以模棱二可之言愚我群众。故谓同人等学识浅陋,见闻或有不及,则同人等不敢辞其咎。若谓奸人宵小所造成之蜚语,欲以凭借其足以移易社会趋向之地位,告罪於国人,则同人数年之惨淡砥柱岂不自坠於一旦。同人等不自菲薄於艰难困苦之时而谓甘自暴弃於根基确立之后,庸有此理,同人等向以宗教、自信、智慧,虽愚不肖,亦决不至此。惟以旬日以来,不佞养疴,乡里京馆忙於出版,所有国民应尽之天职疏漏实多,此则五。衷自问,实深惭愧者。今复惟有振奋精神以兴国人相见。兹特条举本报今后之使命如下……本报本此职,志将以我言论向来一贯主张之态度,彻头彻尾入我民智幼稚之社会,爱国同胞。果将闻风兴起,以匡本报之不逮乎?则提撕警觉,相与淬励,固同人之所切望者也。"

《使命》主要列举了六条:

"(一)监督政府,对於内政外交有明白清楚之建议,反乎此者,当与国民一同攻击之。

(二)反对阴谋,打破武力主义,一切不合于民主精神者,我人皆反对之。

(三)山东三款问题唯一主张将来由国际联盟之解决。对於列强之调停,吾当感谢其诚意而婉却之。

(四)不用日货以打破日本之经济侵略,促彼全体民族觉悟,其政府采用武力主义之非宜。对於此事吾人今后当以精细明透之研究方法,积极主张到底。

（五）救国惟在教育。今后当尽其全力注意於教育,让会群众而以提倡注音字母,推广平民识字阶级为一致方法。

（六）希望国民今后对於救国主张切勿太多,当提纲挈领,立出根本,数事自动的积极做去,万不可只在应付时局表面,不量力而行,徒惹恶人注意,俾得借口摧残国民正当爱国救国之行为。"

其中三、四两条主要是针对"五四"爱国运动的后续报道提出的,可见《益世报》要将抵抗的立场坚持到底。而一、二、五、六四条则分别从舆论监督与指导、民主和教育民众四个方面阐述了报纸的职责。体现了这样一份传教士报纸通过参与中国的爱国运动经受的洗礼,发生的蜕变。

第一,办报的首要职责是舆论监督与指导。

《益世报》将监督政府作为报纸的首要职责提出,可见其认识上的成熟,有别于中国资产阶级改良派和革命派的办报思想,报纸是为人民大众服务的,对于政府的失职,要敢于批评,代表民众说话。舆论监督与向导国民是相辅相成的。"希望国民今后对於救国主张切勿太多,当提纲挈领,立出根本,数事自动的积极做去,万不可只在应付时局表面,不量力而行,徒惹恶人注意,俾得借口摧残国民正当爱国救国之行为。"正确的舆论引导可以帮助民众看清时局,有利的社会动员能使受众团结一致,在恰当的时候,采取恰当的方式行动。准确及时的舆论监督可以为社会动员提供努力的方向,反之可能使社会动员显得苍白无力,成为无水之源;而社会动员包括凝聚功能、激励功能、消解功能和警醒功能,传媒进行社会动员是一种需要精心拿捏的但难以完美的艺术,如果没有很好地开展社会动员,那么可能适得其反,加深社会的动荡不安。当然,《益世报》在当时的直言敢谏也得益于其天主教报纸的身份,它的背后是外国天主教会,对于政府的言论钳制所受影响相对小些,也较敢于表达自己的鲜明的言论态度。尽管如此,其办报理念在当时仍具有进步作用。

第二,民主的思想浸入新闻思想中。

自从1840年的鸦片战争打碎了清王朝帝国的沉沉昏梦之后,积弱就要挨打的历史教训与现实情势使得中国的先进的知识分子一直在苦苦寻索富国强民的道路。洋务运动,戊戌维新,辛亥革命,但是,这些努力都无一例外地失败了。一些先进的知识分子从辛亥革命的失败中清醒地意识到,封建君主专制赖以长存的精神文化基础远未被革命铲除,广大国民尚处于愚昧麻木之中,对社会的革命十分隔膜。于是,思想启蒙被寻找救国道路的知识分子们推向了中国社会现代化历史进程的最前沿。他们认为,思想启蒙既能够通过对儒家文化传统的批判铲除封建君主政体的精神基础,又能够通过引进西方文化中的民主、科学、自由、平等等观念唤醒国民,启发国民,促进国民意识的现代化,进而实现国民人格的改造与重铸。1915年9月,《新青年》杂志创刊,标志着20世纪初期中国新文化运动的开始。针对辛亥革命后中国还没有民主政治,针对中国群众思想蒙昧落后的状况,《新青年》提出了"民主"和"科学"两大口号。这里所提倡的"民主"是法兰西式的资产阶级民主,把"自由、平等、博爱"视为"近世文明的精华"。所主张的"科学"则是运用近代自然科学和西方资产阶级唯物主义,反对迷信落后,宣传无神论。

《益世报》提倡民主,"反对阴谋,打破武力主义",主张"一切不合于民主精神者,我人皆反对之。"新闻思想中的民主就是在新闻报道和舆论引导上要更多从人民的立场出发,反映民众呼声。民主思想指导下的新闻报道,有利于在政府和公众之间建立一个平等的交流平台,进行磋商和协调,更有利于舆论监督的实施,这是新闻思想的进步。

第三,开展有效的平民教育成为报纸的社会责任。

重视平民教育,提出"救国惟在教育。今后当尽其全力注意於教育, 让会群众而以提倡注音字母, 推广平民识字阶级为一致方法"。"五四"新文化运动是在文化思想领域中的变革运动,是资产阶级新文化和封建阶级旧文化的一次激烈交锋。新文化运动的基本主张是:反对封建的特权政治,要求政治民主;反对封建旧道德,提倡民主主义的新道德;反对封建的旧文学,提倡为民主主义文化服务的新文学。胡适所提倡的白话文运动就是新文学,是人的文学。《益世报》注意到新文学、白话文在开启民智和文化改革中的重要作用,其提倡注音字母,推广平民识字正呼应了这一思想。

五四新文化运动以来,报纸副刊在文学发展中起了重要的作用,在北方,《晨报副刊》《京报副刊》相继停刊,天津《大公报》由吴宓主持的《文学副刊》一直到1934年还在使用文言文,并且一直与新文学保持疏离。在这样的文学环境下,《益世报》实际上成了北方举足轻重的文学空间,在一定程度上生动地再现了现代文学发展的场景。《益世报》的自由主义办报追求直接影响了它在刊载文学方面的自由特色。《益世报》从创办之日就办有副刊《益智粽》,主要以谐文和通俗小说的形式影响世道人心,有时文学版面甚至超过新闻版面,副刊遵循自由文学理念,注重大众性,文字紧跟现实,供作家学者发表作品、交流学术。自由主义文学伴随着现代文学的发生就已萌芽,"五四"是一个充分张扬自我、崇尚生命自由的时代,是一个倡导百家争鸣的时代,各种文学趣味的知识分子,在这一理念下聚合在一起,张起了反对旧文学建设新文学的大旗,自由主义文学思潮作为启蒙文学思潮的一个方面,与"五四"新文化运动的精神是一致的,统一于反对思想束缚、追求个性解放的时代大潮。

当今一些学者将传播的社会功能概括为获取信息;社会化途径;知识教育;舆论监督与指导;文化传承与交流;调节身心六个方面。[①]中国资产阶级改良派的新闻思想中对新闻与传播的社会作用,主要从政府的角度强调了对民众群体的信息传播,文化知识教育作用,忽略了媒体对受众个体的影响。通过对以上《益世报》新闻思想的分析可以看出,经历了"五四"洗礼的报刊对新闻的社会功能的认知已向现代理论迈进了一大步,这是值得肯定的。但是受《益世报》自身性质的局限,难以承担更艰巨的使命,无产阶级报刊的兴起,将新闻史引向了另一个新的历史篇章。

----

① 参见戴元光、金冠军:《传播学通论》,上海交通大学出版社,2000年版。

四、《益世报》的水灾报道

《益世报》地处天津,天津历史上就是水灾频发的地区。水灾,又称水患、洪涝灾害,指因久雨暴雨、山洪暴发或河水泛滥等,使人民的生命财产、农作物等遭受破坏或损失的灾害。天津是多洪水地带,据史料统计,从1368—1948年的580年间共发生水灾387次,其中五次水近北京、八次水淹天津(1653年、1654年、1668年、1801年、1871年、1890年、1917年、1939年),每次大水都给人民生命财产造成巨大损失。1917年7月,海河流域发生20世纪的第一场特大洪水。因受台风影响,7月20—28日海河流域连降大雨,其中23—28日出现大范围暴雨,太行山、燕山迎风侧均被暴雨笼罩,一般多达三日,少则集中一日,暴雨倾盆。由于这场大暴雨的中心在直隶省境内,直隶各河因降水过多并伴有山洪暴发,相继漫决或堤破河决。据称,1917年直隶大水,有70条河流先后决口。受灾范围遍及直隶全境,北自张家口,西至西陵房山以西,东至山海关,南抵黄河。总计全省受灾市县达103个,被灾面积38950平方公里,被灾村庄1.9万余,受灾人口620万。其中以天津、保定两地受灾最重。洪水突入天津市中心,海光寺、河北路一带水深近2米。中华人民共和国建立后,面对水患,毛泽东主席在1958年发出了"一定要根治海河"的号令,全国陆陆续续建成8.5万多座水库,在党的领导下,通过人民群众的共同努力,终于彻底根除了天津的水患,造福了子孙后代。但是媒体对此类灾难事件的报道并不充足,还存在许多需要完善的地方。《益世报》立足天津,对1917年这次历史性的大水灾进行了全面的报道,在天津人民心中树立了极高的威信。《益世报》充分调动人力、物力,发挥舆论引导和社会动员作用,成为民众和政府之间的沟通桥梁,丰富的报道经验,极为成熟的传播策略,奠定了《益世报》在全国报纸中的独特地位。《益世报》1917年水灾报道的经验和特点,亦可为当今媒体的灾难事件报道带来启示。

《益世报》作为大众传播工具,面对如此灾情,倾力出动,积极发挥了传播信息,稳定民心,引导舆论,动员社会的作用。

(一)信息传递方面:新闻公开,报道及时

在灾难性事件报道中,专业化的媒体应快速反应,在第一时间赶到第一现场,采集到第一手资料,着力发掘新闻素材,以敏锐的触角,从不同角度入手,力争多侧面地为受众呈现一个全景式的灾难现场。满足受众知情权,减少恐慌,树立与灾害抗争的信心。直隶省会天津市,因地处海河入海口,"为众水所归,几有陆沉之慨",灾情十分严重。当时天津市街道水深数尺,马路均可行船。大水还使城市商业和各种经济活动受到影响以至于停顿。在这样的情况下,《益世报》立即展开报道。

1.第一时间通报水情

水情水势是人们最为关切的内容。7月29日《益世报》第六版《本埠新闻》刊登了一条消息《河水暴涨之调查》,称从二十五日起发现水势异常"分赴各处调查水势及防卫堤岸决口"。从此拉开了水灾报道的序幕。7月30日第六版《本埠新闻》刊登了《河决为灾》的消息,"现永定河北连河府三处水陡涨,决口者甚多……波及十余县云。"及时刊登了灾情。《益世报》接下来对灾情的报道十分重视时效性。《关于水灾之种种》(8.9)"城西杨柳青镇后河于7日早决口……"《水警调查水势报告》(9.26)"二十五日早八钟";《难民可怜》(8.6)"昨晨十余点钟……"等等。《益世报》刊登的多为前一天的新闻,最晚头两天新闻,在消息中尽可能使用具体时间,可见其对时效性的追求。信息的及时传播避免了谣言、恐慌的产生。自此之后至11月15日《益世报》几乎天天在第六版《本埠新闻》位置刊载《关于水灾之种种》,开始了对水灾的集中连续报道。这一阶段,每日关于水灾的各种消息和报道少则四五篇,多则十一二篇,全面具体。

8月11日起,《益世报》开始刊载官方公告,《警察厅八月八日报告水灾情形》,《警察厅八月八日报告水灾情形》(再续)(8.13),《警察厅八月八日报告水灾情形》(四续)(8.16),《警察厅八月八日报告水灾情形》(五续)(8.17),《警察厅八月八日报告水灾情形》(六续)(8.20),呈报水灾准确数据。但是此时距水灾发生已近半个月的时间,《益世报》在官方水灾数据统计之前的信息传播及时通报了灾情,安定了民心。

2.连续报道,更新灾情

对于突发性灾难事件,时效性和准确性是首要价值要素,以快占先,快中求准。《益世报》采取了连续报道的方式,不断更新更正灾情,达到时效性和准确性的统一。如,《河决为灾》(7.30)消息称"现永定河北连河府三处水陡涨,决口者甚多……波及十余县云"。《近几各河之水灾》(8.3)"永定河全河屡出险工,河水涨至二丈四五尺,不等水与堤平,而上游山水仍续暴发……二十八日雨尚未止,未知以后情形,容探明再登。"《近几各属水灾详报》(8.4)"近几一带水灾情形已志昨报,惟因调查未清,一时不能尽述,据外间各方面传知,此次大水实包括直隶全境,并非只近几一带已也。其灾区范围北自张家口,西至西陵房山以西,东至山海关,南抵黄河,无不有被灾之事……"连续报道兼顾了灾情的及时传播和信息的准确性。从受众的接受心理方面分析,不断更新的灾情报道可以满足受众对信息的渴求,但是为了追求准确性而放弃信息的及时公开则会造成受众的紧张和焦虑,还会造成谣言的滋生。

《益世报》关于灾情及损失的数据尽可能做到精确,可见对于信息通报的重视。如《各河水渐退落之调查》(8.22)报告二十一日早晨调查到的水落情况,精确到寸;《直隶五大河之测量及出险记》(10.3,10.4)精确测量,为救灾提供参考;《城厢水势测量表续志》(10.4)详列各处水深及房屋倒塌数,精确到百。《益世报》在细节方面也尽可能地考虑周到。9月25日"本津要讯"附略图,详细标注决口处的地理位置。图表的采用使信息传递更加准确,且丰富了水灾报道方式。

(二)舆论引导上:依托执政当局和动员社会大众相统一

9月29日,冯国璋特派曾任北京政府平政院长的熊希龄督办水灾河工善后事宜,设立水灾河工善后事宜处(以下简称善后处),熊希龄任督办,作为救济这次水灾的官方机构。30日,冯国璋发布大总统令:着财政部先发帑银20万元,交善后处督办熊希龄,会同直隶省长选派廉正官绅,分赴灾区,赶办急赈。10月15日,财政部为办理天津水灾善后事宜,向四国银行团及花旗、麦加利、华比等银行借银70万两。11月22日,财政总长梁启超,善后处督办熊希龄以"多伦鄂尔及山东、山西之某地常关收人"为担保,作为直隶水灾救济借款。《益世报》发挥舆论引导作用,全力投入社会动员。

1.报道当局救援行动,体现当局救援及时

《益世报》在报道当局救援工作上,凸显了救援的及时和迅速,起到了正面宣传的作用,也辅助当局稳定了市民的情绪。如,《益世报》8月2日第六版《琐闻零拾》报道《河水漫溢》"前日下午西河水增长甚大,漫溢堤外,由家园子西北约五里,西至韩家墅一带,所有稼禾田均被淹没。水上警察长吕富文报知局长梁彩亭,立即呈报警务处并转呈省长设法办理云。"《近几各河之水灾》(8.3)"直义赈局已派员分赴各灾区查勘并筹放急赈以维现状。"报道反映出当局及时采取救灾行动,安定了民心。8月18日消息《修补河堤之迅速》16日晚十二点半抢修,现已完工。反映当局救灾迅速。

《益世报》通过连续不断地报道官方行动措施来安抚民众。集中连续的报道救灾可以形成一股强大的舆论,表明当局在不遗余力地全力、迅速救灾。如《水警呈报赵家庄决口情形》《河务局调查河堤》(8.4),《水警呈报昨日各河之水势》《河道测勘处成立》《内务部关于河防之训令》(8.5),《本埠水灾之情形》《西沽一带水势之调查》《安国县亘古未有之大水》《辽原最近之水患》(8.6),《红十字会筹办急赈之通告》《水警调查水势之呈报》《工程处注重河工》(8.7),《查灾董事分区出发》(8.28)等。还通过陆续报道赈灾办法,帮助灾民树立信心。《本月十二日在张公祠助赈家数开列于后》(8.16),《筹备天津水灾义赈大概办法》(8.17),《安置难民办法之种种》(8.19),《难民拟送教养院》(8.25),《医院救急队出发灾区》(9.13)等。特别是8月22日刊登的《杨处长提议赈灾善后办法》,文章提出了长久安置灾民的一些办法,设法让灾民自力更生。对于老人和小孩:设法分别安置;小本经营者:借贷供其做小买卖,不计利息;租民房或搭盖临时房屋供无居所者居住;没有手艺的强健男子:筹借人力车,供其谋生;女子:筹织布机,供其谋生;以后将收之款"存于银行作为赈务积本金,以供荒年之用,或作接济贫民生计之资本,以示实行提倡实业,以工代赈之意"。办法细致周到,用作长久之计,实际操作性强。

2.动员社会各方面义赈

除官方进行的救灾外,还有民间义赈团体自发组织的义赈活动,报道社会赈灾行动,与官方救灾相辅相成。在经历灾难打击,或痛失亲人,或流离失所的悲惨境遇下能够重新建立生活的勇气。如《顺直义赈会组织成立》(8.11)"八月十一日下午四时成立……灾重事繁,一切募捐散放各手续开会后即积极进行云"。9月8日刊登《急赈会董事开会记》,除16、17日中断两日外,一直持续到9月23日。各种义赈团体纷纷设立,它们主要集中在京、津、沪三地。上海是这次义赈活动的中心,中国红十字会、中国济生会、京直奉水灾义赈会、上海广仁善堂义赈会等组织,在这次赈灾活动中发挥了重要作用,他们向社会各界开展广泛的募捐活动,并不辞辛劳,长途跋涉,深入灾区直接向灾民发放救灾物资,成为救济此次水灾的重要机构和社会力量。

《益世报》不吝笔墨,为赈灾大声鼓与呼。一方面多方筹款,动员社会各种力量参与筹款。如《演剧赈灾有期》(8.9)"王志襄京兆尹异常忧念,除呈请政府拨款赈济并联合官绅劝募义赈外……劝导伶界演唱义务戏,以戏资赈……届期梅兰芳、王凤卿等名角均愿登台,共尽义务,饱慈善家眼福云。"《请看今日义务电影戏》(8.21),《旅津粤人演戏筹赈详志》(9.3),8月28日第八版通版广告"日本驻天津仁丹公司捐赠价值一千五百元的三万包仁丹"等。《益世报》报道的丰富多样的筹款方式开拓了读者的思路,吸引更多有识之士加入赈济救灾的队伍。对于工商界人士的捐助,《益世报》在报上给予褒扬。如《绅商各界助赈之热心》(8.19),《官商各绅助赈之热心》(8.20),《物华恒利两银楼之义举》(8.21),《南洋烟公司之义举》(8.21),《教育界筹赈通启》(9.2),《慈善医院因灾送诊》(8.26)等等。另一方面《益世报》还在报纸上详细通报所收捐款数目。8月19日来件中《直隶省总银行八月十五至十八日收到顺直赈捐数目》,8月28日来件中《直隶省总银行八月二十至二十三日收到顺直赈捐数目》,8月29日来件中《天津红十字分会筹办水灾救急会实收捐款数目报告》等等,都详细列出捐款人及所捐款数等细节,有助于社会大众共同监督善款。

此外,由于在天津的各国租界受到水灾的实际影响,与其自身利益休戚相关,各国也程度不同地参与了对天津水灾的救援。如,《法人亦赈济灾区》(8.18),《杨厅长函谢日本人之助赈》(8.20),《中法银行之义举》(8.24)等。《益世报》还直译外电,为水灾建言献策。9月27日"译论"《直隶水患刍言》(仁甫译京津《泰晤士报》)为急救水灾出谋划策,希望经此水灾后中国可以根治水患,协约国允许缓交庚子赔款,提出若干用作治河经费。《益世报》的这些报道,无形之中也引起了外国受众的关注。

3.报道注重完整性,兼顾捐款过程和善款流向

捐赠与受赠本是相连的。我们在新闻报道中更多看到的只是人们在捐款,但所捐善款究竟如何到达灾区人民手中,灾区老百姓有什么反应?他们还需要什么?这些受众想进一步知道的问题,媒体却少有报道。这种报道的最大缺陷,是截断事实的发展链条,剥夺了百姓对事实结果的知情权,剥夺了人们做善事的成就感和愉悦感。如果一个人做事总是看不到积极的结果,捐出的辛苦钱如石沉大海,谁还有兴趣捐款救灾?甚至已经捐了钱的人也会有怨言甚至后悔。《益世报》注重报道灾民领取捐款的情况,如《善士施放玉面》(8.24),《善堂又放铜圆急赈》(8.25),《取缔灾民领款办法》(9.3),《雨衣遮覆灾民》(9.6)等等。把捐款过程和善款流向结合起来报道,满足了受众的知情权,使报道完整连续。

4.代民立言,做"官""民"之间的公共交流平台

《益世报》正是在执政当局和民众之间建立起一个公共空间,使得当局与民众之间有了交流的平台。管理层通过报道新闻了解到到灾民的处境,而灾民也通过报道将自己的需要反馈到管理层。在灾难新闻报道中,媒体要充当公共平台的作用,发挥舆论监督,而不能沦为政府的附属,政府的传声筒。《益世报》在报道中关注民生,关怀灾民生活的方方面面,细致周到。如《靠河堤葬埋者注意》(8.6),提醒坟家靠近河堤的居民及早迁移。《捞获尸棺之招领》(8.14),《义阡局捞埋水冲

尸枢》(8.20)等,想灾民之所想,急灾民之所急。

《益世报》代灾民向当局呈赈,采取软硬兼施的策略。一方面,批评当局不顾民生。8月20日第十版副刊《益智粽》"谐评"称:"京兆水灾政府已有五万元之赈恤,直省水灾尚无赈恤之明令……曰此民与国固有轻重之分耳,军费党费之种种全为救国开支,若赈抚水灾不过救民而已,无国则无民,又奚能一概而论哉。"文章一针见血地指出执政当局以财政困难为由,仅以几万元赈济水灾,而军费、党费、运动费动辄数百万元,数十万元,是置百姓的生死于不顾。另一方面,多次撰文恳请当局救助灾民,为当局建言献策。8月25日第二版短评《请政府速筹救灾之法》恳请执政当局拨款救助灾民,"记者会倡借款赈灾之说,盖当此生计艰难,金融阻塞,舍此实无巨款可筹,愿政府勿徒注意于政费军费而置民生于不顾也。"尤其是8月26日第七版来函中刊载的《鲁嗣乡灾民乞命书》描述灾民困苦,表达其哀呼,言辞恳切,"敬求诸大善士怜灾民困苦,为之购买芦苇数百个,分给灾户,令其铺垫,虽不能尽免其害,究竟聊胜于无……"通过这些报道,《益世报》将民众的呼声、民众所想及时传递给当局,践行了为民请命,代民立言的职责。《益世报》不但为民立言,还积极为当局建言献策。8月11日《难民来京日众》消息就提醒当局要及早安置难民,以免酿成新的灾祸。《青年会演说救灾治河旁听记》(9.24—9.26)为当局更好救灾出谋划策。

5.适时引导舆论,预防灾后疫情疫病

《益世报》全程进行水灾报道,当救灾、赈灾相继展开后,报纸开始关注疫情防范,充分发挥了预警作用,通过消息探查疫情隐患,提醒当局及时防疫。8月31日《有碍卫生之宜禁》开始关注水灾过后的防疫问题。消息提到,"河北大街石桥东,厕两旁之粪堆积如山,望有该管之责者速为设法清理。"提醒有关部门关注防疫。《益世报》的预警报道得到当局的重视,开始采取防疫措施。《防疫处预防灾后疫病》(9.28),做好疫病预防准备。10月6日《红十字会打捞死尸》称:"北洋防疫局布告,叮嘱居民勿随意丢弃物品、大小便、以免滋生病菌。现已雇募扫夫分段扫除,洒布消毒药品,并将厕所加宽加大,添设尿缸……"《办理卫生董事推定》为各灾区选派卫生负责人。报道中关注新的灾情的预防，如《堤防添置警告器》(8.24)，预防新的灾情发生。

(三)报道体现人文关怀

人文关怀，简单地说，就是关心人，尤其是关心人的精神生活；尊重人的价值，尤其是尊重人作为精神存在的价值。中国传统文化的人文主义，关注人、重视人、崇尚人。它肯定人的价值，肯定现世人生，反对宗教蒙昧主义，强调人的经验和实用理性。人文关怀要求记者，勇敢地直面人生，以透彻的目光注视人类的生生死死，对处于极度状态下的人类给予人文关怀，让人们体会到人的崇高与尊严，唤醒人类的良知与道德。

1.安抚灾民心灵

尤其在灾后重建期，新闻媒体更要将受灾者的生活和心理展现给公众，唤起公众的同情心，激起公众的深切关怀，这既可以给受灾者以心灵的安慰，又有利于推动赈灾和灾后重建。《益世报》的副刊文章肩负了这项使命，对灾民辅以人文关怀，对死者寄予哀思。9月25日第十一版"文苑"《丁巳六月大霜雨河水暴涨漂毁庐舍》《苦雨》两文对水灾抒发感情。8月29日第十一版"文苑"《水灾行》，描写灾民惨状，痛斥富者见死不救。9月29日刊登读者文章《津门水灾书感》(楚北一蝉)，"文苑"《难民歌》(10.1)，《天津大水悲歌》(10.7)等。这些抒情的文章无不抚慰着灾民的心灵。

2.立足本省，关注外省及国外汛情

《益世报》在全力报道天津水灾的同时，还关注着其他省市在汛期来临时的汛情，如《天灾流行之闽讯》(8.11)，《武汉各属之水灾》(8.15)，《湖南大水为灾详情》(8.16)，《鄂省大水之近况》(8.17)，《湖南大水之未已》(8.18)等，足见其全国性大报的风范。

10月3日"译电"《日本东京之大风灾》《日本各地之大水灾》，10月4日东京通讯社电《日本东京及各地大风灾之损失》，《日本各地被灾之惨状》(10.9)，《益世报》关注日本发生的大水灾，详列各种损失数字，同样的灾难会让本地的民众感同身受，增强本地灾民克服灾难的信心和勇气。

3.关注社会弱势群体赈灾情况

《益世报》特别注重在报道中关注弱势群体捐款,包括老人、儿童、妇女(女学生)的赈灾情况。如:《妇女之慈悲可钦》(8.14)报道南五分驻所界内孟梅氏捐一百元;《女学生关心难民》(10.3)报道了天津官立第五女子国民学校捐助玉米面馇馇303个。还有《女学校长捐资蒙奖》(8.23),《三龄儿童之捐赈》(8.30),《私一小学热心赈捐》(9.6),《南开学校之义举》(9.30)等。特别是8月28日《遗嘱捐赠之可风》一文,赞扬居住在河北小药王庙西的王鹤轩老人逝世前让儿子节俭办丧事,将节省下来的二百元钱捐助灾民的善举。这些善举的弘扬可以在社会上形成一种捐款救灾的风气,带动更多的人救助灾民。另一方面,报道弱势群体的捐助情况,也反衬了一些权贵的为富不仁,冷血麻木。对比之中,褒贬自现。

(四)后续报道充足,对灾难事件进行反思报道

在灾难新闻的采访中,应特别注意抓取灾难事件中最具有新闻价值的组成因素,如包括死伤情况、财产损失情况、原因、救护和救济情况、灾区灾后情况等。在诸多因素中,最能体现灾难新闻价值的社会性和久远性的应当是后续的相关报道,只有在灾难报道的反思中,才能痛定思痛,找到灾难的原因,使受众汲取教训,提高警觉,从而预防类似灾害的发生,或即使发生也可以减少损失。而在这方面,很多灾难新闻报道往往止步于对受灾现场情景的简单叙述,和对死难者家属悲痛欲绝画面的捕捉,而对于相关的后续报道做的工作是少之又少,从而也就很难将灾难性事件报道引向深入,挖掘出灾难事件背后的深层思考。

1.探查水灾原因

8月10日至19日《益世报》第七版天天重复刊登广告文章《永定河决口之原因》:"本年永定河伏汛盛涨,河防局赵局长驻工防险颇著勤劳,不意下游码头村王姓等只图自利,招聚愚民数百人拦河下椿挂柳,堵塞河流,工长至四百余丈,因之正流淤塞,下口不通,遂至成上游决口之祸,京南一带半成泽国。已有人起诉,此事关系甚大,该管诸君不

可不忽也。——京南灾民张丽洪等公启。"指出由于下游居民贪图利益,故意拦河,导致河流淤塞,酿成大灾。分析水灾不仅仅是天灾,亦是人祸。9月4日《各河水陡涨之原因》继续分析水涨的原因是连日大雨,并非山洪暴涨所致。连续地探查水灾原因,不但解除了民众心中的疑问,更对抗洪抢险有指导作用。

2.同步反思

灾难报道中同步反思很必要。反思性的文章常常带有一些富有启迪价值的意见,能提高灾难事件报道的整体影响力,使得民众更加理性地看待此类灾难。媒体进行反思报道的主要作用是对整个灾难事件中暴露出来的各种问题以及在灾难处理过程中获得的经验进行总结和反思,设法将危险转化为发展的机遇,避免类似灾难的再次发生。《益世报》十分重视同步反思报道,这些报道从各种角度深刻解读水灾,言论或批评、讽刺、表达义愤,或深刻思考,直指弊端,文笔犀利,特色鲜明。

8月14日《益世报》第二版评论《人祸天灾》(梦幻)借水灾分析当今时局,天灾、党政、当局腐败,这些天灾人祸,使民不聊生,社会极其困苦:"今水患已成当道,若不速筹善法,一面赶施防御之术,一面急图赈救之方,不但未被水之地,必将同遭浩劫。而聚此数百万难民老弱,转于沟壑,壮者黠者势将流入盗匪,绅富之家亦恐不能安枕,则何若速出巨资赶筹急赈以共保地方治安之愈也。乃起视达官巨宦,方且争权利、置田产,为子孙万世之计,即日以利国利民福为口头禅者,亦且各树党援,互争势力,不惜穷兵黩武,陷人民于水深火热之中,天灾未已,人祸又来,是惟恐人民不速死,国家不速亡,不知其对于今日灾象,亦尝戚然动心否耶。"9月24日"谐文"《水之用途》借大水讽刺种种社会弊端、政治丑恶,表达人民义愤。

有批评当局官员吝啬捐助,救灾不力的。如8月17日第十版《益智粽》"谐评"辛辣讽刺各省长官吝啬,"交通总次长,两人共捐五百元而又别而白之曰交票,以交通之总次长捐交通不兑现之钞票,其理亦可有原,但两人共捐五百之数,合之则成,半吊分之,不两个二百五耶。"

亦通过此文为受灾百姓鸣不平。9月30日《救济灾民新章命令》讽刺救灾不力。"兹拟定救济灾民新章,公布之此令救济灾民新章附后。一、现筑债台多处,凡灾民房屋被冲毁者,可留此居住;二、现发不兑换纸币数千万,凡灾民以币买此项纸币者,以七折计算……"指出当局拟定的救灾政策如隔靴搔痒,不得要领,一些措施,纸上谈兵,难以落到实处。

有反思河务人员失职的。9月25、26日评论《敬告有管河之责者》批评管河之人未尽职责,"溃决之前,既不能增高培厚以固堤防,又不知堑开壕以杀水势,敷衍因循,遂至一溃而不可收拾,责以事前疏忽,其咎实无可辞。"指出河堤之所以溃决,是由于管理河务的人员未尽职责,敷衍了事,耽误了补救的最佳时机,才造成此种灾难。

有反思水灾后社会现象的。9月27日"谐评"谴责租界内歌舞升平,毫不关心水灾,同情难民。"适彼乐土,叉麻雀、作冶游,依然豪兴不减,此种龌龊,岂真毫无心肝耶……"10月5日评论《水灾中之迷信问题》批评地方官不以身作则,人们盲目迷信、烧香拜佛,指出水灾为半天灾半人祸,教育民众正确面对。

有驳斥社会错误建议,对治理水灾建言献策的。10月4日《辟倡扒淀北河堤之谬说》针对社会上出现的提倡扒淀北河的观点进行反驳,指出他们观点上的谬误。10月24日、25日第二版《言论》部分刊登了《论直隶水灾由来及将来之计划(一续)》和《论直隶水灾由来及将来之计划(二续)》。针对水灾提出了将来的计划。

这些反思文章关注水灾发生的原因,救灾方式,责任归属,筹集善款,水灾预防,水灾与政治,社会反响等方方面面的问题,文章深刻,鞭辟入里,以理性的视角为民众解读水灾,总结经验教训,成为这次水灾留给世人宝贵的经验。《益世报》对于灾难新闻进行连续反思报道的这种做法值得当今媒体借鉴学习。

(五)水灾报道全面、均衡而且节节有重点

一般媒体对一些灾难事件的报道往往后劲不足,或者突然间停止报道,对一些问题,人们依然关注,而媒体却突然偃旗息鼓,不再关注了。这种报道的节奏未顾及到受众的思维规律和接受心理,令人难以接受。媒体对自然灾难等突发性事件的报道该保持连贯性和节奏感。《益世报》水灾报道中将灾情、救灾、筹款的报道同步进行。在7月底至转年3月底近7个月、210多天的报道中,全面、均衡而且每一阶段都有侧重点。

7月底至8月底为水灾初发期。这一时期的报道以水情、乞赈、急赈为主。报道强势集中,信息通报迅速。如《水灾救急会通电》(8.9)向社会各方求救以赈济灾民。《关于水灾之种种》(8.10)"曹督军眷念灾民……提供住所,发给蒸食五千斤以应急需云"。《涿县灾民之赈恤》(8.10)通报灾民得到赈济等等。

9至11月中旬为水灾持续期,报道起到了协调和动员作用。动员社会大众共同抗击水灾,号召民众捐款,并集中刊登水灾损失(包括受灾详情调查和发放赈灾物资情况),捐款等统计数据。如《各县暨警察所呈报水灾轻重草单》(9.8),《东二分驻所界内绅董代募赈款》(9.10,9.14),《天津官绅商学捐募水灾赈款详单》(一至九)(刊载于9.14至9.24),《各义务戏助赈之收数》(9.12)等。10月31日第六版《本埠新闻》头条《关于水灾之种种》开始转入灾后重建阶段的报道,《呈请赶办筑堤抽水》:"一面抽水筑堤还我旧宅,且议疏水入海,筹款治河为种种治标治本之计……"11月7日第六版《本埠新闻》头条《关于水灾之种种》开始商议冬季赈灾事项,消息《呈请冬赈之批示》《防疫处亲勘灾区》《红十字会办赈记》详列各部门筹得的善款。并且统计前一阶段赈款和灾情的具体情况,一一进行详细准确的报道。截至11月15日,《关于水灾之种种》一直占据《益世报》第六版《本埠新闻》头条位置。这是水灾的强势传播阶段。

11月16日《益世报》第六版《本埠新闻》头条改为《省议会开会厅旁纪》,第二条为《关于赈灾之种种》,关于水灾的报道自此以后时而头条,时而二条,除赈济灾民的情况外,报道重点转向水灾后期的相关具体问题,突出反思报道,报道强度开始较前一阶段减弱。关于水灾的报道一直持续到1918年3月20日。从11月下旬到转年的3月下旬,近四个月的时间为水灾消退期。《益世报》仍旧进行水灾报道,关注冬赈具体实施情况,关注疫病预防情况,监督水灾后期各方面工作的进行,在这样长的一段时期内极好地发挥了舆论监督及动员社会的作用,渐渐将水灾报道引入尾声。

《益世报》在整体水灾报道中注意做到全面、均衡;在具体行动上,如报道捐款的过程和善款的流向时,力争完整;把握节奏感,张弛有度。这些表面看起来是个技术问题,实质上是媒体的服务意识问题。《益世报》以其服务的意识,成熟的报道,赢得了受众的认可。作为媒体人,第一件事就是学会换位思维,遇事多从受众角度想问题。当今媒体在处理灾难事件报道时,多从受众角度考虑,吸收借鉴前人的丰富经验,必将使灾难事件报道机制更加完善。

五、周恩来的旅欧通讯

周恩来赴法勤工俭学时,接受了《益世报》的邀请,撰写海外通讯。1921年至1922年间,周恩来一共撰写旅欧通讯56篇[1],共计25万多字,在《益世报》上刊载,使《益世报》的声望和销路一时超过天津的其他报纸。

周恩来的旅欧通讯分别以 "伦敦通信""西欧通信""旅欧通信""巴黎通信""欧洲通信"等栏目名刊出,署名主要有周恩来、恩来等。旅欧通讯的政治色彩比较浓,周恩来写作的都是一些国内读者想要知道的欧洲各方面信息,包括西欧的政治、经济和社会情况,都是当时的热点问题。

(一)宣传内容

1.提倡民主,反对军阀专制

1921年的中国正值军阀混战、政权更迭频繁的时期,各派军阀为了掌握中央政权,相互间战事不断,使得民不聊生。"五四运动"爆发后,各种新思潮涌入中国,许多青年人为了寻找救国的道路,踏上了赴欧的旅途。这一时期的周恩来也成了赴法勤工俭学学生中的一员,周

---

[1] 关于旅欧通讯的具体数目有人认为是57篇,有人认为是56篇,笔者经过翻阅《益世报》的影印本确定为56篇。

恩来这样表达自己出国的意图："主要意旨，唯在求实学以谋自立，虚心考察以求了解彼邦社会真相暨解决诸道，而思所以应用之于吾民族间者。"①周恩来是一心为了解决当时中国的社会问题，而赴欧求学的。

周恩来痛恨军阀专政给老百姓带来的痛苦，更加痛恨北洋政府出卖中国国家利益的行径，周恩来的头脑中充满了反对军阀专制、提倡民主的思想。这种思想在他撰写的56篇旅欧通讯中时有体现。周恩来在通讯《山东问题危急时之情状》中就言辞犀利地批判了当时的北京政府："一九二二年华会开幕后，世界风云几多变化，其关系与吾中国民族者，则为华府会议中之山东问题……其变之尤急者，则在新年方开幕后数日，北京卖国政府乱命之不断送山东者几希！"②通讯中周恩来直呼北京政府为"卖国政府"，并且言辞犀利地揭露了北京政府的卖国行为。在通讯中周恩来引用了一封留英中国工商学各界派赴华盛顿会议代表梁龙的一封报告书，报告书详细地向国人描述了北京政府的卖国行为。"吾国民代表等遂即日开会于白林敦客店，到者皆愤激万状，痛恨北京政府之卖国……"③整篇通讯中都充满了周恩来对北京卖国政府的痛恨之情，虽然没有直接提出推翻军阀专制，但是从中不难看出他对军阀专制的反对。

在报道中法借款的一系列通讯中，周恩来对北京军阀专制政府的痛恨之情也是溢于言表的："……余款除经手人将得一笔巨大回扣外，将悉以与之今日之北京政府。开支用途，不问而知其为供应军阀之攫取，官僚政客分其余润耳。如此重大担负，又轻轻向吾民族身上一放，未识国人对之果作如何打算也？"④另外，周恩来还特意就英国的选举问题撰写了两篇连续报道，这不难看出，他对外国的民主问题十分关注，想必这就是周恩来想要"虚心考察以求了解彼邦社会真相暨解决

---

① 中共中央文献研究室二部：《周恩来自述》，解放军文艺出版社，2001年1月第一版，第148页。

②③ 周恩来：《山东问题最危急时之情状》，《益世报》，1922年4月12日。

④ 周恩来：《中法大借款竟实行签字矣》，《益世报》，1921年9月30日。

诸道,而思所以应用之于吾民族间者"。周恩来作为一个有抱负的青年学生,一心想要寻找救国的道路,而反对军阀专制,提倡民主就是他的出国留学目的。

2.提倡工人组织化

在旅欧通讯中,有一个十分重要的报道重点,就是工人问题。周恩来不但连续用9篇通讯报道了英国煤矿工人的大罢工,而且还特意写了一篇通讯报道劳动界最新的变动。将周恩来所有关于报道工人问题的通讯看过后,不难发现周恩来是十分看重工人在革命中所起的作用,而且周恩来十分注重工人组织在这其中所占据的重要位置。

周恩来在通讯中有这样的表述:"国内达人,果视劳动问题不甚切要则已,否则组织之引导,智识之诱进,是终不可以袖手旁观,听其自生自灭,使顽钝之民众,与今日不可遏止之世界新潮流接触,伏将来无穷之隐忧也。"①这表明他当时已经看到了工人必将成为今后革命的主要力量,认为只要有领导有组织,工人的革命性是不可以小视的。

在他所写的第一篇关于英国煤矿工人罢工的通讯《英国矿工罢工风潮之始末》中,还写到了劳动组织的重要性:"劳动界一举一动,其关系于社会上之安宁进步,几有举足轻重之势……故我国既不能无劳动之人,则今后之影响与变化,吾决不能自外。矧国内劳动界组织暨其发展,亦正在方兴时耶。组织既有,运用即随之以生。与常时则保险也,联络也,介绍职业也,维持失业也,均为其运作之所在。于变时则罢工也,怠工也,破坏也,又为其最大之运用,冀有以达其要求之目的……劳动界之组织起,工人权利乃得反制资本家之死命。"②周恩来从英国煤矿工人的大罢工中看到了工人组织的重要性,认为工人组织在平时可以帮助工人维护权利、维持生活,而一旦情况有变,工人组织则可以组织工人进行罢工、破坏等行动,工人组织的诞生使得工人在同资本家的关系中由被动变为主动,甚至可以反制资本家。

同时周恩来也看到了中国劳动界与英国劳动界的巨大差距:"然

①② 周恩来:《英国矿工罢工风潮之始末》,《益世报》,1921年5月26日。

而英商行之于本国则有所忌惮,施虐待,役牛马,与吾国行之若无事者又何耶?是劳动界有组织与无组织之分也。"①既然看到了差距,就要想办法改进,因此周恩来十分提倡在中国的工人中建立完善的组织体系,这样不但可以维护工人的权利,而且可以使工人提高觉悟,走上自觉革命的道路。

3.提倡独立自主,反对强权政治

当时的国际政治被大国把持,小国和落后的国家基本没有发言权,只能听任大国摆布,而且一些大国为了自己的利益,往往牺牲小国家。周恩来也看到了这一点,并且一针见血地指了出来:"表面观察,似足征欧洲人士有深刻觉悟者。然细按内情,则各国政治界黑暗如故,国际外交,犹如数世纪传来之秘密操纵,强弱相欺,大小相吓,殆无公开平等之足云。"②"协约国之大权操在五大之手……故欧洲事欧洲以外人不愿与闻,欧洲以内人亦惟英法有权操纵于其间也。"③当时的中国对内政治黑暗,对外则软弱无能,在国际上没有任何的自主权,被西方列强所控制,这也是周恩来希望改变的现状,因此周恩来十分反对强权政治。

他看到当时的国际联盟虽然标榜各个国家公平协商,但其实质仍然是被几个大国所控制,他在《西欧对俄对德之方略》中写道:"国际联盟虚设一会,内幕指使,仍不出诸强之手。报复侵略,仍为国际中重要条件,肆行无忌。然此犹抽象之言也,证诸近事,则俄以实行共产主义故,招列强之惧。邻俄诸小国,乃不得不受诸强之指使,供其牺牲。"④周恩来不但向读者指出了国际联盟的实质,而且还用实例加以说明,使读者能有进一步的理解:"上西里西亚本德地也,以其有波兰民众,乃适用民族自决主义,使居民投票公决,冀有以削其要邦。奥国分裂,剩余之纯德意志同族,欲适用民族自决主义请附于德,而诸强则惧增厚

①周恩来:《英国矿工罢工风潮之始末》,《益世报》,1921年5月26日。
②周恩来:《西欧对俄对德之方略》,《益世报》,1921年5月24日。
③周恩来:《西欧对俄对德之方略》,《益世报》,1921年5月25日。
④周恩来:《西欧对俄对德之方略》,《益世报》,1921年5月24日。

德势,从中阻挠,是同一主义也,取舍之间,已有别矣。"①周恩来以一个简单的事例就充分证明了资本主义列强对不同国家使用不同标准,只是以自己的切身利益为出发点,而不惜牺牲他国的利益,这就是强权政治。周恩来看到强权政治的实质后,旗帜鲜明地表示反对,这一思想深深地植根在年轻的周恩来心中,这也成了周恩来毕生的追求,也是他后期外交思想中的重要组成部分。

4.提倡和平,反对战争

当周恩来初旅欧土的时候正值第一次世界大战刚结束,映入他眼帘的是大战后欧洲社会的巨大破坏,生产力缺乏、经济恐慌、人民失业饥寒交迫。他看到了战争的破坏力,所以他和所有经历过战争苦痛的人一样,提倡和平而反对战争。在旅欧通讯中周恩来多次写到欧洲人民渴望和平的心情,这正体现了周恩来反对战争的观点。

在通讯《德国赔款问题之决裂》中他写道:"此军阀好乱好战之心理,证之中外无不然者。然而国民之心理何若乎?……至若法、比则因外交紧急,深惧因强硬之举,激起德人抗拒,战事复兴。一方固深恨德人之不允赔款,一方又怵于战祸之惨。临边各地,甚有母子相哭,夫妻相泣者,是真'惊弓之鸟,草木皆兵'……然欧人恶战之心理,已昭然若揭。而一般军阀尤好大喜功,视过去四年间大战之惨害,若犹有未足者,是真无丝毫悔祸心也。"②文中反映出普通人民是渴望和平的,不愿意看见再次爆发战争,然而上层的军阀则不然,他们没有体会到战争的残酷,并没有真心地渴望和平。

但是,呼吁和平的声音已经成为社会上的主流:"欧战既停,酷爱和平之士,莫不欣欣然相庆,以为从兹战祸或将幸免。盖以战后损失之巨,影响之大,痛定思痛,未有不作悔祸想者。是以和平论调,遂一变为舆论之中坚;报章所载,集会所谈,亦无不以维持和平为根据。"③周恩来在字里行间都透露出对于战争的反对,虽然他认为推翻中国的军阀

① 周恩来:《西欧对俄对德之方略》,《益世报》,1921年5月25日。
② 周恩来:《德国赔款问题之决裂》,《益世报》,1921年5月19日。
③ 周恩来:《西欧对俄对德之方略》,《益世报》,1921年5月24日。

统治必将使用暴力手段,使之彻底的倾覆,但是最终的目标是实现和平,建立民主、独立、自主的新中国,只有这样才能实现最终的和平。因为周恩来已经看到了人民因为战争受到的痛苦,所以他是和平的坚定拥护者,是坚定反对战争的。

(二)写作特色

1.广泛运用长篇连续报道

旅欧通讯共有56篇,其中对一些重大事件,周恩来采取了连续报道的方式,根据事件的发展随时进行报道。这些连续报道的通讯,在旅欧通讯中占了相当大的篇幅。笔者将56篇通讯中连续写作两篇以上的定为连续报道,则共有连续报道45篇,非连续报道11篇。可见,连续报道占据了旅欧通讯中的绝大部分,是主要的报道方式。如对当时英国煤矿工人大罢工,作者就从1921年4月13日到1921年6月20日两个月内,连续写了《英国矿工罢工风潮之始末》《英国矿工之罢工风潮续志》《英国矿工总投票之结果》等九篇通讯,全程关注英国煤矿工人罢工,对罢工的原因、罢工的进程以及最后结果进行了详细的报道。篇幅之长,是旅欧通讯之最。对于当时身处国内、信息相对闭塞的《益世报》读者来说,想通过报纸的报道尽可能多地了解西欧的情况,简单的消息是满足不了他们对外界信息需求的。"知其然而不知其所以然",会使得国内的读者对事件的理解产生偏差。周恩来身处各种信息集中的西欧,他可以根据外电的各种报道得到许多信息,这就使得他对事件可以有一个全面的认识,在他向国内读者报道的时候,必然要做全面的介绍,因此长篇通讯的大量运用是不可缺少的。

周恩来也看到了通讯的重要性,他在《德国赔款问题之决裂》一文中写道:"以寥寥数十字之电文,终不易洞悉真相,且现象一日千变,简单之消息,每易前后矛盾,缺少有统系之排列,及有条理之叙述,故长篇通讯,终不可以少也。"①周恩来力求将内容叙述系统而有条理,将事件的真相完全展现在读者眼前,这是简单的消息做不到

---

① 周恩来:《德国赔款问题之决裂》,《益世报》,1921年5月19日。

的。因此在旅欧通讯中周恩来撰写了大量的长篇通讯,在《益世报》上连续刊登。

在对留法勤工俭学学生运动的报道中,周恩来写了两篇长篇通讯,在《益世报》上分别连续刊登数十天,他在《留法勤工俭学生之大波澜》的导言中说:"若溯其根源,求其真相,判其去路,斯盖不得不演为长篇,分其类别,虽曰繁琐,要亦国内有心人士所急欲知晓者也。"[①]在这些长篇通讯中,周恩来的连续报道并不只是针对当时发生的事件,而且将这些事件的背景、原因等进行详细地描写,使国内不了解详情的读者可以有一个全面的认识。在报道留法勤工俭学运动中,周恩来就以大篇幅向读者介绍了勤工俭学之来源、创议人之意旨、华发教育会等许多背景资料。"勤工俭学四字,在历史上方占有将及六年之位置。国人闻其名者,咸以为勤工即可俭学,或且与国内'五四'后所发生之工读互助团视为一事,实则其内容究如何,是宜就其发生来源上加以研究。"[②]"在诸先生之意……则青年学子既抱有'改造社会'之宏愿,以工为副,以学为主,事固无不可行者。"[③]这些背景资料的介绍,使不了解详情的读者有了清晰的认识,为后续一系列报道作了背景铺垫。而且连续报道是随着事件的发展而发展的,随时有变化随时报道,可以使读者尽可能快地了解事件的发展情况。

这种连续报道的方式,在今天的新闻界随处可见,比如现在新闻中对一个问题曝光后,并不是讲完就完了,而往往要进行后续报道,将事件的后续发展、处理结果等一一向读者展示,才能完成一个完整的新闻报道,这也是读者想看到的。现今这种连续报道的方式已经成为新闻报道中比较重要的一种报道手段。

2.力求报道的客观性

在周恩来的旅欧通讯中他都力求做到客观报道,把最真实的东西给国内的读者看。他的这一报道观念,在他写的《留法勤工俭学生之大波澜》导言中明显地体现了出来:"顾知其名而不能举其实者盖居多

---

①②③ 周恩来:《留法勤工俭学生之大波澜》,《益世报》,1921年5月9日。

数,是固由于深居国内不能洞悉海外真相者居半,要亦因国外之报告,每以当局者为主观之叙述,致欲悉内情者转坠入五里雾中矣。"①"且记者因求学异地,与此事纯立客观地位,据实直书,或能免去一切囿于局部观念,是转身历其境者,减去偏见不少。"②后期,他在《勤工俭学生在法最后之运命》的导言中又指出:"在今年三月中,我曾经为本报写了一篇极长的通信,论到当时勤工俭学生在法的情形……我自问那篇通信中所述的事实,和我所加的评论,很少的出于我个人的偏见,或者是从他人得来的暗示。"③由此可见,周恩来写旅欧通讯的过程中,注意到以一个记者的身份来观察事件,对事件做出全方面、深入的、不偏不倚的报道。

在他对留法勤工俭学运动的报道中,不但分析了法国方面的错误、华发教育会的错误以及客观条件的限制,还客观地分析了勤工俭学学生的不足:"挟此冲动性以行,当其兴高采烈之时,固一往直前,无所顾忌,不仅无顾忌已也,其气概凌人,莫敢余毒。故法语未习,不能出国,而竟以气盛故……技能未习,身体不强,甚或年龄幼小不能出国,而亦以气盛故……至法郎定数之查验,则亦以其势汹汹含糊过去。"④ "既入工场学校,工场方面以学生技能多未熟练,有由工人变为艺徒者;有减低一等薪资者;有因教授维艰,径行辞退者;有因身体软弱不堪重任,自行告退者;有因工资太少,学徒受限制辞不就事者。"⑤周恩来并没有因为自己也是一个留法的勤工俭学生就完全站在勤工俭学生的立场上去报道,反而在报道中,分析了勤工俭学生自身的不足与不对的地方。将事件的过程和所有与事件有关的内容全部写出来,让读者自己去判断,给读者展现出全面、客观的报道。

3.重视报道事件的前因后果

一般的通讯大多只注重报道事件的过程,而周恩来的通讯在详

---

①③④⑤ 周恩来:《留法勤工俭学生之大波澜》,《益世报》,1921年5月9日。

② 周恩来:《勤工俭学生在法最后之运命》,《益世报》,1921年12月18日。

细报道事件过程基础上,力求把事件的背景、原因以及最后的结果都完整详细地告诉读者。而且周恩来不只是简单地报道事件的过程,在他的通讯中有大量对事件的分析,从事件表面情况能深入地看到事件背后的原因以及今后的发展趋势,这对只了解事件表象的国内读者来说,无疑使他们能得到更多的信息,满足读者深层次的需求。

这一点在周恩来许多通讯中都有体现,如,在报道英法等国确定德国赔偿113亿英镑的通讯《欧战后之欧洲危机》中写道:"此种巨大偿额在历史上既为创见,而在今日新创难复百无一存之德国,尤无力偿此。"①至于战胜国以扣留德国的百分之十二出口税作为偿额的一部分,"则协约国之取偿于德,无异于取偿于本国国民也"。②在通讯中周恩来分析,德国因为扣留其出口税,今后必然力求将本国的货物广泛出售,才能增加国家的收入,用来赔偿国债。这样使德国的货物价格低廉,其他国家价格高者必然没法和其竞争,其他国家的资本家将受直接的危害,而各国的工人则受间接降低薪金的危害。在分析了德国为了赔偿将采取的手段以及将造成的后果后,周恩来也分析了这件事的发展趋势:"德人之食为人所夺,必思有以济其饿,则内以减薪裁人取之于工人,外以贱售夺之他国,他国亦反以减薪裁人贱售之道报之,于是辗转而全欧工人拜'夺食'之赐矣,是欲图现状之安,而终无以易不安也。"③那所导致的将是"欧洲经济状况紊乱之起点",以致"欧洲危机中不可免而至于爆裂"。④由此可见,周恩来对通讯中报道的事件分析是十分深入的,不仅报道具体事件,还着重分析事件的发展趋势。

而他对事件发展趋势的判断是建立在对许多背景资料深入分析的基础上,往往能有非常正确的预见。在通讯《四国协定与英法中日》中,周恩来不仅写了四国协定的由来,还深入分析了四国协定的影响,更是大胆预测了太平洋战争的爆发:"十年内太平洋上之风波,或

---

① ② ③ ④ 周恩来:《欧战后之欧洲危机》,《益世报》,1921年3月23日。

可保持一小太平气象……十年之期既极易过去,而万象尤多危险,无风且将起浪,矧风波之大已如此耶!"①1941年太平洋战争的爆发,确实证明了周恩来预测的准确。周恩来的通讯从原始背景资料的介绍,到最终结果的报道,再到最后对事件发展趋势的分析,把事件前因后果分析得全面而详细,而且对事件发展趋势的把握非常准确,使读者能得到最翔实、最全面的信息,满足了国内读者对国际政治方面信息的需要。

4.关注热点,突出社会责任感

从周恩来56篇旅欧通讯中不难看出,他关注的都是当时发生的重大事件,而且多为政治方面的问题。在周恩来的通讯中较多地关注了西欧国家的政治、经济的现状,尤其是一些热点问题。周恩来在通讯《近两月间之西欧大事纪》中就集中写了上西里西亚问题、德国人暴动、巴黎最高会议的决定等几件当时的热点政治事件。"欧洲之上西里西亚问题,大战后残留之余烬也……波德相争于此,法人举全力助波,以煽此乱源,而亦英法外交上失和之焦点也。两月来西地乱象屡变,至近日协约国始渐有解决之道,不久将开巴黎会议以商榷之……不可谓非国际间一重要事矣。"②由此可见,周恩来对国际上的热点事件是十分关注的,总是及时地写成通讯向国内的读者报道。

在旅欧通讯中对当时的热点新闻都有涉及,如对于"一战"后德国赔款问题写了通讯《德国赔款问题之决裂》,对日本皇储访英写了《万目睽睽之日皇储来英纪》,对华盛顿会议写了《待开声中之华盛顿会议》《华府会议中之英法战略》等系列通讯,而且这些通讯不只是单纯的事件报道,还加入了周恩来自己独特的见解和分析,这对当时不了解外界的国人来说是十分及时和重要的。

另外,在周恩来的通讯中对旅欧华人与英国工人等这些中下层人民生活状况也是非常关注的,所占篇幅很大,而且多为长篇连续报道。

---

① 周恩来:《四国协定与英法中日》,《益世报》,1922年2月7日。
② 周恩来:《近两月间之西欧大事记》,《益世报》,1921年10月2日。

他在《勤工俭学生在法最后之运命》中这样描写了勤工俭学生的生活现状:"一样的人们,劳动不劳动的分别不用说了,便是做工的,散工也与非散工的在待遇上有大大分别。做粗活的还不能同看管机器的受一样看待。而勤工生的工作,便都是散工粗活,他们本来就受尽风霜,才能奋斗出国,到法后更无丰衣足食的可言。"①

对于西欧的中下层工人周恩来也给予了充分的关注,在通讯《英国经济现象之恐慌》中写道:"首蒙其害者,乃为工人之失业,缘场主欲图自利,势不得不减少工人,限制生产,以事缓和。工人失业嗷嗷待哺之状,势必求援于政府。"②这些通讯反映出周恩来在新闻写作上既强调新近热点事件又注重人民大众生活,在关注热点的同时,重视报纸的社会责任,对"弱势群体"予以非常大的关注,成为中下层人民的喉舌,为他们说话。

周恩来从来没有为了吸引更多的读者而写一些"奇闻轶事"之类的社会新闻,这对于年仅二十多岁,初次踏上异国土地的周恩来说是非常难能可贵的。

5.注重新闻时效

周恩来在写《旅欧通讯》时是十分重视新闻时效性的。例如周恩来才到欧洲后不久,就发回了第一篇通讯《欧战后之欧洲危机》,概述了欧洲在一战后的情形:"吾人初旅欧土,第一印象感触于吾人眼帘者,即大战后欧洲社会所受巨大之影响,及其显著之不安现状也。影响为何?曰生产力之缺乏,经济界之恐慌,生活之窘困。凡此种种,均足以使社会上一般人民饥寒失业交困于内外,而复益之以战争中精神文明所得间接之损失,社会之现状,遂乃因之以不安。"③周恩来于1920年12月中旬抵达法国马赛,在半个月后就发回了这篇通讯,在时间上还是很快的。

《旅欧通讯》中的通讯,大多是按时间顺序写作的,从事件发生时

① 周恩来:《勤工俭学生在法最后之运命》,《益世报》,1921年12月23日。
② 周恩来:《英国经济现象之恐慌》,《益世报》,1921年11月22日。
③ 周恩来:《欧战后之欧洲危机》,《益世报》,1921年3月22日。

写起,直到当前发展的情况为止,力求做到对事件的最快速报道,让国内读者尽可能早了解新近发生的事情。如《英国矿工之罢工风潮续志》中写道:"吾上次通信述英国煤矿工人罢工之事实,至四月十二日止,今又一周矣。中间之事变,乃有出乎吾人意料之外者……"①然后开始由十二日写起,十三日、十四日……一直写到落笔的前一天二十日,这在时间上尽可能的写到目前为止,使读者看到最新鲜的新闻。而在《英国矿工罢工风潮之再志》中最后作者写道:"继起者将为财政统计结果之讨论,已定于今日下午开议……"②则是将事件的发展写到了眼前。可见,周恩来是十分注重通讯时效性的,尽量将最近发生的事件展现在读者眼前,使读者能最快地得知。

但是由于当时各方面条件的限制,周恩来从法国寄出的《旅欧通讯》经海路,一般都要一个多月后才能到达天津在《益世报》刊登,这与今天的通讯手段是不可同日而语的。例如周恩来的第一篇通讯写于1921年2月1日,而《益世报》直到一个多月后的3月22日才刊登出来,在时间上大为滞后,这在一定程度上影响了新闻的时效性。但这是由于当时交通条件的限制,就旅欧通讯本身来说是十分注意"及时"二字的。

6.讲究新闻真实

真实性是新闻的最基本要求,对于读者来说要求从报道中能得到最真实的信息。周恩来从事新闻实践的最开始就十分重视新闻的真实性原则,他认为报道事实、传播信息是报刊诸种功能中的最重要者,而报道事实最基本的要求是准确无误,这就要求作者进行深入的调查采访,对事件的真相有一个全面的把握。

在《旅法华人拒绝借款之运动》中有一段编前按说:"惟事关重要,朱氏在法是否有此进行,留学生及海外侨胞,见闻较切,当尽非捕风捉影之谈。兹将本馆旅欧通信员六月三十日关于此事之记载,披露于左,

---

① 周恩来:《英国矿工罢工风潮续志》,《益世报》,1921年6月13日。
② 周恩来:《西欧通信》,《益世报》,1921年6月17日。

我国人其加以注意焉。"①这是《益世报》对周恩来所写通讯真实性的一种肯定。周恩来在文中也说到:"乃不久忽有借款之传说。询之彼中人,均否认其事,至本月中则巴黎各报大载特载,无法讳言其事矣。调查其内幕,方知吴盖为借款来者。秘密阴谋,至是始破。"②从中可以看出,周恩来并不轻信社会上的传言,而要经过调查,有确凿的证据后再告知给读者,他是很重视新闻真实性的。

周恩来在写通讯的过程中很注重亲身采访以力求新闻的真实性,在《介绍一篇里昂中国大学海外部之参观记》中,周恩来写道:"原因是里大的消息传闻于外的非常之少,道听途说的话,我既不便据以为真,凑为通信材料。若要将里大的内情,知道较为详细点,看得较为清楚点,除非我也跑到里昂中国大学海外部里住上些日子,是决不会得知真相的。"③由此可见周恩来是十分注重通讯中材料的真实性的。他在对中法借款的报道中就提到:"中法借款事,前函已述其梗概,兹从各方面探得新消息数则,为前函所未及者,录之告国人,以志卖国贼之密谋。"④从"兹从各方面探得新消息数则"这简单的一句话中就可看出,周恩来为了求得最真实的新闻,亲身采访和求证各方消息,而不是道听途说,这就保证了给读者所传达新闻信息的真实性。

在《留法勤工俭学生之大波澜》中周恩来说:"且记者因求学异地,于此事纯立客观地位,据实直书,或能免去一切囿于局部观念,是较身历其境者,减去偏见不少。"⑤其中"据实直书"四个字尤为重要,即根据事实来写作通讯,这直接表达了周恩来自己对于新闻真实性的认识,显示出他对新闻真实性的不懈追求。

周恩来的旅欧通讯涉及西欧的政治、经济、社会各个方面,这充分体现了周恩来的一些基本思想,如提倡民主、反对战争、反对强权政

①② 周恩来:《西欧通信》,《益世报》,1921年8月16日。

③ 周恩来:《介绍一篇里昂中国大学海外部之参观记》,《益世报》,1922年5月1日。

④ 周恩来:《中法借款之又一黑幕》,《益世报》,1921年8月26日。

⑤ 周恩来:《留法勤工俭学生之大波澜》,《益世报》,1921年5月9日。

治,这些理念后来成为周恩来毕生的追求。当时年仅22岁的周恩来能如此关注国际动态,并且主动与国内实际相联系,为解决国内的诸多问题而努力。这是非常难得的。

虽然《旅欧通讯》写作、发表于1921年,但是其中许多优秀的新闻思想、朴实的写作文风都是值得我们学习的。在周恩来的通讯中体现出追求报道的客观性、显著的社会责任感等新闻理念,对今天的新闻界都有指导意义。

周恩来在写作《旅欧通讯》的一年多时间内,不但为国内的读者带来了大量、翔实的国际报道,也为自己积累了许多新闻实践经验,为今后领导共产党的对外宣传工作打下了坚实的基础。周恩来在这期间通过大量的社会实践调查和阅读各种著作,逐渐地成长为坚定的马克思主义者,成为共产党日后主要领导人之一。

六、《益世报》在"五卅运动"中的宣传报道

(一)《益世报》在"五卅运动"报道中的政治倾向

《益世报》在"五卅运动"爆发时还处于奉系的管辖下,因此对于"五卅惨案"发生前后关于工人罢工等一系列问题的政治立场与倾向有一个较为明显的变化。

1.工人运动爆发初期《益世报》的反共言论

当上海刚爆发了二月罢工浪潮后,《益世报》的言论似乎对于这一行为并不是十分认同,虽然给予了充足、客观的报道,但在1925年3月24日的社论《近事杂感(五)》中,却将一部分矛头指向了共产党,"北京印刷业工人大罢工风潮,自印刷业工人罢工之潮起,传者皆以为与政治有关,盖不先不后,适于政府宣言取缔新闻纸之时,且煽惑之人,颇多化装之兵士,则制造此风潮之背后人物,不难想象而知矣。"①在社论开始作者虽未点明,却已开始设置悬念,吸引读者继续阅读,在之后对于上海二月工潮的言论中便给了读者"答案":"近者,上海日本纱厂罢工工潮之起伏,据上海每日新闻报所载,确有共产党在背后活动,而举

---

① 《近事杂感(五)》,《益世报》,1925年3月24日第1版。

俄国共产党政务局亚细亚宣传部关于罢工事件,寄与上海共产党款之指示书为证,是则共产党之手腕,第一步为诱惑工人罢工……"①文中认为这些罢工事件均为共产党所指使、利用,以达到自己的政治目的,对共产党的不满与对立态度可见一斑。这是工人运动初期《益世报》的政治倾向,虽然这样的言论寥寥,但立场的表述极为鲜明,因为此时的报社被奉系控制,报纸是他们宣传自我、表明政治立场的有效途径,因此出现这样的论调也就不足为奇了。

然而,历史告诉我们:当时的工人运动是正确且正义的,共产党的领导与所谓的"煽动"是历史发展的需要更是正义之举。因此,《益世报》在工人运动刚刚萌芽时发表的论断和观点站在了人民与正义的对立面上,在历史长河的冲刷下愈发清晰。

2. "五卅惨案"发生后《益世报》的正义转身

自"五卅惨案"发生,《益世报》完全站在了人民大众的正义立场上。这种政治倾向可以从《益世报》的报道及时、言论立场、贯穿始终三方面得以体现与印证。

首先,在报道方面,上海二月工潮时,《益世报》对于那次罢工的最初报道是在事件发生三天后的译电中:"日本纱厂罢工风潮,已于今夜解决,是夜厂主与工人在中国商会订立协定,且已签字,工人即将恢复工作。"②(上海电)(载于1925年2月28日)可见当时《益世报》对于这一事件的重视不够,也体现出对于这项运动的不积极,虽予以报道,但是报社的群众立场表达的并不鲜明。"五卅惨案"发生后,《益世报》在第二天(即1925年5月31日)便开始了长达四个多月的连续、及时报道。每日以多个版面、众多专题、充足的信息量向读者更新事态发展情况,足以见得报纸对于这一正义行动的重视程度。

其次,在言论立场方面,《益世报》在客观、详尽的报道"五卅运动"的同时,报纸无论是社论还是要闻,抑或民声、重要启事等都传递着支

---

① 《近事杂感(五)》,《益世报》,1925年3月24日第1版。

② 《译电》,《益世报》,1925年2月28日第2版。

持"五卅运动"的声音。如刊登在1925年6月5日报纸上的社论《经济绝交》:"以愚之见,匪独上海一隅,应经济绝交,即各省各地,亦应经济绝交,庶几外人知所警惕,对于斯案,或可就范。呜呼,吾民切肤之痛,吾民当求自决,政府麻木,不足恃以。"①在这篇社论中,作者从事件入手,阐明"经济绝交"这一口号与对策的意义何在,最后便是上文中截取的部分,发出支持的声音,呼吁全国人民参与到这一运动中来。在1925年6月18日刊发的社声《惟真正民意始可以战胜暴力》中,作者由沪案交涉一事谈到无论是本国政府抑或六国委员会都应尊重民意,只有民意才能真正战胜暴力,同时支持人民斗争到底。

重要启事是《益世报》中分量很小、所占版面十分少的一个环节,尽管如此,它仍然发挥着自己微小却不可或缺的作用。1925年6月5日《益世报》刊发《天津中等以上学生联合会紧要启事》:"上海日本纱厂枪毙工人封锁工厂,我贫苦同胞已十分可怜,上海大学学生聚众募捐并游行演讲,英捕无政枪毙学生七人,受伤者甚多。此诚有国民运动以来所未有,帝国主义者之积极侵略已十分显然,苟非全国民众联合起来,我国民所受痛苦无法削减,兹发起天津各界联合会各公团私团,欢迎一律加入,无任盼切之至。"②诸如此类的重要启事还有许多,如《北京新闻界紧急大会启事》(载于1925年6月7日),号召北京新闻界同仁联合起来援助上海受难同胞;《本报全馆职员工人加入市民大会休刊一日》(载于1925年6月14日),敬告读者报社员工由于要加入市民大会游行,因此十五日停刊一天,以此来援助沪案和上海同胞;《天津教育团体沪案后援会启事》(载于1925年6月14日)、《天津南开大学学生沪案后援会启事》(载于1925年6月14日)、《天台山人书润援助沪汉惨案》(载于1925年6月21日)等都表达了各团体加入市民大会,参与游行示威,伸张正义,援助上海骨肉同胞的心情与正义的声音,强烈而振奋人心,对于"五卅运动"的支持清晰可见。

---

① 《经济绝交》,《益世报》,1925年6月5日第1版。
② 《天津中等以上学生联合会紧要启事》,《益世报》,1925年6月5日第2版。

《益世报》对于"五卅运动"给予了极大的关注,并且热度没有降低。自1925年5月30日"五卅惨案"发生到9月18日上海总工会被封,宣告"五卅运动"结束,甚至之后的重查沪案等风波,《益世报》完完整整地记录下了这场声势浩大的运动,并且给予了正面的宣传和支持的态度,站在了人民大众这边,维护人民的利益。如此耗时费力的一番周折,是为了将事物最真实的面目还原给民众,将最正确且正义的声音传播给民众,拉起了长时间的正义战线。作为一份天主教创办的报纸,这是难能可贵的。

虽然在上海早期工人罢工阶段,《益世报》的言论透露出其政治立场和倾向的反动性,但从上述报道及时、言论立场、贯穿始终三方面可以得出,在"五卅惨案"发生后,随着大环境的变化和民心相背,《益世报》对于"五卅运动"的政治立场和倾向是全力支持并积极引导的,并站在了正义的阵营中。尽管在对"五卅运动"报道期间并没有如之前的言论那样谈及共产党,但多少可以证明此时的《益世报》不愿同人民大众为敌,希望可以在自身艰难的时刻,在这一轰动全国的事件和运动中为自己增添一份正义感和人民的信任感,提升自身形象。而最为重要的是这一正确的政治立场与倾向为《益世报》之后对于"五卅运动"大量的宣传和报道奠定了坚实的基础,确立了正确的方向。

(二)《益世报》在"五卅运动"报道中的宣传策略

如同在大海中行船,选对了方向是基础也是最为重要的一环。《益世报》在起初秉承着排除异己的思想方针,字里行间流露出与工人运动对立的情绪。而随着运动的正式爆发与不断深入,《益世报》这艘船的帆终于找对了航行的方向,政治立场与倾向的明朗为紧随而来的宣传策略的制定把好了重要一关。

1. "多"而"广"的基础策略

"多":翻看当时的《益世报》不难发现,在"五卅惨案"发生后,平日版面并不是很多的报纸,一下子厚重了不少,主要体现在"版面多"、"专栏、体裁多"、"报道篇数多"与"文章字数多"四方面。

自"五卅惨案"后,《益世报》增加了报道版面,而所有版面的四分之三都用于"五卅运动"的报道，报道量之大可想而知。在此期间，《益世报》用于报道"五卅运动"的新闻体裁与专栏达十二种之多，新开辟了许多专栏，如"民声""全国援助沪案"等，从专电到要闻，从社论到时评，从译电到来件，各种新闻体裁都在讲述"五卅惨案"和"五卅运动"，都在向人们传达各方的声音。在长达九个多月的报道中，《益世报》在运动高潮时期，即六到八月份，每日报道量均在25篇以上(其中，"全国援助沪案新闻"以一篇计算)，必须提到的是报纸每日刊登至少一篇详细阐述事件脉络和各方动态的报道，文字数量达几千字甚至上万字，配合专电、译电、社论、时评、要闻等多种体裁形式，360度、全方位解读"五卅运动"，宣传人民的正义声音。

"广"：作为一份全国性的重要报纸，《益世报》在对"五卅运动"的报道上不遗余力，每日搜集全国各地的重要新闻和最新动态，在报纸上做出一一呈现。事件的发生地上海，全国一线城市北京、南京、天津，接连发生惨案的青岛和武汉，都作为报道的重点城市。如载于1925年7月14日的专电，北京电："沪案依然在滞呆中，外交委员会决议，对外交方针守秘密，但单独对英说，仍不得多数赞同。"①上海电："闸北士绅，顷与自来水公司，协商自来水工人复工条件。"②汉口电："汤芗铭等发起对英外交同志会，文在首义公园开成立会，通过简章，推汤等十一人为理事，并决对英经济劳工物产运输绝交办法。"③再如要闻《沪英捕枪杀华人案志》系列，在1925年6月5日的《沪英捕枪杀华人案四志》中便包括了北京特约通信、上海特约通信及南京特约通信等，并且详细介绍了各使团和英人、日人方面的态度和回应。不仅是来自政府、使团等部门的报道，每日人们也都可以从报纸上读到这些地方的工人运动进展以及各界援助受迫害人们的爱心。"全国援助沪案报道"更是将除上述大城市外的其他省份人民的情况据实反应，将全国上下一心反帝的斗争画面全部投影到了小小的一份《益世报》上，满足了人们关心天下事的热忱与迫切了解受

①②③《专电》，《益世报》，1925年7月14日第1版。

难同胞近况的心情。

《益世报》宣传策略中的"广"不仅仅是报道地域上的"广",也包含了报道角度与报道主体的广泛。对于运动的报道,《益世报》不仅大量以受害同胞为主体、从工人运动角度出发,还选取了人们同样关心的外国使团、帝国主义国家报纸的态度与言论,如载于1925年6月16日的《沪英捕惨杀华人十四志》中有关外国使团的报道:"使团对于沪案问题,近来迭有会议,颇费时间,现七个关系国公使为办事便利起见,特与义使翟乐第商妥,由每使馆各派一员,专与义使接洽一切……"①《请看使团反提之抗议》(载于1925年6月18日):"英法美日义比等六国公使,对于沪汉各案将反提抗议书起草完竣,当可送到外部一节,本报已首先报告……"②《欧洲各国赞许华人运动》(载于1925年6月22日):"一致表同情,决予以援助。德国商务联合会对中国国民之反抗强权运动,决持同情态度,予以援助……欧洲各国人民同情华人运动之宣言多种,咸认华人此次行动,系争自由而奋斗,果能坚持到底,则多行不义之各国,终有屈服之一日……"③对于国外媒体的报道转载以《日人批评中国对外运动》(载于1925年7月2日)为一例:"日报载称,据日本商业某要人云,日次华人排日运动,亦类似每年夏季纪念五七国耻所发生者,运动中坚,学界居多……对英反感,较日为甚……至迟可于九月前后自行终止……"④不仅报道工人界,还穿插许多政界、学界以及各团体的作为,使人们可以做到足不出户了解大事小情。如《张学良捐银慰赠沪学生电》(载于1925年6月7日)、《天津南开中学援助沪上学生电》(载于1925年6月5日)、《上海五卅教育会之筹备》(载于1925年6月30日):"五卅平民教育会发起人翁国动,刻在积极筹备,向各方征求意见……中华书局、工商学联合会、平民教育实进会、上海法大等均列席

---

① 《沪英捕惨杀华人十四志》,《益世报》,1925年6月16日第2版。

② 《请看使团反提之抗议》,《益世报》,1925年6月18日第3版。

③ 《欧洲各国赞许华人运动》,《益世报》,1925年6月22日第3版。

④ 《日人批评中国对外运动》,《益世报》,1925年7月2日第4版。

会议,颇表赞同⋯⋯"①

2."捷"而"贯"的核心策略

"捷":作为新闻媒体,新闻报道的时效性是最为重要的环节之一。缺乏了时效性,新闻也只能变旧闻。《益世报》在对于"五卅惨案"和整个"五卅运动"的报道上却始终遵承着这一理念,报道实时快捷,使人们能在最短时间内,掌握事态发展动向,为下一步的部署做出参考与判断支持。1925年5月31日报纸的头版专电中醒目地报道了前一日在上海发生的震惊国内外的"五卅惨案","上海大学学生,因捕房拘捕援助工潮学生不释,在租界痛谈,捕房禁止,起冲突。下午三时半,南京路西,印捕开枪,当场击毙学生七人,轻重伤无确数,伤人送红会医院。"②1925年6月25日与30日,全国众多地区举行了大规模的示威游行活动,《益世报》在6月27日的专电中便予以了报道(6月26日停刊一期):"径(二十五)全城工商农学报各界人士十余万,齐集体育场,由陆志韦主席,宣誓即整队游行示威,经过军民两署公推汪同廛王雪桂等六人为代表,谒见当局请愿,军署因节期,无人在署,省署由政厅长邓邦造代表,外出向群众演说,对各界游行,颇钦佩,所提要求均容纳,惟希勿逾常轨,免对手借口,群众三呼万岁,至下午三时散队游行,通电本日拍出。"③

"贯":既然关注了一件事情,又是一件举国上下共同奋斗的运动,那么就应该坚持到底,人民在坚持,作为媒体更应给予贯穿始终的关注。媒体的新闻采写、报道与否是与其受众的需求息息相关的,以受众为报道的出发点和落脚点是新闻媒体发展的根本。读者有知情权,媒体就应该满足读者。从做人、做事的角度而言,有始有终体现沉稳、踏实,方能成大器,《益世报》正是这样做的。自"五卅惨案"发生的第二天(1925年5月31日)直至1925年9月18日上海总工会被封宣告"五卅运

---

① 《上海五卅教育会之筹备》,《益世报》,1925年6月30日第3版。

② 《专电》,《益世报》,1925年5月31日第1版。

③ 《专电》,《益世报》,1925年6月26日第1版。

动"结束,甚至是之后帝国主义再做文章,引发事端,《益世报》始终没有停下报道和宣传的脚步,坚守着这块阵地,使这项宣传策略如同策略本身贯穿始终。

3."尽"亦"精"的重点策略

"尽":随着报道版面、专栏的丰富、文字的充实以及时效性的保证,报纸对于"五卅运动"的报道策略演进到了"详尽"这一层面。每日以上万字的篇幅回顾、分解"五卅惨案"和整个运动的进程,并将各方、各界的动向公之于众。这与上文中提到的"广"相互照应,异曲同工。在广泛搜罗报道内容的基础上,撰写的足够详尽、充实,二者紧密结合,环环相扣。《益世报》的报道并不是简单地说明情况,而是较为深入和详实地分析与探讨,洋洋洒洒间传递给人们真相,以及真相背后一些不为人知的推动力。载于1925年7月7日的时评《交涉之步骤》便是其中代表:"政府对于沪案交涉,究取何种步骤,尚无明白表示,乃说者有谓,沪案与修约并无直接关系,竟强为分做两种事实之观察,实为一大误点,盖沪案之远因近因,全在不平等条约之作用,殊如寖而外人工厂容受我国法律之支配,何致有内外纱厂之风潮,寖而租借地许我国人言论自由,何致有禁止学生讲演之举动,寖而根本并无所谓租界名词之存在更何致有惨杀群众之虐行,追源祸始,不言自明,故有如现代评论之所说,'现在我国政府外交的正当步骤,还是在离开使团,对英单独交涉,而且要把取消中英间不平等关系,尤其是与这次事变最有直接关系的租界特权,作为沪案解决的一个根本条件'诚以此种特权不根本铲除,在某种环境之下,将永难脱离外人之压制……非达修改不平等条约目的不止,以其为至祸之根源……"①《高尚品格》(载于1925年7月10日)的一篇则通过显而易见的道理分析当前时局和亟待解决的问题及方法,娓娓道来、清晰明了:"人欲高尚其品格,须于无求二字着意,所谓无求品自高者是也,设事事求人,而不能完全自立,其被人凌辱、受人压制,可断言矣。盖求人之心欲切,则自己之主张,愈易被人

---

① 《交涉之步骤》,《益世报》,1925年7月7日第5版。

软化,甚至摇尾乞怜、甘心媚外,其品格之低,尚有丝毫代价乎?今英日对于吾国之交涉,其所以态度依然强硬,进行故意延宕者盖由是也。其视吾国人民不能完全自立,虽因一时之愤激,群起而罢工罢市,然历时稍久,或因政府无力,不能始终维持,或为饥寒交迫,不能坚持到底,卒使罢工者仍不免为外人作牛马,罢市者仍不免向外人求衣食,设不幸而竟至此,则吾人之品格遂陷于破产之境域矣。"分析完造成现在不利局面的其中一方面原因后,作者便开始就罢工罢市人数众多,难免日后产生新的困难而重蹈覆辙这一问题提出一些应对策略:"各处募捐,固足以维持一时,然终非永久之计;即创设工厂,提倡实业,各种办法亦属西江之水难以解今日之渴。为今之计,莫若将罢工工人迁移邻省从事工作,或运往边境令其开垦,务使各谋生计,不致再仰给于外人。如是则个人之品格自高,而于国家之体面亦自有荣焉,为国民争人格者,可不加之意耶。"①

"精":此处为精简、精华之意。报纸需要快速的传达给受众他们需要的新闻、信息,一味的长篇大论、深入不浅出不利于读者及时、迅速地找到需要的内容,获取信息,精简而不缺乏新闻点是其报道中的精髓所在。与此同时,受当时教育水平的局限,简洁精练的语言和报道,最能达到传播的效能。《益世报》在这一点上考虑周详,以简要的精华性文字搭配大篇幅的详尽报道,相得益彰,使其能迎合社会各界人士的需求。谈到简洁精练,非专电莫属了,此处仅举几则专电为例:"使团对沪案主张不一,但对广州案则颇一致,因广州与长江形势不同故。(北京电)"②(载于1925年7月13日)"公使团二次驳覆,今日下午六时送外交部。(北京电)"③(载于1925年6月7日)"昨日晚总工会被工人捣毁,驻员受伤七人。(上海电)"④(载于1925年8月24日)此外,多级小标题运用得当,层次分明,节奏跳跃,使阅读与获取信息轻松惬意、不枯燥。在

① 《高尚品格》,《益世报》,1925年7月10日第5版。
② 《专电》,《益世报》,1925年7月13日第1版。
③ 《专电》,《益世报》,1925年6月7日第1版。
④ 《专电》,《益世报》,1925年8月24日第1版。

前文中已经提及到要闻版中的《沪英捕惨杀华人志》系列,它们往往篇幅比较大,小标题的使用便成为主流,如载于1925年6月4日的《沪英捕枪杀学生案三志》便由"政府方面之注意""西捕又击毙华人""汉口各界纷起援助""英使馆之态度""日使馆之态度""西人方面之消息""津学界之呼吁"七个部分组成,内容虽然丰富却可一目了然。再如1925年6月16日的《全国一致援助沪案》,由"济南""青岛""郑州""蚌埠"和"汕头"五块地域新闻构成,而"青岛"这一小标题下又包含了"致执政府电""致学生联合会电""报界公会"和"胶济路沿线工人"这四个次小标题。由于是来自全国各地的消息,因此许多小标题将不同省市的新闻分隔开,使读者阅读起来清晰顺畅,同时也不会由于一篇文章字数繁多而带来压抑感。

宣传策略的制定为《益世报》在对于"五卅运动"的整体报道中确立了结构框架,犹如钢筋水泥般。真正的实施阶段中,每一个环节、每一个步骤都是这一步步策略的体现。增砖添瓦的过程需要的是耐心和恒心以及坚定不移的执行力,这个过程看似略显枯燥和重复,但每一块砖、每一片瓦的各异,每一层高度的不同都赋予了这一过程中每一步不同的状态与意义,整个报道的过程也显得那么不同凡响。

(三)《益世报》在"五卅运动"报道中的报道特点

在《益世报》1925年2月至1925年9月的报道中,对于"五卅运动"前期的罢工工潮以及中期、后期的相关报道、言论等共计1818篇(其中,每日"全国援助沪案的报道"以一篇计算)。其中,包括以专电形式、在第一时间向广大读者报道事态动向,如:"上海大学学生,因捕房拘捕援助工潮学生不释,在租界痛谈,捕房禁止,起冲突。下午三时半,南京路西,印捕开枪,当场击毙学生七人,轻重伤无确数,伤人送红会医院。"[①](载于1925年5月31日);以社论、社声、社评为载体发出报纸正义的最强音,如:社声《看尔横行到几时》(载于1925年7月8日头版)、社评《经济绝交》(载于1925年6月5日头版)、社论《外交应取之

---

① 《专电》,《益世报》,1925年5月31日第1版。

方针》(载于1925年6月9日头版);在要闻中对事件及各方动态进行报道,如《印捕凶杀案之交涉严重》(载于1925年6月3日)、《上海之两大惨剧续志》(载于1925年6月3日)、《昨日天安门之国民大会》(载于1925年7月19日)等;每天刊发两则时评,如:《沪案责任与生存权之竞争》(载于1925年6月7日)、《全国总示威》(载于1925年6月25日);本埠新闻中对于天津各方援助上海的报道,如《津各界对沪案之愤起》(载于1925年6月6日)、《各团体援助沪案消息》(载于1925年6月7日)、《津埠援助沪汉惨案昨讯》(载于1925年6月24日);刊登各地、各团体公电,如《张学良捐银慰赠沪学生电》(载于1925年6月7日)、《唐山大学学生会为沪案通电》(载于1925年6月7日)、《天津南开教职员力争沪案通电》(载于1925年6月7日)等多种形式、体裁及多方面的内容为广大读者全方位地诠释"五卅惨案"及"五卅运动"。内容详尽、报道及时、涉及面宽、覆盖领域广。

1.报道篇幅分布与事件发展态势呈现正相关,且注重报道完整性

自1925年2月上海爆发工人罢工运动到4月青岛工潮,《益世报》便开始对这一系列的工人运动进行跟踪报道,并配以回述和分析,如:《上海棉纱厂工人罢工潮》(载于1925年2月12日)、《上海日纱厂罢工续讯》(载于1925年2月14日)、时评《罢工潮之隐忧》(载于1925年2月16日)、《青岛日纱厂酝酿罢工》(载于1925年4月18日)、《青岛日纱厂工潮与各方影响》(载于1925年5月1日)等,较为及时地报道了上海和青岛工潮始末,深刻分析了两地工潮的原因与内在联系,对于工潮产生的影响也做了大胆的预期和估计。虽然这一时期的报道篇幅并不多,但可以为读者勾勒出郁积已久的矛盾以及即将爆发的山洪。

1925年5月30日,震惊中外的"五卅惨案"发生了,从5月31日起,《益世报》便开始了长达四个月的不间断报道,从社声到专电,从公电到要闻,从时评到本埠新闻再到全国各地新闻,以"五卅惨案"和"五卅运动"为主线,做了丰富、大量的报道,最多时几乎整版都与"五卅惨案"和"五卅运动"相关。报道的数量也与"五卅运动"发展的趋势相吻

合,以6、7月为报道的高潮,进入8月随着"五卅运动"陷入低潮报道量逐渐减少,9月18日上海总工会被封宣告"五卅运动"结束,《益世报》的报道也随之降到低点,但并不是戛然而止,之后也刊登了相应的后续报道,反对重查沪案等等,报道量并未突然萎缩。

此外,报道也极其注重完整性,无论是时间上与整个运动的配合还是内容上的完整,一丝一环都交代得清晰,对事件做了全面、丰富地呈现,良好地契合了受众的需求与心理。

2.报道讲求时效,信息更新及时

《益世报》自上海二月罢工到"五卅惨案"的发生以及随后爆发的"五卅运动",基本都予以及时地对于事件和形势的报道,特别是"五卅惨案"发生后,1925年5月31日报纸的头版专电中就醒目地报道了前一日在上海发生的震惊国内外的"五卅惨案","上海大学学生,因捕房拘捕援助工潮学生不释,在租界痛谈,捕房禁止,起冲突。下午三时半,南京路西,印捕开枪,当场击毙学生七人,轻重伤无确数,伤人送红会医院。"①寥寥数字第一时间向受众报告发生在上海的惨案。在之后的三个多月中,每日更新各地关于沪案与"五卅运动"的消息。例如《沪英捕惨杀华人志》专题系列,每日以近似的形式报道"五卅惨案"的内幕,各方的反应、态度,以及发生在各地、各界群众的罢工、罢市、罢学运动等,信息量大,更新及时、准确。在倡导经济绝交、抵制英日货品后,报纸从社论到要闻便开始为读者分析这一决策的缘由与正确性,1925年6月5日社评即为《经济绝交》,分析了我们选择经济绝交的理由并谈及实施的可能性与必要性。在专电与要闻中对于经济绝交的报道也是重要的一笔,要闻版中也曾经连续几天发表《日英进口各货之调查》,在宣传政策的同时,将具体操作层面的事宜公布于众,让人们对于该抵制哪些货品做到心中有数。1925年6月25日与30日,全国众多地区举行了大规模的示威游行活动,《益世报》在6月27日的专电中便予以了报道(6月26日停刊一期):"径(二十五)全城工商农学报各界人士十余

①《专电》,《益世报》,1925年5月31日第1版。

万,齐集体育场,由陆志韦主席,宣誓即整队游行示威,经过军民两署公推汪同鏖王雪桂等六人为代表,谒见当局请愿,军署因节期,无人在署,省署由政厅长邓邦造代表,外出向群众演说,对各界游行,颇钦佩,所提要求均容纳,惟希勿逾常轨,免对手借口,群众三呼万岁,至下午三时散队游行,通电本日拍出。"①(南京电)"南京全城市民大游行,定径(二十五)上午八时,在公共体育场集合,十时出发,罢工工人均加入。"②(南京电)在当日的要闻版中,《北京各界总示威之盛况》报道了北京地区二十五日示威游行的情况:"签名团体计四百二十九个,游行人数在三十万以上……"③并向政府提出了九项意见,希望政府尊重民意。此外在要闻或时评中还涉及到其他省市地区的示威活动报道,以及在之后几天里对于这次全国性大规模总示威的回顾与总结,例如《二十五日之游行总示威》(载于1925年6月30日)。类似6月25日这样规模的总示威游行在五天后又一次爆发,7月1日的报纸中便对这一次游行进行了跟踪报道,北京电:"今日(三十)天安门国民大会,午后二时开会,到会人数约五万人以上,顾孟余主席报告开会宗旨,讲演上海汉口沙面惨案事实,中华门及东西长安门,均由军警保护,断绝交通四小时。"④要闻中也对这次游行进行了及时的报道:《昨日天安门之国民大会》(载于1925年7月1日)、《前日(三十日)汉口之雨中大游行》(载于1925年7月2日)、《武汉个法团之游行示威》(载于1925年7月5日)。此后"五卅运动"仍然持续了两个半月,《益世报》对于信息的更新没有中断过,每日都在醒目的地方为读者讲解事态的发展,甚至在9月18日上海总工会被封、宣告"五卅运动"结束后,《益世报》的报道脚步仍然没有停下,社论、时评、专电、要闻等还在关注着这一具有重大历史意义的运动的后续动态。

3.报道体裁、专栏丰富,多角度诠释"五卅运动"

---

①②《专电》,《益世报》,1925年6月27日第1版。

③《北京各界总示威之盛况》,《益世报》,1925年6月27日第3版。

④《专电》,《益世报》,1925年7月1日第1版。

《益世报》对于"五卅惨案"与"五卅运动"的报道,运用了多种体裁加以呈现。(详见下图)

1925年2月至9月《益世报》相关报道体裁分类

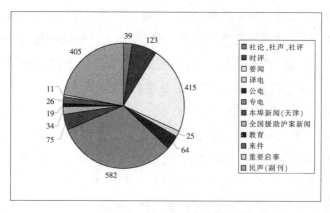

(1)社论、社声、社评把握大方向,阐明立场

报纸的社论是一份报纸思想、观点的集中体现,是报纸发出自己声音的最直接、最有力的方式。深刻与否、尖锐与否直接反映了报纸的言论水平和立场。

《益世报》的社论、社声、社评不是每日都刊发,社声也是在"五卅惨案"发生后新开辟的,目的是在时局多变的大环境下"短兵相接、不尚繁词",使各阶层读者都可以读懂,最大限度地起到报纸言论、伸张正义的作用。在"五卅运动"期间,与"五卅运动"相关的社论、社声、社评此类言论性文章共39篇,文章内容可分为四类:声讨、立志、对策、议事。

声讨:《益世报》在"五卅惨案"发生后与"五卅运动"期间发表了几篇气势汹涌、措辞犀利的社论,声讨日、英等帝国主义的罪行,立场鲜明、鼓舞士气。在"五卅惨案"发生几天后就在社论中发表《告天津人民》,呼吁天津各界响应全国罢学、罢市、罢工浪潮,"英日暴徒如何违背正义人道,杀害我国民,誓坚持到底……对本国之交易,自可依旧,对于此次风潮有关系之国之外人,所有商务应即一律停止……应就有关系国之场所,相约罢工……此次风潮并非排外,纯为违反正义、灭绝人道惨杀我国民之英日暴徒而发……"①（载于1925年6月6日）再如《看尔横行到几时》："六国公准义法美三使，为全权代表，即日会议之说，果能开诚布公，容纳吾民要求之分量，未尝不差强人意。若仍如六国委员团之在沪，预定决裂计划、阴谋和缓吾民爱国运动，则议与不议等耳。以今日国民反英之日烈一日，而英人之强硬如故，蛮横如故，开枪杀人如故，施诈挑战如故，侮我辱我，为所欲为，以为积弱之邦，岂复有战斗之能力，即战，亦未必获胜利，揆诸英人心理，当无不作如是想……"②（载于1925年7月8日）点出问题症结所在，用词强烈，掷地有声。《英人尚执迷不悟耶》中"未尝无亡吾国、灭吾种之野心……杀人者，人恒杀之，今日杀我人民，安知他日不复为人所杀……杀人者，不啻自杀也……我政府、我官吏、我人民不可因交涉棘手而灰心短气……世界不能无正义，人类讵可恃强权……"③（载于1925年6月17日）指出帝国主义将我国视为殖民地及其亡我国的野心，并且在声讨的基础上不忘鼓励政府、鼓励人民，呼喊出正义的宣言。

立志：《益世报》社论对于"五卅运动"的诠释不仅仅停留在声讨英日暴徒罪行等层面上，在斥责暴行的同时深思本国自身存在的问题，列举他国奋斗之事例，发出奋发的冲锋号。《民族奋斗之事例》（载于1925年7月9日）就是这样一篇社论，通过对土耳其、埃及等国奋斗的具体事例阐发中国自身的奋斗与强大是击退外人的基础和最有力的武器。不可一味地指责他人，自身的反省更为深层和必要，是解决问题的根本。

对策：在民族出现重要危机和困难的时候，《益世报》的言论出谋献策，作为在中华大地上创办的中文报纸，发挥了自身的绵薄之力。

"五卅运动"期间，《益世报》的社论刊登了多篇有针对性的和如何解决沪案和应对英日等帝国主义的文章。在《外交应取之方针》中，作

---

① 《告天津人民》，《益世报》，1925年6月6日第1版。

② 《看尔横行到几时》，《益世报》，1925年7月8日第1版。

③ 《英人尚执迷不悟耶》，《益世报》，1925年6月17日第1版。

者提到中国政府"应单纯提出抗议英日两国,不应概括提出抗议于公使团"①,此前抗议公使团两次被驳回,因此《益世报》社论提出了此建议,"此非各国共同应负之责任,乃英日两国应负之责任……赞成单纯提出于英日两国……"②(载于1925年6月9日)在《交涉先决问题》中,作者提出了九条先决问题,认为应当是政府予以交涉的,"(一)应取消租界戒严令;(二) 撤退海陆军军队及商团;(三) 停止搜检行人及住宅;(四)禁止拘捕人民;(五)已被捕者一律释放;(六)被封学校、被占场所一律恢复原状;(七)逮捕凶手,依法治罪;(八)工部局总办及其他官吏应撤任,听候惩处;(九)应负事变责任之领事,有撤任必要。……英日暴徒之恶行,决为全世界所不容,彼既无端杀死中国人,即可任便戕害他国人,斯非中国单纯人道存亡问题,乃世界共同人道存亡问题……"③(载于1925年6月11日)并鼓励国民"应再接再厉的抵抗,毋气馁,毋软化"④。此后,又发表几篇同样类型的社论,阐发对策与激励人民相结合,理性与感性相互碰撞,可谓晓之以理、动之以情,最大限度地发挥报纸自身的作用。载于1925年6月18日的《惟真正民意始可以战胜暴力》就是其中一篇,分析时局,告诉广大受众:人民必须团结起来,共同奋斗方可战胜敌人。"欺吾民无团结力、无奋斗力、无抵抗力、无坚忍力,迨见举国市民齐心齐德,出全力奋勇相争持,始知其不可再侮……故惟市之表示,始可谓真正之民意,以暴力与民意抗,则暴力终必屈服于民意之下。"⑤载于1925年6月21日的《对英外交政府与国民应努力前进》一文也是其中之代表,从做任何一件事都不能"甲献一计,乙出一谋,此提出一条件,彼提出一条件,混为一谈,如一盘散沙"落笔,阐明政府与国民 "意见宜趋于一致""条件应分别解决""吾人应努力勿屈挠"⑥,便可孤立英方势力,使我方效力发挥到最大化。文章条理清晰,

---

①② 《外交应取之方针》,《益世报》,1925年6月9日第1版。

③④ 《交涉先决问题》,《益世报》,1925年6月11日第1版。

⑤ 《惟真正民意始可以战胜暴力》,《益世报》,1925年6月18日第1版。

⑥ 《对英外交政府与国民应努力前进》,《益世报》,1925年6月21日第1版。

论说明确、有力度,可谓为正在奋斗中的人们打了一剂强心针。

议事:就事论事是社论的一大特点,剖析深入、到位,横向比较、纵向串联常见于文章之中。《益世报》社论内容的最后一类便是一篇篇对于当时最为瞩目、尖锐、重要的事件的论述。载于1925年6月5日的社评《经济绝交》便是对于"五卅惨案"发生后"五卅运动"初始阶段上海发起的经济绝交运动的评论,从事件入手,阐明为何要经济绝交,及其重要性在何处。诸如此类的还有载于1925年6月14日的社声《为今日市民大会进一言》、载于1925年6月20日的社声《呜呼交涉竟破裂耶》和载于1925年6月24日的社声《交涉破裂之过去与将来》等,论述交涉破裂原因、破裂后解决办法及事后发展动向。有理有据,为各阶层受众了解事件过程和意义带来福音。

(2)时评"大""小"兼具,全局与具体并重

《益世报》的时评是一项传统,即使某日没有社论也会附有两篇时评,分量还是比较重的。时评会结合当下的大事或编辑觉得有必要评论的事物加以阐述,内容丰富,每一篇的篇幅并不长,不会使读者感到厌倦、枯燥。

《益世报》时评中有关"五卅惨案"和"五卅运动"的共计123篇,主要特点是大处着眼、观望全局和小处落墨、关注具体。

大处着眼、观望全局:《益世报》时评中这样的文章不占少数,不涉及具体事件,而是从大处着眼,关注全局发展,旁征博引,说古论今,使人得到启发。载于1925年7月12日的时评二《不平鸣》便是其中的代表:"凡物不得其平则鸣,气候之不平,则鸣之以风;阴阳之不平,则鸣之以雷,不平之程度愈高,则其鸣之声音愈大,夫物岂好鸣哉,盖以欲求平而不能,势有所不得不鸣者矣。今中国对于英人,岂欲故与为难哉?惟其对于吾国也,蛮横过甚,侵占我疆土,剥夺我主权,今复虐待我工人,惨欲我同胞,试问不平之甚,有过于此者乎?虽欲不鸣,其何能忍。况不平则鸣,本属物理学上之一种原则,倘吾人对于此种不平之对待,仍复忍气吞声,而不一鸣,是物类之不如,尚堪为人乎?故凡有血气者,莫不奔走疾呼,演说宣讲,凡足以揭破其罪恶者,无不竭力为之,方不愧于

物之不平鸣矣……"①从自然现象、物理学原理着墨,阐述人民对于"五卅惨案"和一系列列强暴行的愤怒与哀鸣是正义的,也是必须的,呼唤全国人民发出这不平之鸣,同时也是在质问那些恃强凌弱的英人、日人。此外,载于1925年7月7日的时评《不一致》为大家讲道理,倡导团结一致对外,万不可内乱先行,浅显之理。论述颇为到位:"不一致之为害大矣,夫意思不一致,则互相猜疑,言论不一致,则互相诋讥,行为不一致,则互相倾轧,中国人口最多,此病尤甚,故每遇一事,意见分歧,利未见而弊先生,治未成而乱已伏,究其原因,皆由于不一致之所致也。……沪案发生已匝月,交涉尚在停顿,结果仍属毫无,此亦由于我国内部不一致之情形,为外人所窥破,故对于吾国之交涉,虚与委蛇,故意延宕,以冀我国内部,自行捣乱,彼则可以乘机取巧矣,外人之居心如此,国人亟宜猛醒,尚可有不一致之表示,而授外人以口实乎?"②

　　小处落墨、关注具体:《益世报》的时评不仅对于大局把握得透彻,对于具体事件也细致分析。载于1925年7月18日的《利令智昏》一则时评,从一些生活哲理把读者带入作者的情境中:"镜本明也,尘埃之则不能照物,人本智也,利禄之则不能见真,惟其不能照物也,故皂白不分,惟其不能见真也,故是非颠倒,习久成性,则凡一切不仁不义之事,乱伦悖理之行,大概皆滥觞于兹矣……而与之经济绝交,对于英日货不买不卖,方冀借此柔软手段,使其受经济上之打击,庶几稍敛其蛮横之气焰矣,不料吾国人心叵测,竟有明示拒绝,而暗交买卖者有之,甚之视此盛倡绝交之时期,为千古发财之第一机会,如本埠某绸缎庄之暗购仇货者是也,亦有趁此外货不能销售之时,对于国货故意高抬市价,以为利市三倍之惟一妙决者亦有之……殊不知此种生财之道,可愚亦可惜矣……即当此全国一致对外之际,而甘为祸首……嗟乎以一人之利,而累及全国,个人之人格故不足惜,独不惜四万万同胞之牺牲

_____

　　①《不平鸣》,《益世报》,1925年7月12日第5版。

　　②《不一致》,《益世报》,1925年7月7日第5版。

乎……"①乍看之下,不知作者欲言何事,慢慢读来,作者文章的重点便浮出水面,通行天下的大道理,配合具体的事例,有理有据,言该言之道理,道人民心中之苦闷。载于1925年7月9日的《国民之充分努力》、7月11日的《外交之成败与群众运动之持久》、7月14日的《沪案交涉与关税会议》等都是以小见大、由浅及深、从点到面的典型。

(3)要闻版面充裕、内容海量、专题众多

要闻版是报道"五卅惨案"和"五卅运动"最坚实与强有力的阵地。"五卅运动"高潮期间,一般每日的要闻需要占据三大版之多,每篇报道通常字数在几千字以上,报道内容十分详细、具体,逐一将事件的来龙去脉交代给读者。

上海二月工人罢工,《益世报》便予以报道,《上海棉纱厂工人罢工潮》(载于1925年2月12日):"集众击毁机器房屋,已休业者有五千人"②,作为"五卅运动"的前奏,《益世报》的报道前奏也吹响了,其对于上海二月工潮的报道一直持续到月底。在这半个多月中,《益世报》的每一篇报道信息量充足,"内外棉株式会社所属各棉纱厂中,一厂工人,星期一日,因其同人,曾被开除多人,举行示威运动……攻击三厂,其房屋机器大受损伤,并迫令其他工人停工离厂,概算中国工人,现已休业者约五千人……"③(载于1925年2月12日《上海棉纱厂工人罢工潮》)这是对于上海棉纱厂工人罢工运动的最初介绍,紧随其后的便是《上海日纱厂罢工续讯》(载于1925年2月14日)、《沪日纱厂罢工潮愈激烈》(载于1925年2月18日)。这篇报道反映了在日棉纱厂工人罢工的带动下,丰田纺织厂也爆发了工人罢工运动,之后数天内都是关于上海日纱厂罢工事件和问题解决方法的后续跟踪报道。在2月22日刊出的《尚无解决办法之沪日纱厂工潮》中还将事件发生的经过作了详细的说明,使读者对于整个事件有更为详尽的了解和清醒的认识。

①《利令智昏》,《益世报》,1925年7月18日第5版。
②③《上海棉纱厂工人罢工潮》,《益世报》,1925年2月12日第3版。

作为上海工潮的延续,青岛4月同样爆发了工人罢工运动,《益世报》在报道罢工运动进展的同时,也对上海以及其他地方的工潮进行报道,并为读者分析了青岛日纱厂工潮具体情况与各方之影响。

"五卅惨案"发生后第二天,即1925年5月31日,《益世报》便开始了对此重大事件进行报道。在之后的23天内,要闻版刊登了《沪英捕惨杀华人志》专题系列一至二十三,每日更新事件发展态势,以北京通信和上海通信为主,其他省市通信为辅,分地域介绍政府方面、使团方面、学界方面、商界方面的反应与英、日使馆的态度,以及西捕再次犯案的情况和各地、各界援助沪案的形势、经过。每日一志,内容充实,信息量大,时效性较强,且覆盖地域较广,字数一般在数千字以上。如载于1925年6月5日的《沪英捕枪杀华人案四志》中,从北京、上海、南京三地的特约通信入手,分别介绍了北京政府、使团、学生、商界的情况;外部二次抗议沪案;使团驳覆外部照会;上海商人、工商部状况、街市交通情况、事态发展趋势;捕房戒备、军舰调遣等;南京方面则主要介绍了西人和日人在事件后的态度与反应。随着事件的发展和"五卅运动"的迅速扩展,每天的报道篇幅也在随之扩大,涉及的地域亦相应增多,如武汉、天津、青岛等地。

与此同时,《益世报》的要闻版还刊登了《"五卅惨案"死亡调查表》和《上海罢工调查表》专题系列,作为背景资料使读者充分、准确地了解"五卅惨案"始末与正在进行中的"五卅运动"的正义性。并且,配合着"五卅惨案"后提出的"经济绝交"口号,《益世报》也刊发了《日英进口各货之调查》,分门别类地列出日英进口货品的名称。

"本埠新闻(津埠声援沪案新闻)"与"全国援助沪案新闻"是要闻版中两块内容最多、持续时间最长的专题性报道。其中,津埠声援沪案新闻从1925年6月初问世,至8月14日截止,在近两个半月的报道中,以天津为地域依托,报道本地各团体、联合会、公司、个人等对于沪案的声援与"五卅运动"的支持,内容十分详尽,小标题众多,反映了天津人民对于这一惨案的全力支援和对这一全国性运动的大力支持,将天津地区充分融入全国的总斗争中去,《益世报》在这一点上起到了重要的推动作用,其媒体作为也得到了有效的体现。再者,全国援助沪案新闻从全国各地声讨、支援沪案与"五卅运动"的声音中起笔,从6月中旬至7月底,共出版三十四期,涉及全国几十个省、市、地区及团体、机构,既使人们充分了解其他地方的即时消息与情况,又可以听到来自各方传来的爱的声音,带给大家温暖、希望与力量,从情感上给予人们关怀,从心灵上带给人们慰藉,从精神上激励人们的斗志。例如载于1925年7月12日的全国援助沪案新闻中,报道了"济南团体之最近活动",告知读者济南通信和济南学生联合会等团体开会商讨如何抵制英日货品、经济绝交等一系列决议;"湖北外委会成立经过"交代了湖北外委会是如何成立的、委员的名称职务以及成立后的主要职能和责任等……诸如此类的深入到全国各地的报道有许多,无论是一项大的决议还是一个很小的民间团体的成立,对于如火如荼进行中的"五卅运动"而言,都是宝贵且意义深远的。因此,《益世报》没有放过其中任何一个,逐一呈现体现了一个尊重民意、贴近百姓的媒体的专业素养与职业精神,以及坚守正义的正确立场。

《益世报》要闻版内容丰富不仅体现在其对于国内形势和事件发展态势的追踪报道上,还体现在其对于国外一些团体、华人声援"五卅运动"及捐助的呈现上。如《德英工党对华之同情热》(载于1925年6月24日)、《侨奉西人援助沪案情形》(载于1925年7月10日)等,都为要闻版的翔实、全面做出了贡献。

(4)译电、公电为报道补充信息,为人们增添力量

译电在报道"五卅运动"相关内容上略显匮乏,但值得注意的是,《益世报》上对于上海二月工人罢工运动最初的报道便来自于事件发生三天后的译电,是我们能看到的最早的"五卅运动"相关报道的序曲。

公电主要是刊发一些社会各界团体或是个人发表的声援"五卅运动"的电函,虽然数量并不是很多,内容也不足以吸引更多的目光,但这些文字静静地在那里发出灼热的光,为人们带来鼓舞与力量,告诉正在奋斗着的人们他们并不孤单,支持的声音从四面八方涌来。例如

《天津南开中学援助沪上学生电》(载于1925年6月5日)、《赣市民表示援助沪案通电》(载于1925年6月7日)、《张学良捐银慰赠沪学生电》(载于1925年6月7日)等。

(5)专电简明扼要,如实反映问题

与"五卅运动"相关的专电在《益世报》的新闻报道中占据了相当大的篇幅,1925年5月31日的专电中就对前一日在上海发生的震惊中外的"五卅惨案"进行了报道:"上海大学学生,因捕房拘捕援助工潮学生不释,在租界痛谈,捕房禁止,起冲突。下午三时半,南京路西,印捕开枪,当场击毙学生七人,轻重伤无确数,伤人送红会医院。"①(上海电)从这一专电开始,《益世报》就没有停下脚步,每日从上海、北京、南京、青岛、汉口等地发来专电,以最简明的文字如实地向读者告知最新的消息、事件的起伏,仅从报告的角度发稿,不掺杂任何个人或媒体的主观意见与判断,体现了报纸高度的专业素养。专电的数量也由最初的一天几条增长到十几条,有时甚至整版专电都是与"五卅运动"相关的内容。报社对于这一重大事件的重视程度与媒体责任可见一斑。

专电中的内容较为庞杂,并不像一些要闻有一定的体系或专题,只是重要事实的简单罗列,例如:"沪团体筹办自治,现已完竣,特电旅京苏籍要人,请同乡会派代表赴沪,加入自治会,举行开幕典礼。"(载于1925年6月3日,北京电);"沪团体电中央,请使团派员来沪勘察英捕野蛮,应速向万国公法会议提出公判。"(载于1925年6月5日,北京电);"法租界今日罢市,市面秩序较平,罢工益扩大,英美烟公司诸厂工人万人,悉罢,华捕少数罢岗。"②(载于1925年6月6日,上海电);"湖北全省商联会,现通电各商会,请对英实行经济绝交。"③(载于1925年7月2日,汉口电);"沪案电报费一项共化去八万元。"④(载于1925年8月15

①《专电》,《益世报》,1925年5月31日第1版。

②《专电》,《益世报》,1925年6月3日第1版。

③《专电》,《益世报》,1925年7月2日第1版。

④《专电》,《益世报》,1925年8月15日第1版。

日,北京电);"外沈对重查沪案,坚持反对,将亲出席于外交委员会提议此事,并已将致英日美之抗议公文备妥。"①(载于1925年9月11日,北京电)……通过上述专电举例,可以清晰得出这样的结论:专电简明,内容类别众多。

(6)重视教育界新闻,思想触点深刻

《益世报》在报道社会各界对于"五卅惨案"反应的同时,将当时教育界正在发生的思想上的巨变也搬上了报纸的专栏。在教育新闻版块中,从1925年6月6日至1925年6月25日刊登了共十九期《上海惨杀案与教育界之表示》,报道了几十所学校或学生团体的宣言及谏书,充分阐明了学界的立场和态度,并在7月26日的新闻中报道了《南京学界提倡工人教育》,学界从这次惨案中汲取到在反抗压迫的同时,提高自身的素质也是十分必要的,多少年来受气挨打的局面,应该从自强这一步开始转变,才能踏出更为坚实的脚步、迎接更为艰难的挑战、追求更为长远的发展。

(7)来件、重要启事、民声,小专栏发挥大作用

来件与重要启事在报纸中并不多,主要是反映一些团体或个人的捐款或企业支持"五卅运动"的声明。在公共媒体上公开捐款的团体或个人名称及金额,既是信息公开的表现,也是对他们深切关怀同胞的赞扬,同时还可以达到促进捐赠、激发人们爱心的效果,可谓一举多得。

"民声"是自1925年6月13日至9月1日登上《益世报》副刊"益智粽"舞台的专栏,旨在刊登社会各界、各团体援助沪案的宣言,每日五篇左右,内容激昂。开辟这个专栏有其必要性,一是社会各界支援沪案的宣言、启事等过多,这块阵地可供它们随意挥洒;二是内容集中在一起便于读者阅读,几篇充满豪情斗志的文章读下来,使人倍感畅快、群情激昂。在"五卅运动"渐渐接近尾声的时候,"民声"也完成了它的使命,此时,人们需要的更多是思考,关于现在,关于未来。

如此多样的体裁与专栏,配合上复杂多变的时局和不同的角度,

---

① 《专电》,《益世报》,1925年9月11日第1版。

《益世报》在"五卅惨案与""五卅运动"的呈现上为人们奉上了一席饕餮盛宴,其对于社会的责任也在这盛宴中体现得淋漓尽致。

4.报道体现正义感与人文关怀

(1)正义感的强大彰显

言辞上,《益世报》在对"五卅运动"的报道中用词客观,但其中也不乏一些富含感情色彩与正义感的语言,如载于1925年6月6日本埠新闻中的《津各界对沪案之愤起》一篇,"愤起"二字不仅客观诠释了天津各界民众对于沪案的态度,而且出现在标题中给人们的眼球一种冲击,也代表了整个报社的鲜明立场。再如1925年7月8日的社论《看尔横行到几时》、6月17日的社论《英人尚执迷不悟耶》,"横行"、"执迷不悟"简单几个词汇却着实地表达出《益世报》对于"五卅运动"的态度,极富正义色彩。

版面上,"来件"、"重要启事"、"民声"这三个版块可谓最能体现正义感,所登载的均为来自社会民众的捐款、企业与社会团体的公开支持"五卅运动"、声讨帝国主义的声明或文章。不仅为人民带来振奋人心的消息,更能使人们感受到来自血肉同胞的强大后盾。

内容上,《益世报》对"五卅惨案"和"五卅运动"报道的主旋律即为公正、正义,因此各种体裁与形式的报道内容都饱含正义之感,可以说是报道中的一个普遍现象,此类的报道不胜枚举。在此,仅挑选出几则予以说明,其中包括新闻消息类的本埠与全国新闻以及评论类的时评。1925年6月4日的本埠新闻《各团体援助上海学生》,文章内含六个小标题,分别阐述了民主促成会、学生联合会、救国牺牲团、公民救国团、志诚救国团和青年学会在得知"五卅惨案"后的反应与所采取的援助行动;1925年7月7日全国援助沪案新闻报道了汕头、江西等地游行、公祭死难者的情况,寥寥数语深谙正义之情。诸如此类的报道在长达三个多月的时间里日日与公众会面,报道的脚步更是将要走遍祖国的大江南北,而这每一篇小小的正义与爱的传递,仿佛一道道福音为人们带来希望之光。

(2)人文关怀的细腻体现

一份报纸如果仅仅客观报道事实、表现出正义感,以一份答卷来衡量,那么它可以被给予七十分,满足人们的求知欲后,引导正确的舆论和方向,报道字里行间流露出价值观,充满正义感的文字和内容给人们带来力量,但往往这力量显得过于生硬,它传递给人们的多是奋斗的意志,却略显缺少温暖的关怀与经历苦痛后的一丝温存。

《益世报》在关注事实与表达正义的同时不忘给予受难同胞以人文关怀。1925年7月20日的时评《注意接济民食》:"总商会呈请发给车辆,以便运粮,而维民食一节,实为目下应尽之急务,夫民为邦本,食为民先,民一日不可无食,粮一日不可不备……"[①]从百姓生存之本入手,注重人民疾苦,体现人文关怀。1925年6月11日的要闻《改进社捐薪接济沪上失业同胞》报道了中华教育改进社全体职员为上海失业同胞捐薪水的十分之一,并倡导全国人民共同帮助上海同胞。1925年7月26日要闻《南京学界提倡工人教育》更是从自身找问题,从问题中总结经验教训,与不法分子斗争的同时,更为重要的是自我的提高,主动减少遭受帝国主义欺压的可能性。在1925年8月1日的要闻《沪案中救济工人之办法》中,作者深入分析了各部门应如何帮助上海工人,从基本的生存到之后的正常生活,从钱财的救济到生活的救助,对其他城市饱受煎熬的人们也是一种借鉴。

在某些时候,人文关怀往往比其他义正辞严的激烈语言更容易温暖人心,如同对病痛中的人道一句深情的问候,暖意是流淌在心底的,这股温泉往往可以对他人起到极大的支撑与支持,虽不能直接解决实际问题,但作用不可小觑。《益世报》中这样的文章虽然不是很多,但这少数几篇的存在却为其在整个报道中增色不少。

第二节 《新民意报》

一、《新民意报》的主要内容

《新民意报》创刊于1920年9月15日。主要创办人有时子周、马千

---

① 《注意接济民食》,《益世报》,1925年7月20日第5版。

里、夏琴西、孟继鼎。初创时期刘铁庵任经理,马千里任总编辑。最初为对开一张4版,半年后改为两大张8版,开始时每天印发760份,后增至1000份。并在广州、上海及其他城市加聘通讯员,每晚有本报专驻北京记者报道当日最后的重要消息。读者对象以教育界师生和思想进步者居多。该报之所以取名《新民意报》,包含继承同盟会时期在天津出版的《民意报》的意思。周恩来为《新民意报》写了报牌,报牌边还贴有两句话:"主张全民政治,讨论社会问题。"这表明了该报的进步倾向。1924年孙中山北上抵津,曾有意让孙中山接办《新民意报》,后因孙赴京而作罢。

《新民意报》发刊前所计划的报纸发刊词内容有五个方面:1.介绍世界新潮;2.改进社会习惯;3.主张国民有民主国的参政权及自由权;4.提倡男女教育之普及;5.奖励爱国之执政者。[①]1923年马千里在其主编的《新民意报》副刊《星火》的出版"弁言"中提出:"本部抱定社会改革的目标而向前进行,是今后的唯一使命。现在的社会,人人都觉得腐败顽固、不进化,有改革的必要。"所要讨论的问题有家庭组织、婚姻、女权、遗产、学校教育、社会教育、纳妾、废娼、工厂、工作时间、女工、童工、女子职业、乞丐、贫民生计等问题,并主张社会改良:"有主张社会上事事物物都应当逐件改良;有主张根本总解决,先打破私有财产制度,其余一切问题自然迎刃而解者。前者叫作社会改良派;后者叫社会主义派。本部今后的前途是本着前者——社会改良派——的步骤向前进。"[②]

《新民意报》发表了大量反对帝国主义、抨击北洋军阀政府的文章。对帝国主义的侵略、各系军阀割据混战、地方行政的腐败等进行了强烈的批判。有几篇反对日本帝国主义的社论,如《中日不能亲善》《拙笨的日本当局》《一个日本人的误会》等,在日本朝野引起了极大的反响。1921年10月10日"双十节",《新民意报》不失时机地大

---

① 董效舒:《天津〈新民意报〉》,《新闻史料》第11辑,天津日报新闻研究室编,第37页。

② 《新民意报》,1923年1月1日。

力宣传推翻君主专制、建立民主共和,以大幅版面开辟专栏刊载武昌起义革命简史和相关著作。1923年3月14日,日本拒绝取消二十一条及收回旅顺、大连的交涉,全国各大城市掀起反日运动。马千里在《新民意报》作评论《告诫军人政客命令》。1924年3月4日,针对社会上有人利用舆论亲日主张,发表评论《舆论的势力》《中日不能亲善》。1923年4月25日,众议院审查参议院对张绍曾内阁的不信任案,张绍曾重金收买议员,竟使众议院驳回参议院的议案,马千里在《新民意报》评论栏中批判:“张绍曾的手段愈趋愈下。”①1923年6月7日,曹锐与黎元洪争夺总统,马千里在《新民意报》发表评论《明抢大总统》。6月13日,黎元洪被迫携印离京赴津,被曹锐派人截到天津省公署,令黎元洪交出大总统印。《新民意报》当天出版号外,马千里发表《争总统全靠膀臂粗》。

《新民意报》关注并报道工人运动和工人生活状况。1923年京汉铁路工人大罢工遭到军阀镇压,造成“二七惨案”,《新民意报》副刊《星火》“血和泪”专栏及时刊登了湖北全省工团联合会和京汉铁路总工会驻沪办事处公布的“二七惨案”评论,报道了惨案的详细情况,公布了死难工友的名单。副刊《明日》第二、三号是为纪念因搞工运而被军阀杀害的黄爱、庞人铨牺牲周年而出的专号,不仅介绍了两人的事迹,还发表了说明两人牺牲意义的评论文章。副刊《星火》刊载过开滦矿下窑工人生活的文章《平民血泪》。

《新民意报》注重马克思主义的宣传。刊登了一些介绍马列主义的通俗文章。副刊《星火》发表过较多的文章,有李大钊的《社会主义下的经济组织》《史学与哲学》《马克思经济学说》,还发表过《马克思传》、《五一史》、庞人铨遗著《五一劳动节》,发表过署名“天健”的文章《社会主义的派别和批评》,认为共产主义是社会主义中“最完善的一派”。1924年列宁逝世时发表了纪念文章。副刊《明日》在第一号的宣言中明确提出“我们相信马克思主义是改造社会的良剂,所以我们打算本着

---

①《新民意报》,1923年4月25日。

马克思的精神来解决社会问题,先组织这个《明日》作为我们发表言论的机关"。在第一号上还刊载了"马氏通信图书馆"的通知,规定工人可以通信借书,并刊载了图书馆的书目,开列了《共产党宣言》、马克思的《雇佣劳动与资本》、列宁的《伟大的创举》《劳农政府之成功与困难》以及介绍讲解马克思主义的《马氏资本论入门》《唯物史观浅说》等书目。副刊《同光》发表了中国驻苏联大使馆参赞的讲演词《什么是赤化?》。《丰台》也是以发表马列主义通俗理论为主的一个副刊。

《新民意报》关注妇女问题,针对当时妇女解放、自由平等的要求,报纸大力宣传支持,吁请社会关心。副刊《女星》有一篇文章说:"妇女解放的根本问题,并不仅在'参政'与'女权运动'上。要使妇女解放得到真处,第一步就要先求改革现代的经济组织","打破一切旧制度、旧礼教,及有掠夺性质的主义与不平等的组织。将社会立在一个使全人类——无论男女——都在平等线上的基础上。这样,女子不解放自解放。"①把妇女问题与社会制度问题联系起来。副刊《女权运动同盟直隶支部特刊》,发表了在宪法范围内规定的男女平等、有选举权和被选举权等评论文章。当时社会上有一叫张嗣婧的妇女因受过教育追求妇女解放、自由、平等而被翁姑虐待致死。当时其他报纸均以一般琐闻发表,而《新民意报》却十分重视,以显要位置刊出。此事引起女界爱国同志会李毅韬、邓颖超等人的重视,除代死者向法院申诉外,还在直隶女师召开追悼大会,唤起女界同胞共同向旧封建礼教做斗争,在当时社会上引起很大震动。又对大实业家周学熙的侄女周仲铮等摆脱旧家教束缚之事给予了道义舆论的支持,得到邓颖超等进步女性的声援。

二、《新民意报》副刊

《新民意报》开办了众多副刊,在办报文风上也很多样,前后编印的副刊多达几十种,使报纸的面貌生动活泼。这些副刊有:

---

① 转引自姜鸿:《为妇女解放呐喊的〈女星〉》,《天津出版史料》第5辑,百花文艺出版社,1993年版,第163~164页。

《星火》,1923年1月1日创刊,马千里任编辑主任,16开6页,日刊,注重宣传马克思主义和苏联的情况。

《明日》由天津社会主义青年团的公开组织"马克思主义研究会"(又称"马氏学会")主办,1923年1月5日创刊。该刊是《新民意报》中唯一旗帜鲜明地宣传马克思主义的副刊,由吕一鸣主编,仅出版3期。

《女权运动同盟直隶支部特刊》于1923年1月由邓颖超、王贞儒负责的女权运动同盟直隶支部创办。该刊是16开4版,仅出版3期。

《觉邮》创刊于1923年4月5日,8开8页,共出5期。1921年,觉悟社成员周恩来、郭隆真等赴法勤工俭学,社员分散,觉悟社停止活动。留在国内的社员感到应该办一个刊物来发表社员间讨论问题的信件,以相互鼓舞促进。《觉邮》就是"觉悟社的邮箱"的意思。在《觉邮》的第1、2期上发表了伍豪(周恩来)的《德法问题与革命》《西欧的"赤"况》,对当时的形势作了精辟的分析,表现出对共产主义的坚定信仰。《觉邮》还发表过《中国劳工运动停顿的原因》《罢工是能查禁的吗》《怎样作平民教育运动》《谁可以继承列宁》《"一·一七"与"二七"的两大贡献》等重要文章,抨击帝国主义和反动军阀的黑暗统治,传播马克思主义思想。

《青声》创刊于1923年7月,是讨论青年问题的定期刊物,先是旬刊,后改为半月刊,共出17期,编辑工作主要由周克臣负责。该刊由男女中学生组织的"青年问题讨论会"主编。每个参加讨论会的青年就个人经济、青年职业、求学深造、前途选择、婚姻、交友、兴趣等问题召开讨论会,会后把发言整理出来刊登在《青声》上,供会外青年阅读。

《丰台》为不定期学术刊物,由秦丰川主编。以发表马列主义通俗理论为主,也刊登一些新文艺作品。

《同光》是天津学生同志会出版的不定期刊物,内容以宣传新文化、讨论学术、推进平民教育、提倡社会服务为主。该刊由刘嘉猷主编,吴沛沧、汪桂年为编辑,发行二三期后改为月刊单行本。

还有一些是当时进步青年组织的文学、戏剧、学术等团体的出版物随《新民意报》发行,先后有赵景深主编的鼓吹新文艺运动的《朝霞》(不定期),撰稿人有邓颖超、于庚虞、焦菊隐等;焦菊隐主编的《诗坛》(不定期),发表新体诗;由徐颖溪、焦菊隐、赵景深、吉仰左等主办的《绿波》(周刊),专载新文艺作品,间有译作发表,后改为旬刊,出版时间较长,销路较好;《小说》是短篇小说专刊,《卿云》是新文艺刊物;焦菊隐、王穆如等人主编的《戏剧》(只出二、三期)为戏剧特刊,发表过几篇戏剧评论和一两篇俄国短剧的译作。

《新民意报》连载了《警厅拘留记》《检厅日录》。"五四运动"中,天津警察厅拘捕包括周恩来在内的各界代表20余人。周恩来于1920年5至6月根据被拘各界代表各自叙述狱中实情择要编辑成册,出狱后将《警厅拘留记》《检厅日录》交马千里在《新民意报》上陆续刊登。

1921年6月,刘铁庵约李燕豪共同主办一份四开小报《新报》,附属于《新民意报》之下,由《新民意报》发行。《新报》本着宣传新文化、讨论社会问题的精神,不刊登庸俗的琐闻和长篇神怪小说,其内容力求通俗、简短、精练,辟有"学校动态"、"帝国主义侵略史"、"读者之声"、"国际简讯"、"要闻专电"、"本埠新闻"栏目。《新报》出版不到一年因销路不广而中止。

《新民意报》在4年3个月的时间里,立场鲜明,一贯主张对外打倒帝国主义,对内铲除军阀,建立统一的民主革命政府,宣传爱国、鼓吹民主、推动改革、传播新文化新思想、成为进步人士和青年所喜读的报纸。1925年1月7日《新民意报》被军阀张作霖勒令查封而停刊。

第三节 天津的学生报刊

一、《天津学生联合会报》

在"五四运动"巨潮中诞生的《天津学生联合会报》是天津学生联合会的机关报,于1919年7月21日正式出版。周恩来担任主编,潘世纶为编辑,担任采访工作的有赵光宸、胡维宪及薛撼岳等人。

《天津学生联合会报》开始是对开四版大张日报,自第63号改为三日刊,仅出两期,自65号起又改为日刊。其经费来自两方面,一方面由南开学校新剧团举行义务公演,爱国市民出于爱国热情和对学生运动的同情,踊跃购票,每场戏票几小时内便销售一空;一方面通过社会关系招揽广告,许多爱国厂商愿意付出高价刊登广告予以资助。

《天津学生联合会报》在出版前曾在各大报上刊出预告,读者订阅十分踊跃,截至出版前一日,订户近两万人。读者中不仅有学生、教员,还有工人、店员、职员以及家庭妇女等,不仅有天津的订户,还有外地甚至南方的订户,行销至北京、上海、南京、保定等地,每期销量在4000份以上,最多时日发行达两万份,共出一百几十期。北京《晨报》曾给以极高评价,寄以热情期待,并大力支持供应稿件。南京出版的《少年世界》还发表过专论说:"《天津学生联合会报》办得很有价值",在天津"有这种新曙光,令人十分快乐。记者敢希望把这种光照遍了全中国各处,群起效法……"①上海出版的《新人》也发表长文说,《天津学生联合会报》办得"很有精神","更为敢言","其'主张'与'评论'二栏,又有特色。敢说是全国的学生会报之冠。"②

《天津学生联合会报》在内容上设置有"主张""要闻""时评""评论""讨论""来件""演说""外论""新思潮""国民常识""翻译"等栏目,其中以"主张""评论"为重点。

在《〈天津学生联合会报〉发刊旨趣》中提出了办报的主要意图和目的:"我们学生联合会在求社会同情的时候,不能不有两个利器:一个是演讲,一个是报纸。演讲、报纸全是表现我们学生思潮的结晶。现在学生的演讲,已经实行两个多月,报纸还没有组织。求社会同情的利器终久不算完全。所以,联合会本着自动的精神,宣言下列主要条件,起首组织,预备定日发刊。我们学生思想学识的程度实在不敢说办报,不过拿我们的意见贡献于社会,与大家讨论。至于一切的研究,还是须求社会的帮助、指导我们,以便共同得着大家新生命的所

---

①② 转引自潘世纶《"五四"运动中的〈天津学生联合会报〉》,《天津文史资料选辑》,第三辑,天津人民出版社,1979年版,第42页。

在。"①《天津学生联合会报》高举反帝反封建的大旗,不断揭露帝国主义和封建统治的黑暗残暴,号召群众奋起斗争,成为天津学联唤起民众、团结学生和各界群众、推动和指导反帝爱国斗争的有力武器,成为当时天津反帝反封建的一面旗帜。

《天津学生联合会报》密切配合了当时的反帝爱国斗争。从1919年7月1日起,山东学生因反对日本人在山东挑衅,举行大规模示威游行,全省人民都起来支援,声势浩大,卖国政府为了镇压爱国运动于7月25日宣布山东戒严,派济南镇守使马良为戒严司令,大捕学生。8月5日,马良又屠杀了回教救国后援会领袖三人。消息传到天津,《天津学生联合会报》立即派出外勤,奔赴济南深入现场采访,及时报道了真相,激起爱国人士的无比愤慨。8月8日,《天津学生联合会报》发表《速逐残害回教徒的马良,速要求北京政府取消山东戒严令》,揭露了马良镇压民众媚日卖国、充当安福派爪牙和日帝国主义鹰犬的狰狞面目,号召全国人民一致行动起来,对马良举行"国民公判",形成强大的舆论威力,在天津进一步掀起学生和各界人士的爱国高潮。8月23日,天津以学生为中心结成的各界代表,偕同山东代表前往北京,会同北京代表齐集北京总统府门前示威请愿,要求取消山东戒严令,惩办刽子手马良。总统徐世昌拒不接见,代表们坚持斗争达三天三夜之久,8月25日终于全部被捕,被押进北京警察厅,《天津学生联合会报》随行外勤也遭逮捕。当晚,《天津学生联合会报》发出号外,万人争购,26日,派出第二批代表,27日派出第三批代表,28日,派出第四批代表,相继赶至北京,向反动政府展开猛烈进攻。这期间,周恩来除在天津与各界领导人共同商讨行动计划,指挥《天津学生联合会报》紧密配合斗争外,还亲自赶到北京,做了大量工作。北京反动政府在声势浩大的群众压力下被迫于8月30日后分批释放被捕代表。《天津学生联合会报》又及时地发出号外,详尽报道,使这一胜利的喜讯传遍大街小巷,有力地推动着"五四运动"在天津继续发展。

---

① 《南开日刊》第35号,1919年7月12日。

　　《天津学生联合会报》始终坚持抨击反动政府。当时反动政府由安福派当权,《天津学生联合会报》针对反动政府出卖国家权益、镇压学生爱国运动的罪行,向安福派开火。如1919年8月6日,周恩来以笔名"飞飞"发表了《黑暗势力》一文,大声疾呼:"国民啊! 国民啊! 黑暗势力,'排山倒海'的来了。""国民啊! 黑暗势力愈来愈多了,我们应当怎样防御啊!""要有预备! 要有办法! 要有牺牲!""推倒安福派、推倒安福派所依仗首领、推倒安福派所凭借的军阀、推倒安福派所请来的外力。"①8月9日发表了《讨安福派的办法》一文,集中指出:"天天打电话,发宣言书,上请愿书,骂安福派,请去安福派,然而安福部依然稳固在北京太平湖, 安福部的人依然 '到处横行'","'捉贼同贼窝里人讲话',一定不能达到目的"。"我们所恃的是群众运动","群众运动的发动力,第一是学生应当鼓动各种分子快快成立各种组织、各种工会、同业公会尤其要紧; 第二是男女学生天天出外演讲内政外交的黑暗,国人当求根本的改造;第三是公民大会,应当看着时机聚会,好让国人对于国事知道真相"。并且要"罢工! 罢市! 不纳税! 罢课!"同时还要全国紧密团结,互相支持,只有这样,才能推倒安福派及其所依仗的首领、请来的外力——帝国主义势力。②1919年9月1日《天津学生联合会报》发表了《马骏口中的马骏》一文,详细记叙了马骏在北京请愿斗争的情况,揭露了军阀政府的凶恶面目。

　　在《天津学生联合会报》第54号"主张"栏中,学生们揭露了警察局长杨以德为维护反动的"治安警察法"而捏造天津学生"包围攒殴"日本副总领事的阴谋:"杨以德这番做作,弄得两曹(指曹琨、曹锐)不得不对人民加紧一层,以防位置动摇。内务部也乘机会再向各方逼紧一次,以便治安警察法实现在社会上,'无所不管','无所不为'。"在"时评"栏里,作者憾岳针对当时直鲁代表请援受挫的情况,鼓励他们再接再厉,不怕牺牲,奋斗到底。不但要做"国民运动的先锋,更当登高

　　①《天津学生联合会报》,1919年8月6日。

　　②《天津学生联合会报》,1919年8月9日。

一呼,震醒全国",同时还用唐山请援代表郭有三被反动政府逮捕后气愤致死一事教育大家,指出:"我们中华民国的招牌是许多烈士们大好头颅和热血换来的。如今这个招牌被那些卖国奴的黑气熏染坏了。我们是中华民国的国民,应该快快的拿出血来洗刷洗刷。郭先生和其他诸位烈士的血实在不够,将来的大流血大洗刷大成功还在我们身上呢!"①

由于《天津学生联合会报》在"五四"爱国运动中,立场坚定,旗帜鲜明,号召学生和各界同胞采取罢课、罢工、罢市、示威游行等各种有效方式,积极参加爱国斗争,无情揭露敌人阴谋,反动当局自然视为洪水猛兽,万分恐惧。9月21日,天津警察厅长杨以德据此便以武力威胁协成印刷局不准继续承印,并以尚未经正式核准立案为理由,强制停刊。当日,《天津学生联合会报》被迫发出号外,宣布暂时休刊,立刻得到各方面的同情和支援。经过不屈不挠的奋斗,10月7日《天津学生联合会报》终于复刊,并登出《本报继续出版的布告》,宣称:"在本报休刊的号外上,已经说过,本报是天天在奋斗里过生活的,又岂能因为杨以德的干涉印刷局,因为杨以德不予立案,我们就不去同他奋斗。我们办事是秉着良心去做,光明正大,没有一点退缩的。现在学生的奋斗是一天急似一天,我们靠着传布消息的会报,是断断不能再'噤若寒蝉'的歇着,不去尽他的责任。"同时毫不畏惧地表示:"杨以德看我们做'眼中钉'的,看见我们的身影又在社会上飞走,不知又有什么诡计来阻止我们,总之我们必定拿我们的全力去同他奋斗。他不能禁止我们人民存在。我们必定想法尽我们的责任。"②复刊后的《天津学生联合会报》由日出一大张改三日出一张半,然而战斗性却更强了,它明确提出:"对于采取新闻的方法,集世界的大事,作有系统的记载,引着国人注重世界大局的潮流,打破狭意的国家范围。"因而在组织稿件上,重视选择"有关世界新潮流的

---

① 《天津学生联合会报》,1919年9月13日。

② 《天津学生联合会报》,1919年10月7日。

讨论同主张,供给现在正求解放的中国"。①

此外,《天津学生联合会报》还注重传播新知,"介绍国民必须的常识于社会""介绍现在最新思潮于社会"②,反对腐朽的封建学术思想、宗法的家庭制度以及社会的许多不合理现象。

周恩来不仅具体领导了《天津学生联合会报》的办报活动,发表了大量文章,而且在新闻实践中形成了他的早期新闻思想。主要有以下几方面:

1.报刊是政治斗争的"利器"

周恩来高度重视报刊在政治斗争中的作用。他曾说:"我们学生联合会在求社会同情的时候,不能不有两个利器,一个是演讲,一个是报纸。演讲、报纸全是表现我们学生思潮的结晶。"并明确指出《天津学生联合会报》"对于政府的政策有指导同监督的责任","对于社会生活同各种学术用哲学的眼光科学解析,公允正确的批评"③。此外,在运动中,以《天津学生联合会报》为核心,联络天津各校校刊,成立了"天津学生报社联合会",周恩来担任学生会出版委员会周刊股股长。该会以联络感情,交换意见,造成强有力之言论以指导社会,监督政府及会外各言论机关为宗旨,从而形成一股强大的舆论力量。

2.报刊既是宣传者,同时也是组织者

"五四"时期《天津学生联合会报》在发挥舆论作用、组织群众运动方面的成效就更为突出。周恩来在斗争中直接提出把群众组织起来进行战斗的号召。在《讨安福派的办法》一文中说:"我们须知道安福派,不是骂他可以去的……我们所恃的是群众运动……应当鼓动各种分子快快成立各种组织、各种工会、同业公会尤其要紧。"④

3.关于机关报必须与所属机关保持"一致始终"的思想

---

① 《天津学生联合会报》,1919年10月7日。

② 《天津学生联合会报》,1919年7月12日。

③ 《南开日刊》第35号,1919年7月12日。

④ 《天津学生联合会报》,1919年6月9日。

在《〈天津学生联合会报〉发刊旨趣》一文中,周恩来提出办《会报》的二十条中的第一条就是:"本日刊是学生联合会的舆论机关,所以必须同联合会一致终始。"①明确提出机关报与所属机关是"一致始终"的关系。

4.群众办报和报刊是"千人喉舌"的人民报刊思想

周恩来提出"我们学生办报""须求社会的帮助,指导我们,以便共同得着大家新生命的所在"。希望读者"时常的监督着我们,多多指教我们"。②

5.通过办报改造自己、改造社会的"革心、革新"思想

在《〈天津学生联合会报〉发刊旨趣》一文中,周恩来提出了"本'革心'同'革新'的精神立为主旨"。③所谓"革新",就是改造社会;所谓"革心",就是改造自己。在改造社会的同时改造自己,在改造自己的过程中更好地改造社会。

6.关于舆论监督的思想

在《〈天津学生联合会报〉发刊旨趣》一文中,周恩来提出报纸要"代表全津学生的舆论","对于政府的政策有指导同监督的责任","对于联合会有建议的责任"。④履行监督这一职责时才能得到更好地发挥报纸的作用。

二、《觉悟》⑤

"五四运动"中,一批青年学生感到需要一个比学联的组织严密一点的团体,更能作一些科学和新思潮的研究,就组织了一个小团体——"觉悟社",并于1920年1月20日创办了社刊《觉悟》。李大钊应邀到天津指导"觉悟社"活动,并与其成员谈话,对该社准备出版刊物、不分男女的组织社团都非常赞成,还提了许多建议。

《觉悟》是大32开本,为不定期刊物,"全用白话,同新式圈点"。由周恩来主编。原计划按月出版,仅出版一期即被反动当局查禁。该刊把

---

① ② ③ ④ 《南开日刊》第35号,1919年7月12日。

⑤ 本部分引文均出自《觉悟》第1期。

研究各种思潮、讨论现实问题,尤其是社会改造问题作为重要任务,号召各界人士向旧势力作无畏的斗争。《觉悟》第1期有100余页,近10万字,较重要的文章均由社员集体讨论后写成,个人发表的文章又用数目字代替署名。

《觉悟》首先提出对学生思想的改造,并把这种改造同改造旧社会、推翻帝国主义结合起来。

"本着'革心''革新'的精神,以'自觉''自决'为主旨,所以小册子的名字就叫《觉悟》,我们的团体就叫'觉悟社'。"在《觉悟》一文中提出:"人在世界上同一切生物最大的区别,就是人能够'觉悟',一切生物不能够'觉悟'。'觉悟'的起点,由于人能够知道自己。因着自觉,遂能解决人生的人格、地位、趋向,向进化方面求种种适应于'人'的生活。"又说,"人生的环境,因着时间、空间种种的不同而变迁,遂逼着人生出'觉悟'。"进一步把思想改造,首先是学生的思想改造看作根本解决中国问题的办法。在《觉悟的宣言》中称:"我们中国自从去岁受欧战媾和的影响,一般稍具普通常识的人,也随着生了一种很深刻的'觉悟';凡是不合于现代进化的军国主义,资产阶级,军阀,官僚,男女不平等界限,顽固思想,旧道德,旧伦常……全认他为应该铲除应该改革的。"这已表明反对封建主义,憎恨一切剥削和压迫的彻底的民主主义思想,实际上已不可能满足于任何的资产阶级思想体系,这就为接受马克思主义作好了准备。但另一方面,他们又给自己规定的目标和宗旨只是"本着反省、实行、持久、奋斗、活泼、愉快、牺牲、创造、批评、互助的精神,求适应于'人'的生活",可见他们毕竟还没有找到真正能保证实现自己的理想的科学理论。他们把"人"的自觉看作社会发展日益进步的出发点。又在《学生的根本觉悟》一文,具体列举了学生在心理上、思想上、感情上、意志上、态度上、行为上的种种弱点,并提出"学生界弱点不除,一切的觉悟全是空谈。没有觉悟,学生真正的责任也是永远做不到的",进而要求本着自觉、革新、精确、自决、实行、奋斗、勇敢、牺牲、持久、诚恳、创造、发展、平等、互助、博爱的精神,创造学生的新生命。

《觉悟》反对旧道德、旧伦常,主张男女平等,社交公开。

张若名在《急先锋的女子》一文中提出:"女子解放从女子解放作起,不要等着旁人解放。""女子必得有一种革命精神去实行解放。"这种思想最能代表觉悟社内大多数女社员的要求。她还提出了具体的要求:1.破除迷信形式道德的观念,实行男女同校和共同操作;2.铲除男女心理生理不同的观念,认为女子身心上的弱点是没有受到适当教育的结果,应当在教育上找方法来补救;3.打破男女职业不平等的观念,反对"男主外女主内"的封建思想。最后倡导团结具有牺牲精神有志当先锋的同志组成小团体,采取实际行动,从事女子解放运动。郑岩的《我们的姐妹》分析了旧社会重男轻女的积习,学校教育的不平等,女子婚后受翁姑虐待、经济不独立、对丈夫儿子有所依赖,要求女子遵守"三从四德"等现象,提出受过教育的女子应首先自觉,对抗一切不平等不合理的待遇,自求解放,以感化更多的女子。

《觉悟》主张实行劳心与劳力互相为用的"工读主义"。发表长文《工读主义》,对于"工读主义"的理解、主张以及实行的办法都作了系统、具体的论述。解释"工读主义"说:"'工'是劳心的人,运用他的脑思去主使一切工作;劳力的人运用他的五官百骸去发生一切动作,一同去解决社会上种种问题;'读'是从文字中得到种种的知识,去做一切的工作。"认为"工"和"读"是有密切关系的,因为"人类的进化,是由'工作'集成'工作'的要素,知识是一个主要条件。我们要多促进人类进化的'工作',我们必须得有充分的知识",因此主张"人人应当工作,人人应当接续不断地读书"。

此外,《觉悟》还发表了九首诗,其中马骏有两首,《一个小蜘蛛》赞美了一个不知疲倦、具有韧性战斗精神的蜘蛛,鼓励与封建势力斗争要不屈不挠、坚持始终。另一首《他们为什么不去》含蓄深沉、发人深省,提醒人们奋起向封建势力和帝国主义进行斗争。周恩来有五首诗《死人的享福》《游日本京都圆山公园》《四次游圆山公园》《雨中岚山——日本京都》《雨后岚山》,谌志笃有两首诗:《一个可怜的朋友》《烟筒》。

三、其他学生报刊

"五四"时期由学生社团和进步团体创办的刊物为数众多。南开学校有《南开思潮》，每半年出版一册，在刊登学生的课业外，还刊登论说、演讲记录、小说、诗词等。有由周恩来主编的学生社团"敬业乐群会"会刊《敬业》，由周恩来任经理的校刊《校风》。《校风》（周刊）为南开中学的学生刊物，报道每周的学生活动和校内行政、教学的消息，并刊登论说、文艺类的作品。"五四运动"开始后，作为周刊的《校风》不能及时报道运动的消息和进行宣传，于是将《校风》改出日刊——《南开日刊》，于1919年5月26日开始出版。其宗旨为鼓动同胞爱国之心，唤起同胞之敌忾。出版后深受欢迎，销量达到每日万余份。出至第九期遭到警察厅干涉。经过激烈斗争，第十期继续出版，从第十期开始革新内容，注重刊载爱国运动的消息，及全国各地学生会、商会和其他团体的爱国活动，对这些团体的宣传作品予以广泛的披露。至第十九期加大了革新力度，其革新目标是：1.打破陈腐观念；2.输入新知识；3.用批评的精神促当局觉悟；4.注意新闻以灵通消息。在原来的论说、演说、校外记事、校闻、调查、杂俎、文苑、小说、函电、报告等栏目外，增加了本埠新闻、外埠新闻、论评、随感录等栏目。8月13日《南开日刊》出至第六十期停刊。《南开日刊》在最初的几期中，注重激发爱国情绪，以学生罢课为中心题材，唤起全体学生的一致行动，又针对某些学校对学生爱国行动的阻挠破坏，竭力鼓动各校教职员投入运动，支援学生，增强爱国力量。在抵制日货的运动中，唤醒商界良心，将运动进行到底，又对破坏抵制日货的商人痛加批评，使之认清形势，回到爱国的立场。在最后几期，初步转向传播新文化、新知识及对未来社会的理想。

《北洋大学日刊》是"五四运动"中北洋大学学生会在罢课后出版的，由谌小岑任经理兼记者，发表过几篇社论，宣传"国家兴亡，匹夫有责"、"外抗强权，内除国贼"、"学生何罪，爱国其罪"、"抵制日货，提倡国货"，起到了动员和组织群众的作用。

《醒世》周刊，由直隶省立第一女子师范学校学生创办，出版了二十余期油印本,后出版数期铅印本,初期稿件大多由学生撰写,以后外来稿件增多,全国各地都有来稿,学生界、教育界、文化界均对该刊极为重视。内容有社论、要闻、新闻、文艺、演说、余兴等,多以妇女问题为题,其中报道的各地妇女参加爱国运动的消息最受读者欢迎,并对"妇女解放""提高女权""女子教育""女子职业"等专题介绍新思想,组织读者讨论。该刊为妇女开辟了妇女发表自己言论的园地,在爱国运动和妇女运动中起到了一定积极作用。

《平民》半月刊,1919年11月1日创刊,由天津学生联合会和女界爱国同志会出版。其宗旨有五点:1.辅助平民教育;2.主张"德谟克拉西";3.改造环境;4.灌输新思想;5.增进平民爱国的思想。同时提出文字力求通俗易懂,体裁不加严格限制,内容有论文、故事、诗歌等。由于反动当局的查禁,该刊仅出版了三期。北京《晨报》在该刊出版前以《天津报界将放异彩》为题作了报道,并对该刊想把刊物传播到各乡各村的计划表示欢迎。《平民》第一期阐明了办刊宗旨,对于"平民自觉"方面强调平民要有自觉心,明确个人对国家的关系和对社会的责任。第二期着重叙述平民和国家的关系、救国是平民的责任、如何促进平民幸福等问题。该期发表的黄勖志的文章《文字为平民知识的根本》,倡导平民教育,扫除了文盲,人人有了知识,方能救国。第三期为《妇女号》,专论妇女职业、婚姻自主等问题。

《新生》,1920年4月1日创刊,由韩致祥、于方舟等人组织的"新生社"出版,由安幸生主编。其宗旨是发表该社的主张和成绩,介绍新思想,内容与《新生命》相近。该刊在当时被誉为"全带社会主义色彩"。

四、青年周恩来的新闻思想

周恩来是中国共产党新闻事业的杰出领导人和报刊活动家。他一生参与创办和主编过八份主要报刊,并为多种报刊撰写新闻、通讯、言论稿件,许多报刊得到他的支持而得以发展,他还十分重视广播电台的宣传作用,带领和指导广播事业一步步成长起来。周恩来为新中国新闻事业的建立立下了汗马功劳。纵观他一生的新闻活动,之所以取得了如此巨大的成绩,与他少年时代的勤学苦读和青年时代的办报实践休戚相关。正如周恩来在中学时代一篇作文中曾说:"论成汤之贤,必不在乎祷雨桑林之时,而必观其三聘伊尹之志;论文王之圣,亦不在乎三分天下之日,而必称其来朝于商之志。不然,只炫耀其功德于既成之日,而不追溯其所以成之之故,岂异南辕而北其辙哉!"周恩来少年时期就立下了"为中华之崛起而读书"的远大志向,而正是天津这座城市为青年时期的他提供了学以致用的舞台。

周恩来的办报活动开始于天津南开中学学习期间。1914年3月,周恩来参与组织南开学校的学生团体"敬业乐群会",任该会会刊《敬业》杂志的主编。1916年1月,周恩来担任南开校刊《校风》文苑部主任。1919年"五四运动"爆发,周恩来积极投入这场爱国运动中去,成立了天津学生联合会,为了充分发挥舆论引导的作用,学联负责人特请周恩来负责创办和主编学联的机关报《天津学生联合会报》。1919年9月16日,周恩来领导成立了学生革命团体"觉悟社",该社创办社刊《觉悟》杂志,由周恩来主编。

周恩来在天津生活的这段时期是他思想变化最剧烈的一个时期,他在不断的学习和斗争中由一个爱国的民主青年逐渐成长为坚定的马克思主义者。而这种转变同样体现在他的新闻思想上。从周恩来的报刊活动中可以看出,他的思想一直是走在那个时代中国最前列的。在马克思主义还未传入中国时,他的新闻思想受梁启超等中国民族资产阶级报人民主办报思想的影响,认为报纸的作用在于"开通民智",有舆论监督的功用,注重言论在报刊中的重要地位。但周恩来的新闻思想又不是完全脱胎于维新派的办报思想,不仅具有极强的战斗性,而且具有群众性,这又是马克思主义新闻理论的主要特色。所以,纵观周恩来早期的新闻思想,既有对民主办报良好传统的继承,又有马克思主义党报特点的新的开创,形成了独具特色的办报理论。

(一)报纸的性质和功能

"传闻纪实,宣之众者,谓报也。"①这是周恩来在办《校风》时,对

---

① 参见周恩来:《〈校风〉报传》,《周恩来早期文集》上卷,第59页,中央文献出版社、南开大学出版社,1998年版。

报纸下的定义。这一定义除了指明报纸具有传播新闻、记录事实的作用外,还强调了报纸要面向大众宣传的特点。周恩来认为报纸具有代表一个团体主张和利益的机关报属性。在改版《校风》时,他重新定义了《校风》的属性:"惟念事关全校,报属机关,一言得失,荣辱系之。"①经过重新定义,《校风》已不是一份单纯的学生刊物,而是上升为代表全体南开学生和学校共同声音,为全体学生和学校利益服务的机关报。在后来主编《天津学生联合会报》时,周恩来延续了机关报的办报思想,强调《学联报》是"学生联合会的舆论机关","代表全津学生的舆论",并且进一步提出了机关报必须同所属机关一致始终的思想。周恩来的机关报思想具有无产阶级新闻事业特征,无产阶级新闻事业的党性原则要求党的报纸首先应是"政治性机关报",党报应成为党组织的机关报,应受党的监督和领导。虽然周恩来没有明确地提出党和党的报刊,但可以肯定的是他的机关报思想已经向党报思想迈进了一大步。

　　周恩来很早就认识到报刊对中国的振兴和崛起具有重要作用。在他写于1915年的一篇作文《说报纸之利益》中,是这样阐述的:"近世纪来,欧风东渐,有一二智者,倡报章之利益,足以疏通风气,开化顽蒙,为当务之急,不可不创办也……一字之褒贬,胜于斧钺。数版之文字敢比春秋。报纸之利益如上,诚吾人终日不可缺之物,亦开通民智必要之事也。"②周恩来认为专制时代之所以黑暗,一个原因就是消息闭塞,上下隔膜,人们不谈论也不了解国家政事,所以任凭统治者压榨宰割。而开办报刊可以传播西方先进的观念技术,帮助人们了解国家大事,是开通民智的重要工具。

　　梁启超曾在文章中把报纸归为传播文明的三利器(学校、报纸、演说)之一。周恩来在《〈天津学生联合会日刊〉发行断趣》中也把报纸比喻成利器:"我们学生联合会在求社会同情的时候,不能不有两个利器:一个是演讲,一个是报纸。演讲、报纸,全是表现我们学生思潮的结

① 参见周恩来:《〈校风〉社启示》,《周恩来早期文集》上卷,第184页。
② 参见周恩来:《说报纸之利益》,《周恩来早期文集》上卷,第82页。

晶。"周恩来也正是掌握了这两件利器,团结和带领着广大青年投身于爱国解放的斗争中去。

周恩来认为报纸舆论拥有巨大的力量,文中他以《泰晤士报》为例,称其舆论有转移全世界的能力,这一评价虽然有些夸张,但可以反映周恩来对舆论引导的重视。这是对资产阶级民主办报思想的有益继承,时至今日,舆论的力量仍是任何一个国家和政府不敢小觑的。

但是他清醒地认识到当时中国报刊的舆论引导力还远远不能和欧美大报相比,所以提出"盖报纸本集多数人之意见,发为公正之言论,确当之事实"的当前目标。从中可以看出周恩来具有远见卓识,又肯立足实际的行事风格。

(二)重视新闻在报刊中的重要地位,强调新闻要真实

周恩来十分重视新闻在报刊中的重要地位。他为《校风》所写的社论《本社之责任观》中说:"《校风》出版,已达六十八期……其所能系人长久之思,免致望而生厌者,殆恃此纪事以为支持之具乎。"他认为《校风》能够长时间受到同学和读者的需要,最重要的原因就是新闻消息,纪事类也是《校风》上最重要的版块。周恩来对于新闻的重视是对传统政党报刊偏重政论,把新闻放于次要地位的一次超越。言论固然是重要的,但是报刊的首要功能是为大众提供真实的新闻、传播消息,而非为一党之政见鼓与呼。

周恩来还具体论述了如何采写新闻:"夫纪事之功效,于吾《校风》既若是,则主其事者,当然益之以丰富,考之以真实,有闻必录,无所偏倚,以求洽和于读者。"真实性是新闻的生命。虽然今天我们认识到新闻的采写不可能做到绝对的真实,但杜绝虚假、捏造新闻仍是新闻工作者的职业信条。作为老一辈无产阶级革命家的周恩来,在其新闻活动中始终坚守新闻真实。他认为好的报纸应该"守正不阿,严于褒贬",而"传闻失实,随声附和"自然就堕落成最差的报纸。他提出采写新闻要用事实说话,运用调查研究。他在《校风》任纪事部主任时采写的消息取材十分广泛,涉及课程、会事、运动、校中进行的一切政策等,重在

客观叙述,短小精练,从不演绎发挥,每则消息的结尾处都有一句话或几个字的评论,画龙点睛。周恩来旅欧期间所写的通讯大多都经过认真的调查研究,尽可能还原事件本真呈现给读者。

在新闻的选取上,周恩来强调尽可能的详尽,巨细无遗。最初创办《天津学生联合会报》时提出:"新闻的记载以有关于社会生活、人类进步为范围,并且力求敏捷。"①复刊时增加了对国际新闻的关注:"对于采取新闻的主张,集世界的大事,作有系统的记载,引着国人注重世界大局的潮流,打破狭义的国家范围。其余的各种稿件,亦都秉着从前的主见,选择各种有关世界新潮流的讨论同主张供给现在正求解放的中国。"②

(三)言论的重要性

中国自国人办报之初,就一直重视报纸言论的作用。周恩来也不例外。他认为言论不同于一般的文章,并非仅以华美的辞藻吸引读者,而要"阐扬至理,建立名言,表明其意见,此言论家之本色"。③他呼吁同学"勿视《校风》言论为无足重轻之地,而作之者亦宜勿使言论之出有令人视为无重轻之文,则言论之正鹄定,《校风》之责任明"。周恩来所撰写的社论都秉承了他的思想,立足现实阐发见解,并且结构严谨,行文流畅。成为他爱国运动和后来的革命斗争中的有力武器。正如他自己的论述:"使吾《校风》言论,果日以斯种精神倡于同学,而大力者复从而增助之,则事业之兴腾,又岂仅运动一项已哉!"④从中看出,周恩来视言论为报纸的灵魂,是报纸发挥舆论引导的最主要武器。

(四)依靠大家一起办报的思想

周恩来学生时代的新闻思想中就有全党办报,依靠人民群众办报的萌芽。具有群众性的特点。周恩来改版《校风》时就发现,《校风》

---

① 参见周恩来:《〈天津学生联合会日刊〉发行断趣》,《周恩来早期文集》上卷,第420页。

② 参见周恩来:《本刊继续出版的布告》,《周恩来早期文集》上卷,第442页。

③ 参见周恩来:《本社之责任观》,《周恩来早期文集》上卷,第286页。

④ 周恩来:《本社之责任观》,《周恩来早期文集》上卷,第287页。

的质量之所以每况愈下,全因为编辑部人员改公选为校领导委派,所以编辑人员不用心也不尽力,《校风》的言论不受欢迎,新闻也不详尽,以致同学都不愿意读,"为变向之政府公报"。所以周恩来大力革新,他把编辑部分为言论、纪事和文艺三大类,每一大类下再细分诸多小类,设主任分别管理,主任上设总编辑统一管理,层次清晰,大家各司其职,解决了散漫的问题。周恩来还聘请各班班长、各会会长作访事员(相当于现在的通讯员),由各斋各宿舍推举两人作访员。他还号召大家都来投稿:"然一人之精神有限,千人之事业无垠。各处之投稿既如凤毛麟角,而校事之增多,亦未能概作比例之核。亮察原恕,抛弃旁观态度,慨然做源源之投,是故所望于阅者诸君子也。""若文艺则编者决非博闻强识,有异于众,源源之来,必有藉于同学。"①他充分调动了大家的积极性,不但扩大了信息源,而且凝聚大家的目光共同关注《校风》。

关于"全党办报"有两个不同的解释。一个是包括黑板报在内的每个伙食单位都要首长领导办报,这样边区就有千种报,这叫全党办报。另一个是指全体党员要支持报纸工作,各级党的书记要给报纸写社论。周恩来的上述举措正是全党办报第二种涵义的雏形。

(五)战斗风格和敢言精神

周恩来主编的《天津学生联合会报》凭借其战斗风格,在"五四"爱国运动中吹响了反帝反军阀的号角。周恩来撰文号召打倒军阀,打倒军阀所请来的外力,深刻地揭示封建军阀勾结帝国主义的反革命关系。采用各种斗争形式,呼吁"全国一致,互作支援"。《学联报》和《湘江评论》南北呼应,加强了反帝反军阀的宣传声势。有些报纸称赞它"很有精神","更为敢言",是"全国的学生会报冠"。由于敢言,所以遭到反动军阀当局的种种迫害,不准立案,禁止印刷局代印,内务部甚至密令查办。但周恩来仍带领同仁坚持奋斗。他创办《觉悟》杂志,并联合天津男女两界的知识分子开展革命斗争。

---

① 周恩来:《本社之责任观》,《周恩来早期文集》上卷,第288、289页。

(六)重视报刊的经营管理,提出责任意识和制约机制

周恩来重视报刊的经营管理。他首创编辑与经理分权机制。"编辑与经理权限遂分,非若昔日以主笔一人而可统司两种职权矣。"[①]他主编《校风》时专设经理部,一名总经理,多名经理员。负责每期稿件付印、校对、接受广告、收支款项、出发报章、誊写信件及不属于编辑部的一切事物。他还强调经理事务极其重要,"已足操《校风》生死之权"。周恩来是具备远见卓识和远大目标的,他之所以分设编辑和经理两部,是深思熟虑的结果。因为以前职责不明细,工作大家一起做,虽然可以盛极一时,但不能长久。术业有专功,如若不分界限任意而为,有人样样都做,样样不精;有人样样不做,样样不会。多做的人如果放手不做,平常不做的人一定手足无措,就会产生大问题了。然而将工作细分到人,也就要求每个成员树立责任意识,这样才能得到长远的发展。周恩来进一步将编辑部成员的责任思想扩大到报刊的责任思想。"社员供访事之役者,则其责任仅限于新闻真实,细巨无遗,采录迅速而已,他事无可负,亦不必负也……学生于学校之责任,舍读书励行健身外,尤有建议之义务。吾校《校风》既集各班学生选举而出之代表以编辑发行,为一校之机关,则其所负之责任,当然不越乎学生之责任也。"[②]周恩来认为报社对于其所存在的机关具有建议的责任。在《〈天津学生联合会日刊〉发行断趣》中他提出该刊不但对于联合会有建议的责任,而且对政府的政策有指导同监督的责任。这种责任思想同我们今天党报必须对党负责,有建议监督的责任的思想是一致的。

周恩来分设编辑和经理两部的另一用意是形成一种制约机制。"而编辑经理两部亦不可不互相监视者也。"[③]互相监督可以保证工作质量,也可以避免职员不按规定任意而为。这一思想具有积极进步意义。

---

① 参见周恩来:《本社之责任观》,《周恩来早期文集》上卷,第290页。

② 参见周恩来:《本社之责任观》,《周恩来早期文集》上卷,第282页。

③ 同上,第290页。

（七）周恩来的新闻活动对天津产生的深远影响

1.推动了新文化运动在天津的发展

"五四"时期,是中国历史由旧民主主义革命进入新民主主义革命的伟大转折时期。新文化运动是一场声势浩大的思想解放运动。新闻界在这场运动中发挥了强有力的社会舆论先导的作用。周恩来主编的《天津学生联合会报》成为"五四运动"在天津的宣传中心。通过报刊宣传使"五四"爱国运动在天津深入人心,通过各种斗争形式掀起天津的爱国斗争浪潮,最终将新文化运动引向深入,和全中国其他地方的爱国运动形成呼应。

2.带领天津学生报刊由青涩走向成熟

周恩来是天津学生办报的先行者,他用成熟的新闻思想、顽强的斗志实践着他舆论报国的梦想。在他的带动下,天津的学生报刊得到了前所未有的丰富和发展,"中学校学生自由出报,域内殆未之或先。至是继起者,在校中有二年以下同学所作之《敬业》学报;校外有官立中学之《希光》,清华中学班之《留音》。接踵效法,高山之呼,斯报又何多让焉。"①通过他的努力经营,使天津的学生报刊不仅仅是传播文明的火把,更成为革命斗争的武器。在反封建反军阀的斗争中发挥无穷的力量。

3.忘我敬业精神影响着一代代新闻从业者

周恩来一生为新中国的建设和发展鞠躬尽瘁,奉献了自己的全部身心。他的这种精神同样体现在新闻工作上。周恩来主编《天津学生联合会报》时,全编辑部人员只有几个人。他什么工作都做,编辑,写稿,校对,还参加卖报。晚上编报到半夜,白天还积极投身运动,日夜艰苦奋斗。他到印刷局校对稿件,还和印刷工人一起劳动。他把自己有限的精力投入无限的爱国运动宣传中去,为我们留下了大量的优秀新闻作品。这些作品既是我们研究当时的社会生活和政治斗争形势的宝贵历史资料,又是我们的新闻工作者学习借鉴的范本。周恩来开创的学生报刊风格体例,积累的新闻工作经验,孜孜不倦、忘我敬业的工作态度

---

① 参见周恩来:《〈校风〉报传》,《周恩来早期文集》上卷,第59页。

同他的光辉形象一起永远印刻在天津人民的心中,永远烙印在中国人民的心底。

第四节 共产党建立初期的新闻活动

"五四运动"以后,受共产国际的影响,中国共产党诞生。在党的领导下,天津的革命运动蓬勃开展,共产党领导的新闻出版业也发展起来。

一、天津早期的社会主义青年团报刊

《新青年》领导的新文化运动的爆发以及马克思主义在天津的传播,一些具有先进思想的知识分子,1920年初在共产国际帮助和李大钊、陈独秀的领导下,北京、上海、广州成立了共产主义小组。当时,天津张太雷等人也参加了北京共产主义小组。

北京共产主义小组成立后,为在天津开展党、团组织的建设,张太雷受李大钊委托,于1920年10月在天津开展了建团工作,创建了天津最早的社会主义青年团的组织。其成员有吴南如、谌小岑、胡维宪等15人,由张太雷任书记。[①]

天津社会主义青年团建立后,为宣传马克思主义,推动工人运动,于1921年1月4日出版了社会主义青年团报纸——《劳报》。

该报主要面向国内工人阶级,报道工人运动消息,研究工人问题。同时,还将马克思、恩格斯的《共产党宣言》、李大钊的《我的马克思主义观》等文章印成小册子,派人深入唐山、长辛店、南口以及京奉、京汉、津浦铁路沿线工人集中的地区,调查工人状况,研究建立工人组织,启发工人觉悟,有力地推动了天津工人运动的发展,使之很快成为北方早期工人运动和共产主义运动的重要宣传阵地之一。

1921年1月4日,《劳报》改为日报发行,引起军阀政府注意,发行不到半月,被天津警察厅以"宣传过激主义"罪名查封。[②]当年,该报社改

---

① 程抚主编:《中国共产党在天津》,天津人民出版社,1994年版,第27页。
② 陈德仁:《新民主主义革命时期天津报刊简介》,《天津出版史料》第五辑,百花文艺出版社,1993年版。

名《来报》，由谌小岑主办，迁往法租界继续出版，发行不足一个月，又被法租界工部局查禁，并拘留了主办人。事发后，该报社又迁出法租界，在马千里的帮助下，改名《津报》继续出版，两周后再次遭到天津警察厅查禁。

在中共天津地委建立之前，天津的中共党员和青年团利用爱国教育家马千里主编的《新民意报》创办了《明日》《觉邮》《女星》等副刊，随报加印发行，宣传马克思主义和苏联的情况，扩大了革命宣传的氛围。1924年3月天津社会主义青年团曾创办过《天津青年》《晨曦》《青年文艺》《津保青年》等刊物，对青年进行宣传教育工作。在这些刊物中影响较大的有：《明日》《青年文艺》等。

《青年文艺》是中国社会主义青年团天津地委出版的刊物，1924年7月17日创刊，16开本，不定期。刊名虽名为"文艺"但政治色彩较强。创刊号刊登的《新青年的任务》一文，号召青年们为"新文化"、"新社会"而努力奋斗，向"旧文化"、"旧礼教"发动总攻击。该刊仅出版3期就遭到当局的禁令，于1924年8月5日停刊。

二、天津早期的工人报刊

天津的工人阶级是在19世纪，伴随着西方殖民主义逐步入侵而产生的。他们的大多数由破产农民、渔民、手工业者和士兵转化而来，在半封建半殖民地社会中，他们身受帝国主义和封建主义双重压迫，毫无政治权利，生活极为悲惨。正是由于工人阶级与中国近代工业生产紧密结合，必然就成为一股先进生产力的代表。集中的生产劳动和所处的阶级地位，使他们具有高度的组织性、纪律性和革命性，在政治上具有远大前途的阶级，为本时期中国共产党的产生准备了阶级条件。进入"五四"时期，随着中国民族工商业的发展，天津第一代民族资产阶级，逐渐发展为独立的政治力量，工人阶级队伍也开始壮大起来。

中共天津地委于1924年7月正式建立。转年"五卅运动"爆发，在中国共产党的领导下，为了加强对声援"五卅运动"的领导，中共天津地委7月下旬，宣布建立天津总工会，并创办了当时受中共天津地委直接领导的天津总工会第一个机关刊物——《工人生活》(半月刊)。该刊为不定期64开本,每期30余页。开始每期印100份,后增至2000份。该刊自创办开始,在工人中秘密传阅。中共天津地委领导人经常为之撰稿。1925年底,国民革命军进驻天津后,天津地委指导改为公开发行,印数增至3000份。内容主要是向工人群众进行反帝爱国教育,鼓舞工人斗志,反映工人生活状况,阐明工人解放的正确道路,报告国内外劳工运动信息等等。1926年1月15日,该刊开辟青年工人专栏,刊载了《总工会升旗典礼》《工人为什么要求八小时工作》《工会复活歌》《天津纱厂失业工人联合会宣言》《诚告工友们应当明白》《俄国工人的好处》《日本厂主的残暴》等,还报道了全国其他城市的工运消息。因为登载的内容同工人的生活斗争息息相关,因而受到了工人群众的欢迎。

1926年1月25日,中共天津地委为进一步贴近实际,决定由天津总工会又创办了《工人小报》。这份报纸由经常在天津指导工作的中共北方区委委员赵世炎兼任主编,成为直接受党领导的天津最早的工人日报。该报辟有:紧要新闻、时事专电、各地消息、劳动界、工会生活、工人话匣等栏目。报纸内容新鲜丰富,时效性强,符合工人需要,受到读者青睐,最多时发行6000份,先后出版60余期,直到同年3月下旬,奉系军阀入关后才被迫停办。

三、天津早期的妇女报刊

《妇女日报》是中国第一张在共产党领导下的妇女报纸,也是天津当时唯一由妇女主办的报纸。1923年11月,共产党员刘清扬从法国回天津,与原觉悟社社员邓颖超、李峙山、谌小岑等商议,认为有必要在《女星》之外再出版一份面向全国、讨论妇女问题的日报,以扩大宣传,推进妇女运动的开展。在马千里、刘铁庵的支持下,于1924年1月1日创刊。报纸为4开4版,少数民族报刊活动家刘清扬任总经理,总编辑是李峙山,编辑是邓颖超、周毅,谌小岑负责发行工作。天津中共地委成立后,立即指导刘清扬要办好这张报纸,直接指导加强妇女运动。与此同时,天津共产党组织先后派出一批党员干部深入纺织厂开展党的工作。因此,该报很快从发行2000份,增加到3000份,并在南京、上海设有分理处。该报每一出版,就被抢购一空,深受广大妇女欢迎,在全国产生了很大影响。后刘清扬南下,总经理由邓颖超代理。1924年夏,邓颖超、周毅因忙于其他工作,主要由李峙山、谌小岑二人承办,并聘请李云裳为第4版编辑主任。第二次直奉战争爆发后,《妇女日报》因报道战争并抨击祸国殃民的反动军阀,引起军阀政府的嫉恨,被施加种种压力,加之经费困难、主要办报人离津或忙于其他工作,于9月底被迫停刊。

《妇女日报》的栏目多、形式活,出刊之初就开设了不少栏目,以后又随着形势的发展和读者的要求,不断增加或更动栏目,如着重报道世界、全国及天津妇女运动消息的二、三版,就先后设过"中外要闻""世界电讯""妇女世界""中国妇女地位写实""妇女劳动界""女子教育界""民众运动""各地琐闻""妇女运动行进的路上""天津新闻""零碎消息""读者之声"等栏目。第四版有"讲演""讨论""常识""通信""自由论坛""杂著""儿童花园""小说连载""诗歌""云裳氏漫谈""新格言""特别调查""特载"等栏目,第二次直奉战争爆发后又增设"战讯""悲哀痛苦的妇女界"等栏目。据不完全统计,《妇女日报》在发行期间先后开辟过70多个栏目。栏目多不仅活跃了版面,而且能够多侧面地反映妇女的现状和愿望,多角度地讨论妇女的种种问题。

《妇女日报》在极端困难的条件下,坚持出版九个月,以战斗的姿态、犀利的语言,揭露和抨击封建军阀的反动统治,在斗争中坚持宣传马克思主义,宣传革命真理,把希望的曙光带给了处于水深火热之中的广大妇女,使其耳目一新,逐渐觉醒起来,推动广大被压迫妇女去砸碎封建礼教的锁链,勇敢地去同帝国主义和反动军阀进行殊死的搏斗。在这场伟大的斗争中,《妇女日报》始终高举反对帝国主义和封建主义的旗帜,奋勇进击,战斗在最前线,成为亿万被压迫妇女的战斗号角,在中国妇女解放运动史上写下了光辉的一页,作出了积极的贡献。

《妇女日报》的宣传内容如下:

1.关注妇女问题,倡导女权运动

《妇女日报》继承发扬"五四运动"的革命精神,猛烈抨击旧制度、旧礼教的罪恶,大力宣传妇女解放思想,指明妇女解放的正确道路,在讨论妇女问题的同时,注意引导广大妇女关心社会、国家大事,积极推动进步群众运动的发展,努力争取和维护妇女的地位和权益,对当时全国妇女解放运动产生了广泛的影响。正如当时的中共中央妇女部部长向警予所盛赞的:《妇女日报》是"中国沉沉女界报晓的第一声","通全国难找一种彻头彻尾妇女主办的宣传物","可为中国妇女开垦一条大路,而唤醒沉睡麻醉的朋友"①。

《妇女日报》从妇女的根本利益出发,把妇女问题与整个社会问题结合起来,引导广大妇女关心国家和社会的重大问题,唤起妇女大众觉悟。

该报在创刊第二天就刊出向警予所写的《中国妇女宣传运动的新纪元》专文,强调指出"妇女解放决不是单做妇女运动所能办到的","妇女的全般的真正彻底的解放,却必在劳动解放,亦即人类总解放之后。"②此后该报刊登的一些文章中也多次强调只有推翻旧制度,妇女才能获得彻底解放的观点。《妇女日报》以大量的篇幅论述与妇女问题有关的各种社会问题,突出反映各界人民反帝、反军阀和争取应得权利的斗争。如报道天津和直隶爱国群众的反帝集会和游行、进步学生的学潮以及上海等地工人特别是女工的罢工运动等。对于社会上一些进步社团开展的重要政治活动不仅积极报道,还经常配发专文进行介绍,并加以评论。如1924年天津学生联合会等团体纪念"五四运动",《妇女日报》刊发传单并发表《五四与妇女运动》一文;天津30余个团体和各女校集会纪念"五七国耻"纪念日,《妇女日报》做详细报道并配发《妇女与爱国运动》等文章,阐明爱国运动与妇女运动的关系,号召妇女"努力参加爱国运动,打倒外国人的侵略,推翻顽固党与军阀合组的政府,救中国民族于自由、平等的社会里,则妇女参政,妇女解放等问

①② 向警予:《中国妇女宣传的新纪元》,《妇女日报》,1924年1月2日。

题将不难迎刃而解"。①对于提高妇女觉悟,动员她们关心社会变革和国家前途起到了积极作用,较好地实现了中共中央妇女部部长向警予在该报创刊时寄予的希望:"使妇女们常常与政治的社会相接触,以养成'政治的常识'和'社会的关系'","我们很希望《妇女日报》成为全国妇女思想改造的养成所。"②《妇女日报》十分重视从广大妇女的迫切要求和愿望出发,把宣传妇女自身解放与民族的和阶级的解放结合起来。刘清扬在该报创刊时撰文指出,开展妇女工作"固然要有根本久远的切实之计,但也不要忘了目前的切实之计,着眼大处,不忽小处,脚踏实地的做事"。③刘清扬在论述女子职业等问题时明确指出:女子解放,包括女子的经济独立,"要求得完全完满的彻底解决,乃是根基于全社会的组织。所以现社会制度一日不推翻,女子问题便一日不能得到美满的解决。"④这些言论都有力地促进了妇女的觉醒,引导广大妇女在考虑自己切身问题的同时,着眼于整个社会制度的变革。

《妇女日报》还用大量篇幅具体讨论了有关妇女切身利益的种种问题。从女子在经济、政治、教育等方面的平等权利到节制生育、儿童福利,从一般女子的婚姻、家庭问题、女工生活到童养媳、婢女、娼妓的命运等,内容十分广泛,涉及妇女解放的各个方面。

《妇女日报》就"妇女的天职是什么"问题曾多次组织征文进行讨论。在题为《女子的天职》一文中,驳斥了社会上流行了几千年的封建传统观念, 如 "生儿育女是女子的天职","事奉翁姑丈夫是女子的天职","治理家务是女子的天职","作奴隶是女子的天职"等,对女子在家庭中的不合理地位发出挑战,指出上述这些陈旧观念是当时社会上男子压迫女子的毒针,认为"女子也是人,与男子一样有健全的脑筋、手足、眼耳等,那么女子亦应一样的能够创造世界上无论那件东西",

---

① 参见胡蔼立、殷子纯:《我国早期妇女运动的出版物——〈妇女日报〉》,《天津文史资料选辑》总第89辑,天津人民出版社,2001年版,第40页。

② 同上。

③ 同上。

④ 同上。

旗帜鲜明地提出"女子的天职就是人的天职,人的天职是谋求社会人类进化的幸福","生儿育女是女子异于男子的特殊天职"。[1]

《妇女日报》提倡妇女参政议政。1924年2月22日发表署名"梅生"的文章《妇女参政的重要》,论述了妇女参政的重要性和可能性,批驳了社会上反对女子参政的种种论调,认为"男子是人,女子也是人,男子能有参政权,女子独能没有吗?合男女乃成社会,而社会上各种权利只有一部分人能享受,岂得为平等。故妇女不参政,不得完全权利,则社会永无平等之可言,且陷于半身不遂,而不能使文明蒸蒸日上"。[2]

《妇女日报》反对早婚,提倡优生优育,认为早婚问题是关系到民族健康发展的重要问题。考虑到有利于男女双方的身心发展,有利于学业的成熟,有利于经济上的独立,提出男25岁、女20岁为较适宜的结婚年龄的建议。为增进中华民族的体质,保护母亲和儿童的健康,刘清扬在《妇女日报》上提出"讲求优种,限制生育"的主张,认为"限制生育是应与整理家庭并行的事,与其多生而不能养,不能教,不如生得好,养得好,能如此,体格知识两方面必都可以长进"。并指出"限制生育是今日一种当务之急,是不可疑的"。[3]

《妇女日报》反对歧视私生子。在"自由论坛"专栏里连续发表曹锡松的《中国私生子问题》一文,指出:"私生子的产生是由于男女婚姻不得自由的结果,私生子在社会上受到歧视,没有立足的余地,不但如此,其生母亦必受莫大的耻辱。"作者为私生子作了有利的辩护,申明"私生子也是人,应与其他'官生子'平等看待","他是奉自然之命而为种族忠实的服务,我们当设法给以相当的帮助,使他勿受人家的鱼肉及自杀等事"。[4]文中还对私生子的母亲遭到人们的辱骂而鸣不平。

2.《妇女日报》以高度的热情报道无产阶级革命,宣传马列主义。

---

① 《妇女日报》,1924年1月23日。

② 《妇女日报》,1924年2月22日。

③ 《妇女日报》,1924年1月22日。

④ 《妇女日报》,1924年4月25日—30日。

《妇女日报》在"中外要闻"专栏中,介绍世界各国女权运动的发展状况,报道了各国无产阶级反对资本主义压迫的罢工斗争,还结合俄国十月革命的情况向中国妇女宣传马列主义。指出,要彻底改造中国社会,就必须把马列主义同中国具体情况结合起来。刘清扬在《答沈克思君》一信中认为,"解决现在中国的问题,必须适于中国现在状况的特别方面,若只知道抄袭成方,岂不大大犯了幼稚病?""我们信仰的是真正的马克思主义,如果马克思主义变成宗教,我们是坚决反对的"。①

1922年1月27日,湖南劳工会执行委员黄爱、庞人铨被军阀赵恒惕杀害。在黄、庞二人遇害二周年纪念日,《妇女日报》开辟纪念专刊,发表邓颖超写的诗和李峙山写的长篇文章。作者在分析了当时复杂多变的形势后指出:"必须组织极坚固的女子团体,向压迫我们的敌人作激烈的战争,如对付有产阶级则和无产阶级的劳动者携手,做各种抵抗运动;对男子把持的各种生活职业,要求其即时开放;对男子特享的教育机关要求其容纳女子;对于礼教压迫女子的老家长做彻底的革命;打破男子所特享的承继财产权;打破男系制度下的家族制度;打破孝敬翁姑事奉夫子的恶习……对种种压迫女子的制度和习惯,一概下猛烈的总攻击。凡和压制我们的敌人作战的个人,都由我们坚固的团体做相当的援助;而努力奋斗的个人都要以这个坚固的团体做大本营。"相信"只要偕同无产阶级的劳动者",就能"把有产阶级打倒,打破私有财产制度"。②文章分析透彻,言辞恳切,针砭时弊,是一篇讨伐旧社会的檄文。谌小岑发表《红色与中国妇女》,鼓动广大妇女起来进行革命,认为"中国妇女已到了当起来进行革命的时期,红色的旗帜可由身上撕下一片衣襟而成,赤卫队的组织,无须另造制服,姊妹们应人人有此觉悟。红为革命色彩……我们当在最近的将来,促起服红的女青年,在此束缚重重的社会中,作一次红色的大示威运动,流几堆鲜血,以洗几

①《妇女日报》,1924年1月18日。

②《妇女日报》,1924年1月17日。

千年来女子所受的耻辱"。①

《妇女日报》注重报道"五一国际劳动节"、"三八国际妇女节"等活动,并经常报道第三国际、苏联共产党和政府活动及介绍社会主义苏联妇女、儿童的新生活等。1924年1月21日列宁逝世。1月25日,刊出醒目标题《世界无产阶级革命领袖列宁逝世》,并将莫斯科自1月21日以来发布的有关列宁的病情公报和逝世的电讯详加转载,还报道了孙中山派其长子孙科赴莫斯科参加列宁葬礼,以及北京、上海、天津等地进步团体举行集会悼念列宁的消息。邓颖超在《悼列宁》一文中评价"列宁确为人类创了一新生命,开了一新领域,他虽与世长辞,但他的精神和伟大的事业却永久不朽了"。②1月25、26日,《妇女日报》连载《列宁略史》,概述了列宁的生平事迹。27日莫斯科为列宁举行国葬,《妇女日报》在同一天刊出镶黑边的大幅列宁遗像。《妇女日报》以鲜明的无产阶级立场,通过报道列宁逝世的消息,宣传、歌颂列宁的革命业绩,表达对列宁的景仰和悼念。

《妇女日报》无情地抨击北洋军阀,坚定地声援女学运动。《妇女日报》把抨击北洋军阀的反动统治作为自己的一项重要使命。从诞生的第一天起就高举革命战斗的旗帜,无情地鞭挞军阀对内镇压人民、对外卖国求荣的罪行。曾以《赵恒惕卖国,秘密抵押水口山》为题,揭露湖南军阀赵恒惕为扩充军备,以1100洋元将水口矿山抵押给11家外国银行的罪行。怒责军阀对百姓的横征暴敛,并将田赋预征到民国二十五年,致使"民命已疲,百业凋零"。北洋军阀不仅剥夺亿万妇女的选举权,而且在全国各地制造了迫害女学生事件。在俄国十月革命和"五四运动"以来新思潮的冲击下,女学生逐渐觉醒起来,与旧势力抗争,发出强烈的呐喊:"我非弱者,我必与你拼死命,战到底!"③北京、天津、保定、福州、绍兴等地都掀起反对迫害女学生的学潮。《妇女日报》十分关

---

① 《妇女日报》,1924年2月8日。

② 《妇女日报》,1924年1月26日。

③ 《妇女日报》,1924年1月27日。

注事态的发展,并及时加以报道。明确指出,反对迫害女学生运动的兴起是一件大好事,它不仅是中国劳动妇女运动的一个重要方面军,而且还是打破封建宗法社会思想习惯的唯一动力。《妇女日报》以《保定女师学生对全国同胞的呼吁书》《绍兴女师学生的奋斗精神》《闽军强掳女生为妾之骇闻》等详细报道迫害女生事件的详细经过,愤怒揭露反动当局用军队包围学校、强迫女生为妾、解散学生进步团体的种种罪行,同时发表文章指出:"在旧势力弥漫的中国社会里……必须用根本的方法与旧势力奋斗。我们所谓的根本方法,就是联合有革新思想的民众,在一个旗帜下团结起来,采取革命的方式,谋推翻旧势力的存在。"①

《妇女日报》还公开揭露和批判封建迷信活动。邓颖超在"言论"专栏发表《为皇会忠告天津妇女》,指出"高皇会是毫无意义的,且借此深确人们的迷信观念",在此活动中"以妇女被欺辱愚弄尤甚"。"娘娘是泥做的,是没有神灵的",②告诫妇女们不要参加皇会,抵制封建军阀的愚民政策。

四、声援五卅运动的新闻宣传

1925年5月30日,上海发生"五卅惨案"。消息传到天津后,立刻激起了天津人民的极大愤怒。5月31日晚,中共天津地委召开紧急会议,决定首先发动学生,联络其他团体,团结一致号召天津工商界声讨帝国主义的罪恶行径,决定采取一致行动,声援上海人民的反帝斗争。

6月5日,中共中央为"五卅惨案"发表了告全国民众书。中共第一份日报——《热血日报》,将这个民众书发表后,"五卅运动"在天津进入高潮。在中共天津地委的领导下,天津人民在南开中学操场连续召开了三次市民大会,愤怒控诉帝国主义的残暴罪行。在此期间,出版了以下几种新闻刊物,与帝国主义进行了不屈不挠的斗争。

(一)创办直接受党领导的工人报刊——《工人生活》和《工人

---

① 《妇女日报》,1924年1月17日。

② 《妇女日报》,1924年4月19日。

小报》

为加强我党对声援"五卅运动"的领导,中共天津地委于1924年7月下旬,宣布建立天津总工会,并创办了当时天津地委直接领导的天津总工会第一个机关刊物——《工人生活》(半月刊)。(详见《天津早期的工人报刊》一节)

(二)组织社会团体

1925年6月7日,天津妇女界在中共天津地委妇女部长邓颖超组织下,以声援"五卅惨案"为宗旨,成立了"天津妇女各界联合会"。6月8日,天津学生联合会发表《继续罢课宣言》,全市中等以上学校持续罢课。天津总商会、天津总工会等组织也表示决心,"同申哀愤,以保国权","举家输难,以戎杀贼"。各群众团体纷纷成立"五卅惨案"后援会,强烈主张:收回所有租界、取消领事裁判权、废除一切不平等条约与英日帝国主义实行经济绝交。①

(三)组织成立宣传委员会

为了使反帝爱国运动在天津深入开展,中共天津地委组织天津各界联合会专门成立了宣传委员会,并拟定宣传大纲,发动各团体以各种形式进行宣传活动。如:组织演讲、印发传单和出版物等。以学生、教师和其他知识界为主干,分校分组深入住户,揭露帝国主义侵略中国的罪行。各学校、各爱国团体,印发传单,在大街小巷广泛张贴、散发,各界爱国团体出版了许多反帝爱国刊物。当时,产生影响的有《同志》(学生同志会)、《上海五卅惨案特号》(河东平民教育会)、《新公布》(天津各界联合会)等。另外,天津各学校刊物刊印了"五卅运动"专号。天津各界联合会还曾在6月10日创办了自己的机关报——《救国日报》,以唤起全市民众的反帝爱国热情。②

(四)组织印刷工人大罢工

"五卅运动"爆发后,英日在天津的新闻机构《京津泰晤士报》和《天津日报》,站在帝国主义立场上肆意歪曲天津各界的反帝爱国斗

---

①② 程抚主编:《中国共产党在天津》,天津人民出版社,1994年版,第56页。

争。对此,6月11日,中共天津地委责成天津印刷业党支部发动这两张报纸的全体中国工人宣布罢工。6月底,天津印刷工会全体辞职,并向外国资本家提出复工的要求。这次罢工斗争,不但有力地推动了英、日洋行华人员工和外资企业工人罢工的开展,也打击了英、日的嚣张气焰。

"五卅运动"在天津的深入发展,是现代天津人民斗争历史上的光辉篇章。中共天津地委利用报刊及各种宣传形式,不仅发挥了在反帝爱国统一战线中的领导作用,而且也体现了中共天津地委早期办报新闻宣传为政治斗争服务的特点。

在本时期,中共天津地委依靠工人群众,发挥青年学生及先进知识分子的反帝先锋作用,团结小资产阶级和民族资产阶级,组成联合战线,在极其困难的条件下,利用新闻媒介,推动了革命运动的深入发展,使党领导下的群众报刊成为党的事业的一个重要组成部分,为今后党报的成熟积累了宝贵经验。

第四章　十年内战前后的天津新闻传播业

1927年4月蒋介石在全国建立了国民党政权,天津从此也结束了北洋政府17年的统治。1931年"九一八"事变后,国难当头,民众普遍关注时局和国家命运。在天津许多大报针对读者这一心理热点,竞相充实新闻报道,纷纷派出记者奔赴各地进行采访,并撰写社论评述时局,抒发创见。首先,新记《大公报》开辟了《六十年来中国与日本》专栏,以原始记载和档案资料为依据,进行分析比较,推演出中日关系的来龙去脉,引起日本人的高度警惕。1931年11月日本特务在天津发动"便衣队暴乱",新记《大公报》被迫停刊而更换了社址。此时,《益世报》特邀罗隆基任该报社论主撰,不仅直言反对国民党的不抵抗政策,还公开提出以武力抗日的主张,公开支持"一二·九"学生爱国运动,引起社会上的重视,发行数激增,一度跃居全市各报销数的首位。随之,全国人民要求国民党政府团结抗日的呼声此起彼伏。1935年夏,新记《大公报》记者范长江从天津出发,赴西北采访到了红军的消息,并撰写大量新闻通讯公诸报刊,在全国引起轰动效应。据统计,本时期先后创办于天津的各种中外文报刊近百余种;为各报提供本市新闻的通讯社有20多家;为媒体提供国际新闻的外国通讯社有6家;为各报打开销售渠道的发行公司有近20家;为各报承揽广告,吸纳财源的广告社有16家。天津的广播电台也先后发展到十几个。

在本时期,中共天津地下党出版了大量秘密报刊,与国民党进行了不懈的斗争。尤其在揭露国民党不抵抗政策的本质,宣传中共抗日民族统一战线等方面,都起到了积极的推动作用。

第一节　新记《大公报》

1926年9月1日,《大公报》以新记公司的名义续刊。续刊第一天的报纸期号为8316,报头仍用"大公报"三个字,字下特意标明"本馆创始自前清光绪二十八年即西历一千九百零二年",以示延续。从1926年9月1日至1937年8月5日《大公报》天津版停刊,新记《大公报》在天津连续出版了10年又11个月。

一、新记《大公报》的创办人

新记《大公报》有三位创始人,即吴鼎昌、胡政之、张季鸾。三人发挥各自的优势,成为新记《大公报》稳定的领导核心。

吴鼎昌,字达诠,早年留学日本。回国后,考中进士,任翰林院检讨。其后曾任东三省总督署度支、交涉两司顾问和本溪湖矿务局总办。1912年,吴鼎昌曾参与中国银行的筹备事务,与研究系发生了关系。其后,吴鼎昌又成为安福系的重要成员。1922年,吴鼎昌发起由盐业、金城、中南、大陆四家银行创办的"四行储蓄会",并当选为"四行储蓄会"的主任。

胡政之,名霖,字政之,早年也曾留学日本。胡政之与《大公报》颇有渊源。1916年,英敛之将大公报馆盘售给了安福系财阀王郅隆,王郅隆亲任董事长,而经理兼总编辑的职务则由胡政之担任。1918年11月,胡政之以《大公报》记者的身份采访巴黎和会,成为采访巴黎和会的唯一中国记者。1920年8月,胡政之离开了《大公报》。1921年胡政之进入上海国闻通讯社并成为主持人。1924年8月,胡政之在上海创办《国闻周报》。新记《大公报》成立后,国闻通讯社与《国闻周报》就成了新记《大公报》的附属机构。

张季鸾,名炽章,笔名一苇、榆民、记者等,早年也曾留学日本。张季鸾具有丰富的新闻从业经历。武昌起义爆发后,张季鸾到上海《民立报》工作。1912年初,张季鸾曾出任中华民国临时政府大总统的秘书,参与了《临时大总统就职宣言》的起草工作,4月离开了总统府。1913年初,张季鸾与曹成府创办北京《民立报》,因披露袁世凯与五国银行团签订的"善后借款合同",报馆于7月被查封,张季鸾被捕入狱。1915年,张季鸾参与创办上海《民信日报》。1916年,张季鸾出任政学会机关报《中华新报》的总编辑。1918年《中华新报》曾批评段祺瑞政府,张季鸾再次被捕入狱。1924年,《中华新报》停刊,张季鸾曾应胡政之的邀请到《国闻周报》主持笔政。

　　吴鼎昌、胡政之、张季鸾三人在办报的具体事宜上有约定:第一,资金由吴鼎昌一人筹措,"不向任何方面募款"。第二,三人专心办报,"在三年之内大家都不得担任任何有奉给的公职"。吴鼎昌提议,他自己有资产,不在报馆支薪,胡政之与张季鸾每人每月支取薪水300元。第三,胡政之与张季鸾"以劳力入股,每届年终,须由报馆给与相当股额之股票"。第四,根据各人的特长,进行分工:吴鼎昌任社长,胡政之任总经理兼副总编辑,张季鸾任总编辑兼副总经理。第五,"由三人共组社评委员会研究时事问题,商榷意见,决定主张,文字虽分任撰述,而张先生则负责整理修正之责,意见不同时,以多数决之,三人各不同时从张先生"。这五点约定成为新记《大公报》"创业时的宪法"。①

　　在这一"宪法"原则下,吴鼎昌、胡政之、张季鸾三人开始组建队伍。胡政之首先聘任原大公报馆副经理王佩之继续担任新记大公报馆的副经理。工厂的人员基本是原大公报馆的一套人马,而编辑部、经营部的主要成员大多从国闻通讯社和《国闻周报》抽调。创刊之初,新记《大公报》除设天津总部外,还在上海、北京设两个办事处,李子宽、金诚夫分任两处主任。为了加强编辑部的力量,胡政之还从上海调来何心冷,从北京调来杜协民。新记《大公报》创刊之初就拥有"开国五虎大将"——王佩之、李子宽、金诚夫、何心冷、杜协民。之后,新记《大公报》不断引进人才,加强队伍建设,20年代后期30年代初期,许萱伯、杨历樵、曹谷冰、曹世瑛、孙昭恺、李清芳、袁光中、王文耀、王芸生、徐铸成、赵恩源、费彝民等都是大公报馆的骨干力量。

_____

　　① 胡政之:《回首十七年》,《大公报》1949年4月15日。

二、新记《大公报》的亚政治文化群体特性

1926年,胡政之、张季鸾、吴鼎昌组建新记公司,复刊《大公报》为新记《大公报》,自此至1949年中华人民共和国成立,新记《大公报》先后创建了天津、上海、汉口、重庆、香港、桂林六个版,鼎盛时期有天津、上海、重庆、香港四个版并行,每日发行20万份,成为全国最有影响的一张大报。这一时期称作《大公报》发展的新记时期。新记大公报人秉承中国报人"文人论政"的传统,以"不党""不卖""不私""不盲"为指针,组建了一个无组织的"组织",无派系的"派系",针砭时弊,积极论政,从而使这个群体具有明显的亚政治文化特性。这个亚政治文化群体以新记《大公报》为舆论阵地,对自己独成一系的亚政治文化理念进行广泛宣扬。

(一)亚政治文化特性

亚政治文化是与主流政治文化相对的一个概念。政治文化概念的提出者加布里埃尔·A·阿尔蒙德认为,政治文化是一个政治体系在特定时期的基本倾向,包括一国居民当中当时所盛行的政治态度、政治信仰、政治价值观和政治技能。但是,一个政治体系中的全体人民是由地方集团、种族集团或社会各阶级所构成,它们都可能各有特殊的倾向或趋向,这些特殊的倾向就称为政治"亚文化"①。新记大公报人就是一个具有亚政治文化特征的特殊群体。

1926年9月1日,新记《大公报》续刊号提出了"不党""不卖""不私""不盲"的办报方针,位居首位的是"不党":"第一不党。党非可鄙之辞。各国皆有党,亦皆有党报。不党云者,特声明本社对于中国各党阀派系,一切无联带关系已耳。惟不党非中立之意,亦非敌视党系之谓,今者土崩瓦解,国且不国,吾人安有中立袖手之余地?而各党系皆中国之人,吾人既不党,故原则上等视各党,纯以公民之地位发表意见,此外无成见,无背景。凡其行为利于国者,吾人拥护之;其害国者,纠弹之。勉附清议之末,以彰是非之公,区区之愿,在于是矣。"②

---

① 〔美〕加布里埃尔·A·阿尔蒙德、小G·宾厄姆·鲍威尔:《比较政治学:体系、过程和政策》,上海译文出版社,1987年版,第15页。

② 记者:《本社同人之志趣》,《大公报》,1926年9月1日。

新记《大公报》的"不党"之说,仿佛给人以印象,新记《大公报》是远离政治的,其实不然,"不党"的目的非但不是为了远离政治,而是为了更好地"论政"。张季鸾曾坦言:"我是一个文弱书生,立志要当好一个新闻记者,以文章报国。我认为,做记者的人最好要超然于党派之外,这样,说话可以不受约束,宣传一种主张,也易于发挥自己的才能,更容易为广大读者所接受。"①1941年,张季鸾代表新记《大公报》接受美国密苏里新闻学院授予的荣誉奖章时曾说:"中国报有一点与各国不同,就是各国的报是作为一种大的实业经营,而中国报原则是文人论政的机关,而不是实业机关。这一点可以说中国落后,但也可以说是特长。民国以来中国报也有商业化的趋向,但程度还很浅。以本报为例,假若本报尚有渺小的价值,就在于按照商业经营,而仍能保持文人论政的本来面目。"②在新记大公报人看来,文人办报,报馆虽然也是经济实体,其具体运作可以遵循商业原则,但在经营目的上却与企业家办报有所不同:企业家办报是为了获得经济利益;而文人办报只是希望通过经营来谋求事业的发展,以尽其"文人论政"的神圣使命。

新记大公报人具有一定的组织意识与纪律意识。对于"不党",大公报社内部有一个不成文的规定:凡是有党籍的人,概不录用,同时禁止报社成员加入任何党派和政治组织。对于"不党"之说,大公报社的领导身体力行。张季鸾一生从没有加入任何党派,一生没做过官。胡政之一生从业新闻,也没有加入任何党派。吴鼎昌1935年当上国民政府的实业部长后,就登报辞去了社长职务。对于新记大公报人而言,不存在任何形式上的组织或团体。然而,从政治文化学的角度来看,一个群体,不管它是否有明确的组织或团体形式,只要这个群体的成员有"确定""坚定"的"同质价值观念",就会"形成某一特质的群体意识",同时也会"产生政治价值取向的规范化"。这种"政治价值取向的规范化"正是某一群体具有政治向心力的依据。③新记大公报人就具有这种"规

---

① 徐铸成:《报人张季鸾先生传》,三联书店,1986年版,第36页。
② 《本社同人的声明》,重庆《大公报》,1941年5月15日。
③ 参见孙正甲:《政治文化》,北方文艺出版社,1992年版,第53页。

范化"的"政治价值取向",即"不党"。对于新记大公报人而言,他们虽没有形式上的组织与团体,但这并不妨碍他们在"不党"的共同政治价值取向规范下而事实上显示出某种政治群体或派系的特征。"不党"原则下的新记《大公报》,是以大公报人的观点为观点,而不是以主流政治文化的观点为观点,也不是以其他亚政治文化的观点为观点。新记《大公报》的社评与新闻,都是大公报人独立思考后写出来的。正如社评委员李纯青所说:"不论新闻采访或评论,我不知道有一事一字来自大公报以外的指示、暗示或操纵。所有一切宣传,几乎全是大公报工作人员主动创作、独立思考的。我问大公报旧同事,皆如此说。"①大公报人是这样一个特殊的政治文化群体,他们不加入任何党派,不依附任何政治势力及经济势力。但在重大政治问题上,他们的政治立场相对一致,政治观念大致相同,具有同一的政治倾向,即"不党"。正是这种特殊的立场与观点使大公报人具有亚政治文化群体的特征。

新记时期,中国的主流政治文化是国民党导向的政治文化。新记大公报人作为一个亚政治文化群体,在重大政治文化问题上,不止一次地游离或背离主流政治文化。1927年11月4日,新记《大公报》刊载社评《呜呼领袖欲之罪恶》,大骂汪精卫。1927年12月2日,新记《大公报》刊登《蒋介石之人生观》,对蒋介石与宋美龄的婚姻提出指责。"九一八事变"前后,新记《大公报》呼吁"救亡图存",对那些抗战英雄的事迹力加赞扬。1931年11月,马占山率部在嫩江桥奋起抗战,重创日军,新记《大公报》于11月19日刊登《最后消息》予以报道,并配发社评《马占山教忠!》,明确指出:"四万万人皆能忠于职守,忠于国家,则中国必有大兴之日!"更具典型意义的是"九一八"事变爆发时,大公报人以自己特有的政治立场与政治倾向性,提出了"明耻教战"的主张。所谓"明耻教战","是《大公报》在敌强我弱的情况下提出的一种方针,即真切了解国家之环境,弄清国耻之由来,实际研究雪耻之方案,下定雪耻之大

① 李纯青:《为评价大公报提供史实》,周雨编:《大公报人忆旧》,第306页。

志,并以卧薪尝胆之精神,发愤图强,最后把敌人赶出去"①。为了进行"明耻教战",新记《大公报》做了一系列的宣传工作:第一,由汪松年、王芸生负责编辑甲午以来日本侵华史,让人们了解外侮的由来。王芸生的《六十年来中国与日本》从1932年1月11日起在《大公报》第三版"本版特辑"连载。第二,1931年12月4日至9日,新记《大公报》第二版、第三版每日刊载剧本《卧薪尝胆》。第三,由著名军事家蒋百里主编《军事周刊》,专门介绍军事知识,以向国民"教战"。由此可见,"明耻教战"论主张不宜过早宣战,应全力以赴备战。其实质是"缓战",而不是"不战"。"明耻教战"论与蒋介石的"不抵抗主义"是有原则区别的。蒋介石的"不抵抗主义"的中心思想是"攘外必先安内","共匪未灭,何言抗日";"明耻教战"则是大公报人鉴于中日两国实力悬殊太大的考虑,主张中华民族要"忍辱发愤,建国图强,尔后宣战,战则到底"②。在此,大公报人有自己的政治文化立场,这一政治文化立场既背离了居主流地位的国民党政治文化的"不抵抗主义",也有别于共产党政治文化的"积极抗战"。

由此可见,新记大公报人虽然没有建立起有形的"组织",也没有形成独立的"派系",但所谓"不党"方针,却让这个群体具备一种无形的组织意识、团体意识与纪律意识,这是一个无组织的"组织",无团体的"团体",从而带有鲜明而又十分特殊的亚政治文化特征。

(二)亚政治文化的传播

新记《大公报》以直言敢谏著称,而这一特色恰恰令《大公报》的社会地位评价问题褒贬不一、争论不休。有人说,新记《大公报》对国民党"小骂大帮忙",其根据是:1941年1月皖南事变发生,新记《大公报》照发国民党中央社消息,刊登《军委会通令》和《军委会发言人谈话》,还发表社评《关于新四军事件》,表态拥护蒋介石对新四军的处置;1945年11月,重庆《大公报》发表社评《质中共》,攻击共产党"争降争地",

---

① 吴廷俊:《新记〈大公报〉史稿》,第147页。
② 同上,第151页。

"欲凭武力"造成"南北朝局面";1946年4月,社评《可耻的长春之战》分别刊登在该报的重庆版和上海版上,攻击中国共产党和人民军队的自卫还击……也有人为新记《大公报》"辩诬",质疑"小骂大帮忙",力赞其"敢言"传统,其主要根据是:该报一骂蒋介石的人生观,二骂国民党政要及其家属用飞机运"箱笼洋狗",三骂重庆当局灯红酒绿罔顾河南灾民疾苦……其实,从政治文化角度来看,作为一个相对独立的亚政治文化群体,在政局动荡不安的大环境下,新记大公报人必然处在极其尴尬的政治文化地位。一方面,这个群体的政治文化主张必然与主流的国民党政治文化相游离;另一方面,也必然与当时同样处于非主流地位的共产党的政治文化屡屡发生分歧。"成也萧何,败也萧何",大公报"文人论政"的亚政治文化观令其成为享誉海内外的一份大报,而这一亚政治文化观,也为其招来种种非议。从政治文化的角度来分析,也许会帮助我们作出有关新记《大公报》社会地位的更为冷静、客观的评价。

新记大公报人积极议政而不参政,具有一致而明确的政治文化观念但没有政治诉求,这是该报长期保持敢言传统的关键所在。胡政之曾有自己的解释:"对政府既没有亦步亦趋的必要,更没有与其必不一致的企图,一言以蔽之,便是'是其所是,非其所非'。"[1]不畏强权,始终保持独立的政治人格,是新记大公报人的成功秘诀。

为了实现政治人格的独立,新记大公报人力倡经济自主。他们在提出"不党"的同时,提出"不卖":"第二不卖。欲言论独立,贵经济自存,故吾人声明不以言论做交易。换言之,不受一切带有政治性质之金钱补助,且不接受政治方面之入股投资是也。是以吾人之言论,或不免囿于知识及感情,而断不为金钱所左右。"[2]对于"不卖",新记《大公报》创办之初就规定,不向任何方面募款,股本是吴鼎昌一人筹措的五万元。后来,《大公报职员任用及考核规则》中规定:"创办人及专在本社

① 胡政之:《对天津馆编辑部同人的讲话》,转引自周雨:《大公报史》,江苏古籍出版社,1993年版,第371页。

② 记者:《本社同人之志趣》,《大公报》,1926年9月1日。

服务不兼任何社外有给职务者为社员。"《大公报同人公约》规定:"本社职员不兼任何社外有给职务,并不得经营抵触本社利益或影响社誉之业务。"新记《大公报》复刊之初,就以五万元建立起一个独立完善的经济实体,不依附任何政治势力,也不假手任何经济势力。张季鸾曾总结说:"我们自信,大公报唯一好处,就在股本小,性质简单。没有干预言论的股东,也不受社外任何势力的支配。因此言论独立,良心泰然。"①经济独立为大公报人独立的政治人格追求提供了有力保障。

为了实现政治人格的独立,新记大公报人又提出了"不私"与"不盲":"第三不私。本社同人,除愿忠于报纸所固有之职务外,并无私图。易言之,对于报纸并无私用,愿向全国开放,使为公众喉舌。第四不盲。不盲者,非自诩其明,乃自勉之词。夫随声附和是谓盲从;一知半解,是谓盲信;感情冲动,不事详求,是谓盲动;评诋激烈,昧于事实,是谓盲争。吾人诚不明,而不愿自陷于盲。"②在新记大公报人看来,报纸既然是一个代表国家和民众说话的言论机关,就一定要锤炼出有价值的政见。而报纸一旦确定了自己的观点,无论遇到何种阻力,都要以大无畏的精神将其表达出来,正如1941年9月16日的社评《今后之大公报》所说:"必须坦白主张,纵使与政府见解或社会空气发生冲突而不辞。"报无定格、言无定见的报纸,是最低下的报纸。而一份上乘的报纸,一定要忠于自己的见解,勇于坚持自己的见解。

议政而不参政,是新记大公报人相对一致的政治人格追求。他们投身报业,但只求通过"立言"来影响政治形势,而不求直接参与政治活动;只希望通过议政来为国家尽到自己的一点"言责",而不求"立功",不希望通过具体的参政行动而寻求某种政治利益。张季鸾曾说:"我们同人,都是职业报人,毫无政治上事业上甚至名望上的野心。就是不求权,不求财,并且不求名。我们以为,不求权不求财,是士人常行,容易办,不求名,却不甚容易。因为办报都希望人爱读,读者越多越

---

① 《本社同人的声明》,重庆《大公报》,1941年5月15日。
② 记者:《本社同人之志趣》,《大公报》,1926年9月1日。

欢喜……一个报人若只求卖虚名,得喝彩,有时要犯严重错误,甚至贻祸国家。"①这正是新记大公报人独特的政治人格魅力所在。

新记时期,国民党政权建立起支撑自身政权的政治文化,施行一整套的文化控制方略。中国自由主义知识分子,面对巨大的政治威压产生了一种普遍的政治文化压力甚至焦虑。这些自由主义知识分子一方面秉承中国传统知识分子"修身、齐家、治国、平天下"的历史责任感与使命感,直面这些政治压力,为民众鼓与呼;另一方面,他们也总是寻求释放与发泄压力的外在渠道。新记大公报人具备得天独厚的条件,他们手中握有强有力的舆论工具——现代中国最有影响的一份大报。他们苦心经营,充分利用这份舆论载体,以其为阵地,议论国是,针砭时弊,分析变局,坦言时政,广泛传播大公报人特有的以"文人论政"为核心的亚政治文化。

胡政之说:"办报要有原则,政治是灵魂,对国家社会提不出主张,起不了作用,光是赚钱,又有什么意义?"②新记《大公报》开创多种途径,积极主动践行"文人论政"的政治文化理想。

社评是新记《大公报》实现"文人论政"的主渠道。新记《大公报》复刊时,吴鼎昌、胡政之、张季鸾约定,三人根据各人特长进行分工:吴鼎昌任社长,胡政之任总经理兼副总编辑,张季鸾任总编辑兼副总经理。三人共同组成"社评委员会",共同研究时政问题,商榷意见,决定主张,文字则由三人"分任撰述",最后由张季鸾负责"整理修正"。当意见不统一时,"以多数决之",三人意见各不相同时,则以张季鸾的意见为意见。社评采用不署名制。新记《大公报》的社评,不是代表某个人的意见,而是代表大公报人的意见。

"星期论文"是新记《大公报》实践"文人论政"的一个园地。1934年1月至1949年6月,《大公报》开设"星期论文"专栏。据统计,"星期论文"刊行的15年时间里,共发表论文750篇,作者多达200余人,以大学教授

---

① 《本社同人的声明》,重庆《大公报》,1941年5月15日。
② 胡政之:《对天津馆编辑部同人的讲话》,转引自周雨:《大公报史》,第383页。

为主。①这些自由主义知识分子超越党派立场,以民间学人的特有视角,透视中国时政的变化。"星期论文"使该报实现了与当时学术精英的亲密合作,有效地团结了一大批社外自由主义知识分子,使"文人论政"的政治文化诉求得以充分展现。

三、服务社会的重要举措

真诚服务社会是推动新记《大公报》飞速发展的一个重要因素。该报在社评《本报续刊二周年之感想》中曾宣称:"盖本报公共机关也。"这包括两层内涵,"一是公共言论机关,国人有所欲言者,可到该报言之;二是社会服务机关,国人有难、有求,该报有为之解难、服务之义务"。②为此,新记《大公报》在服务社会方面做了大量的工作。

1928年6月,大公报同人成立"大公报救灾委员会",在《启事》中表明,为社会服务是《大公报》的天职。依照这一天职,新记《大公报》成立读者服务部,在天灾人祸发生时,进行募捐活动。这样,为广大民众解决燃眉之急就成为该报的一项经常性的活动:1929年,新记《大公报》为"天津市郊贫民"举办慈善演艺会;1930年,陕西大旱,新记《大公报》从5月12日起举行了赈款宣传周,每天在一版的大字标题下刊登劝募文字,共收捐款10余万元,这是新记《大公报》第一次举办赈款劝募活动;1931年夏天,全国各地普遍遭受大水灾,湖北、安徽等地灾情最为严重。"大公报水灾急赈委员会"为此成立,从8月19日开始为灾区募捐。9月1日是新记《大公报》复刊五周年纪念日,被定为"大公报馆救灾日",并决定"所有本报是日营业应收之报费广告费,概行牺牲,全部捐出,并纸张油墨各种垫办之成本,亦不得收回,以示决心。此外,各部工作同人各按薪工数目捐出三十分之一为基本数,其自愿多捐者,悉数加入助赈之内"③。9月1日这一天新记《大公报》就捐赠3260多元。这次募捐活动进行了整整一个月,到9月20日为止,除报社捐款外,共收社会各界捐款208046.72元。这次募捐活动,还把"救灾与救心"结合起

---

① 方蒙、谢国明:《大公报的"星期论文"》,周雨编:《大公报人忆旧》,第78页。

② 吴廷俊:《新记〈大公报〉史稿》,第201页。

③ 转引自吴廷俊:《新记〈大公报〉史稿》,第204页。

来,即通过救灾活动,改变国民的心理。9月21日新记《大公报》发表社评《救灾救国》,阐明"民族建国,精神的势力与物质的势力,同样重要"的主张,希望改变国民之心理,振奋国民之精神,奋发图强,挽救民族危亡;1932年,该报为淞沪抗战募款,为西安孤儿院代收捐款;1933年1月,日军进攻山海关,长城抗战爆发,该报本着"发起募捐,将以此测验社会之同情心与夫古人所谓燕赵多悲歌慷慨之士者,今昔相较何如也"①之目的,发起募捐活动;1933年,新记《大公报》代收冀南三县黄河水灾捐款,代收山东水灾急赈捐款,为"中国华洋义赈会"代收黄河水灾农赈捐款;1934年,新记《大公报》代收上海各界筹募各省旱灾义赈募款;1935年,长江、黄河发大水,新记《大公报》募捐近20次。

四、专门性副刊的繁荣

(一)新记《大公报》专刊的发展过程与特点

新记《大公报》副刊的发展,经历了由综合性副刊走向专门性副刊,综合性副刊与专门性副刊并重的发展过程。

1926年9月1日,新记《大公报》创设综合性文艺副刊《艺林》,由何心冷主编。《艺林》的内容包括长篇小说、短篇小说、诗词、笔记、戏剧、电影评论、流行时装、社会写真等。

1927年3月,综合性副刊《铜锣》创刊,由何心冷主编。1927年9月1日,《艺林》改名为《副刊一》,专门刊载小说、诗文。《铜锣》改名为《副刊二》,专门刊登具有新闻性的稿件,仍由何心冷主编。1928年元旦,《副刊一》与《副刊二》合并成《小公园》。《小公园》是新记《大公报》连续出版时间最长、在读者中影响最大的一个综合性文艺副刊②,于1935年8月31日终刊。

1935年9月1日,由专门性副刊《文艺副刊》与《小公园》合并而成的综合性副刊《文艺》创立,由萧乾主编,每周4刊,星期一、三、五、日出版。《文艺》保持《小公园》的风貌,刊载一些短小的作品,开设各种专

---

① 转引自吴廷俊:《新记〈大公报〉史稿》,第207页。
② 吴廷俊:《新记〈大公报〉史稿》,武汉出版社,2002年版,第83页。

栏,既刊载文学名家的著作,也发表一些文学青年的处女作。"七七事变"发生后一度停刊。

新记《大公报》在经营这些综合性副刊的同时,着力创办专业性副刊。这些专业性副刊,在数量上和内容上都远远超过了综合性副刊。

1.专刊的发展过程

1927年元旦,新记《大公报》第一个专门性副刊《白雪》周刊创立,每逢周六刊出。该刊由"白雪文艺协会"编辑,以发表剧本为主,其成员大多是戏迷。该刊只出版6期①,于1927年2月19日即告终刊,"虽然出版时间不长,影响不大,但它为《大公报》创设专门性副刊开了一个头"②。

1927年2月11日,新记《大公报》开设《家庭与妇女》半月刊,从第9期起,改名为《妇女与家庭》。从1927年9月8日起,《妇女与家庭》改为周刊,出版至1930年5月22日停刊。1933年9月3日,《妇女与家庭》复刊,至1934年12月30日终刊。《妇女与家庭》创刊之初,以介绍有关妇女生活、家庭生活的小知识为主。进入20世纪30年代,妇女解放问题成为该专刊最为关注的话题。何心冷、蒋逸霄曾担任过主编。

1927年2月15日,《电影》专刊创刊,何心冷主编。《电影》初为旬刊,连续出版了20期,深受读者欢迎,于是增加了发刊的次数,"从九月份起,改为周刊"③。于是,从1927年9月4日起,《电影》改为周刊,1929年11月19日起又改为半月刊,1930年5月27日终刊。《电影》专刊曾开设"通讯""代邮""海外影讯""海外星讯""电影界消息""明星小史""新都影讯"等二十余个栏目,在介绍电影知识的同时,注重电影批评,力求引导读者辨别电影之优劣。

1927年9月13日,《戏剧》创刊,初为不定期刊,至1927年11月26日共出版6期。1928年1月4日正式出版《戏剧周刊》,1930年12月31日出至第151期停刊。该刊着重讲解有关戏剧的知识和欣赏戏剧的常识。

---

① 吴廷俊在《新记〈大公报〉史稿》第87页,冯并在《中国文艺副刊史》第339页中说,《白雪》共出版了36期。

② 吴廷俊:《新记〈大公报〉史稿》,第87页。

③ 心冷:《给读者诸君》,《大公报·电影》旬刊第20期,1927年8月25日。

1927年11月9日,《儿童》创刊,初为不定期刊,1928年元旦起改为周刊,1931年又改为不定期刊,1931年11月28日停刊。何心冷及其夫人李镌冰曾任主编。针对当时"社会上对于儿童教育的大问题,好像简直没有这么样一回事情"的状况,编者誓将《儿童》建设成"全国小朋友开心,闹玩儿,学本事,得知识,和研究,讨论的一个机关",让小朋友们先引起"看报的兴趣,由看报多认几个字,多增长点知识,以至学好,成人"①。《儿童》以儿童为本位,以发表儿童作品为主,强调保护儿童天性,注重情感教化,深受儿童喜爱。

1928年1月1日,《统计周报》创刊,南开大学社会经济研究委员会编。第一期为"大公报新年增刊",即"京津商情统计特刊",1928年1月30日起改为周刊,自1928年2月13日第6期起明列期号,1928年12月31日出至第52期终刊。该刊主要刊载南开大学社会经济研究委员会汇总整理的有关京津地区汇兑市场、国内公债、华北批发物价指数等统计数据。

1928年1月2日,《文学副刊》创刊,由清华大学著名教授吴宓主编。该刊创办之初,吴宓将其作为提倡旧文学、反对新文学的重要舆论重镇,不刊登新文学作家的小说、散文,尤其排斥白话新诗,所登的几乎全是旧体诗词。1932年1月21日,《文学副刊》第210期又刊载《第五年之本副刊编辑赘言》,指出编辑理念有所变化:"古今东西文学本为一体,息息相关,为了了解享受计,岂可严分町畦。"《文学副刊》的编辑理念发生了变化。该刊是新记《大公报》唯一"具有浓厚学院气的副刊,每期一整版,多为文学界大师们的宏论"②。《文学副刊》出版至1934年元旦第313期停刊。

1928年1月6日,《体育》周刊创刊,1928年7月6日终刊,何心冷编辑。该刊邀请体育专家讲解运动知识,号召民众从事户外活动。

1928年3月3日,《艺术周刊》创刊,1930年5月29日终刊,萨空了主

---

① 一个大孩子:《起头的几句话》,《大公报·儿童》第1期,1927年11月9日。
② 吴廷俊:《新记〈大公报〉史稿》,第88页。

编。《艺术周刊》旨在"从根本上去整理,切切实实地下一番功夫去研究,把高尚的优美的提倡起来,使一般人确实知道真善美的意义与价值;一面把卑劣的罪恶的消弭下去,不使他遗毒社会,堕落人心,引导公众的眼光到高尚的路上去,用审美的心去领略真实的艺术品"①。该刊内容涉及建筑、雕刻、绘画、音乐、诗词、舞蹈等各个艺术门类的多个流派,并配有大量的图片。

1928年8月11日,《公开评论》创刊。新记《大公报》以"大公"无我之心,为广大读者拓展言论空间:"本报近蒙各方不弃,时以宏著投寄,嘱为发表,惟因篇幅所限,每多割爱,深以为歉。本报素旨注重民生疾苦,发挥真正舆论,故同人认为应当尽量公开,表现民意,兹特于每星期六,将所增副刊,辟为《公开评论》,容纳各界对于国家社会以及地方公共事业之建议批评。"②《公开评论》本着"文责自负"的原则,刊载政治、经济、外交、教育等各方面的读者来稿。该刊至1928年11月24日连续出版16期后暂时停刊,1928年12月29日出版第17期后终刊。

1928年12月1日,《贫民的呼号》占用《公开评论》的版面创刊。《贫民的呼号》专门介绍求救者的状况,代求救者向整个社会发出呼吁,寻求救济的方法。1928年12月22日出版至第4期后终刊。

1929年1月9日,《科学周刊》创刊,1930年5月28日终刊,夏坚白等人编辑。《科学周刊》倡导科学建国,普及科学知识。

1929年1月12日,新记《大公报》创立《市政周刊》。《市政周刊》主要讨论市政建设计划,报告有关市政的法令规章,发表有关市政建设和市民生活的常识性文章。《市政周刊》创刊半年后,改为《市政月刊》,于1929年9月21日停刊,共出版24期。

1929年4月27日,《社会研究月刊》创刊,从1929年9月26日第6期起改为半月刊,1929年12月19日出版至第12期终刊。《社会研究月刊》由北平社会调查部编辑,从第4期起该部改组为社会调查所。编者鉴于

---

① 记者:《本刊缘起与宗旨》,《大公报·艺术周刊》第1期,1928年3月3日。
② 《本刊特别启事》,《大公报·公开评论》第1期,1928年8月11日。

"我国人士,向不注意调查与统计,至于社会实际状况,缺乏真确之认识"①,把专刊作为研究社会实况的重要舆论阵地。

1929年7月3日,新记《大公报》创立《医学周刊》,初为半月刊,自11月2日第9期开始改为周刊,一直到1937年7月24日出版至第406期后停刊。《医学周刊》是抗战前连续出版时间最长的一个专刊。《医学周刊》由丙寅医学社编辑,重视医学知识的普及,并报道有关医学界的新闻,经常发表言论,做到了"知识""言论""新闻"的有机结合。

1930年1月7日,《政治副刊》创刊,半月刊,辽宁东北大学政治系政治讨论社主编,1930年5月13日出版至第10期终刊。《政治副刊》探讨民主政治理论,介绍政治团体发展情况,对政治理论书籍进行评介。

1930年3月3日,《经济研究周刊》创刊,南开大学社会经济研究委员会编,1931年2月23日出至第52期停刊。该刊以刊载统计数据为主,如平津金融市场和华北批发物价指数等,同时也刊载有关的经济研究论文。最初刊载论文不署名,自1931年1月5日第45期起开始载明论文作者。

1930年6月1日,《家庭》创刊,与《儿童》合占一版,每日刊行,1930年9月16日终刊。

1930年6月3日,《社会科学》创刊,周二刊。《社会科学》重在剖析中国政治制度、经济制度现状,介绍外国社会政治、经济发展情况。1930年12月30日,《社会科学》停刊,共出版61期。

1930年6月4日,《读者论坛》创刊,周刊,至1930年9月10日共出版了15期。该刊是新记《大公报》为便利读者自由发表言论而设,专门刊载读者的来稿,文章性质不限,不付稿酬,文责自负。《读者论坛》是新记《大公报》拉近与读者距离的一个重要举措。1930年9月17日起改为日刊,且不再标明刊号,出版至1932年12月11日终刊。

1930年11月30日,《摩登》周刊创刊,每逢星期日出版,于1931年9月20日停刊,共出版42期。《摩登》面向青年读者,以刊载读者来信的形

①《本刊旨趣》,《大公报·社会研究月刊》第1期,1929年4月27日。

式,回答青年的"一些苦闷问题"。对于读者提出的问题,除了由"记者"答复外,还约请社会名人撰文代为解答。

1931年7月5日,《少年生活》创刊,中国童子军自助通讯社主编。该刊欢迎世界各地有关少年生活的稿件,尤其是童子军的稿件。前9期由陈广湘主编,内容偏重于童子军的讨论和记述。从第10期起,主编改由任述原和胡定九担任,内容方面也不再局限于童子军的范围,而是刊载各种关于少年生活的作品,尽量介绍讨论有关少年生活的名著,欢迎全国大学生及中学生投寄关于校园生活方面的稿件,鼓励已经步入社会的少年把自己的生活经历贡献给尚未品尝这种滋味的少年朋友,还增加了有关少女生活的文章。1931年11月24日该刊出版至第19期终刊。

1931年9月4日,《现代思潮》创刊,张佛泉主编。《现代思潮》主要介绍现代哲学思想和哲学流派。1932年8月27日停刊,共出版49期。

1932年1月8日,《军事周刊》创刊,蒋百里主编。该刊于1933年3月改为双周刊,9月又恢复为周刊,1933年12月30日出版至第89期停刊。《军事周刊》以刊登军事专家的学术论文为主。

1932年9月3日,《世界思潮》创刊,由清华大学哲学教授张申府主编。《世界思潮》每期文字分"论述""翻译""消息""书评""通讯"五类,重点介绍各种哲学思想和流派,尤其重点介绍罗素的哲学思想和马克思主义哲学理论。《世界思潮》于1934年12月27日停刊,共出版88期。

1933年2月15日,《社会问题》创刊,双周刊,1933年9月2日出版至第15期停刊。在该刊《投稿简章》中要求,稿件只限社会学及社会问题。

1933年3月1日,《经济周刊》创刊,南开大学经济学院主编。该刊以讨论中国以及世界的实际经济状况为宗旨,主要发表有关中国经济及世界经济的研究性论文、实地调查报告、统计数据的分析及书评等。《经济周刊》于1937年7月21日停刊,共出版了227期。

1933年3月3日,由二二社、三三社合编的《科学周刊》创刊,注重科学知识的普及。该刊因为"周刊之间,六日始期,不克随时编印带时间性佳作;又以定期刊行,殊觉呆滞,且篇幅有限,每致遗珠之憾"①,而于1934年9月14日出版至第80期停刊。

1933年9月23日,专门性副刊《文艺副刊》创刊,由辞去大学教授职位、在北平教小学的杨振声、沈从文兼任编辑。《文艺副刊》初为周二刊,从1935年1月6日第133期起改为周刊,每逢星期天出版。全国文坛巨匠郑振铎、闻一多、朱自清、俞平伯、梁思成、金岳霖、杨振声、沈从文、林徽因、周作人、谢冰心等,也成为《文艺副刊》的常客。1935年8月25日该刊出至第166期停刊。

1933年9月28日,《图书副刊》创刊,介绍批评中外新旧书籍,为读者选购、选阅书籍提供方便。该刊于1937年7月22日出版至第191期停刊。

1934年1月4日,《乡村建设》创刊,由中国乡村建设学会编辑,初为双周刊,自第25期起,改为周刊,第60期后又恢复为双周刊,1936年2月26日出版至第70期终刊。该刊通信人初为北平燕京大学杨开道,自第25期改为周刊后,通信人改为河北定县平教会瞿菊农。《乡村建设》力求为那些致力于乡村建设的人提供一个"公共的言论机关",希望"大家精诚的团结,来谋整个中国乡村的建设"②。

1934年1月8日,《明日之教育》创刊,由"明日教育社"编辑,刘廷芳任编辑主任。该刊于1937年6月28日停刊,共出版178期。《明日之教育》主张,改造和加强教育是救国建国的一条必由之路。

1934年9月21日,《史地周刊》创刊,由燕京大学史地教研室编辑,地理学家张其昀任编辑主任。1937年7月23日,《史地周刊》出版至第146期终刊。该刊的大部分文章都是对青年学生进行爱国主义教育。

1934年10月7日,《艺术周刊》创刊,1936年6月27日出版至第89期停刊,司徒乔编辑。"我们不会拿英雄崇拜态度盲目地吸收外国文化,也不必偏执一见专门谈某一方面的东西;凡是能代表某一流派或叙述

---

① 《科学周刊休刊辞》,《大公报·科学周刊》第80期,1934年9月14日。
② 《发刊辞》,《大公报·乡村建设》第1期,1934年1月4日。

某一时代现状的理论,不论古今中外的,我们一样愿意负介绍的责任;然后让读者自由选择适合个人胃口的去嚼食、消化。"①该刊广泛介绍中外各艺术流派。

1935年9月1日,《家庭》创刊,周四刊。该刊设置"现代家庭应该知道的事""最新化妆术""法律解答""海外消息""科学故事"等栏目。《家庭》重点介绍家庭生活与儿童保育方面的知识,也有少量的文章论及妇女解放问题。1937年7月25日出版至第373期终刊。

1936年7月11日,《大公报》自行编辑的《科学副刊》半月刊创刊,1937年6月29日起改为周刊。该刊特约专家撰述科普论文,1937年7月19日出至第29期停刊。

1937年3月1日,《家庭》专刊的刊中刊《家庭·儿童周刊》创刊,每星期一出版。该刊以亲切的儿童口吻,刊载儿童界消息,介绍科学小常识,刊登儿童作品,讲解儿童小故事,设置儿童"通信"。1937年7月19日出版至第21期终刊。

1937年7月13日,《县政建设》创刊。《县政建设》是《乡村建设》的继续。在编者看来,乡村建设运动与县政建设运动"渐渐的合为一流,二者不仅是相输并进,而且二者的工作已渐趋于同化,目的渐趋于一致,力量也渐渐的集中合并。这种现象实在是我们关心国家民族的人最应该欣幸的一件事,也就是我们最值得共同努力的一件事"。因此,"县政建设即是乡村建设,县政建设的使命即在于完成乡村建设的使命"②。可惜的是,《县政建设》只出版了一期,便因全面抗战爆发而停刊。

这一时期,新记《大公报》还出版了数量众多、种类繁多的特刊。有的是为庆祝各种学术团体和社会团体的成立或活动而出版,如《中国地方自治学会成立特刊》(1934年5月13日)、《天津青年会四十周年纪念特刊》(1935年11月)、《天津青年会少年健康运动周特刊》(1936年10

---

① 《编余》,《大公报·艺术周刊》第4期,1934年10月28日。
② 《县政建设的使命(代发刊辞)》,《大公报·县政建设》第1期,1937年7月13日。

月)、《天津青年会家庭生活运动特刊》(1937年3月6日)、《燕大新闻学系新闻学讨论会特刊》(1937年3月6日)等。有的是为各种展览会而出版,如《铁道部第三届全国铁路沿线出产货品展览会特刊》(1934年5月至7月)、《全国儿童绘画展览会特刊》(1936年6月6日)、《天津绿蕖美术会美展特刊》(1930年11月1日)等。有的是为探讨某一社会现象或社会问题而出版,如《会考问题特刊》(1934年8月2日)、《救灾特刊》(1928年6月)等。有的是为某一纪念日而出版,如《九一八三周年纪念特刊》(1934年9月18日)等。有的是为某一社会运动或活动而出版,如《第十八届华北运动大会特刊》(1934年10月)、《天津市中小学春季运动会特刊》(1937年6月)等。有的面向某个行业而创办,如《电信特刊》。1935年6月至1936年3月,该刊由天津电报局主编,半月刊,每月第一个星期一与第三个星期一各出版一次。1936年,新记《大公报》同时出版天津版与上海版,《电信特刊》也在两地同时出版。1936年4月至1937年7月,该刊改由电信特刊社主编,刊期重新编排。该刊的使命是,"一方面介绍电信知识,一方面公开电政内容,又一方面将民众意见,转陈于当局,而为改进之参考,不仅以研究学术而已也"①。特刊刊期较短,大多只刊发几期,甚至一期。但特刊的灵活性较强,能随时配合各种事件的发生而创刊,进行集中宣传报道。

2.专刊的发展特点

纵观新记《大公报》专刊的十年发展历程,呈现出如下特点:

第一,新记《大公报》专刊的发展经历了由消闲性向时代性的转化。新记《大公报》续刊之初,创办的专刊以趣味性为主,"其境界不算很高。在当时那种民族矛盾、阶级矛盾都十分激烈的年代,在广大劳苦大众生活在水深火热的岁月,副刊的立足点尚没有站到引导广大读者关心国家存亡、社会进步上来"②。从1929年开始直至天津沦陷前,新记《大公报》专刊进入一个新的发展时期,这一时期的专刊呈现出鲜明的

---

① 松:《本刊之使命》,《大公报·电信特刊》第1期,1936年4月2日。

② 吴廷俊:《新记〈大公报〉史稿》,第90页。

时代特色,要么应国事和时势的需求而创办,如《军事周刊》《科学周刊》《医学周刊》《市政周刊》《乡村建设》《史地周刊》等;要么为广大读者开辟言论阵地,如《读者论坛》《公开评论》等;要么为某一学科开辟学术园地,拓展学术交流空间,如《社会研究》《政治副刊》《现代思潮》《世界思潮》《社会问题》等。

第二,新记《大公报》专刊种类繁多。1927年至1937年间《大公报》创办的三十多个专刊,涉及政治、经济、社会、文化、教育等各个领域。

第三,新记《大公报》专刊具有浓厚的学术色彩。这一时期的专刊,学术性专刊数量最多,内容涉及哲学、文学、政治学、社会学、经济学、教育学、历史学、地理学等众多学科,正如大公报人陈纪滢所说:"大公报开辟各种学术性副刊,是全国所有报纸最成功的一家,直到今天似乎没有一家报刊堪与媲美。"①

第四,综合性副刊与专刊相映成趣。这一时期的新记《大公报》,既有《小公园》《文艺》等知名度很高的综合性副刊,也有众多的专业性副刊,二者点面兼顾、有机配合,充分满足了不同层次读者的需求。

(二)新记《大公报》专刊的发展动因

种类繁多的专刊的出现和发展,与《大公报》所处的社会、文化环境紧密相连,更与该报独特的办报方针休戚相关。

1.多元化的社会生活

1860年天津被迫开埠后,租界林立,商旅如云,逐渐形成了富有特色的租界文化。天津这个商埠城市的发展演进过程,是西方文化与传统文化相互交织、相互渗透的过程。两种异质文化交流与碰撞的结果是,天津城市文化和社会生活日益多元化。

天津开埠之初,天津租界社区侨民的消闲生活完全是西方式的。租界建有俱乐部,供侨民举行各种消闲活动使用,此外还有每周舞会、吸烟自由音乐会。侨民们为了丰富自娱活动,还组织了具有一定水平

---

① 赖光临:《七十年中国报业史》,第115页,转引自吴廷俊:《新记〈大公报〉史稿》,第166页。

的天津业余剧团,在冬季演出戏剧或哑剧。体育活动也是租界侨民消闲生活的组成部分。天津最老的运动俱乐部是天津赛马会。草地网球则是早期最受租界侨民欢迎的运动项目。此外,还有板球、障碍赛跑、河边骑马等活动。

租界区的这些消闲活动,最初是排斥中国人参加的,这种状况到了20世纪二三十年代得到了改变。这一时期,"随着天津租界的繁荣和城市中心向租界转移,大批富人也迁入英、法、日、意等国租界,使这些外国人管辖区形成一片片上层华人居住区。安逸的环境,时髦、奢华的生活方式以及高层次的消费水平,是吸引有钱人纷纷迁居的主要原因,而大量社会财富随之流入,也更加刺激了租界的繁荣"①。随着华洋杂处局面的形成,一些消闲活动也开始走向华人。

20世纪二三十年代,在天津英租界,赛马成为声势最大的娱乐活动。1927年以后,租界内中国人力量的扩大,一些买办等也成为赛马会的董事。这一时期,在城郊外还建起了专供华人娱乐的赛马场,1935年又出现了走马赛车会,同年春季在意租界建成了回力球场。这些名为体育比赛表演,实际上是具有浓重赌博色彩、刺激性较强的娱乐活动,"使租界上流社会中的人们趋之若鹜,一掷千金,在所不惜"②。

1898年电影传入天津。20世纪二三十年代,电影已由租界传入华界市区,成为最为社会大多数所接受的西方艺术形式。1928年元旦,有声电影在英租界的平安电影院首次放映,其后大量国产影片出现,天津的电影业进入大发展时期。据1926年记载,天津的电影院仅有6家,其中4家建在英法租界;到了1934年,全市电影院已增至21家,一些戏院也改为放映电影③。

天津是中国话剧运动北方的摇篮。1908年,中国话剧运动的两位开拓者——王钟声、刘艺舟(刘木铎)率"春阳社"从上海到天津演出"文明戏",这是天津最早演出的话剧。南开学校创办人严范孙和校长

① 罗澍伟主编:《近代天津城市史》,中国社会科学出版社,1993年版,第589—590页。
② 同上,第628—629页。
③ 同上,第628页。

张伯苓倡导新剧运动。1914年该校成立了"南开新剧团",每年校庆均编演新剧目。20世纪30年代,天津的话剧创作和演出达到高峰,除学校业余剧团外,还出现了一批专门从事社会演出的话剧团。演出的剧目除了中外名剧,还有大量自己创作的现实题材话剧。

20世纪二三十年代,天津租界最为时髦的消闲娱乐活动,除了电影、戏剧外,还有打球、跳舞。各租界多设有专供外国人娱乐的俱乐部,同时出现了供中国人娱乐的营业性场所,如球房、舞厅等。球房大都设有台球,还曾一度流行过小高尔夫球。跳舞厅多附设在百货商场、饭店、餐厅内。

天津开埠以来,传统的艺术形式也在不断发展。20世纪二三十年代,流派纷呈的传统艺术形式在天津兴盛一时,并日益走向大众。

京剧颇为流行,尤其是在社会中上层,很多人把京剧作为闲暇生活的唯一构成要素。北京各著名戏班轮流莅津演出,几乎所有梨园名伶都曾来天津献艺,有的甚至成名"走红"于天津舞台。戏班到天津演出,除在戏园公演外,常常还要出演堂会戏。那些寓居租界的下野官僚、军阀、遗老遗少、豪商以及买办等,每逢喜寿庆日,必召戏班出演堂会。他们为了讲排场,往往不吝花费遍请名伶、名票同台演出,以至在上层社会形成风气。天津还有大量的票友、票房。票友在天津的出现始于清末,二三十年代风行一时。天津的票友人数之多、普及之广、实力之雄厚,在全国首屈一指。这种以闲暇自娱形式流行的艺术可谓繁盛一时[1]。

评剧前身为冀东一带的莲花落。光绪年间,在津即已盛行。20世纪30年代达到极盛时期。评剧班社日益增多,大批优秀评剧艺人出现在天津舞台上,产生了一批颇具盛名的女演员。许多原来演唱京剧、河北梆子的艺人也改演评剧,一些以上演京剧为主的大型戏园也纷纷约请评剧戏班演出,这一时期甚至出现了专演评剧的戏园。

曲艺这一植根于社会下层的艺术形式,在20世纪30年代也盛行于

---

[1] 罗澍伟主编:《近代天津城市史》,第622页。

天津。大鼓、单弦、莲花落、河南坠子、时调、相声等主要曲种流派盛行一时,并出现了一批有代表性的艺人。该时期的曲艺由露天"撂地"演出,纷纷进入茶园、戏园、游艺场等。专供曲艺演出的场所也愈来愈多。"据1931年统计,仅市区华界专门上演曲艺的各种娱乐场所就达70余处,其中包括杂耍园子7处、说书场35处、专门上演各种大鼓和评书的茶社30处"①,尤其是各类说书场,遍布市内各区。

这一时期,剧场业的快速发展,从一个侧面反映出天津娱乐业的繁荣与休闲生活的丰富。根据1931年4月的调查,仅华界市区就有各种娱乐场所102处②,其中除了戏园、杂耍园子、说书场、落子馆和各种茶社外,还有游艺场、舞厅、球房以及这一时期发展最快的电影院。

早期的新记《大公报》专刊,如《电影》《戏剧》《体育》《艺术》等,其内容大多注重趣味性与知识性。这些专刊,从不同侧面记录与反映了当时天津丰富多彩的社会生活。例如,《电影》专刊创刊的原因是,"我们看见天津一般社会对于电影的狂热。所以有《电影》之刊"③。《体育》专刊的创办,则是由于在运动方面,"中国青年比外国差太多了"④。可以说,天津社会生活的多元化为这些专刊的创办提供了源泉与动力。

2.底蕴深厚的京津学术文化圈

天津一直是京都的"卫城"和"门户",这个近畿之城与都城北京之间存在着休戚与共的关系。20世纪30年代,《大公报》专刊越来越向学术化方向演进,是与京津两地学术文化氛围浓厚,人才荟萃尤为相关的。正如何廉所说:"京津地区系中国文化中心,教育水准较全国其他地方均胜一筹。"⑤

长期以来,北京一直是政治文化中心。独特的政治地位,使北京各

① 罗澍伟主编:《近代天津城市史》,第626页。
② 同上,第627页。
③《编者敬告读者与作者》,《大公报·电影》第1号,1927年2月15日。
④ 记者:《本刊的旨趣》,《大公报·体育》第1期,1928年2月4日。
⑤ 这是何廉获博士学位归国后放弃上海暨南大学丰厚薪金待遇而到天津南开大学任教的原因之一。参见何廉(朱佑慈等译):《何廉回忆录》,中国文史出版社,1988年版,第39页。

类文化学术人才云集。大公报人充分利用了天津的地缘优势,网罗北京的各路人才,并且充分放手,让这些专家来主编新记《大公报》的各种专刊。

1927年创办的《戏剧》周刊的主编是名记者、著名戏曲评论家徐凌霄,徐凌霄当时住在北京,在那里把稿子编好后寄到天津。

1928年创办的《文学副刊》的主编是国学大师吴宓。吴宓当时是清华大学教授,读者把稿件寄到清华大学,稿件在北平编好后再寄往大公报馆。吴宓以极其认真的态度投入到编辑工作中,从组稿、编稿到版面设计,都由他一人来完成。更难能可贵的是,吴宓把当时的学术大家汇集于《文学副刊》这块小小的园地,把当时北大、清华一群有名的学者、教授,带进了《文学副刊》,像章太炎、陈寅恪等知名学者,都曾在这块园地里高谈阔论。这为《文学副刊》打造了较高的文化品位,也赢得了较高的知名度。

新记《大公报》先后创设了两个《艺术周刊》。第一个《艺术周刊》创设于1928年,由萨空了主编。当时萨空了任北平《世界晚报》编辑,每期稿件在北平编好后寄到天津。第二个《艺术周刊》于1934年创办,由司徒乔主编。司徒乔也身在北平,其通信处是北平北海后门冰窖胡同。

1929年创办的《科学周刊》,由清华大学的夏坚白等人主编。

1929年创立的《医学周刊》,由地处北平东城区新开路33号的丙寅医学社主编。丙寅医学社是北京协和医学院的一些青年医生和学生自发组成的学术团体,其成员陈志潜、朱章赓(字季青)等既是《医学周刊》的编者,也是主要的撰稿人。

1931年至1932年创办的《现代思潮》,其编者张佛泉及主要作者黄子通、李安宅、张鸿钧、吴文藻、张东荪等都是燕京大学教师。

1932年至1934年创办的《世界思潮》,由清华大学哲学教授张申府主编。《世界思潮》团结了一批颇有实力的专家学者。除了主编张申府外,张岱年、冯友兰、张荫麟、钱钟书、张东荪、熊十力、金岳霖、熊伟、李长之等都经常为《世界思潮》撰稿。这些人是20世纪30年代中国在哲学、历史、文学领域最富影响力的一批学者,而当时,这些人大多活跃于北京各高等学府。

1933年2月创办的《社会问题》,主要撰稿人陈达、杨开道、许仕廉、徐念云、杨庆堃、周逸澜、李安宅、费孝通、傅葆琛等都服务于燕京大学。

1933年9月创办的《图书副刊》约请北平图书馆编辑。

1934年9月创刊的《史地周刊》由设在燕京大学燕东园24号的史地周刊社主编,地理学家张其昀任编辑主任。

1934年至1937年创办的《明日之教育》由明日教育社主编。明日教育社于1932年春成立,发起者9人,陆续加入的会员数十人。《明日之教育》创刊时,在北平的会员有18人,"皆以教育为职业",在北京大学、师范大学、清华大学、辅仁大学、燕京大学等8所高校从事教学、教务或实验工作①。编辑主任是北京大学教育学系刘廷芳教授,通信处为北平燕京大学燕南园51号。

1934年至1936年创办的《乡村建设》由燕京大学社会学系主编,主要编者杨开道、瞿菊农,主要撰稿人徐雍舜、梁桢、杨庆堃、张鸿钧、赵冀良、李景汉等要么服务于燕京大学,要么毕业于燕京大学。

天津是中国近代教育的发源地。天津开埠以后,一批新式军事学堂与民用学堂相继建立,如电器和水雷学堂 (1876)、北洋水师学堂 (1880)、北洋电报学堂(1880)、北洋武备学堂(1885)、北洋医学堂 (1894)等。天津还于1895年开办了一所综合性学堂,即北洋大学堂。北洋大学堂开创了中国近代大学教育的先河,为各地所效仿。20世纪初,私人教育开始兴盛起来。天津的私人教育以天津南开学校最具代表性。1904年,私立南开中学堂成立,1919年9月,私立南开大学创立,形成了包括幼儿园、小学、中学、大学在内的南开体系。南开大学与北洋大学堂是近代天津两所最有影响的高等教育机构,为社会输送了大批人才。20世纪二三十年代,新记《大公报》专刊的主编与撰稿人,有一部

① 《与本刊初次见面的读者谈话》,《大公报·明日之教育》第1期,1934年1月8日。

分来自这两个教育机构。

曾任《妇女与家庭》主编的蒋逸霄,是南开大学第一届毕业生。1927年,她进入大公报馆,是新记大公报社第一位,也是唯一的一名女记者。

南开大学经济学院的何廉曾三次在新记《大公报》创办经济方面的专刊。1928年创设了专门刊载经济方面统计资料的《统计周报》,1930年至1931年创设了专载中国商业调查报告及研究论文的《经济研究周刊》,1933年创办的《经济周刊》一直持续到1937年天津沦陷。《经济周刊》的论文主要出自南开大学著名经济学家的手笔,如何廉、方显廷、张纯明、丁佶、吴大业、李庆麘、陈序经、李卓敏、袁贤能、刘朗泉等,而一些主要撰稿人谷源田、冯华德、吴知、王文钧、黄肇兴、丁洪范、陈振汉、李锐、巫宝三等,也大多是南开大学经济学院的教师及学生。

京津两地的文化学人联袂主持专刊,也是新记《大公报》的一个重要举措。1933年创办的《科学周刊》,由"二二社"(国立北平研究院)与"三三社"(天津国立北洋工学院)联合主办,由雷孝实主编。该刊团结一批有影响的专家,如水利专家张含英、建设专家李书田等等,他们撰写了一大批有分量的文章。

可以看出,底蕴深厚的京津学术文化圈为新记《大公报》打造众多学术性专刊与专业性专刊提供了重要的专家储备,这是新记《大公报》专刊繁盛的一个重要动因。

(三)新记《大公报》专刊的历史贡献

1.爱国主义主线

纵观1927年至1937年的十年发展历史,新记大公报人一直在苦苦寻求救国救民的有力途径,创办专门性副刊就是他们的一个选择。三十余个专刊,专业不同、领域各异,形式多样,但一以贯之的是弥漫其间的浓浓爱国情感。三十余个专刊,都在孜孜求索,为我们呈现了各种各样的救国理论。

(1)科学救国论

《大公报》先后创立了两个《科学周刊》,一个《科学副刊》。三个专刊编者各异,但其宗旨却是一致的,即通过科学知识的普及,达到科学救国的目的。

第一个《科学周刊》创刊时明确指出,"前几年我国学术界有过一回科学与人生观的论战。那时吴稚晖先生竭力主张物质文明,提倡科学。中国物质文明的落后,是国家衰败的主因。现在政治革命已告一段落,以后建设事业,百端待举;但最重要的是增进我们的国力。我们要不遗余力的提倡物质文明。我们现在所有的物质文明,是人家的,不是自己的;我们只能享用,不能创制。这样的物质文明愈增进,财富都让人家吸收了去,国力是只有愈趋衰败的。要自己创制物质文明,就非从根本上下手不可;我们要提倡科学。"[1]休刊时,再次宣称,"大公报编辑部诸公本科学救国之宏旨,创立本刊"[2]。

第二个《科学周刊》创刊时,向世人揭示:"国难发生以来,全国民众团结御侮之精神,与夫友邦道义之声援,卒未能慑敌人之胆,以稍战其野心者,亦知吾人科学战斗能力之幼稚,不足抗抵其暴行耳。今政府民众,咸感科学武器缺乏之严重性矣,例如飞机之募捐,军火之购置,奔走呼号,不乏其人,然此特应付目前,不得已之途径,犹未足以言亡羊补牢也。夫国防利器,平时不得研究自造,势必仰给外人。无论海运稽迟,缓不济急,即有从容购置之时间,雄厚充裕之财力,非但利权损失,不可胜计。而一旦供给封锁,惟有束手待毙,况此科学产物之防御与运用,皆须相当之知识,以吾国缺乏科学常识之军人,假以新式之军器,其能使用裕如,以尽其效能,亦诚属疑问,然吾国非反对购置器械也,惟以根本图存之道,仍在加紧研究科学,以谋自给。非但武器为然,一切商战贸易之制造物,其缺乏之严重程度,亦不减于此,故非积极鼓动专家,不足根本救国。非提倡社会之科学常识与兴趣,不足以资专家之造就。"[3]落后挨打的残酷现实令大公报人痛心疾首,他们拿起手中的笔枪,痛陈科学救国的重要意义。

---

[1] 《发刊辞》,《大公报·科学周刊》第1期,1929年1月9日。

[2] 李书田:《休刊辞》,《大公报·科学周刊》第80期,1934年9月14日。

[3] 雷孝实:《发刊词》,《大公报·科学周刊》第1期,1933年3月3日。

新记《大公报》对于提倡科学,素具热诚。1936年,该报的"国庆纪念辞"总结"中华民国"成立25年来的经验教训,明确了科学救国的设想:"现代的国家之成功,无捷径,无巧法,愈是行远,愈是正途,而一切苟简取巧之办法,概类画虎不成,终至徒劳无功,其总括的方式,即科学化是也……中国现在无工业,无国防,其症结在无科学基础。"然而令人遗憾的是,"中国过去未尝不讲科学,未尝不言建设,顾以认识不真,信仰不坚,了解不普遍,故往往一曝十寒,或则求之太急"。结果是,中国比日本提倡近代科学还要早,但日本的"科学功用大见",中国却"无工业,无国防,其症结在无科学基础"。正因如此,对科学的宣传不能有丝毫的懈怠,"今后无论国家命运如何,要须大规模普遍地提倡科学,从社会日常生活加以启迪,使人人能格物穷理,以进于利用厚生富民强国之途"①。也正因如此,新记《大公报》于1936年7月11日,复刊科学专刊,取名为《科学副刊》。《科学副刊》创刊时,科学救国的观念再次得以重申:"现今世界为科学世界,此无疑之论也","就国家论,无发皇之科学,则不足以立国","吾国科学晚兴,一切格物致知之术,利用厚生之道,未能充分发展,至于今日,强邻逼处,任凭宰割,至可痛心。惟亡羊补牢,事犹未晚,为国家民族争最后生存计,仍只有乞灵于万能之科学,起死回生,法门不二"②。

《科学周刊》与《科学副刊》对科学救国理念的宣传,可谓旗帜鲜明,而其他专刊则相互配合,通过倡导某一具体领域的科学化,来倡导科学救国。《军事周刊》寻求军事救国的有力途径,而要想实现军事救国,必须首先实现军事的科学化:"现代国防,说难很难,说易也很易。中国过去是不做,并非不能。从大体上说,国防根本,一种是人,中国有的是人,并且是勇敢耐苦的人,中国训练几千万壮丁,是天然可能的。再一种是物资,中国有的是物资,地上和地下的富源,不知有多少,单就狭义的军事说,凡军备所需的原料,中国都可以自供。由此而言,中

①《民国二十五年国庆纪念之辞》,《大公报》,1936年10月10日。
②《发刊旨趣》,《大公报·科学副刊》第1期,1936年7月11日。

国国防问题,根本上是有办法的。中国所缺者只是科学、制造、交通和政治经济各方面的组织。""军事是国家大政的一部分,离开政治经济教育学术等,就没有军事。换句话说,国家不能单希望强兵。不过军事问题,它本身就是一个大学问,大事业。凡兴国的国民,一定对于军事有普及智识,有兴味,对于国家国防上的需要有一致的认识,并且作一致的努力。国家一切施设,人民一切事业,和学术的研究,都对于国防有联带关系,都有间接实行国防计划的使命。甚么叫全国总动员?就是国家平日,一切的一切,都暗含着有国防性,一旦有事,立刻可将全国公私一切有形无形的力量,用到卫国保土上去,这就是全国总动员。为达此目的之计,国民平日,必须个个都对于军事问题,有认识,有抱负,都直接间接的尽力而后可。那么关于军事问题的宣传和研究,应该有迫切的需要。"①基于此种认识,《军事周刊》致力于军事科学知识的普及与宣传。

(2)教育救国论

20世纪30年代,中国的国难日益深重,其中之一为"教育的国难"。面对列强压迫,特别是日本帝国主义日益加重的侵略,教育一再成为全社会关注的重要问题之一,教育救国也成为许多爱国志士的首选之一。《明日之教育》就为宣传这种理念而创设:"同人共信教育是救国最重要的工具,这不是说要救这垂亡的中国,有了教育,其他可置之弗论……然而我们确信教育虽不过是一条救国的路径,却是一条必由之径。救国之工作虽千绪万端,教育却是各种工作之基础,无有效之教育,则千绪万端,无从下手。"②自始至终,《明日之教育》专刊都在宣扬"教育救国"的理念。这种理念不是口号,而是几乎体现在该刊所讨论的所有热点问题中。对于民众教育,《明日之教育》主张,民众教育是在思想上启发国民的爱国心、上进心和危机意识,使其知耻后勇,纾解"思想之国难"的主要手段,"民众教育是救国的教育,是复兴

---

① 《本刊的旨趣》,《大公报·军事周刊》第1期,1932年1月8日。
② 《与本刊初次见面的读者谈话》,《大公报·明日之教育》第1期,1934年1月8日。

民族的教育。因为我们的大多数民众未曾受相当的教育致使国家在国际间的地位低落,受四围强国的侵略,几乎不能生存,这亦是我们感觉到民众教育之需要的一个主因。所以我们的民众教育决不是一种慈善事业或太平时代的点缀品。实在是一种救亡图存的事业"①。而在提倡乡村教育时,《明日之教育》特别强调,"今日中国国本动摇,教育必须适合此时此地。在政策上应不忘空前国难,在时间上应不忘现代,在空间上应不忘乡村。用少数的钱造就多数的民众领袖,乡村中学当为切要之途。丹麦民族之复兴有赖于民众高等学校,亦即乡村中学之一种。救国之途多矣,在教育方面,在中等教育方面,乡村中学当可为致力之一大园地。深愿欲以教育培养国力者注意及之。"②

新记《大公报》另一个教育类专刊《史地周刊》的创刊目的也很明确:"本刊的任务是直接地或间接地使史地智识,尤其是本国史地智识,兴趣化和普遍化……史地智识是有用的。其普遍化可以助长国家意识的觉醒;其深刻化可以指示我们对于集合的环境之集合的适应。我们所谓以史地智识的普遍化助长国家意识的觉醒,绝不是如十九世纪以来西方和东洋流俗的史地家之所为,扭歪事实,以鼓煽民族的'夸大狂',以挑拨狭隘的国家主义的情感。我们对于本国的过去和现在无所用隐讳,亦无所用铺张。我们所希求的只是大家对于国史和乡土之坦白的亲切的认识和怀忆。即此共同的认识和怀忆,及由是而生之共同的欣赏和依恋,便是国家意识的源泉。同读过一部书或同游过一个地方的人,谈起来也会感觉特殊的契合,何况同浸润于本来共属的时空环境的欣赏和依恋?"③《史地周刊》刊载大量的文章,介绍史地知识,弘扬民族情感与爱国精神,如《晚明"流寇"之社会背景》《甲午海战前中国之海军》《东北铁路争夺史鸟瞰》《从新史料考证郑和下西洋之年岁》等。

---

① 夏迁:《现阶段之我国民众教育的意义及推进方法》,《大公报·明日之教育》第75期,1935年6月24日。

② 心:《乡村中学与今日的中国》,《大公报·明日之教育》第76期,1935年7月1日。

③《发刊词》,《大公报·史地周刊》第1期,1934年9月21日。

（3）文化救国论

文化救国，是新记《大公报》专刊的另一宣传理念。哲学专刊《现代思潮》的创刊，是为了探寻中国文化回应西方文化冲击的第三条道路。该刊编者回顾近代以来中西文化冲突的过程，将这一过程划分为两个历史阶段："（一）模仿皮毛的自然科学时期。这时期第一步所做的，就是买外国人制就的枪、炮、轮船、火车。第二步所做的，就是派人到外国去学工程、化学等实用的科学，以便回国后自己能制造一切西洋人所用的什物、器械……（二）模仿皮毛的社会科学时期。这时期第一步所做的，就是设法试用外国的政治制度。第二步是抄袭旁人家的主义。这时候真是最热闹，五花八门，应有尽有：无政府主义、社会主义、集产主义、共产主义、法西主义、国家主义……外国若干国所有的名词，中国一国倒全有尽了。"然而，这两条道路都失败了，坚甲利兵，只给中国"多挣来几块租界；而制度与主义，却只将中国弄成了千疮百孔，黑漆一团糟"。接着，编者指出还有第三条道路可走："现在还有一条可走的路——也许是最后最彻底的一条路——就是要抓住西洋人的思想，西洋人的灵魂：西洋人的哲学！哲学是一切思想之父，没有他，思想不会发芽；哲学是一切思想之母，没有她，思想不会成长；而思想却又是人类一切行为的路灯，一切行为的骨骼……中国适应西洋文化的方策，已由自然科学转到社会科学，而由社会科学转到哲学——也就是思想的研究了。"①这正是《现代思潮》的创刊动机。编者还强调指出："我们应从现在起，走一条更彻底的路：介绍西洋人的基本思想和做人的精神，这样我们可以从被动中与盲从中跳出……救国须先救民，救民须先'还魂'，这就是我们的看法。"②《现代思潮》传播的是一种思想救国理念。

《现代思潮》之所以重点介绍黑格尔哲学，有着特别的考虑和现实针对性。编者曾总结道，"我们注重黑格尔的东西，是有几点用意的：

---

① 编者：《发刊词》，《大公报·现代思潮》第1期，1931年9月4日。
② 编者：《引言》，《大公报·现代思潮》第9期，1931年10月13日。

(1)黑格尔讲那'整个',是我们应当注意的。因为这个与国家观念有直接的关系……国家只有是一个整体的时候,才能存在,才有意义。我们是'部分',但这部分只有在那'全'中才能存在……国家是个活的有机体,起码是以Hegelian Whole做出发。丝毫没有国家观念的我同胞,黑格尔的'整个',正是对病的良药啊!(2)黑格尔讲变动,讲'不满足',讲突破目前的境界,也正是我们讲'静',讲'知足',讲'得过且过'的中国人的砭针。我们是不甘于被凌辱的!我们是不安于饥寒的!我们要将我们自己从恶劣的社会环境中超脱出来!我们要将我们自己从恶劣的自然环境中拯救出来!我们不苟延残喘,我们不满现状,所以我们要'动'起来!"①介绍黑格尔哲学,是为了弘扬国家观念,号召大家行动起来,摆脱被凌辱的命运。

　　另一哲学专刊《世界思潮》对罗素哲学的推介可谓不遗余力,其中一个重要原因是,"罗素在欧战时本是世界有名的反战者,曾因此受了不少磨难"②。正因如此,《世界思潮》的主编钟爱罗素哲学,并希望更多的中国人了解罗素哲学。然而,《世界思潮》的最终目的,不是单纯地介绍西方哲学,而是通过中国哲学的建设来寻找民族生存之根本:"诚然,介绍虽是必要,只有介绍却也解决不了现在中国的问题。凡是一个民族要想站得住,必有其所以站得住者,必有可以站得住者。这是从外面万万介绍不来的。这必须从民族本身来找,这必须从自己历史上找。中国的这个是什么呢?是的,中国因为几次战败的缘故,也兼因多年处在异族专制淫威之下的缘故,或也并因本性本来平和的缘故,中国人的奴隶习惯实在深得不堪了,一意地崇外攉外,一谈自己有什么东西,一谈民族自己所以自立者,便不免有许多人觉着逆耳。但是不管逆耳不逆耳,弄明白这个,揭示出中国民族所可以自立者,至少也应是本刊所要努力的一端;而且也相信这是中国目前最切要的急务之一件。"③

---

① 编者:《几句结束的话》,《大公报·现代思潮》第49期,1932年8月27日。
② 张申府:《编者言》,《大公报·世界思潮》第8期,1932年10月22日。
③《本刊的旨趣》,《大公报·世界思潮》第1期,1932年9月3日。

从事中国哲学建设就是为了寻求民族独立之根本。《世界思潮》的主编一再重申这一观点："我总觉得，一个民族如要自立，必有其自立者，也就是必有其所以自立者，必有其可以自立者，也就是必有其值得自立者。中国也如是。假使中国什么也没有，假使中国什么好东西也没有，那就根本不必谈什么国难，根本不必谈什么救亡……中国之所以要独立，乃是因为中国民族有它独特的长处，为别的任何民族所没有的长处……因为这个缘故，我所以总喜欢在中国找它的好处。"①《世界思潮》的这个"好处"，就是中国传统哲学中的唯物辩证法思想，尤其是传统哲学中的刚毅、流变思想。《现代思潮》号召，为了民族的复兴，要进行新哲学的创造，"中国民族现值生死存亡之机，应付此种危难，必要有一种勇猛宏毅能应付危机的哲学。此哲学必不是西洋哲学之追随摹仿，而是中国固有的刚毅宏大的积极思想之复活，然又必不采新孔学或新墨学的形态，而是一种新的创造。中国若不能创造出一种新哲学，则民族再兴只是空谈"②。

1934年创刊的《艺术周刊》，首先将批判的目光指向艺术家自身，指出："在连年的苦难中，国家虽然还不曾给过一点扶助艺术的力量，艺术家又何曾有过甚么具体的计划给国家，又何曾感觉到艺术界该是个对国家的感情生活负最重大责任的集团，而在这事工上，大师与小卒是有着同等的重担?在艺术的立场上，个人的荣衰显晦，是艺术家所不暇顾及的一回事呢？……在许多年月里，艺术家何曾不狡猾地蒙混民众，——当民众要睁眼来一看他们的作品时，卑鄙地硬强民众把耳朵代替眼睛呢?艺术批评在中国也因此总是不能发轫起来"③，"艺术家自身，若拿时代的烦闷和环境上一切困难来原恕自己，来逃避复兴民族灵性的责任，更是堕落"④。在国难日益加深的情况下，《艺术周刊》致力于民族灵性的振兴，仍然是一种文化救国的表现。

---

① 张申府：《编余》，《大公报·世界思潮》第8期，1932年10月22日。

② 张岱年：《中国思想源流》，《大公报·世界思潮》第64期，1934年1月25日。

③ 编者：《岁首的话》，《大公报·艺术周刊》第14期，1935年1月 5日。

④ 编者：《从找寻自己说起》，《大公报·艺术周刊》创刊号，1934年10月7日。

(4)乡村建设救国论

中国是农业大国,农村问题丛生,其解决与否更关系到国运的兴衰,新记《大公报》对农村问题给予充分关注。《乡村建设》创刊时明确指出:"我国近十年来,热心于乡村研究,从事于乡村建设者颇不乏人,各人都在其所处环境之中,选择一种或数种乡村问题,根据各自的信念,各自的知识,试验一种或是数种解决的方法。这些人虽是因为环境不同,出发点不同,应用各种不同的方法,做出各种不同的试验,得到好些不同的成绩,但是他们的目标却只有一个,就是为乡村谋建设,为中国找出路。"①

《乡村建设》刊载了大量的文章,这些文章往往把乡村建设与国家的前途命运联系在一起。菊农指出,"这件工作做得好,国家民族有无限光明的前途","现在我们要复兴中华民族,不要恨别人,学别人,追别人,要在自己身上打主意",要反省自身,"农村建设可以说是整个民族开始自己问自己,开始在自己身上打主意的工作",其本身就是最基本的工作,但应注意这项工作的两个基本条件,一是人民的知识幼稚而无力量;二是人民的生活食不饱衣不暖。我们民族生机之萌发,"完全出于自己反身自问的一念"。从时代需求看,农村建设工作有着多方面的意义:"一、现在的农村建设工作是有充实国防的意义。二、现在的农村建设工作是有充裕国家经济拯救穷困的意义。三、现在的农村建设工作是有训练人民政治的组织的意义。四、现在的农村建设工作是有提高人民文化生活的意义。"②杨开道则认为,整个乡村建设运动是替"中华民族找出一条出路",是替"中国文化建设万年基础"③。

新记《大公报》还创办了《县政建设》专刊,而"县政建设"是"乡村建设"的延伸与发展。"近六七年来,乡村建设运动已经普遍全国,朝野都认为这是救亡图存复兴民族的一条大路。近二三年来,县政建设运动也风起云涌,相继而兴,朝野都认为这是改革政治促进国家的唯一

① 《发刊辞》,《大公报·乡村建设》第1期,1934年1月4日。
② 菊农:《农村建设与教育》,《大公报·乡村建设》第45期,1935年5月26日。
③ 杨开道:《农村建设之途径》,《大公报·乡村建设》第17期,1934年8月30日。

基础。同时,这两种运动渐渐的合为一流,二者不仅是相输并进,而且二者的工作已渐趋于同化,目的渐趋于一致,力量也渐渐的集中合并。这种现象实在是我们关心国家民族的人最应该欣幸的一件事,也就是我们最值得共同努力的一件事。"[1]《县政建设》的创刊目的与《乡村建设》是一致的,都是在寻求救国之路。

2.报纸的服务化

真诚服务社会是推动新记《大公报》飞速发展的一个重要因素。该报曾宣称:"盖本报公共机关也。"[2]这包括两层内涵,"一是公共言论机关,国人有所欲言者,可到该报言之;二是社会服务机关,国人有难、有求,该报有为之解难、服务之义务。"[3]1928年6月,大公报同人成立"大公报救灾委员会",在《启事》中声明,为社会服务是新记《大公报》的天职。依照这一天职,该报成立读者服务部,在天灾人祸发生时,进行募捐活动,为该报的社会服务工作提供制度保障。

新记《大公报》在服务社会方面做了大量工作。1929年,新记《大公报》为"天津市郊贫"举办慈善演艺会;1930年,陕西大旱,新记《大公报》从5月12日起举行赈款宣传周,每天在一版的大字标题下刊登劝募文字,共收捐款10余万元;1931年夏天,全国各地普遍遭受大水灾,湖北、安徽等地灾情最为严重。"大公报水灾急赈委员会"为此成立,从8月19日开始为灾区募捐。9月1日是新记《大公报》复刊五周年纪念日,被定为"大公报馆救灾日",并决定"所有本报是日营业应收之报费广告费,概行牺牲,全部捐出,并纸张油墨各种垫办之成本,亦不得收回,以示决心。此外,各部工作同人各按薪工数目捐出三十分之一为基本数,其自愿多捐者,悉数加入助赈之内"[4]。这次募捐活动进行了整整一个月,共收社会各界捐款208046元7角2分;1932年,新记《大公报》为淞沪抗战募款,为西安孤儿院代收捐款;1933年1月,日军进攻山海关,长

---

① 徐雍舜:《县政建设的使命》(代发刊辞),《大公报·县政建设》第1期,1937年7月13日。
② 《本报续刊二周年之感想》,《大公报》,1928年9月1日。
③ 吴廷俊:《新记〈大公报〉史稿》,第201页。
④ 转引自吴廷俊:《新记〈大公报〉史稿》,第204页。

城抗战爆发,新记《大公报》本着"发起募捐,将以此测验社会之同情心与夫古人所谓燕赵多悲歌慷慨之士者,今昔相较何如也"①之目的,发起募捐活动;1933年,新记《大公报》代收冀南三县黄河水灾捐款,代收山东水灾急赈捐款,为"中国华洋义赈会"代收黄河水灾农赈捐款;1934年,《大公报》为上海各界筹募各省旱灾义赈募款;1935年,长江、黄河发大水,新记《大公报》募捐近20次。

新记《大公报》不仅将为社会服务的宗旨贯彻在经常性的募捐活动中,而且通过服务性专刊的开辟,将其服务社会的宗旨进一步拓展,同时也为如何办好报纸副刊开拓了一条新路。

1928年8月,新记《大公报》收到读者黄天宇的一封来信,来信开篇对新记《大公报》赞誉有加:"记者足下,贵报创办以来,关心时局,殚精政论,振聋发聩,本爱国热忱,每为民众救国之倡导,常发起救国专号,资为民众吐露政见,得以雄鸡一唱,万方皆白。"信中还提出中肯的建议:"恳请贵报,本爱国之主旨,每星期于报章中任何部分,划出一大幅,作为民众在此过渡时期对于政治及一切问题之意见,统为讨论,一则以警告当局者之迷,二则可尽民国国民之天职,得免重演决裂之惨剧,以完成统一之大计,吾民幸甚,国家幸甚。"②读者的建议与新记《大公报》"注重民生疾苦,发挥真正舆论","应当尽量公开"之"素旨"③不谋而合,《公开评论》专刊于是在1928年8月11日得以创办。《公开评论》刊载的全部是读者的来稿,"容纳各界对于国家社会以及地方公共事业之建议批评",《公开评论》与投稿读者约法三章,重申其"大公"宗旨,提醒读者注意"文责自负"。

1928年冬,因为报社接到贫民投寄求助的稿件很多,《公开评论》连续让出四期的篇幅,刊发《贫民的呼号》专刊,其开篇解释了创刊原因:"将公开评论周刊暂停,改刊《贫民的呼号》,俾读者得知天津市上贫民之生活状况,同时唤起慈善家之注意,亟谋所以救济之

---

① 转引自吴廷俊:《新记〈大公报〉史稿》,第207页。
② 《促本刊之产生者》,《大公报·公开评论》第1期,1928年8月11日。
③ 《本刊特别启事》,《大公报·公开评论》第1期,1928年8月11日。

方也。"①《贫民的呼号》以整版的篇幅刊载求助人的姓名、年龄、住址及困难情况。第一号就刊载了130位求助者的简历。《贫民的呼号》出版四期后,于1928年12月22日即宣告终刊。

《公开评论》停刊不久,新记《大公报》应读者的要求,于1930年6月4日创办《读者论坛》,这是新记《大公报》为读者开辟的又一阵地,也是《大公报》服务读者的重要途径。《读者论坛》依然采取"文责自负"的原则,多方表达读者的意见与呼声。《读者论坛》以周刊的形式出版了15期。1930年9月17日,《读者论坛》发表启事说:"《读者论坛》的稿子,当是积压成堆,而这成堆的白纸黑字,又多是苦闷的读者所要说的话。宣泄舆论的责任,在可能范围内,本报是愿意担负的,但是每星期出版一次的《读者论坛》,因篇幅所限,在量上似觉少一些,未能尽量而迅速的把稿件登出。本报为减少上项缺憾起见,自今日起把《读者论坛》改为日刊,以期稍副读者之望。"就这样,《读者论坛》改为日刊,出版至1932年12月11日终刊。

1930年底,关于如何运用专门性副刊为读者服务,新记《大公报》有了新的认识,具体表现为《摩登》专刊的开办。《摩登》专刊为身陷苦闷的青年男女提供解决问题的答案。在《摩登》专刊上,不仅刊载读者的来信,反映青年的苦闷,同时以"记者答"的形式为苦闷的读者出谋划策。《摩登》由于为广大青年读者解决了诸多问题,从而赢得了读者的喜爱,各种赞誉接踵而来。读者称《摩登》是"苦海里的慈航"②、"青年的救星"③"迷途的南针""黑暗中的明星"④"青年男女同胞的尊师"⑤"人间的甘露"⑥等等。《摩登》的版面也由于读者来信的增多而一再增加。最初只占1/2版,自1931年2月15日第11期起扩至2/3版,从1931年4

---

① 《编者志》,《大公报·贫民的呼号》第1号,1928年12月1日。

② 《上海来的一封书》,《大公报·摩登》第13期,1931年3月1日。

③ 《咄!!!咄!!!自由主义的牺牲者!蹂躏女性之恶魔》,《大公报·摩登》第16期,1931年3月22日。

④ 《咄!咄!怪事!》,《大公报·摩登》第18期,1931年4月5日。

⑤ 《一个流落的革命青年》,《大公报·摩登》第20期,1931年4月19日。

⑥ 《失学少年的苦闷》,《大公报·摩登》第17期,1931年3月29日。

月26日第21期起又扩至一整版,读者仍不满意,甚至有人建议把《儿童》专刊从周二刊中"让出一天"给《摩登》①。

然而,在解答问题方面,编者几乎包揽了所有问题。当时就有读者明确指出了这一缺憾,《摩登》专刊公开发表了该读者的观点:"贵刊之工作,偏于消极的补救,缺少积极的建设,对于真正的摩登婚姻,颇少具体的宣传与实际的运动,尤其是怎样建设中国今日之摩登婚姻及其进行程序,更鲜论列。"读者进一步提出了希望:"大公报摩登栏的确不错,不过除问答解决式外,更进一步,为摩登婚姻之领导者,尤其是处于现在中国社会下,考之学理,征之实际,摩登婚姻之具体作法,及开始时应如何进行?……对于摩登青年婚姻之具体作法,及开始时进行程序,征求读者意见,公开讨论,或私人通函。"②《摩登》服务读者的方式还比较稚嫩,但毕竟找到了服务读者的新形式,对此,学界给予很高评价,认为它"开报纸社会服务版之先河","继《大公报》创办专为青年读者服务的《摩登》周刊之后,天津《益世报》于1933年11月25日正式开办'社会服务版',走报纸为社会服务的道路"③。从此,各地报纸的"社会服务版"便纷纷开办起来。

3.内外兼修的办刊理念

专刊、新闻、社评,都是新记《大公报》吸引读者的重要手段。对于专刊的创办与编辑,该报采取了内外兼修的方式:一方面,充分使用"内脑",即积极培养本报馆的副刊编辑,委以重任,提供广阔的发展空间,令其充分发挥潜能;另一方面,积极借用"外脑"。该报的许多专刊,都由专家、学者负责编辑,又由无数的专家、学者负责撰稿,"报纸虽是自己办的,却为读者服务;把篇幅时时刻刻让给读者利用,自己隐藏在后面,才是一个领导舆论的正确态度,诚心诚意把报纸许为公有,大公报虽非十全十美,然而能跟它相比拟的,却不多见"④。这种内外兼修的

①②《对本栏的建议》,《大公报·摩登》第42期,1931年9月20日。

③ 吴廷俊:《开报纸社会服务版先河的〈大公报·摩登〉周刊》,《新闻研究资料》第60辑,1993年1月。

④ 陈纪滢:《胡政之与大公报》,香港掌故月刊社,1974年12月,第114页。

办刊理念,使新记《大公报》走出了一条成功的专刊编辑之路。

(1)重用"内脑"

在"内脑"的使用方面,多面手何心冷是最典型的一例。

何心冷,江苏苏州人,生于1898年①,幼年丧父丧母,没有兄弟姐妹。他天资聪颖,又勤奋好学,靠自学肄业于北平民国大学。

1922年,胡政之在上海创办国闻通讯社,何心冷被录用,开始步入新闻界。"他有清晰的头脑,明敏的手笔,每到上海各界有开会的时候,出去旁听,全凭脑力,回来一挥而就,纪载无误。"几次之后,每有多人聚会之时,只要有何心冷在场,"各报记者,纷纷走去,说道:'何心冷来了,回头看国闻稿吧。'这是表示对心冷的纪述,有绝对的信用,国闻社能在上海造成坚实的基础,心冷实与有力焉"②。

胡政之颇爱惜何心冷的才华。1924年,胡政之在上海创办《国闻周报》,对何心冷委以重任,何心冷的才华得以充分展现。《国闻周报》于1924年8月3日出版创刊号,从封面题字、广告撰文以至报内的补白,以及一切打杂零活,几乎全由他一人包办。《国闻周报》第一、第二卷每期都有他的作品,小说、电影评论、时装小志,花样翻新,心思百出,同时他对于同人,"不骄不慢,充分表现出活泼天真的襟度,所以无论什么人,对他都只有好感的了"③。

胡政之准备复刊天津新记《大公报》时,认为何心冷有了更加发挥其天才的机会,于是将其从上海调往天津,帮助"三巨头"共同筹办新记《大公报》。1926年9月1日,新记《大公报》第1号出版,此前两周,何心冷就赶到天津,准备出版事宜。8月31日晚上,胡政之在北京跑新闻,当时在编辑部的只有张季鸾、何心冷、杜协民三人。何心冷一会儿上楼编稿子,一会儿跑到排字房看工友排版,一会儿又跑到营业部画广告样儿,整夜未眠。从此至1933年10月29日病逝,何心冷

① 1928年何心冷在《儿童》上发表《我是怎样的一个人》,自称30岁。据此推算,他生于1898年。

②③ 政之:《十二年的转变》,《大公报·小公园》(追悼何心冷先生专号),1933年11月12日。

一直为新记《大公报》副刊的发展奔波①。何心冷既创办并主编了《艺林》《铜锣》《小公园》等综合性副刊,也曾担纲主持《电影》《儿童》《体育》《摩登》《妇女与家庭》等专刊的编辑工作。他多年如一日,辛勤耕耘新记《大公报》副刊,提升了新记《大公报》副刊的社会地位与影响,使其与新闻版并驾齐驱,成为深受各阶层读者关注与欢迎的报纸的重要组成部分。20世纪20年代末30年代初,何心冷成了天津的名人。天津《商报》编辑吴云心说:"天津市民尽有人不知道大公报有张季鸾,但不知何心冷者甚少。"②多才多艺的何心冷,积累了丰富的副刊编辑经验。

其一,"拓荒者"何心冷

新记《大公报》复刊以前,本无副刊可言,当时只有游艺性质的专栏附在报纸的最末一张,占有不到四分之一的版面,除了连载长篇小说外,基本上只刊载一些戏剧、游艺广告性质的文字。复刊后,"报屁股工作,是他一人杀出了血路"③。

何心冷首先将游艺栏更名为《艺林》副刊。《艺林》副刊除了刊载小说,有趣味的诗词、笔记,戏剧电影的批评外,还增加些"流行的时装"与"社会的写真"。何心冷在《艺林》发刊词中明确指出,"像天津那么大的一块地方,可以说的事情真多,国家大事固然要说说,就是里巷间的琐事,也许谈谈。只要是和天津大多数人有关系的事,便免不了要说上几句。这么着,读者看了既觉得报纸的确和自身有密切的关系,就是我们说的也觉得说得有些意思。"④何心冷编辑《艺林》时,外边的投稿很少,除了小说系特约外,其余的稿子差不多都是他一个人化名写作的。每天晚上,他既要接长途电话,又要看大样,忙得连饭都

---

① 期间,何心冷曾两次南归:1929年8月,何心冷在常州结婚,前后离津三个月;1930年冬,何心冷二次南归,在上海工作一年后返津。

② 曹世瑛:《从练习生到外勤课主任》,周雨编:《大公报人忆旧》,第128页。

③ 伯珍:《温故友——永久难忘的心冷》,《大公报·小公园》(追悼何心冷先生专号),1933年11月12日。

④ 心冷:《我们说些什么》,《大公报·艺林》第1号,1926年9月1日。

顾不上吃。当时编辑部只有三个人,张季鸾既要负责写社评,又要发稿子,还要照顾各版的新闻。杜协民"因为是新手,除了自己的职务外",其余的事情只是"旁观罢了^①,何心冷自然要肩负重任。当时,三个人经常要忙到天亮。然而,何心冷一早就跑去看买新记《大公报》的人有多少,"并刺探些读者的口碑"。有一次报馆发号外,"他拿着号外跑到各电影院门口去散放。这很表现一种事业初开创时,发轫人的兴趣如何浓厚了!"^②何心冷就是凭借这种浓厚的工作热情,开始其副刊编辑生涯。胡政之对何心冷的工作给予高度评价:"那时他简直是生龙活虎,什么事都帮着我们干,如是者两三年,不但办《大公报》,还要照顾到《国闻周报》;不但管理编辑部事,还要管理到发行印刷,他那和蔼的性情,爽直的言语,不但经理编辑两部同人,和他要好;即是工场的工友徒弟,也都对他亲爱非常。他那一支隽永深刻的妙笔,在天津卫博得若千万读者的同情。"^③

其二,"仙人掌"何心冷

1927年,何心冷的报纸副刊编辑思想进一步明确。在他看来,副刊要想改变自身在读者心目中的"报屁股"位置,必须改变副刊的纯娱乐性质,转而直面社会现实生活。在何心冷主持下,新记《大公报》副刊向着关注社会人生的方向发展。1927年3月7日,何心冷主编的《铜锣》副刊创刊,他宣称:"大家打盹的打盹,睡觉的睡觉。木铎声音太低,惊不醒他们,我们只好在他们耳朵旁边打铜锣,难道还能装睡?烽烟弥漫,到处都是一片刀光血影,有多少母子离散,夫妇惨别。我们且学'鸣金收兵'的办法,打起锣来,请大家休息休息!"^④为了唤醒民众,《铜锣》刊载大量的讽刺性小品文字,还开辟"屁话""东西南北""旧话重提"等专栏,以三言两语的方式,讥刺社会上的各种不良现象。

1927年9月1日,《艺林》改名为《副刊一》,专载小说与诗文;《铜锣》改名为《副刊二》,专载新闻性的稿件。1928年1月1日,《副刊一》与

---

①② 协:《悼心冷》,《大公报·小公园》(追悼何心冷先生专号),1933年11月12日。

③ 政之:《十二年的转变》,《大公报·小公园》(追悼何心冷先生专号),1933年11月12日。

④ 《第一下》,《大公报·铜锣》第1号,1927年3月7日。

《副刊二》合并成《小公园》,直至去世,何心冷几年如一日,辛苦耕耘这方小小的园地。他在《小公园》上,以"园丁"身份,连续为"如是云云""蜂尾""镰刀""仙人掌""园丁的话""马后炮""吗啡针""冷话""发牢骚"等专栏撰文,对社会畸形与人生病态进行淋漓尽致地批判。对于贪官污吏,他力加挞伐:"官吏犯赃,监禁枪毙,都太便宜了他们。应当罚他们做修马路的苦工,让他们锄头铲子不离手,始终干他们刮地皮的生涯。"①对于土豪劣绅,他深恶痛绝:"至于土豪劣绅,对着军阀显媚也是他们,替军阀为虎作伥也是他们,到了革命以后满口的三民五权也是他们。一个不小心,便被他们瞒混过去。那么究竟也有方法可以辨别出来吗?有。只要看,在每种势力嬗递中,不论换的是张三李四,他们永远地活动,永远地占有一部分恶势力的,那就是土豪劣绅显明的招牌。"②对于军阀混战,他大加嘲讽:"你来扩张军备,我来添造军舰,早晚还不是替收买旧铜烂铁者多预备一些材料,真是何苦?我倒希望大水到中国来冲一下,先不先可以将那满地腥血,洗个干净。冲过之后,地面上结成了光滑的冰,让那班东奔西跑专爱打架的朋友一个也站不住脚。"③对于艰辛谋生的穷苦人,何心冷给予无限同情:"在冬天北风怒吼的时候,所苦的不过是几个穷人。至于那班阔人们,家里有的是暖气火炉,即便出门,也有那透不进风去的汽车可坐。他们尽可以在风雪飞舞中隔着玻璃窗看那在寒风中颤抖的人们。到了夏天,不论你贫富,一样的觉得热,固然阔人自有他们的取凉之道,但是遇到闷得透不出气的热天,你再阔些也是一样的难过。幸亏有了公平夏天,才给穷人们出了一口气。"④这种同情的背后,是他对社会贫富不均现象的深恶痛绝。

其三,"仆人"何心冷

1927年创刊的《电影》专刊,明确宣称不刊载带有"捧"的性质的

---

① 园丁:《如是云云》,《大公报·小公园》第28号,1928年2月3日。

② 园丁:《镰刀》,《大公报·小公园》第179号,1928年7月5日。

③ 园丁:《想起澳洲预言家》,《大公报·小公园》第11号,1928年1月11日。

④ 园丁:《仙人掌》,《大公报·小公园》第217号,1928年8月16日。

稿子,而是致力于新闻舆论批评。在何心冷主持下,《电影》专刊连续刊载批评中国电影界的文章,以求为刚刚发展起来的中国电影界打一剂强心针。何心冷坦言:"虽然中国电影事业已经创办了好几年,但是成绩还不见得良好,到了现在反而一天天的衰落,一方面固然由于经营电影事业者的不得法,但是一般社会的漠视电影,也是一个主要原因。看着人家在雪地里滑得跌了,自己在旁边拍手大笑,这本是中国人极普遍的心理……所以我们现在对于中国影片本身,暂并不希望他向外洋去发扬国光,只希望他们能够循着艺术的轨道前进。对于社会上一般人,尤其是智识阶级,希望他们能够给电影界一种切实的助力,指导他们,督促他们,使他们能够一天天的发展,一天天的进步。像虚损的病人,得到适当的治疗与充分的调养。至于乱捧乱骂,这种都是在病人身上打吗啡针的办法,在很短的时间中或许有一些效力,但是终久没有多大用处的。"①正是出于改造这种国民心理的长远目标追求,何心冷诉之于适当的影视批评,批评天津电影院在座位、卖票、厕所、茶房、音乐、字幕、放映时间、温度、招待等方面存在的诸多问题等等。

何心冷对电影业的批评,赢得了被批评者的理解与谅解,原因在于,他以"仆人"的姿态,来完成种种批评工作。有一次,何心冷在稿子中出现了纰漏,有读者来信批评他武断,他在1928年3月6日出版的第9期《电影》专刊上刊载《骂得一点不错》一文,将自己的失误公之于众。他说:"前天我接到一封投函,指出我在上期所写文字中的错误,读了一遍,十分感激。像我们这种过着颠倒生活的劳工,一不留神,就得出错,幸亏子修君来指正,不致贻误读者,真是万幸。我觉得强辩是不能胜过事实的,认错并不是坏事,所以将子修君的信也登出来,大家看看。同时更希望许多读者都能像子修君那样的指教。此外还有一个感想,就是觉得一般人看见别人有错,因为事不干己,总是闷在肚里不响,因此才铸成了大错。所以尤其希望子修君和许多读者,本着这种精

---

① 心冷:《现在中国的电影界不需要打吗啡针》,《大公报·电影》第3号,1928年1月17日。

神做去,也许社会因此可以改善得多了。"就这样,何心冷把读者的那封信同时刊载出来。在此,何心冷以其"君子坦荡荡",赢得了读者的信任,更赢得了读者的支持。

为了能让自己以行家里手而不是门外汉的身份提出各种意见与建议,为了能向读者负责,何心冷时刻注意新知的获得与体验。20世纪20年代,电影对于中国广大民众来讲,还是新生事物,对于何心冷而言,亦是如此。在主编《电影》专刊以前,何心冷已经为报纸撰写一些有关电影方面的稿子。但是他越来越感到,在报纸上讨论问题,如果"老是盲人瞎马,任其所之,那么结果话等于白说"。在他看来,要想明白演员在银幕上的动作,"非得亲自实验不可"。为此,他加入了"长城画片公司", 做了几十天的演员, 充分体验了演员的苦处:"当我演戏的时候,我便想到平常看见人家的缺点,想怎么的改革,但是结果成绩并不好,而且知道在一个影片中间演员的工作实在是难乎其难的事。从此之后对于演员方面的责难,我不敢再随随便便地发表议论了,而且了解了现在中国电影公司对于已经摄成的影片事后要去修改,也是一件烦难的事。"之后,何心冷为了弄明白电影公司方面的困难,又加入了"民新影片公司",结果,"虽然在短时间中,也可以看出电影公司对于编剧、导演、置景、摄片,以及销售种种方面的麻烦"。鉴于自己"对于电影院的观察工夫,似乎还太欠缺",何心冷还加入了"明星戏院",他曾说:"这三四个月以来使我增长了不少对于电影院方面的见识,了解了电影院的经营方法和困难。我想无论如何总可以使我以后对于电影界的观察要减少一重隔膜。"[1]他时时刻刻为读者着想,为自己的批评对象着想,正是他"仆人"编辑理念的集中体现。

其四,"大孩子"何心冷

从1928年开始,何心冷编辑《儿童》专刊,他自称"大孩子"。在《儿童》专刊,我们看到了一个天真烂漫富有童趣的何心冷。

何心冷把《儿童》建设成儿童的天地,有关小孩子的吃、喝、穿、戴、

---

[1] 心冷:《我总算又实验了一次》,《大公报·电影》第1号,1928年1月1日。

游戏、儿歌、小曲、童话、故事、手工、字画、小说;怎样念书,怎样做人;在家怎样,出门怎样;小时候怎样,长大了怎样;对待爸爸妈妈哥哥弟弟姐姐妹妹怎样,对待先生朋友应当怎样……上述内容应有尽有。考虑到小朋友们的阅读特点,文章一般不长,少的只有十几个字。《儿童》的作品以儿童为主,从5岁孩子的漫画,到14岁小学生的小说,种类繁多,反映了儿童的生活状态。

编辑《儿童》专刊时,何心冷已经30岁了,但他仍用口语化、儿童化的文字与小朋友们交流。小读者一直好奇"大孩子"是什么样的一个人,何心冷便在《儿童》上写下这样的一段话:"我是江苏人,没有姊姊妹妹,也没有哥哥弟弟,我小时候再淘气也没有了。小时候白天爱淘气,晚上在睡觉以前爱看画着小人儿的书和童话小说,后来眼睛变得近视了。所以现在只能戴上眼镜。如果除了眼镜,只好摸瞎。我是一个长子,两个腿长得厉害。又因为是个性急的,走路走得很快,觉得穿短衣服便当得多。我以前曾当过好几年小学教师,同小弟弟小妹妹们很讲得来。他们不怕我,很欢喜我。到现在我虽然不做小学教师了,但是可爱的小朋友的活泼的神情,还留在我的脑子里。我到今年虽然三十岁了,但是自己还觉得是个小孩子似的。就是别人也觉得我还是小孩子。所以我只要是看见许多活泼的小弟弟小妹妹,总想同她们玩玩。"①何心冷使用的这种通俗易懂的短句子很合乎儿童的心理,他用爱心赢得了儿童的喜爱。1929年8月6日,何心冷与李镌冰在常州结婚。很多小孩子都给《儿童》写信,以示祝贺。何心冷的真心付出换来了孩子们所能给予的最好回报。

其五,"摩登"青年何心冷

1930年11月30日至1931年2月8日,何心冷主编《摩登》周刊。短短的两个多月中,何心冷以满腔的热情,阐释"摩登"的真义。他指出,"摩登"本来是属于青年男女的,因为"青年们抱着热烈的愿望,同时更有水一般流动的意志,火一般炽热的爱潮。在他们想象之中,觉得世界是

---

① 心冷:《我是怎样的一个人》,《大公报·儿童》第41期,1928年5月13日。

一个伟大的欢乐场,到处都充满了愉快的空气,他们是怎样的迷恋,感谢大自然所赋予的环境,觉得到处都是无忧无虑的氛围"。然而,"事实与理想也不知道怎么的每每相反,摩登男女脚踏的园地,尽是些扎人的荆棘。举目四望,光明逐渐成为灰白而终于漆黑。于是摩登男女的笑声乍放,心酸的泪儿便像散了线的珍珠。快乐的环境,一霎时便变成了怅惘,悒郁,愁苦,烦闷。活泼的心情转瞬间也变得麻木,僵冷,悲痛,厌世。可爱的摩登男女,所获得的只是些虚空"。这种巨大的反差是如何产生的呢?由于青年们对于"摩登"的误解。"一般少年似乎以为只要把头挦得光光的,穿上一套西装;即使中装,也得来上一条硕大无朋的西装裤子。同时嘴里叽里咕噜能说得上:DARLING,I LOVE YOU。文字尽管不通,情书却要能写;再不然就是跳舞滑冰,件件俱能,便算是摩登少年。少女们的误解呢,以为衣服穿得时髦,头发烫得卷曲,眉毛剃了再画,嘴唇搽得煊红,在学校里当选皇后,出了学校荣膺交际明星,那便算是摩登女郎。"①自称是"摩登"青年,却不知"摩登"的真正含义,正是问题的症结所在。

既然青年男女对"摩登"一词存在误解,那么问题的解决必须从概念的解析入手。"'摩登'两字的意义,简单点说,就是当作'现代'讲"②,"本来'摩登'就是'时髦'之谓,再讲详细些是要合乎时代的潮流"③。"摩登"青年因为误读"摩登"一词,从而一切努力都适得其反:"现在的摩登男女,只披了一件摩登的外衣,专在形式上用功夫,意志薄弱,怎会不入歧途?经验毫无焉能不上大当?自然难怪四面八方只听得苦闷的呼声,闹得朝气蓬勃的青年,一个个垂头丧气,莫知适从。"④这样,《摩登》的创刊目的就十分明确了:"我们这个《摩登》刊,并不是提倡奢华,指导青年们怎样的去享乐。不过想尽一点微薄的力量,为已经受到苦闷烦恼的青年男女寻一条正当的出路;报纸和社会息息相关,虽说专管人家的闲事,其实也是我们的职责……希望能把青年少女,都引

---

① 《开场引子》,《大公报·摩登》第1期,1930年11月30日。
② 《"摩登"字解》,《大公报·摩登》第23期,1931年5月10日。
③④ 《开场引子》,《大公报·摩登》第1期,1930年11月30日。

到一个正当的途径,享受到真正的摩登的乐趣。"①专刊的宗旨也因此而确定:"本社设'摩登栏'的宗旨,是为的用诚恳态度,公开讨论现代青年个别的——也可以说是全体的———一些苦闷的问题。"②

何心冷主持《摩登》刚两个星期,就收到青年男女的信件一百多封,就地域而言,北至黑水,南迄淮河,真是出乎意料。由于来信太多,《摩登》从第5期开始,增设"简短答复"一栏,每期回答几个甚至二十几个问题,从而有效地节省了篇幅,也满足了更多青年读者的需求。就内容而言,"这一百多封信里,几乎有百分之八十以上,是在恋爱歧途中的呻吟,或是正彷徨在爱的途中而踌躇着"③。就读者而言,可分为"异性的寻求者"与"对婚姻的不满意者"两类,而不少问题又很难解答。为此,编者只好提醒读者说,《摩登》之设,本来为一般青年"消愁解闷,多少给一些精神上的安慰,物质上的帮助而已。但是许多把很大的问题来询问,这诚然是记者一支秃笔所办不到的事。所以应该向诸君道歉。至于因为男女没有恋人向记者征询办法,这简直无从答复,而来函之中尤其以这种为多。所以以后摩登,我们想稍微限制一下,省得一点儿大的事,也劳动笔墨"④。由于何心冷的努力与引导,加之何心冷南归休养后,负责编辑工作的"委员会"的不断努力,读者所提出的问题,不再局限婚恋问题,范围日渐广泛,除了恋爱、婚姻、家庭问题外,还有择业、交友、求学、求医,以及对军阀、劣绅、贪官污吏种种暴行的控诉,娼妓、歌女的无助呼喊等等。青年男女对"摩登"的误解逐渐减少。

(2)借用"外脑"

新记《大公报》创办了众多的学术专刊,这些学术专刊几乎都由社外的专家学者编辑。在"外脑"的借用方面,最典型的是该报与丙寅医学社的合作。

丙寅医学社在与新记《大公报》合作之前,曾两度与媒体合作。最

---

① 《开场引子》,《大公报·摩登》第1期,1930年11月30日。
② 《"摩登"字解》,《大公报·摩登》第23期,1931年5月10日。
③ 《敬告摩登青年》,《大公报·摩登》第3期,1930年12月14日。
④ 《告亲爱的读者》,《大公报·摩登》第7期,1931年1月18日。

初,丙寅医学社应《世界日报》之邀,在该报出版《医学半月刊》。1928年夏,《世界日报》因"国民革命成功",忙于登载时局消息,缩减副刊篇幅,将《医学半月刊》由整版减至半版,引起丙寅医学社同人的不满,而结束了与《世界日报》的合作关系。之后,丙寅医学社又与《新中华报》合作,不久,《新中华报》内部组织变更,取消副刊,合作再次破裂。此后,丙寅医学社才与《大公报》合作,并创下了抗战前连续出版406期的最高纪录。两家的合作并没有因为政治事件的发生而停滞,无论是抗战期间,还是解放战争时期,丙寅医学社一直保持与新记《大公报》的合作关系。二者的合作为什么能如此长久?其中一点至关重要的经验——二者是志同道合的朋友,是"淡如水"的"君子之交"。

新记《大公报》与丙寅医学社都以"大公无我"精神来运作。新记《大公报》续刊之初,就提出"四不"主义办报方针,丙寅医学社则将"四不"主义办报方针落实到《医学周刊》的具体编务活动中。

丙寅医学社服膺新记《大公报》的"不党"主义。该社公开向读者宣告:"丙寅医学社是几位同志由精神的结合而成立的,没有派别,不分彼此。凡与我们志同道合的就是我们的同志。我们的目标是在引起同志们对于科学的医学在国内现在及将来的地位上发生一种兴趣。并望使国人对于科学的医学表现一种相当的了解。"[1]

丙寅医学社认同新记《大公报》的"不卖"主义。该社声明,"经济一方面,我们是完全独立的。我们不曾接受任何机关或团体的资助。历年来所印行的医学周刊集,也是一件赔本的生意,但一切损失,除了一些亲近的朋友们的个人自由捐助,至于我们与大公报的结合也完全是义务的。我们所得于大公报社的是医学周刊的编辑权,此外绝没有金钱的代价。我们的经济状况既如上述,所以在最近的将来,还谈不到稿费问题。一方面对于投稿的诸君我们自是觉得抱歉,一方面我们也觉得这是足以自豪的。因为在我国的今日似乎只有这个刊物是站在超然的地位,不受金钱的诱惑,不受势力的支配。"[2]《大公报》与丙寅医学社同处经济独立的超然地位,是真正的"志同道合"的"同志"关系,因此,双方能长久合作。

丙寅医学社拥护新记《大公报》的"不私"主义。该社明确宣称:"医学周刊完全是公开的,凡不背乎科学原则而合乎我们的目标的文字,本刊都表示欢迎。这块园地是医学界的喉舌,是民众的导师。凡我们的同志都是这园中的义务仆人。"丙寅医学社的同人不但"不存赚钱"之心,而且"抱着不为名的心"。该社在编辑《医学周刊》的过程中,"编辑人员向书笔名,甚至不书名,或假名","社员除了有撰稿的义务外,还得捐出钱来。但是你要问本社的社员是谁,编辑是谁,恐怕社会上没有人知道。我们相信本社唯因为有这一股子傻气,才能这样持久。"①正是这股子傻气,令丙寅医学社与新记《大公报》的合作维持久远。

丙寅医学社也支持新记《大公报》的"不盲"主义,敢于坚持己见。该报因为一贯坚持自己的亚政治文化立场,有时难免局限于一己之见,产生错误认识。丙寅医学社也是如此。该社在《医学周刊》对"国医"进行全面批判,甚至全盘否定"国医"存在的必要性,其中不乏意气用事的地方,出现了谩骂"国医"的话语。这自然引起习"国医"者的反批评。丙寅医学社却能坦然地将读者的批评公开刊登在《医学周刊》上:"贵报医刊,每期必有诬毁国医,宣扬西学之作,以神圣洁白讨论学问之报纸,竟甘作片面宣传之机关,宣传自宣传,最令人不解者,何必抑此扬彼,果无存在可能,虽扬无益;果能存在,虽抑何损。不审贵报有何居心,因何不满于国医,必欲摧残消灭……贵报素持公道,奈何于此独偏,待发挥之学术甚多,奈何必精鄙讥骂以为自见耶,报纸本为公开讨论学问者,用以宣传,已失其本旨,更用以毁骂,实出讨论之范围,而失人格与报纸价值矣。"②《医学周刊》在刊载言辞激烈的批评文字的同时,还刊登一篇批驳文章,文章的作者说,他家大小十一口人在十年间都死于所谓"不上进的国医"的诊治,因此,他与"国医"有"不共戴天之

---

① 《通信》,《大公报·医学周刊》第44期,1930年7月3日。
② 《读者之声》,《大公报·医学周刊》第34期,1930年4月26日。

仇"①。由此可见,丙寅医学社并没有认识到自己在中西医学之争中存在的失误,而是以极端的方式坚持自己普及科学医学知识的一贯立场,这一点正与新记大公报人的亚政治文化立场相似,这也正是他们实现长期合作的另一思想基础。

五、胡政之的报业经营管理思想

有人说,新记《大公报》的成功由吴鼎昌的资金、胡政之的组织和张季鸾的文章三者构成。由此可见,胡政之的组织分量之重,是成功的新记《大公报》成功的要素之一。那么,何谓胡政之的组织呢?该报老人王芸生、曹谷冰给出了这样的答案:"胡政之属王郅隆时期旧大公报的经理兼总编辑,他这时正在经营着国闻通信社和国闻周报。新记公司接办旧大公报,编辑采访人员大部是国闻通信社和国闻周报的干部,经理部和印刷厂的职工大部是前大公报馆的人员,都是胡的旧部。吴鼎昌未曾推荐干部进大公报社,只有一两个极不重要的人员属于吴系,不久即离社。属于张季鸾系统的,只有曹谷冰一人是上海中华新报的旧人,只工作了两年就离去了。组织情况如此,所以经营用人之权全操于胡政之之手。"②

(一)确立现代企业制度

胡政之学习法律出身,做事思路清晰。在整体与个体之间的关系上,他曾做过这样一个形象的比喻:"我们的事业,是个团体的事业,每个人有不同的岗位,决不是一个人所能办的事,正好像一座大机器一样,每个小螺丝钉,都有它的用途,小螺钉发生了故障,大机器照样的受影响,所以小钉的重要,并不亚于大机器。"③要想使这个"大机器"能够正常、高效运转,必须明确各个部件的职责,并制订相应的规范,使其有条不紊地进行运作。

1.健全的组织机构

---

① 《也是〈读者之声〉》,《大公报·医学周刊》第34期,1930年4月26日。

② 周雨:《大公报人忆旧》,中国文史出版社,1991年版,第3页。

③ 胡政之:《对津馆经理部同人的讲话》,《大公园地》复刊第7期,1947-07-18,王瑾、胡玫编《胡政之文集》第1101页,天津人民出版社,2007年版。

新记《大公报》初创时期,组织机构极为简单,社长为报馆最高职务,下设经理部和编辑部,两部各司其职,以编辑部为重。经理部负责人即胡政之,经理部由各办事处、印刷厂、材料课、庶务课、广告课、发行课、会计和出纳课等部门,负责报馆的日常运作。编辑部负责人是张季鸾,主要负责报纸的采、写、编,下设各编辑组和特派员。报馆虽然规模不大,但是上至社长,下至各课员工,职责明确,分工合理,不仅能够独立处理各部门的问题,发挥自主性,而且各部门之间相互协作,有助于提高工作效率,沟通顺畅,相处融洽,良好的合作氛围,为报馆今后的发展和规模的不断扩建奠定了良好的基础。后来的上海馆、汉口馆、重庆馆、桂林馆和香港馆,组织机构都大体如此,有时会根据当时的需要略作调整。

1937年7月15日,新记《大公报》根据当时的国家公司法规定,正式成立了"大公报社股份有限公司"。由于吴鼎昌1935年被南京政府任命为实业部长,故为了维护新记《大公报》的"四不"方针,他登报声明辞去社长职务,此后,新记《大公报》再没设立过社长一职。胡政之任大公报社股份有限公司总经理,他制订并公布了《大公报社股份有限公司章程》,分为"总则""股本""股东会""董事及监察人""职员""会计""附则"7章,共计34条。从此,新记《大公报》由私人合伙公司正式转变为正规的股份有限公司。对该报来说,这本该是又一个蓬勃发展的开端,但此时的中国社会却在日本侵略者的疯狂进攻中饱受摧残。

"七七事变"后天津沦陷,新记《大公报》被迫停刊,在外部条件极度恶劣的条件下,胡政之为了坚守自己的言论阵地,传达国民的声音,相继在上海、汉口、重庆、香港、桂林五地开馆,以确保《大公报》在时局动荡时期发出正义的呼唤。辗转各地,足以见得胡政之办报的信心,但这同时也给报馆的经营管理带来了相当大的难度,既要经营好现在的报馆,又要随时准备后路;既要稳定军心,使报馆内部的工作有序进行,又要时刻着眼于大局,洞察社会情势,规划报馆未来的发展和走向。在当时,整个国家的政治、经济都处于紊乱状态中,《大公报》作为社会大系统的一个组成细胞,在混乱的系统中保持清醒的头脑,坚持自己的方向是何等的不易!胡政之作为新记《大公报》的掌舵者,功不可没。

1941年9月,《大公报》总编辑张季鸾病逝,至此,新记《大公报》的三位创始人,只剩下胡政之一人在坚持,他开始全面接手新记《大公报》的工作。在重庆,他宣布成立"大公报股份有限公司董监事联合办事处",对渝、港、桂三馆实行"集体领导",并制定了《办事处规则》,规则中明确规定了董监事联合会办事处的任务,即:"1.决定本公司各报之言论方针并策划版面之改进;2.统筹本公司各报之经济事宜,调整业务,办理总预算、总决算;3.稽核本公司各报之账目及现金;4.决定本公司各级主任以上职员之进退及调动,并考核各报全体职员之成绩,分别奖惩;5.督责并调整各地特派员之工作;6.其他部分属于本公司各报之共同事物。"①

1942年4月6日,董监事联合办事处公布了《大公报社各馆组织规则》,共11条。《规则》侧重于规定经理部的组成及职责,"经理部分置总务、营业两处,各置主任1人,总务处管理文书、会计、出纳、庶务、工厂管理及其他不属于营业处之事务。营业处管理广告、发行、周报发行、图书出版、承印等业务。"②此为本规则的第五条,对经理部的组成机构作了详细说明。第六条又对总务处分置的各课职责作了具体规定,表述如下:"1.会计课:司全馆会计并保管账册、传票、单据。2.出纳课:司全馆现金票据出纳。3.庶务课:司日常材料之购置及分配来往信件之收发、员工膳食之料理、馆舍之警卫消防及卫生,房屋营业、器具之添置、修理及保管,夫役之雇佣及管理,并其他不属于他股而应总务课办理之杂务,得分置收发、采购及杂务三股。4.文书课:司拟缮文件,保管卷宗。5.材料课:司材料采购添置之设计及保管与考核。6.工厂管理课:司全馆出版物及承印各件之排印、铸版、浇铸、铅字铅

---

① 胡太春:《中国报业经营管理史》,山西教育出版社,1998年版,第74页。
② 同上,第76页。

料,管理工厂工友,并保管修理工厂器材,分置印刷、纸张、排字铸字、照相制版各股。"①接下来,《规则》第七条规定了营业处各课的主要职责:"1.发行课:司本馆出版物之发行事宜,下设订报、发行两股。2.广告课:司本馆出版物及《国闻周报》之广告事宜。3.周报课:司《国闻周报》之发行事宜。4.出版课:司日报周报以外之出版事宜。5.承印课:司承印馆内外印件事宜。"②由此可见,此时新记《大公报》的各部门分工已经相当细致,管理到位,有助于提高工作效率。

在编辑部方面,《规则》在第九条中作出如下表述:"编辑部置译述课、采访课、通信课、图书室、校对室、电务室,各置主任一人。译述课:司国外电报、书报、杂志之翻译及社评以外文稿之编撰与审阅。采访课:司当地新闻之采访及参考资料之收集。通信课:司地方通信员之延聘与考核及稿费之核发。图书室:司图书之购置与保管及参考资料之整理与保管。校对室:司稿件之核对。电务室:司接发长途电话、电报及翻译码电。凡不属于以上各课室之事宜由编辑主任、副编辑主任指示书记、庶务分别处理。"③

2.完善的管理制度

新记《大公报》接办之时,设备陈旧,一切都要从头做起,起初的发行量仅有1967份,经过几个月的努力,到1926年底也只有3198份,广告收入仅为858元,这意味着在创刊初期的三四个月中,每月要赔三四千元,这在当时来讲是一笔不小的损失。但吴、胡、张三人的信念是坚定的,秉着"专心办报"、"赔光完事"的态度,他们努力支撑着报纸的发展,即使情况再艰苦也不改变"不党、不卖、不私、不盲"的办报方针和文章报国的办报初衷。

为了改变这种不利的经营状况,使报馆尽快发展起来,胡政之开始在管理制度上下功夫,先将报馆的内环境调整好,这样才有能力对抗外界混乱的社会局势。

---

① 胡太春:《中国报业经营管理史》,第76、77页。
②③ 同上,第77页。

（1）严密的财务制度

胡政之为了强化报社的经营管理，杜绝浪费，对财务进行严格把关，制定了《大公报社各馆采购材料规则》，要义如下[1]：

第一，各馆需用各项材料物品，由材料课视事实上之需要，随时通知庶务课采购。必要时由材料课会同庶务课采购。大宗材料应由经理直接或随时派员订购。并规定物品牌号形色标准。

第二，材料课对庶务课送交所购物品应审慎验收，如与通知相符，即在发票上签盖收货章，随将发票交还庶务课，凭此由庶务向出纳课报账。

第三，庶务课为便利采购，向出纳课支悬款最多不得超过本馆经理所定之限额。其超过限额者，应尽可能预先商定价格，开具支票往购之。庶务课主任对于所属采购员之悬欠，应随时查核收回，如有损失应负其全责。

第四，出纳课于必要时，或与总务处主任查点库存。

第五，材料课随时询查本馆应用物品之价目货源，报告经理，核阅其每日购进货物，并须于日记中详为记录。

此规则将材料课、庶务课和出纳课三个部门紧密相联，却又相互制约，相互监督，因此，新记《大公报》的财务支出得到了严密控制。

除此之外，胡政之还采取了其他措施，进一步完善财务制度。他大胆采用了当时新式簿记，账目公开明晰，纠正拖欠陋习。在发行方面，分馆及分销处，以押款与保人并重，缴款一旦逾期，报纸立即停止发行。在最初的五年中，至少有一二百家分销处被勒令停止发行，在严格的管理制度下，各分销处渐渐养成了按时缴费的习惯，发行逐步走向正轨。据1931年的统计显示，《大公报》共有293个分销点，全部按时缴费，没有拖欠情况。在广告方面，也采用了严格的收费制度，即使是该报的总经理、总编辑为私事刊登启事，也必须照章交费。[2]报馆上下一

---

[1] 参见胡太春：《中国报业经营管理史》，第77、78页。

[2] 同上，第68、69页。

视同仁,即使对高层领导也不能开"绿灯",杜绝"后门"现象,吴、胡、张三人以身作则,其他员工自然也就严格遵守规定,报馆上下形成了良好的风气。

(2)完整的会计制度

"现代文化企业必须辅以完整的会计制度,才能推动发展,否则,一盘烂账,既不精确,也难得从数目字上,找到得失。"对此,陈纪滢感触颇深,邮政出身的他对会计制度是比较在行的,因为当时中国"邮局一切遵从英国制。邮局员工虽不一定人人懂得会计,但多数都曾有短期及简易会计训练"。据他回忆,当时国内有完整的会计制度的机关商号是很稀罕的,例如在哈尔滨,"除中东铁路局、海关、邮政,以及一些洋行外,中国一般商号对于记账方法还都相当落后。几家报馆,包括国际协报及哈尔滨公报的会计都欠完整。能有一本总账,若干分类账的,还不太多。至于以传票记账的更付阙如"①。在新记《大公报》,他"初次看见中国报馆有完整的会计制度","各项账目,尤其发行的详尽,计算成本方法的周密",其他报馆是很难具备的,因为胡政之是这方面的行家,再加上吴鼎昌的鼎力支持,报馆的会计制度自然领先于时代。

(3)人性化的福利制度

虽然胡政之平日对员工在工作中的要求是比较严格的,而且他本人也不苟言笑,较之张季鸾,在同人面前更为严肃,但这并不妨碍他对报馆实行人性化管理,"为了增加内部凝聚力,对社内同事工友,注意福利优待,同仁疾病相扶,工友则有强制保险之法,缓急有助,相互协合"②。让每一位员工都感受到这个大家庭的温暖,使他们更加热爱自己的本职工作,热爱新闻事业。

首先,他制定了职员薪给规则,现在看来虽略显粗糙,但在当时来讲算是比较完备了,而且并不多见。薪给主要由以下五项构成:月薪、特别费、年终酬劳金、生活津贴、年资薪。为了公平起见,他还制定了支

① 陈纪滢:《胡政之与大公报》,台湾掌故出版社,1974年版,第70页。
② 胡太春:《中国报业经营管理史》,第69页。

付员工薪给的标准："1.工作能力;2.日产工作之分量;3.所负责任之轻重;4.有无特殊劳绩;5.执行业务时有无临时支出;6.营业盈亏及其程度;7.一般生活程度;8.服务年资之久暂。"①

其次,他制定了福利金制度。职工福利金主要分为四个部分:1.恤养金;2.子女教育补助费;3.医药补助费;4.婚丧补助费。恤养金主要用于职员因公负伤、在职身故或衰老退职。恤养金分为四个等级:终身恤金、一次恤金、退职赡养金、退职赠予金。另外,凡在报社工作五年以上的课副主任子女在初中以上学校学习者,均可领得子女教育补助费。报社职工自身和家属生病、亡故、婚嫁,都有详细规定可享受医药补助费和婚丧补助费等。②

健全的福利保障,解除了员工的后顾之忧,全力以赴为报馆工作。在胡政之的管理和领导之下,全社上下同心协力,通过一年的艰苦奋斗,截至1927年8月,报馆摆脱了亏损状况,略有盈余,胡政之的苦心经营开始慢慢结出果实。从1926到1936年这10年间,胡政之兢兢业业,使新记《大公报》发展到了一定的规模,取得了相应的资本积累,仅工厂价值就达到40万元,报馆资本由最初的5万元积累到50万元,是创业初期的十倍,这些数字也许能够部分地反映出胡政之经营管理的成功所在。

(4)开明的人事制度

作为管理者胡政之虽然严肃,但绝不"专制",他丰富的经营管理经验不仅来源于他的亲身经历,也源于他是个开明的管理者,懂得借鉴有益经验、听取他人建议。在这一点上陈纪滢最有权力说话,他曾向胡政之作了有关邮政人事制度的详尽报告,并评判其得失,以供胡作报馆人事管理的参考。陈纪滢认为,"新闻事业每种职位,除了基本学识、学历以外,尤其需要发挥继续不断的才智。也就是说,一个记者,一个编辑进了报馆之后,不能完全像邮政人员那样,一等一等的进,一级

---

① 胡太春:《中国报业经营管理史》,第78页。
② 参见胡太春:《中国报业经营管理史》,第79页。

一级的升,要看他的才智发挥得怎么样,他的学识积累造诣如何。文章的好坏固然与学历关系很小,采访能力之高低,也不见得代表了等级的差别。特别是以文字表现能力的人,是否一级一级的升合适?需要考虑。""而且,高级职员固然需要资历培养,但最重要的还是道义结合、气味相投;光有学识不见得是工作好同僚;只有友谊,没有文字缘,也不会适合新闻事业。报馆真正是以文会友,以友辅仁的大好机构。所以人事制度之外,还必须加上高度修养兼富有友谊的文字结合,才能携手并进,合作无间。文化事业同僚间彼此利害事小,而有共同理想,追寻同一目标才为上乘。"①胡政之对他的见解相当重视,比较赞同,不仅自己认真听取,还让报馆专管人事的负责人向陈请教人事管理制度方面的有关经验。胡政之很高兴能够得到这样一番有益的经验,他说:"我要根据你的意见修正我们的人事章程。邮政升迁进退的许多方法,固然不完全适用于记者、编辑;但一般业务、事务人员则有参考的价值。非常谢谢你。"新记《大公报》此时的人事制度已初具规模,后来在创办重庆版时,人事制度的精神、细节作了一些调整,就源于胡政之对陈纪滢这次建言的借鉴、吸收②。

(5)严格的工厂管理制度

胡政之对印刷厂的管理也相当严格,以确保报纸每天能够快速、及时地印出,这是一件琐碎而辛苦的工作。保持印刷环境洁净,既是机器维护必不可少的要件,也是提高工作效率的重要保证,胡政之对此认识相当明晰,也一直延续着这个优良的传统。大公报老人陈纪滢当年参观工厂时曾有这样的感受:"无论机件与排字房,都干净得如明镜一般。又因为是白天的关系,光线充足,尤其因为顶棚高耸,站立在里边工作,没有令人窒息憋闷之感。"③

胡政之一直是一个严格的管理者,"这个力求清洁的传统,一直延续到抗战期间。那时在汉口与重庆,都改用平版机,而工厂建筑的简陋

---

① 陈纪滢:《胡政之与大公报》,台湾掌故出版社,1974年版,第73页。

② 参见陈纪滢:《胡政之与大公报》,第74页。

③ 陈纪滢:《胡政之与大公报》,第68页。

空前。然而尽管把机器运到防空洞内去工作,仍然保持相当清洁。所以大公报即使用陈旧机器,印刷出来的东西,依然比别人家好。印刷工厂清洁与不清洁,看来也是判断办报成功与否的重要因素之一"①。与同时期的其他各报相比较,新记《大公报》是比较突出的。陈纪滢还曾经参观过多家报纸的工厂,包括《益世报》,但都"不如大公报的清洁",有些报纸工厂"不是黑漆漆的,便是污秽不堪"。

(二)唯才是举的独到人才观

1.独具慧眼挖掘潜在人才

胡政之曾说:"我不用已经成名的大文人,这种人刷一阵子便走了。"②用人很少聘请已经成名的编辑记者,他认为这些有名气的人更为重视自己的得失,不会全身心地投入到工作中,以为报社服务为首要任务。他更善于挖掘潜在的新闻人才,并给予大力的培养。新记《大公报》人才辈出,方汉奇教授曾经指出:"列入《中国新闻年鉴》'中国新闻界名人介绍'栏的《大公报》编辑记者,累计达36人。被《中国大百科全书新闻出版卷》列为条目加以介绍的《大公报》编辑记者达12人,占全部人物条目的108条的1/9。"③李纯青曾回忆说,周恩来总理曾经称赞《大公报》培养了很多人才,而且他们都有着一种强烈的事业心,这对新记《大公报》来说是一种莫大的肯定,作为负责人事管理的总经理胡政之是功不可没的。这些新闻人才中的大部分,在刚进入大公报社之时,也许连他们自己也没有想到,日后会在新闻事业中有所成就,成为时至今日仍被世人学习和称道的著名编辑记者。胡政之独具慧眼,能通过一件件小事在芸芸众生之中挑选出日后报社的栋梁、新闻界的精英。

人才的培养是事业发展壮大的潜在动力和积蓄,胡政之正是清楚地意识到了这一点,才极为重视发现新人。"比如,同张季鸾打笔墨官司的王芸生被看中引进了报馆;当时还在北京大学读书的范长江,因

---

① 陈纪滢:《胡政之与大公报》,第69页。
② 周雨:《大公报人忆旧》,第312页,中国文史出版社,1991年版。
③ 方汉奇等:《〈大公报〉百年史》,第314页,中国人民大学出版社,2004年版。

经常在平津各报上发表文章被看中招入;武汉大学学生张高峰常为新记《大公报》写反映校园生活的稿件,被约为记者,后进入报馆工作;陈纪滢出身邮局职员;徐盈、彭子冈、杜文思是从投稿者中被发现的,等等。胡政之还根据事业发展的需要招考了不少练习生。只要是想从事新闻工作的人员都可以应考。由这种方式进入新记《大公报》的有曹世瑛、孔昭恺、曾敏之、陈凡、罗承勋、徐铸成、王文彬等。这些人后来都在报馆独当一面,成了新记《大公报》的骨干大将,为报纸的发展立下过汗马功劳。现在鼎鼎大名的小说家金庸(查良镛)也是当年通过招考进入该报的记者之一。同时,新记《大公报》还从各处挖来不少人才。像原天津《庸报》的总编辑张琴南、原北平《晨报》的编辑许君远、原法国哈瓦斯通讯社的记者费彝民、原燕京大学新闻系的助教蒋荫恩,以及原北大的助教张佛泉等。"①

2.不拘一格培养可造之材

据李纯青回忆:"胡政之颇能兼容并收,不拘一格。在编辑部,工作方法灵活。我觉得有一点很重要,大公报内部有一定的自由空气,各人可以各言其是,无所顾忌。编辑、记者思想不必走钢丝,因而也就缺乏产生八股文的土壤。编辑部人数不多,外勤记者不过十余人,大家日日夜夜不辞辛苦,专心一志,全力以赴。各地通讯员很多,重要消息及时而来。特别是外国通讯极为读者所欢迎。太平洋战争时在美国舰队上有大公报的随军记者;日本投降时在东京湾美舰上有大公报记者目击这场历史性的受降盛典;在英国蒙巴顿元帅指挥下的部队,在缅甸远征军中也有大公报记者随军。国内国际通讯网如此强大,国民党官方报纸亦不能超过。"②只要是胡政之认定的有用之才,便会招入报社,把他们作为"潜力股"进行大力培养,甚至不惜重金。

胡政之提拔干部,从不论资排辈,不以工作年限,而是以工作实绩为依据,勇于大胆尝试,徐铸成的亲身经历充分证明了这一点。他是

① 罗国干:《新记〈大公报〉的经营管理——媒介经营管理研究之三》,《广西大学学报》(哲学社会科学版),2006年10月。

② 周雨:《大公报人忆旧》,中国文史出版社,1991年版,第313页。

1927年初进入新记《大公报》的,当时还只是练习记者,月薪只有30元。到了1931年,只隔了三年时间,就被派往汉口任特派记者兼办事处主任,月薪增加到150元,另有车马费50元。胡政之大胆提拔新人的做法,显然打破了以"靠年头,论资历"为提拔依据的中国传统,在今日看来似乎并不新鲜,但在当时来讲,这应该算是超前意识,已经初具现代化人事管理的意味了。

(三)经济效益与社会效益并重

胡政之从事报业经营管理的一大特点就是"营业与事业并行",也就是我们今天所说的经济效益与社会效益并重。

1.重视广告发行 保证经济收入

为了保证报社的正常运转,获得充足的经济收入,胡政之不辞辛劳,兢兢业业,像机器人一样不停运转,不知疲倦,努力搞好广告发行,为报社员工树立了勤奋工作的好榜样。"胡政之每天清晨即到报馆,了解广告与发行情况后,又经常往来于街巷与广告刊户之间,倾听对广告的反馈意见和建议,一时传为佳话。由于续刊之初只有2000多份的发行量,刊登广告者寥寥无几,仅靠两三家银号每月几十元的广告费难以为继。于是,胡老板派人每晚至影院、戏院去抄写明日的影目、戏码,免费刊登,以赢得刊户信任。经过一年多的努力,广告收入从每月二百多元增至千余元,作为报业发展支柱的广告,在这一时期为《大公报》经济的收支平衡起到了关键作用。""连篇累牍的一版广告,为《大公报》带来了可观的效益。许多广告创意之独到,绘画之精美,令人拍案叫绝。广告的生动性与大信息量,使读者在阅读正文后争相浏览、品评《大公报》精彩的商品世界。""由于报纸印刷术的提高,明星倩影、精彩剧照等不时见诸报端,为《大公报》增添了时尚与文化品味。"①

2.立足社会服务 树立企业形象

胡政之主张"营业与事业并行"的办报理念,搞好营业,获得利润,

---

① 由国庆:《〈大公报〉的老广告》,《我与大公报》,复旦大学出版社,2002年版,第407~408页。

保证经济独立,是为了更好地发展新闻事业,服务社会,回馈读者,树立良好的企业形象,二者相辅相成。

(1)发起赈灾募捐活动 号召社会奉献爱心

胡政之对报纸的社会服务功能相当重视,他在这方面的努力也取得了显著的成绩,使新记《大公报》的服务功能得到了充分的发挥,为社会公益作出了贡献。自1928年到1936年8年中,胡政之组织了大规模的募捐活动,达20次之多,其中社会反响强烈、影响较大的有:1930年为陕灾赈款举行"宣传周"、1931年为鄂皖水灾发起"救灾日"、1932年为淞沪抗战募款、1933年为榆关抗战募款和1935年为江河水灾赈款。

1930年春夏之交,陕西遭遇严重旱灾,赤地千里,哀鸿遍野,广大民众饱受旱灾之苦,生活受到严重威胁,无力解决,亟需外界的帮助。面对灾情,胡政之迅速组织报馆作出反应,展开了新记《大公报》第一次声势浩大的救灾募捐活动。为了迅速有效地筹集捐款,新记《大公报》自5月12日(星期一)起,举办"大公报救济陕灾宣传周"活动。其实,在5月10日,新记《大公报》就在要闻版显著位置发表了慈善事业家李晋名为《三元救一命!!!》的谈话。11日,又在第七版发表王芸生所写的短评《速救陕灾!!!》,大声疾呼,指出陕灾情势严重,已到了最后关头,希望唤起社会各界人士的关注,激发广大同胞的同情心。自"宣传周"开始后,《大公报》每天都在显著位置刊登呼吁捐款的文字,并发表相关的社评。此次募捐活动共筹集到捐款十万余元,这对饱受旱灾之苦的陕西灾民来说是一笔及时的救命款。这次宣传活动,为今后胡政之组织报馆开展募捐活动开了好头,积累了经验,意义非凡。

1931年夏天,全国多个地方遭受水灾,其中湖北、安徽等省灾情严重,牵动着全国人民的心,大公报同人的心亦备受煎熬。为了帮助受灾同胞渡过难关,胡政之组织成立了"大公报水灾急赈委员会",经过委员会紧张的筹备,8月19日开始正式募款,但对水灾的关注和报道早在8月初即开始了。为了确保报道的全面、真实,报社派出多名记者赶赴多个受灾地区进行实地采访报道。8月8日,报社收到了在灾情最为严重的城市之一——汉口的记者发回的报道《一片汪洋万家号啕》,详细报道了当地的受灾情况,使读者及时了解了当地灾情。另外,刊登在第四版的《各省水灾概况》,详细报道了长江沿岸及江南10省的受灾情况。次日,社评《东南水灾之严重性》阐述了这次水灾所带来的损失。后又发表《大水后之防疫问题》等文章,及时、准确地报道水灾情况。

在募集捐款的第一天,新记《大公报》展开了声势浩大的宣传,不惜大篇幅、以多种形式报道灾情。第一版以特大字的标题刊出《代鄂、皖等省水灾被难同胞求救!》,极为醒目,引起读者重视,文章内容更是情真意切,字里行间充满了大公报人对受难同胞的同情之心,感人至深。第二版的社评《请全国读者捐赈!》也极富感染力,希望唤起国人对广大灾民的关切之心。第三版即要闻版也以头条显著位置刊登了《沿江三千万灾民待赈》,详实报道了沿江各省居民的受灾情况,指出他们迫切需要帮助,望大家伸出援手,帮助他们共渡难关。之后连续数日发表有关灾区的报道和社评,密切关注灾情动向和灾民情况。

为了推进赈灾捐款活动,起到表率作用,胡政之决定将9月1日,即新记《大公报》复刊五周年纪念日定为"大公报馆救灾日",并将报纸当日收入全部捐出。另外,"各部工作人员各按薪工数目捐出三十分之一为基本数,其自愿多捐者,悉数加入助赈之内"。通过统计,报馆次日公布了捐款数额,9月1日新记《大公报》全天营业收入为1840.94元,全部捐出;报社全体同人的捐款大大超过了规定数额,印刷工厂的工友们虽然收入微薄,但也献出一份爱心,共捐献96.80元。大公报馆该日捐款共计3260.84元。此次募捐活动进行了整整一个月,到9月20日止,除大公报馆自己的捐款外,共收到来自社会各界捐款208046.72元[1]。这笔捐款对灾区人民来说是一个不小的数目,不仅为他们送去了温暖,也为报馆树立了良好的服务社会的形象,真可谓一举两得,为灾民募集现金,为报馆赢得声誉。

(2) 开展抗战宣传活动,呼唤国人爱国热情

---

[1] 参见吴廷俊:《新记大公报史稿》,武汉出版社,2002年版,第204页。

1935年5月,胡政之率领新记《大公报》骨干力量到日本进行新闻事业的考察和学习。正值此时,日本新闻界正在大力宣传、倡导"飘翔"运动,具有远见卓识和爱国热忱的胡政之敏锐地感觉到此事非同小可,必须引起重视。因为一旦与日本开战,空军的力量将是举足轻重、不可小觑的,空军具有重要的战略地位。而中国在这方面是相对薄弱的,这不仅体现在职业军队上,也体现在普通民众的对于此项运动的认识和了解的不足上。青少年的滑翔运动不仅是兴趣的培养,更是空军发展的基础,是未来优秀空军的摇篮。基于这个长远的想法,胡政之虚心向日本新闻界同人请教,了解他们提倡滑翔运动的详细情形,以及关于这项运动本身的一些情况,决心回国后尽自己所能发展对国防事业大有裨益的滑翔运动。

6月,胡政之回国后就开始紧锣密鼓地进行准备工作,希望通过宣传和努力使滑翔运动在中国有所发展。他先是拿出大公报专为此项活动募集到的6000余元读者捐款,托人远赴飞机制造相对发达的德国,订购了一架在当时来讲款式最新的滑翔机,期望在中国发起滑翔运动,开个好头,使其渐渐兴起,不断发展。但是,这并不是一个好的时机,抗战爆发,整个中国陷入了艰苦的抗战斗争中,社会各界根本无暇顾及一项运动,而是全部投身于这场保家卫国的战争中。再加上,当时从国外订购货物手续繁琐,程序颇多,这架滑翔机在经历了千山万水,长途跋涉之后,直至1939年7月才最终运抵成都,其中曲折实为不易。

为了提高新记《大公报》的社会声誉,表达此次活动是大公报同人和大公报读者共同努力的结果,胡政之决定将这架来之不易的滑翔机命名为"大公报号",并把它捐献给中国航空委员会,以示对滑翔运动和航空事业的大力支持,以期对日后中国空军的发展有所帮助。同年10月20日,在众人的期盼中,"大公报号"滑翔机捐献仪式在成都隆重举行。教育部有关领导出席了大会,并在会上讲话,除了对今后中国航空事业的展望之外,就是对大公报同人的谢意,感谢他们做了一件有益国防的大好事,为人民造福。仪式结束后,还进行了精彩的试飞表演,让在场的观众大饱眼福,惊叹不已,在中国这是不多见的。11月18日,"大公报号"滑翔机被专门运往重庆进行飞行表演,逐渐推动这项事业的发展,对于这次活动新记《大公报》当然抓住机会进行了及时、详尽的报道,特写《万人欢跃看滑翔》称此次表演成功,受到广大民众的欢迎,教育部计划造百架飞机来训练青年,让人们看到了中国航空事业的希望。次日,新记《大公报》重庆版发表了题为《滑翔运动》的短评,指出:"'大公报号'滑翔机,是中国第一架滑翔机,她已经引起国人对航空的浓厚兴趣,此后滑翔机陆续造成,滑翔运动将普遍全国,则本报读者捐献提倡之微意,对青年、对国防均不虚矣。"①

功夫不负有心人,在新记《大公报》的积极倡导不断努力下,中国滑翔总会于1941年4月4日在重庆成立,这意味着滑翔运动的开展已经导入正轨,今后可以有组织、有计划地进行,总会的成立将极大地扩展滑翔运动的开展规模。新记《大公报》作为这项运动发起的重要倡导者,成为总会的理事单位,胡政之充分认识到了其中的重要的意义,在日后的办报过程中,他仍指导新记《大公报》不遗余力地对滑翔运动进行宣传、倡导,他意识到这一项长期的任务,需要信心和耐心,不是只凭一时之热情就能取得成效的。为了推进滑翔运动的有效开展,胡政之决定先从普及滑翔知识开始,增进国人尤其是滑翔爱好者对这项运动的了解。理论是实践的基础,一定的理论素养对实践的顺利开展是有帮助的。为此,新记《大公报》专门聘请中国滑翔出版社编辑副刊《滑翔园地》,这是一个普及性与专业性兼备的特色栏目,目的在于配合滑翔运动的开展,使更多的人了解这项运动,发现其中的乐趣,热爱滑翔,投入实践,也可以将它视为航空事业在民众中间的基础性开展,新记《大公报》为国防事业的建设贡献了自己的力量。

《滑翔园地》自1941年9月5日开始刊行,直至1944年4月26日最后一期,共出版了55期,在当时的报纸上关于滑翔运动的专题副刊是并不多见的,足以见得胡政之对此项事业的热忱之心。由于抗日战争的

---

① 参见吴廷俊:《新记大公报史稿》,武汉出版社,2002年版,第373页。

艰苦卓绝,国人生活在水深火热之中,根本无暇顾及其他事业,社会动荡不安,这些外界因素并不是人为可以干扰和改变的,因此,滑翔运动并没有像胡政之所预想的那样在中国顺利开展普及,但是,他的爱国热情和积极倡导足以载入史册,为后人铭记和学习。

第二节 《益世报》

一、刘豁轩与《益世报》

(一)刘豁轩的新闻活动

1.生平简介

刘豁轩(? —1976年),天津蓟县人,终身未加入任何党派。1919年从老家考入南开中学,由初中到高中,再进入南开大学,前后近十年。在校期间得到族兄刘浚卿很多帮助,1928年毕业即进入到《益世报》主持编辑部,随后基本上就逐渐成为报社的实际主持人。1931年他的第一个孩子出生。1932年任代理社长,1934年1月刘浚卿病逝,刘豁轩经董事会选举成为报社的总经理和总编辑。1936年初辞去《益世报》所有职务,转投燕京大学新闻系教书。1937年"七七事变"后,因原新闻系主任滞留美国,学校当局临时决定请刘豁轩代理系主任,后任命为主任。1941年12月,日本军队侵占燕京大学校园,刘豁轩因其抗日言论和活动被逮捕,关押达半年之久,经外界知名人士多方奔走,被释放出狱。1945年抗战胜利后,刘浚卿之子刘益之在天主教南京教区主教于斌的支持下,在天津复刊《益世报》,刘豁轩返津任社长兼总编辑。最初刘豁轩仍在燕大执教,每周来津一次,日常业务由副总编负责。报社恢复不久后,刘豁轩即经天津报界推举,被国民党中央宣传部遴选为中国代表团成员,参加在日内瓦举行的世界新闻工作者会议,后来还出国考察过一次欧美报业。复刊以后的《益世报》,刘豁轩除了依靠几位老报人,如任命解幼圃为总编辑,后为王延石(解幼圃是停刊前的总编,王延石曾在1935年担任《益世报》采访部主任,曾任重庆《时事新报》主编,还大量启用新人,其中多为燕大毕业生。1948年全国形势发生根本性变化,临近解放时,刘豁轩离开天津到了上海。根据刘豁轩儿子刘宏刚的回忆,因为刘豁轩是民盟成员,他这时去上海是投奔民盟。新中国成立后,1956年成立中国科学技术情报研究所,刘豁轩调入该所任西文所所长,从事外国科技情报的翻译工作。"文革"期间,曾因其被国民党选派出国而受到批判,还因为在燕京大学与司徒雷登的交往,被诬陷为美国特务,受到迫害,1976年逝世。在"文革"结束前,情报所宣布他没有政治问题。他的子女对组织上只有一个要求:恢复父亲的名誉。于是在八宝山召开了追悼会,政治上定性为"一生清白"。

刘豁轩在他的《报学论丛》序言中说,"从民国十七年到现在,前后办了九年报,教了九年书;结果是毫无成就。居常默念:人生最应有为的一段,就这样消逝了吗?未来的岁月又将如何?"他的这本书写于民国三十五年,也就是在他知天命的年纪里发出了这样的慨叹。尽管风雨飘摇的时代往往让人无从把握自己的命运、国家、民族、个人,错综复杂的背景与脉络就这样交织着建构生活的底板,然而如何书写自己的人生,刘豁轩在历史的长卷中刻下了自己的名字。

2.主持《益世报》

1925年奉系当权时,刘浚卿被捕,编辑部被奉系军阀控制。待到北伐成功,1928年刘浚卿重新接手时,该报的销数已经从极盛时的一万份跌至三千份左右,报社入不敷出、奄奄一息。1926年9月1日新记《大公报》正式刊行;1926年8月4日创刊的《庸报》,注重本地社会新闻,尤其以体育为特色;1928年6月27日《商报》创立,网罗了当时一批优秀的办报人才,接近市民读者,其经济商情版较有特点。在这样的情况下,刘浚卿不得不力求振奋,二十多岁大学刚毕业的刘豁轩被拉进《益世报》担任总编辑。

一份报纸的成功往往有很多的因素,"人"是其中最重要的。1928—1936年刘豁轩主持下的《益世报》,就是在这样百废待举的基础上,逐步打开局面,走向高峰。

刘豁轩到任后,首先致力于加强内外勤记者的阵容。他罗致的同事,主要是南开大学毕业的同学,如编辑部汪心涛、赵莫野、唐际清、吴云心等（汪、赵为其左右手），这些年轻人虽然没有新闻工作经验，但是素质良好，又有青年人的干劲，很快成为报社的中坚力量。刘豁轩又在北平、上海等十余座城市增设特派记者，在河北、山东、辽宁等省的重要市县聘请通讯员，广开新闻来源，在新闻报道方面逐渐具备了竞争能力。然而，总体上，副刊、社会活动、广告等各个方面，《益世报》都不及《大公报》。真正实现了"对峙状态"，是在1931年。根据《申报年鉴》的记载，1931年8月，国民党中央宣传部调查登记，每日出4大张以上发行数在10万份以上的报纸，有《申报》150,000份，《新闻报》150,000份；每日出2大张以上发行数在1万份以上的报纸，有《大公报》35,000份，《时报》35,000份，《益世报》35,000份。①很多回忆材料认为《益世报》的鹊起津门是因为其抗日言论，实际上在1931年8月《益世报》已经凭借自己的新闻报道能力在发行数量上和《大公报》持平了。

三十年代正值国内外多事之秋，报纸的评论显得非常重要，同城的《大公报》有张季鸾等一批成熟的报人，《益世报》在这方面就显得相当薄弱。刘豁轩前后聘请过近十位社论主笔，限于学识或胆识，都无法和《大公报》抗衡。"九一八事变"后，《益世报》坚定的抗日立场越发需要强有力的"笔杆子"，刘豁轩以极大的魄力聘请了当时新月派的代表人物罗隆基担任主笔，他主动提出：月薪500元，配备专车；在不危及报社和天主教教义的前提下，社论主撰有完全的言论自由。这"实际是把《益世报》的言论权全交给我了，这表示对我充分的信任与尊重"。②同时，罗隆基近乎苛刻的各种条件，"报馆设专室，供读书看报写稿，他人不得打扰；社论写完就走，来去他人无权过问"等，刘豁轩全部照办。这种彻底的授权，使罗隆基尖锐的抨击言论发挥出最大的效应，报纸的销量直线上升。除去中间被迫离开数月，从1932年1月到1937年8月，罗隆基担任报社主笔前后有五年时间，他的文章奠定了《益世报》北方舆论重镇的

---

① 《申报年鉴》，第2-3页，1933年。 相同的数据还可以在《天津志略》中找到。《新闻史料》第二十七辑，第37页，天津日报新闻研究室。

② 罗隆基：《罗隆基在天津〈益世报〉的风风雨雨——社论主撰前后》，文昊主编，《他们是怎样办报的》，中国文史出版社，2005年版，第191页。

地位,他本人也因《益世报》的成全而名动天下。

　　《益世报》的"敢言"并不是从罗隆基开始的。"九一八事变"之后,时局动荡,报纸的论调各不相同,这时的《大公报》宣扬"缓抗论",而《益世报》则一开始就表现出坚决的主战、抵抗论调,从言论到新闻,反对屈辱外交,颂扬抗日,揭露日本及当局的假象,整张报纸表现出强烈的爱国激情和民族气节。就连副刊,也得益于这股昂扬的活力而变得生动起来。1932年马彦祥主编《副刊》,改《益智粽》为《语林》,内容大变,刊载杂文,矛头直指国民政府。正是这种抨击时弊、不向当权者低头的姿态,使得《益世报》深受读者的爱戴,发行量迅速提升,日销四五万份,一度供不应求。"那时候津市报林立,全市人口不到百万,人们的购买力和文化水平都很低,报纸能发行到这么高的数字,确实是不简单。"[1]

　　然而这种"敢言"和"直言"也终于招来了国民党当局的打击报复。起先是施压解聘罗隆基,刘豁轩在重重压力下不得不屈服。主笔空置一段时间后,刘豁轩又延请清华大学教授钱端生继续撰写抗日文章,仍然保持了对政府当局的尖锐批判,终于触怒了当时的华北当权者黄郛,于1934年4月7日通令全国停止《益世报》对邮政和邮电的使用,同时报纸的发行不得超出租界。这一处分对《益世报》打击巨大,"三五个月的停邮,什么基础的报纸也支持不住"[2]。刘豁轩上下奔走,跑到南京向南京主教于斌寻求帮助,他甚至到了蒋介石开会的庐山,但也只见到了行营秘书长和陈布雷,无功而返。三个多月后经南开大学校长张伯苓和新任天津市长张廷谔(刘浚卿的朋友)向黄疏通,禁令才被有条件地解除。这时的《益世报》元气大伤,在窒息的政治空气下,新闻、言论、副刊都是平稳无力,至多含蓄地说些冷言冷语。1935年末,宋哲元就任华北首长,刘豁轩经过疏通,得到宋的允许,再次聘任罗隆基担任主笔。而罗也是依然故我,继续在报刊上批评蒋介石政府。

　　————————————

　　[1] 董效舒、吴云心:《七七前夕的天津〈益世报〉》(天津)《新闻史料·第二辑》,天津日报社新闻研究室编 天津日报社,1982年。

　　[2] 刘豁轩:《报学论丛》,益世报社, 1946年版,第19页。

正是这次停邮事件,在股东中间掀起了不小的震动,对刘豁轩有所非难。刘豁轩从1928年担任总编辑以来,就全面负责起报纸的业务。从自己担任编辑到从各个报社网罗人才、主管打理报纸的编排和发行,一步步实现了《益世报》的复兴和崛起。报纸盈利了,权力纠纷也随之产生。1932年他成为代理社长的时候,董事中就有人与他争权。而刘在生活中又有有失检点及不符合天主教徒守则之处,远在安国的雷鸣远时有所闻,对刘的信任大不如前。刘豁轩在多年来紧张的工作下,健康也受到了很大损害,曾患严重的腹膜炎和肺炎、肺结核。1934年他就将总编辑一职交给汪佛生,自己任总经理。1936年年初,以体力不支为由,辞去了《益世报》的职务。从此到1945年复刊,很少再过问《益世报》。刘豁轩走后,李渡三接任,报纸日渐不振。

(二)刘豁轩的经营理念

1.企业化是报纸发展的必经之路

19世纪二三十年代,中国报业的一个突出潮流就是企业化,或者称营业化。《申报》《新闻报》等一批民营报纸的成功经营,也反映到了思想界上,人们对报纸企业化的探讨相当充分。比如郑瑞梅认为,报纸若想尽其"代表大众利益"之职务,"须先求报社之独立,欲报社之独立,须先谋经济之独立,而经济之独立,乃不得不求营业之发展。"①"一家报馆,必须能自身经济独立,然后才能发出力量。有了力量,才能有精神有号召力,有领导民众及左右舆论的权威。"②

刘豁轩的办报经历和知识构成,决定了他对这个问题的看法更贴近报业实际。"所谓企业化,就是用大量的资本,科学的组织,机器的运用,以求大量的生产。自由的职业的报纸,在物质文明先进国家,早已踏上了企业之途。所谓报纸的现代化,就是企业化。企业化是报纸发展的必经之路。现代文明,有三种与报业有关系,交通,通信和印刷造纸

---

① 郑瑞梅:《报纸营业之方针》,《新闻学期刊》,1935年2月。转引自李秀云《中国现代新闻思想史》,中国社会科学出版社,2007年版,第104页。

② 钱伯涵、孙恩霖,《报馆管理与组织》,第1~2页,申报新闻函授学院讲义。转引自李秀云《中国现代新闻思想史》,第103页。

机,它们促成了报业变成企业。"近代的机器文明,一般生产的机械化、企业化会造就发达的工商业和丰厚的物质环境,除了经济支持外,也会产生机械化和企业化的报纸。相比较英美等报业发达的国家,"中国报业还在徘徊于企业化的前期。战争结束以后,中国为求永久的生存,必须积极的走上现代化之路,"努力于物质建设,报纸也必会随着一般事业的现代化同步发展。

"报纸的企业化,自然是进步的现象。第一,新闻来源可以展开到地球的每一个角落。第二,新闻传递迅速正确。第三,新式交通工具增加报纸寄递的速度。第四,印刷材料可以大量生产,报纸也可以大量生产。成本减低了,利润就优厚了,同时在经济支持力强的环境之内,业务发展的机会就多,若善于经营,真是可以赚大钱的。第五,报纸的企业化,组织必须科学化;工作效率当然增加。第六,报业机器化最重要的一个结果是把做报的时间延长,印报的时间缩短。新闻记者最大的威胁就是时间。转轮的辊筒机胜过手摇的平版机,主要就是前者印得快,延长做报的时间。这是报纸现代化的一个关键,其关系非常重大。"

刘豁轩对于报纸企业化最主要的认识还是批判性、反思性的。第一,"报纸的企业化也就是资本化。"作为企业的报纸,需要大量资本,这主要是用于新式的机器设备上,"所以企业化的结果,非有大量的资本不能办报。报业本是'思想的企业',可是报业发展到这个阶段,这种职业便受了严重的物质条件的限制。任凭你有什么理想,主义,原则,没有资本,固然要臭在肚子里;反之,如果有资本,大量的资本,就是异端邪说,也能传布到社会上。"第二,"在资本主义的社会里,一切的事业,资本越大越容易发展;越容易发展,越要谋求更大的发展。这样,一国的报纸,很容易被少数资本家控制。在民主国家内,这当然是不公平的,也是很危险的。第三,报业既需要大量的资本,在经营方面,一定要谋求利润。把报纸看成货物,办报便成了生财致富的手段,因此便不能不迎合读者的心理。""今后中国报业势必要向企业化方面发展。'七七事变'以前,上面所分析的种种现象,已经显露了端倪。我们现在应该借鉴走在我们前面的各国报业的情形,对于这个问题早做考虑,早做准备。"①

而中国报业的这种端倪,在前面的"报纸之社会的不自由"一节,已经提及。对于刘豁轩而言,他亲历了中国报业渐趋企业化的过程。他上述关于报业企业化的思考,可以用他书中的数字和他自己的亲身体验来证明。借用现在的报业经济一词,我们看到中国报纸壮大的过程就是其经济规模增大的过程。"我们不必统计就可以断言,中国报纸的销数在过去是一天一天的增加——尤其民十七以后。就天津说,民十七以前,没有一个超过两万份的报。事变的前几年,销数在五万份以上有两家,一万份上下的有三四家。民二十以后迄事变的几年,有两家报纸平均每年有十万左右的盈余——完全营业的余利。其他如平京沪汉粤等地的情形,也大都如此。"在设备方面,也随着这种趋势,"每架十五万元以上的高速度轮转印报机器,在民十七以前,只上海申新时等报有四五架。民二十天津在一年内便装置了两架。"在他看来,"报业资本化"的结果是"黑暗"的。"现在在津沪等地,新办一个报起码非一二百万不可。不用说几千万高,就是三十万五十万的资本,也等于以卵击石。所以民十七以来,津沪两地很少新兴的独立经营的报纸。"这就造成了"集中",全国舆论的权威操诸几个资本雄厚、历史悠久的报纸手里。"所谓小型报就是这种趋势造成的。"另一个突出的问题就是,过度营业化会使得报纸"避险趋夷,'安全为先'。言论的主持,不敢有锋芒;新闻的报道,不要闯祸。进一步就是'给读者要看的'了。"②

刘豁轩看到了在新技术的条件下,报纸的企业化道路已经是不可避免的趋势了。对技术的强调是其他理论家容易忽略的,而这一点也是因为他自己就经历了借款买印报机的事件③,深知在报业实践中,技

---

① 刘豁轩:《报学论丛》,益世报社,1946年版,第4页。

② 同上,益世报社,1946年版,第17页。

③ 1932年,《益世报》销售量与日俱增,原有的平版机完全不能适应需要。故在德国订购一架新机器,价格是五万元,但报社只能拿得出三万元,刘豁轩就通过刘凌卿的关系向开滦矿务局带息借钱,方购得先进机器。

术前提下的经营对于报纸有着怎样的决定作用。虽然一部分学者也指出了商业化的害处，"造成托拉斯""受广告主支配"①，但大部分新闻学者都能关注的主要是企业化的趋势和带给报业的独立，因为在那个时代，报纸始终置身于政治势力的阴影之下，经营给报纸带来的经济独立进而意识独立，刘豁轩则看到了更远的一步，经济独立了以后，报纸又会被经济的力量所控制。他切中了传媒业一个非常深刻的问题，一个时至今日仍然困扰我们的问题，传媒的文化事业属性和经济商品属性如何平衡，以及资本化发展的趋势下，如何维护传媒的生态。

2.报纸最根本的功用是服务社会

"报纸的功用是什么？报人的责任是什么？"刘豁轩的回答是："报纸是公共组织，其性质一如社会的公用事业，其功用是为社会谋福利；报人的责任是以报纸为工具，实现他为社会服务的使命。总而言之，四个大字，服务社会。"报纸要做到服务社会，消极地讲是不危害社会，积极的，就是要"适应社会的需要"，为公众增进福利。他指出，除了公正的言论、翔实的新闻报道，社会对报纸"还需要许多别的，于他们有益，而报纸可以做的，或者唯报纸始能做到的"。比如提供知识，以前的报纸不会介绍学术思想，而现在的所谓大报，每每有七八种副刊。体育教育新闻也从无到有，"原因无非是社会的需要不同了。""西洋报纸在最近过去几十年另有一种新的发展，名Community Service，中文译'社会服务'，当然也是满足社会的需要。"

他提出一个很重要的观点，报纸的社会服务功能，是其政治性的转移，是一种自然的变化。在言论自由日益难以实现的时候，如果把报纸的对象设为"人类社会内政治的一方面"，那报纸就没有什么发展前途，但是"报纸的对象如果是整个社会，是服务社会，那我们可耕的圈地就太大了"。"报纸的价值还是一直存在的，为社会所不可少；如果人类文明不是在开倒车……国社党掌政以后的德国，虽然报纸的数目比以前减少些，但是报纸的销数也是一天比一天的增加。所以言论自由

---

① 陶良鹤，《最新应用新闻学》，转引自李秀云：《中国现代新闻思想史》，第102页。

的消失,也可说是报纸功用的一个变迁。报纸向着服务社会这方面走,也可说是报纸演变的一个新出路。"

"《益世报》创办社会服务版的动机是,我们觉得'政治报'的时期已经要过去了,我们想拨转马头,使《益世报》整个向社会方向走。言论、新闻以及全报的内容,完全以整个社会为对象。第二个动机是我们当时确切感觉到社会对于报纸多方面需要的殷切。《益世报》早已有的医药、法律问答两栏,每天要接到读者质疑的函件每栏不下三四十件。水旱灾的捐款,报纸一呼百应,三五万的数目,不难于最短期间内募到。寻常的社会闻讯,事务的委托,更是所在多有。这种种的社会需要,当然是报纸应该适应的。"他还总结了报纸搞"社会服务",应该只限于沟通、宣达、促进,而报纸本身不实地参加这种工作。事实上,这一版面虽有创意,所谓"概念很好",但是实际的收效可能还是不够大的,其他仿效的报纸也是如此。

历史的发展证明,政治新闻虽然一直是报纸的主流内容,但其重要性确实一直在下降。报纸的涵盖范围越来越广泛,囊括全社会。其次他对《益世报》创办社会服务版的动机,解释为报纸要向社会方向转。再来看一下1933年的益世报社,刘豁轩得到当局的多次警告和威胁,秋天罗隆基被国民党特务狙击,刘感觉事态严重,被迫解约。报纸一直找不到合适的主笔。而报纸的发行又像一个硬指标一样,挑战着负责人的神经,所以报社的压力还是很大的。故而,这种"社会转向"不是报业自己的发展规律,而是在当时的政治环境下,报纸无法实现言论自由的情况下一种变通和适应。所谓为社会服务,虽然有为自己的拓展销路正名的作用,但实际上也确是一种新闻思想,以及由《益世报》推广实践的经营思想。

(三)自由思想

新闻自由是新闻界最常谈的问题,同时也是最实际的问题。刘豁轩有九年的办报经验,更有多次和国民党当局"交锋"的经历,他对于新闻自由有最深切的体知。然而政治上的言论自由思想从报业诞生起就一直为人们所探讨,在刘豁轩这里,他对于自由的理解有更高的一个层次,即以更广阔的视野审视报业和社会,他注意到了报纸的"社会自由"。

1."自由的职业的报纸与民主政治是双胞胎兄弟"

(1)报纸与政治的关系

刘豁轩在他的多篇文章中都提到政治和"职业的自由的报纸"之间的关系。他认为,"民国以来的中国,严格地讲,既未和平统一,又非独立自主;政治制度则始终不是真正民主的。这种客观环境,是妨碍事业前进的阻力;当然更是中国报纸未能正常发展的主要原因。四分五裂,连年内战的结果,只能有以军阀官僚为背景的报纸;自由的职业的报纸,不只发展极度困难,且随时有被摧残的危险。至于沦陷于次殖民地状态的国家,整个宣传机构,直接或间接地在外人控制之下,根本不允许自由的职业的报纸存在。其次,报纸与政治制度也有密切的关系。自由的职业的报纸与民主政治是同时产生的双胞弟兄;他们是互相为用,互相依赖的。没有自由的职业的报纸,民主政治不能运用;没有民主政治,自由的职业的报纸没有存在的可能。从前的专制政府,行的是愚民政策,根本不需要报纸。近代的独裁政治,'报纸只是政府才能弹的钢琴'。民主政治,也叫'公意政治'。国家的立法,是人民公意的表现。人民参与国家立法的方法,虽然在制度方面有选举、议会、政党、复决、罢免等方式;然而最灵活最敏捷的方式莫过于报纸。再次,实行'公意政治',必须先使民众能正确地、迅速地知道政治及社会各方面的实际情形;然后公意的表达才有根据,才能正确,才能对国家立法有贡献。这当然非赖报纸的力量不可。"

"民主政治有一个传统,就是政府不只不统制报纸,而且不染指报业。就连政党,无论在朝在野,多数少数,也很少正式公开办'机关报'的。原因是:(1)报纸是一种企业,企业以民营为原则,政府不应该与民相争。(2)在民主政治下,报纸的主要功用是反映舆论。舆论是'民意',不是'官意'。舆论自然也可以拥护政府,而主要的作用是监督政府。(3)政府染指于报业就等于统制报业,也就等于限制,甚至威胁人民的言论出版的自由。现代报业需要资本,资本越大力量也就越强。政府以国库报纸的经济后盾,还有谁可以同他竞争?结果势必是变'舆论'为'官论'。这就如同政府在台上演剧,同时又在台下喝彩。也可以说政府用间接的方法'防民之口'一样。就政治制度说,这是反民主的;就报业本身说,这是不公道的。独裁政治把报纸收归'国营',最为民主政治所诟病。因为这种的控制,实际就是欺骗,其害无穷。"[1]

刘豁轩对于报纸与政治的关系,并没有局限于政治形态。他指出,"报纸对于政治当局,无分古今中外,都是处于对立的地位。因为政治当局常常是保守的,而报纸常常是在发掘新的。政治当局常常是静止的,报纸则是一种前进的促动力。所以两方冲突总是不免的——不论政治是专制、独裁或民主。"[2]因而他看中国报纸的历史,就是和政治当局斗争的历史。因为"民十七以来,国民党当政,实际就是党独裁"。

(2)抵制独裁和外国势力

"国民党的中央委员,许多都是从前斗争过来的报人,他们都有经验,所以对付报业的方法与以前专讲'杀头'的不同了。新闻检察机关到处皆是,中央通讯社的宣传作用更是普遍。消极的积极的统制,双管齐下。虽然很少杀人流血的事实,可是报人所感到精神的物质的痛苦,也是很大的。"[3]他特别指出,当前中央通讯社的壮大,一方面对于"中国报业,尤其资本不甚充足的报,是一个很大的助力";但是该社是国民党主办的,"终不免带有苏联的塔斯,德国的DNB或意大利的斯蒂凡尼的性质。""国民党用它统制了全国的报业。"中国的通讯事业本来就不发达,1928—1937年间,中央社挤掉了其他社而独占通讯事业。"全国报纸凡中央社所能到的地方,地无分南北,报无论大小,新闻内容竟是大同小异,千篇一律的'标准化'。这当然不是健全的现象。所以中国报业现在急切的需要私人主办的通讯社。"[4]

---

① 刘豁轩:《报学论丛》,第1、2页。
② 同上,第18页。
③ 同上,第19页。
④ 同上,第16页。

报纸除了要抵制政治独裁当局之外,还有"另一种政治势力,与我们报业时常斗争的,便是租界"。中国比较大的报纸躲避当局政治势力的压迫,就是把报馆设在租界内。然而"停邮"使得这种办法"不发生什么效力"了。更重要的还有一点,以前的报纸很少登国际新闻,"民十七以后,国外新闻多了,就免不了要受租界当局的统制。"他举例天津的意租界,"有的报馆,深谋远虑,选择与中国外交关系最淡薄的租界",然而"意亚战事发生,也一样的不能自由刊登意亚战事新闻即反对侵略的言论。""国内政治势力压迫统制之外,再加上外人势力的干涉,中国报业的言论自由,可以说被剥夺尽了。"①

(3)"报纸的言论自由不是绝对的"

刘豁轩把民主政治视为报纸言论自由的保证,"所谓报纸的自由,就是说,在和平时期,人人都有权利办报,人人都可以做报人,人人都可以把他信以为真的意见藉报纸传达出来。"然而,刘豁轩的言论自由思想还有另一个方面,也就是"报纸自由不是绝对的,它包含着法律的与道德的责任"。"所谓法律责任,是报纸刊登侮辱个人或者团体名誉的记载,要受法律的制裁。这在西洋叫'诽谤法'。在美国,诽谤法又分'民事诽谤'和'刑事诽谤'。民事诽谤是指个人受损害,刑事诽谤是指社会或者国家受损害。中国虽没有系统的诽谤法规,但在民刑法里也有这类条文。报纸自由要受这种法律的限制。这不只同报纸自由的原则毫无抵触;而且是极合乎民主精神的。所谓道德责任,是报纸刊载任何文字或图画,必须是对国家社会有益的。这在表面看像是无关宏旨的简单问题,实际却是极重要而且复杂的;因为牵涉范围既广,影响又特别大;同时标准又极难确定。过去一个世纪,在西洋报纸演变过程中,这是一个中心问题。除了依赖报人自身的努力之外,还没有完善的解决办法。明日的中国报纸的发展,有赖于现代的民主政治;同时更有赖于能善用报纸自由的报人。政治非民主,中国报纸自然不会有明日。没有真能了解报纸自由的报人,中国报纸也不会有明日。"①

---

① 刘豁轩:《报学论丛》,第20页。

2.“‘社会的不自由’比‘政治的不自由’更普遍”

刘豁轩对于自由的理解,显然是一个创见。新闻自由就是指言论和新闻的记载、刊发的自由,通常情况下,政治力量对新闻自由的控制是显而易见的。然而,新闻控制有一种更为潜在的力量,而且是来自于报业本身的逻辑,三十年代的刘豁轩注意到了这一点,并把它表述为“社会的不自由”。

(1)“社会的不自由”及其表现

“现在的报纸不止在政治上没有言论记载的自由,在社会上也没有言论记载的自由。所谓社会的不自由,较比政治的不自由更为普遍;因为此种现象的存在是无关于政治制度的,无论法西斯,苏维埃,德莫克拉西,都会发生这种事实。不止如此,报纸是深入社会里面的东西,同社会发生很紧密的接触;这种社会的不自由可以直接影响到整个社会。而且政治自由是求之于人的,社会自由是求其在我的。求之于人的往往不易得到,甚至根本不可能;求其在我的,只要我们明了其弊害,下最大决心,是可能的,是不难得到的。”报纸的社会不自由,“简单说,一个报纸为了经济或营业的关系,在言论、新闻和广告的刊载上,予以社会以不良的影响,或有意的欺骗社会,危害社会。一个没有政治背景的报纸的主要收入不外广告费和报费。要想增加这两种收入,在新闻和言论的记载上,就不能不顾到社会的心理,甚至迎合社会的弱点。其次是广告。广告费的收入,往往占一个报社总收入的十分之七八,为了要增加广告费的收入,对于广告的选择就不能严格。这种社会的不自由,越是在物质文明进步,资本主义发达的国家里越是厉害。”[②]

他指出,得不到政治自由,充其量也不过是不能尽监督、代言的职责,是失职,“其作用是消极的”。而得不到社会的自由,“那便是有意地毒害社会,其作用是积极的,而且结果比政治的不自由要严重不知多少倍。在我们这个教育极不普及、伦理观念相当紊乱的病态社会里,更

① 刘豁轩:《报学论丛》,第2页。

② 同上,第23页。

增加问题的严重性。""可是我们报业的同志，只觉得言论记载在政治上不自由的痛苦，而做缘木求鱼的呼吁和希求；同时社会上有识之士也都一致在这一方面对报人表同情；这不是避重就轻、察秋毫而不见舆薪之甚者吗？"

刘豁轩的"社会不自由"，就是谈的报纸的社会控制。这是报纸发展的一种深层规律。深入关注国际报业的他，能从英美的报业现状中发现问题。他举了美国两个大公司用给报纸投广告的方式来"操纵"报纸、用言论或者报道来为他们的利益服务的事例。以此反观中国，他对当时报业现状的分析显得相当透彻：

"(英美报业的)覆辙，我们已经举步向前逼近了。先看言论，有几个报纸能坦白地说它的社论是纯洁的为国家为社会而作的？外边有人批评某报现在'不敢说话了'，或者发行部接到某某派报社或分馆来电报，说销数锐减，因为社论'不敢说话'。社长先生着急了，立时就请主笔谈话，或是召集编辑部开会，研究对策。一两天以内，一定可以有一篇能够使'读者'满意的社论登载出去。没有题目找题目，没有攻击的对象，找对象，总有一两篇文章能够写得痛快淋漓，适合读者的胃口。又如某报的社论，笔锋锐利，很得一部分人的欢迎，都说他'敢说'，若是不急速发表两篇强硬一点的言论，将来恐怕落在后头，销路恐怕受影响；于是社长先生亲自出马，漏液执笔，有声有色的所谓'言论'，就由此造成了。其甚者，为的争销路，不惜发表前后矛盾的主张。这绝不是虚构之词，细心的读者，不难按图索骥，自己领会出来。这是指有数的几个大报而言，而且这还是他们发表'言论''主张'的动机之一。"新闻部分，"尤其社会新闻，或称'本市新闻'或'地方新闻'，我们若是做比较的分析，恐怕百分之七十以上是'黄色'的。奸盗邪淫，是唯一的所谓社会新闻。"这类新闻不仅登载得详尽，还有连续性，"八千余言的辩诉状可以在报纸上一字不漏地看到"，"对于社会有什么影响，这不是报馆负责人所应考虑的问题；他们的问题，指示是否能够得到社会的注意。是否能够增加报纸的销路。""再看广告，现在报纸所登卖成药的广告，平均要占全部广告收入百分之五十以上。谁不知道所有登广告的成药都是骗人的甚至是害人的?可是这是现在报馆最大宗的收入!"①他举例天津回力球场的广告,"这样公开的、大规模的、使人不见血的赌场,傲然地存在着。'指导社会'的舆论界,谁曾有过一字的言论发表?原因?长期的、大幅的回力球广告,天津每个报都登载着。回力球的老板知道唯有'指导社会'的报纸,才能够指导社会。一个月区区三四千元的代价,雇用这么多的'无冕之王'替做宣传,天下哪有这样便宜的生意!"

以刘豁轩的办报经历,这一段话实在就是报纸生产的直接描述,他的这篇文章是1936年5月在燕京大学的演讲,也就是在他离开益世报社以后所做的反思与反观。可以说,他的言论是相当锐利的,就连他自己都说"有人或以为我前文所讲太不尊重同业"。他直指报业当时的软肋,是各种新闻理论背后并不光彩的现实状况。然而,他有"感性的冲动",更有理性的思考。他对中国报业这种社会不自由现象的原因和解决方法做出了探索。

(2)"社会的不自由"的原因

"中国报纸之社会的不自由,第一个原因是经济的不能自给。欧美各国的情形比较复杂,其中虽然也有经济的原因,但不是经济不能自给,而是资本膨胀的结果。""中国现在的日报总共不过一百六七十家,每日销售总量仅仅一百五六十万份,不及英伦《每日快报》一家销得多。全国最大的报,不过日销十万份;广告费全年的收入还没有超过百万元的。原因是中国产业不发达,社会穷乏,读报的人太少;所以不能够使报纸在经济方面独立自给。"近十年来,虽然教育普及,读者增多,但"工商业并未见有何显著的进步,最近两三年,市面反日渐凋敝。去年平津沪三处的日报,营业不亏钱的至多不过四五家。在这种情形下,纯恃广告同售报两项收入为经济来源的报社,当然感到异常的压迫。对于广告的登载,当然不能严格选择,同时对于推广销数,当然也不能仔细考虑所采取的方法了"。

---

① 刘豁轩:《报学论丛》,第25页。

"其次是报人的问题。现时在中国人人可以办报。政客,教员,学生,商人甚至下野军人,落魄文人,流氓汉奸,都可以做报馆经理。真以报业为职业、以服务国家社会为志愿的人,其人实不多见。这样品类不齐的报人主持的报业,再加上经济的压迫,报纸对社会安能有良好影响？"①

作为新闻史上少数的兼具实践与理论的报人之一,刘豁轩阐述的新闻自由思想,始终体现着一种强烈的职业道德感和新闻的理想主义情结。他的新闻理念和他同时代的许多资产阶级报人一样,都可以被称为是一种文人论政式的办报、"做报"。从他的经历和思想来看,他和罗隆基、储安平等一批知识分子,都有着相似的价值取向和理想追求。然而,刘豁轩对西方思想的浸染,又不同于张季鸾、胡政之等这些传统文人的论政,无论是办报理念,还是政治思想,他很大程度也同罗隆基一样,都是深受西方政治思想影响的产物。

二、罗隆基与《益世报》

(一)罗隆基简介及《益世报》主笔生涯

1.罗隆基简介

罗隆基(1896—1965),字努生,江西安福人。1912年夏,罗隆基以江西考区总分第一名的优异成绩考入清华留美预备学校,成为名噪一时的"安福四才子"之一②。当时正值新文化运动,思想解放的新风吹拂着青年学生的头脑,也影响着罗隆基。他不仅有文才,而且有口才;不仅成绩优秀,而且思想相当活跃。1919年北京"五四运动"时罗隆基首先点燃了清华大学"五四运动"之火。在各种学生活动中扮演着清华学生领袖的角色,以"九载清华,三赶校长而自豪"。③1921年7月,罗隆基从清华毕业,官费留学美国。他在美国威斯康辛大学学习哲学、政治学,获得学士、硕士学位。1926年,慕名前往伦敦经济政治科学学院,师

---

① 刘豁轩:《报学论丛》,第27页。

② "安福四才子"是罗隆基、王造时、彭文应和彭学沛。

③ 何碧辉:《著名爱国民主战士和政治活动家——罗隆基》,《民国著名人物传》第3卷,中国青年出版社,1997年,第196页。

从著名的杜边主义理论家哈罗德·拉斯基教授,研究政治学和近代史。
学习结束后,返回美国,进入哥伦比亚大学,继续学习政治学和哲学。
1928年以论文《英国的议会选举》获得哲学博士学位,其间参与创建
"大江会"。因为罗隆基留学英美,推崇英美特别是美国的政治制度,
因此,当时有人称他是"英美派"。

1928年,罗隆基回国,应聘为上海吴淞中国公学政治经济系主任
兼教授,讲授近代史,还任光华大学的政治系主任兼教授。不久,受
胡适和梁实秋的委托,出任《新月》月刊杂志的主编。1929年,他加入
了以胡适为首的自由主义文人的议政团体——平社,平社的成员在
《新月》月刊上发表文章,目标是希望南京国民政府施行法治、废除
"党治",在中国实现英美式的民主政治。罗隆基成为"新月"派的重
要人物,胡适自由主义大旗下的三个火枪手之一。这一时期罗隆基
非常活跃,他文笔犀利、言辞激烈,擅长政论,很快显露出他政治家
的锋芒。《新月》从第三卷第二期到第四卷第一期都是由他做主编
的。《新月》本来是一个文学刊物,但罗隆基接手后,陆续发表了不少
关于人权问题的文章,挑起了人权与约法的论战,在《人权论集》里
就收有他写的三篇文章,仅次于胡适。此外罗隆基还写作了如《专家
政治》《告压迫言论自由者》《我对党务上的尽情批评》《我们要什么
样的政治制度》《对训政时期约法的批评》《论中国共产》等大量文
章。尤其是《我对党务的尽情批评》《我们要什么样的政治制度》这两
篇文章,罗隆基对国民党一党独裁和"以党治国""党在国上"等做法
进行了毫不留情地抨击和批判。罗隆基对国民党一党专政的谴责,
引起了当局的嫉恨,他们采取了各种手段,欲使罗隆基屈服。1930年
11月4日下午,他被以"国家主义领袖、共产党的嫌疑"的罪名拘押至
上海公安局。后经胡适、宋子文、张群、蔡元培营救,关押六小时后释
放。保释后,罗隆基即刻发表了《我的被捕经过和反感》,以示抗议。
1931年春,当局认为罗隆基"言论谬妄""迭次公然诋毁本党",蒋介
石令教育部长陈布雷出面,责令上海光华大学校长解除罗隆基的教
授职务。于是罗隆基被解聘,饭碗丢掉,最终导致了罗隆基北上的结

局,从此他一生的重要活动就都是以北方为主了。"新月"时期,罗隆基还是一个比较纯粹的自由主义知识分子,他的主要活动还是以言论政,不脱书生本色,他是给《新月》写稿最多的作者之一,他的文章理论色彩很强,逻辑严密,思想锐利,非常雄辩,这些文章后来结集为《政治论文》被新月书店出版。

1932年初,罗隆基应天津《益世报》总编辑刘豁轩的邀请离沪北上,任天津《益世报》社论主撰,并被聘任为南开大学教授。1934年,参与创建国家社会党,任中央总务委员兼财政部长。10月,任国家社会党主办报纸《珠江日报》的主编。1936年,接任北平《晨报》社社长。全面抗战开始后,罗隆基积极投入救亡运动与统战工作。

1939年,罗隆基加入统一建国同志会。1941年,三党三派联合无党派民主人士组建了中国民主政团同盟 (1944年9月改为中国民主同盟),罗隆基任民主政团同盟中央执行委员兼宣传部长,主张团结抗日,反对妥协投降。后来罗隆基扩大组建了民盟的第一个省级支部——云南省支部,担任主任,出版机关刊物《民主周刊》,他本人担任主编。1946年罗隆基代表民盟参加政治协商会议,并参加了会议的法制起草委员会,并担任《民主报》主编。该报宣传民主、反对专制;主张和平,反对内战;要求进步,反对倒退,态度十分鲜明。同年,他在上海创办《民主日报》,作为民盟在上海的发言人。1947年10月,国民党政府宣布民盟为非法团体,民盟被迫解散,转入地下活动,罗隆基在上海被国民党软禁。1949年5月,被中共地下党营救出来,6月18日离沪北上,参加新政协。

从1949年到1957年,罗隆基的政治活动很活跃。他曾担任中华人民共和国政务院政务委员,森林工业部部长、第一届全国人大常委会委员、《光明日报》常务编辑以及民盟中央副主席等职。1957年,中国共产党开始整风,罗隆基的一些话,被认为是"右派"言论,并被划为右派。1958年3月,他被剥夺一切职务,在中国的政坛上销声匿迹。此后,他过着不被人提及和关心的贫困生活。1965年12月7日,罗隆基因冠心病突发,不幸逝世,终年69岁。留下的著作有《人权论集》《政治论文》

等。1957年的政治运动,造成了中国55万人的右派命运。20年后,中国为"右派"平反。1986年10月24日,中国民主同盟中央在北京举行纪念大会,隆重纪念罗隆基先生诞生90周年,时任中共中央统战部副部长的阎明复到会讲话,对罗隆基一生作了评价,算是用特殊的方式为罗隆基恢复了名誉。他称罗隆基是"著名的爱国民主战士和政治活动家",并进一步指出"纵观罗隆基先生的全部历史和全部工作,总的来说,他是爱国的、进步的,为我们民族和国家做了好事,是值得我们纪念的。"①纵观罗隆基的一生,他是轰轰烈烈地生,凄凄惨惨地死。他是光华大学、中国公学、南开大学和西南联合大学的教授,属于高级知识分子的行列,拥有很高的社会地位,他是《新月》月刊和《民主》周刊的主编,《益世报》社论的主笔,北京《晨报》社和《民主报》社社长,是久负盛名的新闻工作者和政论家,具有很大的影响力。

2.《益世报》主笔生涯

(1)《益世报》聘请罗隆基的缘起

1928年,北方军阀撤出天津,市面一度恢复繁荣。新闻界非常敏感地反映了这一时期的特点,出现了《大公报》《益世报》《庸报》《商报》四强竞争的局面。各报竞相延揽人才,突出特色。四报竞争的结果,《庸报》《商报》以资历浅、经济力薄,人才不能固定下来,首先败阵。《益世报》似久病初愈的人,不仅早已失去初开办时的从五四运动借来的一点资本,又在奉系控制时抹上了一层灰色,与生机勃勃的《大公报》相抗衡,便相形见绌了。

时任总编辑的刘豁轩对《益世报》进行大刀阔斧的改革,虽然报纸在新闻报道、印刷编排上较前有进步,发行和广告都增加了收入,但社论一栏仍远远不能适应当时的需要。此时的社论由于辅臣与董郁青等担任写作。他们限于见识不广,政治见解不高,无法与张季鸾相比。且摸不到当时的政治脉搏,只凭自己的一时认识来发挥,往往出现当时认为不识时务的文章。刘豁轩鉴于此,不惜重金聘请社论撰述。此时,

---

① 《人民日报》,1986年10月25日第三版。

正好上海新月派文人罗隆基因发表文章批评蒋介石被国民党教育部免去了大学教授的职务,罗隆基的表现引起了刘豁轩的注意。

"九一八事变"后两天,罗隆基写了《沈阳事件》一文,批评国民党政府"以国民的血汗,养三百万大兵",然而,在日寇进攻面前,"始而镇静,继而退步,继而缴械投降,气节扫地,国威荡然",应"引咎自责",并提出改组现在的政府。他还到上海各大学演讲,在新月书店发小册子,宣传抗日。刘豁轩从《新月》上看到罗隆基所写的文章,十分钦佩,便托南开大学秘书长黄子坚约请罗隆基到《益世报》来。罗隆基接到《益世报》的聘约,他想到国难当头,为报纸写社论比在杂志上写专论影响大,作为一个有良知的知识分子,有责任到报馆去,代表人民呼吁抗日,于是坚决辞去《新月》月刊总编辑的职务,欣然应《益世报》之聘,于1932年1月离沪北上。

(2)两度担任《益世报》社论主笔

《益世报》作为分股经营的报馆,设社长一名(刘守荣,1930年;1934年病故后刘豁轩任社长),经理一名(张凤秋,1930年),总编辑一名(刘豁轩,1930年;1934年汪佛生接任)。在编辑方面,"设总编一人,下设:社论股、编辑股、各地采访股、本市采访股、铜板照相股、校对股及函件登记股"。①社论股直接对总编辑负责。主笔一般由学术界、文化界卓有声誉的人士担任。社论撰述在报社中处于超然的客卿地位,是一个十分崇高的称号。

1932年初,罗隆基接到《益世报》总编辑刘豁轩的聘约,担任社论主撰。为表示诚意刘在聘约里主动提出了两个条件:一、在不危及报纸的生命和不反对天主教教义的前提下,社论主撰有完全的言论自由;二、每月薪金五百元。②《益世报》用这样的高薪聘请一位社论主撰,这在当时一般报馆是打破纪录的。而且,罗隆基在《益世报》也有了充分

_____

① 天津日报新闻研究室:《天津志略——新闻事业编(民国二十年九月)》,《新闻史料》第二十七辑,第37页。
② 罗隆基:《罗隆基在天津〈益世报〉的风风雨雨——社论主撰前后》,文吴主编:《他们是怎样办报的》,中国文史出版社,2005年版,第191页。

的言论自由的权利,"第一条实际是把《益世报》的言论全权交给我了,这表示对我充分的尊重与信任①。"同时罗隆基还提出,"社论题目一概由他一人定夺,内容全由他一人写就,别人不可置喙;文章写好,笔误错字可以校正,其他概不可改易;报馆设专室,供读书看报写稿,他人不得打扰;社论写完就走,何时来报馆,何时离开,他人无权过问"。②刘豁轩均一一照办,处处体现出报刊大家的风范。《益世报》的董事长雷鸣远,自"九一八事变"后,积极主张中国抗战,并表示赞成天津《益世报》武力抗战的主张。雷鸣远在报馆第一次见到罗隆基时就说:"罗先生,你肯到我们报馆来写社论,我高兴极了。我特别喜欢你写的那篇《可以战矣》的社论,我要我的兄弟们都读你的社论。我们中国人非把日本鬼子打出去不可。"罗隆基担心他的文章给报馆带来麻烦,雷鸣远当即表示:"你放心,你放心。请你大胆写文章。你这样代表中国人民说话,就是我们报馆因为你的文章关门了,我们亦不怪呢。只要我还是天津《益世报》的董事长,我是不会让你离开我们报馆的。"③社论,本是一社之论,代表报社的立场和观点。但是有了总编辑刘豁轩的授权和董事长雷鸣远的支持,罗隆基在言论上有了充分的自主权。虽然罗隆基的社论文章带有浓郁的罗氏色彩,但这种色彩应该说主要表现的是个人的写作风格。在抗日救国的问题上,罗隆基的观点和立场与报馆是一致的。

罗隆基就任伊始撰写的第一篇社论就不啻是一枚重磅炸弹。在这篇题为《一国三公僵政局》的文章中,罗隆基将批判的矛头直指当时的国民党三位最高领袖蒋介石、汪精卫、胡汉民,抨击三人的派系之争误国误民。紧接着,罗隆基又接连在《益世报》上发表了《可以战矣》和《再论对日方针》两篇文章,呼吁武力抗日。自此之后,《益世报》成为武力抗日一派的言论喉舌,诸如《剿共胜利不算光荣》《攘外即可安内》等重

---

① 罗隆基:《罗隆基在天津〈益世报〉的风风雨雨——社论主撰前后》,文吴主编:《他们是怎样办报的》,中国文史出版社,2005年版,第191页。

②《〈益世报〉的命运》,http://www.cppce.gov.cn2005–08–1.

③ 罗隆基:《〈益世报〉与雷鸣远》,《天津租界谈往》,第243页。

要的社论相继刊出。也正是因为罗隆基能够言别人不敢言的道理,写别人写不出来的文章,《益世报》自聘请罗隆基担纲社论主笔以来,报纸销量大幅上升,日销量可达4万至5万份。罗隆基也因激烈宣传抗日的社论文章而誉满天下。

在报纸销量不断上升的同时,《益世报》也冒着越来越大的风险。由于罗隆基"出言不逊",致使国民党对《益世报》和罗隆基怀恨在心。为此,天津国民党党部曾经多次出面要求《益世报》撤换社论主笔,刘豁轩顶住压力,以罗隆基聘约未满为由婉言拒绝。国民党当局眼见"文劝"不成,悍然决定以"暗杀"的方式武力除掉罗隆基。1933年秋天罗隆基险遭暗杀。这次暗杀事件后不久,天津国民党党部采取先发制人之策,抢在《益世报》与罗隆基续约之前,"最后一次警告"《益世报》辞退罗隆基。刘豁轩为保证罗隆基的生命安全,也为《益世报》的日后生存考虑,不得不辞退了罗隆基。

罗隆基去职之后,《益世报》的社论主笔一职在很长一段时间空缺。刘豁轩又聘请清华大学教授钱端升任社论主笔,继续发表抗日言论。钱端升虽然行文风格与罗隆基相异,但文章的犀利程度丝毫不逊于罗隆基。不久,钱端升同样为国民党当局所不容,也不得不去职走人。《益世报》的"屡教不改"终于惹怒蒋介石,被迫休刊三个月,后来经过多方通融才得以复刊重新出版。

随着华北局势的日益紧张,宋哲元逐渐控制了北平、天津地区。由于宋本人主张抗日,因此《益世报》抓住这一时机,决定再次聘任罗隆基就任社论主笔。罗隆基也通过朋友的疏通得到宋哲元的谅解,重新上任。再度担任《益世报》社论主笔的罗隆基,依然我行我素,撰文呼吁抗日,批判蒋介石政府。只是这时的蒋介石为应付动荡不安的政局忙得焦头烂额,无暇顾及罗隆基和《益世报》的"放肆乱言"。罗隆基的这一次主笔生涯较为长久,一直延续到1937年8月天津沦陷,《益世报》停刊。

1932年1月至1937年8月,除中间为国民党平津当局所逼,有数月短暂离职外,罗隆基担任《益世报》社论主笔前后有近五年时间。自从罗隆基来到《益世报》担任社论主撰,高扬武力抗日的大旗,《益世报》成为北方宣传抗日的舆论重镇,罗隆基也因此誉满天下。

(二)抗日言论内容

罗隆基在《益世报》的五年写作了大量的言论文章,其内容丰富多彩:上至内政外交要闻,下至日常生活的具体问题,都成为他评述的对象。其敢于直抒胸臆、独陈管见的风格,给当时日益严厉新闻管制下的言论界注入了一股活力,为《益世报》的辉煌立下了汗马功劳,从而也奠定了他在中国近现代新闻评论史上的重要地位。

"九一八事变"后日本侵略引起的民族危机,深刻影响着中国的政治局势,罗隆基也像其他爱国知识分子一样,围绕着如何抵抗日寇、挽救民族危亡这个中心,在《益世报》发表了大量的文章,集中论述了他的抗战主张,充分体现中国知识分子的社会责任感和参与意识。由于罗隆基写作的社论数量多,涉及领域广,本文只选取了他最具影响力的抗日言论作为研究对象,对他的抗日言论的内容进行归纳和概括。围绕抗日救亡这一主题,以各个时期重大的抗日事件为背景,概括起来罗隆基的抗日言论主要集中在以下几个方面:

1.主张武力抗日,抨击当局不抵抗政策

"九一八事变"发生以后,国民党军政当局妥协退让,实行"不抵抗"政策,希望国联调停,以至于日本轻松占领东三省外,又逐渐向华北渗透。后来,汪精卫标榜所谓的对日方针是"一面抵抗,一面交涉";到1935年蒋介石又提出所谓的"和平未到绝望关头,绝不放弃和平,牺牲未到最后关头,绝不轻言牺牲"的政策。在国民党政府的妥协退让中,日本帝国主义的侵略在步步深入。在这种情况下,罗隆基在天津《益世报》明确提出"武力抗战"的口号,反对国民党对日妥协退让的政策。

"九一八事变"发生后两天,罗隆基即写了《沈阳事件》一文,指出日本对中国东北的侵略,是执行田中"积极政策"的开始,它的目的是要征服整个中国,征服全世界。在这篇文章中,罗隆基高瞻远瞩地指出:"国民党政府诉诸国联裁判、依靠列强调停来解决危机的办法是行不通的",①所以唯有武力抵抗是出路。罗隆基到天津《益世报》主持笔政,撰写社论,仍然一如既往地坚持对日武力抗战的论调,而且言辞更激烈,笔锋更犀利。

(1)武力抵抗日本侵略

辽吉黑硝烟未散,上海滩枪声又起。"九一八事变",日本帝国主义不战而占领东北大片国土,它并不以此为满足,于1932年1月28日夜发动进攻,日军毫无理由地分三路袭击驻闸北的中国军队,制造了震惊中外的上海"一·二八事变"。

在淞沪抗战爆发的前两天(1932年1月26日),他写了《可以战矣》的社论,倡言武力抗日。并提出"战可以改换国际局面,战可以得到真正的统一。"②这就是"天津《益世报》主张对日武力抗战的开始。"③自此后,《益世报》成为武力抗日一派言论的喉舌,罗隆基的社论对蒋政权的独裁和对日不抵抗政策,提出了一系列的批评。

淞沪抗战爆发后,罗隆基呼吁:"战! 战! 战! 牺牲到底! 抵抗到底! "④并说这是我们中华国民今日应有的口号。他认为这次中国的抗战,是人格作战,道德作战,精神作战。"只顾是非,不问利害,这是这次我们武力抵抗的立脚点。""既然奴隶、亡国已经不可避免,我们唯一出路,只有不计胜负地去抵抗到底,牺牲到底。"⑤

武力抗日并不是盲目的抗日,它必须有整个的计划。在《牺牲到底! 抵抗到底! 》这篇社论中,罗隆基提出,"本报对自卫作战,始终标揭两大原则。第一,长期抗战;第二,整个抵抗。"⑥根据第一个原则,则中日战争,绝非三月五月间事。在此长期抵抗中,国民不要胜则狂喜,败则张皇,要有坚持抵抗的决心和勇气。根据第二个原则,中日战争,非上海苏杭的局面,更非吴淞江湾一隅的局面,而是整个中国的抗战。接

---

① 方明东:《罗隆基政治思想研究(1913—1949)》,馆藏国家图书馆优秀硕博论文库。

② 罗隆基:《可以战矣》,1932年1月26日,《益世报》社论。

③ 罗隆基:《罗隆基在天津〈益世报〉》的风风雨雨——社论主撰的前后》,文吴主编:《他们是怎样办报的》,第192页。

④⑤⑥ 罗隆基:《牺牲到底! 抵抗到底! 》,《益世报》社论,1932年3月3日。

下来文章从几个方面论述了实现抵抗计划的方法："第一,我们要坚实抵抗的决心。"敌人"并没有给讲和平、主退让的人留出后路。到如今,国中任何人,都应认识,局部偷生,一隅苟活,是国际战争上,绝无可能的事情。第二,我们要鼓舞牺牲的勇气"。罗隆基承认,主张抵抗就是意味着牺牲。但是以物质的破坏,谋精神的建设,展现中华民族的勇敢和忠烈,使世界认识中国。"第三,我们要坚忍镇定,以进行我们抵抗的计划,发挥我们的牺牲精神,不以小胜而骄,不以小败而怯。"①"一·二八事变"发生后,中国军队奋起抵抗,作战一个多月,大挫日本帝国主义的嚣张气焰。事实证明日本帝国主义是应该抵抗的,中国军队是能够对外作战的。

本着武力抗日的见解,罗隆基主张对被日本侵占的东三省土地,应以武力积极收复。"今日中国对日侵略,不但不应交涉,且应将东北问题,乘此炉红火热的时候,硬打硬练。我国领土,一寸未复,日本侵略,一卒尚在,我方职责,只有抵抗,绝无妥协。"②要求国民党政府以"收回失地"的政策代替"抵抗到底"的政策。因为前者是积极的抗日,后者是消极的退让。"我们绝对不在长城以南言抵抗,我们要到长城以北图反攻。"③罗隆基连续写了《国民应加紧收回东三省的工作》《大难未解愿国民继续努力》《实力收复东北尽可明说硬干》《收复失地此时矣》等多篇社论,主张武力收复东北失地。

此外罗隆基对"一·二八"淞沪抗战、长城抗战以及东北的抗日活动积极撰文,褒扬中国军民的抗日爱国行动,鼓舞军民士气。如《大家起来作一光荣的牺牲》《愿国民起来一致应敌》《前方士气后方民气》《马苏不愧为民族英雄》等文章。

(2)抨击当局不抵抗政策

"淞沪停战协定"墨迹未干,日本又向山海关大举进攻,中国守军奋起反击,揭开了长城抗战的帷幕。然而由于蒋介石国民政府继续坚

---

① 罗隆基:《牺牲到底! 抵抗到底! 》,《益世报》社论,1932年3月3日。

② 罗隆基:《反对局部调停》,《益世报》社论,1932年3月5日。

③ 罗隆基:《假使我们站在政府的地位》,《益世报》社论,1933年3月15日。

持"不抵抗主义",借口"就地抗战",不予守军必要的支持,致使前方军队节节败退,1933年1月失山海关,3月,热河全省沦落敌手。长城抗战以《塘沽协定》签字而告一段落。1934年底,日本冈田内阁又制定了以控制华北为中心内容的新的侵华政策,并以此政策为"导向"在1935年挑起了一连串的事件:5月,借口中国方面破坏《塘沽协定》,挑起了"河北事件"而强迫与中国签订《何梅协定》;6月,又借中国方面扣留日本特务,挑起了"察省事件",而强迫与中国签订了《秦土协定》;10月,制造河北"香河事件",成立以殷汝耕为头目的汉奸政权"冀东防共自治政府";12月,又强迫南京政府设立以宋哲元为委员长的"冀察政务委员会",至此华北完全为日本侵略军所控制,史称"华北事变"。

1933年初,日本侵略军进攻热河,国民党热河省主席汤玉麟不战而逃,使华北重镇承德陷入敌手。罗隆基一连写了《抵抗的胜负与抵抗的真伪》《真抵抗与假抵抗》《到底抵抗不抵抗?》《妥协政策的危险》等社论,对国民党的假抵抗、真妥协政策进行揭露和抨击。他指出,"目前政府抵抗的真伪问题,实比抵抗的胜负问题更重要。如果当局,对外敌果真有真诚的抵抗,则目前的胜负所关实小,胜固足喜,败亦不足忧。倘若当前的抵抗,是政府当局掩饰弥缝的虚伪故事,则胜不足喜,败更添辱而已,国亡是最后的结果。"①罗隆基质问国民党当局,"到底抵抗不抵抗?准备抵抗不准备?不抵抗,不准备,政府到底怎样?"②

热河失陷以后,政府当局又与日本和谈,幻想让出长城以北的地区来换取日本不再进攻,罗隆基当即指出,这种妥协政策是极其危险的。任何人在此时敢于放弃抵抗政策,采取妥协政策,他就是全国的公敌。"这次彻底抵抗,的确是国民良心上的主张。根本违背国民良心主张以求向外妥协的人,国民势必兴师问罪,不与并列。"③同时指出,对外冲突的终点,是对内冲突的起点。针对妥协政策的危害,罗

---

① 罗隆基:《抵抗的胜负与抵抗的真伪》,《益世报》社论,1933年2月27日。

② 罗隆基:《"质问"》,《益世报》社论,1933年5月11日。

③ 罗隆基:《妥协政策的危险》,《益世报》社论,1933年3月14日。

隆基详细阐述:"国民向外不能发泄愤怒,因对外妥协,必尽情发泄于内。那时候的民心,必如山崩,如地震;如江崩,如河决,受这种刺激,他们愿做叛党,愿做反动,愿为土匪,愿为共党。他们与对外妥协的人势不两立了。那时候是一发不可收。在妥协政策下,中日问题收束了;在妥协政策下,中国本国问题必至不可收拾。"①他警告国民党当局,"在失地收复之前,决不能用妥协政策以求收束中日的冲突。"因为"从长估计,国内的纠纷,较国外的冲突,牺牲更大,价值更重。与其使国内不可收拾,毋宁使外战不可收束。政府和国人都应该认清目前妥协政策的危险"②。

对国民党政府的不抵抗、幻想通过外交手段来解决中日争端,罗隆基直接点明这是对外屈服对内欺骗,像中国当局对日这般怯懦恭驯在国际史上绝无仅有。他尖锐地指出当局"在对外上自己就没把自己当人看","对外不但没有抵抗的决心,简直没有抵抗的存心③。"前线战士的牺牲作了当局不抵抗的掩饰。罗隆基对当局不抵抗政策的痛恨之情溢于言表。

2.号召团结抗战,结束内战

对于"九一八事变",以及后来发生的一系列日本侵华事件,罗隆基坚定地认为:日本对中国的侵略,这是国与国的冲突,"敌人藉口攻击为国中某党,实则敌人所要摧毁的是整个中华民国,而非中国任何一党;敌人藉口排除的为华北某人,实则所欲剪灭的是整个中华民族,而非华北任何个人④。"中国人民应明白,国与国的冲突,一国以内,只有存则俱存、亡则俱亡的结果。所以,在日本侵略面前,中国的抵抗,应该是全国的抵抗。在对外上,"我们不能把责任推诿于一党一人,而是国民每一个人都要负起自己的责任⑤。"所以,他认为,"举国一致,抵御

---

① ② 罗隆基:《妥协政策的危险》,《益世报》社论,1933年3月14日。

③ 罗隆基:《对外屈服对内欺骗》,《益世报》社论,1933年6月3日。

④ 罗隆基:《沈阳事件》,转引自明东博士论文《罗隆基政治思想研究(1913—1949)》,第80页。

⑤ 罗隆基:《段祺瑞赴京》,《益世报》社论,1933年1月21日。

外侮",这是中国人自救的唯一道路,要实现团结抗战要从三个方面着手:一是国民党内的团结,主要是消除国民党内政治上的冲突和领袖彼此的成见;二是国民党与其他各党的团结,在中国做到国民党求自存,各政党求共存。国民党尤其应该改变武力剿共、根本铲除的方式,与共产党并存,以求团结;三是党与非党的团结,实现"全体国民,有党无党,都能合作互助①。"

这种观点体现在罗的社论文章中不外乎两个反对,即:无条件反对国民党新军阀内战,反对国民党武力围剿中国共产党和红军。

(1)无条件反对国民党新军阀内战

要实现全国一致、共御外侮的目标,必须实现国内的团结和统一。所以,罗隆基坚决主张废止国内的内战,改变原来国民党军队勇于内战、怯于外战的状况,彻底实现国内和平。他警告国人:国家的"混乱内战"等于"自杀"。②他提出"万恶内战为首,百善废战为先""万恶内战为首,百善和平为先"③的口号,呼吁争取国内和平,一致对外。他呼吁,国民党中一班与当局政见不同的领袖,立即谋党内的团结,一致对外,以集中力量、挽救国难。

国难发生后,维护国内团结,废止内战,抵抗外侮,成为全国人民的强烈愿望。上海等地的民间团体在1932年5月通电全国,发起废止内战大同盟,掀起废止内战运动。罗隆基对废止内战运动进行了声援,他认为"此种运动(沪上民众倡议废止内战运动),果能阻止成功,实为目前救国绝妙政策",作为报纸社论的主撰,他表示"愿竭绵薄,追随爱好和平之国民,尽我辈舆论上应尽之职责",④同时号召全国民众,对上海发动的废止内战大同盟"一唱百和踊跃加入"。⑤罗隆基主张无条件地反对一切内战。对于国内的政争,他主张和平解决,对于内战发动者,呼吁人民起来给予其道德上和舆论上的谴责。

---

① 罗隆基:《团结的步骤》,《益世报》社论,1936年6月5日。
② 罗隆基:《三条路走哪一条》,《益世报》社论,1933年11月26日。
③④ 罗隆基:《废止内战运动》,《益世报》社论,1932年5月19日。
⑤ 罗隆基:《再谈废止内战运动》,《益世报》,1932年5月27日。

中原大战后，国民党政权完成了形式上的统一。然而国民党内部，争端不断，局部内战时有发生。1932年9月山东省主席韩复榘打着"为民请命"的旗号，攻击刘珍年部队，山东战事一触即发；1933年，国民党十九路军不满国民党对日妥协、对内镇压的政策，发动"福建事变"；1936年，两广李宗仁、白崇禧与蒋介石的矛盾升级，最终爆发战争；1936年12月，张学良、杨虎城在西安"兵谏"，囚禁蒋介石。在民族危亡关头，罗隆基呼吁各方面克制，认为在国难当头的情况下，国内任何分裂事件发生，结果无所谓胜败，只闹个两败俱伤，同归于尽而已。

罗隆基说："我们为无条件的反对内战者。我们认定国内任何政争点，都可以武力以外方法解决，都应以武力以外方法解决。任何人违背此旨，姑无论在争端的本题上，彼有如何充分理由，一经动武，即为戎首，我们为维持国内和平计，即当加以指斥。如此始可达到废除内战之目的。"①

"福建事变"发生后，蒋介石调动大军进行镇压。对于"福建事变"，罗隆基认为这是国民党对内专制、对外妥协政策的必然结果，他反对政府用武力镇压手段解决闽局，认为闽局不是武力可以根本解决得了的。"如今闽局中最重要最有力的号召是取消党治，还政于民"，②这恰恰迎合人民的心理。"武力可以解决十九路军，而闽方所借以号召的一切原则，武力却不能消灭。十九路军可以战败，而'还政于民，取消党治'等等原则，实不容易战败。"③如果中央不取消党治，还政于民，类似"福建事变"的事情可以随时随地发生，中央的后患依然无穷。显然，罗隆基认为福建方面提出的政纲是合理的，他反对国民党对福建方面动武。

1936年，中国正处在山雨欲来风满楼的沉闷气氛中。两广李宗仁、白崇禧与蒋介石的矛盾加剧，最终爆发了战争。罗隆基对此连续

---

① 罗隆基：《鲁事宜速和平解决》，《益世报》社论，1932年9月21日。
②③ 罗隆基：《解决闽局合理途径》，《益世报》社论，1933年11月23日。

发表社论,号召国人起来,无条件反对内战,制裁内争。他说,"在近日中国任何内战都是国防力量的消耗,都是国家的自杀,都在反对之列。倘在内战中要分门别类,认定某种内战为合理合法,某种内战为非合理合法,其结果,是各说其理,各护其法,无一种内战可以反对,无一种内战应受制裁。"①他认为西南李、白和政府双方动武的理由均不能成立。在罗隆基看来,"内战的是非曲直,内战的胜负,都是次要问题。"②如果亡国灭种了,讨论是非曲直的机会都没有了,因此必须无条件反对内战,反对政府武力解决两广事变,认为内战不仅使实力损失,而且给外敌可乘之机。在这个时候"一枪一弹,一颗头颅,一滴赤血,都应作对外御侮守土之用";"内战一发生外敌必乘机进犯,即使政府在西南得胜,也得不偿失。"③1936年9月,在各方面的呼吁下,蒋介石与广西方面李宗仁、白崇禧达成妥协,两广事变终于没有演变成大规模的内战。

　　1936年12月"西安事变"爆发,罗隆基从维护国家团结、反对一切战争的前提出发,不赞成张学良、杨虎城"兵谏"囚禁蒋介石。罗隆基强调:抗敌救国是目的,一党领导的抗敌与各党联合的抗敌是手段。国人不应该放开目的,从事手段上的争持,以造成争手段而忘目的的结果。主张张、杨释放蒋介石,恢复政府行政常态。对于国民政府,罗隆基认为支持营救蒋介石是正常举动,但要求政府对"西安事变"的由来,及国民思想的去向,有真切的认识,以图补救。"只要各党各派认领国民党政权,拥护蒋(介石)院长的领袖地位,在这种条件下,联合各党各派,以达抗敌卫国的目的,实亦无害国事。倘不幸因主义之争,造成今日西班牙之局面,算内账而放弃外账,此则国家万劫不复了。"④罗隆基要求西安张、杨和南京国民政府,"以国家为前提"寻求和平解决事变的途径,反对武力解决"西安事变"的主张。

---

① 罗隆基:《再谈制裁内争》,《益世报》社论,1936年6月9日。

② 同上。

③ 罗隆基:《再度呼吁和平》,《益世报》社论,1936年8月26日。

④ 罗隆基:《以国家为前提》,《益世报》社论,1936年12月15日。

总之，在国民党新军阀内战问题上，罗隆基希望大家一致对外，切莫其豆自残。所以，国人切不可忘记这个大原则："国家存在，方有政权可争，方有内账可算，国家灭亡，国人都成了奴隶，国家无政权可争，国人即无内账可算。所以，中国唯一出路，是算外账不算内账。"①

(2)反对武力围剿中国共产党和红军

罗隆基从举国一致、共御外侮的立场出发，主张无条件地反对一切性质的内战。首先，要明白什么是内战，这是废止内战的前提条件。他认为，"在一国之内，任何个人或任何团体，以武力手段对国内其他个人或团体解决任何性质之争执纠纷，即为内战。"②在中国，个人间的纠纷，通过和平的方式解决已经实现了。而"个人联合的团体，或为政见相同的党，或为利害相关的私人联合的团体，此间武力解决纠纷的方法，还没有废止"。③这就是20年来的中国内战。以往国内一切内战藉口，不外两种，"以下攻上，号称'革命'，以上压下，号称'统一'"④。而所谓统一，所谓革命，说彻底些，都为争夺政权，罗隆基反对以武力来作为争政权的手段。在罗隆基看来，军阀之间的私斗固然是内战，共产党领导的革命也是内战，国民党的"剿共"也不例外。所以，他一方面反对中国共产党领导的革命斗争；另一方面对于蒋介石对革命根据地大规模的军事"围剿"，也一直进行抨击。

1932年2月，国民党宣布召集国难会议，罗隆基对国事充满希望，认为可能因此促成国内的团结，他甚至考虑到与共产党合作的可能，他专门写了一篇《国难期中警告中国共产党》，劝告共产党改变政策，加入到抗日行列中来。随着对国民党蒋介石的对内独裁、对外妥协政策本质认识的深入，罗隆基对共产党的认识和态度也有所变化，由原来的一味批评指责，变为同情的理解。虽然仍然反对共产党的暴力革命政策，但他开始为共产党的武装斗争辩护，认为那是国民党没有给

① 罗隆基：《算外账莫算内账》，《益世报》社论，1936年10月25日。
②③ 罗隆基：《什么是内战?》，《益世报》社论，1932年6月3日。
④ 罗隆基：《再谈废止内战运动》，《益世报》社论，1932年5月27日。

一个和平夺取政权的机会,且没有给反对党生存的机会,共产党武装革命,也是被迫为之。罗隆基认为,国民党整天喊剿匪,"实际上政府自己正是造匪的根源",①"山中的胡子,荒郊的强盗,旧式的土匪,新式的红军,多数是环境逼出来的,先造匪,后剿匪,这是中国的局面"②。罗隆基认为,对于共产党力量的发展,国民党应从自身统治上先找原因。革命的根本原因不外两点:"(一)经济上太穷;(二)政治上不平。革命实际上主要是'穷人造反'和知识青年对不良政治的反抗。"③可见这一时期,罗隆基仍然反对共产党的武装革命,但开始逐渐转变为同情和理解。

对于内有共产党革命、外有日本侵略的局面,罗隆基反对国民党的剿共政策。"国民党所谓剿灭'共匪',也只是对政见不同者的武力火并,这是内战,即使胜利,也不光荣。"④罗隆基认为,"专制独裁,是革命的主因。不先引去引起革命之因,认一切革命者为匪,这种事我们又不能妄事同情"。⑤在这里,罗隆基对共产党的武装革命给予相当的同情,不满国民党"剿共"政策的态度很明显。

此外大规模的剿匪,这种耗费,对国难期中日益深重的中国是巨大人力、物力、财力的浪费。在罗隆基看来,剿匪用去的子弹枪械,倒不如用来攻打强占东北三省的日本侵略者。对于政府"不剿共不能御侮"的观点也实在不敢苟同。"湘赣共产区的人民,如今还可以念中国书,写中国字,谈中国话,读中国历史,讲中国文化,最低的限度,还可以做中国人。东北三省,连这些权利都没有了。苏俄的人民他们是国民,朝鲜的人民是奴隶。共产与亡国,何去何从?这绝对不是左倾,不是祖共。我们的意想,剿匪与御侮,此中实有缓急,而目前剿匪的全去抵抗外寇,用目前妥协的态度去招抚内匪。这是比较合理的态度。"⑥否则,怯于公敌,勇于私斗,对外始终口头抵抗,对内自相厮杀,即使剿匪胜利

---

① 罗隆基:《武力剿匪》,《益世报》社论,1932年6月1日。

②④⑤⑥ 罗隆基:《剿匪胜利不算光荣》,《益世报》社论,1932年7月5日。

③ 罗隆基:《江西共乱复炽》,《益世报》社论,1933年4月5日。

了也不算光荣。

中国与日本之间是民族生存竞争,是不能谈妥协的,而对内是中国人与中国人之间的主义竞争是"尽可谈妥协"。他建议国民党政府"停止'赤匪''共匪'这一切名词,尽可公开地大胆地与共产党负责领袖谋有条件的政治妥协",建议政府"今后的政策,应'防共抗日',代替'剿共抗日'",建议政府"以八分力量对外,以二分力量防共"。①在他看来如果当局对日采取抵抗政策,抗日有成绩,那么政府威信既立,众望所归,共产党不肃自清,不打自倒。如果政府面对日本的侵略只是口头抵抗,政府无丝毫威信可言,民众爱国无门,共产党是剿不胜剿,清不胜清。结果,先清内,后对外,中国人自相残杀日本人坐收渔翁之利。

(三)抗日言论特色

20世纪三十年代《益世报》成为在北方与《大公报》比肩齐名的报纸,罗隆基功不可没。在抗日宣传的舆论战场,罗的言论因其思想锋利,特色鲜明,为世人所称道。作为一个拥有数百篇社论的作者,罗隆基在天津《益世报》时期的抗日言论逐渐形成自己的风格。概括起来主要有以下几点:

1.时效性强,紧跟时局变化,及时发表评论

老报人徐铸成认为:"新闻评论,严格地说应该是评论昨天发生的事情,或者是最近发生的事情。""一件事情发生,第二天立刻就有评论出来。"②社论作为新闻评论的一种形式,其评论所依托的对象,一个最主要的来源就是新近发生的重大事件,这是由社论的新闻性特征决定的。在"看完大样写社论"的时代,报馆主笔一般是从当天最主要的新闻中选定社论题目。这样的工作方式对社论的时效性要求是相当高的。从新闻截稿到报纸付印,至多要在两三个小时内写作完毕,所以非要有"倚马可待"的工夫不可。

---

① 罗隆基:《"清共以前绝对不言抗日"》,《益世报》社论,1933年4月12日。
② 徐铸成:《新闻艺术》,知识出版社,1985年版,第85—86页。

罗隆基为《益世报》撰写的抗日言论的一个重要特点就是快捷地反映和评价新闻事件。在罗隆基撰写的社论中常有"本日""前日""昨日"等字样,针对一具体事件发表评论,而且在写作的过程中经常引用报纸对某件事情的新闻报道。如在1932年2月14日《益世报》发表的罗隆基的《异哉所谓"沪案适可而止"》这篇评论。在文章的开头就引用了报纸的消息:"本日上海专电,谓'京方对沪案,主适可而止,前方将士愤激,认为无论何人,如对日有屈服意,誓死反对'。"接下来文章用大量的笔墨对所谓"适可而止"的论调进行了激烈的批驳,中日事件根本无所谓"适可而止",适可而止的是国人"偷生苟活之观念"、"自私自利之观念"。①

罗隆基追踪事件的发展,及时评论时局,常言人所未言,提出了一些富有战斗力的口号。1932年淞沪抗战爆发,罗隆基为了鼓舞人民,提出了如"牺牲到底! 抵抗到底!""宁为自由鬼,不做亡国奴"等口号。站在爱国抗日的立场上,发表时见,表现出了一个政治家和宣传家高度理论修养和政治敏感。"九一八事变"发生后,国民党当局希望国联来调停中日争端,罗隆基围绕这一事件发表了大量的社论。从1932年初国联组织调查团,到调查团在中日半年多的调查,再到报告书的最终公布,罗隆基一直密切关注并及时地发表评论,给当局和国民以警醒,我们以这些言论为例,说明罗的言论快速敏捷的特点。

1932年1月,由英、美、法、德、意五国组成的国联调查团正式成立,3月中旬调查团经过日本后到达上海。调查团的到来使国内依赖外力解决中日问题的幻想又高涨起来。针对此情况,罗隆基主张国人对调查团应保持低调的态度,他指出,"国联的性质,为调停机关,法律上非太上政府,实际上无制裁能力。"②中日争端是非曲直一目了然,然而政府当局以及一部分国民却热衷国联的调查,寄希望于此,罗隆基对此尖锐地指出,"中国对调查团小题大做,此则绝端暴露政府人民怯懦倚

① 罗隆基:《异哉所谓"沪案适可而止"》,《益世报》社论,1932年2月14日。
② 罗隆基:《欢迎国联调查团》,《益世报》社论,1932年4月9日。
③ 罗隆基:《大题小做小题大做》,《益世报》社论,1932年4月20日。

赖之心理。此种心理即中国民族应该灭亡的实证。"③国联调查团在中国调查半年多,报告书迟迟不能提出。在调查团报告书接近完成时,罗隆基在8月29日撰文就事先提醒国人和当局 "宜做报告书绝无效力的打算"①。接下来罗隆基又写了《中国在国联开会前的准备》《报告书公布以前》《调查团报告书简评》《再评调查团报告书节略》等评论。他强调中日关系闹到这个地步,已成为生死存亡的冲突。"中国生命的保全,一切只有依据老话:求其在我。这是中国人此时应持的态度,应有的决心。"②罗隆基以他对国际政治的透彻的理解,一针见血地指出"国际联盟本身就是受国际间实际政治势力支配的一个团体",③指望国联来解决中日争端,是自欺欺人和不明国际政治的表现。此后国联行政院会议和国联特别大会对中国提出的要求根本没有理睬,中国在国联会议上完全失败,这也充分证明了罗隆基的观点。

2.思维缜密,善于说理和概括,理性色彩较浓

言论既然是说理的,就要把道理讲清、讲细、讲透。"论如析薪,贵在破理",要把道理破开来讲,丝丝入扣,使读者心悦诚服。对于一篇评论文章来讲,立意是它的灵魂,论证是它的骨骼。将高深的见解寓于严密的逻辑论证中,这样的评论才是好评论。通观罗隆基的抗日言论不仅论证严密,而且经常跳出就事论事圈子,从理性的高度分析客观事物,提出正确的、新鲜的见解,使他的社论又带有浓郁的理性色彩。

以《牺牲到底! 抵抗到底! 》(1932年3月3日《益世报》社论)这篇文章为例。文章以这种方式切入:"男的战死了,还有女的,女的战死了,还有孩子,还有我们的灵魂! 战! 战! 战! 不要让德国人过去!"在第一次世界大战的时候,德国进攻法国巴黎,法国前内阁总理克理孟梭呼吁法国人民抵抗德国侵略说了这样一段话。罗隆基就将这段话作为他这篇文章的开头。我们今天读到这样具有号召力的一段话,也不禁热血沸腾。1932年3月的上海,日军无故挑起军事冲突,东三省大片土地

① 罗隆基:《调查团报告书的效力》,《益世报》社论,1932年8月29日。
② 罗隆基:《报告书公布以前》,《益世报》社论,1932年10月2日。
③ 罗隆基:《什么是自决自救》,《益世报》社论,1932年10月7日。

被日寇占领，广大民众看到这样的一段话怎能不精神振奋，激发起誓死保卫家园的决心。在战火纷飞时代，这样的文章想不吸引读者都难。文章开头提出了"牺牲到底！抵抗到底！"的抗战口号，也是这篇评论文章的立意所在。对于对日作战，国人首先要明确，这是"人格作战""道德作战""精神作战""只问是非，不问利害，这是我们这次武力抵抗的立脚点"，对这场战争进行了定性。接下来文章实事求是地分析了中国在物质军备上的确不如日本，同时以淞沪抗战的实例来说明我们中国人的人格与道德没有落伍。因为"我们以忠勇与敌人的新式武器作战，以血肉之躯与敌人的坦克车交锋，淞沪线上，我们能与敌人周旋一月以上，我们使敌人'四小时解决中国驻军'的豪语成为世界耻笑的夸大狂"。以此为依据，作者得出"整个民族，不会灭亡，整个中华民族，在生命的奋斗上，当有最后的胜利"的结论。接下来文章论述了武力抵抗的必然性，在"奴隶与自由、亡国与保种"的分界岭，我们别无选择只有战斗。接下来文章提出了武力抗战的两大原则："第一，长期抗战，中日战争，绝非三月五月间事。在此长期抵抗中，国民不要胜则狂喜，败则张皇，要有坚持抵抗的决心和勇气；第二，整个抗战，中日战争，非上海苏杭的局面，更非吴淞江湾一隅的局面，而是整个中国的抗战。"为了整个抗战策略的需要，罗隆基提出了必要时可以放弃沿海沿江一带，与敌人到内地去厮杀。文章接下来提出了三项具体的主张：其一，坚持抵抗的决心；其二，鼓舞牺牲的勇气；其三，坚忍镇定。罗隆基通过淞沪抗战看到了中华民族的爱国主义精神，以此证明这是一个不会灭亡的民族，同时看到中日战争将是一个长期的战争，对日抵抗也应是整体的抵抗。虽然罗隆基还不能像中国共产党人那样用科学的理论来分析中日这场战争，但他的观点无疑具有一定的理性自觉，看到了战争的方向，同时也看到过程的曲折性。这种总结性、结论式认识带有理性自觉，大大增强文章的说理性色彩。

"两广事变"爆发后，有一段时间中央和西南出现了一种似团结非团结、似分裂未分裂的状态，大规模的内战时刻都有可能爆发。罗隆基针对此种情况发表评论《团结的步骤》，论述如何实现团结抗战，文章主张要从三个方面着手:一是国民党内的团结,主要是消除国民党内实际政治上权利的冲突和领袖彼此的成见;二是国民党与其他各党的团结,做到国民党求自存,各政党求共存。国民党尤其应该改变武力剿共根本铲除的方式,与共产党并存,以求团结;三是党与非党的团结。作者借用欧美国家容许共产党用和平的方式夺取政权作事例,主张当局允许共产党并存。这篇评论针对两广时局发表评论,提出鲜明见解,并作了细致的阐述。这篇评论观点鲜明,分析透彻,论述全面,说服力强。此外《再度呼吁和平》一文同样具有这样的特点,作者从国际背景、国内变化、实力损失、外敌乘机四方面具体分析了反对政府武力解决"两广事变",站在国家的立场上主张和平解决"两广事变"。

像这样的文章还很多,如《绝对反对上海和议》《废止内战运动》《求其在己的对外政策》《剿匪胜利不算光荣》《武力剿匪》《我们立场的解释——关于无条件反对内战》《以国家为前提》等。这些文章论旨集中,文字简洁,都鲜明地体现了这个特点。

罗隆基的文章通过简单而具体的论述,用事实说话,在论证中经常引用中西方的谚语、欧美近代政治理论和历史事实来论证的观点,旁征博引,大大增强了文章的说理性、理论性。如《对外当从大处着手》这篇文章,为了论述国民党的零碎外交政策,在文章中他引用了中国民间的一则寓言,走失一口猪,主人行所无事;猪身上掉了几根毛,主人张皇失措。目光短浅,见小不见大。通过这则寓言讽刺国民党的外交政策。国民党对东三省的主权都没有了,还争邮政争关税,这与"猪身上抛下几根毛,主人张皇失措何异?"所以罗隆基提出,"争邮政,争关税,当于争回整个东北三省之上求之。皮之不存,毛将焉附?对外当从大处着手。"①他的文章,少则几百字,多者数千言,观点突出,论证严密,内容丰富,具有浓厚的理性色彩。文章就事论理生发开去,一般针对新近发生的事件引发议论,深入下去获得高明的见解,具有很强的说服力。

---

① 罗隆基:《对外当从大处着手》,《益世报》社论,1932年6月26日。

3.语言流畅,笔锋犀利,爱国之情流于其中

《益世报》在三十年代能达到日销量四五万份,罗隆基的社论成为《益世报》吸引读者的重要特色之一,除了其言论内容受到民众极大欢迎外,言论表达形式也是受欢迎的重要原因。罗隆基为《益世报》撰写抗日言论,在语言表达上,浅显易懂、流利畅快,爱国之情流于其中。这种特点表现为:

其一,语句简洁,言简意赅。通观罗隆基的抗日言论,基本上使用简短的语句,读起来朗朗上口,如:"大鼎被盗,何争一脚;全屋被占,何求一角。对外方针,当计其大者重者。东北不收回,邮政关税,与之俱来。"用形象的比喻说明东北的主权和东北邮政、关税的关系,借以讽刺国民党的零碎外交。又如,"半壁河山,任人蹂躏,万千同胞,供人鱼肉。皮之不存,何恤一发?臂之将断,何恤一指?"①四字为一句,概括了国民党妥协政策的恶果;两个反问句,又将国民党的零碎外交批驳得体无完肤。这两段话语句极为简练,基本无增字删字余地,可以说语言精练到炉火纯青的地步。

此外,罗隆基还经常使用通俗语言。在《"特别严重的表示"是什么?》②一文中,罗隆基质问国民党当局"特别严重的表示是什么",写了这样的一段话:"这种表示最少配不上'特别'与'严重'几个形容词。这种表示,痛快说些,是白费口舌,白费文字,白费邮电费,表示等于不表示。"文中用了"配不上""白费"等生活用语,将当局长期以来在外交上用滥的"宣言""声明"说得一文不值。

其二,字里行间洋溢着爱国热情,确如梁启超的"笔端常带感情"的特点。罗的文字虽朴实无华,但感情充沛,概括得精当透辟,一言中的。

"一分土,一寸地,我们要敌人尸身填尽,把鲜血染红,践踏他过去,敌人所得,要敌人千万倍所失。吴淞江湾,一月来敌人已经有了这

---

① 罗隆基:《反对局部调停》,《益世报》社论,1932年2月15日。

② 罗隆基:《"特别严重的表示"是什么?》,《益世报》社论,1932年8月27日。

个教训。此后更要他们领略这个教训。如此,目前在战略上一隅的小得失,局部的小进退,更不足以影响我们的决心和勇气。既然如此,今日的对日抵抗上,敌人果然把中国人杀得只剩了一个,最后的一人,应该说:战! 战! 战! 牺牲到底! 抵抗到底! "①。

这段文字充满了杀身成仁的决绝之意,富有战斗性的鼓舞,今天读来仍然令人热血沸腾。作者的爱国之情溢于言表,简短的语句,富有战斗性的口号,喊出了国民心中积蓄已久的愤懑,激发了抗日的激情。

缺少感情的言论,形同枯木,即使道理正确,也难入耳入脑入心。寓理于事,寓理于情,才能深深地触动受众之心。所以言论要情理并茂,热烈地主张所是,热烈地攻击所非,有痛有痒,有爱有憎,有喜有怒。罗隆基的文章多为驳论性文字,在辩驳抨击过程中作者的爱憎溶于其中。下面选一例,以显罗隆基抗日言论的语言风貌之一斑。针对当时有人认为,中国在未恢复自卫能力以前主张"绝不可以得罪国联",呼吁国人要镇静,提出了"宁为瓦全,不为玉碎"的口号。罗隆基严厉批驳了这种观点,认为"这是为奴亦可,为婢亦可,呼牛则牛,呼马则马,偷生苟活的结果。这是既不敢杀人,复不敢自杀,以造成似生非生,似死非死,生不如死,死胜于生的局面。这种卑怯,远在自杀者之上,而其遭世界的笑骂,又远甚于自杀者"。②这篇评论的语言杂文味很浓,语言辛辣,揭穿了这种人偷生苟活的心理。在嘲讽中作者的爱憎与情感倾向表露无遗。

这些文章中尖锐的观点,犀利的言辞,以及在辩驳的过程中闪现着思想火花的警策性语句,给人们留下深刻的印象。罗隆基的抗日言论作为一种有力的舆论斗争工具,在民族危亡的紧急关头,民众各种观念交织碰撞的时期,起到了巨大的指导作用。

(四)抗日言论影响及原因

1.抗日言论影响

---

① 罗隆基:《牺牲到底! 抵抗到底! 》,《益世报》社论,1932年3月3日。
② 罗隆基:《自杀与怕死——质丁文江先生》,《益世报》社论,1932年10月31日。

评论是时代的号角,每一个重要的历史时期,新闻评论总是以高瞻远瞩的姿态,关照现实,反思历史,成为直接影响社会舆论的最权威、最有战斗力的媒体武器,罗隆基的抗日言论尤其如此。在民族危亡的关头,罗隆基的抗日言论产生了巨大的影响,具体体现在以下几方面:

首先,激发了民众的抗日热情,动员民众积极投身到抗日救国的热潮中。"九一八事变"后,国民党政权实行不抵抗政策,日本帝国主义的侵略步伐步步向华北迈进。广大的民众爱国无门,外有侵略,内部战争不断,人们彷徨、无所适从。1932年1月以后,罗隆基担任社论主撰后明确提出对日要武力抵抗,他的评论喊出了民众心中积蓄已久的愤怒,激发了他们抗日的激情。在"一·二八"淞沪抗战时期,罗隆基发表了《可以战矣!》《平津学生可以起矣!》《我们必胜》《愿北方人民奋发起来——与沪商请愿代表一致进行》《牺牲到底!抵抗到底!》《大家起来作一光荣的牺牲》等文章,呼吁中国民众奋起抵抗日本侵略。《益世报》在1932年2月19日刊登启事,代收慰劳前方将士捐款,并在报纸上将捐款人姓名和钱数刊出。此后,华北地区的民众积极行动起来,掀起了为前方将士捐款、捐物的热潮。在罗隆基"宁为自由鬼,不做亡国奴"的号召下,1932年3月在天津、北京地区出现了一个民众自发组织的骷髅团,他们怀着必死的决心南下上海支持十九路军抗日爱国活动。[1]罗隆基无条件反对内战,号召全国团结起来抵抗日本帝国主义的侵略,"罗隆基的抗战呼吁在国统区曾发生重大影响,对于发动抵抗人民日本侵略,建立抗日民族统一战线,起了推动作用。"[2]

其次,罗隆基的抗日言论让蒋介石深感不安。罗隆基来到《益世报》一如既往地继续着《新月》的风格,不仅能言,而且敢言。1933年6月,当局同日本签订了《塘沽协定》。天津《益世报》连续发表社论,说蒋政权是"对外屈服,对内欺骗"。[3]6月17日,所谓华北政务整理委员会

---

① 《骷髅团将出发赴沪协助十九路军抗日》,《益世报》新闻,1932年2月19日第3版。

② 方明东:《罗隆基政治思想研究(1913—1949)》,馆藏国家图书馆优秀硕博论文库,第181页。

③ 罗隆基:《对外屈服对内欺骗》,《益世报》社论,1932年6月3日。

正式成立。当天《益世报》发表了罗隆基的社论,说这个组织是"先行交易,则日开张",指摘这个政整会是个卖国机关,先进行卖国交易,而后挂出这面机构的招牌来。这些言论触怒了蒋介石,致使国民党对《益世报》和罗隆基怀恨在心。天津国民党党部曾经多次出面要求《益世报》撤换社论主笔,刘豁轩顶住压力,以罗隆基聘约未满为由婉言拒绝。国民党当局眼见"文劝"不成,悍然决定以"暗杀"的方式武力除掉罗隆基。1933年秋天,蒋介石派四名特务来天津暗杀罗隆基,幸而有惊无险。刘豁轩考虑到罗隆基的安全和报纸的生存,在1933年底聘约期满后没有再与其续约。南京的特务在天津对罗隆基进行暗杀未遂后,蒋介石通过胡适和南开大学校长张伯苓两个邀请罗隆基南下同其会谈。罗隆基以报务繁忙为由未去。1934年罗隆基离开《益世报》后,在峨眉山同蒋介石见了面,并给蒋介石讲第一次世界大战时英美的战时行政,成了蒋介石的座上客。蒋极力挽留罗隆基为国民党工作,被罗隆基拒绝。可见罗隆基的抗日言论产生了怎样的效果,使得蒋介石用尽了拉拢、威胁之能事。

再次,扩大了《益世报》的影响,使其一度与《大公报》相提并论。《益世报》是民国四大报之一,在二十年代经历奉系的控制,失去了"五四"时期的群众基础。虽然后来刘豁轩励精图治,对《益世报》进行了大刀阔斧的改革,新闻、副刊和广告都大有起色,但是言论版相比较《大公报》还是有很大差距,这促使他不惜重金聘请社论主笔。1932年,罗隆基来到《益世报》担任社论主笔,力主武力抗战,言辞激烈充满了爱国激情,《益世报》发行量大增。"当时天津报馆林立,有近70余家的大小报纸,而《益世报》日销量可达4万至5万份,几乎每天报纸一上街便被抢购一空。"①当时天津市区人口不到百万人,人们的购买能力和文化水平都很低,报纸发行到这个数字,已经很不简单了。而此时期的《大公报》坚持"缓抗"言论,不赞成对日武力抵抗,主张备战。而且《大

① 天津古籍出版社、天津教育出版社、南开大学出版社:《益世报》影印本内容简介,天津古籍出版社,2006年。

公报》连续发表反对学生群众的抗日请愿,读者由不满转而愤怒,在这时期,大公报馆被人投了炸弹,张季鸾还收到一个装有炸弹的邮包。作为北方大报,一直深受读者欢迎的《大公报》,此时让民众深感失望。《益世报》在天津70多家报馆中脱颖而出,其影响甚至一度超过《大公报》,在民国报业史上写下了浓墨重彩的一笔。

2.原因分析

罗隆基的抗日言论为什么会产生如此巨大的影响,接下来文章从传播者、内容、媒介三方面进行分析,探讨其产生影响的原因所在。

第一,作为传播者的罗隆基,受到良好的教育,具有丰富的学识,同时是位坚定的爱国主义者。

罗隆基出身于书香世家,在父亲的指导下幼年熟读四书五经,喜爱古典诗词,写得一手好文章。"罗隆基的成才,与得力的家教是很有关系的。"①此后,九年的清华学习生活,罗隆基不仅成绩优秀而且积极参加学生活动,创建各种学生团体,培养组织才干和语言表达能力。在这一时期他担任《清华周刊》的主编,并给《新青年》、《晨报》等报纸写稿。"罗隆基的演说天才、犀利的文笔以及一生的信仰,都是在清华时期打下的初步的基础。②"1921年到1928年,罗隆基留学英美。7年的留学生涯中,罗隆基专攻英美的政治学和哲学,相继取得政治学学士、硕士和博士学位,英美的民主制度和生活方式给罗隆基切身的感受,对英美的民主政治、思想和文化有了深刻的认识。回国后担任上海吴淞中国公学政治经济系主任兼教授,讲授近代史,还任光华大学的政治系主任兼教授,此后又在南开大学担任教授。因此罗隆基才能迅速及时写作新闻评论,他的评论思维缜密,准确判断,论述过程中中西谚语、欧美政治、军事、历史事例不断在文中引用,这与他良好的教育、丰富的学识是分不开的。此外,罗隆基的言论语言的严谨老到,同他长期的训练也有很大的关系。

① 周英才:《走近罗隆基》,《文史精华》,2001年第1期。
② 刘代朝:《追求主权与人权的统一——罗隆基在南京国民政府成立初期的政治理想与实践》,cnki数据库,第37页。

"传播者决定着信息的内容,但从宣传和说服的角度而言,即使是同一内容的信息,如果出于不同的传播者,人们对它的接受程度也是不同的。这是因为,人们首先要根据传播者本身的可信性对信息的真伪和价值作出判断。"①20世纪三十年代的罗隆基大小也算是个名人。"新月"时期他是胡适自由主义大旗下的三个火枪手之一,在上海就因言论"谬妄"开罪当局,丢了饭碗。此外作为大学教授,跻身高级知识分子的行列。罗隆基力主抗战的主张因其理性色彩的论述,拥有一批坚定的追随者。

一个有情有义的人才能写出有情有义的文章,才能真正地感染人。我们说罗隆基的笔锋常带感情,能感染读者的心,其实这笔锋常带的感情,恰恰是作者爱国之情的流露。孟子曰:富贵不能淫,贫贱不能移,威武不能屈,此之谓大丈夫。作为一个优秀的评论家,首先必须有"大丈夫"品质。我们姑且不论罗隆基个人性格如何,个人行为如何,是否是如人所说"德不济才",但是作为评论家"大丈夫"的气节罗隆基是有的。罗隆基以激烈的言辞指责国民党当局妥协退让政策,在上海被逮捕,在天津遭特务暗杀,险些丧命;蒋介石还邀请他加入国民党为政府工作,这些都被罗隆基拒绝。面对蒋介石的威逼利诱,罗隆基不为所动,甚至丢了性命也在所不惜,充分体现了中国知识分子高度的责任感和爱国情操。以充满爱国之情的笔,写作慷慨激昂的文章,这样的文章想不产生影响都难。

第二,从传播内容而言,罗的抗日言论发出了时代最强音,提出了有价值的见解,满足了读者的需求。

按照传播理论,"受众不是被动的信息接受者,而是积极的大众传播的参与者",受众"能够决定一个传播内容,一个传播世界,甚至传播者本身的发展前途"。②在传播过程中,受众是传播行为的接受者,是传播活动中信息流通的目的地,离开了受众,传播就失去了意义;传播者

---

① 郭庆光:《传播学教程》,中国人民大学出版社,2002年版,第201页。
② 胡正荣:《传播学总论》,北京广播学院出版社,1997年版,第289页。

只有传播那些符合受众实际需要的信息才能被受众接受,取得好的传播效果。①从内容上而言,罗隆基的社论说出了广大中国公众要求抗日、抵抗外敌侵略的愿望,在国民党专政独裁严厉的新闻管制之下,呼出了时代最强音。

罗隆基的抗日言论不只是口号似的呐喊,他有极强的分析和判断能力,在评论中所做出的分析和判断,往往会被随后发生的事实所验证,多数经得起时间的检验,为人所信服。他的评论,不但面对国际国内纷至沓来的新闻事件,能够迅即做出反应,帮助民众了解事件背景,甚至能在纷纭繁复的难局中,预测事件进展,指明一线出路。

罗隆基在天津《益世报》发表的言论,以抗日救国为核心,对外主张武力抗战、全民抗战,主要依靠中国自己的力量抵抗日本侵略,以求中日问题能够得到总体的解决;对内要求当局停止内战,反对国民党的"攘外必先安内"的政策,实现国内团结;在外交上反对国民党对日本的妥协外交、零碎外交和一味依赖国际势力的做法,主张外交上独立自主,实行坚决抗日的外交政策,并在许多方面提出大胆的建议,这些主张的基本倾向应该说都是正确的,反映了当时中国人民要求抵抗日本侵略的要求,也反映了罗隆基的爱国思想。他虽然不能像后来中国共产党人那样用科学严谨的理论,论证中国抗战胜利的必然性,但是,他反对国民党的妥协退让政策,这对于振奋人心、打破人们对和平的幻想、鼓舞全国人民抗战,在当时具有积极的意义。而且在这一时期,罗隆基对共产党的态度,虽然还没有根本改变,他仍然反对革命,反对在中国推行共产主义;但在具体言论中,已经不像《新月》时期那样对共产党充满敌视和火气,而是抱着一种同情理解的心境,来客观描述共产党的斗争。罗隆基大胆地提出了一些有远见的主张,如立场鲜明地反对国民党的武力剿共政策,反对"攘外必先安内"的政策,要求国民党放弃所谓的"赤匪""共匪"等称呼,与共产党妥协,用"防共抗日"代替"剿共抗日"的政策,同时建议共产党在国难时

① 胡正荣:《传播学总论》,北京广播学院出版社,1997年版,第289页。

期也应该调整自己的政策等等,都是有价值的见解。尤其在国共两党进行激烈的阶级对抗、团结抗战没有提上日程之时,这些观点的超前意识是十分明显的。

当然,罗隆基在论述观点和主张时也存在着缺陷,并不十分科学。比如,罗隆基关于内战的定义,就太过宽泛。在罗隆基看来,军阀之间的私斗是内战,共产党领导的革命也是内战,国民党的"剿共"也不例外。罗隆基把中国共产党领导的人民革命与国民党新军阀之间的争权夺利的混战当作性质相同的战争看待,这显然是不正确的。在劝说国民党放弃武力剿共政策时,罗隆基提出即使共产党夺取政权也并不可怕,因为政权毕竟掌握在中国人的手里,是"楚人失之,楚人得之"。对外而言,中国是整个的中国;对内而言,国民党掌握政权,他们代表的是大地主、大资产阶级的利益,广大的无产阶级和劳动群众仍然处在被压迫、被剥削的地位。因此,政权掌握在国民党的手中,还是掌握在共产党手中有着实质性的区别。

罗隆基在民族矛盾尖锐激化之时,站在爱国立场,寻求全国团结抗战的苦心和政治远见,符合国家和民族的利益需要,是应该值得肯定的见解。但是作为资产阶级知识分子,表明他还没有全面正确认识抗日战争时期民族矛盾和阶级矛盾的正确关系,没能科学认识中国现代社会主要矛盾的运动规律,只能从资产阶级民族主义的立场,用一些模糊阶级关系和阶级利益的理论来诠释他的观点。然而,瑕不掩瑜,站在爱国抗敌的立场上,这些并不影响他在抵抗日本侵略问题上的见解和积极意义。

第三,良好的媒介环境,《益世报》为罗隆基提供了言论自由的平台。

《益世报》的大报称号,是罗隆基抗日言论产生影响的媒介保障。任何言论能够产生影响,除了与评论者、内容有密切联系外,还需要传播渠道。中国的新闻事业发展到20世纪二三十年代已经初具规模,出现了民国四大报:《申报》《大公报》《民国日报》《益世报》。《益世报》虽然是一份以西方教会为背景的报纸,但能够跻身四大报的行列也足见其影响力。《益世报》一直有着良好的传统,客观真实地报道中国,虽然奉系军阀统治天津时期给它抹上了一层灰色,但是毕竟在天津是一份创刊时间较长的报纸,加之刘豁轩担任总编辑以后,对《益世报》又进行了一系列的改革,《益世报》的大报地位在逐渐的恢复。罗隆基的抗日言论在这样一份有着良好传统的报纸上发表,能够产生影响,与《益世报》这个名称也是有很大联系的。

此外《益世报》良好的内部环境,为罗隆基提供了言论自由的平台。罗隆基刚来《益世报》就与总编辑刘豁轩有约在先,在不反对天主教教义的前提下,社论主撰有完全的言论自由。[①]此外报纸的董事长雷鸣远也大力支持罗隆基的抗日言论。雷鸣远在报馆第一次见到罗隆基时就说:"罗先生,你肯到我们报馆来写社论,我高兴极了。我特别喜欢你写的那篇《可以战矣》的社论,我要我的兄弟们都读你的社论。我们中国人非把日本鬼子打出去不可。"由于罗隆基担心他的文章给报馆带来麻烦,雷鸣远当即表示:"你放心,你放心。请你大胆写文章。你这样代表中国人民说话,就是我们报馆因为你的文章关门了,我们亦不怪你。只要我还是天津《益世报》的董事长,我是不会让你离开我们报馆的。"[②]因此在他的社论中经常会有"本报的立场""本报素主张"等字眼,可见罗隆基不是一个人在战斗,报社是他坚强有力的后盾。罗隆基的抗日言论锋芒毕露,直指蒋政权的妥协退让因循误国的政策,当局屡次警告《益世报》要解聘罗隆基,《益世报》总是以各种理由拒绝。1934年7月,蒋介石以总司令的名义通令全国,停止天津《益世报》对邮政和电报的使用。《益世报》处境艰难,被迫停刊。后来经过多方周旋问题才得到解决。

由于《益世报》给罗隆基提供这样一个言论自由的平台,他的言论可以天天见报;罗隆基就是依托《益世报》这样的一个平台他的抗日言论才发挥作用的。《益世报》成就了罗隆基,奠定了他在中国评论史上

---

① 罗隆基:《罗隆基在天津〈益世报〉的风风雨雨——社论主撰前后》,文昊主编:《他们是怎样办报的》,第191页。

② 罗隆基:《〈益世报〉与雷鸣远》,《天津租界谈往》,第243页。

的重要地位;他的抗日言论也成为读者购买这份报纸的重要原因,《益世报》日销量达四五万份罗隆基可谓功不可没。

三、"九一八事变"中《益世报》的宣传策略及特点

对"九一八事变"的报道,当时,《大公报》采取的是"不轻于主战"和"缓抗"态度,方汉奇教授认为"这些都属于对抗日时机和策略把握上的考虑"①,吴廷俊教授认为这是"明耻教战"②。《益世报》曾对蒋介石的不抵抗政策,给以有力抨击,迎合了全国人民一心抗日救国的心理,报纸销路因而激增③。

(一)《益世报》的宣传策略

1.及时预见日本的侵略野心,指出其侵华实质

"九一八事变"前夕,日本报界对所谓"满蒙政策"甚为维护,鼓吹向朝鲜增兵。1931年7月2日,"万宝山事件"发生,《益世报》于4日刊登题为《东北发生中日新交涉日方有借题发挥形势》的三版头条,指出日人"乃利用此不法之鲜民为发难之急先锋",次日发表社论《吾国应如何应付吉林万宝山事件》,再次指出日本是在以利用韩人为先导从而达到侵略我国东三省之目的。7日又发表社论《日本直接冲突之策略》,提请国民一定要重视"万宝山事件",不能因为它是边塞一隅之事而漠然视之,预见到如果开了此类直接冲突之先例,那么日本就可以随时藉端自由行动,并一针见血地指出日本政府是在积极制造中鲜人民之间的恶感。事态发展到日阀策动朝鲜暴动,大肆杀戮华侨,制造"鲜案"。《益世报》记者洞察时局,在9日发表社论《日政府应负朝鲜仇华暴动责任》,准确指出"鲜案"实乃日本政府利用报纸作为工具而激起鲜人的仇华心理。9月,"中村事件"发生了,《益世报》于10日发表社论《中村事件之虚妄》,尽管对"中村事件"的判断稍显武断,但不得不承认日本政府正倾尽全力酝酿侵华事件。

就在"九一八事变"前一天,《益世报》还发表社论《如何应付日本

---

① 方汉奇:《方汉奇文集》,汕头大学出版社,2003年版,第294页。

②③ 吴廷俊:《新记〈大公报〉史稿》,武汉出版社,1994年版,第151页。

之侵略》,指出万鲜两案均没有让日人侵华得逞,那么日本定会利用中村失踪一案来借题发挥,即使中村案得到正当解决,日本也不会停止侵略满蒙的行动。该报注意到日本在平壤增兵两个师团,"东北日侨在乡军人会"准备分辽、吉、哈三处报到等现象,认为日方剑拔弩张,主要有两个作用,"则以威迫之态度,冀我方之屈服,一则按须定之计划,采自由之行动"。显然,《益世报》早已预见到日本的侵略野心,并及时登之于报,告知于民,尽管我国正值"水灾为患,桂粤称兵之时","无对外应战之能力",但是,"果上下一体,全力对日,日人亦未必即能保最后之胜利"。该报还对政府献计献策,认为"东三省之民众,则向缺乏组织,推行党务,尤为今日不可再缓之一事"。

果然,1931年9月18日晚10时, 日本关东军炮轰东北军驻地北大营,发动了蓄谋已久的"沈阳事变"。至次日10时,日军相继攻占南满铁路、安奉铁路(丹东—沈阳)沿线18座城镇,不到一日,长春沦陷。由于蒋介石之"不抵抗政策",21日,日军便轻取吉林省省会吉林城。短短两天时间,辽、吉二省陷落。19日,《益世报》便发出两次号外。20日,就刊发社论《全国统一为对外必须之条件》,指出"九一八事变""实已超越外交问题之范围",形成"政治上之侵略问题"。可以说,《益世报》对"九一八事变"的性质的判断是准确的,在第一时间便指出了日本的侵略实质。

2.提出"全国统一""一致对外"与"救国运动"

"九一八事变"的爆发既在预料之中,又在意料之外,尽管《益世报》已经预见日人将"采自由之行动",但当"九一八事变"爆发之时,仍有"时振荡于吾人之耳鼓"之感。在得到沈阳沦陷的消息次日,即20日,该报发表社论《全国统一为对外必须之条件》,分析日人胆敢武力占据辽沈的原因:一是因为粤桂分裂,二是因为地方权力过大,以至不尽由中央指挥。明确指出要应付此次事变,"唯有谋全国统一之实现,一致对外",强调"全国统一"是国家生存中必要的条件。23日,又发表社论《民族利益与党派利益》,提出"民族利益当然重于党派利益"的观点,认为这是国民最基本的良知,所以各党派应当"罢战言和","一致对外",文章结尾处慷慨激昂:"果有甘心把握党派的私见破坏民族共同利益者乎,我中华神明之胄,将起而共弃之。"在24日社论《全国上下应准备实力对日》一文中,力主中央在必要时"领导全体国民宁为玉碎,以四万万人之力量,保卫我民族之生存,与国家之人格"。认为断不可依恃国联怀抱侥幸之心,希望不牺牲而可恢复被人强占之疆土,并提出当前具体之应对方法:"(一)政府方面:粤晋一致,蒋……征发各省军队……施以短期之训练;(二)人民方面,商民成立自卫队……均使有经验之军官,施以教练……苟日人乘机突入,则与之决一死战;(三)对于地方秩序之维持,应与地方人士合作……与其临渊掘井,不如扶植地方势力,尚可免除意外之事变……为未雨绸缪计……"

显然,在"九一八事变"初期,《益世报》考虑到我国不可能以武力与之周旋,暂且愿意诉诸国联,"先以公理对强权"。但是在寄希望于国联时,呼吁各党派能够团结一致,达到全国统一,做好应战准备。同时,动员全国国民,一同进行"救国运动",积极贯彻"不合作之主张"。

21日,就在社论《为救国运动敬告华北各界》中,《益世报》向华北党会人士、当局、在野名流和工商界及全国国民呼吁一起致力于"救国运动"。次日,即提出《反日运动建议》,在这篇社论中,做了反日运动的部署:一、"贯彻不合作之主张……一方面与日人断绝经济之往来,一方面断绝与日人人事之关系……商人一方应从即日起严格审查日货,禁止商店之私售……居民一方……一律改用其他替代品";二、实行"国民断交"运动。

除刊发社论外,《益世报》还在三版、四版要闻版图文并茂地揭露关于日人在我国东三省干下的种种劣行,并在"教育与体育"、"本市新闻"、"社会与各地"等版刊登全国学生、百姓的各种反日行动,如《清华学生奋起反日》(9.22),《本市各校代表联席会决议组织抗日救国会》(9.23),《天津市学生一致宣誓不买日货》(9.24),《反日空气弥漫各县》(9.25),《京平学生一致抗日》(9.27),《实行对日宣战!沪学界代表入京请愿》、《反日声满民间》(9.28)等等。

可以看出,在"九一八事变"初期,《益世报》态度鲜明,一开始就主张抵抗。仅从"长春日军惨杀我国官民多人 俄军开抵国境准备入侵东铁 惨！！！ 惨！！！ 惨！！！""同胞奋起！！ 一致抗日！！！"（9月21日）等新闻标题便可略知一二。尽管早已认识到"国联本身并无力量，其力量实不过列强力量综合之一部分，盖世界联邦政府，至今犹在理想中而未尝实现也"①，但认为此时中国没有"宣战"之实力，只能先以"不合作"表示反日态度。同时，正告政府领导"全国上下应准备实力对日"②，积极做好应战准备，这又表明《益世报》是有"抗日"决心的，只是时辰未到而已。

3.号召"武力抗日"

由于一开始《益世报》自知"不能以武力与之周旋"，只能号召国人拥护中央，采取蒋介石提出的"先以公理对强权"的办法，但同时也早在24日社论《全国上下应准备实力对日》中，告诫"断不可依恃国联怀抱侥幸之心，希望不牺牲而可恢复被人强占之疆土"。向当局进言积极备战。当11月18日，国联再次与日本谈判未果时，《益世报》发出社论《尚可所待乎？》，文中愤怒地指出"'镇静''忍耐''暂忍须臾，静听解决'之告诫，国民所受于政府者，已不啻一而再再而三"，开始质问当局为什么不寻求自助之道。《一误岂可再误》、《对日应战之必要》等社论也相继刊出。几个月后，社论进一步申述抵抗的道理："本报素主张抵抗之说，尤为标举对日应战之创始者。其所以深信不疑者，以为我国无论如何迂回曲折，以求顾全一时聊以自慰之体面，但事实上终不可得，绝不能超过战争与屈服两途。"③很明显，《益世报》从"不合作"、"抵制日货"等"和平"反日手段渐渐趋向于"武力抗日"，主战派罗隆基的到来无疑让这种趋向明朗化。

1932年1月12日，罗隆基撰写了到任后的第一篇社论，题为《一国"三公"的僵政局》，文中罗将批判的矛头直指当时的国民党三位最高头领蒋介石、汪精卫和胡汉民，抨击三人的派系之争误国误民，这不啻

① 《民族利益与党派利益》，《益世报》社论，1931年9月23日。

② 《全国上下应准备实力对日》，《益世报》社论，1931年9月24日。

③ 马艺：《天津新闻传播史纲要》，新华出版社，2005年版，第136页。

为一枚重磅炸弹。紧接着,在淞沪战役爆发前两天,即1月26日,罗隆基在《益世报》上又连续发表了《可以战矣》和《再谈对日方针》这两篇文章,号召"武力抗日"。文章嘲笑了"直接交涉"的愚昧,慷慨陈词:"所谓国际盟约,所谓非战公约,所谓九国公约,所谓借重英美,所谓借重苏俄,这一切是无稽,是迷信,是梦呓,是妄想,是自欺。"提出了"战可以改换国际局面,战可以得到真正的统一"等论点,并通过对"速决"和"缓决"的对比分析,得出"可以战矣"的结论。这两篇社论初步奠定了《益世报》对日主战的立论基础。自此以后,《益世报》成为武力抗日一派的言论喉舌,相继刊出《剿共胜利不算光荣》《攘外即可安内》等重要社论。这些文章抨击了蒋介石的法西斯独裁和不抵抗政策,并呼吁停止内战,联共抗日。

1932年,上海"一·二八事变"爆发,十九路军的抗战得到全国人民的称道。当时《益世报》的新闻标题有:"转变世界之视听,恢复中国之光荣。"十九路军退出上海后,《益世报》在3月7日刊发社论《从头干起》,文中提出"长期抗战"、"全面抗战"的主张,并说:"中日算总账的时期或不在三五年内,或者在十、十五年之后。"

与《大公报》"不轻于主战"和"缓抗"相比,《益世报》一直有鲜明的抗日主张,但它"武力抗日"并不是头脑发热的轻率之言,而是一步一步,随着事态的发展变化,慢慢明晰的。一开始诉诸国联,暂且"以公理对强权",这仅是"权宜中之军事策略",它怀揣新闻纸的责任,不断向当局进言"备战"之必要,反复强调"不抵抗主义者,只能于日军发难之始,为避免责任及混战起见,而临时采用,不当视为对日态度中的不二法门"。在社论《对日应战之必要》中,焦急地说:"若当局日循贻误,坐失良机,始终犹豫于似战非战之间,则前途莫不堪问矣。"最后《益世报》特聘请主战的罗隆基担任主笔,从此"武力抗日"才赫然立在报端。可以说,《益世报》明察秋毫地预见了日人的侵略野心,一针见血地指出其侵略实质,并能站在整个国家的立场上,出谋划策,提出相应的"抗日"策略,适时地引导舆论,每个国人深深地感受到它的爱国之心,民族之情,它在努力完成新闻纸的崇高的历史使命。

(二)《益世报》的宣传特色

1.让民众对民众说话

"九一八事变"爆发后的第五天,即23日,《益世报》就正式停刊"游艺版",开设"对日舆论介绍"专版。该版在"本报编辑部启事"中交代:"投稿者无论立言如何激烈,对外如何之方针,更无论可采可不采,能行不能行,均当在兼容并包之列。"名义上是在以"客观的态度,试验全国之民气",实际上,《益世报》早已洞察到国人的抗日心理,所以才规定"凡一切来稿,除语不对题,别有用意。或空言诋骂,太欠雅驯……其余则均照原稿登录"。这样,一方面,《益世报》避免了日方或者当局追究责任;另一方面,它是在借民众之口表达报馆所不能直接表达的意思。《益世报》开"对日舆论介绍"专版只是提供一个平台,让民众对民众说话,让民众对民众呼喊,让民众去揭露日人的狼子野心,从而客观上形成舆论和声,达到《益世报》宣传"抗日"的目的。事实作证,越来越多的民众投入到这次宣传活动中。该版开设后不久,即收到广大读者的来信来稿,以至于《益世报》在27、28两日于"本报编辑部启事"中反复向读者交代:"本报连日收稿,已有二百余封之多,若一律提前发表……无此容量……迫不得已,只可仍按收到先后,依次披露。"

从1931年9月23日起,"对日舆论介绍"专版一直持续到1932年2月中旬,逐日刊登读者言论。每天见诸报端的来稿多则八九篇,少则也有四五篇,内容广泛,有对日本入侵东三省原因之探讨的,有给当局提出对日策略的,有警告同胞抗日之紧迫的,有控诉日人种种侵略行径的,等等,不一而足,而且形式多样。从9月29日起到10月5日结束,该版连续六天刊登一位笔名"少哉"的漫画,《一幕掠夺》《国际舆论》《衣冠禽兽》、《阴谋》等系列漫画深刻入理地揭示了日人的侵略实质,毫不留情地揭露地方当权者的阴险用心,表达了号召国人奋起反抗的强烈愿望。可见,"对日舆论介绍"专版受到广大读者的积极响应,达到了很好的宣传效果。

2.发专文揭露"九一八事变"的台前幕后

"九一八事变"爆发后,《益世报》在新闻报道方面,除了尽力报道全国各地的抗日新闻外,还不断揭露日寇侵略中国的阴谋诡计和各种残暴的事实。与同城同时期的《大公报》相比,《益世报》更努力搜索与"九一八事变"相关的背景资料,如每日连载《满蒙忧患史》、《万鲜惨案实录》,全文刊载令人发指的《田中奏章》《满蒙权益拥护秘密会议记录》等等。由于在东北沦陷后的很长一段时间里,《益世报》派专员在东北进行秘密采访,所以能向全国读者报道日寇在东北的第一手消息。如较系统地报道东北沦陷后的情况,还有《盗治下的沈阳》、《铁蹄下的长春》,而且对于土肥原贤二和汉奸张壁等制造"天津事变"劫走溥仪的阴谋,《益世报》也毫无顾虑地予以揭露。

3.舆论引导,从"小"抓起

《益世报》在对"九一八事变"的宣传中,一开始便注意到了作为祖国未来的儿童群体。"小朋友"副刊是在1929年7月开版的,基本上每周一期,"九一八事变"爆发后,《益世报》于27日第116期特别刊出"小朋友反日专刊",该期刊登了《小朋友们知道么?日本占我东三省了!》《两件事》《抵制日货》《最后一课》等6篇文章,介绍了"日本侵占我东三省"的事实,唤起小朋友"勿忘国耻"之心,教导他们"抵制日货",并以都德的《最后一课》为例,用法国人民的爱国之心激励小朋友。

在接下来的多期"小朋友"副刊上,《益世报》均刊载了抵制日货、勿忘国耻的相关文章,还刊发了小朋友自己投来的关于反日、爱国的文章及字画,如《爱国》(第117期)、书法《抵制日货》(第118期)、《对日感言》(第119期)、《可恨的日本》(第122期)等等。

儿童是祖国的希望,《益世报》意识到儿童教育的重要性,特开设"小朋友反日专刊",向小朋友宣传"反日",让"勿忘国耻"的观念深入他们幼小的心灵,这种宣传策略可谓用意深远。

四、"一·二八"抗战时期的《益世报》

1932年的"一·二八"淞沪抗战,是抗日救亡战争的一个重要组成部分。在整个历时36天之久的战争中,敌强我弱之势依然故我,而且十九路军的武装物质力量远不如日军的武装物质力量强大。在此情形下,"愈是弱者,宣传的地位愈重要……宣传,是弱者抵抗强者的最有效的武器!"①战时宣传是《益世报》战争传播的一项重要功能,这个时期的《益世报》依靠战争传播奠定并巩固了自身的战略地位,并在中国局部抗日史上以新闻传播为武器促成了中华民族的空前觉醒和空前团结。

(一)论证抗战合理性

当两个以上的主权国家之间的冲突或危机发展到无法用和平的外交方式加以解决,冲突或危机的态势就会进一步发展和升级成直接暴力行为,战争状态也就不可避免地随之出现。战争往往伴随着危险、残忍、饥饿、奴役和死亡,由于人民对迫在眉睫的战争的恐惧和厌恶,以及对个人和国家利益的不同解释,协调各方意见的框架则很难形成,是战是和的问题就容易存在分歧。这个时候,媒体特别是主战派媒体在战争爆发之前起着重要的备战和使战争合理化的作用。②对于此次的"一·二八"上海事件,《益世报》坚决主张对日作战,抵抗日本帝国主义的侵略行径。在战争爆发之前,作为主战派报纸,《益世报》及时引领国内舆论,传播爱国抗日战争的主张,分三个步骤逐层展开论证战争合理性的工作:第一,从历史中寻找证据,证明日本对发动战争蓄意已久;第二,通过对敌军暴行的报道,说明日本帝国主义是对我们正在构成严重威胁的群体;第三,缩小选择余地,说明除了开展自卫战争外别无选择。

1.从历史中寻找证据,证明日本对发动战争蓄意已久

《益世报》认为,"大战的责任,要到战事发生以前十年前,二十年前,或五十年前的历史的事实里去找。"③在"九一八事变"之前,《益世报》就比较详尽地报道了万宝山惨案和中村失踪事件,指出这是日本

---

① 赵超构:《战时各国宣传方策》,独立出版社,1938年版,第6页。转引自展江:《战时新闻传播诸论》,经济管理出版社,1999年版,第62页。
② 苏珊·L·卡拉瑟斯:《西方传媒与战争》,新华出版社,2002年版,第61页。
③《日本应负未来世界大战的责任》,《益世报》,1932年2月29日。

政府以此为先导,借题发挥,欲达到侵略我国东三省的目的。《益世报》还注意到日本在平壤增兵两个师团,"东北日侨在乡军人会"准备分辽、吉、哈三处报到等现象,认为日方剑拔弩张,主要有两个作用,"一则以威迫之态度,冀我方之屈服,一则按须定之计划,采自由之行动"。①显然,《益世报》欲告知于民,日本政府正倾尽全力酝酿侵华事件。

经过战前长时间抗日救亡宣传潜移默化的影响,《益世报》逐渐培养起了民众的受害人情绪,让他们认识到日本早已蓄谋发动罪恶的侵华战争,必须开展抗日战争的共识在受众中得以建立,为战争期间的传播铺平了道路。

2.通过报道敌军暴行,说明日本帝国主义正在对我国构成严重威胁

1932年,日本政府为侵占东北"合法化",正在拼凑伪"满洲国"。为转移国际社会的注意焦点,遂决定在上海挑起事端,扩大侵华战争。1月18日,日本密谋策划了上海"日僧事件",反诬上海三友实业社义勇军袭击日僧。其后又指使日暴徒焚毁了三友实业社仓库和部分厂房,并在公共租界砍死两名华籍巡警,砍伤两名华籍巡警。随后,日本特务继续煽动日本侨民及军国主义分子和法西斯分子,不断在沪制造暴力事件,极力扩大事端,同时增兵上海。

上海"日僧事件"是日本发动"一·二八"侵略战争的导火线,天津《益世报》从1932年1月21日起,直到战争爆发前的这段时间,每天都会对此作全程详尽的报道,重点是日本在上海的暴行。《益世报》上关于日本在上海的暴行报道共有9篇,占到了战前上海冲突报道总量的37.5%,内容除了焚烧三友实业社工厂、持械游行、捣毁商店、杀人放火、栽赃陷害外,还有解散抗日团体和停刊《国民日报》的无理要求、增兵上海、对华最后通牒等,用暴力事实勾勒出了骄横、野蛮、狂妄、阴险的侵略者形象。另外,《益世报》分析,"日侨公开地杀人,公开地放火","不是自命为文明国的公民所应该有的",是不文明的;"日本的侨民,如今要倚势本国的力量,来零零碎碎地欺压中国的国民是办得到的。

---

① 《如何应付日本之侵略》,《益世报》,1931年9月17日。

日侨在中国就明目放火,张胆杀人,目前中国的政府,是没有办法可想的。然而这些,我们觉得是不侠义的举动。"①因此日本蓄意挑起的这次冲突是暴力的、野蛮的、非正义的,日本帝国主义在上海非正义的暴行, 结果是给中华民族的独立和生存造成了巨大的外部威胁,《益世报》报道,日本密谋挑起冲突并蓄意扩大事端,使上海"已成恐怖世界",由于上海特殊的地理位置,《益世报》特别在1月28日二版的显著位置,用加黑和花色底线突出了标题中的"威胁南京"四个字,以此强调我们将面临着亡国的巨大威胁。

3.缩小选择余地,说明除了开展自卫战外别无选择

既然此次的暴力冲突不是偶然事件,而是日本帝国主义对我国觊觎已久的结果,而日本的暴行也对我们的国家和人民造成了巨大的威胁,那么我们应该采取什么样的对策呢?《益世报》给出的答案是"可以战矣", 为了使人们下定应战的决心, 该报逐一缩小了可供选择的空间,有利地支持了开展对日战争的合理性。

日本在上海的一连串挑衅和增兵备战, 使民族危亡更加激化,侵略的战火眼看就要烧到了全国经济中心和万里长江的门户上海。怎样对待日本在上海的进攻呢?大多数国人主张坚决抵抗,持这一观点的有中国共产党、各界爱国群众以及宋庆龄、何香凝、蒋光鼐、蔡廷锴、张治中等为代表的国民党内许多爱国人士。但是淞沪抗战爆发前夜,国内各阶层派别的论争、分化也日益加剧,出现了不同的声音。是战是和的问题像是没有投下的色子,仍然没有定论。

悲观主义者认为我国各方面都很落后,而日本当时是世界上的头等强国之一,工业发达,拥有现代化的陆海空军,恐怕战争的结果又不免割地、赔款、封锁海岸,因此不如长期备战。这种担忧似乎有一定的根据,我国参战部队以劣势装备对抗优势之敌,基本上是以简陋的步枪、刺刀、手榴弹和大刀同敌拼搏,没有海军,几乎也无空军的配合和

---

① 《告在华日侨》,《益世报》,1932年1月23日。

② 余子道:《抵抗与妥协的两重奏——"一·二八"淞沪抗战》,第342页,广西大学出版社,1994年版。

支援。日军方面,陆军部队装备精良,配备有强大的炮兵和战车部队,海军和空军占有绝对优势,能够完全控制制海权和制空权。②《益世报》则斩钉截铁地主张对日应战。因为根据目前的形势来看,"中日两方,终有一战,如今不战,将来必战。从朝鲜事件起首,中国人民,即明此理。"①《益世报》主战,不在于胜与不胜。关键是,只有现在应战了,将来才可备战,如果现在就对日妥协,一定会导致亡国灭种,在抗战中死里求生,是中国的唯一出路,所以说,"可以战矣!"

以陈友仁为首的孙科内阁则提出了对日绝交计划。陈友仁为孙科内阁的外交部部长,是国民党民主派人士,因在第一次大革命时期实行反帝革命外交,被称为革命外交家。"一·二八"时期,陈友仁对日态度强硬,曾代表政府提出对日绝交。但陈要绝交却不宣战,而意在借对日绝交引起国际间的重视,召集九国条约会议或非战公约会议,一并解决东北问题。陈友仁的对日政策并不切实际,也遭到了《益世报》批驳否定。该报认为,第一,根据九国公约和非战条约产生的会议,解决不了中日问题,况且陈友仁也没有足够的力量运动签约国召集会议;第二,陈友仁说的"非绝交不能引起国际间之重视"也不能成立。日本占东三省,攻锦州城,天津的暴动,上海的屠杀,都不能引起国际间的重视,是因为列强故意放任日本不肯重视,故陈的对日绝交也自然不能达到引起国际重视的效果;第三,九国条约与非战公约,充其量不过是"主权""和平"等高调的宣言而已。条约上无取缔或补救破坏条约的规定,无异于一纸空文,不足为信。因此,孙科政府的对日绝交政策也是行不通的。

主张不抵抗的是以蒋介石、汪精卫为代表的妥协投降派,他们极力反对孙科政府的对日绝交政策,认为"以中国国防力薄弱之故,暴日乃得于二十四小时内侵占之范围及于辽吉两省,若再予绝交宣战之口实,则以我国海陆空军备之不能咄嗟充实,必至沿海各地及长江流域,在三日内悉为敌人所蹂躏,全国政治、军事、交通、金融之脉络悉断"。

---

① 《再谈对日方针》,《益世报》,1932年1月27日。

故称孙、陈等为"不负责任之辈","不审查实际之利害,逞为快意之谈,徒博一时之同情,而置国家于孤注一掷也"。实际上,蒋介石正集中力量专事"剿共"和消灭反蒋派系,所以他并不主战,而主张"除对日绝交及对日宣战二者以外,……皆可择而行之,继续诉之国联盟约可也,另行诉之九国公约与非战公约可也"。[①]《益世报》同样也排除了以蒋介石为首的投降派选择的祸国殃民的政策,"所谓国际盟约,所谓非战公约,所谓九国公约,所谓借重英美,所谓借重苏俄,这一切是纸谈,是滑稽,是迷信,是梦幻,是妄想,是自欺。如今我们没有空闲的工夫,来解释所谓的盟约,所谓公约等等的不可靠。我们酷爱和平的人,何尝不馨香祷祝他们的效力。然而这套把戏,我们爱读近百年世界史的人,已看惯了。更可说看透了。让欧美一般退老的政治家慈善的老太婆去迷信、去宣传。够了,一个弱国的国民,我们不愿自欺欺人了。"[②]

既然悲观主义、对日绝交、借重国联不抵抗都会把上海问题带进死胡同,都不在可选范围之内,勇敢坚定地战斗就成为抵抗侵略者、拯救国家民族危亡的唯一选择,也是《益世报》慎重选择的结果。第一,"战可以改换国际局面"。在心理上,自卫的战争,最少可改换怯懦、无志气、无人格的心理。法律上,中国之所以诉之国联失败,原因就是在法律上没有战争的形势,我们就来造成法律上这个形势,在国际外交上开个新局面。第二,"战可以得到真正的统一",[③]从"九一八事变"开始,所谓的"一致对外"仍没有实现。全国还未实现真正的统一,国民党内部还在为争权夺势置民族危难于不顾。这种情况下,战争,也许是一针强心剂,也许是一味回生药,生死存亡的激烈战争或许也是国家统一的契机。

从历史中寻找相关证据,不仅培养了受众的受害者情绪,也使他们对战争注定要爆发深信不疑;通过对现实敌人暴行的报道,会让人们感受到正身处危险之中,求生的本能告诉他们必须采取行动;尽量

---

① 蒋介石:《对日方针蒋演讲全文》,《益世报》,1932年1月24日。
②③《可以战矣》,《益世报》,1932年1月26日。

缩小对策的讨论空间,不断缩小人们对是否进行战争的选择权,让那些不希望战争的人逐渐认识战争的必然性,意识到除了自我防卫已经别无选择。经过这三个步骤,战前《益世报》对战争合理性的论证已基本完毕。可以得出结论,《益世报》的战争传播在合理论证性阶段对战争的爆发起到了促进推动的作用。

(二)激起对敌仇恨

日本特务、军国主义分子在上海不断滋闹事端的同时,日本政府按照既定方针迅速增兵上海,并于1月27日向上海市政府发出最后通牒,限其于28日下午6时之前对日方提出的中方道歉、惩办凶手、赔偿损失、取缔抗日运动等无理要求作出答复。南京政府屈服于日本,于1月28日下午3时由上海市市长吴铁城函复日本总领事,表示完全接受日方的无理要求。但由于日本的真实意图是挑起战争,所以虽然南京政府已经屈让,日方仍步步紧逼,并做好了军事进攻的准备。当晚8时30分,日方海军又发出通牒,要求撤走驻守闸北的中国军队,撤除中国军队的设施和防御工事。晚11时30分,通牒还未递交给中国方面,日本海军陆战队就迫不及待地按预定计划对驻守闸北的中国军队发动了突然袭击。日本帝国主义一手制造的、震惊中外的"一·二八"中日淞沪战争就此开始。

无论正式宣战与否,通过《益世报》等大众媒体的传播,公众知道是敌人发动了战争,破坏了和平和国家的领土完整,因此抵抗侵略的自卫战争从合理性论证阶段进入到事实阶段。为了强化这一战争事实,必须向群众灌输对敌人的恐惧和仇恨,激发他们的爱国主义情感和对祖国的忠诚。

杀敌者,怒也。仇恨敌人的心理对夺取作战胜利具有重要性,大凡对敌作战,必须激发军队和人民的士气,使他们对敌人充满愤怒和仇恨。战争双方的任何一方,无不是以对方为仇恨对象来教育和激励自己部队英勇杀敌的。《益世报》只有教育和激励仇恨敌人,才能激发和调动起人们的爱国热情和奋勇杀敌的牺牲精神,才有机会夺取最终的胜利。

1.罗列暴行事实

战争爆发后,为备战服务的战争合理性论证就不再是《益世报》的主要关注点。《益世报》开始全心地投入到战时传播的各个方面来,除了每天及时刊登大量集中的战况报道外,该报还设法告诉受众,这个阻碍和平、发动侵略战争的日本帝国主义国家是不可救药的、邪恶的、堕落的。如果在前一阶段的战争传播并没有激起人们对敌人足够的愤怒,那么在继后的战争阶段尤其是在战争前期,《益世报》选择了一条能在短时间内唤起公众仇恨情绪的途径,集中反复强调敌人战争暴行的事实。通过心理反应的迂回认定有罪的人就是邪恶的,邪恶的人就是有罪的。①

从1932年1月29日开始,天津《益世报》就集中在第一、二、三版,反复罗列了以下日军的战争暴行:

(1)集体屠杀:"红十字会救伤队前往真茹大场江湾等处救伤兵及被难灾民,当工作进行时,有大队日兵追至,开枪向红十字会队员射击,所有救护车内伤兵灾民四百余人,均遭屠杀,无一生还"②;虹口大旅社"旅客四百余名,被缚拖出,或遭刀刺,或用枪杀,无不毙命,蓬路至海宁路一带,尸首枕藉,血流殷然,残酷无比"。③

(2)摧毁我国的文化机关:我国最大的出版机构商务印书馆及其附属的上海最大图书馆东方图书馆,于1月29日惨遭日机投弹焚毁,损失逾三百万;日军先后炸毁了国立劳动大学、同济大学、暨南大学、中央大学、商学院、省立水产学校、私立中国公学、持志大学、法学院等学校,学生失学,教职员失业。

(3)残酷对待平民:破坏水灾难民收容所,炸死五十余人;轰炸不作战不抵抗的平民,残杀无军装无武器的平民;被日军残杀的中国妇

---

① 哈罗德·D·拉斯维尔:《世界大战中的宣传技巧》,中国人民大学出版社,2003年版,第73页。

②《人道不容,屠尽灾民伤兵》,《益世报》,1932年3月4日。

③《上海命运难测昨夜剧战复起日军纵欲焚烧残杀华人无数双方会议徒劳敌援军陆续到》,《益世报》,1932年2月1日。

女裸体缚在柱上;日军四五十人轮奸中国女生;日兵残杀无辜乡民妇孺无数。

(4)违反国际法、国际公约:对中国不宣而战,凭武力来解决国际间的纷争;凭据公共租界作战。

(5)使用背信弃义的战争手法:日本对外声明诬陷我军先挑起战争,先发制人将淞沪战争之责嫁祸于我;停战期间,日军仍向我方进攻;战不能胜,造谣伤人,挑拨离间十九路军与我政府;玩弄假和平运动阴谋。

(6)使用可释放毒气的炮弹等被禁用的武器以及投毒:日向法捷英等国订购价值逾三百万金的军火,包括捷克兵工厂的两千枚毒瓦斯炮弹;使用海牙和会所禁用的达姆弹;日机向各处投弹散下各种有毒糖果。

(7)炮击、轰炸城镇和村落:这次战争被日军蹂躏的区域总面积达3297平方公里,例如江湾镇方向,"连日地用大炮飞机四五十架,日夜向江湾镇方面轰击,达三十六小时,全镇几成一片瓦砾场"[①];闸北、吴淞、庙行等地亦毁于敌军炮火;十余架日军飞机轰炸上海繁华区域。

《益世报》传播的这些敌人罪行事实,大多强调了妇女、孩子、老人所遭受的致命灾难,性暴行等。这些事实的反复描述与罗列满足了受众强大的、隐蔽的泄愤需求,产生了大量对做出这些勾当的残忍的敌人的仇恨,能够激发起受众"敌人=恶魔"的条件反射。

2.诉诸理性分析

成功的战争传播有赖于在适宜的条件下对各种方法的巧妙运用,战争传播媒介必须适应当下社会的具体情形。经过五四运动的洗礼和社会的发展,中国公民的理性和科学精神日益增长。《益世报》坐镇天津,以北平、天津等华北地区的读者为主要受众,影响全国。当时的平津是全国的文化集中区域,是全国大学生数目最多的地区,平津境内

---

① 《舳舻相接日军大量增兵英法两使到京调停沪战江湾全镇为敌炮火荡毁》,《益世报》,1932年2月29日。

的租界中又集中了大批军政要人、文化名流。这样的战争传播条件,限制了天津《益世报》过分简单化地囿于通过罗列敌人罪行而直接刺激受众的仇恨神经。另外一个方面,集中在平津地区的军政要人和文化名流,构成了"一·二八"淞沪战争消息和影响的重要来源。他们作为战争传播的中继和过滤环节,会对舆论产生重要的影响。他们对《益世报》战争传播的效果起着促进或阻碍的作用,是该报在此次战争传播中需要争取的意见领袖。《益世报》需要针对社会环境和特殊受众制定具体对策,除了继续罗列罪行事实之外,特别是在战争的中后期,还逐渐加强了理性分析的力度。

《益世报》分析,所谓某个国家是文明的还是野蛮的,是以谋取人类的幸福为测量标准的。就目前世界的现状论,野蛮国家和文明国家的分界,主要是看它是否设法免除国际间或民族间的武力冲突,是否努力追求国际信义和人道主义。对于邻邦日本自诩的"文明",《益世报》据理反驳:第一,日本凭武力来解决国际间的纷争,"几十条战舰,几百尊大炮,几万个海陆军士,到中国所为何事?……凭武力解决国际问题,就不算进步。不进步,就不是文明。"第二,凭借公共租界作战,违背了初步的国际公约。这种行为,不进步,不文明。第三,"然而日本这次在上海,在东三省,轰炸不作战不抵抗的平民,残杀无军装无武器的平民,这是否违背三十年前的国际法?这是不是不进步的行为?这是不是不文明?"第四,"这次日本在上海摧毁文化机关,破坏水灾难民收容所,这是否越出战争范围以外?是否增加人类全体不必要的牺牲?这是否不进步?是否不文明?"[①]综上分析,日本敢冒天下之大不韪,公然践踏文明,阻碍人类幸福,因此是"野蛮"国家,是文明世界应该仇恨的对象。

诉诸理性不仅可以分析现状,从纷繁的现象中提炼揭露出事件的本质。更重要的是诉诸理性的媒体,还可以根据现在的战况和全球大系统,站在一定的高度,对可能出现的战争整体趋势和战争狂魔进一

---

① 《文明与野蛮的分野》,《益世报》,1932年2月16日。

步的更大罪行做出预测。

　　"二战"结束后六十多年的今天,回过头来细读《益世报》在"一·二八"淞沪抗战中就对第二次世界大战和中国抗日战争所做出的预言,不得不惊叹《益世报》的战争分析预测能力之准确:"我们可以断定,在这次中日事件中,世界大战绝不会发生。然而同时我们可以断定,这次中日事件,供给一个强有力的证明,世界大战,在最近的将来,是绝不可避免的。"而对于不远的将来要爆发的第二次世界大战,负发动战争的绝大部分责任的国家是日本。《益世报》给出了如下理由:首先,将来世界大战爆发,重要的原因之一是军备竞争。就当前敌人的种种迹象来看,日本就是引起将来军备竞争的罪魁祸首。其次,这次沪战日本的罪恶行为,把国联的资望和非战公约的信用全盘毁减,国联形同虚设,非战公约等于废纸,世界和平运动者十五年来的努力被毁于一旦。今日日本在中国的一切暴行引起的仅是沪战,敌人更大的罪恶是引起新的世界大战,人类所受的打击,世界所受的损失,将千万倍于今日的沪战。"今世界人民,又只有恐惧惊惶,以待第二次大规模的屠杀。凡此罪孽,又均在日本身上。"①《益世报》通过对第二次世界大战的预测和责任的界定,使大众意识到未来更大的痛苦源自眼前的敌人将要实行更残酷的罪行,新仇旧恨形成叠加效应,斗志随之更加高涨。

　　军民奋勇杀敌,是因为他们具有仇恨敌人的高昂士气。在淞沪抗战中,《益世报》的高明之处就是,从罪行事实罗列和理性分析两个纬度,把敌国融入到与恶毒、残酷、野蛮相联系的各种象征,激起士卒和人民的仇恨,激发我方斗志,从而夺取战争最终的胜利。

　　(三)强调最终的胜利

　　战争常常残酷艰险、旷日持久,因此一个交战国家持续的战斗精神需要靠胜利的信念来维系。敌人或许很邪恶、危险而且凶狠强大,但是如果就此断定一定不能够取得胜利,那么这个国家许多组成部分的士气就会开始动摇和崩溃。丧失了信心的民众,他们的仇恨情绪也许

　　① 《日本应负未来世界大战的责任》,《益世报》,1932年2月29日。

会被转移到一个新的对象上,他们也许会忙于仇恨自己的命运、仇恨第三国,以及仇恨一切可以找到的替罪羊,而不是集中精力仇恨正在与之交战的真正敌人,随之而来的也就是军事上的失败了。为了避免军事上的失败,鼓舞士气,如何给大众植入胜利的信念就成为大众媒介在战时传播的命题。

"一·二八"淞沪战争交战的中日双方军事实力相差悬殊,据统计,这次淞沪战场的日军总兵力就有近7万人,其主力计有:第九师团1.6万余人,第十二师团之混成旅团3500余人,第十一师团1.3万余人,第十四师团2万余人(未全部登陆),海军陆战队1.2万余人,飞机150余架,航空母舰3艘,战舰30余艘,日军总兵力超过中国军队(十九路军和第五军)约2万人,并且拥有中国军队所未有的海军和空军力量,而地面炮兵和战车则占有压倒优势。①面对敌强我弱的不利局面,天津《益世报》关于胜利信念的传播,处理得十分微妙。

1.展示胜利因素

赢得胜利的愿望同取得胜利的机会密切相关,《益世报》腾出相当的版面极力说明,虽然我们在现代化武器上和国力上处于弱势,但是我们在战术、道义、国际支持以及整个国家的后方支持方面要强于敌人,前者不是胜负的决定因素,而后者则帮助我方争取到了更多的胜利机会。

第一个胜利因素是,胜利说明一切。

"失败需要许多解释,而胜利本身则说明了一切。"②与位于头条加粗加黑的我军不断取胜的捷报相比,没有什么更能为国难当头的中国民众增强胜利的信心了。自日军向我方进攻以来,守护上海的十九路军和第五军表现得十分英勇善战,经过闸北巷战、吴淞保卫战、蕴藻滨歼敌、江湾狙击、庙行大捷等一系列战斗,我军屡战屡捷,粉碎

① 余子道:《抵抗与妥协的两重奏——"一·二八"淞沪抗战》,广西大学出版社,1994年版,第242—243页。
② 哈罗德·D·拉斯维尔:《世界大战中的宣传技巧》,中国人民大学出版社,2003年版,第92页。

了敌人的三次总攻,使日军受到重创。敌军进攻月余,发动具有相当规模的攻势作战十余次,从未歼灭我军的人和主力部队。直到中国守军主动后撤前,日军始终突破不了中国军队的防线。在整个战争期间,《益世报》紧密配合上海前方战事,捷报频传。从1932年1月30日《益世报》刊登第一篇战况报道起,到1932年3月10日前方交战报道基本淡出为止,《益世报》坚持征用第一、二版的大部分版面和第三版的一部分版面,在显著位置突出报道淞沪战争中日两军在前方激战的状况。在这41天的议程设置里,有32天的头版头条被安排为前线战报,其中胜利报道、失利报道和其他报道的比例为23:2:7;有关我军的捷报,是位于头版头条前线战报的72%,共23篇,在版面上和数量上占据了绝对优势。

根据议程设置理论,议程设置对受众的态度和影响分为两个方面,一是通过议程设置影响受众对事件的关注力和注意力;二是构建媒介现实,即"媒体环境",从而对公众的心理和言行产生影响。议程设置之所以能够影响人们的意见和态度,影响社会的舆论,是因为新闻媒介的设置能够编织完整的世界图景和意见体系,并且大众媒介所强化的新闻舆论以潜移默化的方式在公众的心理构筑起稳固的心理定势。在对遥远的议题进行报道时,媒介所制造出来的拟态环境最能发挥影响力。在"一·二八"淞沪抗战的双方在上海及其附近作战,天津《益世报》所在地远离前方战场,获取前线信息的主要渠道则是本地区的报纸。不管《益世报》这种对"胜利环境再构成"的活动是对现实环境的客观反映还是歪曲的报道,都会影响到人们对战争的认识和判断。"一切时事的意见,实质都是以新闻作基础,普通人很少有时间或意向去分析或研究这些事情……他当然很可能接受别人花了许多时间研究这些事件而后表示出来的意见,只要这些意见不违反他个人的偏见或固有的理性感。"[1]可以看出,《益世报》在国难当头,抗日情绪日益激奋的舆论环境下,对战争进程的报道是有目的地取

---

[1] 转引自秦志希:《舆论学教程》,武汉大学出版社,1998年版,第168页。

舍选择,突出强调了胜利的消息。在公众与真实的环境之间形成一个媒介环境,就像空气和水一样弥漫在整个后方。这是一种生态环境,它扫除了相当一部分人的恐日心理,鼓舞了中国人民反对帝国主义侵略的战斗精神,增强了民族自卫意识与抗战胜利的信心;它也积淀孕化着社会整体共同态度:日本帝国主义侵略者并不是不可战胜的,在敌人的侵略面前,绝不能害怕,更不应退缩,而应当勇敢地站起来进行斗争。

第二个胜利因素是,我们拥有一支骁勇之师。

战争的胜负不仅由武器来决定,更重要的是士兵的士气与军队决策机构的正确指挥。面对在装备和数量上占优势的日军陆、海、空军的联合进攻,十九路军等部队不畏强暴,不怕牺牲,勇敢、顽强地抗击敌军,不仅粉碎了盐泽幸一"四小时即可了事"的迷梦,而且迫使敌方四次增兵,三易主帅。总计这次抗日战役中,毙伤日军1万多人,给了敌人以沉重的打击。①《益世报》认定:"今日沪战,华胜日败,倘用浅近眼光观察,自然为我华军骁勇善战之结果。"为了让自己的观点更加客观、公正、可信,《益世报》还大量引用西方第三国报纸的社论甚至是敌对国家的舆论加以佐证。如《益世报》报道说欧美旅沪的军事专家,极力赞许华军骁勇善战。2月10日上海《泰晤士报》就十分称赞中国军队的战术,中国的骑兵竟可在敌军机关枪猛烈射击之下,挺身前进,越过日军前线沙袋防御物,冲散敌队;英国《每日电报》社论称:"上海三日来之夜战,中国军队已负战胜之光荣,中国军队战斗力之强,皆非世界始料所及,故上海之战事,为中国恢复荣誉不少,并足以表明中国为能自卫之国家。"②而《中国新英雄日报盛赞蔡廷锴称十九路军为最可怕军队莫忘全中国军队均最可怕》《日本之舆论称赞中国军之精勇认和平为目前急务》《日报颂扬蔡将军勇敢善战中外少见蔡氏之名妇孺皆知》等对敌对国相关舆论的介绍,还达到了增强我军英勇善战的说服力和

---

①　余子道:《抵抗与妥协的两重奏——"一·二八"淞沪抗战》,广西大学出版社,1994年版,第343页。

②　《转换世界之观听　恢复中国之光荣》,《益世报》,1932年2月25日。

瓦解敌方士气的双重效果。

第三个胜利因素是,我方进行的是正义之战。

《益世报》认为,我军的骁勇善战直接关系军事上的胜利,但也只是胜利的表层因素。"进一步者究,今日华军之胜,日军之败,不在我军'骁勇',而在我军'明义',不在我军'善战',而在我军'善忠'。"①

这就是说"师直为壮,曲为老",在两军相遇的时候,正义和道德的力量,绝对不可以抹煞。只有士兵们和广大人民意识到战争的正义性,他们才会提高斗志并且肯为战争而牺牲性命。《益世报》所指的"一·二八"淞沪战争的正义性,主要是指以图存对抗侵略:中华民族有她的过去,有她的历史,有她的文化和情感,有她的生存权。如今日本凭空无端地向这个民族的生存权挑战,挑战的方式又十分残忍恶劣。此生存权受到挑战的中华民族必然会竭尽全力应战,这种战争就是所谓的生死关头。在这个关头,中华民族从图存本性上发出来的抵抗,必不可当。《益世报》得出结论,"冲锋陷阵的事,凭着武器,然而抛掷头颅鲜血的行为,更凭着勇气。……如今我们与日本相抵抗的,就凭着这种勇气。日本这次是师出无名,是恃强欺弱,尽管他们枪炮怎样精良,器械怎样厉害,他们的侵略战争,根本缺乏正义这成分来鼓动他们将士的勇气。两星期来,日本军队着着失败,就败在这点。日本最后的败,亦败在这里。我们必胜的根据,就在这里。"②

《益世报》将敌我双方进行了善恶的明确区分,战争好似成一场"天使对魔鬼的战争",而正义则必定完全属于我方。正义之战打动受众的心,使其产生情感和道义上的共鸣和认同,在"道德"和"正义"的高地增加了胜利的可信度。

2.如何对待损失

胜败乃兵家常事。如何在战争失利的时候,妥善地处理相关报道,以避免民心士气的低落和不合时宜的悲观情绪,使受众在困难时期仍

---

①《日本应接受沪战的教训》,《益世报》,1932年2月20日。

②《我们必胜》,《益世报》,1932年2月21日。

然能够保持胜利的信念,《益世报》作了如下的努力。

营造媒介现实,公布伤亡报告。20世纪30年代,媒介技术尚不发达,人们获取信息的途径还很有限,远离战场后方的人民主要还是靠本地的大众媒介搜集前方的战况信息。这种媒介外部环境就为《益世报》利用营造媒介现实,巧妙处理伤亡报道提供了便利条件。根据中国军队在"一·二八"淞沪抗战战时发表的战报、所缴获武器和战场清理的情况,日军实际伤亡人数约在1.2万人至1.5万人之间。[①]我军也付出了巨大的代价,据统计,这次战争中,中国军队共牺牲官佐261人,士兵3999人,受伤官佐672人,士兵9153人,伤亡失踪官兵总计14801人,[②]大致与日军伤亡人数相当。在战争期间,《益世报》对日军损失的消息穷追猛打,从每次正面冲突到阶段性统计,极力展示日军伤亡的确切数字,如《日兵死千余国人争劳军》《日军冲锋十余次均被击退死伤枕藉我军歼灭六三花园敌军获大炮七门陆战队千名中计遇伏全灭》《昨日沪战我军空前大胜日军总攻吴淞一败涂地敌死伤确数逾两千五百》《一万两千七百余人日方传出日兵死亡之确数》《全部日军溃败江边我军入租界歼残敌日军伏尸三千一蹶不可复振》等等。然而,《益世报》对中国军队官兵伤亡数字的报道一直模糊不清,避而不谈,只有个别的报道采用概要的形式,而没有十分详尽地公布确切数字。

传播虚假的胜利消息。我十九路军和第五路军抵抗日军,苦战月余,屡挫敌锋。但是由于敌众我寡,中国军队增援无望,不得已于1932年3月1日开始全军撤退,3月6日十九路军发出了停战公告。在最后的困难时期,《益世报》也会用一些有利的消息来中和这些坏消息所造成的消极影响,如就在《吴淞炮台昨晨放弃》的同一篇报道中,还强调了翁照垣等率军撤退途中,过浏河时给敌人予以重创的消息。甚至在1932年3月5日这天,《益世报》的头版头条和二条的位置还分别出现了《严拒城下盟仍继续抗战生力军增援反攻大胜利》和《我军反攻已迫上

① 余子道:《抵抗与妥协的两重奏——"一·二八"淞沪抗战》,广西大学出版社,1994年版,第343页。

② 温济泽:《九一八和一·二八时期抗日运动史》,中国工人出版社,1991年版,第230页。

海百万市民欢呼雷动敌丧大将闻系白川》两篇胜利反攻的新闻。事后经证实,当天的这两条新闻均是没有确切来源的传言。一次虚假的报道,满足了国人对于胜利幻想的心理诉求,鼓舞了低落的士气和民族情绪,也许在那个时候,是受众取胜的愿望决定了新闻的真实性。

对撤退进行解释。1932年3月1日拂晓,日军发动第四次总攻。我军因一月抗战,牺牲甚多,已痛感兵力不足。十九路军及第五军在中央断绝后援的情况下,陷入孤军血战,某些地段已到无兵可战的地步,不得已于当夜全军撤退到第二道防线,3月3日又退至远离上海的第三道防线。《益世报》在战争后期我军被迫后撤的这段期间,为了维系大众的信心,把"某高级军官"、日本电报和在公众中极有威信的十九路军作为消息来源,依靠他们向大众解释退却是战略撤退,并非战败,为的是"以免受日军包围起见,决变更战略,……另布新阵地,以便与租界远隔,集全力以图歼灭日主力部队"。①《益世报》尽力通过对撤退理解的宣传来降低损害士气的可能性,劝导后方人民维持镇定的态度,共同努力进行团结援应的工作。

3.强调最后的胜利

面对在武器装备和兵力上都占绝对优势的强敌,《益世报》管理大众的方法是不讳言敌人的凶狠强大,正视我军的利与弊,避免整个战争过程中夸张的乐观主义,坚持强调我们看重的是"最后的胜利"。否则"坚持强调敌人的软弱以及培养公众对于敌人马上就要崩溃的预期,这种做法其实是鼓励公众产生可能会被无限推迟的希望,而因此带有幻想破灭、消沉以及失败的危险"。②

"一·二八"淞沪抗战的前期和中期,我军在军事上不断取得胜利,前方捷报频传。《益世报》在全国为之欢呼鼓舞的氛围中,冷静下来分析未来的战局:日方有数万生力军和最新式精良的武器,我方前线实力也有相当加强补充,因此未来的战斗会更加激烈。但是无论胜败,我

---

① 《我军变更战略全师总退引敌至平原决最后胜负》,《益世报》,1932年3月3日。
② 哈罗德·D·拉斯维尔:《世界大战中的宣传技巧》,中国人民大学出版社,2003年版,第93页。

们不能过分重视。因为我们的目的是"忍痛耐苦，再接再厉，以谋取最后的胜利"。因此，即将到来的战斗，应当把它看作规模更扩大的战事的起始，激烈程度更高的战事的开端。"最后的胜利"的概念，是要劝导大众目前要保持胜不为喜的态度，也为未来可能出现的军事失利打下败不为忧的预防针。

　　1932年3月3日《益世报》上突然传来我军撤退的消息，无异于投石击水，一片哗然。为了避免忧愁悲观的情绪，该报在当天社论中一再强调如今是变更战略的后退，我们等候的是"最后的胜利"。《益世报》对于武力抗日的自卫作战原则之一是长期抵抗。根据这一原则，中日战争决不是三五月内的战争。在长期抵抗中，一日的小得失暂时的小进退，决不足以影响整个战略。我们如今准备等候的是在最后的五分钟里取得"最后的胜利"。"凭着我们这次表现出来的中华民族的人格与道德，我们相信，整个民族，不至灭亡，整个中华民族，在生命的奋斗上，当有最后的胜利。"①

　　《益世报》的"最后的胜利"理论对于"一·二八"淞沪抗战的进行必不可少，它和大众对于暂时性不利形势的坚强抵制紧紧联系在一起。也正是这种镇定坚韧的民族精神，13年后最终把中国带入了"最后的胜利"。②

　　（四）强调全盘抵抗

　　1932年1月"一·二八"淞沪抗战前夜，试图实行"对日绝交"方针的孙科政府失败下台后，蒋介石、汪精卫联合政府成立。"对日绝交"的政策无人响应，"不抵抗"政策又被民众所反对。于是蒋汪联合政府选择了第三条道路，按汪精卫的话就是"一面抵抗，一面交涉"的政策。1月29日，蒋介石在手订的《对日交涉的原则与方法》中，确定了"一面预备交涉，一面积极抵抗"的原则。这个原则的制定标志着南京政府"一面抵抗，一面交涉"对日政策从此成为对淞沪战争的指导方针。它的基轴和灵魂是以退让求妥协，以交涉为主，以抵抗为辅，以牺牲一

---

　　①②《牺牲到底！抵抗到底！》，《益世报》，1932年3月3日。

部分国家领土主权,满足日方要求,求得对外苟安局面,以便集中力量从事"安内"。

《益世报》强调的是"最后的胜利",与此相呼应,沪战对日政策上始终坚持主张长期抗战和全面抗战,自然反对蒋汪政府实行的"一面抵抗,一面交涉",因为这样的对日方针使战不成战,和无好和,而日本的侵略势力却在国民党的退让中步步深入。"一面抵抗、一面交涉"是一种妥协性的方针,在这里,"抵抗"是极为消极的,有限的,局部的。天津《益世报》与南京政府当局许多关于战争传播的分歧源自于前者对有限抵抗的军事现状的不满和对全面抗战的期待。该报认为"'一方抵抗,一方交涉',实为绝对不合时宜之策略。既不能全国一致,实行抵抗;又不能上下同调,放弃和议。既不能进,又不能退。此即'一方抵抗,一方交涉'之矛盾政策有以招致之结果。……不和不战,且和且战,若和若战甚至于局部谋和,局部作战之现状,不但国命上受绝大打击,实令我辈国民精神上刻刻有惨不可言之痛苦。"①上海战事,日军为远攻,我方为近守,攻利速战,守利持久。所以中国取胜的唯一途径就是扩大战局,全面抵抗,长期抵抗,用消耗战的方式来拖垮日本。"以牺牲图保全,以破坏求建设"。②"为今之计,中国只有努力抵抗,放弃交涉的一条路。要知国家自卫抵抗之义,乃任何区域,尚有外寇侵略,即应起为抵抗。闸北应保存,奉天吉林更应保存;吴淞镇应保存,哈尔滨亦应保存。全盘抵抗,促成全盘交涉,此乃我方正当对外方法。"③《益世报》的对日全盘抵抗方针,主要包括了以下三个方面的阐释。

1.发挥国家整体力量

《益世报》提出的全盘抵抗本着"宁玉碎,毋瓦全"的宗旨,坚持战争须以日军无条件从中国全部撤出为结束,否则中华民族就算剩最后一人也要牺牲到底,抵抗到底。为此,全盘抵抗必须协调一致地发挥国家的整体力量,就是要使用所有可能动用的一切资源工具,以武装斗

---

① 《绝对反对上海和议》,《益世报》,1932年3月5日。

② 《沪上大战前途的推测》,《益世报》,1932年2月18日

③ 《反对局部调停》,《益世报》,1932年3月3日。

争为主,军事、政治、经济等各条战线的斗争紧密配合,就自己的各方面实力进行全面的较量,全力以赴进行战争。

军事上,《益世报》鉴于当下上海所遭受到的危险,为防止被日军集中兵力各个击破的方法所陷落, 建议政府下定决心,"应当就所有与日军接触之处,一律下令开始攻击。热河汤玉麟的队伍须向义州进发,关内的东北军须向锦州攻击。马占山同吉军自然不至再受日队的迫胁,自必群起响应。"这样至少可以牵制日军进攻上海的力量,使敌人无法再用集中的力量以优势兵力来袭击我军。从长久持续的全面作战来看,"全国二百余万的大军, 应该除去各省内防的留守外,部分省别系统,一律挑选精锐,组织联合的军队,准备作战。……等到联合军组成以后,可以采用更番休息之法,与日军作持久的战斗。"[①]这是针对敌人凭借精良武器,集中兵力各个击破的作战方法,要在军事上统一调动,统一作战,运用全国的兵力同侵华的日军进行全面的战斗。

政治上,整理政治组织。《益世报》认为:"二十世纪的战争,最后胜负,绝不完全依靠士兵的勇敢,军器的锋利,战术的巧妙。国际间战争,双方政治上的组织,他的稳固的程度,布置的周密,设备的完善,运用的灵敏,有密切的关系。换言之,二十世纪的战争,政治与军事,应双管齐下,应一体并重。"[②]而当时的事实是,对日作战只听见军事,不看见政治,政府领袖到底是蒋是汪,外交机关到底在宁在沪,财政主宰到底在苏在豫都让人们莫名其妙,政治组织涣散混沌可见一斑。当务之急,要设法整理政治组织,在这一点上《益世报》提出以下建议:1.把现有的政府组织赶快简单化、科学化。推定一个人或几个人,总理一切政权。中执会、中执常会、中政会、中政常会等一套重床架被的机构暂时尽可不开。2.巩固中央政府的中心,统一中央政府的号令。那些消耗当局精力动摇社会民心的事,可省的省,可免的免。3.行政上的责任,赶

---

① 《对日应该有整个的战略》,《益世报》,1932年1月31日。
② 《赶快整理政治组织》,《益世报》,1932年2月9日。

快划清界限,分工任事。政府机关以外的人员,绝不能自由成立与政府机关相峙并立的委员会等,以免紊乱政府系统,扰乱社会观念。4.关于军事后方接济的筹备,应立即成立独立机关,指定专人,负责进行。《益世报》希望政府的组织和运用上,有稳固、周密、完备、灵敏的条件,这样才能应对长久全面的抵抗。《益世报》的这些见解,应该说是切中时弊,非常有战略远见。

经济上,毁家纾难。天津《益世报》曾经多次解释陈述:"二十世纪的战争,不纯粹是军事的,同样是经济的。"这次的"一·二八"淞沪中日战争,不是短期的,而是长期的;不是局部的抵抗,而应是全盘的抵抗。"我们亦所谓大规模的,所谓最激烈的战斗,如今不过发端。将来长期的奋斗,全盘的奋斗,我们中国怎样支撑,怎样维持,不止靠我们怎样充实国家的军力,同时要看我们怎样充实国家的财力。"[1]由于国难严重,输财救国已不是理论上的提倡,《益世报》指引了十条具体的办法:1.政府立即募集一种爱国捐。捐额定二万万元,平均每人不到五毛;2.此项捐款专限于抵抗日本战事;3.此项捐款的募集,由官民合办;4.中央政府所在地设总事务所,各省、市、乡村设分事务所;5.捐款种类,如所得税、娱乐捐或其他自由捐助办法都可分别进行;6.由政府指定本国可靠的大银行存放捐款;7.由政府和人民代表组织设立捐款审计处,审查并监督一切账目;8.捐款的募集册和收据等,一律由捐款总事务处发给,事后一律呈送审查处存案备查;9.募捐手续,应用极有组织的方法进行;10.募捐员除伙食旅行正当费用外完全义务,召集自告奋勇的国民组织募捐队,进行募捐。诚然,有国才能有生命、有身家可言,保国就是保持身家、保持生命的先决条件。但是,就《益世报》所倡导的长期抵抗、全面抵抗的总体战略思路而言,仅仅动员全国人民,而没有一个整体上的战时经济发展模式,这样的经济手段是十分有限的。

2.全民自卫作战

---

[1] 《愿国人毁家纾难》,《益世报》,1932年2月22日。

　　对日的全盘抵抗是举国上下全力以赴进行的战争，是全体国民参加的全民族的全体性战争，因此国民总动员就成为《益世报》战争传播的一项重要内容。为达到扩充战线、延长战期、进行对日全盘抵抗的目的，《益世报》发出呼吁：政府与军队，他们有他们的工作，做他们的准备；广大国民的职责，就在进行必要的组织，准备接受我们的总动员令。

　　对于军人领袖，无论是南方的还是北方的，无论是有兵的还是无兵的，彼此推诚合作，自动赴难，设法公推一个总司令。

　　对于文人，无论是有党派的还是无党派的，无论是在位的还是在野的，彼此精诚合作，自动赴难，设法共同组织一个国防政府。

　　对于学生，首先在国难期间，大学生应停学半年，让他们可以去做国难工作。战事持久，城市必受战争的影响，结果是大学不是无形解散，就是停课放假。与其让大学生在无计划无团结的情况下分散，不如正式放假，让他们担任国难上有目的有计划的工作。大学停课以后，让学生在政府指定的地点集中，"经过相当短时间的训练，而后再分发到全国各县城、各乡村去担任下列两种工作：（一）组织义勇军；（二）宣传抗日方针。"①其次，中学生在半年以内，完全集中内地数省，改授军事训练。再次，小学生方面，维持现状，令其继续读书，以补救今日大中学损失的人才。

　　对于广大国民和各种职业团体。如工会，律师会，银行会等等，进一步采取联合的方法，由各团体组织救国会，担任以下工作：1.联合各方代表，请求政府及北方当局，出兵东北，收复失地。2.筹集军饷。3.准备后方接济。4.准备救护。5.进行国内外的宣传。6.募集学生义勇军、市民义勇军等等。对于中国共产党，《益世报》曾错误地认为内有水灾，外有敌寇，中国共产党有可能在国民党军队与日军作战的时候，趁机攻占地盘，扩大势力。但是在"一·二八"淞沪抗战期间，该报转变了原来对共产党一味批评的态度，变为理解，并且考虑到联共抗日。《益世报》劝告共产党，"以整个中国而言，外人是资本阶级，中国人除绝少数

————————————

①《智识阶级应该总动员》，《益世报》，1932年2月3日。

外,是被外人压迫的无产阶级。目前中日的战争,直可以认作外来的资本阶级压迫整个中国无产阶级的战争。中国人实际上是站在一条战线上……所以在中国要谈打倒资本主义,必先从打倒外来的侵略做起。否则中国人是同归于尽。"根据上面的分析,《益世报》得出结论,"我中国的共产党,亦可以站到'一致对外'的战线上。"更难能可贵的是,《益世报》还坚持认定国民党当局"在国难期中,一切思想,应该容纳,一切党禁应该放开",①为争取中国共产党加入到全民作战的阵线里,实现联共抗日,尽力制造可能。《益世报》主张的是全体国民自卫作战。"要在政府涣散、军力薄弱的国家,创造一种积极有力的民众团体出来。这种团体,可以增高军队的勇气,可以分担政府的工作。"②同时,整个的民族,能从这个时候,团结起来,在物质上受破坏,精神上谋建设,取得中国全面自卫战争的最终胜利。

3.反对局部议和

日本侵占东三省后,1932年1月又挑起了"一·二八"战争,企图把国际视线由东北转移到上海,以掩护其在东北炮制伪"满洲国",把东北变为其独占的殖民地的阴谋。上海是中国的经济中心,是国民政府首都南京的门户,是列强在中国的利益集中地。于是国内外的视线都集中到了淞沪,东北问题渐渐淡漠起来。英、美、法三国公使出于自身利益考虑忙于局部调停上海战事,国民党政府则主张"沪战适可而止",急于同日本谈判局部议和。

《益世报》在全盘抵抗的议题之下,坚决反对局部调停。该报不断刊发言论,表明立场,反对妥协议和,尤其反对抛开东北三省问题而专就上海问题进行局部议和。

《益世报》一针见血地指出日本挑起上海战事以及整个对华政策的野心:"日本人计在蚕食,计在声东击西,所以化整为零分今日对华问题为满洲案,天津案,上海案等等。"该报进一步明示,"进外寇侵

<hr>

① 《国难期中敬告中国共产党》,《益世报》,1932年2月2日。
② 《国民的自卫作战》,《益世报》,1932年2月27日。

略,危害局部,及牵及全局。日本对华侵略之事,更为如此。日本起始中攻之点,是在东北,蔓延及于上海及其他各地。日本对华目标所在,则为祈伤我国整个国家的生命。"所以现在的对日方策,不但无所谓"沪案",同样也无所谓满洲案,东三省案。局部解决,绝非根本办法,"即不舍本身将国家分割破裂,使敌人易于瓜分蚕食。"①要解决,必须整个解决。

《益世报》也看出了列强从中斡旋调停,将中日问题局部化的诡计,"列强在华,目的在门户开放,利益均沾;立场为保护侨民,维护权利。某处应干涉,某处应调停,某处应中立,某处应合作,列强纯粹以'己国利益'四字为准则。所以中日问题,化整为零,与列强应付,亦易着手。所以列强已乐于将整个问题分为满洲案,上海案,天津案等等。"但是,上海战事对我国的利害关系,决不同于利益均沾的列强。对于我们来说,"损失寸土,破坏整个主权;割让尺地,伤害整个独立。所以对日方针,绝应合零为整。要解决,应全部同时解决。"②

《益世报》摆出自己的观点,"我辈认定在目前中日事件中,根本无所谓'沪案',而在解决这事件的方针,又根本无所谓'适可而止'。国家的生命为整个的,绝无局部偷生苟活之可能。"③从法理的角度来看,"国家之所以成为国家,即在对外上,国家的主权、土地、行政绝对站在独立的地位。侵我寸土,侮我一民者,即为破坏国家的主权、土地、行政的整个独立。因此在保障土地人民上,国家的动作是整个的,而不是局部的。国与国的外交上,双方的立场都是整个的,而不是局部的。证诸国际外交史上的一切向例,都为如此。任何国家,对外敌的侵略,认为系国家某地域或某局部的问题,即不营本身自认国家已损失完整独立的地位。"因此,从日本进攻沈阳制造"九一八"事件那天起,形成对立态势的,是中国与日本两个整个的国家,"局部问题"的说法也就无从谈起。从情理上来说,以个人喻国家,"唾我面者,我即认侮辱我面;指我背着,我即认欺凌我背。于是分交涉为面部背部两

---

① ② ③《异哉所谓"沪案适可而止"》,《益世报》,1932年2月14日。

节,竟或先谈面部,后及背部,此即为根本错误。唾我面者,指我背者,均为轻视我整个人格。我若抵抗,整个抵抗;我若交涉,合盘交涉,此乃正当办法。个人对敌方如此。国家对敌方亦如此。"①在敌人蚕食我领土主权的情况下,若打算一隅偷安,残喘苟延,实为下策。

《益世报》反复申论,上海局部调停与否,关系到中国整个的对日方针,一着错,全盘错。"要知今日中日事件,我方纯粹为被侵略被压迫的地位。止于不止,不在我方,实在日本。日本将军队完全退出中国领土以外,一切事不止自止。倘有一兵一卒,占据中国领土,是则我虽欲'止',敌人不'止'。敌人不'止',我方精力上虽已到了适可而止的地位,人格上,良心上,即不应求'止'。所以'适可而止'四字,出之我方,根本非是。"②现在政府当局对日执行的"一面交涉,一面抵抗"的方针,他们所谓局部妥协、局部调停、适可而止的主张,就是屈服的方针,就是投降的主张。倘若政府与日单独交涉沪案,就是自己否认中国是独立完整的国家,是自己否认中国有独立完整的主权,我们就应该坚决反对。

对于中日之间的上海战事,《益世报》主张应该把它当作整个中日的问题来全盘解决。只有符合了以下两个标准,才能算是达到了全盘解决的程度:1. 日本军队全部退出包括东三省各地在内的中国领土;2. 日本赔偿此次无理侵犯东三省、上海、南京、天津、青岛等地各方面生命财产的一切损失。否则,中国不仅应否认有所谓"沪案",更应根本反对现行解决"沪案"。上海战事,不仅不能"适可而止",而且绝对应该坚持,应该延长。

总之,《益世报》强调,应始终反对"一·二八"中日战争的局部和议。中国与日本之间的问题,只有整个的问题,无所谓满蒙东三省问题、青岛问题、天津问题、上海问题。要解决,就应当全盘解决,直至日军从中国境内全部撤出。全盘无解决机会,局部绝不能先解决。

---

① 《反对局部调停》,《益世报》,1932年2月15日。
② 《异哉所谓"沪案适可而止"》,《益世报》,1932年2月14日。

五、《益世报》副刊

《益世报》先后创办过50多个综合性副刊和专门性副刊,本时期的副刊最引人注目的是内容涉及当时的政治环境、文化发展、社会进步、宗教思想、文学创作、人文科技、教育卫生、体育健康以及抗战御敌等多个方面,可谓兼容并包,极大地满足了不同的读者受众对于报纸副刊的不同需求。可以说,这些丰富多彩的综合性及专门性副刊,为《益世报》的发展和不断壮大做出了突出的贡献,是它最终成为民国四大私营报刊之一的重要助推剂。

(一)《益世报》副刊的发展过程

《益世报》副刊的发展,经历了由少到多,由小到大,由单纯性文艺副刊到综合性副刊的转变。特别是1929年以及1932年前后,《益世报》的各种副刊和专刊犹如雨后春笋般不断推出。"七七事变"后,《益世报》一度停刊,在1945年抗战胜利后,《益世报》复刊,其副刊也随之重新出版,虽然数量上较之以前有了一定的降低,但各种专刊的安排仍然可以体现《益世报》对于不同信息和知识的兼容并包。

自1915年《益世报》创刊后的首期,暨1915年10月1日第1期,第七版创设了综合性文艺副刊《益智糭》。《益智糭》是在《益世报》开设时间最长的综合性副刊,主要内容包括笔记、谐文、文苑、小说、白话、杂记、笔记、外论、游记、宗教丛谈等。起初《益智糭》同其他新闻并列排版,到1915年10月23日第22期时,《益智糭》改在新创设的《益世报第三张》第九版刊登。1919年10月1日《益世报》第1400期时,《益智糭》改在《益世报第四张》刊登,新增卫生、滑稽聊话等内容。1925年2月11日,《益世报》第3238期,《益智糭》增加"趣闻"。1926年11月26日加入"危言""社会切要问题"。1927年2月8日第3879期,《益智糭》增加"说天津"等专栏。1927年7月2日第4019期,《益智糭》推出《益智糭第二版》,文苑、小说、法律等内容归入第二版。

1931年"九一八事变"发生后,在当年的10月10日《益世报》第5536期,《益智糭》进行了改版,由陈慎言主持,开始登载刊发抗日小说。1932年10月15日《益世报》第5906期时,《益智糭》再度改版为《语林》,

栏目形式与从前大致相同。《语林》一直持续出版了1800期。到1937年7月，因全面抗战的爆发，《益世报》被迫停刊，《语林》也因此暂停。到1945年12月，抗战胜利后《益世报》再度发行，《语林》也重新与读者见面。从1945年到1949年《益世报》最终停刊的四年多时间中，《语林》共发行727期，最后一期发表于1948年12月19日的《益世报》第10820期上。至此，《益世报》创设时间最长的综合性文艺副刊宣告结束。

1921年9月1日《益世报》第1061期开设副刊《新知识》，用来向读者介绍各种关于科学、文学、美术、农业、法律等的最新知识。到1922年7月1日第2344期时《新知识》停刊，其全部内容并入《益智粿》。

1922年7月1日《益世报》第2344期，副刊《舆论介绍》创刊，内容主要为介绍国民统一协会宣言研究、领事裁判问题、中华民国宪法案会议经过对照表等，并涉及对当时重要社会问题及政治问题的分析。到1922年10月18日第2451期时，《舆论介绍》的内容也并入《益智粿》。

1927年2月8日《益世报》第3879期，报纸开设第五张，专门性副刊《教育栏》《经济消息》创刊，主要介绍关于教育和经济等相关方面的各种新闻和知识。1930年6月2日《益世报》第5050期时两刊分别改为《经济》和《教育》，此后逐渐与其他专门性副刊融合。两刊的发行虽然时间不长，且最后与其他专门性副刊和专刊合并，但却开启了《益世报》专门性副刊之先河，为后来各种专门性副刊和专刊的出现奠定了基础。

1928年10月10日《益世报》第4462期，《益世报副刊》正式创刊。副刊由胡汉民题写报头，于右任在创刊号上题字。在创刊词上，《益世报副刊》将创刊目的总结为三个方面，"副刊之设有三：一以挽救国运、二以提倡学术、三以促成健全之建设，以应新时代之潮流云。"[①]到1929年3月24日，《益世报》第4623期时停刊，共出版二卷十一号。1929年11月1日，《益世报副刊》再次创刊，发刊词中将副刊重新创刊的意义定位于在纷繁乱世中，"让这小小园地，使人们作为精神和思想上的休养，

────────────

① 《益世报副刊发刊词》，《益世报》，1928年10月10日。

还作为研究讨论学术的中心。"《益世报副刊》共发行138期,在1930年5月31日《益世报》第5048期时终刊。

1928年10月22日第4473期,《学术周刊》创刊,该刊每周一出版,以介绍和研究当前学术界重要问题为主旨,到1929年7月8日第4729期时终刊,共出版35期。

1929年4月1日《益世报》第4631期时《艺术周刊》创刊,每周二发行,内容包括图画、雕刻、音乐、戏剧等相关内容的介绍。到1929年10月30日《益世报》第4840期时停刊,共出31期。

1929年4月4日,《益世报》第4634期时《文艺周刊》创刊,每周四发行。《文艺周刊》是当时提倡新文学的主要阵地之一,包括新诗、戏曲、小说、散文等不同体裁的新文学形式在这里刊载,到1929年5月2日《益世报》第4663期时停刊,共发行 5期。

1929年4月5日,《益世报》第4635期,《医药周刊》创刊,每周五发行。在发刊词中,本刊的发刊目的被表述为:"本报为谋医药常识普及,中西学说沟通起见。"[1]《医药周刊》发行时间较长,后来由周刊改为半月刊,到1930年5月12日《益世报》第5029期时终刊,共发行43期。

1929年4月6日《益世报》4636期时《剧影》周刊创刊,每周六出版,到1929年8月10日终刊,共出版19期。

1929年7月15日,《益世报》第4736期,《民众科学》创刊,每周一出版,出版目的在于,"第一要民众了解自然,使大家认识自然的伟大和美妙;第二要民众利用自然,使大家日常的生活渐臻于丰富。"[2]《民众科学》共发行19期,到1929年12月4日《益世报》第4875期时停刊。

1929年7月21日,《益世报》第4742期专刊《小朋友》创立。这份每周日出版的专刊是《益世报》发行时间最长的专刊,专刊内容由"小著作家们公开发表刊物",内容包括故事、歌曲、笑话、时事的简单报告、小朋友们的论文、小朋友们的照片等等。1931年9月27日《益世报》第

---

① 《医药周刊发刊词》,《益世报》,1929年4月5日。
② 《民众科学发刊词》,《益世报》,1929年7月15日。

5523期时《小朋友》停刊，在1932年11月6日《益世报》第5928期时重新复刊，直到1936年12月27日《益世报》第7417期时最终终刊，期间共发行429期。

1929年10月14日《益世报》第4824期，《20世纪》创刊。每周一出版，内容为："凡世界各国之内政并社会经济状况，皆与吾人有关系，皆值得周刊之介绍与传播，使中国全国人民对世界之局势有正确之观察。"①

1929年10月18日，《益世报》在第4828期开设《文艺》专刊，每周五出版，只出版两期，到10月25日停刊。

1929年10月19日，《益世报》第4829期《工商导师》创刊，每周六出版，该专刊提倡发展工业，并借助工业发展的力量实现国家的统一。后来改名为《工商周刊》，到1930年5月19日《益世报》第5036期时终刊，共出版16期。

1930年5月27日《益世报》第5044期，《政治副刊》创刊，主要内容与当时的政治事件有关，借以向广大读者普及政治知识。共发行15期，到1930年11月28日《益世报》第5228期时停刊。

1930年7月10日，《益世报》第5088期《医光周刊》创刊，由北平医光社主编。该社曾主办民国日报医光周刊、世界日报医光周刊、京报医光周刊等多个报纸的专刊。该专刊的使命在于："医光初创在于倡导社会的建设；监督政府公共卫生之改善；养成优种国民。"②1931年9月24日《益世报》第5520期时《医光周刊》停刊，共出58期。

1932年11月5日，《益世报》第5927期，梁实秋主编的《文学周刊》创刊，该刊到1933年12月30日停刊，期间共发行57期。

与《文学周刊》同期开设的，还有文艺性副刊《别墅》，主要内容包括如此河山等。《别墅》持续时间较长，一直到"七七事变"时才因《益世报》的暂时停刊而终结。

---

① 《20世纪发刊词》，《益世报》，1929年10月14日。
② 《医光周刊发刊词》，《益世报》，1930年7月10日。

1932年11月7日《益世报》第5929期,《社会思想》创刊,由张东荪主编。在发刊词中,其表示:"本刊的使命,从正面讲就是把人们的心胸弄得广阔些,把人们的思想弄得自由些,把人们的眼界弄得宽大些,把人们的心思弄得分析和精密些。"[1]该刊共出80期,到1934年5月28日《益世报》第6486期时停刊。

1932年11月9日,《益世报》第5931期时《戏剧与电影》专刊创刊。主要内容包括对近期上映的各种戏剧和电影的介绍和提示,1934年2月28日《益世报》第6397期时终刊,共66期。

1932年11月8日《益世报》第5930期,《新医周刊》创刊,孙璧儒为主编。该刊的宗旨是:"希望读者读了之后,能够得到关于新医方面的一些常识。"到1935年4月23日《益世报》第6810期时停刊,共126期。

1932年11月10日《益世报》第5932期,《妇女周刊》创刊,王康垒主编。在发刊词中,她将《妇女周刊》的责任总结为:"想法使一班普通的妇女在思想上、智识上都真正的摩登起来,这才是救国的方法。"[2]到1935年5月30日停刊,共127期。

1933年3月3日《益世报》第6041期,《宗教与文化》创刊,该刊每月一回,解答读者关于宗教与文化方面的问题,由华封九四老人主持。到1936年12月25日《益世报》7415期停刊,共4卷48期。1946年11月2日抗战胜利后,于《益世报》第10047期复刊,由雷鸣远主持,到1948年11月7日最终终刊,共出99期。

1933年11月15日《益世报》第6297期时,《社会服务版》第一号发行,该版的目的在于贡献一些最切实、最为大多数人日常必知的各种常识,且读者之间有交换常识的机会。主要内容包括法律、职业介绍、读者信箱等。直到"七七事变"《益世报》停刊后,《社会服务版》才停刊。在抗战结束后《社会服务版》曾短暂复刊,但很快随着《益世报》的终刊而消失。

---

[1]《社会思想发刊词》,《益世报》,1932年11月7日。

[2]《妇女周刊发刊词》,《益世报》,1932年11月10日。

1934年1月6日《益世报》第6348期,《农村问题专页》创刊,在发刊词中编辑部表示:"今年立志为农民效一点微劳。"其目的在于"明了中国农村现实状况,彻底了解农民之疾苦与需要,根据可行报告以科学方法整理分析求得一个真实病源,再据此制定解决方法与复兴计划。"① 该专页共出8期,到1934年3月3日《益世报》6400期时《农村问题专页》改版为《农村周刊》,并于此后共发行175期,到1937年7月24日因全面抗战的爆发而停刊。

1934年3月7日《益世报》第6404期,《文学周刊》创刊,该刊由文学杂志社编辑,通讯处设于天津南开大学,是当时的新文学阵地之一,到1935年2月27日《益世报》第6754期时停刊,共发行50期。

1935年1月7日《益世报》第6706期,《财政周刊》创刊,由中国财政学会主编。发刊词上,其发刊目的被表述为:"顾今日国内之刊物,其种类虽不少,若政治若经济若外交若海事,若农村问题,若国际贸易等等,皆已有之,而讨论财政问题者独付阙如,我人诚知在一般普通杂志中,时有研究财政之论文,至于以讨论政治经济或银行金融等问题为目的之刊物,尤常涉及财政事项,但欲求专以研求财政为对象之刊物,则尚不可得。"② 该刊到1935年12月31日停刊,共发行40期。

1935年3月6日《益世报》第6761期,《文学副刊》创刊。在发刊词中,《文学副刊》将其精神和意义表述如下:"第一,我们提倡批评精神,不做任何奴隶!对过去自己固有的,对外来将要吸收的,都要还我们正常的味觉!第二,我们维持学术立场,换言之,就是我们反对以学术以外的立场而处理文学上的任何问题。从政治的立场而提倡的任何文艺,必无生气,从劝说者的立场而解释的任何现象,必辱真理。问题只在学术里得其解答,是非只有在学术里得其公平,这是我们要肯定的。第三,我们吹散浪漫气息,作家要从短浅的理智里解放其感情!太小、太狭、太低、太薄弱的局面,我们要冲开!新的诗人要勤快,

① 《农村问题专页发刊词》,《益世报》,1934年1月6日。
② 《财政周刊发刊词》,《益世报》,1935年1月7日。

勇猛,忠实;他必须独立,而不受支配于读者、编辑、舆论和商人! 第四,我们赞助翻译介绍。我们相信一个民族在最能创造的时代同时就是他最能吸收的时代。第五,我们推行文艺教育,文学的价值如何普遍的使人认识,欣赏的趣味如何普遍的提高,人们究竟如何从文艺里吸收其关系身心的教养。理论和实践,都在所急需! "①该刊于1935年10月30日停刊,共发行35期。

1935年4月30日,《益世报》第6817期,《史学》创刊,由史学研究会编,通讯社设于清华大学。"帝王英雄的传记时代已经过去了,理想中的新史当是关于社会的,民众的,我们企图从这一新方向努力推进,点点滴滴的,盼望能在十年二十年内有一点小成绩,同时也希望能因为我们的努力,引起史学界的注意,来和我们合作。"②这是《史学》创刊的初衷。1937年5月30日终刊,共出54期。

1935年5月7日《益世报》第6824期,《教育与社会》创刊。"教育者,必须尽力培养丰富的社会常识,'教育社会化','社会教育化'这是现阶段内应有的信仰。"该刊由华北教育研究社主编,共发行4期,到1935年6月18日停刊。

1935年6月6日《益世报》第6854期,《读书周刊》创刊,由胡适主持。他在发刊词中表示:"我们这个周刊的目的,是要帮助普通爱好读书的人,知道些他们兴趣范围之内的书,得到些怎样仔细读书的方法。"③该刊到1937年7月22日终刊,共109期。

1935年10月10日,《益世报》第6980期时《法律专刊》创刊,由江庸主持。在发刊词中其内容与目的被表述为:"每日登载关于法律之评论,问题之解答,中央地方之各种法规以及各种材料,将期应有尽有,以资法律知识之普及,诉讼消息之灵便。关于法律问题之解答,法院消息之搜集,尤当以亲切详尽之精神为之。"④该刊共619期,到1937年7月

①《文学副刊发刊词》,《益世报》,1935年3月6日。
②《史学发刊词》,《益世报》,1935年4月30日。
③《读书周刊发刊词》,《益世报》,1953年6月6日。
④《法律周刊始刊之词》,《益世报》,1935年10月10日。

29日终刊,是《益世报》发行期数最多的副刊之一。

1935年11月1日《益世报》第7002期,《健康周刊》创刊。其意义在于首先灌输健康知识,使一般民众日臻强壮;其次灌输生理卫生常识,使未病的人知道预防方法;最后灌输医药知识,使已病的人知道恢复健康的途径。到1936年2月3日停刊,共89期。

1936年1月15日《益世报》第7075期,《音乐周刊》创刊,由天津音乐学会主编,该刊以提高音乐艺术素养为己任,认为国家兴盛并不是靠物质的建设能做到的。到1936年5月31日停刊,共20期。

1936年4月5日,《益世报》第7152期《通俗科学》创刊,其宗旨在于:"以简浅的文字,把科学知识输送到过敏的脑海里去。"[1]共30期,到1937年7月25日停刊。

同期《无线电》《商业》两个副刊创刊,副刊《无线电》的目的在于:"引起读者对于无线电的兴趣和重视,进一步做研究和探讨,以促进我国无线电事业进展。"该刊到1936年12月27日停刊,共39期。《商业》到1937年5月30日停刊,共60期。

1936年5月4日《益世报》第7181期,《现代教育》创刊,由现代教育社编辑。目的在于介绍世界教育的新潮;将各方面教育问题作公开的讨论以及教育研究方法的讨论等。到1937年7月26日终刊,共62期。

1936年5月6日《益世报》第7183期,《社会研究》在《益世报》复刊,该刊本在《晨报》上发表,主要观点为观察实际社会,从社区和地域观念着眼;分析社会问题,极力避免"价值的判断",力求客观;考察社会现象,采取功能的、有机的、运动的看法;叙述社会事实用统计数字来表达。到1937年7月28日终刊,共63期。

1936年12月6日《益世报》第7396期《食货》创刊,目的在于研究中国经济社会史问题,到1937年7月27日终刊,共33期。

1937年1月1日,《益世报》第7422期《防卫知识》创刊,目的在于介

---

[1]《通俗科学发刊词》,《益世报》,1936年4月5日。

绍各种防卫知识,普遍于一般民众,以加强我国抵御外辱的能力。共30期,到1937年7月25日终刊。

1937年1月1日,《益世报》第7422期《人文周刊》创刊,其旨在研究民族和文化,"七七事变"后不久停刊,共发29期。1947年5月12日复刊,到1948年6月7日《益世报》10626期最终停刊,复刊后共52期。

1937年1月10日《益世报》第7428期,《妇女与家庭》《民众医药》创刊,二者的目的分别是:"使主妇们把简单朴素的家庭之力的有条不紊,使简单朴素的家庭达到和乐且耽的目的。""唤醒民众,改进医药、医学民众化,强种救国、医学平民化,以利贫民。"《妇女与家庭》到1937年7月25日停刊,共18期。《民众医药》到1937年5月30日停刊,共21期。

1937年5月16日《益世报》7551期时还出版过《报学半月刊》,由平津新闻学会出版,目的在于:"使报业同人便于探讨,锐意以求报业之改进,担负当前国家大难。"[1]共出三期。

在三十多年的时间中,《益世报》还刊发了不少特刊。如为各种中国传统节日设立的《中秋特刊》(1921.9.16第1076期)、《新年特刊》(1924.1.4第2868期);为国外宗教节日设立的《圣诞特刊》(1924.12.25第3206期);为公共卫生事业设立的《捕蝇特刊》(1930.6.8第5056期)、《夏季卫生特刊》(1930.6.9第5057期);为专门的艺术形式设立的《戏剧专号》(1929.9.6第4787期);为重大社会事件而设立的《禁烟特载》(1924.1.15第2879期);为体育运动会而设立的《全运会专刊》(1930.4.10—1930.4.20第4997期到第5007期);为特大水灾设立的《水灾专页》(1931.8.24第5490期);为重大政治事件而设立的《九一八纪念特刊》(1932.9.18第5879期)。

(二)《益世报》副刊主要特点

在《益世报》发刊的几十年中,其副刊和专刊呈现出了一些具体特点,如下:

第一,《益世报》副刊的发行经历了由单纯的文艺性副刊到丰富的

---

[1]《报学半月刊发刊词》,《益世报》,1937年5月16日。

专业性副刊转变的过程。《益世报》副刊在创立后初期只有《益智粲》一栏,登载各种文艺作品。后来随着社会的发展和读者需要的不断提升,《新知识》《舆论介绍》等纷纷出现。在1929年和1932年的两次《益世报》副刊大发展中,各种专门性副刊如《小朋友》《读书周刊》《医光周刊》《文学周刊》等应运而生,它们的出现既符合读者的需要和报社发展的需要,又是社会历史发展的必然趋势。

第二,《益世报》的专门性副刊内容丰富,种类多样。在《益世报》发行的各种专门类副刊中,种类和内容涵盖之广是十分罕见的。这里既有专门为小朋友服务的《小朋友》;也有专门介绍医疗健康知识的《医光周刊》《新医常识》《民众医药》等;也有为宣传新文学而开设的《文学周刊》《文学副刊》等;以及专门介绍教育信息的《教育与社会》;当然还有因为抗日的需要而开设的《防卫知识》专刊等等。这些副刊和专刊内容丰富,涵盖面广,且专业性十分突出,满足了不同读者在不同历史时期的不同需要。

第三,《益世报》副刊发行时间长。在《益世报》发行的26年中,几乎从第一期开始就有副刊的出现。直到1949年《益世报》最终停刊前,副刊一直发挥着重要作用,是《益世报》成功的推动力之一。

第四,《益世报》特刊丰富。在发行副刊的同时,《益世报》还十分重视对于各种特刊的发行,他们会针对不同的节庆、事件等安排创设不同的特刊,应时应景,既丰富了报纸的可读性,又满足了读者的不同需要。

六、"社会服务版"的社会服务

天津《益世报》于1933年11月15日开辟了"社会服务版"这一专刊,直至1949年1月《益世报》停刊,"社会服务版"作为《益世报》品牌性专刊存在了约5年,前后总共跨越14年之久。

"社会服务版"创刊时,《益世报》由首任总经理刘浚卿之弟刘豁轩主持。刘上任后显示了出色的办报才华,他大胆启用新人,购置新式设备,在全国重要省市增派记者和通讯员,还高薪聘请罗隆基担任社评主笔,其中"社会服务版"也是他别出心裁之举,对《益世报》广开销路、提高竞争力起了重要作用。1936年初,因董事会不信任,刘豁轩离开了报社,《益世报》一度由汉奸李渡三操控,直至1937年6月5日,雷鸣远将其逐出报馆。"七七事变"后,生保堂临危受命担任《益世报》的总经理,却也并未能够挽救完卵于覆巢之下,《益世报》被迫停刊。1945年12月1日,历经风雨的《益世报》在天津复刊,刘浚卿之子刘益之出任总经理,刘豁轩再度任社长兼总编辑,至1949年1月15日,解放军解放天津的当日,《益世报》被迫停刊接受军管改造。

然而,《益世报》的一路坎坷并未影响到"社会服务版"的前进路程,栉风沐雨、饱经沧桑背后透露出前辈新闻人的执着与坚忍。

(一)《益世报》社会服务部与"社会服务版"

1.社会服务部

社会服务部成立于1933年11月1日。由于资料匮乏,其人数不得而知,但从一些"编者之言"的只言片语中,可以了解他们每天的工作量很大,而编辑吴秋尘则为其"扛大旗者"。"社会服务版"的创办,使《益世报》的经营锦上添花,吴秋尘也因此声名大振。后因部门事务繁忙,增聘王畏友协助。

吴秋尘,名隼,苏州人。北京平民大学新闻系毕业,是著名报人王小隐的学生,交游甚广,文笔流畅,擅长散文、小说、杂文。1927年曾在天津《东方时报》担任副刊"东方朔"编辑,之后又担任过天津《商报》、《北洋画报》副刊编辑;创办过综合性刊物《一炉》;1933年离开《北洋画报》来到《益世报》主持社会服务部,直至1937年7月;抗日时期,他当过教师,在日伪政府任职;日本投降后,在某中学教书至解放,1957年在北大荒去世。[①]

(1)成立动机

社会服务部的成立不是偶然的,可以看作报纸经营者办报政策的调整。对此,总经理刘豁轩在《报纸与社会服务的理论与实际》一文中说明了创办的动机:"第一,我们觉得'政治报'的时期恐怕慢慢要过去

---

① 张元卿:《民国北派通俗小说论丛》,山西古籍出版社,2001年版,第165~166页。

了,我们想拨转马头,使《益世报》整个向社会方面走。言论、新闻以及全报的内容,完全以整个社会为对象。创办社会服务版,就是这个大转变的一个部分的表现。"①

刘豁轩向来重视报纸的言论。为增加报纸的竞争力,1932年初,他以优厚的待遇聘请罗隆基任《益世报》主笔,罗文笔犀利,言辞激烈,矛头直指国民党当局,因此报纸在销路大增的同时,也多次受到国民政府的警告和威胁,迫使刘豁轩不得不与罗解约。刘豁轩认为,言论自由是报纸的"天性","在反民主政治的社会里,这个自由就要遭受严重的打击"②。所以,特殊的政治环境下,报纸走向社会服务更像是一种变通。

第二个动机是他们感受到了社会对报纸多方面需求的殷切。吴秋尘把这种需求解释为两方面,一是大多数人轻视了报纸的功用,人们"把一切的报纸,上焉者看成了要人起居注,中焉者看成了'海报'一览表,下焉者看成了风月消闲录"③。而改变这种风气的新途径就是"社会服务";二是当时的社会日趋贫乏,特别是广大乡村物质和精神生活奇缺,再加上"天灾、匪祸",则"国家如日趋安定,民众渐就安乐,是非从社会工作入手不可"④。

(2)主要工作

社会服务部的工作量大,头绪繁杂,每天都要接看"六七十到八九十封来函",这里还不乏内容空洞、无聊、毫无价值的问题。除此之外,他们每天还有三四小时的外事活动,这包括:"(一)参加各社团约请之集会——谁找我们做事,都去,只要我们能做的,所以各处的集会,便有许多地方要参见;(二)访查求助者;(三)与各慈善机关为友谊之联络;(四)访查读者委托之各种社会事件;(五)访问各顾问商谈各种问题;(六)调查本部所设立之小学及本部代为筹办之商店工厂等;(七)

①② 刘豁轩:《报纸与社会服务的理论与实际》,《益世报》社会服务版,1936年11月15日。

③④ 吴秋尘:《人人要为社会服务》,《益世报》社会服务版,1935年1月21日。

⑤ 王文彬编:《中国报纸的副刊》,中国文史出版社,1988年版,第20~24页。

调查新兴之社会团体及各处社会生活。"⑤服务部每日接待读者时间为上午十一时至下午三时。他们的工作方法很灵活,由于是首创,也无先例可循,只能是根据读者的需求和社会调查结果随机调整,做有益于社会的事。

2.社会服务版

《益世报》于1933年11月15日刊发"社会服务版",每日一版,"平均用新五号字八栏,约用7500字左右"①。从创刊至1936年7月30日,共1310期,1947年9月1日复刊,至1948年12月18日,没有期号,后"社会服务版"消失,原因不得而知。

1933年11月8日,报头左侧开始刊登预告:"本报素以社会服务自矢,报纸内容,除提供正确新闻、抒发公众意见外,凡对于增进公众利益之工作,极愿尽力从事。况现代社会,人事复杂,公众希望报纸予以助力者甚多,本报屡接读者来函,提出多方面之问题要求解答。本报同人能力虽属有限,然为读者解决疑难,认为系报纸服务社会应尽之责任,故本报决自十一月十五日起,增开社会服务版,作本报与读者交换意见及知识之园地。"②

全版内容涉及法律、政治、经济、科学、医药、商业、工艺、家庭、书报介绍、青年生活、妇女问题、社会常识、新闻释义、读者信箱、职业、慈善介绍等方面,还聘请了社会名流和著名学者,如张伯苓、孟少臣、赵文藻等,担任社会服务部顾问,负责解答读者提问。正如编者所说:"我们要尽上我们的力量,贡献一些最切实、最为大多数人日常必需各种常识给诸位,并且希望读者们彼此之间,有交换各种常识的机会;而本版愿尽传播之责。"③

(1)登载原则

"社会服务版"内容取材的主旨是:"各种社会的需要都供给,格外注重平民社会。"对来稿的要求可归纳为:内容充实,文字明了;篇幅要

① 王文彬编:《中国报纸的副刊》,中国文史出版社,1988年版,第20~24页。
② 佚名:《本月十五日起本报之心贡献社会服务》,《益世报》头版,1933年11月8日。
③ 吴秋尘:《编者之言》,《益世报》社会服务版,1933年11月15日。

简短;不付稿酬;职业及慈善事情之稿件必登;有关社会人、事的系统调查,也欢迎刊载。对于读者的提问,他们本着"知无不言,问无不答"的原则,且特别说明:"普通问题以提出之先后,依次答复,特别专门的问题俟顾问答复者,便预先告以答复的日期,这都要原谅。"

(2)栏目介绍

"社会服务版"内容包罗甚广、注重实用,"所刊载的也不是国家政治,经济,军事的大新闻,是专为解决人民生活切身的各种问题而设,内容自必复杂,几乎是整个报纸的缩小形,既有新闻,又有社论,有广告和副刊性的文字。"[1]

"社会服务版"的长期固定栏目共18个,而且大多五花八门、构思巧妙,其中不难看出这个团队对其倾注的心思和渗透在内的一些超前意识。栏目主要用途是普及知识,内容分为读者来稿和解答读者疑问(采用问答形式)。这些栏目绝大部分是创刊前已有设计,根据版面安排和稿件、信息来源陆续登出,没有一定规律,但也有在原计划外,应读者需求而创立的,如《农事研究》《工艺》等。

"社会服务版"大致可分为资讯介绍、知识普及,为民解忧三类。

资讯介绍类包括《商情》《出版界》《书报介绍》《职业介绍》。

《商情》首见于1933年11月15日,内容主要来自读者投稿,为读者提供各地区吃、穿、住、行的市价行情,其中不乏普通市民的购物心得和窍门,读来实用、活泼。

《出版界》首见于1933年11月16日,介绍出版界书报资讯、行情,偏重微观。

《职业介绍》首见于1933年11月21日,阅读对象以青年为主,简单介绍个人情况和需求,为乐善好施者提供线索。

《书报介绍》首见于1933年12月11日,与《出版界》相近,但偏重宏观,有时内容上也容易相混。

知识普及类包含门类很广,注重实用,有《经济》《科学常识》《新闻

---

① 武月卿:《泛论社会服务版》,《新闻学季刊》,1941年11月。

释义》《艺术常识》《工艺》《社会常识》《农事研究》《家庭》。

《经济》首见于1933年11月15日,刊登经济学相关知识,来稿由读者提供。

《科学常识》首见于1933年11月15日,刊登介绍科普小知识的短文,由读者提供。

《艺术常识》首见于1933年11月24日,登载美学知识,艺术常识,由读者来稿支持。

《工艺》首见于1933年11月24日,介绍贴近生活的工艺小常识,时而问答,时而读者来稿,很实际。读者也"期其合乎一般贫民经济,能以小资本开办者,广播宣传"①。

《社会常识》首见于1933年12月2日,由读者供文,刊登生活中的见闻经历,以及体会、感悟。一些文章体现了作者的真情实感,读来亲切、生动。

《新闻释义》首见于1933年11月18日。当时社会上时常出现些新名词和新事件,见之报端后,读者往往不知究竟,一时又不易查考,给阅报带来不便,此栏内容就负责解释此类名词、事件的背景和含义,随时刊出,如"委托治理""同路人""不侵犯条约"等。

《农事研究》首见于1933年12月9日。"社会服务版"的栏目一直鲜有涉及农业知识者,"这并不是忽略了农业的重要,实在因为这样的问题,非专家不能答复,而又不曾找到合适的问题的缘故。"②而本栏设立的契机恰在于河北第一农事试验场刚刚设立农事问答处,正苦于问答的成果不能公之于众,于是双方一拍即合,设立本栏。

《家庭》首见于1933年11月18日。家庭的和睦是社会安定的重要因素,编辑吴秋尘很重视这个栏目,他认为,"家庭是一个常识的宝库,可以说什么事都包括在里面。供给常识,确不是一件容易的事情,零碎了觉着没有系统,有系统又觉着太板滞。"③吴想从家庭方面做

---

① 乐安澜:《一个建议》,《益世报》社会服务版,1933年11月28日。

② 吴秋尘:《农事问答处帮我们解决农学疑问》,《益世报》社会服务版,1933年12月4日。

③ 吴秋尘:《编者之言》,《益世报》社会服务版,1933年11月17日。

起，计划"从'两小无猜'的男女小孩说起，直说到'死则同穴'的老两口为止，连口角，反目，失恋，自杀，离婚，都包括在内，以夫妇为经，其他为纬。"①以期达到既有系统又能局部成段的标准，开始几期都由吴秋尘供稿。

解民疑难类有《问题答复》《法律》《医药卫生》《青年生活》《慈善介绍》《读者信箱》，前四个栏目都采用问答式的体裁，也是最能体现"社会服务"特点的栏目。

编者很重视此类栏目，与其他栏目相比，此类所占篇幅较大，每期出现的频率也较高。"我们觉得这样(问答形式的栏目，笔者注)是比'讲义式'的副刊文字要有用，因为那个不一定人人需要；而这个是来函的人所需要的，也是来函人中同一阶级的人所需要的，而写这种问答信的人，确只有向报馆来问。供给这些解答，当然不是几个同事所能担负得了的，所以我们便请了24个专门顾问，遇着不能答的，便由顾问们代答。"②以上引文足见编者对其重视和所下的功夫。这四个栏目也因针对性、实用性强，且反馈及时，广受读者好评，堪称此版的名牌栏目。

《问题答复》首见于1933年11月15日，内容没有限制，各领域的常识、专业知识等都有出现，可视作对其他栏目的补充。

《慈善介绍》首见于1933年11月15日，负责公布前来登记经核实的贫苦者的情况、住址，供慈善者参考。

《医药卫生》首见于1933年11月16日，问答形式，1935年11月1日取消，另开《健康日刊》，由中国健康学会回答读者问题。后因健康学会移沪，1936年3月6日恢复《医药卫生》，问答之外附带介绍系统的卫生常识。

《青年生活》首见于1933年11月17日，由顾问负责解答青年人的疑难，内容涉及一切与青年有关的问题。之后由于服务版工作繁重，编者

---

① 吴秋尘：《编者之言》，《益世报》社会服务版，1933年11月17日。
② 王文彬编：《中国报纸的副刊》，第20~24页。

们无力顾及,于1935年1月1日取消本栏,另开《青年生活专页》,目的更加明确:"反映青年生活的现象,分析研究青年生活的一切问题,凡是健全的,或病态的,都一一地了然于目。"①每周三、六、日出版。自此,"社会服务版"仅保留青年人求职、贫苦求助部分,而将其他问题都转交给了主持"专页"的同仁。

《法律》首见于1933年11月18日,用于解答读者法律方面的疑问,由顾问周玉城等负责回答,问题和解答一并登出,属提问者实名。随着"社会服务版"的影响扩大,读者来函日渐增多,限于报纸版面有限及法律问题的复杂性,报纸于1935年10月17日另开《法律专刊》,每日一期,而且加聘了顾问,内容更翔实,针对性更强。

《读者信箱》首见于1933年11月21日,要求是"只限私人代邮,不得过五十字,有宣传、营业之意味,及涉及法律者,恕不登载。"篇幅很小,在当时报纸很常见。社会上的各学科专家,热心社会改革人士,都可借此版表达观点,以指导读者的行为、生活。

从以上介绍来看,所谓"社会服务版",不过是刊登各类知识的综合性专刊,虽然增加了慈善介绍、职业介绍和问题答复之类的服务,却也只占很小的比重,有些名实不符。但实际上,纵览"社会服务版"的发展就可知,起初,此版也许依靠林立的栏目填充版块,但由于它顺应时代,适时而出,很快便得到社会的响应,声势迅速壮大,至后期,关注领域之广,服务方式之新,也并非一般报纸所能及。

(二)社会服务的主要特征

1.急人之难,救民水火

救济社会底层的贫苦人,是"社会服务版"一贯坚持的原则,在这个指导思想下,编辑们不断尝试着变换服务形式和工作方法,希冀以有限的力量,发挥出非凡的作用。纵观"社会服务版"举办的一系列救济活动,从道路的探索到曲折前进,无一不真切地体现出其"急人之难,救民水火"的社会特征。

---

① 《发刊词》,《益世报》,1935年1月12日。

《慈善介绍》几乎每天都有,刊登求助者的姓名、家庭情况和住址,供读者特别是慈善家资助。用编者的话来形容,"这就是人各用其手的表现,慈善家用手把钱送来,我们用手把贫苦人的情形报告给读者,再把慈善家的钱送给穷人,你一手,我一手,我们相信总有一天会把这危难的社会推动下去。"①举办冬赈、暖厂等道理亦是如此,只不过服务部更深入地参与,总理起了大小事务。

冬赈在诸多救济里是比较受欢迎的,每年新旧交替之际,都要举行,现场很热闹。每天到"报馆去登记求助的人,总有一百名左右,如果某一天普遍的施放,那就是会有三五百人"②。服务部"有时举行别的捐款,不是不能收到期望的数目,便是捐款的只有一部分人,都不如冬赈来的踊跃!也怪,冬赈的时间不算短,收冬赈的地方也很多,我们对于冬赈,也不过像宣传招募别的捐款一样的用力,甚至还远不如其他捐款努力,而结果往往出乎望外"③。

起初的冬赈,并无详细计划,只是每日规定时间,经确认身份的穷苦者到报馆排队领取物品。而这种方法显然存在较大的弊病,首先是过多占用了服务部的人力和办公时间;其次,领取者十分踊跃,难以维持秩序。例如"十一时开放,晨五时即有人来,排立街头,有时多至二三百人,颇感困难"。④若是"按每日送来求助的条儿去散罢,则十家在西头,八家在河北,五家又在河东地道外,更是束手无策"。因此,1935年1月,服务部改变了领赈办法,改为由社会服务部的人员带着物资,"星期日到西头散放,星期三到河北散放,星期五到河东散放"⑤。

1935年底的冬赈又有了变化,社会服务部拟定了两个原则,即,"尽力和各慈善团体合作,不单独施赈;与其无限制的普及,不如澈(彻)底的救济一部分。"⑥配合两个原则,他们又制定了"四项办法"和"限制规定"。"四项办法:本年所收赈款(指定捐助某人者除外),每周结算一次,以十分之四送市慈善会分给市立的四个粥厂,十分之二送

---

①②③ 吴秋尘:《人人要为社会服务(续)》,《益世报》社会服务版,1935年1月22日。
④⑤ 吴秋尘:《岁首报告四件事》,《益世报》社会服务版,1935年1月1日。
⑥ 吴秋尘:《谈谈本部冬赈计划》,《益世报》社会服务版,1935年11月7日。

红十字会,十分之二送市立救济院,十分之二送公教救济院。限制规定:一、年在六十五岁以上老翁老妪;二、孀妇;三、十五岁以下之孤儿寡女;四、疾病残废者。"①

冬赈与慈善团体的合作,启发了编者,由此,他们萌生了办暖厂的想法,以完成长久救济的愿望。暖厂由天津的慈善家普善堂主人出资主办,厂址借用河北区黄纬路恒源纱厂的闲置工人宿舍。服务部的编辑吴秋尘和记者严树吾管理一切事务,普善堂代表人陈毓会监察管理会计事务,所有支出项款,均经其手。通俗说来就是普善堂出钱、服务部出力的合作方式。收容标准与冬赈的限制规定相同,共收容一百人。1935年12月5日开厂纳人,入住者每晚吃粥一顿,住宿厂中,每天八点出厂,下午五点半以前,必须回厂。逢下雪天气,贫苦者可不出厂,早晨加粥一顿。暖厂还聘请了医生,采购药材,设立病室。另外,春节期间,暖厂延长了住厂的时间,改善伙食,增聘厨师,炖肉熬菜,腊月三十晚饭后,每人发给国币五分,妇孺加发玉麦五斤。

"社会服务版"对突发性的灾难赈济,也是可圈可点的。1935年7月初,长江、黄河洪水泛滥,水灾惨重,造成全国性的特大灾难,殃及13省,灾民达两千万之多,湖南、湖北、山东等省受灾尤重。藉此,社会服务部于1935年7月27日发起救济水灾募捐运动,前五天即募得286.9元,宣传力度随洪水的严重程度而逐步加强,募捐收入也随之增加。

1935年8月7日,服务版扩大救灾运动,刊登募捐启示:"北平为华北重镇,文化区域,富绅大贾,智识分子会集之所……对此近百年罕见之大灾,拯救必不后人,唯救济水灾机关,尚未闻有成立。本报为贯澈(彻)此次救灾运动起见,自今日起,除天津总馆方面仍照常收受振(赈)款振(赈)物外,本报驻平办事处亦代收受。"

同年8月17、18两日,服务版还发起赈灾篮球比赛,售票所得232元悉数汇交灾区。此外,服务版每日还在醒目位置刊登诸如"请各界同胞节约救灾!""两千数百万灾民之生死在诸君一转念间"的大字号标语,

―――――――――――――
① 吴秋尘:《谈谈本部冬赈计划》,《益世报》社会服务版,1935年11月7日。

以唤起社会的同情。水灾救济捐款持续了四个多月,到1935年11月,共募得捐款8100余元。

水火无情,继长江黄河大水灾之后,1936年2月,南市明德暖厂和华商工会粥厂发生火灾,死者多达150人。服务部得知后,立即拟定救助措施,此时,由他们主办的普善堂暖厂派上了用场。2月14日起,暖厂开始收容无家可归的灾民,声明:"因遭火灾,无衣无食,而又不能到暖厂投宿者,本部可酌拨捐款、衣服、玉麦;已死者家属可到本部领抚恤金一次。"[1]为防冒充,也为更好地服务灾民,他们多次声明拒收"瘾君子"。同时还联合了市慈善会、世界红十字会天津住会、明德慈济会,募得更多的救济,为灾民疗伤。截至2月20日,募款2089元发放完毕,共救济灾民665人。

然而,即使采取了措施,服务部对火灾难民的赈灾,还是出现了与冬赈类似的难以控制的场面,例如,"明德暖厂住厂者,来本厂投宿,已见增多,多不服指导,尤以女人为甚,夜间更有偷吸纸烟者,秩序紊乱,管理甚难,只得澈(彻)夜轮流监察。""吸食白面而未曾在明德暖厂前来冒名领赈者居多,而明德暖厂职员,亦因名册焚毁,无从认定,比较前两天,更为麻烦。"[2]

2.关爱弱小,寄望青年

在众多的赈灾活动中,"社会服务版"除了救济灾民以外,也将眼光重点放在了小学和青年的身上,力图能够通过自己的资助,兴建小学,教授孩子拥有一技之长,也希望能够扶助有志青年完成学业,等待他们日后更好地回报社会,这也是服务部实现长久救济的又一方式。

服务部第一所小学的兴建,可以说是机缘巧合。当时正值《益世报》服务部的人员通过调查、联络,了解到第三粥厂兴办了一所小学,并对其赞赏有加。1935年初粥厂即将停办,而这个小学,"当然也就要不毕业而毕业了,不放假而放假了,这又多么可惜,可悲。"[1]此时,恰巧

---

① 吴秋尘:《募集贫民火灾捐款》,《益世报》社会服务版,1936年2月16日。

② 吴秋尘:《普善堂暖厂工作报告》,《益世报》社会服务版,1936年3月10日。

在停办冬赈之后，服务部还存留下了几百块钱，正可作为接办小学的经费。经过和第三粥厂小学主持者刘道平(粥厂为其所办)和红十字会商议，由《益世报》社会服务部继续接办，改名益世第一服务小学，"成立董事会，凡已捐款者，均为当然董事。想加入董事会的，至少要捐款五十元。"②

"不是在使他们可以升学，而是要使他们学得生活的技能。"③这是服务部办小学的目的。原因也很好理解，"在现在的社会制度之下，一切的一切，都受经济条件的限制。学校的大门，虽然是开着，任人进出，但是无形中却写有'无钱者免进'的禁条。因此贫寒人家的孩子，不仅没有受高等教育的可能。就连最低限度的小学教育，也很难普遍的受到。大家试想：一些专恃吃粥养命的赤贫人家的子女，有能力上小学和中学以及大学么？"④

1935年4月4日，益世第一服务小学开学，共有学生一百名，分上下两班上课，两年毕业后程度与普通初级小学毕业略同，只是更注重教授学生某项技能。同时设立木工实习室，教授学生掌握一技之长，木器成品出售的钱由学生领取，以资鼓励。济南《民国日报》记者方奈何，描述过对第一服务小学的印象："教室虽只有一座，但是非常整齐有序，学生的年龄在八九岁至十四五岁之间，上课时精神很能贯注，我们进教室与离教室时，都由级长呼口号全体立起致敬，几受过年余教育的孩子，能这样知礼貌，实在是不容易。"⑤

接着，1936年3月、10月，《益世报》社会服务版又开办的益世第二服务小学和第三小学，其中，第二服小是由慈善家继善堂主人出资捐办。然而，服务部开办的这两所小学的经营并不理想，起初尚募得经费千余元，之后却只能靠拨用各项捐款余额支撑。编者曾坦言，"自创办以来，最感困难的，就是经费问题，在前几个月还好，至后学生日

---

①② 吴秋尘：《完成粥厂贫儿读书 创办益世第一服务小学》，《益世报》社会服务版，1935年2月11日。

③④ 吴秋尘：《本部办理小学的目的》，《益世报》社会服务版，1935年2月17日。

⑤ 方奈何：《对第一服小印象》，《益世报》社会服务版，1936年3月31日。

多,教费日繁,经费即感不给,总原因是校无充实底款,全来各界捐助,诸君请想,杯水车薪,能济于事吗？所以学校自开学后,仅仅的能维持现状,能发展是谈不到的。"①除了经济所限,编者分析,还有就是,"一般社会对于这种成绩较缓的工作,总认为不如施赈来得简捷而容易收效。加之服务部力量单薄,未曾唤起社会普遍关注。"②

青年人的生活,也是"社会服务版"始终关注的,特别是他们的学业和事业,像《职业介绍》《青年生活》都是针对他们开设的。在《青年生活专页》的发刊词中,编者提道:"青年是一个民族的骨干,一个国家的萌芽,若是青年没有朝气,那么他们所属的民族或国家也便没有希望了。这情形,尤其在廿世纪弱小的民族国家里是如此。老大的中国是如何呢？历史虽悠远,版图虽广大,而在这国度里的青年生活,却与老大的地位适成反比例:我们未来的栋梁之材是消沉到无可再消沉,蹒跚到无可再蹒跚,将来的命运,真是不容乐观！"③

所以"在暮气沉沉的氛围中",服务版一旦发现"众睡独醒的战士",就要极力援助,期盼"他们能在昏黑放出一线光明"④。军中好青年高慕尧,工作之余去教育馆看报,借钱上函授学校,服务版被"他不怕苦,不怕忙,只怕学识不足"⑤的挚诚所感动;"有成绩有希望"的青年李仲三在留德学习中,因为生活困难而面临辍学境遇。得知之后,服务版不禁为其扼腕叹息;还有青年吴涵,已留日回国,却并不满足于此,更是立志赴德深造。面对青年人这种刻苦求学报效祖国的精神,服务版大加赞赏。

面对这些有志青年的无奈困境,服务版不忍看到他们因此抱憾终生,遂将种种情况登于报端,引来读者物质上的资助和精神上的鼓励,以期这些"战士们"能得偿心愿,学业有成后回报社会,引起更大的社

① 吴秋尘:《第一服小谭嚣才董事倡万元基金会运动》,《益世报》社会服务版,1936年4月16日。

② 吴秋尘:《普善堂捐办益世第二服务小学》,《益世报》社会服务版,1936年3月2日。

③④ 编者:《发刊词》,《益世报》青年生活专页,1935年1月12日。

⑤ 高慕尧:《借债读书刻苦求知》社会服务版,《益世报》,1934年2月18日。

会影响。

3.善于交流,互利共商

与读者交流是媒体与民众合作完成一项活动的重要手段,也是扩大媒体影响力的一种较经济的方法。"社会服务版"深明交流的必要,多次活动都诚邀读者建言,并非摆样子、走形式,而是切实能听取读者意见,改变策略,做到真正交流。

接办第三粥厂小学,开设益世第一服务小学,就是个很好的例子。这个小学,对于"社会服务版"乃至《益世报》有重要意义。公布初步的设想后,服务部认为这不是一件小事,希望读者踊跃参加讨论,尽量发表意见。署名沦落人的读者对小学教育颇有感慨,表示想法"如同鲠在我喉间的骨头,实在有一吐为快的必要"①,道出了大家的心声。

读者所发表的建议,涉及上课进教室的秩序、课间休息、课外运动,乃至学生上下课的安全,家庭的教育、教材、学制,事无巨细,详实可用,同时出现了观点的碰撞。

例如在"采取短期小学学制,毕业后即可升入高小"问题上,对此沦落人极力反对,他从"办贫儿学校的目的是否在升入高小? 贫儿是否需要升入高小?贫儿的环境是否可升入高小?"②三方面作为论点详细阐述了贫儿不适合升入高小。之后的几天,读者段春理、王凌进一步探讨了贫儿小学的目的、意义。"贫儿学校的儿童,当然身世都是贫寒的, 我们如果能设法使他们半工半读, 不但解决了他们的读书问题,更可以在儿童休闲问题上有了重要的解决。我相信,如果真的实现了半工半读。一面读书,贫苦孩子的父母,一定善劝他们的孩子到我们学校来。"③"在这种义务学校里,假若用工读合一的办法,在学生方面一定能在毕业以后,比普通小学生有出路。"④这些意见直接影响了服务部的决定,确立了小学"在养成其生活上之技能,并不偏重于

---

①② 沦落人:《商讨本部办小学计划》,《益世报》社会服务版,1935年2月16日。

③ 段春理:《对贫儿小学贡献三点意见》,《益世报》社会服务版,1935年2月15日。

④ 王凌:《给贫儿些什么东西》,《益世报》社会服务版,1935年2月18日。

⑤ 吴秋尘:《本部办理小学的目的》,《益世报》社会服务版,1935年2月17日。

升学一方面"⑤。

春季旅行团亦是如此,1935年3月3日,服务部向读者说明了初衷后,表示:"在办法未拟出以前,我们非常盼望读者充分地发表对于这个旅行团的意见,旅行的经验,旅行的常识,旅行的笔记等等,我们准备着在这和暖的春天,极力提倡起大家旅行的兴趣来。"①并提出了10条问题,希望读者思考、回答。例如,"你对旅行团的感想如何?你在旅行中要做些什么?你希望去旅行几天?你曾经到什么地方旅行过?"②第二天,服务部的记者严树吾"抛砖引玉",先表述了他们理解旅行团的意义,认为旅行并非"'无罪找夹扛'的苦事"③,也不只是"诗人雅士的风雅勾当"④,其真正意义亦不仅仅在于可亲近自然,增加见闻,还在于能让不同职业的青年寻找与自己专业相关的特殊知识。

这一计划,青年读者纷纷响应,回答10条问题之余,也表达了自己的感想,认为这个旅行团"不仅要增加社会上相识人和不相识人的感情,还要收获相当知识、经验和精神上的愉快,能有很好的效果,才不辜负了发起者,及我们自己宝贵的光阴"⑤。同时提出中肯的建议,如"旅行的地点应由旅行的人去规定""分团应以职业为标准,似不应以人数为标准。""旅行者应将旅行的种种著为文字,刊登在本版上。"⑥之后服务部根据读者的问题调查和建议,补充修改了出行计划。

旅行归来,"社会服务版"把所见所闻披露于报端,"使未参加旅行的人,参阅报章,亦如身临其境。这种旅行团,直接的于参加的人有益;间接的于社会人士,亦有利益,实在是一种一举两得的工作。"⑦

"社会服务版"每年都要出周年特刊,每一次都要开展周年纪念征文活动,征文内容以命题作文的方式呈现,这种形式加强了编者与读

---

① 吴秋尘:《本部办理小学的目的》,《益世报》社会服务版,1935年2月17日。

② 吴秋尘:《打算要办个春假旅行团》,《益世报》社会服务版,1935年3月3日。

③④ 严树吾:《春假旅行团的意义》,《益世报》社会服务版,1935年3月4日。

⑤⑥ 服务部:《读者们纷纷贡献对于春假旅行团的意见》,《益世报》社会服务版,1935年3月6日。

⑦ 康庭华:《服务版的去来今》,《益世报》社会服务版,1935年11月15日。

者的交流,编者获知了读者对服务版提出的合理建议。第一年和第三年的征文,褒奖之词过多,形式大于内容。从交流上讲,效果不是很显著。第二年的社会服务部的事业正处黄金时期,编者和读者有了一年的磨合,交流效果明显。

《本部两周年纪念征文》①中,编者坦言:“我们不愿意收受奖饰的文字,原因是根本没有奖饰的,拟定所需的材料标准六种,请大家分别写好寄来,借此可得些‘他山之助’。我们的希望,如是而已。”并列出六点征文范畴:“一,天津益世报社会服务部第三年工作计划;二,对于天津益世报社会服务部过去工作的意见;三,我与天津益世报社会服务部;四,介绍某一个报纸所附刊的社会服务版及类似社会服务版之专版或专栏;五,全国报纸社会服务版及其类似附刊之调查;六,社会服务版之真实的意义。”

对此,读者也“不见外”,对旅行团、服务小学、水灾急救等工作褒奖之余,也提出诸多希望、建议。服务部总结出18条,从这些提议中,可看出读者对服务版希望之殷切。无论是否切合当时实际,服务版都一一作了答复。

读者提出的诸多建议中,不少想法与编者的观点不谋而合,比如到乡村去服务、代农民呼吁一切痛苦,多援助失业青年,刊载新闻学常识等。但也有不少读者不了解具体情况,提出了成立储蓄基金,代商店考试职员,扩大办理冬赈,扩大服务版篇幅等不太符合实际的期望,对此,编者也做了一番耐心的讲解,并表示读者如有具体计划,可进一步商讨。此外,读者希望的搜集有效单方,刊印专书;答复问题不宜拖延;编者多做有系统的“编者之言”等,确实是服务版应改进的,编者也虚心接纳,列入到工作计划中。

(三)历史意义

《益世报》的“社会服务版”,在当时社会是不多见的。所谓“时势造英雄”,19世纪30年代的中国,可谓“千疮百孔”,政治、经济、教育等极

---

① 《登于益世报》,《益世报》社会服务版,1935年11月9日。

度落后,"社会服务版"的出现,迎合了大众,"它是应读者的需要而产生,也是报纸由'坐而谈'到'起而行',由间接的贡献意见进步到直接的领导和协助读者,所以它是报纸上服务社会的一条新途径!"①

在筹办暖厂、成立小学、赈灾水火等救济事务中,无论是前期策划还是后期的管理、维持,社会服务部都充当主角,乐此不疲创造条件,挑战难题,在当时的社会环境下,凭着有限的人力、财力开创出一条报纸发展的新路。吴秋尘曾在多种场合表示:"报纸和整个社会,是应该处处有着关系的,社会的贫乏、困苦,新闻纸除了应该替它呼唤之外,还应该尽上它的力量,亲自去帮一下忙。新闻记者的笔,不仅应该是民众的喉舌,还应该是民众的膀臂!报纸应当以读者,整个的社会的苦痛为苦痛。"②对此,笔者以为,树立为社会服务的新闻理念是"社会服务版"持续数年不倒的根本所在。

当然,"社会服务版"的事业并非一帆风顺,其中的甘苦,作为总经理的刘豁轩深有体会,他在《报纸与社会服务》一文中指出,"在中国现在报业的状况下,报纸作社会服务的事业,应该只限于沟通社会的各方面。比如社会有贫乏的人,我们介绍他们给富有的人;社会上富有的人愿作有益于社会的事业,而苦无法着手,报纸可以介绍他给社会,使社会共同研究一种方法去利用这个机会。报纸的工作,至此为止。换言之,报纸的社会服务版只负沟通,宣达,促成的责任;报纸本身不实地参加这种工作。再例如,有人愿捐款办教育,报纸可以将此事宣布出来,至于怎样去办,报纸可以参加意见;但不实地去设学敷教。这个界限我觉得应该弄清楚,否则报馆将变成慈善机关,教育机关或其他种种的机关了。这不只在目下事实上绝对不可能,同时也是很危险的。"③

诚如刘先生所言,从冬赈、暖厂、服务小学的维持上,我们的确能

---

① 武月卿:《泛论社会服务版》,《新闻学季刊》,1941年第2期。
② 吴秋尘:《人人要为社会服务》,《益世报》社会服务版,1935年1月21日。
③ 刘豁轩:《报纸与社会服务》,《报学论丛》,天津益世报社,1946年版,第32—36页。

看出服务版时常因为缺乏人力、资金而处于尴尬境地,此外,和其他团体,即使是慈善机构合作,时间一长,也难免有碰撞,所以报纸只能负责"沟通,宣达,促成"了。

实际上,并非仅仅是经济、能力有限的落后时期,对于任何一个时期而言,媒体所能做的服务事业也不过如此,把握好尺度,不然报社就真变成"慈善机关,教育机关或其他种种的机关了"。社会服务部成立后,牛刀小试,成绩斐然,但之后扩张显得盲目,有些迷失方向,最终自然被其所累。这也是在当今时代以社会服务为经营策略的媒体值得引以为鉴的。

第三节　中共天津地下党领导出版的报刊

1927年"四一二"反革命事变后,中共北方地区党组织遭到严重破坏,天津地区党的活动被迫转入地下,开始进入极其艰苦的地下斗争时期。这年8月,原中共天津地委改为天津市委,先后接受中共顺直省委和河北省委领导。由于斗争环境险恶,受党内几次左右倾思想路线的干扰,天津地区革命斗争屡遭失败,党的领导机关连续被破坏,党内曾几度出现过思想消沉的状况。

为改变这些状况,中共中央先后派遣蔡和森、陈潭秋、周恩来、彭真、刘少奇、姚依林等人来到天津,直接指导党的工作。为了打破封建军阀和国民党的新闻封锁,让天津人民直接听到党中央的部署,中共河北省省委和天津市市委先后在天津出版了《出路》《天津好报》《北方红旗》《实话报》《长城》《世界》等报刊。

《出路》是中共顺直省委1928年11月16日创办的内部机关刊物,为发动中共天津党内同志讨论中共顺直省委的错误和今后出路而创办的,油印。该刊的创办,推动了改造顺直省委的讨论,贯彻了中国共产党六大精神,使党内统一了思想,提高了认识。翌年8月31日停刊,共出刊13期。

1928年6月,中国共产党第六次代表大会在莫斯科召开。此会分析了第一次大革命失败后的中国政治经济形势,明确指出中国仍然是半殖民地半封建社会,中国革命现阶段的性质仍然是资产阶级民主革命,任务是"驱逐帝国主义者,达到中国的真正统一"。之后,天津顺直省委为了贯彻中共六大精神,统一思想认识,11月16日创办了党的刊物《出路》。陈潭秋在第一期撰写了发刊词,刘少奇写了序言。刘少奇还以赵启为化名,发表了《怎样改造顺直的党》一文,指出《出路》的创办,不仅"便于开展改造顺直省委的讨论",也能"使党内各抒己见,交流思想,提高认识",强调当时"正确的办法是要在旧基础上深入群众,积极工作,发展斗争,吸收新同志来继续不断的改造顺直的党,逐渐地产生新的斗争"。①刘少奇的这篇文章为后来天津召开省委扩大会议作了思想上的准备。

1928年12月1日,周恩来受中共中央委托到达天津,深入天津中共省市负责人与基层群众中,做了细致的调查研究工作,很快使后来的省委的扩大会议顺利召开,及时地贯彻了中国共产党第六次代表大会的精神,稳定了天津的局面。

在天津顺直省委准备召开扩大会议之前,省委曾向周恩来提出解决印刷设备的要求。周恩来及时将上海的中央印刷厂迁入津城,党中央委派毛泽民任经理,在白色恐怖的英租界(今和平区唐山道)办起了秘密印刷厂(党内称红旗印刷厂)。在毛泽民的领导下,该厂出色地完成了中央和省委指派的各项印刷任务。当时,该厂翻印的主要报纸有:我党在上海创办的《北方红旗》《红旗报》《实话报》等;中央的文件有:《京汉工人流血记》等,印刷中共天津地下党主持创办的刊物有:《北方红旗》《星星》《天津好报》《夜莺》等。这个秘密印刷厂直到1931年下半年才撤离津城。

《北方红旗》是中共顺直省委的机关刊物,1929年春创办,胡锡奎任主编,先油印,后改为铅印。1930年12月下旬,中共河北省委在天津建立,取代顺直省委,该刊停办,共出版55期。在本时期这个刊物充分揭露帝国主义和封建军阀以及国民党新军阀的欺骗宣传,大量报

---

① 程抚主编:《中国共产党在天津》,天津人民出版社,1994年版,第115页。

道了我北方党的工作任务和革命活动,特别是天津纺织工人、电车工人等罢工斗争,发表了不少革命战士在津第三监狱的绝食斗争、援助北部战士、悼念牺牲在狱中的革命战士等文章,增强了群众对敌斗争的信念。

该刊1932年3月25日复刊,成为中共河北省委的机关刊物。在复刊号发刊词曾写道:"《北方红旗》是河北省党的机关报,是河北革命运动的宣传者、领导者、组织者,广大工农劳苦群众自己的喉舌,它是间接与帝国主义和地主、豪绅、军阀、资产阶级的国民党斗争到底的最有力的武器。"该刊第四期又写道:《北方红旗》"是河北省共产党号召群众,组织群众,领导群众最有力的武器之一","它是传达党的策略路线的喉舌机关,同时亦是反映全省群众生活、领导一切革命斗争的旗帜"。[①]在这个时期,该刊先后登载了一批指导当时革命活动的文章,不仅在中共地下党中广泛传阅,还辗转送到狱中难友手中,充分起到党刊的宣传、组织和战斗作用。1932年9月,河北省党报委员会对《北方红旗》给予了较高评价:"自3月25日复刊后,在省委领导下执行了正确路线,扩大了党的影响,得到华北工农劳苦群众热烈拥护与援助。"[②]1933年3月,中共河北省委《火线》创刊,同时《北方红旗》停刊。

另外,据1929年4月6日顺直省委给党中央的报告《目前顺直群众斗争的形式及省委工作情况》的记载:"省委当时已出版四种刊物,其中就有《北方红旗》,其他三种是《出路》《省委通讯》《工人画报》。8月31日,为集中力量办好党内刊物,顺直省委决定只发行《北方红旗》,其他就停办。"[③]这表明中共天津党组织在《北方红旗》之前,还有《省委通讯》《工人画报》的存在,应当把它载入史册。

《星星》是中国共产党在大革命失败后于天津公开出版的第一本革命文艺刊物(半月刊),被称为天津左翼文化运动的先声。1929年6月,中共顺直省委济难会负责人蒋晓海和天津中共党员文艺工作者,

①②③ 董振修:《天津期刊出版史上的几个问题》,《天津出版史料》第五辑,百花文艺出版社,1993年版。

根据省委提出的"加强思想斗争和文化运动"的要求,组织星星文艺社出版文艺期刊。该刊倡导无产阶级革命文学,在发刊词指出:"它不是少爷小姐的文艺园地,也非博士学者的理论场所,仅是一群热血青年感到自己的痛苦,同时也同情被压迫者所发出的呼声。"当时提出的口号是:"打倒帝国主义!拥护被压迫民族的解放战争!反抗统治阶级的压迫和屠杀!"该刊仅出版一期就被国民党查封。

《天津好报》创刊于1929年8月,是中共河北省委决定由党员刘天章、李子昂等在津城创办的公开的工人刊物。4开3日刊,每期发行300份。主要宣传党的"六大"制定的《十大政纲》。1930年4月12日,因该刊编辑公开参与"打倒国民党""拥护共产党"[1]飞行集会,在河北区散发传单被捕,故被停刊。

《夜莺》是1929年12月1日,中国共产党的文学团体夜莺文艺社出版的半月刊,16开本。该刊是我党在天津出版的第二本革命文艺刊物。在本时期它倡导无产阶级革命文艺,在天津文化界产生了一定的影响。1930年4月,因该文艺社出版了歌颂无产阶级革命精神的诗集《铁大姐》,遭国民党查禁。

"九一八事变"以后,由于国民党的不抵抗政策,激怒了全国人民,民族危机的加深也引发了国内阶级关系的变化。以青年学生为先锋,全国掀起了广大群众的抗日运动。知识分子、民族资产阶级和上层小资产阶级中,都发出停止内战、一致抗日的呼声。1931年9月22日,天津大中小学校成立了抗日救国联合会,组织游行示威和演讲,呼吁停止内战、一致抗日。此时天津的广大工农群众也纷纷组织起来,特别是工人对日本人经营的工厂开始采取了各种形式的斗争。中共天津党组织根据党中央的决定,很快调整了斗争方向,为积极推动抗战形势的顺利开展,团结工农群众,组织舆论,创办报刊。在这一时期的主要报刊有《天津文化》《天津青年》《火线》《实话报》《当代文学》等,其中《火线》产生影响较大,时间也最长。

---

[1] 程抚主编:《中国共产党在天津》,天津人民出版社,1994年版,第133页。

　　《火线》是中共中央北方局及河北省委的机关刊物。1933年3月18日在天津创办，油印内部发行。3个月后因白色恐怖停刊，11月复刊，一直到1936年底停刊，共出版67期。1935年12月31日，该刊发表《为援助平津学生反对国民党汉奸政府镇压抗日运动宣言》，提出平津党组织在学生斗争中的任务，对当时我党宣传抗战具有一定的指导意义。1936年，刘少奇到天津工作时期，曾在该刊上发表《肃清立三路线的残余——关门主义冒险主义》《论左派》等重要文章，从中阐述了我党在白区工作的任务和策略原则，对我党在北方肃清王明左倾错误路线具有重要的指导意义。1938年，该刊转到平西革命根据地继续出版。

　　1935年，日本帝国主义继侵占东三省和热河后，把侵略矛头直指华北，在平津一带连续制造了一系列挑衅事件。10月22日，在天津日本关东特务机关的策划下，制造了"香河事件"等，华北政治形势发生重大变化。之后，日本人在华北开始进行政治侵略的同时，又进一步加紧了对华北的经济侵略和掠夺。他们的这些举动首先是从天津开始的。"一二·九运动"爆发后，为了迎接新的抗日救亡高潮的到来，1935年12月17日，党中央在陕北瓦窑堡召开了政治局会议，通过了《关于目前政治形势与党的任务决议》，毛泽东作了《论反对日本帝国主义的策略》，从中系统地阐明了我党的抗日民族统一战线的策略方针。

　　为了贯彻瓦窑堡会议精神，建立华北地区抗日民族统一战线，1936年春，刘少奇受党中央的委派，从陕北来到天津，任中共北方局书记。经过深入地调查研究后，刘少奇在天津党组织中指出："在当前政治关系变化的新形势下"，"广泛的民族革命统一战线，成为我党领导中国革命到胜利之路的中心问题和主义关键"，"目前对于整个中国民族最大的问题，是亡国灭种的问题。因此，挽救中国民族的灭亡，应该成为中国一切阶级一切政党派别的最高任务"。[①]为了深入宣传党的主张，刘少奇领导北方局在天津除继续秘密出版《火线》外，又出版了一

——————————

　　① 程抚主编：《中国共产党在天津》，第171页。

批直接受党领导的报刊。如:《华北烽火》《世界》《国际知识》《抗日小报》《妇女园地》《天津妇女》《妇女》等。

《华北烽火》是中共中央北方局机关刊物,1936年6月20日在天津创办。16开本,半月刊,由知识书店公开发行。同年冬天,党中央把正在北平从事学生运动的姚依林调到津城,任中共天津市委宣传部长,并担任该刊主编。在此期间,刘少奇曾以吕文、尚陶、凯风等笔名发表了《论合作抗敌的一封信》《论全国抗战是否立刻爆发和救亡战线当前主要的任务》《民族利益与抗战、统一和民主政治》《西安事变的和平解决与蒋氏的恢复自由》等文章,从理论、策略和工作方式方法上给予北方党组织以具体的指导。该刊创刊号《从一二·九到五二八》和《五二八运动的经验与教训》两篇文章,号召全国人民进行更伟大坚决的抗日行动。该刊还刊载了1936年8月15日《中国共产党致中国国民党书》,呼吁"集中国力,一致对外",提议国共结成全民族的统一战线。该刊为躲避国民党的迫害,曾更换《长城》《国防》《中国人》《人民之友》等刊名,使用时间最长的刊名为《长城》。该刊1937年7月随着全面抗战的爆发停刊。

《世界》是中共天津市委于1937年3月1日在津创办的地下刊物。16开本,半公开的旬刊。一般发至北平、天津几所大中学校。该刊接受姚依林直接领导,由南开大学经济研究所的中共党员具体承办,主要对象是进步青年。该刊的"世界十日""小言论"等栏目,使用通俗语言,深入浅出地宣传中国共产党的抗日民族统一战线的策略方针,发表了大量阐述我党的方针和今后斗争的任务。姚依林在该刊上发表的《新的历史阶段之开始》一文,文章对促进抗日民族统一战线具有一定的指导意义。该刊至1937年6月底停刊,共出版12期。

"七七事变"前夕,中共天津市委妇女工作部在妇女界积极开展工作,团结了一批"一二·九运动"中涌现的积极分子,与1936年3月8日在三八女中成立了天津妇女救国会。期间,该组织出版了不定期的《天津妇女》(《妇女园地》为前身)、《妇女》等刊物,在妇女界宣传抗日救国。同时,以交朋友、拜干姐妹等各种形式,迅速发展会员,扩大组织。《天津妇女》共出版35期，姚依林曾为该刊撰写过社论。

第四节　天津广播电台与《广播日报》

一、天津广播电台的发展

天津早期的广播电台，是从1925年日商义昌洋行设立第一座广播电台开始的。

义昌广播电台于1925年1月成立，是天津第一座广播电台，由经营无线电器材的日商义昌洋行在日租界开办，其目的是为了扩大该行的影响，推销无线电零件。义昌洋行广播电台的节目主要是转播日本国内的日语广播节目、音乐及少量的广告。这座电台的创办，使天津掀起了一股小小的"无线电热"，产生了天津最早的无线电业余爱好者及无线电专业技术人才，但由于产品质量与技术都不能与美商媲美，故义昌洋行的广播电台并未给它带来太多商业上的利益，加之播音时间不固定，时断时续，义昌广播电台最终也没成为正式的商业电台，于1927年停办。

天津的官办广播始于1927年5月15日，由北洋政府创办的天津广播电台，但早在1923年以前，北洋政府就用京津两地的两座辅助长途电话线的电台进行实验广播，证实了两座电台用作广播的可行性。此后的两年，北洋政府也曾考虑再次利用这两座电台进行广播，但终因政局变幻、战事频发未能实现。1926年，国际无线电信会议在美国华盛顿召开，北洋政府派代表参加。当时天津电话局的工程师兼局长吴梯青为代表之一。与会的代表在考察了欧美国家的电信事业后，深感蓬勃兴起的广播事业的重要，回国后，即向北洋政府建议发展我国的广播事业，将上海美商开洛公司电台收购，在京津两地电话局内利用原有无线电话机件，加以改装试行播音。经北洋政府交通部批准，取用吴梯青按英文意译的"无线电广播"一名，在各地通用。后来在张学良及当时交通总长叶恭绰的支持下，成立了无线电广播公司。1927年5月1日，天津广播无线电办事处成立，5月15日，天津广播无线电台开始播音。

天津广播无线电台,后简称天津广播电台,波长450米,功率为500瓦,可以覆盖市区,有时可达到大沽海口,先后开办了戏曲、曲艺、音乐、新闻、商情及各种讲座等节目。广播电台全天播音6.5小时,只有下午、晚上播出节目,广告仅占30分钟,主要转播北京各剧院的京剧,后又开放了沈阳到天津的长途电话线,转播沈阳的节目,每周还要请一些著名的票友到电台演出京剧清唱。1928年6月,北伐战争结束后,天津广播无线电台除作广播用外,当局还将此台兼作中波军用电台。1927年后,天津设立广播无线电放送局,归交通部管辖。至1929年8月,由天津市政府接管,更名为天津特别市广播无线电话局,由于音质差等各种原因该台于1933年底停止播音。

中国无线电业股份有限公司广播电台,成立于1929年秋,是这个时期开办的另一家官办电台,但由于无线电器材市场基本为外商所垄断,给电台的经营带来许多困难,一年后即停办。

早期北洋政府实行严格的销售、购买、安装无线电器材的登记、注册制度,在一定程度上限制了收音机的普及,影响了天津广播事业的发展。直到国民党政府于1928年12月和1929年8月先后公布《中华民国广播无线电台条例》和《电信条例》,允许公司团体和个人经营广播电台,中国才出现了一批民营广播电台,其中有半数集中在上海,天津仅次于上海,有十几家,以仁昌、中华、青年会、东方四家最为著名。

这四家广播电台成立于1934至1935年前后,都以音质好、节目内容丰富、各具特色而深得观众喜爱。20世纪30年代中期,正值天津的各种曲艺形式蓬勃发展,各电台都以曲艺节目为自己的主要节目,仁昌、中华两台每天的曲艺节目达10小时以上。当时一些有影响的演员,如说相声的张寿臣、陶湘如、常连安、常宝堃,唱单弦的荣剑臣、石慧儒,说评书的陈士和,唱大鼓的马增芬等都在电台经常演出,曲种之多,演出水平之高在全国都是首屈一指的。除此以外,还有河南坠子、京剧、口技、话剧等节目。为了吸引更多的听众,各台还创办自己的特色,仁昌电台在南市燕乐、中华茶园等处设立转播专线,转播曲艺、昆曲等节目;东方电台播放西洋古典音乐、各种舞曲及宗教音乐,举办讲座,组建剧团;青年会电台则是四家商业电台中唯一设置新闻节目的电台,报告当时的中央社提供的消息,该台以宗教节目为主;中华台以大量的长篇连续节目吸引听众。除以上节目外,各台都安排了由报告员(播音员)随意挑选的流行音乐节目。

这四个广播电台都以广告收入为主要经济来源,因此,广告都在广播中占了相当比重。

为了加强对各民营电台的管理和利用,国民党中央政府交通部采取了一系列诸如播送规定节目,转播中央台节目,限制播放时间、播放功率,审查播放节目等措施,致使几家私营电台受到了较大影响。1937年7月日本侵占天津后,各电台纷纷停播或迁往法、意租界,最终都在日本侵略者的压力下于1939年冬先后关闭,但四家电台的影响力使人们认识到了广播的作用。

这一时期,除上述四家影响较大的私营商业广播电台外,还有像南开大学广播电台,天津《益世报》广播电台,刘髯公小型广播电台等十几家由学校、报刊、个人设立或筹建的广播电台。

二、《广播日报》

20世纪三十年代,天津公、私营电台相继建立起来,随着天津广播事业的发展,天津《广播日报》作为广播新闻媒介也应运而生。

1934至1937年间,是天津广播电台的繁盛时期,企业、商家、学校、报社、宗教及个人等组织开办的大、小型电台相继出现,最著名的有仁昌、中华、东方、青年会等四家电台。为了提高收听率,吸引商家广告宣传,赢得利润,各电台竞相抗衡,广播内容和广播形式丰富多彩,因而造成节目内容良莠不齐,呈无序状态;同时随着收音机拥有率的增加,越来越多的听众希望提前知道广播内容,以便有选择地收听自己喜欢的节目;还有一些无线电爱好者也急于通过一份专业性报纸了解到较多的有关无线电技术知识。尽管当时有些电台节目已披露在部分报端,但是已不能满足人们对日益增加的广播信息内容和无线电广播技术知识的需要。这样,以新闻界名人袁无为任社长的天津《广播日报》,经过一番筹备,于1935年9月1日发刊。社址位于河北区中山公园内。除1929年《南京无线电台年刊》为我国最早的广播无线电专业期刊,及1934年9月南京中央广播电台主办的我国第一份广播节目报纸为周刊,名曰《广播周报》外,而作为日刊报纸性质,且完全独立于电台之外的广播报,天津《广播日报》当属首列。

该报为对开四开四版,第一版刊登国内外要闻及本市新闻,其每日"广播的话"一栏,谈论的是当时发生的热点话题;第二版是无线电技术常识、解答读者来函、介绍各电台情况、名伶艺人的活动及趣闻,并登载剧作、小说等;第三版为各电台每日节目预告;第四版连载名家小说,介绍演播内容等,是集新闻报道、文化教育、科学知识、娱乐趣味于一体的专业性广播报。

天津《广播日报》在创刊之日起就明确声明:"是站在(电台)与听户的中间读物,是收音机听众的喉舌,没有丝毫的背景和用意,完全公开所有的稿件,是以文会友……听众对电台有什么建议或批评之类,我们都尽量发表,以解释说明,力求改进,以希电台采纳改善。"新闻栏也称"不偏不倚,不党不派"。因此,该报的出版受到了群众的欢迎,销售量不断增加。目前我们所见的《广播日报》是从1935年9月至1937年3月底止,计568号,停刊日期无从查考,从其内容总体来看,基本上反映出三十年代天津广播事业发展的活动轨迹和历史风貌。

第一,作为专业性广播报,对电台起着一定的监督、批评、纠正及促进作用。除一版报道中外要闻、本市新闻外,二版主要刊出津市电台巡礼及短评,对电台广播中存在的问题,诸如对某电台注重营利,播放广告多而滥,节目内容庸俗、趣味低级,播音员素质较低等,提出诚恳的批评、建议,以资改进。开辟的"读者来函"一栏,发表群众来信,反映对广播节目的不同看法,不时引发一场论战,较为突出的是1935年11月20日,一篇署名"昭华"的《再勉仁昌》一文,批评仁昌电台节目是迎合平民低级趣味性的,应提倡高雅艺术性。社会上对此看法不一,读者信函不断,他们各抒己见,阐明观点,逐渐形成对立的两大阵营,连载数日,仍不见分晓,最后由编辑发表"宣告停战",声明不再刊登此类来稿,这样一场轰动广播界的论战告止。仁昌电台由此受到不少启发。1937年1月23日,又一篇费天俊的"读者来信",对津市电台节目内容,认为是"迎合下等社会之下等娱乐,如相声、大鼓、评书等,竟占了每日播放时间的2/3强"。提议电台更新调整节目。于是在广播界及读者听众之间再起波澜。有的读者来信认为,"相声、大鼓、话剧等均是适合广大听众的优良娱乐,不容诋毁。"电台播放也是"寓教于乐的宣传教育的一种方式。"指责"费天俊"是把天津人太贬低了……观点明显倒向一方。最后,在众读者的"声讨"下,发表了一篇"费天俊求怨书",争论方休。

可见,天津《广播日报》利用其舆论宣传的威力,确实发挥了联系读者与电台"中间读物"的作用,既活跃了广播界的气氛,又促使各电台不断倾听群众的呼声,调整、改善节目内容,纠正不良因素,使广播事业向着更益于群众需求的方向发展。

第二,提倡新兴的话剧广播艺术。三十年代天津话剧运动正处在一个高潮时期,已由舞台表演进入播音室。首次在电台播放话剧的团体是燕社,曾在青年会电台演播过《泪与血》《孔雀东南飞》等剧。当时电台播放话剧是一种新生事物,开始举步维艰。天津《广播日报》为了扶植发展话剧广播艺术,特开辟栏目,研讨话剧播音问题,刊载话剧脚本,热心介绍话剧团体及艺员的情况,得到全市听户及话剧爱好者的关注,使沉寂的话剧广播艺术形式呈现生机,一些话剧播音团体组织相继涌现出来。有名的喇叭、野蔷薇、小朋友、孤松等十几个,活跃在各个电台,名剧《雷雨》《王昭君》等均被多次播放。《广播日报》对此刊登了不少有关的评论、杂感。另外报社还组织了话剧社,在社会上有一定的影响。津市著名的剧作家陈沉先生负责剧组工作,他根据社会现实生活自导自编节目,如《吻之罪》《被灾后的一群》等,不仅在电台播出,同时剧本载于报端,让听众参照收听。可以说,天津《广播日报》对天津话剧广播艺术的发展起了一定的推动作用。

第三,注重宣传普及儿童教育。当时提倡儿童教育的呼声很高,许多电台为适应形势播放了一些儿童节目,但不尽人意。《广播日报》

针对有损儿童身心健康的陈词滥调、趣味庸俗的节目予以批评,建议电台尽可能多播放适合儿童的话剧、演讲、音乐、有奖竞答等有意义的内容。刊登儿童教育的文章,教育家演讲、儿童题材的作品,曾连载儿童剧作家刑智寒先生的《回头是岸》,颇有深意和研究价值。此外为提高儿童播音事业,促进儿童文化教育的发展,《广播日报》于1936年10月5日开辟《现代儿童》周刊栏目,由天津小朋友播音团主编,大部分是十几岁的儿童主持撰写散文、诗歌、杂感。同时"欢迎国内外小朋友及儿童教育工作者投稿"。因此吸引了许多热心儿童教育的人士撰文,对儿童教育中存在的问题提出许多宝贵意见。

第四,为满足无线电爱好者的要求,二版"无线电研究"栏,由北洋业余无线电研究社主办。介绍国内外先进的无线电技术,并附图纸,浅显易懂,读者来函提出的广播方面及无线电技术问题,都是有问必答,使读者通过阅报就能了解和掌握到粗浅的无线电技术知识,解决一般技术上的问题。该报还时常刊载有关国内外无线电广播技术及国内外电台的发展状况的文章,得到广大无线电业余爱好者的欢迎。

第五,连载长篇小说,也是《广播日报》的一个重要部分,主要刊发本市作家之作品,如李山野的反映民国革命前期的小说《落花缤纷》、评书讲演家周士鹏的武侠小说《铁寇图》等,为本报增添不少色彩,吸引了不少小说爱好者。

第六,为了与广大读者加强联系,活跃津市社会文化、教育艺术起见,该报社同仁本着"提倡高尚娱乐促进人类发展,办理一切福利事业,更广泛地促进社会文化事业的发展"之旨,根据个人爱好,组成国剧社、音乐会、话剧社、学艺研究会等团体。由社内专人负责,吸收外界人士参加。他们利用业余时间,开展各种有益的活动,轮流在电台播放节目,大大丰富了电台节目内容,促进了广播艺术的发展。

由于《广播日报》能够适应潮流之趋势,经常刷新版面,丰富内容,故发展很快。几年间销售量不断增长,先后在唐山、北平、胜芳等外埠设立分销点,读者人数达万人之众,后期,该报又增加了《广播日报三日画刊》，多为演员、名闺等照片，随报赠送，很受欢迎。该报作为专业性报纸，在强手林立的报界发挥着其他报纸不可替代的作用。当然，时代的不同，也使天津《广播日报》在某种程度上存在着它的局限性。但是，作为天津乃至全国的第一份日报性质的广播新闻报纸，它对天津广播事业的发展做出了一定的贡献，也为研究天津广播新闻事业发展史提供了一份可资参考的历史文献。

第五章　沦陷时期的天津新闻传播业

1937年"卢沟桥事变"后,日本帝国主义大肆疯狂进攻中国,全面推行其侵略计划。7月底天津沦陷,日本侵略者立刻对天津新闻业进行控制和利用。当时除几家汉奸报纸获准出版外,其他报刊纷纷停刊。《大公报》在7月29日发表社论《艰苦牺牲之起点》后不久,也声明外地订户改寄上海版。为躲避日军迫害,《益世报》搬入意租界,继续出版。但两月后,意租界当局在日方威胁下,勒令该报停刊。当时活跃在天津的报纸,是抗战前已被日本特务机关收买的《庸报》和经日方审查重新登记的二十多家报纸。天津沦陷时期,民众的消息来源主要靠当时民间的油印小报传递。这些小报大多是由一批爱国报人,利用租界地的特殊条件,通过抄收路透社电稿和中央广播电台的消息,冒着生命危险自发用蜡版誊写油印的读物,在街头出现最多时达到数十种。这些油印小报,为天津的民众提供了精神上的鼓励和支持。

在本时期,中共天津地下党团结进步人士,组织抗日团体,创办了一批宣传抗日统一战线主张的报刊。这些报刊报道抗战消息和敌后根据地的情况,在极其艰苦的环境中,为抗战最终的胜利做出了贡献,成为当时代表民众心愿的主流。

第一节　日伪报刊和广播电台

1937年7月29日,天津沦陷,雄视华北的《大公报》于报端声明停刊,天津《大公报》与上海《大公报》合并。天津的《益世报》和《商报》也先后宣告停刊。1937年8月,日本特务机关命令在天津出版的报纸、通讯社重新登记,同时派遣日本特务竹内监督伪天津新闻管理所对各种报刊进行审查。结果,被批准复刊的报纸、通讯社共有31家:《博陵报》《大路周报》《东亚晨报》《晶报》《中南报》《午报》《快报》《亢报》《新天津报》《新天津晚报》《市民日报》《治新日报》《天声报》《天风报》《晨报》《大北报》《广播日报》《三津报》《儿童报》《国强报》《平报》《民强报》《兴报》《华报》《新天津画报》;大路通讯社、华北通讯社、中国新闻通讯社、世界新闻通讯社、中华通讯社、博闻通讯社。1938年初,天津特务机关又借口"新闻统制",取消了所有私人通讯社及半数以上的报刊。据"中华民国新民会中央指导部调查科"(日伪)在1938年的调查资料显示,当时天津的报纸主要有17家,它们是:《庸报》《东亚晨报》《东亚晚报》《新天津报》《新天津晚报》《天声报》《中南报》《国强报》《天风报》《银线画报》《兴报》《民强报》《博陵报》《亢报》《晨报》《快报》《大北报》。而通讯社只保留了两家:博闻通讯社与中华新闻通讯社。在这些日伪新闻机构中,影响最大的是《庸报》。1938年1月,日本侵略者在天津创立了"天津广播电台",播出三套节目宣传日军战绩,并开设了英语、俄语新闻广播,以扩大侵略政策的影响。

一、日伪报刊

(一)《庸报》

1.发展概况

《庸报》创刊于1926年5月26日,社址在法租界26号路。1938年6月,日军为军事封锁英、法两租界而做准备,命令《庸报》由法租界迁到日租界须磨街(现和平区陕西路)。1941年太平洋战争爆发后,日军对天津英、法两租界实行军事占领。《庸报》又迁回以前创刊旧址继续出版。1943年春,日本由于"大东亚战争"战线过长,物资补给出现困难,新闻纸张供应不足。日本侵略者为了解决纸张困难,并进一步加强新闻统制,命令北京、天津的大小报纸一律停刊,以北京为主统一发行《华北新报》,各地发行《华北新闻》地方版,天津《庸报》则改名为天津《华北新报》。

《庸报》的创办人是董显光。董显光接受直系军阀吴佩孚的资金两万元,创办了《庸报》。王镂冰担任经理,邰光典担任总编辑,姜希节、王芸生、秦丰川等人任编辑。在当时天津刊行的对开大报中,《庸报》仅次于《大公报》《益世报》而位居第三位。当时,报纸的编排格式大致相同:一版是广告和社论,二版和三版是要闻。《庸报》却把新闻放在一版,是"华北报界创举"。①

报纸之所以取名《庸报》,是因为吴佩孚尊崇孔孟思想。为了迎合吴佩孚的心意,《庸报》不时对"四书"的章节片断进行阐述。

1926年,董显光、王镂冰之间发生了矛盾,王镂冰另创《商报》。天津的《大公报》已于1926年9月复刊,天津报业市场形成了《大公报》《益世报》《商报》《庸报》四大报纸竞争的局面。《庸报》因总编辑邰光典吸毒而有阵容不整之感,董显光于是到上海求援,得到了当时人称"报界大王"的史量才的帮助,《庸报》成为上海《申报》的分馆。史量才派蒋光堂接任经理。史量才拨给《庸报》卷筒轮转机一部,并派技工来天津具体负责安装与操作。蒋光堂到任后,还邀请北平《晨报》副总编辑张琴南、副刊总编辑许君远来天津,张琴南担任总编辑,而邰光典被辞退。

"九一八事变"后,华北局势紧张,董显光南下,蒋光堂主持《庸报》。1934年,史量才被暗杀,《庸报》失去了《申报》的支持。1935年春,蒋光堂以5万元的代价,将《庸报》卖给了日本关东军特务土肥原贤二。此人指派在天津的日本特务机关活动分子台湾人李志堂代为签字。出卖以后的《庸报》,最初还保持一种暧昧的态度,副刊版还能看到有关抗战的呼声。而这一内幕被张琴南、许君远所了解,二人立即离开《庸报》,应聘到《大公报》工作。1936年春,《庸报》完全被日本特务机关直接控制。日本人尾崎秀雄担任社长,日本人三谷亨为总编辑,刘述声为副总编辑。后来又任命日本人生一担任经理,池上广盛任编辑部次长,而张逊之为副社长。从此版面发生较大变化,除了日本同盟社的电稿逐渐增多以外,主要社论均由日本特务机关供稿。1936年秋,三谷亨增

---

① 李树芬、俞志厚:《天津庸报始末》,《天津报海钩沉》,天津人民出版社,2003年1月版,第128页。

添日文翻译数人,要闻版、国际版几乎完全采用同盟社的稿件和日本人写的评论与文章。社论也完全站到了日本侵略者的立场,汉奸报纸的面目已经暴露。①

　　1937年天津沦陷后,《庸报》为日本同盟通讯社接管,同盟社社长大矢信彦担任《庸报》社长,坂本桢担任编辑局局长,中国人吴伟担任总编辑。编辑局下设整理、采访、翻译、经济、文艺等部,有关营业、发行、广告、财会事务由经济部统辖,下设各科,机构极为庞大。中国人余心民担任采访部长,全部编辑活动都操纵在坂本桢和另外两三名日本记者的手中。在这一时期,日军试图迫使蒋介石采取不抵抗政策,并破坏中国共产党提出的团结抗日的主张。为此,在内容方面,《庸报》一方面鼓吹日本军事威力"不可抗拒",一方面打着"防共"的幌子,把日本侵略军的侵略行为美化成"挽救中国免于赤化"。每当日军侵占一个较大的城市时,《庸报》就刊登汉奸机关团体的"祝贺电""感谢电"。1938年10月,日军侵占汉口之前,《庸报》特地悬赏征求预测汉口陷落的日期。《庸报》组织随军记者团,配合日军下乡进行反共宣传。《庸报》还组织所谓"名流"赴日"访问""观光",并派记者随行,发表大量鼓吹"中日亲善"的新闻和通讯。大肆宣传"中日亲善""中日提携",共同建设"大东亚共荣圈",是《庸报》的工作重点。日方控制的新闻管理处还规定,天津市新闻记者联合会(原天津市新闻记者协会)每星期一举行一次例会,由日本特务机关文化班和日军报道部的主管人员出席讲话,灌输"东亚新秩序""大东亚共荣圈"等奴化思想。

　　汪精卫投降日本后,《庸报》在1939年11月20日的社论中说:"汪(精卫)、梁(鸿志)、王(克敏)三巨头业经数次会议,关于成立新中央政权问题,已经诚恳交换意见,客观上更顺应日军战果之开展及承日政府锐意支援,新政府之促成力更加强厚,此一时代之必然而且必须之产物,行将于客观及主观之诸条件具备下终于实现。"另一篇社论中还

---

　　① 参见孙立民:《日寇"北支派遣军"机关报〈庸报〉》,《天津文史资料选辑》第18辑,天津人民出版社,1982年版。

说:"过去由于蒋政权自私及媚外措施，致使东亚埋下动乱之祸根，其后更变本加厉不顾东亚大同,实行联俄容共,更陷东亚于永劫不复之地。日本为安定东亚之唯一有力者,现今日本之协助我国新政,其用意即在于调整中日关系而共同担当防卫东亚,振兴东亚之责。"①这种卖国求荣的言论引起了排字工人的不满,曾将某要闻版大标题"日军最高司令官冈村宁次"中的"日"字故意排成"共"字,造成一次大混乱,也使日本特务对部分《庸报》职工进行了一次大迫害。

《庸报》根据日寇侵略亚洲各国的统一最高权力特务机关"兴亚院"华北联络部的指示,负责搜集天津地区金融、生产各方面的情报。具体负责向"兴亚院"提供整理好的有关经济情报资料的人是《庸报》经济版编辑邵润章,他接受任务后在天津大肆活动,并且申请加入日本国籍,改姓名为龟山一郎。当时天津市的奸商若想投机倒把掌握行情,必须买通《庸报》经济版的负责人以获悉消息。以邵润章为首的汉奸,趁机敲诈勒索,发了大财。②

1941年,《庸报》在北平成立分社,社址设在王府井大街武德报社内,由山本宗本担任社长。山本实际就是"兴亚院"华北联络部的工作人员,在山本宗本的领导下,日籍、华籍记者各四人,同时负责情报搜集与新闻采访任务。北平分社每天向天津发稿两次,主要精力是进行情报特务活动及控制北平的几所汉奸报馆的工作。

由于日本侵略军"强化宣传体制",《庸报》的销行地区是相当广的。后来甚至企图在宣传上控制河北省石家庄这个战略要地,《庸报》也曾派人去组织支持《石门日报》"。③日伪政府宣称,"事变以后负起了宣扬东亚和平反共反党的伟大任务的,便是《庸报》的时代了。"④这就更加鲜明地暴露了《庸报》是日本特务机关的宣传工具这一实质。

---

① 转引自李树芬、俞志厚:《天津〈庸报〉》,《文史资料选辑》第43辑,中国文史出版社,2000年版。

② 参见李树芬、俞志厚:《天津〈庸报〉》,《文史资料选辑》第43辑,中国文史出版社,2000年版。

③ 吴微晒:《天津〈庸报〉被出卖经过》,《天津文史资料选辑》,天津人民出版社,2001年版。

④《京津新闻事业之调查》(日伪),"中华民国新民会中央指导部调查科"1938年,第116页。

2.五次治安强化运动中的《庸报》

从1941年3月到1942年12月，日军在华北地区发动了五次治安强化运动。治安强化运动是以消灭中国共产党领导的抗日力量为目的，这被日本称为政治、经济、军事、思想等方面的"总力战"。内容是：其一是对抗日根据地实行军事扫荡和经济封锁，实行物资配给，防止物资流入抗日根据地；其二是对中国人民控制，如实行保甲连坐制；其三是进行残酷的经济搜刮，为支持侵略战争提出"勤俭生产"的口号，对生产进行管制。

五次治安强化运动在华北地区如火如荼地展开，《庸报》积极配合日军的战争步伐在华北展开了反人民、助侵略的宣传战。

(1)表面形式变革，反动面目可窥一斑

在历次的治安强化运动中，《庸报》作为日寇"北支派遣军"的机关报，可谓尽职尽责，为了搞好治安化运动的宣传绞尽脑汁，煞费苦心。从《庸报》在治安强化运动的报道方式、体裁的使用、报社组织活动等方面出现了创新和变革来看，这所有形式上的变革，最终目的还是为日寇侵华服务。透过表面形式的变化，我们也能窥其反动性的一斑。

第一，连续报道，制造治安强化运动的强大声势。

在每次治安强化运动的过程中，从开始到结束《庸报》都进行全程的报道，及时地总结成绩，对所谓的不足进行检讨并考虑"对策"；还不时地设置专栏对治安强化运动进行深入的剖析，阐述开展治安强化运动的意义和战果。这种连续性的报道，在每次治安强化运动中都有体现。1941年3月30日到4月3日，《庸报》对第一次治安强化运动实施情形连续报道。这种连续性宣传以新闻报道的形式出现，另外还有以专栏的形式出现，长篇大论成果汇报、全民动员、缺点总结。以第五次治安强化运动进入尾声时《庸报》的专栏总结宣传为例，在1942年12月9日开始，《庸报》设立了一个"圣战华北治安雄姿"的专栏，从9日开始到30日(除21、23日没有，28日在第二版)在其头版对一年多来的五次治安强化运动"战果"进行总结，内容涵盖治安强化运动的全部内容诸如经济建设、剿灭匪共、保甲体制、交通事业等,范围包括华北的京津地区、河北、河南、山东、山西。如对河北省运动总结在12月的9日、10日、11日这三天分别刊登了《治安确保跃进,冀民众完成动员体制(上)》《兴建华北完成大东亚战争更进一步(中)》《强化农村经济建设,新民会工作普遍发展(下)》三篇文章。此外还有天津篇三篇,山东篇、肃正篇三篇,建设篇四篇,北京篇一篇,河南篇四篇,山西篇一篇。

第二,体裁上,多种形式并用。

对治安强化运动的报道,《庸报》采用多种形式,有消息、评论、专栏文章、标语等。利用消息的新、短、快的特点及时对治安强化运动的近况给予及时的报道,利用评论专栏对开展治安强化运动的意义、必要性进行理论的阐述,利用专栏总结评述治安强化运动的成果,对接下来的工作进行部署。

标语的大量使用是《庸报》在五次治安强化运动宣传战中的显著特点,标语的宣传功能被《庸报》发挥到了极致。从1941年3月22日《庸报》上出现第一条关于治安强化运动的标语开始,直到1942年12月第五次治安强化运动结束,标语不间断地出现在《庸报》的头版上。《庸报》利用标语简短明了的特点,刊登每次治安强化运动的目标,并且通过改变标语的位置和排列方式来吸引读者的注意力。《庸报》充分利用中国方块字的特点,草书、楷书、隶书、行书都被搬上了它的头版,用来刊登治安强化运动的内容。中国文字的俊逸之美,却被《庸报》用来宣传日本帝国主义的侵略思想,间接地成为奴化中国人民的工具。

第三,报社组织活动,强化治安运动宣传。

《庸报》对日伪统治的报道以及对共产党在其统治区活动的报道,如果说还是基于一种“事实”,那么《庸报》自发组织对治安强化运动的宣传活动,其真实面目可谓暴露无遗。

在五次治安强化运动中,《庸报》自发组织了三次活动。1942年4月3日,《庸报》社组织在华北地区散发传单,并对此进行全程报道。“本报定备专机,遍飞华北散播传单,唤起治安强化认识。”①在《庸报》

特派员的笔下日军统治下的华北呈现"犁锄挥动忙春耕",人民安居乐业,欣欣向荣的景象。

在1941年7月14日和12月4日《庸报》举办了两次征文活动。7月14日"治强运动本报悬赏征文",启示如下:"治安运动再现伟大展开之今日,凡我文化界诸同胞,尤应为民前驱,以文字启发对本运动之信念,本报特悬赏征文期我各方读者踊跃投赐佳章,共襄伟业……论文:何以剿共,治安必先剿共。赏金一等一百元、二等五十元、三等十五元。纪实:共产党之毒害。赏金一等一百元、二等五十元、三等十五元。"[2]12月4日《庸报》的新年征文内容"甲反共;乙中日满亲善合作;丙建设新东亚……"[3]从以上的两则征文启事看,《庸报》反人民、助侵略的反动嘴脸展露无遗。在7月份的征文中,《庸报》不仅自身成为日军侵华的舆论宣传工具,而且以金钱为诱饵"号召"文化界人士为日军侵略中国"鼓"与"呼"。在12月的征文紧紧围绕日军在华北展开的治安强化运动和日本帝国主义在亚洲发动战争,《庸报》宣传的重点指向了剿灭共产党和日本建立"大东亚共荣圈"的计划上。

从以上分析中,我们可以看到《庸报》通过改变宣传形式和自发组织活动,其为日本帝国主义侵华宣传,时刻准备为日侵华"鼓"与"呼"的良苦用心可见一斑。

(2)实质内容如一,反人民、助侵略昭然

形式的变革,归根到底是要为其宣传的内容服务。纵观《庸报》在一年半的时间内对治安强化运动的报道宣传,根本内容没有发生改变,围绕总目标和具体目标展开宣传报道。日本帝国主义在战场前线侵占我们的土地,屠杀我们的人民,而《庸报》在沦陷区群众的思想领域展开舆论宣传战,总的目的就是,对中国人民在政治思想领域强化"反共""剿共"的意识,帮助日军实现战略物资的疯狂掠夺来实现残酷的法西斯统治,从而加速沦陷区的殖民化。

---

① 《庸报》,1941年4月3日。

② 《庸报》,1941年7月14日。

③ 《庸报》,1941年12月4日。

第一,粉饰侵略罪恶,美化侵华战争。

日本侵华的狼子野心,经伪政府一番美化,形成整套的汉奸理论。在华北发动治安强化运动被解释成为了当前急务、建国之要图,"对外必先谋求民族之解放与独立,故急当摆脱欧美帝国主义侵略之羁绊,对内必先谋全国人民生活之安定,故急当确立治安,根绝一切妨碍国家进步之障碍。"因此在华北开展治安强化运动是"华北人民最先得享治安幸福,先当东亚共荣圈成立伊始,又应强化治安……故强化治安的效果就我国而言,即为建国之基础;就东亚大事而论,即可为兴亚盛业之起点"①。

《庸报》就是要把这种美化的汉奸理论在华北大地传播开去,发挥其"传声筒"的功能。标语宣传就是最典型的例子。在第一次治安强化运动正式开展前,《庸报》在23日到28日连续刊登标语为开展此项运动宣传造势。"治安确定方能建设乡土,想要家庭安宁首先确保治安"(23日),"实现王道乐土必先保持治安,欲使乡土安谧应该加强治安"(24日),"维护治安须有明确的认识,大国民联合负起促进治安责任"(28日),这样的标语可以找到上百条。而且在28日的标语旁还辅以说明:"我们要维护治安先需要认清妨碍治安的敌人,就是匪共,更要有明确的准备,来一个全体大联合去促进,便自然会成功的。"这是治安运动正式开始前的动员宣传,类似这样的汉奸理论在《庸报》上几乎每天都可以看到。伴随日军战事的展开,内容上有所差别。太平洋战争爆发,他们竭力鼓吹"王道乐土","各尽所能共勉励,完成中日极乐乡"。②大肆宣传"大东亚圣战",12月10日的"团结起来进行东亚解放战"标语一直延续用到20日。

第二,宣传剿共战绩,树立典型,表彰剿共。

《庸报》对剿共战绩报道用尽夸张词语,渲染华北治安军事如何的强大,中国人民的抗日力量是多么的不堪一击。像1941年6月2日的《日

① 《天津特别市市长温世珍关于展开治安强化运动的广播讲话》,《帝国主义在天津的殖民统治》,天津人民出版社,1998年版,第154页。

② 《庸报》,1941年12月10日。

军精锐一齐发动,包围猛击冀东残军　我方官民协力肃清》,6月5日的《冀东共军鱼游釜底,逃脱无路将趋全灭》这样的报道不胜枚举,"伟绩""伟效""战果"频繁出现在剿共成绩的宣传上,"共匪将全灭"的断言也时常出现在报端。

《庸报》充分发挥作为"机关报"的职能,树立所谓的群体典型和个人典型。在1941年8月3日的头版头条,《庸报》刊发了这样的一条新闻《保卫乡土剿共匪,威名震动全华北》,引题是"冀中北部杨家庄,少年结成自卫队"。树立了一个群体剿共的典型。在8月4日《庸报》又利用标语树立了一个为治安"英勇献身"的个人英雄形象,《治安战线新英雄:汤阴县长张允行率部挺身击众匪,壮烈战死流芳名》。就是这些屠杀抗日力量、双手沾满共产党人鲜血的走狗汉奸,在《庸报》上却作为典型、英模被大肆宣传。

第三,歪曲共产党的抗日政策,污蔑中国共产党的领导人。

借助所谓"被俘"的共产党员和民众的口,说明共产党统治下的黑暗,歪曲共产党的政策,将他们自己烧杀抢掠的行为硬安到共产党、八路军的身上,欺骗无知民众。

在《庸报》的头版经常会有所谓的群众和被俘党员的自述,如1941年6月12日的《冀东共军行为卑劣,强征壮丁招农民反感,被俘两共军述扰民实况》,7月14日《残酷暴虐民众,逃出者谈共内幕》两篇报道。事实上并非如此。"任管日寇如何的利用汉奸组织与力量来帮助其统治华北与华中敌后人民,结果广大的中国人民日益在不愿做牛做马的民族意识指导下,如潮水般涌入八路军与新四军,人民武装亦普遍建立……"[1]日寇利用一部分农民的狭隘心理,抓住一个"典型"就大肆宣传,虽然我抗日力量在1941年有所减弱,但也并非《庸报》所言,民心所向治安区。而刊登的被俘共产党员报道更是他们在治安强化运动中的宣传的策略。"敌伪破坏八路军的第三种阴谋,即是实行

---

① 刘子超:《怎样粉碎敌伪"强化治安运动"的阴谋》,《华北治安强化运动》,中华书局,1997年版,第4页。

所谓'反共自首政策'。其具体实施,即为将被捕获被俘之共产党员与八路军人员,用各种办法强迫或诱骗其自首,并发表反共文件与登报声明……"可见《庸报》上所登载的都是一面之词,是配合日军统治华北、奴化华北人民的策略。

另外,《庸报》还刊发标语、开设专栏,歪曲共产党的政策,丑化八路军、共产党,把他们描绘成无恶不作的"大魔头"。"八路军要米要钱要你做工,不肯呢,说你汉奸要你的命"(1941年7月15日),"游击队随地吃喝随地奸淫,拉夫放火活埋良民"(7月26日),"共产党是无聊的走狗,八路军是共产的爪牙"(7月19日),诸如此类的标语经常充斥《庸报》头版显著位置。而真实的事实却是:"敌人这个政策的名字,就是一提到都令人热血上涌的所谓'三光'政策。在'扫荡'中,凡敌人军行所至,人、畜、财、物、田产一扫而光,无一幸免,许许多多的村庄都成了废墟……"①这种无耻伎俩,更加暴露伪政权剿共失败气急败坏的嘴脸。《庸报》还通过设置专栏曲解党的政策。如专栏文章《中共欺骗民众的实例》,专栏中把共产党对日本军的宣传"日本军来了,你们的屋子全部被烧了,家财被抢夺了,妇女被暴辱"说成是"胡说八道",说共产党打着"使民众安乐"的"招牌",对"贫农免除租税"是"标榜"。

统治区内抗日烽火怎么扑也扑不灭,《庸报》把反动宣传的矛头指向了共产党的领导人,对这些为中华民族抗日作出卓越贡献的共产党人进行人格上的攻击和诬蔑,无耻谰言。此种行为不啻于街头泼皮无赖。《庸报》就是通过这种方式诋毁八路军领导人,打击抗日力量,分裂华北民众与共产党的关系。这种手段可谓卑鄙至极,无耻至极。

《庸报》从被收买到日本帝国主义战败投降,其反人民、助侵略的面目一直未曾改变,在五次治安强化运动中这种反动性更加强化。就像日本发动的法西斯战争一样,甘当日军侵华"传声筒"的《庸报》最终命运也只能是停刊大吉,留给后人"汉奸"报纸的印象。

---

① 彭德怀:《八路军七年来在华北抗战的概况》,《华北治安强化运动》,中华书局,1997年版,第53页。

(二)《津津月刊》与《大天津》月刊

1937年日本帝国主义发动了全面侵华的"七七事变",天津随即沦陷,为了把天津作为其全面侵华的重要基地,他们在天津建立了反动伪政权,对天津人民实行残酷的殖民统治。在文化思想领域加强舆论宣传,推行奴化教育。体现在新闻出版方面,则是实行严格的新闻统制,查禁抗日进步书刊的出版与流通。同时竭力维持与创办反动报刊,为日寇的军事入侵效劳。当时在天津,除了用来装点门面、允许刊行的非新闻性的几种刊物外,还编印了一些粉饰侵略、宣传奴化思想的报刊。由日本特务机关操纵,天津特别市公署编辑、宣传处印刷和发行的《津津月刊》后易名为《大天津》月刊,是以加强奴化教育、宣传日本帝国主义侵华战争为宗旨的核心刊物。

天津日伪政权统治后期,为加强和控制舆论宣传,于1941年9月成立了一个强大完整的宣传机关——天津市公署宣传处,决定出版一种所谓"合乎民众脾胃,易为大众浏览的刊物"。经筹备,转年2月《津津月刊》出笼,创刊号上刊发了伪市长温世珍的讲话,宣称该刊使命:一是宣传政情,二是灌输民智,是"使每个市民明了市当局的诸般施政情形,认识新时代的任务",即"从明了天津到明了华北、中国以及东方的地位……以达到人民热诚拥护"。实际上是为巩固其反动统治服务,宣传侵略有理和卖国求荣思想,其愚弄蒙骗群众的汉奸嘴脸可见一斑。由此也从一个侧面反映了沦陷时期日伪统治天津的历史。

《津津月刊》,1942年2月创刊,1943年底停刊。月出一期一册;9月停刊一次,10月出版第八期"革新号";每卷十期,共两卷,二卷6、7期与8、9期分别合刊出版;铅印16开本,每期多则80页,少则只有20多页。栏目有市政、特辑、市民讲座、时局透视、科学知识、文苑小说等,后增加妇女与家庭。内容包括"所有关于政治、经济、市政、教育、科学、文艺、妇女、家庭之撰述、评述"。撰稿者多系日伪头目及亲日分子。该刊公开发行,每期定价由初期的4角到5角,涨至8角,可见当时的物价涨幅之大。《津津月刊》从以下几个方面来推行奴化教育,为日本侵华战争服务。

第一,宣传帝国主义战争,强化"治安运动"。《津津月刊》各栏目,在以宣传"圣战"为主的同时,还围绕着日本侵略重点的变化,开展特殊形式的宣传,曾八次发刊特辑,大张旗鼓地进行反动宣传。1941年3月至1942年12月,日伪在华北及平津地区开展了五次"治安强化运动",配合每次"治运",展开舆论攻势,大造声势。在内容上虽各有重点,但主要目的是进一步加强对中国人民的统治和掠夺,强化"反共"、"剿共"意识,以加速沦陷区的殖民地化。《津津月刊》创刊时,适值第三次"治运"结束,故有《天津市实施第三次治安》《津市强化运动的回顾与前瞻》《强化运动纪要》等文陆续刊出。

第四次"治运"始于1942年3月底,至6月中旬止,目标是"东亚解放,共自卫,勤俭增产"。《津津月刊》登载了汉奸陈啸戢的《关于第四次治强运动之津市实施办法》一文,阐述了天津市在"四运"中的三大目标的实施方案、各机关分工情况,以及宣传处所承担的宣传重任等。第四期为"四次治运"特辑,刊载所谓"治运"活动照片及标语口号,刊登阎家琦等汉奸的《四次治强运动之展望与应有之努力》《四次治强运动开始、国人应一致协力迈进》等8篇煽动言论。第六期又抛出温世珍等几位汉奸关于"四运"的总结性的反动文章。

随着日本侵华的不断深入,为巩固敌占区统治,1942年10月至12月,日伪又开展了"第五次治安强化运动"。《津津月刊》为造声势,开辟"五次治运"特辑,卷首刊登了华北政务委员会对天津市公署发出的"五运"指令和实施纲要,提出所谓"建设华北、完成大东亚战争;消灭共匪、肃正思想;确保农产、减低物价;革新生活,安定民生"四大目标。刊载了《第五次治安强化运动的意义》《五次治运展开后告民众书》《我们要达成应尽的责任》《要求全市商民协力减低物价运动》等15篇,用来欺骗宣传。由此看出,所谓"减低物价"不过是为了缓和其因大肆掠夺而导致的物价上涨,造成日益激化的民族矛盾。所谓"革新生活",实际上是进一步控制人民思想言行,推行奴化教育,妄图完成所谓"大东亚圣战"和"剿共"之美梦。

此外，为扩大影响，收买人心，竭力虚构华北治安"稳固"的假象，在每次"治运"时，该刊都要举办由日本顾问和亲日分子参加的多种类型的座谈会，以及征文有奖活动，如"青年座谈会""各界团体领袖座谈会""都市农村青年代表座谈会"等，他们围绕"治运"主题，大发反动言论。还在"四运"期间开展"悬奖征集文章、歌词、剧本、壁画"活动，选出一、二、三等奖，该刊将部分作品予以发表。"五运"时还开展了"征集治运感想美谈"活动，有10篇文章入选。与此同时，还千方百计将"治运"精神灌输到市民家庭生活之中，如《第四次治运告市民》《五次治运妇女们的任务》《治强运动在家庭》等反动文章就是例子，以虚假的宣传来欺骗群众，掩盖其侵略罪行和我国军民抗日斗争的真相。

第二，为日本侵略者的经济掠夺大肆宣传。太平洋战争爆发后，为解决日益增加的军费开支，以及因长期作战造成的经济困顿，日伪政府加紧对天津的经济控制，疯狂地从华北沦陷区攫取战争资源。当时在天津成立了许多统制会，特别是实行严格的粮食配给，他们一方面用低劣粮配给市民，一方面大力鼓吹"代用粮"和混合面。《津津月刊》不遗余力地配合宣传，先后登载了如《实行配给制度市民应有之认识》(蓝振德)、《配给制下市民应有之理解与协力》(陈啸哉)等数篇文章。在《市民》和《妇女与家庭》栏目中，介绍有关"粮食经济与营养常识"、"提倡代用粮——山芋吃法种种"、"提倡素食"等知识，来蒙骗人民，掩盖其因经济掠夺而造成的粮食危机。

另外，日伪还敲骨吸髓地搜刮津市物质资源，为日军提供军需物资，如组织"献纳运动"，开展收集"献铜、献铁"和"献机"活动，成立回收机构"天津市公署临时收集铜铁废品委员会"，为此，《津津月刊》刊登布告，号召人们拿出所有，支援所谓"东亚解放"。在刊物的空隙处，印上诸如"国民一致，踊跃献铜"等标语，并不断有汉奸文章应和。此外，他们还实行摊派，甚至武力勒索，搞得人心不安，怨声载道。

第三，大肆进行反共舆论宣传。由于中国共产党领导下的敌后抗日游击战动摇了敌伪统治，因此从该刊内容看，他们始终把反共列为首位,在天津成立"剿共委员会",对敌占区除了实行"治安强化"、"反共"外,在思想领域,挖空心思大做反共宣传,企图削弱民众抗日思想,达到"反共剿匪"之目的。《津津月刊》不失为反共舆论先锋,登载具有"反共""剿匪"内容的文章,突出的如二卷二期的《大东亚战争与华北防共》(毓)、《灭共七则》等,肆意攻击共产党,诬之为"蝗虫之害"。8、9合期上刊登"剿共委员会"举办的所谓"各界名流剿共座谈会"内容,围绕怎样利用保甲制度,以防"共匪"活动、怎样检举"不良分子"、怎样确立中心思想为"剿共"第一方针、如何防止粮食流入解放区等四个问题,发表意见,为"剿共"卖国出谋划策,扮演了一出汉奸闹剧。

第四,大力推行奴化教育,加深天津市的殖民地化。《津津月刊》作为奴化教育宣传工具,尽其所能,灌输"中日亲善、同文同种、共存共荣"思想。刊登强迫市民背诵的《市长十训》,并用一些时事照片,吹嘘"圣战",威慑和欺骗市民。开设《日本介绍》栏目,刊登《日本礼法摘要》《日本的文明》《学习日本的优点》等多篇文章,削弱民众的抗日思想,宣传日本帝国主义文化。他们还利用人们对传统儒家文化的崇拜,大搞尊孔活动,为其所用,出版《孔圣诞辰纪念特辑》,发表《孔子的中心思想》《孔子诞纪念意义》等七篇,文章借封建伦理思想,迷惑中国百姓,使其成为日伪统治者的顺民。

此外,利用《市民》和《妇女与家庭》栏目,刊载《民众精神之革新》、《如何教育你的子女》等多篇文章,进行反动宣传,把奴化思想渗透到家庭,腐蚀一般百姓,毒害青少年。《文苑》中发表的诗歌、小说、散文,是经严审后发表的与宣传"圣战"有关的作品,或是一些杂俎类,作为该刊栏目的一个装饰,用来蒙蔽百姓。

由于《津津月刊》为日本帝国主义侵华战争极尽歌功颂德之能事,其地道的汉奸面目彻底暴露,日益不得人心,很难再维持,不得不改头换面,以笼络人心。于是1944年1月1日,伪政府将《津津月刊》改组,由天津特别市政府组织的该刊编辑部编辑、印刷、发行,以《大天津》的名义创刊,重新出版,编号另起,继续担当奴化宣传的阵地。

1944年12月《大天津》共出一卷十期,前八期均为16开本,第九、十合期称"节约版"，为32开，字数由第一期的83页，十余万字，减少到合刊46页，仅两万多字。栏目减少，主要有社论、译著、文学及科学知识等。每册一元，二期后涨到一元五角。

《大天津》月刊是日本投降前不久在天津出版发行的汉奸杂志，是日寇垂死挣扎的充分体现。1944年战争进入总决战阶段，中国军队也开始了局部的反攻，日伪反动分子已是四面楚歌，他们为了负隅顽抗，更加强了对沦陷区人民的统治和搜刮。《大天津》月刊以其发动喉舌，对日本侵略者一如既往地阿谀逢迎，宣扬为日寇效劳，以及"共生死"这类甘当亡国奴的汉奸理论，为日本侵华战争摇旗呐喊。

日伪统治后期，经济危机加剧，为维持战争，推行严格的战时经济体制政策，强征民财民食。《大天津》月刊为此刊出有关经济方面的文章，并设《增产运动特辑》，其中如社论《为完成华北基地使命》《强制经济概论》《整备大天津市战时经济体制》，以及《中国参战第一年——天津经济的回顾》《天津地区食粮增产对策》和介绍华北经济开发的文章多篇，这些文章充满了为日本的经济侵略和经济衰败进行开脱的反动论调。

《大天津》月刊继续加紧反共宣传，刊发天津五大伪局长及宣传处长们参加的"剿共增产纸上笔谈会"。从内容上把"增产剿共"放在一起，作为首要任务。为扩大反共宣传，1944年8月"天津剿共委员会"举办"征求剿共论文"活动，该刊在最后的9、10合期上登载了获得前三名的反动作品。可见其千方百计进行奴化宣传，麻痹人民的抗日意识，其影响极坏。

《大天津》月刊还宣传鼓吹汉奸文化。沦陷中的天津文化界，因受日伪的文化统制，处于严重萧条状态。为了奴化教育的需要，《大天津》月刊第五期发表了社论《天津的文坛》，提出"文化复兴运动"的口号，刊文六篇，无非是提倡以宣传"东方文明"及"大东亚圣战"为基本精神的汉奸文化，作品都是些空洞无味的滥调，或其与战争问题有关的论著等。

该刊最后几期的栏目，篇幅大减，仅用几篇译文或摘录来填充，勉强维持,这说明奴化宣传不得人心。《大天津》月刊尽管花样翻新,却万变不离其宗,最终伴随着日本侵略者末日的临近,《大天津》月刊也走到了它的尽头,1944年底,以"节约版"为辞,宣告该刊的终结。

(三)其他日伪报刊

东亚报社成立于1936年4月,社址位于日租界协昌里。创社之初只发行《东亚晚报》,风行一时。1936年10月1日曾发行杂志《民鸣月刊》,提倡"反共反党理论"。1937年9月,该社除发行晚报外,另发行《东亚晨报》。《东亚晨报》的社长是郑知侬,湖北人,京师大学堂毕业后曾经担任北京政府众议院议员及湖北官矿督办。

《新天津报》创立于1924年9月10日,后又创立晚报,刘中儒(髯公)任社长。社址位于意租界大马路。

刘中儒是河北武清县杨村人,回族。《新天津报》创刊时,正逢直奉大战,刘中儒迎合天津普通市民对奉系军阀的厌恶心理,大骂冯玉祥,从而争取了大量的读者。刘中儒借鉴日本通俗报纸重视民间口语文学这一事实,决定在报纸上发表评书,如《雍正剑侠图》《五女七贞》《明英烈传》《大宋八义》《三侠剑》等。评书先在晚报登出,第二天挪到日报刊载,对报纸销路起到了很好的推动作用。

《新天津报》的新闻来源有通讯社供稿、南京等地的记者站拍发的电报或通讯、在北京派有专人打电话。另外,各小城镇区县通讯员也投寄当地的消息。《新天津报》的订户主要在各县,而《新天津晚报》的读者主要在市区。《新天津报》是华北地区资格最老的农村报纸。天津沦陷前拥有农村通讯员140余人。在河北省各县镇以及山西、陕西、绥远、热河、河南、山东、福建各地,都有《新天津报》的通讯员及记者。

刘中儒有着朴素的爱国主义情感。"九一八事变"以后,刘中儒对马占山等抗日将领大力宣传。日军占领天津后,刘中儒坚持办中国人自己的报纸,不肯刊发日方的稿件。日方一再要求他出任伪职,他坚决不从。刘中儒在募捐救济难民的过程中,被日军劫持到宪兵队,遭致毒打,腿骨被打断。刘家被迫以报纸附敌出版为条件,加上天津各大清真寺阿訇的联名担保,才换取刘中儒生还。刘中儒回家时,已经奄奄一息。1938年春天刘中儒去世,其弟刘渤海继任社长。

1939年夏,天津遭逢大水灾,《新天津报》减张为每日出版8开4版,一版为广告,二版为国际新闻,三版为本地新闻,四版为小说连载。《新天津报》连续报道洪水涨落情况、疫情的发展态势、社会各界防灾防疫情况等等。《新天津报》还专门刊载新闻,积极呼吁并参与为灾民募捐的活动:"津市此次洪水为灾,流离失所之灾民,难以数计。义租界……组织水灾难民救济会,收容难民数千人,供给食宿,各界慈善人士,纷纷捐款,襄此义举。本报社当仁不让,于本月八日用全体同人名义捐洋一百元,并在广告栏内,每日开出数十方寸之广告地位,义务刊登该会之一切公布事项。区区微意,并非自炫,实藉此代灾民呼吁,希望各界踊跃输将,俾灾民多沾实惠云。"①

1939年10月,天津洪水退出,《新天津报》刊登启事,宣布增张出版。"启者,天降洪水,三津被溺,凡百事业,均呈休眠状态,直接身受者则荡产亡家,颠沛流离,间接影响者亦无不蒙相当损害。若我新闻业者,即其一也。纸张来源断绝,需要顿起恐慌,是以各报纷纷减张,以求支援于一时,我报亦不得不恝然为之也。然水灾间,读者之所需要,若水象日涨落,救灾实施,以及国际间欧局变幻之翔实报道,本报均一一尽其最大使命。本报自九月以还,力谋革新工作,对于事业之管理,新闻之发展,以及编辑、印刷、广告各部之划一步骤,戮力迈进,明德若我报读者当无不洞见矣。现本市洪水已退,复兴大天津之计划,正在实施,读报人之需要,当随市政之安谧而扩大其期待。是以本报为满足读者欲求计,故定于双十节(十月十日)起增刊半页。"②增张以后的《新天津报》除了原有的国际新闻、本市新闻、著名小说等内容外,恢复了省区新闻、体育教育、经济、副刊游艺等内容。

沦陷时期的《新天津报》,除了重点报道本市新闻外,还重点报道了第二次世界大战欧洲战场的情况。二版国际新闻的头条消息都是有

---

① 《救济灾黎》,《新天津报》,1939年9月13日。

② 《本报增张紧要启事》,1939年10月8日。

关战场最新动态的报道,如《法军突入德境挺进中》(1939年9月8日)、《英军已实施对德作战》(1939年9月13日)、《摩塞尔河畔法军总攻》(1939年9月16日)、《德俄间开始割波交涉》(1939年9月20日)等等。

《天声报》创刊于1937年1月1日。社址位于南市平安大街35号。"七七事变"时曾停刊一个月,1938年9月1日复刊。《天声报》社长为吴醒吾(又名吴霖青),河北东光县人,北京高等警官学校毕业,曾任天津《民生晚报》社长。

天津沦陷前,《天声报》就曾为日本特务机关进行舆论宣传。天津沦陷后,吴醒吾曾任敌伪塘大警察署长。编辑有李山野、崔笑我、张吉人、王新民等。记者有尤中弋、孙焕诚、缪损等。其中大部分是已停刊的《中南报》的人员。

《天声报》每日出刊四开四版,本市新闻及副刊游艺版都具有地方特色,曾刊载不少地方掌故、历史资料与行业特写等,曾经刊载小说《红豆相思记》。

太平洋战争爆发后,天津只留下日寇直接控制的《华北新报》等,其余大小报刊大多停刊。《天声报》因有日本特务机关的背景,日报停刊后忙乱出版《天声半月刊》,由李山野、张恺继任编辑,高扬、王子民等撰写戏剧曲艺方面的特稿。每期封面还有画家齐白石等人的作品。1945年三四月间,《天声半月刊》停刊。

《中南报》创刊于1930年12月1日,是4开小型报。社长为张幼丹,天津人,曾任《天津日报》经理。社址位于南市荣业大街。《中南报》的编辑、印刷均注意严整与规范。《中南报》曾设有社会服务版,刊登有关招聘人才与求职的信息。"七七事变"后曾一度停刊,后经日本当局批准复刊,由台湾人李枕流主持。李枕流自称是日本华北派遣军山家少佐的朋友,为所谓"中日提携""大东亚圣战"做宣传,"并以报纸为掩护,进行特务活动"①。《中南报》由此沦为汉奸报纸。

---

① 杨春霖:《〈中南报〉在沦陷后附逆出版》,《天津报海钩沉》,天津人民出版社,2003年版,第136页。

《国强报》历史比较悠久，创刊于1918年2月15日。社址位于南市平安大街48号。《国强报》社长为杨少林。《国强报》创刊的时候，正是北洋军阀政府混乱的时期，《国强报》抓住时机，每天都有一两条"电讯"，并登载一两张军阀的照片，从而满足了人们对时局新闻的需求，销量达到了四五千份。北伐战争结束后，《国强报》曾向副刊方向发展，内容以电影、戏剧、小品、杂文、掌故、游记、随笔等为主。天津沦陷后，曾在日本当局登记注册，继续出版。

《天风报》创刊于1930年2月20日，社址位于日租界福岛街。当时发行8000多份，1931年发行量已达1.3万多份。1932年，因时局的关系逐渐减少，1933年发行9000余份，1934年发行8000余份，1935年发行7000余份，1937年"七七事变"后发行4000余份。天津沦陷后，销量略有回升，增加到5000余份。社长为沙大风，浙江镇海人，曾任交通银行文书、交通银行总管理处秘书、临时参政院秘书。

《银线画报》创刊于1935年，由张圭颖与《益世报》副刊编辑刘一行合办，6开型周刊，每逢星期六出版。内容以电影为主，兼顾戏剧、文艺小品。《银线画报》在天津《益世报》印刷，图文并茂，各电影院代售。由于销路不好，不久就停刊。

1937年9月，张圭颖与大陆广告公司经理华延九合作，把已经停刊的《银线画报》周刊改为4开型日报出版，由每日一张增加到两张半，每星期另出一张6开型画报。编辑部设在今河北区建国道菜市胡同。

《银线画报》的编写人员有：吴云心、江寄萍、金息侯、王伯龙、李木、朋弟、窦宗淦、刘炎臣、郑梦塘、张聊公、王朱等。电影版由郑梦塘负责，戏剧版由刘炎臣负责，漫画版与文艺版由窦宗淦负责。另外，特约刘云若撰写小说《情海归帆》，宫竹心撰写《外遇》，吴云心撰写《阴山背后》，吴衰柳撰写《河北大侠传》等。此外，还有李木的《处世奇术》、朋弟的漫画《老白薯》等。

当著名演员刘宝全、金万昌、荣剑尘、林红玉等来天津演出曲艺时，《银线画报》每日增出特刊，随票附送。《银线画报》还曾开辟《医药问答》栏目，邀请名医林崧、范权等介绍医药常识，解答读者提出的有关医药方面的问题。

《银线画报》复刊不到一年,在日伪整顿报刊时再次停刊。1940年,张圭颖买到《大北三日刊》的出版许可证,经过日伪"天津新闻事业管理所"审核批准,改出《华北银线三日刊》。《银线画报》曾经冒着风险开辟《青年园地》栏目,由杨鲍、招司、李木等撰写寓意深刻的文章,启迪爱国思想。这一时期的《银线画报》由法租界中街外商直隶印字馆代印,可使用胶版印刷机印刷彩色图片。1945年因纸价飞涨,与北京《沙漠画报》合作,改在北京印刷,维持到日本投降后停刊。

《兴报》创刊于1936年8月20日,由庞兴奄创办,社址在南市广兴大街4号。1937年1月1日《兴报》由张岱宗接办,1938年2月1日,又由李痴奄接办。李痴奄为察哈尔阳原县人,北京师范大学毕业,历任各大学教授。

《兴报》是4开小报,一版的要闻主要来自日本同盟社电讯稿,或者摘自《庸报晚刊》的新闻。二版是文艺副刊《南北极》,由王中言主编。三版是影剧、杂文、社会服务和连载小说。四版是社会新闻。一、三、四版由金必亢主编。金必亢还代管广告、发行账目,后来被辞退,由王子民接管他的工作。1938年王子民也辞职。《兴报》于1938年10月停刊。

《民强报》创刊于1932年,社址在估衣街84号,6开一张。1937年12月,创刊人张俊杰请李汉苏代为筹划,由6开改为4开,提倡文艺与体育。1938年3月由李汉苏独自经营。

《博陵报》创刊于1934年10月,创办人刘震中,河北人,上海法政大学法律系毕业,曾任上海《时报》特约编辑,曾创办《博陵报》专科函授学校及博陵通讯社等。社址在河北月纬路五马路。初创刊时名为《博陵日报》,"七七事变"后为避免日本的"日"字,才改称《博陵报》。

《博陵日报》是一份4开四版小报。第一版为要闻版,第二版为副刊,第三版为《娱乐园》,内容包括戏剧、电影、伶人动态和剧评等。第四版多为外地省县乡镇的新闻报道。"七七事变"前曾销售到山东省、河南省、山西省、河北省。

"七七事变"后,日寇轰炸天津,《博陵日报》社址被夷为平地,于是临时迁移到南开四马路，另由南市荣吉大街的大北印刷局代印，每天只出16开的"号外"。《博陵日报》继续刊登一些抗日的新闻和言论，因而销路大增。总编辑杨春霖两次被日本宪兵队传讯。《博陵日报》在保证采用日本同盟社电稿的条件下，日方才准许其出版，并改名《博陵报》，仍旧4开四版。日本特务机关设有新闻检查所，控制报刊的出版，《博陵报》就在报纸上被删掉字句或整段消息的地方"开天窗"。《博陵报》于1938年底被迫停刊，1945年11月复刊。

《亢报》创刊于1933年9月1日，由金必亢创办，社址位于南市广兴大街6号。内容方面除偏重政治新闻、本市新闻外，还偏重影剧、曲艺等游艺消息。天津沦陷后，施荣春担任社长。施荣春，天津人，曾任天津《旭日报》经理。

《晨报》创刊于1912年4月，刘孟扬创办，是天津小型报中历史较为悠久者。社址位于南市广兴大街13号，后迁往河东金汤大马路。1912年4月，刘孟扬在天津创办《白话晚报》，10月又创办《白话晨报》，1916年再创办《白话午报》，后改称《天津晚报》《天津晨报》《天津午报》，总名"午报社"。三张报纸是一套人马，内容小有区别，根据新闻稿的性质及收到时间分载于三报。印刷发行时间相差不大，有时三报合并出售。

刘孟扬为社长，但忙于他事，办报事务交由报社经理白幼卿、总编辑董秋圃负责。编辑部的实际负责人是他的侄子刘钟望。

《天津午报》每日出4开两张，《天津晚报》《天津晨报》均为4开一张。20世纪二三十年代曾刊载通俗小说，很多内容是根据天津地方事实编写的，如《杨三姐告状》《银针计》《双烈女》等。

刘孟扬去世以后，报社无人主事。1936年为节省开支，《天津晨报》包给了赵兰荪、孙俪夫妇主办。不久，赵兰荪因赔钱又将《天津晨报》交回了报社。1937年《天津晨报》又包给了该报的广告部主任毛国卿，《天津晚报》也曾包给别人经营。"七七事变"后，《天津晚报》《天津午报》都停刊，《天津晨报》由原编辑部人员接办，出版到1939年停刊。

《快报》创刊于1927年1月，社址位于特一区墙子河路。创刊之初，经费单薄，至1931年营业开始有起色，到"七七事变"前，发行量已达

5000余份。社长赵仲轩,天津人,陶业学校毕业,曾任江西瓷业公司经理,棉业处庶务。

《大北报》创刊于1936年5月,社址位于南市建筑大街23号。"七七事变"发生时休刊,1937年8月4日复刊。社长李枕流,福建人,曾任《闽新日报》主笔。

二、日伪广播电台

天津沦陷后,广播事业进入低谷。早在1936年,由日本驻津领事馆主办的日本公会堂广播电台开始播送东京电台日语节目,为日本在华的奴化教育拉开帷幕。1937年"七七事变"后,日军发动"天津事变",日本公会堂广播电台播送日军的"安民告示"。1939年日本公会堂广播电台被日伪天津广播电台所替代。

由于1938年1月开办的天津广播电台、1942年2月开办的天津广播电台特殊电台均隶属日伪天津政府,所以节目内容均为"东京放送"的日语节目、"特殊放送"的文艺节目以及商业广告。此时,天津广播电台有三套节目:一套为广播新闻及综合类节目,主要用作宣传日军战绩和日伪政策,频率为620千赫;一套为专门转播东京台的日语节目,频率为1110千赫;一套为广告性质的商业电台,频率为820千赫,主要节目有曲艺节目、话剧、西洋歌曲、京剧等等,由广益公司包办所有商业广告,再由他分包给各广告社,共同获利。

其实这些电台都成为日本侵略者为宣传帝国主义政策、鼓吹日本侵华军队战绩等内容服务的工具。从1937年至1945年抗日战争结束,天津广播电台沦陷为日军在华实行奴化教育的工具。直至抗日战争胜利,天津广播电台及特殊放送广播才随着日军投降而停播。

第二节 中共天津地下党的新闻宣传活动

"七七事变"的第二天,中共中央向全国发出了《中国共产党为日军进攻卢沟桥通电》,坚决支持第29军的抗日行动。中共天津市委和河北省委一起,领导天津人民同日本侵略者进行了英勇顽强的斗争。为了让广大人民群众及时了解党的方针政策和中国军民抗击日军的消息,中共天津市委和河北省委加强了抗日的宣传和发动工作。

在抗战期间,天津党组织利用租界出版了大量油印和铅印刊物,省委和市委的负责人亲自撰写文章,阐述中国共产党的抗日救亡主张和政策,号召天津民众以坚决的态度粉碎日本企图灭亡中国的野心,争取中华民族的解放。

《抗日小报》在中共天津市委书记姚依林指导下,1937年8月由共产党员李启华、李春、姜思毅具体负责撰稿、编辑创刊,胶印16开1张,为不定期内部刊物。内容主要是宣传和动员各界人士组织起来,坚决反对日本侵略中国的行径,同时报道国共合作抗战的胜利消息。该刊曾介绍过平型关大捷、晋察冀抗日根据地的建立、抗日游击队袭击日寇以及农民积极参加抗日队伍的事迹等。

《时代周刊》是天津沦陷后,由共产党人张致祥奉党组织指派在天津编辑出版的16开油印小报。该刊1937年8月创刊,出版之始名为《新闻报》,改为《时代周刊》后成为华北人民抗日自卫委员会的机关刊物。这个自卫委员会是中共河北省委为适应抗日战争发展的需要,将原来的华北各界抗日救国会改组而成,是党领导下的抗日民族统一战线组织。该组织从形式上为国民政府军委会,实际上由河北省委领导,共产党员李楚离和王仲华具体负责该会工作,后来姚依林等也曾担任过主要负责人。

该刊创办之初,正值日本人开始在天津实行文化统制政策,全面管制天津新闻界,先后有二十多家报纸被取缔[1],在华北除了几种汉奸报纸外,民众看不到自己的报纸,不能及时了解抗战的消息。为了及时揭露日本的侵华行径,正面报道抗日前线战况,华北人民抗日自卫委员会将张致祥刚刚创办的《新闻报》改名为《时代周刊》,并作为自己的机关刊物。该刊由河北省委直接提供稿件,许多共产党员为之撰写文章,张致祥也曾以"奋若"为笔名撰写过评论。该刊还刊登国民党中央

---

① 天津市总工会工运史研究室、天津社会科学院历史研究所合编:《新民主主义革命时期工人运动记事》,1986年版,第198页。

社的广播报道及外电消息。由于该刊登载的消息真实且内容丰富,号召力强,产生了较大的社会影响。该刊于1938年9月停刊。

《风雨同舟》1937年9月在津创刊。由中共党员姚依林、姜思毅、李青等在英租界编辑、印刷出版的油印周刊。主要内容是把中共中央、中共河北省委关于全民抗战,坚持抗日民族统一战线的方针、政策的指导精神,传达到坚持地下抗日斗争的群众中去。同时报道国共两党合作抗日的消息和战况。该刊是在中共天津市委领导下出版的。由于当时斗争险恶,只出版了一个月,于当年10月停刊。

据不完全统计,天津沦陷后,直接受天津党组织领导的报刊还有:华北《战旗》《解放》(周刊)、《中山》(旬刊)、《时报》《大华报周刊》《灯塔》等十几种报刊。

天津党组织在创办报刊的同时,也注重团结争取天津新闻界有影响的新闻大报和知名记者。对于天津《益世报》主笔罗隆基、《大公报》主笔王芸生等许多名记者,天津党组织都鼓励他们参加自卫委员会[1],从而大大扩展了该组织的联系范围,增强了社会影响,激发了这些人的抗日决心。

第三节　坚持抗战的油印小报

"七七事变"后,天津在日本侵略军的铁蹄下,新闻传播业遭到空前摧残。当时,凡具有抗日爱国色彩的报刊,均被迫停刊。人们唯一能见到的报刊,都是经日伪政府批准允许的汉奸报刊和非政治性的期刊杂志,连同还未普及的无线电也被日寇严密控制。日本人装置了强有力的发音机,与国民党中央广播电台同一时间播音,或专门播放混淆视听的消息,或以怪音怪声发送扰乱电波。人们想从国民党中央广播电台得到一点新闻,冒险不说,还不容易。那时,天津人十分苦闷,茶馆酒肆,固然莫谈国事,纵然敢于谈论国事,所有的题材也都是从敌伪宣传机关得来的,自然失去了真实性,所以人们也失去了兴趣。天津

---

[1] 程抚主编:《中国共产党在天津》,天津人民出版社,1994年版,第205页。

的几份英文报纸,偶尔也刊登一点于我有利的新闻,但还经常受到日方的干涉。当时懂得英文的人只要订阅一份英文报纸,就会被日方所注意,看英文报纸是为了关心国事,而关心国事就会有生命危险。困苦艰难中,天津的油印小报刊悄然秘密出版了,从而无形中打破了日寇的新闻封锁。

这些秘密出版发行的抗日油印小报刊,形式多样,有大报,有小报,有日刊,有周刊,有半月刊或月刊,还有特刊和号外。限于当时物质条件限制,这些报刊多为油印,少数是铅印和石印,故在天津新闻传播历史上称"油印小报刊",或称"油印报纸"。

这种出版物,有共产党人办的(前文已介绍),有国民党人办的,也有抗日群众团体办的,还有不少是群众自发办起来的,包括学生、工人、妇女,文化界、教育界和新闻界的爱国人士。这些办报人,均利用当时天津租界的特殊条件,从抗战初期到1938年间,先后编印出来而出现在街头的。有人对这些油印小报刊做过有关资料统计,能列出名称的就有30多种。①

《妇女》抗日群众团体"女同学会"编辑出版的油印刊物。1938年秋出版,不定期,共出两期。

《实录》由原国民党中央社天津分社社长陈纯粹主办的油印日刊小报。

《长城》由原国民党中央社天津分社社长陈纯粹和原天津《商报》社社长王镂冰主办的油印报刊,初为日刊,后改为周刊。

《炼铁工》是天津钢铁工人主办的油印小报,1938年创办,文字虽显粗糙,但很受工人欢迎。

《北方周刊》由进步知识分子冯之捷主编出版,为油印周刊。

《生存》由中央通讯社记者张家彦和前《益世报》编辑于锦章主编出版。1937年10月创办,为油印日刊。

---

① 乔多福:《抗战初期天津地下出版的抗日报刊》,《天津文史资料选辑》第39辑,天津人民出版社,1987年版。

《时事纪闻》为国民党人主办的油印日刊。

《电稿》为国民党人主办的油印日刊。

《张雅轩纪事》由原《大公报》记者孔效儒、林墨农编印,为油印小报。

这些报刊宣传抗日爱国主张,报道抗日斗争胜利的消息,揭露日本侵华的阴谋和罪行,在社会上传播以后,极大地鼓舞了人民群众的斗志,打击了敌人。在此期间,日本人虽然对这些报刊采取过各种软硬对策,企图消灭这些报刊,如追捕报贩,唆使汉奸也印油印小报,然后雇佣人到街上叫卖,以求鱼目混珠。但读者很快就分辨出来。正像有人评说的:"天津的新闻中心,一直攥在我们的掌内,敌人纵然气红了眼睛,也是无用。"①

在这些众多的油印小报刊中,出版时间最长、发行量最高的应属《纪事报》。

《纪事报》全名是《高仲明纪事报》。所谓"高仲明",是并无其人的假托。该报是以顾建平为首的四位新闻工作者合办的一份油印地下小报。顾建平原是天津新记《大公报》采访主任。林墨农、孔效儒是新记《大公报》记者,程寒华是《益世报》记者。新记《大公报》《益世报》等几家大报停刊后,他们四人感到读者身陷亡国之苦,就动了办地下报纸的念头。

当时,顾建平家住法租界,利用这个有利地点,四人就把顾的家作为"报馆",开始了编印报纸的工作。新闻来源主要靠从收音机听来的各方面的广播,他们没有收音机,就到一个有名牌收音机的朋友家收听广播,抄录新闻。报纸需要印刷,他们就找来一个旧胶滚、两支旧铁笔和一块旧钢板。一项事业的开始需要经费,他们都很穷,用凑集的一元八角钱,买来白报纸和油墨。就这样,该报在津城悄然诞生。

《纪事报》是一份16开12张的日报。不仅有战争新闻,还有特写报道、本市新闻、社论、短评。发行量由最初的10份,增加到五六十份,20

---

① 程其恒编著:《战时中国报业》,桂林铭真出版社,1944年版,第100页。

天后升到400份,两个月后发行800份,最高时达千份。①在他们的带动下,津城很快出现了《中华日报》《建华日报》《小公报》《小益世报》等一批地下报纸。

在此期间,《纪事报》改进版面,除了在报上登南京等地通讯社电讯之外,有时也将收听到的延安广播写成新闻刊出。每逢"九一八事变""七七事变"这些抗战纪念日,他们还出特刊和号外。虽然他们曾受到英租界工部局的搜查,以顾建平为首的工作人员多人被捕,但顾不卑不亢,力陈宣传抗日是中国人的本分,得到了工部局的同情,将他交保释放。该报因1939年9月28日日军闯入租界而被迫停刊。该报前后出版两年之久,巧妙地利用了天津租界,如实向天津读者报道了抗战消息,给天津人民留下了很深的印象。

由于当时环境的险恶,以上这些抗日小报刊大多没能保存下来,但他们与中共天津党组织的报刊,形成了一股宣传抗日救国,打击侵略者的舆论洪流,在艰苦恶劣的环境中,为抗战的最后胜利做出了贡献。

---

① 史馥一:《天津沦陷后秘密出版的〈纪事报〉》,《天津文史资料选辑》第39辑,天津人民出版社,1987年版。

第六章 解放战争时期的天津新闻传播业

　　1945年抗战胜利后,国民党政府企图撇开中国共产党,单方面接受日寇的投降。当时,国民党政府借助于美国的帮助,抢先占据天津,恢复了对天津的统治。当局为复兴本市的文化事业,宣布了一些优待措施,津城的新闻传播业有了一定的好转。除新记《大公报》《益世报》等民营报纸先后在天津恢复出版,国民党的《民国日报》也抢先出现在街头。但随着解放战争的爆发,中共天津地下党创办的报刊与国民党政府进行了坚决的斗争。两极对立的政治势力的较量,明显地表现在天津的新闻传播业。在这个较量面前,带着不同程度中间色彩的天津民营报纸面临抉择。新记《大公报》等报刊,经过痛苦的磨难,认清了国民党政府的真实面孔,最终站到了人民一方而获得了新生。新记《大公报》《益世报》《民国日报》《新生晚报》《新星报》等一些进步的新闻工作者,在党的教育下,最后都加入了党,为天津的解放做出了贡献,成为新天津新闻传播业的中坚。

第一节 新记《大公报》的复刊与改组

一、新记《大公报》的复刊

　　1936年4月1日,新记《大公报》上海版创刊,胡政之、张季鸾和主要的编辑、记者都去了上海,该报的工作重心移到了南方。1937年7月28日晚,日寇大举进攻天津,天津对外交通断绝,新记《大公报》天津版次日只能在市内发行。7月30日,该报上海版发表题为《天津本报发行转移之声明》,说明天津以外订户的报纸改寄上海版,并指明:"万一津市合法官厅有中断之日,则不论其为外国军事占领或出现非法的中国人之机关,本报将即日自动停刊。待国家合法统治恢复之日,再继续出版。"①8月1日日军侵占天津,《大公报》天津版已不能送出租界。8月4日,新记《大公报》天津版登出"暂行停刊"启事,宣告停刊。

1941年9月,张季鸾病逝,新记《大公报》董监事联合办事处在重庆成立,胡政之任主任,领导当时的渝、港、桂三馆。1945年6月,董监事联合办事处改为总管理处,胡政之任总经理。1946年初,总管理处迁到上海,领导沪、津、渝三馆的工作。"天津馆降到从属的地位,经理部的负责人一再更换,最后由馆务委员会勉强维持。"②

天津是《大公报》的发源地,天津新记《大公报》的停刊是大公报人的一件憾事。复刊天津《大公报》的准备工作早在抗日战争结束前就已经开始了。1945年4月,新记《大公报》总经理胡政之作为中国代表团成员之一,参加在美国举行的联合国创立大会。大会于6月26日闭幕,胡政之没有随代表团回国,而是在美国逗留了一段时间,利用他向国民政府购买的20万美元的外汇在美国购置了3部轮转印刷机、一些通讯器材、卷筒纸及其他办公用品,"以备抗战胜利后复员之用"③。8月22日,新记《大公报》举行发满15000号纪念庆典。在筹备庆典的过程中,总管理处根据胡政之年初离开重庆时留下的意见,决定派曹谷冰、孔昭恺等去天津筹备恢复新记《大公报》天津版。其中,孔昭恺、徐盈从重庆飞往天津,负责办理接收手续。彭子冈、曹世瑛等人则乘船东下,先到南京,然后设法赴津。结果,曹世瑛等人反而先期抵达天津。孔昭恺、徐盈等人抵津后,立刻以新记《大公报》代表的身份同国民党天津党政接收委员会进行交涉,接收四面钟对面的大公报社旧址。接收工作进展顺利,两天后就办好了手续。之后,徐盈、彭子冈进驻北平,着手恢复新记《大公报》北平办事处的工作。此时的北平,是华北政治、军事的中心,为全国各大报所关注。

---

①③ 张篷舟:《大公报大事记》,《新闻研究资料》总第七辑,新华出版社,1981年版。
② 曹世瑛:《从练习生到外勤课主任》,《大公报人忆旧》,第149页。

　　1945年12月1日,新记《大公报》天津版复刊出版,曹谷冰任经理,孔昭恺任编辑主任,贺善徽任要闻版编辑,傅冬菊任副刊编辑,曹世瑛任外勤课主任。新记《大公报》天津版的复刊号刊登了《由抗战到胜利八年来之本报》,叙述新记《大公报》在八年抗战中的主要经历。

　　1948年秋,解放战争已经逼近天津,新记《大公报》天津版副经理严仁颖辞职回到纽约,这样,经理部已经无人负责。张琴南以总编辑的身份组织馆务委员会。编辑部的成员有曹世瑛、赵思源,经理部的成员有李清芳、王学骞、李树藩。这时,报馆的铸字铜模已经运走,印报用的白报纸也不再运来。从11月16日开始,新记《大公报》天津版从一张半减为一大张,本市新闻合并到要闻版,报纸的销量一再减少,由两万份跌到4000份。12月18日,平津间的有线电话中断,新记《大公报》日出一大张也无法维持,从12月19日起,改为日出半张。1949年1月14日,解放军对天津发起总攻。新记《大公报》的张琴南、李光诒、于效谦、刘洪升等在隆隆炮声中坚持编报,报道了天津解放的消息,张琴南还撰写了一篇庆祝天津解放的社评。印刷厂的工人们则用手摇平印机印报。1月15日清晨,当市民涌上街头的时候,看到了新记《大公报》的最后半张报纸。当时,报童与报贩还没有出现,新记《大公报》的职工就在报馆门前摆好条案,充当报童,当街叫卖刚印好的报纸。"正在市民争购时,来了两位佩戴军管会臂章的解放军同志,友善地劝告他们,在未获得军管会批准以前,暂停发售。这一天的报纸(15日)仅售出5881份。"①

　　二、新记《大公报》的改组

　　中共中央对新记《大公报》一类的民营报纸的去向十分重视。早在1948年11月8日,中共中央就做出了《关于在新解放城市中中外报刊通讯社处理办法的决定》。1948年冬,中央有关部门还曾邀集杨刚、孟秋江等人在河北平山开会,研究天津解放后新记《大公报》的出版问题。

---

① 方汉奇等著:《〈大公报〉百年史》,第325页。

毛泽东,周恩来等领导人做了具体批示,概括如下:"第一,按私营企业对待新记《大公报》,政府不予接管;第二,发动《大公报》职工,对该报的错误进行批判;第三,在天津新记《大公报》的基础上,改组易名后继续出版;第四,按照巴黎公社的原则,由全体职工普选成立临时管理委员会,实行民主管理;第五,以全体职工同仁的名义,发表宣言,宣布新生。"[①]毛泽东还亲自为新记《大公报》取名为《进步日报》。

1949年1月15日,天津解放。由于中共天津市委缺乏经验,做出了将天津各报一律停刊的决定。为此,中共中央于1月19日和23日两次致电中共天津市委,要求及时纠正这一做法,并要求中共天津市委协助杨刚等人妥善处理天津新记《大公报》的改组与复刊问题。从1949年2月3日开始,报社编辑人员分成小组学习政策,检讨过去。1949年2月21日,张琴南、徐盈、王秉衡代表原天津新记《大公报》全体职工来到军管会,申请出版《进步日报》。1949年2月27日,天津《进步日报》创刊,"它是解放区新创办的第一张民营报纸"[②]。《进步日报》创刊号刊登了两篇署名文章,一是《〈进步日报〉职工同人宣言——代发刊词》,一是《〈进步日报〉是如何产生的——大变革中的一个故事》。

1949年8月,经上级批准,《进步日报》的领导机构和成员进行了调整:孟秋江任党组书记兼经理;张琴南任总编辑,徐盈任主笔,李光治任副经理兼新闻编辑部、采访部、印刷部主任,胡邦定任社会服务部主任,赵恩源任研究部主任,彭子冈任采访部主任。这一时期,《进步日报》每日发行量达两万多份,经济方面基本做到了自给自足。

1953年1月1日,由上海《大公报》与天津《进步日报》合并而成的《大公报》在天津出版,《进步日报》随之终刊。1956年10月1日,《大公报》迁至北京出版。1966年9月10日,《大公报》终刊。"至此,这份在当时已经有了64年历史的报纸,终于被迫在中国内地暂时画上了一个句号。"[③]

---

① 方汉奇等著:《〈大公报〉百年史》,第326页。

② 方汉奇等著:《〈大公报〉百年史》,第329页。

③ 方汉奇等著:《〈大公报〉百年史》,第357页。

三、新记《大公报》专刊的复刊与发展

(一)解放战争时期专刊的发展概况及特点

从1945年12月1日复刊到1949年1月15日停刊,在三年多的时间里天津新记《大公报》创办了13个专刊。

1946年10月3日,《医学周刊》新第一期推出。1929年7月3日,新记《大公报》曾创立《医学周刊》,由丙寅医学社编辑,直到1937年7月24日出版至第406期后停刊。1946年复刊后的《医学周刊》又出版了113期,至1949年1月9日停刊,是出版时间最长的一个专刊。一般在周四刊出,偶尔于周三或周日刊出。其重视医学知识的普及,主要刊登医学知识的文章和相关言论。

《星期文艺》于1946年10月13日创刊,终刊于1949年1月2日,共出版了112期,每周日出版,在1947年8月以前占第六版整版,8月以后缩至半版左右。先后由沈从文、冯至、袁可嘉主编。该刊鼓励作家进行独立的文学创作,诗歌、散文、小说是其出现最多的三种文学体裁。

1946年10月16日,《文史周刊》创刊,由胡适主编。每周三刊出,占整版,从1947年2月21日第18期起调至周五刊出,转为双周刊。1947年11月14日刊登《停刊启事》,一共出版40期。该刊"不想在这个小刊物里讨论文化史的大问题","只想就各人平日的兴趣,提出一些范围比较狭小的问题,做一点细密的考究。"[①]

1946年10月16日,《市政与工程》创刊,该刊为双周刊,由中国市政工程学会北平分会主编。1948年9月16日终刊,共出版49期。

1947年1月3日,《自然科学》创刊,由汪敬熙主编。逢周五刊出,从1947年2月19日第8期起改为每周三刊出。1947年8月20日终刊,共计33期。该刊登载国内外自然科学的论文,介绍自然科学方面的新书,是一个学术交流的平台。

《图书周刊》于1947年1月4日复刊。它的前身是《图书副刊》,于1933年9月28日创刊,1937年7月22日出版至第191期停刊。《图书周刊》

---

① 胡适:《〈文史〉的引子》,《大公报·文史周刊》第1期,1946年10月16日。

由袁同礼、赵万里主编,从第19期开始改为双周刊。该刊体裁丰富,有学术论文、书评、书讯、学术界消息、期刊介绍、出版界杂讯等等,"评价战后八年来,尤其近二三年来中外新版图书"、"尽力报道学术界和出版界的消息,以供读者观摩和参考。"①

1947年1月7日,《家庭》创刊,每周二刊出,从1948年9月18日第67期起改为周六刊出。1948年11月27日出版最后一期,共70期。该刊从小处着眼,探讨解决种种家庭问题,分享生活的经验教训。

1947年1月13日,《时代青年》创刊,李纯青主编,双周刊,终刊于1948年12月4日,共出版47期。该刊"是要通过青年的心灵,发掘时代的问题。把青年所思想的,所苦闷的,所烦恼的,所痛苦的,所追求的,所希望的,甚至所幻想的,尽量发掘出来,罗列出来,整理出来,看看都是些什么问题。由这,可以纯洁无邪地透视出我们的时代;由这,可能分析归纳而获得开拓时代改造国家推进社会的大方案的设计资料"。②

1947年10月15日,《经济周刊》复刊。由国立南开大学经济研究所主编,每周三刊出。《经济周刊》于1933年3月1日创刊,1937年7月21日停刊,共出版了227期。复刊后的该刊于1948年12月16日停刊,共出版60期。该刊旨在研究中国及世界经济政治社会等问题,发表相关研究性论文、实地调查报告、统计数据的分析及书评等。

1947年11月1日,《电信》创刊,由天津电信局主编,基本上每月一期。1948年11月5日出版最后一期,共13期,其中刊载了5期特刊。该刊揭示了电信局的服务目标:"第一是要迅速,也就是尽力缩短时间;第二是要准确,迅速而不准确便失掉迅速的效用;第三是要经济,使人以少量的代价获得满意的服务;第四要便利,以免浪费时间。"该刊指出,"要达到上述目标,除了从事于电信事业的努力以外,还需要公众对电信业务的认识。社会上一般人士,对电信上常识的增加也是一个重要的条件。"③为此该刊大量介绍电信常识和电信局的服务,并接受公众

①袁同礼:《复刊辞》,《大公报·图书周刊》第1期,1947年1月4日。
②王芸生:《时代是属于青年的》,《大公报·时代青年》第1期,1947年1月13日。
③黄如祖、胡命诬:《发刊辞》,《大公报·电信》第1期,1947年11月1日。

的建议和批评。

1947年11月28日,《邮刊》创刊,由河北邮政管理局主编,基本上每月一期。1948年11月4日出版最后一期,共12期,其中刊载了6期特刊。该刊以"邮政高度服务公众"为目标,介绍邮政常识和邮政业务。"本刊的编印是要把邮政的一切陆续写出,报告给关心邮政的人士,使他们对于邮政得到更多的认识与了解。"①

1948年9月7日,《电影与戏剧》创刊,周刊,1948年12月11日终刊,共出版15期。主要登载电影与戏剧评论,探讨有关电影与戏剧的问题。

1948年9月10日,《文综》创刊,每周五刊出,1948年12月18日出版最后一期,共出版12期。该刊主要刊登有关中国及世界政治经济文化方面的文章。

这一时期,新记《大公报》还出版了12期特刊。有的是为了纪念某些人物而出版,如《悼念张如彦君特辑》(1947年1月15日)、《熊秉三先生逝世十周年特刊》(1948年1月3日)。有的是为某一社会运动或活动而出版,如《新生活运动周专刊》(1946年4月8日)、《冬季世运会专页》(1948年1月30日)。有的是为庆祝各种学术团体和社会团体的成立或活动而出版,如《南开经济研究所二十周年特刊》(1947年9月10日)、《中国博协会复会纪念刊》(1948年6月6日)、《中华全国大学妇女会周年纪念特刊》(1948年11月1日)。有的是为各种展览会而出版,如《北平市特种工艺品展览专刊》(1948年10月9日)。有的是为了某一节日而出版,如《双十节特刊》(1946年10月10日)、《"三八"妇女节特刊》(1948年3月8日)、《戏剧节特刊》(1948年2月15日)。有的是为探讨某一社会现象或社会问题而出版,如《儿童教保特刊》(1948年7月13日)。

纵观解放战争时期天津新记《大公报》专刊的发展历程,呈现出以下特点:

第一,相对于抗日战争之前,这一时期的专刊发展缓慢。八年抗战结束之后,中国又大打内战,一切混乱不堪,加之纸张涨价,新记《大公

---

① 《发刊辞》,《大公报·邮刊》第1期,1947年11月28日。

报》专刊受到严重影响。首先表现在专刊的数量明显减少，由之前的30多种减至13种；其次专刊所涉及的领域也有所减少，军事、哲学、政治、宗教、体育等几乎未涉及；再者，后期的部分专刊刊行时间不稳定，版面也有所萎缩。

第二，天津新记《大公报》专刊的服务功能进一步加强。解放战争以前的新记《大公报》不仅将为社会服务的宗旨贯彻在经常性的募捐活动中，而且通过开辟服务性专刊（如《公开评论》《读者论坛》《摩登》等），拓展其服务社会的宗旨，同时也为如何办好报纸副刊开拓了一条新路。解放战争时期的新记《大公报》专刊继承并发扬了为社会服务的宗旨，如《电信》《邮刊》等专刊带有很明显的服务性质，介绍电信、邮政等领域的业务、常识，对人们的日常生活起到很好的辅助作用。另外像《时代青年》，开辟专栏有针对性地解答读者的问题，替读者排忧解愁。

第三，学术研究与日常生活并重。在抗日战争爆发以前，新记《大公报》学术性专刊数量最多，到了这一时期，学术性专刊仍然占有重要位置，如《经济周刊》《图书周刊》《文史周刊》《市政与工程》等等，但和学术性专刊旗鼓相当地出现了一批与日常生活密切相关的专刊，如《家庭》《时代青年》《电信》《邮刊》等。难能可贵的是还出现了学术研究与日常生活兼顾的专刊，如《医学周刊》《电影与戏剧》《自然科学》等。

（二）解放战争时期新记《大公报》专刊的传播内容

解放战争时期新记《大公报》专刊的传播内容主要有如下方面：

1.科学知识的普及

新记《大公报》除了通过新闻版面与"星期论文"专栏刊载有关科学的新闻与论著外，解放战争时期还曾先后创办了《医学周刊》《自然科学》等专刊，通过它们来传播科学知识，弘扬科学精神。

由丙寅医学社主编的《医学半月刊》创刊于1929年7月3日，从1929年11月2日起改为周刊，1937年7月24日停刊，连续出版了406期。抗日战争胜利后天津新记《大公报》复刊，十个月之后《医学周刊》复刊。复刊后的《医学周刊》又出版了113期,至1949年1月9日停刊,是出版时间最长的一个专刊。

在第1期《复刊的话》中,编者讨论了该刊复刊面临的问题:"像《医学周刊》这样的副刊,是否需要出版?对于现实的社会有多大的服务效能?从近廿年社会的衍化情形来判断,民间医药卫生的进步在哪里?所以这种副刊的作用,虽然是微乎其微,也只能影响到少数人。有的病人得到痊愈,有些学生入了医学院,或是学了护士。另有一些读者收获了一些卫生常识。除此以外,恐怕就没有什么成绩可言了。抗战胜利已经是一年了,和平还未到来。不是掘堤扒路,就是天灾人祸。虽是在比较安全的角落里,大多数的善良民众,莫不是衣食两缺。讲不到卫生,谈不到医药。必须先有和平,政治上了轨道,人民有了安定的生活,才可以谈得到增进健康。否则对于在饥饿生死线上挣扎的人大谈卫生,岂不是笑话?"在分析这些情况之后,编者说:"但是现在我们终于决定复刊了。我们要向爱民的达官贵人为民请命。为医学界垦植一块发言的园地,存记一点实录。"①

《医学周刊》刊发的文章体裁多样,有评论、消息、卫生通信、诗歌、戏剧、常识介绍、医文摘要、读者来函等。通过这些丰富的表现形式,主要传播和探讨了卫生政策的确定问题、医药教育、公医制度问题、心理卫生问题。此外,《医学周刊》还出过两期特刊,分别为1948年10月28日第105期的《防痨专刊》和1948年11月11日第107期的《医师节特刊》。

《自然科学》专刊通过学术论文、科普论文、消息、新书介绍、通信、译文、讲演稿、讨论等方式传播自然科学各方面的知识,涉及领域广泛,包括化学、动物学、气象学、数学、物理、拓扑学、植物学、医学、建筑学、农学、考古学等。"本刊希望各专门学者在本刊所发表的文章能引起爱好科学的青年们的兴趣,提醒他们一些研究的问题,指示他们一些研究的方法,使他们将来自己也从事研究工作。只知道外国的科学

---

① 编者:《复刊的话》,《大公报·医学周刊》第1期,1946年10月3日。

新知识,不能使科学植入中国。要我国有科学,我国就必须有较现有的多数千倍以上的科学工作者,并且其中多数的工作成绩必须是世界第一流的。"①该刊在对科学知识的传播中有两个鲜明的特点:学术和科普并重,积极传播国外先进科学。

2.开展学术研究

解放战争时期,新记《大公报》继续刊发多种学术性专刊。这些学术性专刊,通过刊载学术论文,开展学术论争,有效地推动了各门学科的发展,这也是新记《大公报》对现代中国学术研究做出的重要历史贡献。

《经济周刊》由国立南开大学经济研究所主编,曾于1933年3月1日创刊,1937年7月21日停刊,共出版了227期。复刊后的该刊在《复刊词》中说明了其宗旨:"本刊虽由本所主编,但向为经济学术界同道及一般读者公开讨论的园地。其内容主要的为研究当前我国及世界各种经济问题。其立场完全为客观的学术性的,而毫无党派或宗派的成见。凡与这宗旨相符合的欢迎尽量加以利用,庶使学术昌明,对于国家及世界经济建设尽其最大之贡献。"②除了欢迎一般的经济及财政金融等讨论外,也欢迎最新的经济学说、短篇评论及介绍。该刊的用稿要求是:"为适应一般读者需要起见,文字内容务求深入浅出,有充分通俗性,而篇幅亦以二千字至四千字为最相宜。"③该刊紧密联系实际,研究当时中国的经济问题,最有代表性的是对中国工业化问题和币制改革问题的研究。

3.关注民众生活

解放战争令中国社会发生了一系列变化。新记《大公报》通过《家庭》《时代青年》等专刊,生动记录了这一时期家庭生活、青年生活的一系列变化,为民众的生活出谋划策、答疑解难。

在《家庭》第1期创刊辞《我们的园地》中编者指出:"许许多多家庭

---

① 汪敬熙:《编者感言》,《大公报·自然科学》第16期,1947年4月16日。
②③《复刊词》,《大公报·经济周刊》第1期,1947年10月15日。

问题,只要我们注意,就会发现它对整个民族和国家的息息相关。"①
因此该刊的旨趣是:"我们有了这块小园地,让大家来谈谈彼此的困
难,交换交换彼此的意见。希望丈夫们来发挥他们的主张,太太们来
讲讲自己的道理,大家不许争吵,要一团和气的来商量,来提出各人
的意见,看看要怎么样才能成立一个幸福的家庭。此外,我们更希望
在社会各界服务的姊妹们把她们的生活经验教训报道给大家,有问
题提出,大家讨论,解决。"②《家庭》所讨论的问题涉及到家庭生活的
方方面面,归纳起来主要集中在妇女问题、婚姻问题、儿童教育问题
这三个方面。

(三)解放战争时期新记《大公报》专刊的传播特色

专刊是新记《大公报》的重要组成部分,以其独到的内容吸引着读
者的眼球。作为一份享有很高声誉的纸媒的专刊,其传播上的特色不
容忽视,现从传播功能、传播者等方面来分析它的传播特色。

1.服务为先

传播学四功能说认为,传播具有四个社会功能:(1)环境监视;(2)
使社会各个不同部分相关联以适应环境;(3) 使社会遗产代代相传;
(4)娱乐。具体来说,传播在获取信息、社会化途径、知识教育、舆论监
督与引导、文化传承与交流、调节身心等方面起到了重大作用。

20世纪40年代,在其他传播媒体如无线电、电影、电视还不普及的
情况下,报纸所发挥的传播知识的效用是无法比拟的。新记《大公报》
社位于现代化大都市,报社地处的环境与报人具有的现代化意识,使
其接收和传递现代化信息相得益彰。当时的中国,天津、上海是工商业
中心;南京是政治中心;北平是中国的故都,是一个集文化、学术于一
体的文化中心。《大公报》先后在天津、上海开版,在传播知识方面发挥
的作用是别的报纸无法企及的。大公报人把传播知识、教育读者视为
报纸的社会责任。其在《本报复刊十年纪念之辞》中强调:"现在报业除
刊行报纸外,应为社会实际服务。凡社会应倡行之事,报纸宜为其先锋

---

① ②《我们的园地》,《大公报·家庭》第1期,1947年1月7日。

或助手。"新记《大公报》专刊以多样的手段、丰富的内容传递着社会信息,践行着服务为先的理念。

(1)多样化传播

在"应为社会实际服务"这一思想的指导下,新记《大公报》开办了丰富多彩的专业性副刊,多是对专门问题的研究,以特殊读者为对象,既适应了不同的读者群,又为一般读者提供了专门性的知识。这些专刊涵盖经济、科技、文化、历史等领域,具有相当大的信息量。同时它又把某一领域的专门知识动态介绍给读者,具有学术性和前瞻性。

除了为读者提供专门的知识,新记《大公报》还通过开辟服务性专刊,将其服务社会的宗旨进一步拓展。在1947年特设了《电信》《邮刊》两个专刊,一方面宣传电信、邮政事业方面的知识,例如告诉读者如何书写华文电报、怎样缴付电话费、如何写标准信封、怎样邮寄包裹;另一方面公开电政邮政内容,让民众了解,将民众的意见转陈与当局参考。另外在一些专刊上设立专栏,有针对性地为读者进行服务。《医学周刊》开设了"心理卫生顾问"一栏、《时代青年》开设了"青年园地"一栏,以问答的形式对读者来信中提到的问题进行细致耐心的解答。

(2)集中传播

所谓集中传播,是为了加强对某一问题或领域的研究,采取集中、连续刊登的方式传播信息,使读者深入了解。这于新记《大公报》专刊体现在两个方面:

一是登载特刊。如《医学周刊》第105期推出《防痨专刊》,利用整整一期的版面介绍结核病的预防、结核病治疗的进展、平津防痨协会的缘起及进展等等,使读者对结核病有充分的了解。第107期《医学周刊》又推出《医师节特刊》,应医师节之景,探讨医师的社会地位、责任,并介绍了美国、苏联、英国医师的情况。1947年5月5日《时代青年》登载《"五四"纪念特刊》,集中四篇文章纪念"五四"。《电信》推出了《电信纪念日特刊》《公众意见专号》《长途电话专号》《电信服务专号》《电信营业专号》等五期特刊,《邮刊》推出了《邮政纪念日特刊》《扑灭死信专号》《集邮专号》《邮政储汇专号》《航空邮件专号》(上、下)等六期特刊。这些特刊每期集中反映了一个问题，多角度、多层次进行介绍和研究，有助于读者全方位地了解信息。

二是连载文章。如《医学周刊》在创刊之初连续四期刊登余正行的文章，探讨说明我国宪法中应该确定卫生政策。《家庭》连续三期连载文章说明儿童行为指导的基本原则，连续三期连载文章介绍心理卫生在家庭中的应用。作为一个普及科学知识的刊物，《自然科学》曾针对战争中经常使用的雷达，发表文章《雷达史话》，从雷达的历史说起，让普通读者有个初步的了解，然后更进一步，连续四期登载《微波雷达浅说》（一）（二）（三）（四），用很大的篇幅详尽地向人们介绍微波雷达的发明、原理及应用。通过这种连载的方式，容易加深读者对某一问题的印象，也符合人们接受事物循序渐进的心理。

（3）一对一传播

新记《大公报》各种专刊经常开设专栏，刊登读者来信，解答读者提出的问题。通常是一个读者一封来信几个问题，一个专家对其进行详细的解答。其中最有代表性的是《时代青年》开设的专栏"青年园地"。

"青年园地"是新记《大公报·时代青年》应实际需要而特别开设的，敦请教授专家临时为青年朋友解答做人、做事、求学、恋爱、思想及生活等各种问题。为该栏目解答问题的各位先生，文学修养方面包括有朱自清教授、李广田教授、冯至教授，自然科学方面是袁翰青教授，社会科学方面包括有林耀华教授、费青教授、费孝通教授。此外还有蒋荫恩教授、王芸生先生、张琴南先生等应允随时协助该刊，解答青年朋友所提出的各种问题。曾经解答过的问题诸如：如何处理家庭、职业、学习之间的关系？你为什么不能和朋友们接近？中学的朋友和大学的朋友为什么不同？想升学，家庭不同意怎么办？

在《时代青年》第20期的"青年园地"上读者李凤娟来信提出了自己的困惑：该不该离开工作离开朋友关起房门读书、在恋爱和事业之间该如何平衡。编者就此个案进行了详尽的解答，为处在恋爱和事业两难矛盾中的青年们提供了实际的指导。

这种一对一的传播，对症下药，针对性很强，所以传播的效果十分显著。

2.名家主编

媒介的传播观念,与其传播者的职业背景和个人禀赋有着密切关系,新记《大公报》专刊的发展和其主编密不可分。该报利用其优势和资源聘请了许多名家参与报纸的编辑,其中有一批名家成为其专刊的主编,如文学家沈从文、冯至主编《星期文艺》,史学家胡适主编《文史周刊》,评论家李纯青主编《时代青年》,图书馆学家袁同礼主编《图书周刊》等。

(1)胡适与《文史周刊》

胡适,现代著名学者、诗人、历史学家、文学家、哲学家。因提倡文学革命而成为新文化运动的领袖之一。他在文学、哲学、史学、考据学、教育学、伦理学、红学等诸多领域都有所研究,做出了不小的贡献。胡适曾对学生罗尔纲说:“我近年教人,只有一句话:有几分证据,说几分话。有一分证据只可说一分话。有三分证据,然后可说三分话。治史者可以作大胆的假设,然而决不可作无证据的概论也。”“有几分证据,说几分话”成了胡适为人、治学的一贯准则。

胡适是新记《大公报》的热心读者和作者。在20世纪二三十年代的文化和政治活动中,我们经常可以看到胡适引用和阅读新记《大公报》的记载。他在办《独立评论》的时候,也经常转载新记《大公报》上的文章。特别是从该报创办了“星期论文”专栏以后,胡适和它的关系就更密切了。胡适曾说过:“《大公报》的‘星期论文’,就是我替张季鸾先生、胡政之先生计划的。请新记《大公报》以外的作家每星期写一篇文章,日程也都是由我代为排定。这样,报馆的主笔先生每周至少有一天休息。这种方式旋为国内各报所采用。”①新记《大公报》“星期论文”第一篇就是胡适自己写的,题目为《报纸文学应该完全用白话》。胡适在“星期论文”上共发表过19篇文章,是发表文章较多的一位作者。

---

① 谢泳:《胡适与〈大公报〉》,《1949年以前的大公报》,山东画报出版社,2002年2月,第71页。

1946年胡适由美国回国出任北大校长,同年10月16日由他主编的新记《大公报·文史周刊》创刊。在第1期发刊辞《〈文史〉的引子》中胡适写道:"文史副刊是我们几个爱读书的朋友们凑合的一个'读书俱乐部'。我们想在这里提出我们自己研究文史的一些小问题,一些小成绩。我们欢迎各地研究文史的朋友借这个小刊物发表他们的心得。""用的'文史'一个名词,可以说是泛指文化史的各个方面。我们当然不想在这个小刊物里讨论文化史的大问题。我们只想就各人平日的兴趣,提出一些范围比较狭小的问题,做一点细密的考究,寻求一些我们认为值得讨论的结论。"①他说:"文化是一点一滴的造成的。高明的思想家尽可以提出各种大假设来做文化史的概括见解。但文史学者的主要工作还只是寻求无数细小问题的细密解答。文化史的写定终得倚靠这种一点一滴的努力。"②

在该刊关于文化史的研究方法上,胡适从一开始便强调了一条共同戒律,这也是他为人治学一贯的准则:"有几分证据,说几分话。有五分证据,只可说五分的话。有十分证据,才可说十分的话。"③在《文史周刊》第1期上胡适亲自撰写了《考据学的责任与方法》,他指出:"我们做历史考证的人,必须学这种敬慎不苟且的精神,才配担负为千秋百业考定史实的是非真伪的大责任。"④秉承着"敬慎不苟且"的精神,《文史周刊》上的文章都以事实为依据,尤其对中国考据学的发展起到了有力的推动作用。胡适身先士卒,在短短40期中发表了12篇文章,不仅为《大公报·文史周刊》增添了亮色,更为中国的考据学做出了很大的贡献。在胡适的带动下,《文史周刊》出现了好几位经常性的作者,如陈垣、唐兰、余嘉锡等。由于作者队伍的壮大,在每一期中都至少出现了一篇关于考据的文章,作者不畏麻烦,用大量事实对某一个问题进行大篇幅的考据, 如《洛阳金村古墓为东周墓非韩墓考》《西游记作者吴承恩的交游考》《九歌为汉歌辞考》《南宋算学家秦

---

①②③ 胡适:《〈文史〉的引子》,《大公报·文史周刊》第1期,1946年10月16日。
④ 胡适:《考据学的责任与方法》,《大公报·文史周刊》第1期,1946年10月16日。

九韶事绩考》《元陆文圭卒年考》《清初山陕学者交游事迹考》《沈括生卒年考》等。

(2)三任主编与《星期文艺》

《星期文艺》和1935年9月1日起改版的副刊《文艺》有很大的渊源，相当于《文艺》的星期日专版。该刊的主编先后有沈从文、冯至和袁可嘉，皆是名家。从创刊至第50期，即1946年10月13日到1947年9月，主编是沈从文，而冯至从1947年4月到1948年9月就开始担当编委并最终担任了主编，从1948年10月起到终刊，它的主编则是袁可嘉。

《星期文艺》的约稿启事中明确写道："函件请寄天津罗斯福路大公报馆编辑部转。"这个"转"字表明大公报社无权对来稿进行筛选。主编及编委们是学院中人，所以在选稿时他们既不受制于报馆也不会听从于社会，能按照自己的文学趣味来选择稿件。《星期文艺》在当时的局势下能一直出到第38期都还是整版登载作品不登任何广告。除了在特别困难的时期，《大公报》被缩减为两版的情况下而没有刊出外，基本上都能按时出刊。这些都说明了主编的权威及影响力。

解放战争时间，京津地区聚居着一批既不屑依附国民党独裁统治，又与左翼文学运动保持某些距离的民主主义作家。沈从文就以《星期文艺》为阵地，逐步将这些作家聚集在一起，博得了所谓"京派文人"的称呼。给这个专刊写稿的，除朱自清、冰心、废名、许钦文、王鲁彦、周作人、冯至、俞平伯等"五四"健将外，也有和沈从文差不多同时踏入文坛的巴金、张天翼、老舍、李健吾等文坛生力，还有何其芳、李广田、沙汀、艾芜、严文井等一批文学新进。沈从文除了在家里经常接待来访的作者外，还不时邀约一些青年作家到中央公园的来今轩或北海公园的漪澜堂聚会，一边喝茶一边交谈文学创作。《星期文艺》尤其重视对青年作者的培养，当时在该刊上露面的一些青年作家，后来都成为中国文学运动的主力。

冯至于1948年1月4日在《星期文艺》发表署名文章《新年致辞》。他认识到了现实的残酷，说道："现在什么不是在挣扎呢，从一日的温饱到最崇高的理想,凡是在这一条线索上能够连串起来的事物,他们都在挣扎。"①他在文章末尾写道:"但愿这个副刊能够继续下去,和一切的生存者息息相关,有修饰,没有浮夸,自然也愿意从自己的生命里开一些美好的花朵。"②可见他没有因为现实的残酷而取消对于艺术的追求。

作为"北方诗人"的袁可嘉,一开始是《星期文艺》的作者。1948年10月接手这个专刊后,他充分利用自己的编辑权力对该刊的投稿者进行创作上的引导,对诗歌创作提供了极大的空间。他曾以主编的身份写有《给写诗的朋友》一文,提醒投稿者"第一个意见我们愿意提供给诗作者的是'诗的散文化'与'散文的散文化'的区分","其次我们希望作诗的朋友们注意到要传达的经验价值的问题。"③他还进一步提出了诗歌创作的方法:"(一)一种诗的经验,不问它的深浅巨细,都必须给读者一个本身完整的感觉;(二)一首成功的诗作不仅包含完整的,而且给人不可避免的影像,也就是说,作者在经验的本质及传达上都使人觉得他非写这诗不可,而且非这样写不可。"④此外,他还亲自写了不少诗学论文发表在《星期文艺》上,借此详尽阐述自己的诗学主张。

解放战争时期天津新记《大公报》专刊虽然相对于抗日战争之前发展比较缓慢,但它通过传播科学知识、传播学术研究成果、传播生活信息,使专刊的服务功能进一步加强。同时,这一时期的专刊学术研究和日常生活并重,对科学知识的普及起到了很大的作用。在传播特色上,专刊通过多样化传播、集中传播、一对一传播等手段使专刊服务社会的理念得以实现。并且,聘请名家出任主编,壮大了当时新记《大公报》专刊的编辑实力。它对当时科学文化进步与社会生活变迁所做的贡献,在今天看来仍有借鉴意义。

---

①② 冯至:《新年致辞》,《大公报·星期文艺》第62期,1948年1月4日。
③④ 袁可嘉:《给写诗的朋友们》,《大公报·星期文艺》第105期,1948年10月31日。

第二节　《益世报》

一、《益世报》复刊及发展概况

1945年8月抗日战争取得了胜利,《益世报》于同年在天津复刊。当时《益世报》原创办人雷鸣远已病殁于重庆。天津《益世报》第一任总经理刘浚卿之子刘益之,奉命从重庆回到天津,组建筹备处,重建《益世报》。原《益世报》总编辑兼总经理刘豁轩也被再度聘请担任社长兼总编辑,刘益之兼任总经理。

复刊不久,刘豁轩请来原《益世报》采访主任、抗战期间任重庆《时事新报》总编辑的王研石出任《益世报》总编辑,主持整个编辑部业务,又请回原副刊《语林》主编吴云心接编副刊。

《益世报》复刊后在人员任用上具有"三同"的特点,即同乡、同教、同学。同乡,指与社长、经理有同乡关系,即都是蓟县、宝坻县人;同教,指都是天主教徒;同学,指都是燕大新闻系毕业生。前两"同"体现在经理部,后一"同"则体现于编辑部。虽有此"三同",但用人的原则还是:重视才能,择优录用,宁缺毋滥,奖惩分明。

《益世报》复刊初期,每日出版对开四版一张,以后随着业务的发展,改出六版一大张半,增设了国际、政治、史地、文学、艺术、宗教等周刊,每周轮流出版一次。主持专刊的撰稿人,多为当时的著名学者,如郑天挺、翁独键、费孝通、钱端升、沈从文、朱光潜、梁实秋、齐思和、王聿修等。到1948年秋,济南解放,不久辽沈战役结束,战局急转直下,天津局势已成风中之烛,铁路交通日趋紧张,报纸发行量大为减少。不久天津已有困城之兆,此时《益世报》只得改出四开两版,直至1949年1月15日停刊。

复刊后《益世报》的社论初由黄公伟(黄道明)执笔,黄在敌伪时期为日伪机关报《新民报》写过社论,曾受到日本侵略军报道部的嘉奖,在沦陷区臭名昭著。此人为《益世报》写社论,招致强烈非议。不久后社论即改由李寿朋、张锐、杨思慎、刘豁轩几个人轮流执笔,并无固定的主笔。这一时期,编辑部的编辑、记者,在政治上大多标榜"不偏不倚",

以争取读者对报纸的好印象。当时编辑部流传着所谓"超政治、超阶级、超党派"的"三超"思想,强调真实、迅速、客观。例如在报道中,对国共两党军队称"国军"和"共军",而不用国民党中央社电稿中的"共匪"一词。另外,副刊语林版发表的词曲、杂文、小品、漫画等都敢于讽刺和揭露当时社会的黑暗现象。如甲乙木(吴云心)的"双十谈",以曲牌形式倾述了从沦陷到胜利后的痛苦失望心情,他的漫画《有国有家终是梦,为龙为虎总成空》,绘出了人民群众在胜利后又陷入内战的悲哀。胡越的《新狂人日记》,冯朋弟的《率年食人》《一将成名万骨朽》等,都真实地反映了当时的社会现实。

然而事实上,《益世报》表里不尽一致。由于复刊时凭借了于斌交给刘益之的两千元美金和于斌等人的诸多社会关系,因此,《益世报》对外以于斌、刘航琛分任正副董事长为名义。于斌是天主教南京教区总主教,是蒋介石所倚重的政治掮客;刘航琛是粮食部副部长,四川大地主,川康银行董事长,地道的官僚资产阶级。尽管这两个老板仅仅是挂名,并不对报社内部事务有过多染指,但毕竟和大官僚资产阶级有着如此密切的联系,《益世报》所标榜且追求的所谓"三超"和"不偏不倚"并不容易实现。

但与此同时,报社内部也不乏进步人士,如经济新闻记者段振坤、副刊编辑吴云心都是中共地下党员。1948年,段振坤领导的地下"天津记者协会"在《益世报》发展了姚仲文、刘书坤、史振华等同志,成立了"地下记协小组",承担起宣传和迎接解放的工作。

1949年后,《益世报》中一部分人员转入新华通讯社,一部分人员转入《大公报》,也有的报考大学,走上了革命道路,报社由军管会接管、审查。到1949年5月中旬,军管会裁定《益世报》不属于国民党四大家族的官僚资本,产权为私人所有,予以发还。经劳资双方协商,无意继续经营,全部设备由知识书店收购。迄此,经营了三十多年的天津《益世报》于1949年6月1日正式宣告停办。

二、《益世报》复刊之初的言论内容

在目前还为数不多的《益世报》相关文献资料中,对复刊后直至停刊的这一段时期《益世报》的研究还比较薄弱。事实上，抗日战争之后到新中国成立之前，国家的命运曾一度走到十字路口，内忧外患，党派纷争，民生凋敝，百废待举，战后的中国拖着疮痍的面孔在艰难地寻找着属于自己的出路。然而越是这种时期，报纸的社会责任意识和推动社会功能越能体现出来。作为标榜"超政治、超阶级、超党派"的民营报纸，《益世报》在民族复兴大业深陷低谷、党派猜忌甚嚣尘上、国家前途迟迟不得明朗的这段历史时期，究竟扮演着怎样的角色，又表现出了什么样的姿态，确实是一个值得考察和研究的问题。

1945年12月至1946年6月，《益世报》共刊载言论194篇，其中专论50篇，社论144篇，内容涵盖政治、经济、军事、外交、教育、交通、法律法治、生产建设、社会民生等多个方面。以下便对这194篇言论中较为重点的几个方面内容作一个概述。

首先，涉及政党、政局等政治方面的言论是这一段时期的焦点，篇幅也相对较多。例如，《国际情势与国共问题》（1945年12月2日）、《写在政治协商会议之前》（1945年12月24日）、《论实行民权与完成民主》（1946年1月17日）、《向世界政治观测中国政局》（1946年1月25日）、《论政府机构》（1946年1月27日）、《今后的国民党》（1946年3月2日）、《人民的政治地位》（1946年3月8日）、《谈中国的政治趋向》（1946年4月28日）、《和平愈早，利益愈大！——对谈判中的国共两党进言》（1946年5月10日）、《国共合作的经济基础》（1946年6月10日）、《对大局的一种看法》（1946年6月22日）等等。这些言论主要就国共两党的分歧与合作、战后的建国方向与任务、当前的政治局势与弊病等问题进行了评论，较为客观真实地反映了时代的主题。

其次，涉及经济生活、生产建设方面的言论也为数不少，例如，《对清理金融机关的建言》（1945年12月3日）、《物价问题平议》（1945年12月7日）、《我们对外汇问题的看法》（1946年4月3日）、《和平团结的经济价值》（1946年4月16日）、《工业建设与官僚政治》（1946年6月23日）等等。这些言论基本上从相关领域所存在的问题和弊病入手，重在评述说理与建言献策，一些言论甚至还有一定的专业参考价值。

再次,有关国际局势与外交事务等方面的问题,也是这段时期言论经常涉及的内容。例如,《联合国大会与世界和平》(1946年1月9日)、《世界和平的保障》(1946年1月16日)、《整军与中苏邦交》(1946年2月28日)、《苏军为什么不撤?》(1946年3月1日)、《今日的中国外交——从外交历史上找教训》(1946年3月15日)、《中国人的经验》(1946年3月22日)、《苏联对东北之要求》(1946年3月23日)、《战后的美国政治》(1946年6月16日)、《第二次世界大战前的英印关系——印度问题的历史背景》(1946年6月28日)等。由于战后的中国开始在国际事务中扮演一定的角色,并且正急于寻求一条民主建国的出路,因此了解国际局势,交流各国信息,学习并借鉴国外政体,参与并讨论国际事务是一个比较热门的话题。《益世报》在这些方面也做了比较多的关注与努力。

此外,还有关于法律与法治方面的,如《法治与司法》(1945年12月10日)、《法治精神之重要》(1945年12月22日)等;关于教育问题的,如《中国大学教育的"质""量"问题》(1945年12月15日)、《推进社会教育》(1946年3月5日)、《教育界两三事》(1946年6月5日)等;直指社会风气与政府作为的,如《国人与国事》(1945年12月23日)、《确保天津市治安的有效措施》(1946年1月10日)、《检举贪污》(1946年5月22日)等;以及表达人民疾苦和意愿的,如《同胞不可等分》(1945年12月26日)、《为吾民哭诉》(1946年1月19日)、《也替老百姓想一想》(1946年4月29日)、《哀饥民!痛交通!》(1946年5月13日)等等。

事实上,这一段时期内《益世报》言论的内容相当丰富,绝不止以上罗列的几大类。战后的国内局势千头万绪,党派利益错综复杂,作为报纸,能够关注且应该关注的问题也是非常多的。然而,言论所涉及的内容只是一个形式,负载于其上且真正要表达的实际是报社对于国事的态度,对于社会的臧否,对于政治时局的预测,对于民族复兴的呼吁和推动。而我们要做的,即从这些负载了意见和思想的内容入手,找到报社的立场、灵魂与精神所在。

三、《益世报》复刊之初的言论特点

这一时期《益世报》的言论具有几个比较明显的特点。

第一，言论在视野上比较宏观，基本都从大处落墨，关注的范围主要集中在国家大事、国际局势、民族前途、人民利益等方面，少有对地方新闻或事件的评论。

作为一家在全国范围内具有一定影响的报纸，《益世报》没有把视角局限在一城一地，而是辐射国内国际的风云变化。在这194篇言论中，只有极少数篇幅是评论地方问题的（如《确保天津市治安的有效措施》1946年1月10日），除此之外，都和大局紧紧关联。像《建国与报纸出版自由——出版法应该废止》（1945年12月1日）评论的是建国与出版自由之间的关系，《惩处内战祸首》（1945年12月20日）表达的是国内人民强烈的反战情绪，《送东北接收人员》（1945年12月30日）强调的是东北地区的重要性和收复失地的欢欣鼓舞。从整个这一时期看，国家命运、民族出路确实是牵动着每一个爱国志士的最重要问题，而《益世报》的言论也恰好应和了这一点，体现了时代主题。

第二，言论内容能紧贴时局，及时针对当前局势或急需解决的问题发表意见，以期推动、干预社会。

1946年1月10日，备受关注的政治协商会议召开，《益世报》先后发表了数篇有较强针对性的言论对这一事件表达观点。其中，发表于1945年12月17日的社论《政治协商会议》对国外势力过多干涉内政、国共两党纠纷可能引起的内乱，以及政协权力不应太大等一系列问题发表看法。发表于1945年12月24日的社论《写在政治协商会议之前》，则表示寄希望于政协代表，提议不要太看重"主义"，应放下不同的政见，以人民利益为重，以民族复兴为大局。发表于1946年2月4日的社论《论政协会议与和平前途》，对政协会议的种种成果进行总结，并对今后的走向提出建议。针对在战后东北收复过程中，苏联违背国际公约的做法，《益世报》发表了一系列相关言论，再三强调东北的重要性，谴责苏联的做法，并敦促国际国内尽快解决这一问题，例如《别忘了东北》（1946年2月14日）、《澄清中苏关系》（1946年2月19日）、《东北问题之关键》（1946年2月20日）、《大局澄清之路》（1946年2月26日）、《苏军为什么不撤？》（1946年3月1日）、《吾人对苏提出抗议》（1946年3月10

日)、《苏联对东北之要求》(1946年3月23日)、《重建东北的前提》(1946年3月28日)等。这一切都说明《益世报》的言论具有很强的时代感,紧贴时局以期服务社会。

第三,言论的基本立场比较鲜明突出,并且一以贯之。例如,反战主和的立场在这段时期的言论中就表现得强烈坚定,且多有体现。

由于抗战胜利后,国内党派纷争难以平息,大规模内战一触即发,而饱尝八年战争之苦的中国百姓实在不愿意接受刚赶走侵略者而后又自相残杀的现实,厌战情绪强烈。因此反对内战,呼吁团结合作,在《益世报》言论中时时得以体现:1945年12月5日在社论《纠正两种错误观念》中,其明确指出,"战争就是破坏,物质的破坏和精神的破坏";1945年12月9日在社论《面对现实》中说道:"目前国内纷争,虽然谈不到停战,但至少先要做到'别动手'的地步,先有和平之实,再论和平合作","一个前提,要真真确确地面对现实,连全国上下,也该有这样的态度,一齐努力,使当前的内争得到合理的归宿。我们不能再混乱下去了";然而当看到政协会议无果,停战无望的现实后,《益世报》又发出了"宁为太平犬,不作乱世民"的悲号,在1946年1月19日的社论《为吾民哭诉》中问道:"好战的先生们,不说为了国家,就是为了自己的父老同胞,是否也该'停火'呢?"

除此之外,《益世报》言论在很多其他方面也都能做到立场鲜明,例如追求民主、争取和平建国、为民立言、力求中立等等,这些倾向在这段时期的《益世报》中都是明确表述并且没有出现过反复的迹象。

第四,言论的语言色彩较温和,在批评揭露时多有顾忌而少有犀利之风,甚至不敢直指,而有所借代。

例如在1945年12月1日的社论《建国语报纸出版自由——出版法应该废止》中,全文表达了对政府予以报纸出版自由的强烈渴求,但在最后一段还是写道:"欲享受此种自由,政府应废止任何限制报纸的法律,然而,主要的,还得报人自身去努力了。"在1945年12月7日的社论《物价问题平议》中,面对物价动荡、民生困苦的时局,文章一方面直面现实,一方面还说道:"我们对于市政当局的苦心筹划,极表敬意,但我们不能苛责市政当局以无能。"战争期间,驻华美军在对中国予以国际协助之余,在中国犯下的一些罪行也引起了国内人民强烈的不满情绪。针对这一现象,《益世报》于1945年12月25日圣诞节之日发表《告驻华美军》,先是追溯中国历史,而后感激美军援助,只字未提美军的不当行为,而是留下了这样一段话:"盟友们也许不十分理会,在一言一行之间,碰到我们一部分的自卑的感情,于是心理上发生毛病,情形就不好解释,难于分辨了。客观地讲,这实在是彼此都该相当留意的地方。"如此和颜悦色、含糊其词地提醒美军注意自己的不轨行径,其谨小慎微、如履薄冰之态可见一斑。

《益世报》言论在表达上既想说明问题,同时又瞻前顾后、隐晦暧昧的例子还有很多,例如社论《今日的中国外交——从外交历史上找教训》(1946年3月15日),借清朝外交历史,说明只要国内团结和平,"弱国也可有外交",借以暗指今日之时倘若国共合作,也定能找到外交的出路。而《从节约救灾作起》(1946年4月23日)、《多做事,少应酬》(1946年4月26日)、《贪污与浪费》(1946年5月2日)等直指社会风气和政府作为的社论也都只是泛泛而指,并没有明确提出评论的对象,这一切都足以证明那个时代下的《益世报》因阶级局限和错综背景而呈现出的复杂多虑的一面。

第五,部分言论,尤其是专论的专业理论性很强,介绍新知、不尚空谈,言之有物、条分缕析,以建言献策、提出问题的解决办法为宗旨,起到了匡正谬误、释疑解惑的作用。

例如1946年2月12日的专论《联合国粮食农业组织与中国》,作者邹秉文以联合国粮食农业组织执行委员会副主席的身份向国人介绍了该组织的情况与职能,以及该组织与世界及中国的关系。1946年2月21、22日连续发表刘子健的两篇专论——《回顾美国的对华政策——对雅尔达秘密协定的一种认识》以及《回顾苏联对华政策——对雅尔达协定的一种认识》,分别从中美关系以及中苏关系入手,详尽解析了彼此之间存在的利益纠葛,提出应正确认识国际邦交的观点。1942年4月2日的社论《权利简释——再谈我们之所信》,动用了大量篇幅,引经据典,对"权利"一词做了全面具体的解释,最后得出"社会有正义,个人有权利"的结论。同月3日的社论《我们对外汇问题的看法》,更是从金融专业的角度,解读当前外汇政策,并针对经济困境的现状一再申明,"外汇政策本身不能解决经济问题的严重性,我们得在别的途径上去找寻对症良药"。不仅如此,1946年4月18、19日两天,《益世报》连发杨幼炯的两篇专论《中国宪法的几个问题》(上)、(下),针对中国宪法的现状以及修改原则,详尽全面地提出了对国家宪法制定及修订的意见。1946年4月20日署名为陈忠洁的专论《安全理事会中的强国否决权》更是对联合国安全理事会及其具体职权范围和关乎外交的事宜作了详细的阐释。

事实上,类似于这样的言论还有很多,这些言论的发表反映出《益世报》在国运迷茫之时仍然能够沉下心来分析局面、思考出路,在具体疑问和困境面前,也能有分析问题并解决问题的务实之风,而绝非空发牢骚的泛泛之辈。

第六,《益世报》言论中还表现出的一个特点就是,时而对帝国主义和剥削阶级充满幻想,甚至寄希望于唤起统治阶级的同情心和正义感以成为解决问题的出路,其小资产阶级的软弱性和局限性暴露无遗。

例如在1946年1月22日发表的社论《希望马歇尔将军北来》中,将华北政情的合理解决、对中共政情的客观研讨完全寄希望于马歇尔,表示,"既来华北,因对华北政治的内涵,必求正确的了解,欲确实认识华北政情是偏激抑或进步,中共作风是合理抑或错误,皆有待于第三者,以客观眼光,作公正的批判"。"马氏此来,我们希望深入现地各部门组织里,用直观的看法,对中共政情加以研讨,获得一个超然的结论。如此,中国内争的症结,便可进一步认识得更深刻更正确。"然而事实却终究没有如其所愿,马歇尔的来华也并未能给中国复杂的党派斗争带来多少实质性的转机。在1946年3月16日的社论《略谈我们之所信》中,文章从人与人性的角度出发,提出"正义"与"同情"是解决现代社会纷争的良方,它说道:"在人类社会之内,正义与同情如果都能发生作用,两种作用再配合起来;我们相信任何纷扰争斗都无由起,社会当然是安宁的,是有秩序的。现代社会个人之间的,家庭里面的,阶级之间的,国家民族之间的纷扰斗争,我们相信,用这两味药的小方,都可以获得解决。"这种充满天真幻想的小资产阶级思想暴露得最明显的,还当属1946年4月21日的社论《激发我们的同情心》,文章称,"我们趁这个机会,提醒国人;无论是要自己的享受,国家的复兴,世界的安宁,都需要激发我们的同情心。同情的反面是自私,自私是死路。惟有同情才能生存,才能繁荣。""社会要有和平与秩序,只需要富者强者发挥同情心。这也是多数人所相信的。"将社会的安定繁荣寄希望于富者的同情与施舍或强者的怜悯与自觉,这不啻于一个因为悲凉无助而说出来的笑话。

阶级的属性局限了《益世报》看问题的深度和立场,也束缚了其追求真正民主与自由的脚步。不可否认,他们对安宁与和平也充满着无限的向往,然而他们却期待通过妥协与退让、反省与自觉达到社会的改良,这是幼稚且不现实的。

四、《益世报》复刊之初的言论价值

将《益世报》言论置于新闻专业主义理念的考察之下,以专业理念作为标尺来衡量《益世报》言论的具体表现,可以从一个侧面评析复刊之初《益世报》言论的历史价值。

(一)报纸功能

复旦大学新闻学院黄旦教授在论及新闻专业主义理念时,第一点就说,"报刊的主要功能是传播新闻,同时还要干预和推动社会"[①]。诚然,从新闻专业主义形成的历史来看,一个里程碑式的阶段便是作为独立报纸的便士报代替政党报纸而成为了报业的主流,其实质意义便在于报纸不再是各大政党发表政见、自我宣传乃至互相攻讦的附庸工具,而是真正承担起了信息传播的媒介角色,实现了拉斯韦尔所概括

① 黄旦:《传者图像:新闻专业主义的建构与消解》,复旦大学出版社,2005年版,第32页。

的大众传播媒介"监视环境"的功能。

《益世报》作为一家天主教会报，从一开始就标榜"不偏不倚"，不作为政府或某党某派的言论工具，因此其大众传播媒介的功能能够得到基本正常的发挥。尽管言论的主要功能不是传播新闻，但如前所述，在抗战胜利至解放战争之前的这段相对混乱的历史时期里，《益世报》言论能一直做到关注时局、评点时事，不空发议论，甚至于一些新鲜的消息和概念还是先从言论中得到的。这种紧贴时局、针砭时弊的特性，传递了时代的信息，表现了时代的焦虑和主题，也在客观上起到了传播新闻的功能和作用。

不仅如此，《益世报》言论在干预和推动社会方面表现得尤其明显和主动，其连篇累牍地发表关于内战之害、和平之利、如何避免内战、不打内战的可能性有多少等问题的言论就是明证。以社论《和平团结的经济价值》(1946年4月16日)为例，该文不惜篇幅地列举了八条内战可能带来的经济损失以及十一条不打内战将可能获得的经济利益，以期从经济价值的方面警醒社会、提醒当局切勿发动内战，而类似这样的文章在这一时期的《益世报》中还有很多。

事实上，言论的首要目的之一就是干预社会、推动社会，这在有着"言论救国""以言论易天下"传统的中国，表现得更为明显。在本书所考查的194篇言论中，以各种形式为家国之事忧心忡忡，为民族团结奔走呼号，为建国大业建言献策的言论确实占了绝大多数，即使因各种因素所制，《益世报》言论的期望和主张未必都能够实现，然而其干预社会之举动，以及推动社会之努力确是诚心凿凿，无可置疑的。

(二)报纸性质

新闻专业主义理念指出，报刊若能作为一个专业，在性质上必须是独立自主的，尤其在政治上不依赖任何派别，更不做政府的喉舌。

《益世报》复刊后，编辑部内标榜"三超"思想，即"超政治、超阶级、超党派"。"三超"思想在一定程度上影响了《益世报》的言论立场，代表了《益世报》言论的主流倾向，但却并未能完全如其所称，做到真正的"超然"。

　　在《益世报》的言论中，时常能看到它声称中立和超乎党派的立场和姿态。在1946年3月8日的社论《人民的政治地位》中，面对莫衷一是的国家前途，文章对国共两党都表示了批评和怀疑——"哪一天共产党能够不拉夫征粮，借外力扩张自己，真能实现他们所允许的民主呢？哪一天国民党又能建立一个有效率、不贪污，处处为民办事的政府呢？两党又怎样彻底融合起来建立一个现代化、工业化的中国呢？"再比如1946年4月9日的社论《今日中国的政治斗争》，文中直接说道，"站在超乎党派的民众立场上，根据所身受的种种经验，我们愿意对斗争的双方或数方贡献一点消极的意见"，"国民党推翻满清，是合乎民众需要的，国民党领导抗日，也是合乎民众需要的。这种合乎民众需要的政策使国民党获得力量，获得威信，也获得较其他任何政治组织或国体更大的政治资本。共产党愿意承认三民主义，愿意协同国民党抗日，这也是合乎民众需要的，赖此，他发展了他的武力与解放区。现在双方都有雄厚的力量了，这也可以说是人民对他们的功绩单所给予的信任与报酬"。事实上，在这一段分别论及国共两党与民众关系的话语中，可以看出其立场和态度还是比较中肯和客观的，确实有超乎党派、超然于外的姿态。

　　但事实也不尽然，社论《写在政治协商会议之前》（1945年12月24日）中的这样一段话，还是表达出了《益世报》对于政府和政党问题的真实态度："今天的中国，经过了八年抗战，到处人民需要苏息，我们不能也经不起整个的换汤换药。各党各派尤须认识：中华民国多少年来才培养成现在的国民政府，我们要严峻地批评它，尽我们人民及在野党的力量鞭策它，使它除尽贪污，增长效率，使它现代化。但我们今天不可阻挠它的前进，因为那便是阻挠了整个中国的前进。"由是观之，尽管《益世报》并不否认国民党现存的一些问题和弊政，但它从骨子里还是希望不要改变现实状况，继续由国民政府代表中国的前进方向，如若谁妄图更改，那么谁就是"阻挠了整个中国的前进"。可见，即使再标榜超政治、超阶级、超党派，在各种利益纷争及政治斗争漩涡周围的《益世报》也无法真正做到绝对的超乎一切。更何况，《益世报》复刊之初所仰仗的两大人物——于斌和刘航琛,也都是蒋介石和国民党的亲信幕僚,有这样的深层关系在其左右,恐怕和新闻专业主义理念还是存在一定距离的。

(三)办报目的

新闻专业主义理念强调,报纸的目的是为公众服务,并反映民意。而这一点在这一段时期内的《益世报》言论中得到了很好的体现。

《益世报》的很多言论都明确表示是在为老百姓说话,为民代言,并时常恳切地请求当局政府和各党派能从老百姓角度着想,多关心百姓疾苦,多了解百姓意愿。可以说,为公众服务,并反映民意,这大概是《益世报》言论最符合新闻专业主义理念的一点了。

以1946年3月31日的社论《我们不是在发牢骚》为例,通篇大部分都是以老百姓口吻自居,痛诉了百姓对于政府和时局的万般无奈:"老百姓耐心地,忍痛地等待了三十多年;胜利以后,满以为不久就要好了,再等等吧! 又等了半年多,看样子还不知要等到几时!""其实中国的老百姓哪里有什么奢望? 也可以说哪敢有奢望? 有权有势的先生们但分行一点善政,老百姓都会感激涕零的。就是没有善政,少干点恶政,老百姓也会感恩戴德的。""有权有势的先生们稍稍看看老百姓的可怜,想不会责备我们是在发牢骚! 老百姓快要不能再等了。"这字字血泪,如果不是站在人民的角度,以公众服务为己任并反映民意,又如何能做到这样声泪俱下、情真意切呢?

针对国内战事一触即发的局势,《益世报》在1946年4月11日的社论《办法与诚意》中这样表述,"对在剑拔弩张,声势汹涌中的当局者,以一个人民的立场,所发出来的微弱声音,恐怕很难得到一顾,更谈不到发生什么影响。然而我们将重复我们的信念,并且坚持这个信念,相信我们的信念将为最大多数人所接受,因之也必将实现于未来,那就是,在任何情形中,中国不需要,不允许,也绝不可能发生内战!"以"人民的立场",发出"微弱的声音",这种于战乱年代的无助悲戚之感,恐怕只有身为人民才能真正体会吧。

针对国内诸多事宜尽被拖延,得不到很好解决,且党派之间勾心斗角、你争我夺的现实情况,1946年4月27日的社论《不可一误再误》指出,"虽然事情依然复杂得很,许多问题还不能立刻得以解决,可是停了火,大家先把激动的情绪沉静一下,用容忍的态度,替自己和替对方想一想,更要替绝大多数的中立的无辜的老百姓想一想,则这样的争争夺夺,总不是好办法。"

可见,《益世报》言论时时都在为老百姓寻求一片利益空间,以老百姓的角度掂量和思考问题,其服务公众、反映民意的目的自然毋庸再作赘言。

五、《益世报》复刊之初的言论立场

通过运用新闻专业主义理念中的报纸功能、报纸性质、办报目的这三方面要求,对《益世报》1945年12月至1946年6月的194篇言论进行考察后,可以看出:在功能上,《益世报》基本能履行其传播新闻并干预和推动社会的使命与职责;在性质上,《益世报》虽然标榜"三超",且声称中立,但在一些具体问题上也并未做到真正的超然,而是有所偏向;而在办报目的上,其确实通过言论做到为公众服务,并反映民意。基于此,其基本言论立场也已呼之欲出,具体如下:

(一)人民本位

《益世报》的人民本位立场主要体现在两个层面,第一层是关注民生,倾听民声,时刻以百姓视野看问题;第二层则是深刻认识到了人民在历史发展过程中举足轻重的决定作用,而这一点是具有重大意义的。

抗战胜利后,国民党政府统治下的中国,政治腐败、经济凋敝、民生困难,百姓遍尝八年抗战之苦,厌战情绪强烈。尽管国共两党剑拔弩张,诸多问题悬而未决,但老百姓最关心的还是两党能否和平解决一切争端,不打内战,让人民过上安居乐业的生活。而代民立言、为民请命、关注民生,以人民的实际利益为出发点,从百姓的角度向政府建言献策,这一切都在《益世报》言论中体现得非常明显。

首先,《益世报》表达出了民间强烈的反战呼声。复刊后的第二天,社论《国际情势与国共问题》(1945年12月2日)就这样说道,"八年的惨痛牺牲,好不容易得到胜利,而现在又到处起了争端。在我们老百姓看来,这个问题应取决于投票,不应取决于武力。我们必须自强自重,千万不可自暴自弃。"12月5日的社论《纠正两种错误观念》则更加鲜明地指出,"战争就是破坏,物质的破坏和精神的破坏！"1946年1月10日,国共正式签署《国共双方关于停止冲突、恢复交通的命令和声明》,《益世报》于第二日即发表社论《下了"停战"令之后》(1946年1月11日),对"停战"的消息表现出极大的喜悦:"不打内战了,不打内战了！政府与中共双方昨天已经颁发了'停战'命令。我们不知道用怎样的言语来形容老百姓们听到'不打内战'的消息,其愉快的心情,该到什么程度？""假如把抗战胜利算作民国以来第一件大事;那么,现在的停止内战,就该算是第二件大事。因为内战不停,正如抗战未成一样,足以陷害民族国家,致使万劫不复的地步！"

除此之外,《益世报》对民生问题也十分关注。如1945年12月6日至8日,连续发表三篇社论对民生问题进行阐述,其中12月6日的社论《速谋恢复华北生产事业》中提议道,"吾人仍望注重于民间资本,其中如关于民生最重要最必需之棉织食粮等,则未尝不可建立一群有系统之民营机构,集中经营,当较分散方式于人力财力物力及技术方面均能集中,是易于收效也"。12月7日、8日,《益世报》连发两篇社论——《物价问题平抑》及《再论平抑物价》,对当时物价飞涨的现象作了全面细致的分析,并列出解决问题之方法。替百姓说话、为百姓服务是报纸安身立命的根本,《益世报》深谙此道,其言论对这一点都多有体现。

《益世报》人民本位的言论立场最鲜明的还体现在它倡导尊重民意,对人民在历史发展与政治生活中重要作用具有充分的认识之上。在1945年12月19日的社论《反对"秘密"谈判》中,针对美、英、苏三国外长会议以及近期国共会谈多采取"秘密"形式这一现象,《益世报》发表了这样的看法:"近几年来的国共会谈,每一次都在很秘密的情形下谈判,老百姓只知其当然,不知其所以然。所以大家心有不平,又不知如何'鸣'法,结果是:国共双方都不能深体民意,人民希望他们合作,而他们的关系越来越坏,国家也就更糟了。"1946年1月13日,针对"停战"协定签署之后的国家建设,社论《尚待进一步的努力》指出,"《纽约时报》的评论也说:……民意仍为当前局势之真正决定因素,可望促进任何未决问题获得解决。"1946年2月8日、9日,《益世报》连续两天刊发刘子健撰写的专论《人民本位——请从远处来看吧!》,鲜明地指出人民的地位与作用:"打开天窗说亮话,政府的领导也罢,党派的主张也罢,推其终极,决定的因素仍旧是人民。因为政府与党派都不能脱离人民,忘却人民!""所以民主政体不可能创立,民主化却应该著著进行,换言之,愈来愈应该尊重民意,采纳民意。制度是躯壳,民意才是灵魂。"正如其在1945年12月2日的社论《国际情势与国共问题》中说的那样,"一切政治问题的途径,只有以民意为依归,才是理想的办法。无论哪党哪派,如果他是真为国,必能得到多数人民的拥护,否则徒凭武力,结果必是自取灭亡。所谓得民者昌,失民者亡,说起来也很简单。"由此足见《益世报》尊重民意的坚定立场。

《益世报》对人民及民意的重视和强调,实际上正是其追求民主政治的表现。在对战后国家民主化的坚持上,《益世报》无疑是进步和积极的,也是具有一定深度和远见的。可惜的是,《益世报》的坚持和理想却因始终保留对国民党当局的同情而留有余地,尽管对政府的包容和迁就带有某种意义上的平衡及大局意识,但归根到底暴露了出一定的软弱性和妥协性。

(二)政府立场

《益世报》言论的政府立场也分为两个层面:其一是以宏观视野关注时事,高屋建瓴地分析并解决问题,其言论对国计民生、治国方略、政治生活、军事外交、金融整饬等都有涉猎;其二是在某些问题上同情政府、袒护政府、批判无力,甚至为政府开脱,对国民党当局表现出一种愚忠。

从复刊后的第一天起,《益世报》就对家国大事表现出极大的关心,其社论《建国与报纸出版自由——出版法应该废止》(1945年12月1日)、《对清理金融机关的建言》(1945年12月3日)、《法治与司法》(1945年12月10日)、《华北工业急需整顿经济》(1945年12月12日)、《政治协商会议》(1945年12月17日)、《由世界政治观测中国政局》(1946年1月

25日)、《澄清中苏关系》(1946年2月19日)、《大局澄清之路》(1946年2月26日)等等都是以大视角从各个方面对战后的国家重建及民族复兴建言献策,并表现出了一定的高度和胸怀。

然而,《益世报》言论的政府立场并不仅止于此。以一例为证:1945年11月25日,西南联大、云南大学、中法大学、云南英语专科学校四所大学的学生自治会联合召开时事讲演会,揭露国民党腐败、独裁、内战阴谋,反对蒋介石制造内战。12月1日,一大批佩戴"军官总队"符号的军人,分批闯入云南大学、中法大学、联大工学院、联大师范学院、联大附中等处,捣毁校具、劫掠财物、殴打师生,甚至向人们开枪投弹,致使4人被杀害,20多人被杀伤,制造了震惊中外的"一二·一"惨案。针对这一事件,《益世报》于12月4日发表的社论《告青年同学及青年的指导者》却显露出了这样的腔调:"青年学生的普通特质,第一是最容易不满意现状,尤其生为现代中国的有志青年;每易感到所知与所学常同国家社会的实际情形相去太远。因此在学时,每每不能安心读书。有的误入歧途,有的流于颓废,学识修养因之同受影响。这是负教育责任者所最感难于措施的问题。其二,大多数有志的青年,常常是感情胜于理智。对于问题,不易用冷静的头脑去分析,尤其不善于利用经验。""此外,你们更应该常常去想,怎样才能建国?拿什么来建国?很简单,贴标语,喊口号,参加政治活动,对于建国都不是一定会有贡献的,都不是积极的建国工作。你们最主要的建国工作,没有别的,只是努力敦品劝学。也可以说国家的存亡兴衰,端靠你们在这四个字上所用的工夫如何!不二的真理!也许你们认为这是老生常谈,可是这绝对是真理!不二的真理!你们大可不必喊肃清贪污,澄清政治;你们每一个人起码先立下志愿,在道德修养上用一番工夫……"对当局政府治国无能而滥施暴力无动于衷,对青年学生因爱国请愿竟至惨遭荼毒反倒"好言相劝"!那个内乱频仍、国运萧条、黑白莫辨、是非难分的时代下,《益世报》言论立场对其对自身利害趋避的选择可见一斑。

除此之外,面对国民政府统治下的中国政治腐败、经济凋敝的现状,《益世报》一方面表露出急切的不满,另一方面又表现出无限的同情和包容。

例如1945年12月7日的社论《物价问题平抑》,虽对物价飞涨极为不满和担心,但却仍表示:"我们对于市政当局的苦心筹划,极表敬意,但我们不可苛责市政当局以无能。"在1946年1月27日的社论《论政府机构》中,其在揭露政府机构设置的混乱及政令的难以推广之后,仍不忘作这样的表述:"决不是责备政府!只要设身处地地替政府想一想,从北伐到统一,从训政而安内,从安内而抗战,南北策划,东西筹措,上下万端,内外千变,这岂是容易的,何尝喘过一口松快气来?责人所不能的事,不是正当的批评态度!"

而最能反映出《益世报》在对待政府问题上的真实立场的,有1945年12月24日的社论《写在政治协商会议之前》中的这样一段话:"今天的中国,经过了八年抗战,到处人民需要苏息,我们不能也经不起整个的换汤换药。各党各派尤须认识:中华民国多少年来才培养成现在的国民政府,我们要严峻地批评它,尽我们人民及在野党的力量鞭策它,使它除尽贪污、增长效率,使它现代化。但我们今天不可阻挠它的前进,因为那便是阻挠了整个中国的前进。"

由此可见,《益世报》已将整个中国的命运与国民政府视作一体,它对民国政府的种种弊政不是不清楚,也不是不担忧,但这种担忧决无"换汤换药"之心,而更是一种"恨铁不成钢"的敲击。这种对国民政府的坚守,有很大一部分原因是寄希望于因它的改善而使中国免于一次因彻底的"换汤换药"而带来的动乱,希望中国能早日走出党争政争的阴影而迈入和平建国的大门。在当时的时代背景之下,这种愿望确是良善的,但时局腐败、民生凋敝已是不争的事实,认不清历史的方向而依旧驻足留守,这不仅是一种愚忠,更是一种背叛。当时代的车轮滚滚向前的时候,《益世报》的这一立场终将要面临历史的拷问。

(三)中间偏右

作为一份民间报纸,复刊后的《益世报》在政治上标榜"不偏不倚",以争取读者对报纸的好印象。当时编辑部流传着所谓"超政治、超阶级、超党派"的"三超"思想,强调真实、迅速、客观。①在《益世报》的言论中,确实可见其尽力保持中立,强调客观的追求,例如在报纸中称"中共""共军",不称"匪党""匪军",以及多有讽刺、揭露社会黑暗现象,反映人民群众疾苦的文字等等。但是,在坚持中立立场之余,《益世报》仍然有着并非绝对中立的倾向,有的时候,这种倾向还表现得非常明显,下文将对以上两种表现分别加以详述。

1945年年底,举国期盼即将召开的政治协商会议能够给中国带来和平稳定的新希望,12月9日,《益世报》发表社论《面对现实》,针对国共两党提出,"目前国内纷争,虽然谈不到停战,至少先要做到'别动手'的地步,先有和平之实,再论和平合作",同时指出,"政治协商会议的成败,基于会议前的准备,会议的内容和会议后的办法。一个前提,要真真确确地面对现实,连全国上下,也该有这样的态度,一齐努力,使当前的内争得到合理的归宿"。文章一针见血地指出了无论国共,倘若不"面对现实"、看清问题,即使召开所谓的政协会议也只是空谈,除此之外,文章还以超然的姿态提出了会议过程中有助于解决党争问题的五条建议。在论及抗战胜利后,国共两党统治区域内人民的安置问题时,1945年12月26日的社论《同胞不可等分》提出,希望人民之间不再区分"后方"与"收复区"这样的界限,应该是一个团结的民族,政府应该给每个人以同等的机会,反对上下隔阂,呼吁不分新旧、一视同仁,倡导集中力量、互助合作,让同胞们都担负起为国家服务的义务与职责。《益世报》的中间立场从这些言论中可见一斑。

但事实上,《益世报》的所谓"三超"和中立并没有像它标榜的那样坚定。1945年12月,国民党主席蒋介石亲临北平发表澄清吏治、开设信箱、广开言路的公告,12月16日《益世报》发表社论《有感于蒋主席》,针对国民党吏治腐败的现实,作了这样一番劝诫之辞:"当此国共问题尖锐化的时期,凡属党员,应如何体念孙总理及蒋总裁革命建国的苦心,

---

①《天津报海钩沉》,天津政协文史资料委员会编,天津人民出版社,2003年1月版,第104页。

公忠为国,与共产党争取民众。乃竟不加检点,授国民党以攻击的口实;这不只是殃民,而且是毁党。我们为国家设想,为国民党设想;希望传闻不实。"

另外值得一提的,是《益世报》于1945年12月17日发表的一篇社论——《政治协商会议》,文章针对当前国共两党势均力敌、内争一触即发的现状,分别作了这样一段表述:"共产主义根本的评价,现在且不必管。中国共产党近三个多月的行为,至少不是大多数中国人所能原谅的。原因很简单:违反民族利益,阻碍建国工作。国家经过半个多世纪的外侮内乱,托天之福,得有出头之日;乃竟不加珍惜,造成今日的局面。无论怎么说,共产党也不能脱卸责任。国民党自十七年统一全国以后就掌握政权,环境虽苦,机会不能说不优越。然而破坏多建设少。在上的领袖,公忠为国,是事实。然而内部组织如何?一般同志又如何?总不能不说是疑问。至少我们相信,假如国民党内部健全,富有朝气,不会有今天的纠纷,即使有,也不会这样难解决。"这段话乍一看似乎国共两党各打五十大板,但仔细一分析,不难发现其中有对共产党的反感,对国民党的无奈,以及由此而透露出的偏右色彩。

不仅如此,政协会议前后的《益世报》,在针对国共两党争论最激烈的问题——是先军队国家化,还是先政治民主化这一问题上,毫不犹豫地倒向了国民党的一边。1945年12月24日,社论《写在政治协商会议之前》说:"一个国家如果有一个拥有军队的共产党,这个国家绝不能实行民主宪政,因为它可以用武力威胁人民选择它(至少在它武力能达到的区域可以如此),一旦它得到政权,则只有两个可能,假如其他政党也有武力,那就演成内战,如果其他政党都没有武力,就只有消灭。"1946年1月4日,社论《反对割据》称,"我们今年要完成一个民主的政府,在这个政府之下只有一种完全受它指挥的军队。要达到这个目标,我们认为必须先使军队国家化,然后政府才能民主化。只有这一条路,没有其他绕弯的妥协办法。"

此外,针对民主政治的实现方式,《益世报》多次发表言论,将偏右的立场表现得淋漓尽致。1946年1月12日,社论《四个原则——再论"停战"以后该怎样？》明确表示，主张政治一元化，不同意联合政府，承认"国民大会是宪法的主体，宪法是宪政的根据，宪政又是实现民权理想、完成民主政治的不二法门"。1946年1月17日、18日连续两期发表专论《论实行民权与完成民主——响应重庆天主教文化协进会时局宣言》称，"中共以及其他政治集团，绝不可为了争取其党的生存企图夺取政权，包办民主，忽视'国'与'民'的利益，戕伤中国的进步，牺牲中国的前途。""我们认为政党联合瓜分势力的政权不是民主，由政党会商产生的政治更不合法，真正的民主必须经过国民大会，由人民实行直接民权，选举人民拥戴的人，出来担当人民赋予他的使命，才是民主政治的归趋。"1946年1月23日，社论《以法国必中国》再次表示，"从效能上看，从民主政治的正常制度上看，我们大可不必高唱联合政府滥调，除非是别有居心。""有法国的前例，我们也就看清了中国当前的政治危机的关键在哪里。也同样可以确定了我们该努力的目标是什么，是非之间没有第三条道路，希望有识者深长思之。"《益世报》反对联合政府，主张实行由国民党掌权的"一元化"，反对中国共产党拥有军权，不认可政协会议的合法性，并且推举国大，这一切都鲜明地印证着，中间偏右确是《益世报》言论一个比较明显的立场。

六、《益世报》本时期的副刊

本时期的《益世报》副刊，基本保持了原来的特征。

1946年8月1日，《益世报》第9955期，《国际周刊》创刊，由政治学研究会主编。目的在于站在客观的地位来介绍事实，介绍国际知识和国际史料。包括国际论坛、国际讲座、人物传记、国际史料、国际辞林、国际逸闻、国际小常识、国际新书评介等。到1948年4月28日终刊，共87期。

1946年8月2日《益世报》第9956期，《实业之友》创刊，目的在于"提高民族对实业的兴趣，造就实业界技术与管理的人才，发展新实业"。[1]该刊到1947年2月10日停刊，共27期。

---

[1]《实业之友发刊词》，《益世报》，1946年8月2日。

1946年8月3日《益世报》第9957期,《读书周刊》创刊,内容为书评及各种读书札记。到1946年12月27日停刊,共20期。

1946年8月4日《益世报》第9958期,《经济周刊》创刊,主要根据普通经济学教科书上生产、消费、交易、分配以及国际、国家、地方经济问题进行讨论,了解。共51期,到1947年8月1日停刊。

1946年8月6日《益世报》第9960期,《史地周刊》创刊,目的在于使史地研究与史地教育发生正常的关系。该刊共113期,到1948年11月9日终刊。

1946年8月7日《益世报》第9961期,《文学》创刊,后改为《文学周刊》,由沈从文主编,到1948年11月8日停刊,共118期。

1947年1月3日《益世报》第10108期《艺术周刊》创刊,由徐悲鸿主编,他在发刊词中说:"吾人应开展吾人之智慧,为自然之活动以创造艺术,创造直美善有德性之艺术,以自勉于庸俗,以复兴吾中国之艺术。"[①]

1947年8月8日《益世报》第10323期,《社会研究》创刊,旨在对于社会学的问题,得出一个共同的认识。到1948年11月6日终刊,共82期。

1948年7月7日,《益世报》第10655期,《工程与科学周刊》创刊,其"专注于重工程科学与物质科学,亦包括有关之数学科学"。到1948年11月10日停刊,共18期。

第三节　中共地下党的新闻传播业

一、中共天津党组织在内战前的新闻传播活动

1945年8月,日本帝国主义宣告无条件投降,抗日战争终于取得胜利。经历八年亡国奴惨痛生活的天津人民立即沸腾起来,沉浸在欢乐之中。以蒋介石为首的国民党统治集团,凭借手中掌握的权力,加紧调动军队进入天津,企图抢夺抗战胜利果实,他们接连发出八路军不得擅自行动命令。为粉碎蒋介石的政治阴谋,为全国人民争取一个和平

---

① 《艺术周刊献辞》,《益世报》,1947年1月3日。

建国的前途,中国共产党于8月25日发表了《对目前时局宣言》,同时对天津的工作做了重大调整。根据中共中央的指导精神,中共天津党组织立刻建立了天津解放委员会,将原市内多系统领导的党的工作,统一领导起来,并很快开展了一系列宣传工作。9月20日,为直接向天津市内人民报道国内外形势,阐述党的正确主张,提高群众思想政治觉悟。"为加强对外宣传,及时指导工作",天津工委"特决定出版公开报纸,定名《天津导报》"。①

《天津导报》1945年9月30日在天津附近霸县胜芳创刊,为天津解放委员会机关报。社长、总编辑由津委会宣传部副部长娄凝先担任。最初为三日刊,后逐步改为二日刊,8开两版,石印,每期印1000份。该报出版后,由秘密交通员带至天津市内发行。它除了报道国内外形势,阐述党的政策主张外,还及时报道天津工人、学生和各阶层群众生活与斗争情况,总结和推广他们的与国民党斗争经验,指导市内工作,深受读者欢迎。国民党对它非常畏惧,1945年11月8日,国民党天津市长张廷谔曾给警察局下达过手令:限3天把《天津导报》巢穴破获,还特别提出破获者赏伪币10万元。

该报在市内设总发行站,地点在西南角古文物市场徐家胡同16号(今南开区太平庄刘家西胡同),由左建负责。每期报纸都由交通员胡永亮负责往市内掩护运送,然后由学委系统分发到市内大中院校和大工厂,从没发生过意外。②该报坚持出版25期,后在国民党政府的迫害下于1945年12月上旬停办。

天津解放委员会鉴于《天津导报》被迫停办,决定在天津市内民主力量掩护下,以灰色面目,创办公开合法的日报。由朱子强率董东、简群,在上海道(今南京路)42号创办"中国新闻摄影通讯天津分社",出版《中国新闻》报。《中国新闻》1946年4月18日创办,4开4版,开始印1000份,后增加到3000份。该报社公开社长是张树德作掩护,实际上受

---

① 《天津工委会关于出版〈天津导报〉及建立通讯发行工作的决定》,1945年9月20日。
② 陈德仁编:《天津地下党斗争》(内发),1992年10月。

报社党组领导,由天津解放委员会宣传部副部长娄凝先直接领导。该报继续按照《天津导报》的做法,与国民党反动派进行斗争。8日,当报社得知国民党当局欲查封报社的消息后,发表了《告读者启事》称,因经费困难暂行停刊。

中共天津党组织在创办《天津导报》期间,还组织发动学生和一些革命文化工作者创立了《青年之友》《天津学联》《刊联》《学生》《五四》《爝火》《生活与学校》《吐露》《惊叹》《都市生活》《乌合》《瑯环》《鲁迅文艺》《文联》等数十个报刊,和国民党政府展开了争夺社会舆论的斗争。

《青年之友》是中共天津学委的机关刊物,天津解放委员会委派左建负责。创刊于1945年9月18日,半月刊,16开本,共出6期,前5期油印,第6期更名为《同学们》,改为铅印。每期发行1000份,通过学委系统党组织分发给各校,积极组织学生运动,指导学生用新观念思维和学习。因此,该刊引起国民党反动当局的注意,遂于1945年12月25日更名为《同学们》,继续铅印出版。不过,《同学们》仅出了一期,就被迫停刊。在为期不长的时间里,该刊给读者留下了很深的印象,并具有以下特点:

1. 定位在学生读者之中,尤其把视角对准人数最多的中学生群体。该刊从第一期开始,就针对抗战八年学生界的沉闷政治空气和死读书的风气,在"生活问答"栏目发表编辑专论《冲出你的书房吧!》和韩峰的文章《怎样读书——读书的三个原则》。针对学生还不习惯组织起来过组织生活的现象,连载长篇文章《怎样过集体生活》。为了引导学生关心国家大事,在第五期转载郑振铎《读国共会议记录》和陶行知的《反对内战》等文章。开辟了"介绍与批评"专栏,介绍茅盾的长篇小说《子夜》和民盟的刊物《民主》与《文萃》。发表具有革命气氛文艺作品,还设置了"各校通讯"栏,加强了互相交流。

2.以各种纪念日为新闻由头,对学生进行革命传统教育。该刊一期上发表了短评《纪念九一八》。1945年11月1日出版的三、四期合刊是"纪念鲁迅先生逝世九周年"专号,发表了一批纪念文章。12月9日出版的第六期是"一二·九"十周年纪念专号,发表了楚天青的《从纪念"一二·九"十周年,说到目前青年民主运动的方向》。在这期还以左建纪念

"一二·九"的木刻为封面。

3.紧密联系现实斗争,指导学生与当局进行斗争。该刊第三、四期合刊,设置了"甄审问题特辑",发表了编者文章《我们对这一次天津市立中学学生联席会的一点意见》及《北平学生给我们的信》。12月9日出版的第六期发表尤青《由"一二·九"联想到目前的反甄审运动》及《关于甄审问题北大、师大学生告全国各界人士书》的文章,拉开了天津历史上的"甄审"运动。

"甄审"运动的爆发起于1945年9月27日,国民党政府教育部颁布了《甄审收复区中等以上学校学生办法》和《收复区中等学校教职员甄审办法》,竟把他们逃往后方时丢在沦陷区工作的教师和在沦陷期间成长起来的青年学生,诬称为"伪教师""伪学生",而且要经过他们极不合理的"甄审"(如考试三民主义、英文等课程)才承认合格等等,否则不得发给学生毕业证书,教职工不得继续聘用。这种做法实际上意在迫害进步学生和进步教师。当《办法》公布后,群情激愤,舆论哗然,尤其学生和教师形成人言鼎沸的局面。中共天津工委认为,组织师生开展反"甄审"运动,是打击国民党的势力、发展民主运动的好时机,于是积极进行大量的思想发动和组织工作,并通过天津学委主办地《青年之友》,发表反对"甄审"的文章,大造革命舆论,串联了津城的私立学校,形成了更广泛的群众愤怒的波澜。对此,国民党天津市党部机关报《国民日报》抛出谬文《反对甄审声中谈甄审》。说什么"甄审""是为学生前途着想""是沦陷区学生表白自己有真实学识的好机会",为政府的反对措施辩护。他们还通过学校里的三青团、特务造谣恐吓同学,甚至用匕首威胁广东路中学代表。中共天津党组织又抓住这一时机,因势利导,号召各学校大办校刊,并决定成立"天津市学生联合会",做出了出版《天津学联》的决定,将这个运动推向了高潮。在中共天津党组织的领导下,这场运动以胜利告终。《青年之友》对这场运动给予了充分的报道,不仅发表了一系列文章,而且还增设了特刊,及时有力地指导了这场斗争,让天津的广大群众认清国民党反动政权统治者的真实面目,鼓舞了天津人民的斗争意志,又涌现出一大批要求进步的积极分子。

　　《天津学联》是在中共天津党组织领导下，发动的反"甄审"运动之后，由新成立的天津学生联合会决定出版的一本刊物。该刊创办于1946年1月20日，同年6月16日停刊，共出6期。8开4版，不定期发行。每期发行1000份，由七七出版社总经销。该刊设：通讯报道、大众呼声、论文、杂感、文艺、艺术小说等栏目。该刊创办时恰逢我党与国民党签订《停刊协定》的第十天。这个协定受到天津及全国人民的热烈欢迎。为使中共天津党组织的工作适应新的形势变化，团结一切可以团结的人，建立广泛的民主联合阵线，利用公开合法形式发展民主运动，中共天津党组织委派学联宣传部长李陶文创办了这个刊物。创刊后的《天津学联》密切结合当时的形势，及时报道天津学生运动情况。为使之深入各校，团结更多的学生，该刊以"发起学生写作运动"提出组织通讯网，在各校设固定通讯员，负责组织本校征稿、组稿等工作。

　　《天津学联》创刊不久，2月10日，国民党在重庆制造了"较场口事件"，郭沫若、李公朴等遭殴打。2月8日，在天津，国民党当局根据教育部关于"凡学生鼓动风潮即予开除"的反动训令，将支持学联活动的广东路中学校长撤职。对此，《天津学联》组织社会各界人士和学生，撰写发表文章指责国民党破坏政协会议决议，为其发动内战制造气氛的行径，使天津许多人开始认清了蒋介石的真实面貌。事后，该刊被国民党当局勒令停刊。

　　《刊联》是天津学联宣传部长李陶文，受中共天津党组织委托，在发行《天津学联》的同时，另外主编的一本刊物。该刊于1946年3月5日创办，8开5版，版头套红，只出一期。该刊是李陶文在1946年元旦发起成立的"天津市青年刊物联合会"的会刊。其宗旨是："要说出青年们内心的话，贡献给青年们一些进步思想，帮助青年选择一条正确的道路"；"作大众的喉舌，反映人民的公意，喊出人民的痛苦"；"揭发现实的丑恶，拥护正义的开展，扶助有益人民群众的事业"；"启发人民的觉悟，推动民主运动，为建设和平民主的新中国而奋斗"。[①]该刊不仅同样

---

① 转引《天津通志·出版志》，天津人民出版社，2001年版，第160页。

刊登了重庆"较场口事件"的相关消息,发表了《重庆各界人民团体发表陪都血案经过事实向全国同胞控诉书》一文,还用3个版的篇幅,报道了河北省立天津师范学校学生郭文荣,因受学校当局迫害自杀事件真相和遗像,刊登了"河北省立天津师范学院学生联盟会致"××长官书""被开除学生的信函""天津市学联声援省师事件的致各长官书",并撰写文章揭发国民党反动统治下教育腐败,为省师同学遭受迫害摧残向国民党当局提出强烈抗议,号召广大青年学生团结一致,为死难同学复仇,为被开除学生复学而斗争。该刊的呼吁在社会上引起强烈反响。经过群众的据理力争,被开除的同学终于复学了。同期《刊联》还登载了《铁路员工请愿记》《双喜纱厂群众的怒吼》等文章,反映了工人同胞的疾苦和斗争。不久,它同样遭到国民党当局的禁令,连天津青年刊物联合会也被国民党勒令解散。

《爝火》是天津市青年学生民主促进会出版的机关刊物,1945年12月20日创刊。该刊前身是天津一批进步青年出版的油印小报《海涛》,后来改名为《文疆》。1945年5月,中共党员张稚生参加该刊工作后,将其改为本名,共出3期。该刊的主要任务是:揭露国民党的反动本质和黑暗统治,在青年中传播进步思想,启发广大青年为争民主争自由而战斗。[①]由于办刊物的都为女性,所以对妇女的疾苦给予极大的关切,第二期出版时正值"三八"妇女节,特别刊出"三八国际妇女节特辑",共4版。在该辑的文艺版转载了邹韬奋的《郭先生的和尚妙喻》,写的是郭沫若以和尚做比喻,讽刺国民党拉人入党的丑恶面目,指出国民党中"那些信徒至少有百分之五十简直是吃教的骗子,和尚庙里有那么多吃教的骗子,不守清规的野和尚,实在有迅速清庙之必要,其重要性和迫切性实在超过了多拉几个新和尚"。[②]该刊一部分直接送到各校分发,一部分在街头零售,每期发行1000份。

中共天津党组织在开展与国民党当局争取和平民主斗争的时候,

---

① 《解放战争时期天津学运史料》(下),天津古籍出版社,1996年版,第525页。
② 《解放战争时期天津学运史料》(下),天津古籍出版社,1996年版,第526页。

还以许多革命文化工作者为基础,团结了一批进步文化人,于1945年10月7日成立了"天津市文化人联合会"后,10月19日出版了《文联》周刊。其宗旨是:团结天津文化人,为建立和平、团结、民主、自由、富强的新中国而奋斗。该刊由应授天主编,第1卷为周刊,第2卷改为半月刊,16开本,每期20余页,两万字。1946年6月15日出至2卷7期时被国民党强行取缔。

《文联》周刊创刊号代发刊词《联合与团结》一文中指出:"以文联的简称作为文联周刊的名字,正是表示我们企求借此以广泛的联合团结平津的一切爱国文化工作者,以及华北乃至全国所有的爱国文化工作者的意思,正是表示我们自愿自发的联合起来,过去曾经追随,现在仍在追随着,将来亦必永远追随着鲁迅先生的道路继续前进的意思。"创刊号还登载了《毛泽东先生答路透社记者问》和《关于〈新民主主义论〉》等文章。该刊除登载文联会员所写的诗文和政治评论文章外,也转载各进步报纸和解放区报刊的文章。特别是在重庆谈判签订了《双十协定》后,围绕中共提出的和平建国的基本方针,大力宣传了反对内战,争取和平;反对独裁,争取民主;反对倒退,争取进步的思想。所以在知识界产生了广泛影响,每期印刷三千余份,出版后经常被抢购一空。

全国内战爆发后,国民党当局进一步加强了白色恐怖。1946年6月底,查封了在津城的所有我党领导的报刊,逮捕了大批进步人士和工人、学生。中共天津党组织和国民党反动派的斗争开始进入了更加隐蔽和艰苦的阶段。

二、天津解放前夕的"地下记协"

"地下记协"是天津地下党于1948年3月在天津建立的一个秘密外围团体,负责人是受天津地下党平津工作委员会委派的李宏,1948年夏天改由李之楠负责。[①]"地下记协"成立之初,其成员都是在津城的中共地下党员,后经段镇坤又从《大公报》《益世报》《民国日报》《新生晚

---

① 段镇坤:《五十年前的天津地下"记协"》,《天津文史资料选辑》总第82辑,天津人民出版社,1999年版,第54页。

报》《新星报》等中发展了三十多人。主要有:徐景星、贺照、张虎刚、勾宪真等。该组织成立时定名为:天津记者协会,简称"地下记协"。该组织从成立到天津解放,在仅仅十个多月的时间里,为宣传党的政策、团结争取群众、保护印刷设备和解放津城做出了贡献。为解放军入城接管《国民日报》,顺利出版新天津党的机关报——《天津日报》创造了条件。天津解放后,"地下记协"的大部分成员被充实到《天津日报》和《新生晚报》(现为《今晚报》)。为了团结、教育各报新闻工作人员,经市委同意,"地下记协"成为一个公开的新闻工作者的群众团体,正式定名为天津市新闻记者协会。

第四节　晚　报

抗战胜利后,天津各种晚报纷纷登台亮相。从1945年到1948年,天津先后发刊的晚报就有《自由晚报》《民国晚报》《大路晚报》《真善美晚报》等8家,其中除《民国晚报》是附属于《民国日报》的国民党党报外,其余都是独立经营的。在这些晚报中以《新生晚报》影响最大,其他多无特色,惨淡经营,销路甚窄。

创刊于1946年7月31日的《新生晚报》社长是常小川,发起人和第一任总编辑是张道良(今名张道梁),随后约请马际融任总编辑。分工上,马际融分管副刊和本市新闻,张道梁任主笔,编要闻版,管理社内外事务。天津解放后,则由贺照担任总编辑。

《新生晚报》平时日销量在一万五到两万份左右,社址设在罗斯福路240号(今和平路百货大楼旁,一直到1956年搬出)。

《新生晚报》在南京、北平、沈阳等处约有记者,经常拍发专电。该报也像其他报纸一样"偷电",即通过电台偷收各大报、通讯社的电讯,同时,也有自己的专电。如张道梁与北京《世界日报》成舍我约定,每日中午定时由两家晚报以长途电话交换上午各自采访的新闻,由马际融负责记录并写成新闻稿。

报道上,《新生晚报》晚报特点比较突出,时事新闻迅速翔实,重要新闻多为当天消息。配合新闻的评论和专业文章,许多谈得比较深刻,为一般群众喜闻乐见。因为报道倾向于人民,曾多次受到国民党天津市反动当局的警告甚至于持枪到报馆威吓。如1946年9月3日,该报播发了解放军解放大同的消息后,国民党市党部即派人带着特务到报馆质问威吓,后经常小川托人疏通才平息。

《新生晚报》有七个周刊,即"文艺大地""读书""人物""妇女""星期专页""报与报人""宗教论坛"。其中不乏名家作品,如北京著名作家徐凌霄和张中行均开辟专栏。由于该报是由基督教百万基金会资助的,宗教论坛由教徒乔维熊编辑,报社只负责校对、印刷等,其他并无宗教色彩。

第五节　广播电台

解放战争时期的广播电台是天津广播的又一个发展期,有官办、民办、外国人办和军办广播电台,其中官办、民办仍是此时影响最大的电台。外国人办的电台只有美军一家广播电台,为军用,播出一年多即随美军撤军而停播。军友、军声、阵中等军办电台主要用于宣传国民党军队,也播放商业广告,但存在时间都很短即停播。

抗日战争胜利后,国民党政府于1945年8月接管了天津的日伪电台,更名为中央广播事业管理处天津广播电台。到1946年初,天津广播电台已经拥有了四套广播,最大发射功率为500瓦,每套平均播音时间为10~14个小时。主要用于国民党对内战的宣讲教育,除了播出一些新闻类节目、西洋歌曲、军教歌曲之外,还有一个更重要的军事用途就是为赶赴华北的美国战舰指示方位。

天津广播电台第一广播以新闻、演讲、讲座、音乐节目为主要内容,但随着国民党政府发动内战,施行反共政策,节目中越来越多的出现"戡乱救国宣传"。其频率为620千赫,功率为500瓦,播放时段为早7点到晚12点。第二广播以英语新闻、英语讲座、英文歌曲为主,并插播广告节目。其频率为1110千赫,功率为500瓦,播放时段为上午9点到晚12点,中间不休息。第三广播以广告为主,由电台聘请演员,由商户按广告时长缴费。其频率为820千赫,功率为100瓦,播出节目、时段基本与第二广播相同。第四广播初期为短波广播,并无专门的节目,常常用来和各地电台进行联络,直到1947年7月才改为中波,并开办自己的节目。其频率为1290千赫,播出时段为下午2点到晚10点。

1947年4月,资源广播电台成立,该电台是由国民党政府资源委员会下属的中央无线电器材公司天津营业处开办的。电台的中波输出功率不到500瓦。开办这一电台的目的就是为了推销无线电器材公司天津厂(后为国营天津无线电厂)用美国零部件组装的收音机。该电台没有实质性的商业广告,仅播放少量的新闻、戏曲和舞曲等,至天津解放前夕停止播音。

为了满足发动内战的政治需要,国民党军队开办了军用电台。1948年6月、12月,国民党相继成立了军友广播电台和军声广播电台,广播节目以国民党军队的军旅生活、训练成果、军队音乐等内容为主,目的是为国民党军队发动内战做宣传。当时,军友广播电台的使用频率为1450千赫,功率为300瓦,但由于经营困难,3个月之后便处于时播时停的状态;军声广播电台的使用频率为900千赫,功率为200瓦,呼号为XMLA①,该台由天津警备司令部责成钟镜公司承办,名义上军办,实则民办,仍以商业广告为主,1949年1月15日天津解放,该台宣告结束。

1949年1月,国民党守军为内战宣传,责成天津警备司令部政工处将已经停播的青年广播电台改为阵中电台并开始播音。输出功率为500瓦,于1949年1月14日停播。1949年1月15日,随着天津解放,天津广播电台被接管,军用电台被停用。

除了国民党创办的军用电台之外,1945年10月,美军驻扎天津后,由美国海军陆战队创办军用电台,虽然国民党政府明令规定未经允许不得开办电台,但美军军营内的电台还是开办到1946年冬,随美军的撤离才停播。该电台使用频率为1500千赫,功率为500瓦。

---

① 天津市广播电视电影局编著:《天津通志·广播电视电影志》,天津社会科学院出版社,2004年版,第87页。

　　在民办电台方面，这一时期的民办电台赢来了第二次繁荣时期，主要原因是这一时期的无线电专业技术已经经历了长足发展,日渐成熟。1946年11月12日,中国广播电台正式成立并开始播音。该电台设立在原日商义昌洋行旧址,抗战结束后,由国民党政府接收,更名为国防部中美电机厂。中国广播电台是由厂长楼兆绵与其妻依托当时警备司令部的关系所开办。电台除进行少量商业性广告广播外,还设立收音机维修部,虽然电台具备这一时期广播的便利条件,但是经营得并不好,曾使用过的频率有880千赫、988千赫、1400千赫,功率为500瓦,使用过呼号XLMC①。

　　1946年11月10日,华声广播电台成立。该电台由国民党中央军事统计局(军统)人员直接掌控,使用过的频率有1260千赫、950千赫、920千赫等,输出功率为500瓦,呼号为XLMA。由于其发射天线高,功率大,设备精良,除覆盖平津、华北地区以外,山东、陕西、甚至四川均可接收到华声电台的广播,影响范围巨大。到1948年,由于社会动荡萧条,电台竞争也日趋激烈,华声电台为扩大经营,利用晚间2个小时左右的时间为天津到上海的飞机做定位导航。

　　1946年12月15日,中行广播电台成立,全称是"中行贸易公司附设广播电台"。中行公司起初是出于经营商业广告的目的而创立这座电台,而当时申请电台没有国民党内人士参与,很难获批,该电台曾一度面临被封的局面,经过一年多时间才拿到营业执照,而电台业务却受到很大影响,有幸的是中行公司进口贸易比较发达,中行电台这才得以持续下去。1948年,中行电台开始独立运营,节目类型与其他商业电台基本一致,以广告形式为主,穿插一些科学讲座、儿童节目、卫生科普等等文化普及类节目,同时还有一些商情资讯类节目。该电台使用过的频率有1000千赫、1220千赫,呼号有XTCH、XLMC等,功率为500瓦。

　　解放战争时期,民间独立团体经营的广播电台更多是依附于国民

①　天津市广播电视电影局编著:《天津通志·广播电视电影志》,第85页。

党中央军事统计局(军统)和国民党中央调查统计局(中统)等特务组织,通过广播电台搜集情报,从而进行反人民的宣传活动,政治色彩浓厚。所以,1946年至1948年间,在天津设立的商业广播电台中,仅有中国、华声、中行三台正式领有执照、呼号。

但这一时期,因技术进步,民办电台繁荣发展,天津出现了一些比较有影响力的民办电台。1946年12月28日,世界新闻广播社成立,该社又称为"天津市文化广播电台",或者"世界电台",是由国民党中央调查统计局(中统)开办的。除了广播一些商业性质的节目外,各地的时政新闻、时事评论、施政问答、法律讲座、名人讲演等等也是其广播的重点。世界新闻广播社还曾出版过以汇编一些重要新闻为主的《世界新闻》小报。到1948年下半年,电台因经营困难而陷入停顿。该电台的使用频率为704.8千赫,功率为200瓦,呼号为XNBA。

1947年1月3日,友声广播电台成立。该台的负责人员多为国民党军统成员,主要用作军统在天津直接领导以电台为掩护的特别站,频率为760千赫,呼号为XPBA。由于在获取营业执照和经营上均未取得突破,维持不到一年就停播了。

1947年3月,宇宙广播电台和青联广播电台先后成立,均是国民党官员出于政治考量而设立,但都因未获得执照和经营问题,几个月之后即宣告停播。宇宙广播电台使用频率为750千赫、730千赫,呼号为XTYC;青联广播电台使用频率为1360千赫、1480千赫,功率为200瓦。1947年7月,天声广播电台成立,后也因为未取得营业执照而停办。

1947年9月5日,青年广播电台成立并对外开播。其前身为"天声广播电台",由无经费的三青团和有经费的原天声台合办,以三青团身份申请执照,未获成功,于1948年6月10日被查封。该台以商业性质广告为主,偶尔分时段为三青团的竞选做宣传。

1948年7月钟镜广播电台成立、开播。使用频率为760千赫,功率为200瓦,呼号为XPBA。后因未取得营业执照,于年底停播。

与此同时,在1946年前后,还有二十几家商号欲设立电台,都因申请未获准而停罢。曾在三十年代最有影响力的仁昌广播电台,也一度想在1946年恢复开播,终未能实现。由此可见,这一阶段的天津广播事业处于国民党政府严苛的控制之下,尤其在解放战争时期,由于国民党对舆论的高压控制,对于民间电台的审批更加严格,对这一时期的天津广播事业产生了严重影响。

1947年3月,华声、中行、中国、世界、友声5电台成立"天津民营电台联营社",目的是汇总办理各台广告,统一价格雇佣演员,但受社会时局影响,其影响力微乎其微。

1948年4月,天津广播电台出面组织了一个由天津市公、民营电台负责人组成的座谈会,目的是让天津广播电台更好地控制各民营电台,更好地为国民党政府做宣传。经营性电台的"广播广告联合会"与经营性报纸广告的广告社联合起来,成立"广告同业公会",实质上是为了更好地控制各台广告,但因市场萧条,民营工商业举步维艰而作罢。

1949年前的天津,社会动荡,在日本侵华战争与国内解放战争的内忧外患双重夹击下,天津的广播事业和天津的历史一样,经历了曲折中的前进道路,虽然最终有数十家电台由于种种原因未能开播,但留下来的为数不多的几家电台却成为了中国广播行业的先驱,为1949年后天津广播事业的发展奠定了基础。

第七章　新中国成立初期的天津新闻传播业
（1949—1956）

　　新中国成立以后,各项事业百废待兴,面临着打破帝国主义及国民党反动势力的经济封锁和战争威胁、稳定社会秩序、建设人民政权、实行民主改革、恢复国民经济、发展生产、进行社会主义改造和建设等多方面的艰巨任务。

　　天津新闻事业和全国新闻事业一样,也面临着以执政党党报为主体的新闻体系的建立。新闻界依据中央决策,积极执行党的宣传方针和政策,把握引导新闻舆论,建设改造和发展自身,取得了重大成绩。在报道开国大典、抗美援朝及社会新闻中,都体现了天津的地方特色。虽然在思想文化宣传上,没有从一开始即坚持应有的舆论导向,造成了不好的影响,但能够及时做出调整,并在随后的新闻改革中积极表现,为新中国的新闻改革做出了不小的努力,取得了一定的成绩。

第一节　社会主义新闻事业在天津的创建

一、中华人民共和国成立初期天津新闻传播业的调整与发展

（一）报业的调整和发展

1.共产党机关报:《天津日报》

中共天津市委机关报,于1949年1月17日创刊（接管、利用旧《民国日报》）,报头由毛泽东亲笔题写。1964年7月29日,毛泽东再次为《天津日报》题写报头,同年10月1日刊用。《天津日报》作为首张直辖市报纸,坚持宣传马列主义,将共产党的路线、方针、政策放在首位,并结合天津市建设的实际进行广泛、有力的宣传报道。《天津日报》不失对大

众生活的关注,前后设立了"天津妇女""文艺周刊""卫生与健康""通俗读物""青年生活"等专版,既注重报纸正面宣传的积极作用,内容又不乏阅读乐趣,成为广大天津市民热心阅读的版块。

2.工会日报:《天津工人日报》

其为天津市总工会机关报,于1952年5月1日创刊,1960年6月停刊。办报宗旨为:认真贯彻工运方针,弘扬主人翁精神,维护职工群众的合法权益,交流新时期工会工作的经验,传播职工关心的政治、经济信息,报道国内和天津市新闻。主要读者对象为天津市广大职工和各级工会干部。

3.青少年报纸:《天津青年报》

中国共产主义青年团天津市委员会机关报,创刊于1949年6月12日,4开4版,每周一期。为适应天津解放时局,更好地向青年朋友宣传社会主义,鼓励青年投身社会主义国家建设,《天津青年报》应运而生,成为了1949年前后公开面向青年的第一张报纸,也是第一张团报。该报得到了中央青委及天津市委的高度重视,朱德委员长为《天津青年报》题写报名并题词。1950年团中央筹办《中国青年报》,抽调本报骨干,《天津青年报》遂于1950年11月7日停刊,共计出版70期。1955年秋,随着天津团市委机关内的肃反运动的结束, 在经过一段时间的筹备后,《天津青年报》于1956年7月1日正式复刊,再次成为引领天津青年学习、进步的报纸。与过去的《天津青年报》相比,经过6年的酝酿与积累的新青年报更加贴近青年的实际生活,更具感染力和吸引力,深受青年朋友们的喜爱。

4.民营报纸及其他

《进步日报》

1949年2月27日由新记《大公报·天津版》改组更名为《进步日报》,成为天津解放后第一家民营报纸,后逐步由共产党领导下的公私合营报纸转变至公营。《进步日报》延续了新记《大公报》的报风,以报道时政、商业新闻为主,重在新闻述评。1953年1月1日,上海《大公报》与天津《进步日报》合并,仍称《大公报》,在天津继续发行。1956年10月1日迁址至北京,于1966年9月10日停刊。

王芸生(1901—1980年),原名德鹏,天津人,无党派爱国民主人士,青年时期曾和天津各洋行的青年员工发起组织"天津洋务华员工会",被推为宣传部长,主编工会的周刊,因鼓动爱国情绪,进行反帝宣传而受通缉,周刊于1926年3月被迫停刊。后南走上海,任国民党上海特别市党都副秘书长,同时与共产党人先后主办《亦是》《猛进》等周刊与《和平日报》。1926年年底回天津,任国民党天津市党部宣传部副部长。1928年,在天津《商报》任总编辑。1929年8月22日王芸生应新记《大公报》总编张季鸾之请进入该报,成为一名职业新闻记者,从此结缘新记《大公报》。

《新生晚报》

创刊于1946年7月31日。1949年1月15日天津解放,发放《天津解放号外》,后停刊,又于3月重新登记后复刊,成为经过新政府同意出版的全国第一张晚报。1952年,《新生晚报》改制后更名为《新晚报》,加强了党的领导,确定了读者群为街道居民、街道工作者、手工业者、中小工商业者等。针对晚报和读者对象的特点,《新生晚报》利用大众在一天繁忙的工作之余,较为轻松、深入浅出地对国家政策、时政新闻做出报道和解说,对生活各个层面的大事小情都有所涉及。《新晚报》于1960年7月同《天津青年报》《天津工人日报》三报合并,改称《天津晚报》。

《天津广播》

天津市广播电视局主办,创刊于1955年1月,1966年停刊,报头由郭沫若题写。本报为广播电视方面的专业报纸,8开2版,主要刊登节目预告、节目介绍以及少量的新闻报道。办报宗旨为:宣传党的方针政策,为广播电视服务,为丰富人民大众的文化生活服务,为听众、观众和读者服务,为社会主义建设服务。该报在一定程度上扩大了广播的收听效果,为工厂企业在内的各广播站选择转播电台节目提供了方便,到1955年底,《天津广播》的发行量达5万份。《天津广播》即现在的《天津广播电视报》。

除了以上1949年后出版的主要报纸外,还有《博陵报》(1949年2月创刊,1952年因违反办报宗旨被取缔)、《星报》(1950年2月2日创刊,1952年6月30日停刊,由天津市文化局星报社编辑发行,是以戏曲改革为中心的文化小报,总编辑为阿英。其办报宗旨为"繁荣文艺创作,促进戏曲改革"。周扬为《星报》题词:"戏曲改革只有依靠广大艺人的自觉与积极行动才能成功。")、《津郊农民小报》(1955年1月创刊,1958年停刊,总编辑为刘俊才)。

(二)新华社天津分社的成立和发展

1948年12月25日,天津日报成立大会在河北省霸县胜芳镇召开,副社长王亢之宣布天津日报社正式成立,同时宣布成立新华社天津分社。此时的新华社分社还是与天津日报、天津新华广播电台同用一套工作人员的《天津日报》工作组,没有单独设社。1949年1月15日,天津胜利解放,16日即正式对外开始工作,并于17日在《天津日报》上刊登了新华社天津分社成立的消息。第一篇用新华社天津电头发出的稿件是《天津市政府成立,黄敬、张友渔任正副市长》。这篇具有纪念意义的稿件是记者李夫进城前趴在胜芳镇房东的锅台上撰写的,它同随军记者采写的关于天津市军事管制委员会成立的消息,一起由新华社总社综合编发了出来。

1949年8月,新华社天津分社提出从天津日报社分离出来,独立成社,以应对越发繁重的报道任务。1949年11月7日,新华社天津分社正式分立办公,并于11月8日在《天津日报》上刊登《新华社天津分社重要启事》:"本社过去与天津日报合并办公,现因工作需要,自一月七日起,迁移至多伦道二五二号办公。"虽然在形式上已经独立,但在组织领导、干部配备、经费开支等方面仍由报社负责,没有完全独立出来。中共中央1950年3月发布了《关于改新华社为集中统一的国家通讯社的指示》。同年4月,中央人民政府新闻总署发出《关于统一新华通讯社组织和工作的决定》。根据这两个文件的规定,新华社通讯社从中共中央的宣传机构,成为中华人民共和国的国家通讯社,是国家集中统一的新闻发布机关。它授权代表中央人民政府发布公告性新闻和外交性新闻,并负责对全国的报纸、广播电台供给稿件。而此时的新华社天津分社成为总社的直属分社,才真正与天津日报分离开来。

这时的天津分社面临几大问题:行政人员较少、工作条件艰苦、经费紧张。多数工作人员都是身兼数职,因为没有汽车等交通工具,稿件的传发都要靠邮寄或专人乘火车送稿,精打细算的后勤人员还将用过的信封反过来粘好重复使用。虽然条件艰苦,但每位同志都是斗志昂扬地投入工作当中,没有丝毫的懈怠。天津作为老牌的工业城市,对工业、经济新闻的报道自然成为天津分社报道的重点。自天津进入国民经济恢复时期以来,分社发稿不断,其中有关经济建设的稿件就占一半以上。其中对1951年10月在天津举办的华北区城乡物资交流会的报道最为突出,不仅采取会议期间连续报道的方式,而且积极配发社论,对此次会议进行了详细全面的报道。

1953年初,总社提出了本年度的中心工作,即新华社应成为消息总汇,并把它作为新华社建设中的一个根本性的问题。要求"要充分地、及时地、精确地报道对人民群众有教育意义、对实际工作及斗争有指导意义的新情况、新事物、新人物和新经验"。为了配合总社下达的工作重心,新华社天津分社开展了学习塔斯社的活动。总社要求稿件做到短、快、多,要在保证稿件质量的前提下,尽量缩短稿件字数,提升发稿速度,增加稿件数量。塔斯社的新闻有着同样的特点,因此为天津分社的记者同志们提供了很好的范例。由于之前的稿件多关注政治性较强的主题性报道,对政治性不强的社会新闻报道较少,所以记者们一时间还不能准确地把握报道的方向。4月底到6月7日,总社的副社长朱穆之到天津分社检查工作的落实情况,并根据社内记者同志的问题提出了三点意见:第一,新闻不能片面追求短、快、多,更要追求精确、充分、及时的报道;第二,好的稿件一定要密切联系实际;第三,写稿件要深入群众内部,深入挖掘事物的本质。经过副社长的一番讲解,记者们深刻了解了"短、快、多"的本质含义,不仅关注能直接反映大政方针的政治、经济领域,更将视野投向了教育、文化、体育、文艺等诸多领域,从细微处体现大政策。

经过一段时间的摸索和实践,天津分社的同志们认识到,在大城市天津开展新闻工作,是有其特殊性的:一是,大城市各个领域发展都较为全面、迅速,记者必须统筹兼顾,全面、科学地安排不同类别的采访;二是,在统筹兼顾的同时还要有所侧重,恰当地将重点放在工业和经济报道上,以突出天津工商业城市的形象;三是,注重具有较强政治性的新闻报道;四是,要有很强的时间观念,及时将重要新闻上报总社,增强新闻时效性。经过一番努力,新华社天津分社逐渐成长起来,在分社中赢得了较好的声誉。

(三)广播事业的调整和发展

1949年初期,国家正处于百业待兴的阶段,广播事业也不例外。在政府的高度重视之下, 新中国的广播事业开始了大刀阔斧的改革,建立、健全了国家的广播机构,从上到下形成了有机的整体。1949年10月1日,中央广播事业管理处改组为中央广播事业局,统领全国广播事业的新闻宣传及管理工作。它的主要任务是:一、领导全国各地人民广播电台;二、直接领导中央广播电台对国内和国外(呼号为"北京广播电台")的广播;三、普及人民广播事业;四、指导和管理私营广播电台;五、培养和训练广播事业干部。正是在中央广播事业局的统一领导下,天津等各省、市、自治区的广播事业才得以有序地开展。

1949年1月15日,天津人民为自己家乡的胜利解放欢呼着。此时,军事代表鲁获及刘文、柳先等人接管了地处南市华安大街的国民党天津广播电台,当日晚20点10分左右即向全市人民播报了天津解放的好消息,呼号为"天津新华广播电台"(XTNC)。①从此,由新政府领导的天津广播事业诞生了。1949年5月18日,天津新华广播电台更名为天津人民广播电台。

1949年到1956年的天津广播电台,从初步成立到步入正轨,经历了摸索、成长的八年。

万事开头难,硬件设备、节目制作水平经历了一个逐步提升的过

---

① 天津市地方志编修委员会办公室等编著,《天津通志·广播电视电影志 1924—2003》,天津社会科学院出版社,2004年出版,第96页。

程。刚刚建台不久的天津广播电台,不论从设备的数量和先进程度,还是技术人员的人数上来说都没有达到一个成熟广播电台的标准:电台先后采用2个和4个频率播音,接收100瓦的发射机3台,接收500瓦的发射机仅有1台,播出设备也过于简陋。因为没有录制节目的设备,导致播出的节目质量也差强人意,只能播放一些文艺节目唱片。1951年,电台购置了美国钢丝录音机,开始了简单的节目录制;1953年,购置苏联"第聂伯"3型磁带录音机,开始使用磁带录播节目,从此,电台的节目表丰富了起来,时效性也有所增强。1952年,佟楼发射台初建成功,电台4套节目总发射功率为1千瓦,覆盖人口200多万。由于天津是国内开办广播较早的城市,1923年第一家广播电台在上海出现,1925年天津便成立了由商义洋行筹办的商业电台,广大人民群众对广播并不陌生,累积了为数不少的受众群,这为新中国的广播事业在天津的发展打下了良好的基础。

创建伊始的天津新华广播电台面对着的是一座有多年收听广播基础的工业大城市。在旧中国,天津的广播业仅次于上海,从1925年日商义昌洋行设立第一座广播电台起,到1949年,24年间出现过外国人办的电台、官办电台、民营电台、军(警、宪、特)办电台和日伪电台共计39家,还有未正式开播的20家。以商业电台的节目表为例,可以大致看到30年代繁荣时期的广播业,播放的主要以文艺类节目为主,人们听广播多以娱乐为目的,已经有了一定的收听习惯和欣赏能力。

这一点,在天津新华广播电台的一个半月工作总结(1949年3月)中也可以看到,"天津市民所最喜欢的就是杂耍以及戏剧,他们以收听广播作为消遣。"①然而,接管电台的干部同志基本上以前都没有做过

---

① 1936年9月7日《天津午报》刊登中华电台节目:上午8时至12时45分,宗教音乐,恭读《圣经》,西乐唱片,历代名人传,国剧唱片,马连登西河大鼓《反唐传》,马三立、刘民光对口相声,国乐唱片。中午12时45分至夜间11时30分,王剑云说唱八角鼓《庄周点化》,西乐唱片,马俊贤单人话剧《可怜的母亲》,国剧唱片,常起霆说唱西河大鼓《三侠五义》,儿童节目《青年播音团》,国剧唱片,报告米粮面杂粮行市,王剑云说唱八角鼓《画皮》,冯质彬说唱京韵大鼓《对刀》,休息。特播最新音乐唱片。

广播工作,不少人是初次接触新闻工作,对如何在大城市展开广播工作更是毫无经验。当时,整个中国范围内的广播事业都面临着类似的情况,从农村到城市,从两党对峙转入和平建设,"进城"后的广播事业,利用的是旧设备,采编播却要摸索出一条全新的道路。

据统计,1949年初,天津市的人口是200万,约有12.4万台收音机。最开始的时候,天津新华广播只是转播陕北新华广播和宣读重要文告或者报纸消息,"群众反映节目生硬,不爱听,听不懂",因而"收效很少"。在原先和有经验人士的座谈基础上,广播干部同志探索着如何打开局面、办起节目,这份工作总结中写道:"节目的来源应求助于有关各个部门(如青年应与青年委结合,职工应与职工会结合,文娱活动应与文艺团结合),与各个有关部门中心工作配合起来。采纳听户意见,加强联络,使其能够经常提出意见变为我们的基本听户;计划培养一个典型工厂、一个区与一个学校,成为广播工作中的重点,然后再逐步发展成广播网。进行征稿及建立广播通讯网。利用歌曲、广播剧(过去在广播中得到群众欢迎的就是广播秧歌剧)、教歌(很多青年都认为很好,愿意听)来争取听户。设立听众服务时间,解答思想问题与介绍群众所需要知道的事情。适当利用旧艺人及利用旧形式新内容,在天津一般工人、青年市民所喜欢听的杂要中,增添新内容,由旧艺人去说,听众很感兴趣。播音员在播音时采取对话形式,一问一答群众容易接受。"①这一条条富有建设性意义的经验,对于初期的广播事业具有开拓作用。它们贯彻了以受众为本位的思想,重视实际效果,着力于拓展听众。虽然只是初级阶段的工作规划,但已经抓住了广播事业几点核心的要义,预示出今后发展的方向,而且在日后也全都付诸实践,取得效果。另一方面,这份总结反映出工作人员积极探索、锐意进取的精神。正是这种精神和符合实际的工作方向和方法,保证了天津人民广播电台在建国初期走在了全国同行业的前列,不断用实践为新中国广播事业的发展提供经验。

---

① 《天津通志·广播电视电影志》,天津社会科学出版社,2004年版,第1055页。

从1949年1月到4月,电台先后六次调整节目,不断地创造、丰富和充实广播节目。2月,天津全市14万人举行庆祝天津解放大会,电台用三个频率,成功地实况转播了这一盛会,这是中国广播史上第一次大型群众集合游行的实况直播,受到了市委和中央的表扬,有15个地区的电台先后来学习,不仅为中央台直播开国大典所借鉴,也对后来抗美援朝等广播大会成功播出起了很大作用。对于设备和人员都还在磨合阶段的天津电台来说,这样大规模的实况直播实属不易。电台在部署上着实下了一番功夫:除在中心会场装置机器外,还在游行沿途设置了4个直播站点,用3个频率同时直播游行现场情况。这一次的"实战经历"为天津电台积累了宝贵的经验,同时也使之成为了全中国制作直播大型游行集会节目的领跑者。广播大会即实况直播活动现场,以更为生动、有力的方式宣传活动思想,达到更为深入的鼓舞群众的作用。天津广播电台很好地利用了"广播大会"的形式,先后直播了"市、区各界人民代表扩大会议(关于镇压反革命问题)""彻底摧毁反动会道门"及"拥护缔结和平公约签名、关于日本问题投票"3次广播大会,约有近300万人收听,切实起到了不小的社会轰动效果。①

1949年6月20日,电台第7次调整节目,第一台为综合台,原第二台广告台改称经济台(天津电台创办广告台也是全国最早的),第三台为职工台,发挥了大城市频率多的特点,在全国第一个推出了专业台的广播布局,其中职工台是全国第一个也是唯一一个专对职工进行广播的电台,受到了中央的肯定,为各地建立工矿企业广播站提供了经验。

经济台(12月1日改名广告台)是全国较早命名的经济台,在当时的实际生产生活中发挥了突出的作用。1949年初期国家物资紧缺,物价不稳,经济台通过不断播出政府的经济政策、法令、商品行情、市场价格动态,不但有利于平抑物价、稳定市民生活和生产情绪,而且对周围省份也有辐射作用,如河北、山东、山西省等地区和市县的商业主管部门都设有专人收听天津电台经济台的节目,还有外地公司来信索要

① 《天津通志·广播电视电影志 1924—2003》,第4页。

广播节目表。然而,经济台虽然有一系列的经济类栏目,但占绝大部分时间的是文艺节目和在其间插播的广告。在《天津日报》的电台节目广播表上, 只能看到综合台和职工台的节目表, 看不到经济台的。①在1956年完成对私营工商业的改造后,广告台改办成文艺台。

专业台中的经济内容,适应了天津作为工业大城市的现实需要。从根本上讲,时代的特性决定了广播事业的性质和办台方针。从整体布局到节目设置、内容编排,无一不体现着社会制度和国家意志的要求。旧时期拥有收音机的多是中上等人家,广播事业很大的一个支撑点在于广告, 故而主要的受众定位在于社会中上层。新中国成立以后,工人阶级成为国家的领导阶级。天津电台在创办初期就坚持把工人请进播音室,在工人中间产生了很大反响。不但一些工人成为播音室的常客,而且广播宣传生产和工人活动之多,让人有"工人阶级是电台的主人"之感。据统计,天津电台1949年全年先后组织17314人次到电台参加直播和演出, 所产生的政治影响不可低估。电台从起步时, 就明确地定位为以天津市人民尤其是占大多数的职工及其家属为听众对象。

职工台,就是这一办台方针的实践。1949年初期,在全市200多万人口中工人及其家属占半数,工人订阅报纸的又比较少,在市委领导的带动下,广播成为对他们进行宣传的"热门"工具,从而为开办专门的电台奠定了基础。职工台创办以来,节目涵盖新闻类、教育类(各种讲座)、文艺类,其中《职工新闻》早晨首播,中午和下午重播,每次重播时增加新内容。除了选播报纸新闻外,大量播出记者和通讯员的稿件,动态报道多,采用电话采访、口头报道等多种形式,一时成为报道工矿企业新成绩的最快捷媒体和联系市政府同职工群众的桥梁。《工厂联播》节目是中午供在厂职工收听的节目,该节目听众最多,效果最明显,影响也最大。据统计,该节目有组织的听众有25万人次。先后设立

---

① 《天津日报》第3版,有时在其他版面。从《天津日报》看,经济新闻占的版面并不算大,而且不是每日都有,这也可以说明当时政治新闻的宣传大过经济信息的传递。

过形式活泼的"李师傅读报""快板张谈生产""聊天亭""广播文化宫"等栏目,甚至还试行过方言广播。特别是该节目除了请市委、市总工会领导讲课外,还请过中央领导李立三以及田家英、艾思奇等讲过课。到1952年,职工台平均每天播音9个多小时,经常听众25万人次,并有500多名通讯员经常写稿,897个私营中、小工厂建有收音站,1951个收听小组。中央广播局对天津职工台的经验予以肯定。[1]

对职工进行教育,帮助其学习知识,提高觉悟,是职工台的目标之一。从1949年6月起职工台与市政工会开始合办政治广播讲座,1951年4月,《工人日报》报道了这一政治教育方式。[2]接下来,职工台又同市工会文教部共同举办了轻工、食品、化学、五金四个产业工会的工人政治广播讲座。原来市政工会广播讲座收听人数有6000人次,到1951年8月,加上这几个广播讲座,收听人数达到18000人次。12月,工厂党团组织下,有7万多人收听了市委的《共产主义与共产党讲座》。

上述这样大面积的宣传教育,建立在一定的收听网络基础上。在工厂建立广播网,是工人广播事业发展的保证,也是其壮大的直接表现。1950年底天津市有60家工厂有广播站,1951年8月增加到158家,到1953年10月发展到370家,其中124家经常转播职工台节目。1951年1月,天津电台与市总工会文教部根据《市政府、市总工会关于在工矿企业中建立广播收音网的通知》,联合制定《工厂企业广播站组织简则》及《各工厂企业宿舍收听站工作办法》。5月,电台与总工会等13个单位组织"天津市职工广播委员会"。同年9月,国家新闻总署、中华全国总工会联合发布《关于在全国工厂、矿山、企业中建立广播收音网的决定》,《人民日报》发表社论《大力开展工人中的广播工作》,指出:"人民广播事业对于城市劳动人民的影响,尤其显著。广播在工厂、矿山和其他企业中,已经证明是进行思想教育、推动生产和展开文化娱乐的有力武器之一……收听广播已经成为广大职工文化生活中不可

---

① 赵玉明主编:《中国广播电视通史》,北京广播学院出版社,2004年版,第204页。
② 《天津市政工会用广播进行政治教育》,《工人日报》,1951年4月27日。

缺少的部分。"①

　　除了职工广播,广播电台对社会的作用还通过其他方面的宣传体现出来。综合台的节目中,《妇女时间》是社会影响比较大的重点节目之一。中华人民共和国成立初期,婚姻家庭问题是较为突出的社会问题,妇女工作很受重视,是改造旧的社会观念主要阵地之一。《妇女时间》开办于1949年3月,经过逐步摸索,在教育妇女提高觉悟、学习知识、改善家庭关系方面发挥了很大的作用。1950年有工会干部介绍说他们厂的女工天天都收听该节目。至1951年下半年,每周可收到五六百份收听情况汇报。许多妇女收听节目后,提高了认识,走出家庭,参加工作,成为积极分子。当时,九区有位张陆氏老太太,是个"老封建",家里娶了儿媳多少年,邻居们谁也没有见过,她不让儿媳听广播,每次街道组织收听总是婆婆抢着去。后来,老太太自己在收听广播中受到教育,先后把两个儿媳解放了出来,让她们参加速成识字班,还表示学习期间儿媳什么都不用干。

　　在市妇会的支持下,到1952年中,全市仅三个区的街道收听小组就达2270个,其中第九区一个区就有800个收听小组,收听人数2万人次。后来全市妇女收听组达到7000多个,约9万人次。1951年11月至1952年1月,收听婚姻法讲座的妇女有25万人次,当时天津市委宣传部副部长范瑾说:"广播对妇女有特殊的作用。"市妇联在《新中国妇女》上发表文章,用许多生动的事例赞扬该讲座收到了非常大的效果。电台还很注重对妇女的时事教育。1950年以对话形式播出的《和姚大姐谈时事》,很受听众欢迎。

　　中华人民共和国成立初期的广播首先突出的是政治宣传、社会教育功能,但服务群众、受众本位的思想,使电台的传统也决定了节目体系中要有一定的服务、文化娱乐类节目。相比较文字媒体深厚的底蕴,广播的大众化程度更深一些,民众对它的娱乐需求也就更强烈

---

　　①《人民日报》1951年9月13日。这一期报纸上除了刊登有新闻总署的总工会的《决定》之外,还有两篇介绍工厂广播台的文章。这一年,在《工人日报》《人民日报》上,不断地有介绍工厂企业广播站的文章、评论,号召推广。

一些。电台开展工作初期就积极调研天津听众的收听习惯,注意照顾群众收听广播的历史情况,不断地努力拓展文艺节目。①

在本文关注的时间阶段,可以明显地看到电台这类节目的繁荣过程。从已有的1949年电台节目表②看,早期播放音乐的时间多为5~10分钟,置于节目之间的切换空档。早期阶段电台的唱片较少,主要邀请一些文艺团体前来演出和推介苏联音乐。20世纪50年代初期节目种类增多起来,录制了面临失传的本土音乐,推出大型的民族音乐欣赏等。文学类的《故事》在1949年4月就开创性地播讲长篇小说,并面向社会公开征集作品。电台还转播话剧,大胆尝试播放电影录音。天津有深厚根基的戏剧、曲艺,在文艺类节目中占有重要分量,电台开办了学唱、欣赏等多种节目,举办比赛,现场转播剧场演出,还模仿转播球赛创造出即兴转播这一新型播出方式。1951年电台成立了业余曲艺创作小组,专为电台创作新的曲艺节目,1953年成立了天津广播曲艺团。曲艺类节目在电台一直拥有很大的需求量。此外,电台的灯谜、谜语类节目,在听众中反响强烈,由此还自发成立了一个谜语研究小组。

这一时期电台的节目内容不断丰富,分类逐渐细化,欣赏性、娱乐性越来越强,广播的媒体特性开始显现。早期阶段用文艺节目或者形式来争取听户的设想,已经成为现实。更多富有创意的想法,也已转化成日益丰富的声屏世界。

综观这一时期的广播事业,笔者认为,"每一种传播媒介都是在技术进步的前提下和社会制度的特征、公众接受的能力和文化内容的嬗变相关,这三者之间的融合、冲突和演变推动传播事业的发展。"③作为一项全新的事业,广播事业发展始终是与整个社会的变化交融在一起,同时不可避免地以受众的范围和接受心理为基础。同共和国一起

---

① 天津电台一直都有科普、卫生、服务等类的节目,只是在本文所涉及的五年中,这类节目的内容、社会效应没有突出之处,故在文中没有出现。

② 《天津通志·广播电视电影志》,第1065页。

③ 陈卫星:《传播的观念》,人民出版社,2004年版,第10页。

成长的广播事业,成为国家有力的宣传工具、发挥社会功效的同时,也实现了自身的发展壮大、趋向成熟。

随着1949年国家政权的建立,整个社会正式进入一种转型期,借用一个使用频率很高的词来说,"改天换地"。在社会结构上,社会阶层变为工人阶级、农民阶级两大基本阶级和一个知识分子阶层,工人阶级成为国家的主人,城市里原来的行业会、同乡会、各种团体被取消或者改造,取而代之的是居民委员会、工会、妇联会、青年委等组织,以及新成立的各种行业协会。这些组织促使社会各个阶层直接面向新政权的领导。

社会的阶层既然是借助横向的各类组织来实现统合(实际上还有纵向的垂直领导),电台在创办初期就必然要借助组织或部门来实现自身对各个社会阶层的渗入,可以看到,电台庞大的收听人数,是建立在各组织、协会有系统的组织之上的,是从一开始就依赖和借助于行政力量的。占电台主体的新闻和教育类节目,大都依靠着工会、妇联会之类的组织推广收听①。当然,这不是说强迫收听或者没有了行政力量就没有人收听,只是意识形态的力量就在于能够把最初的授予变为最终的需要。然而意识形态的问题并不是简单的社会控制,它是一种深刻的复杂的社会互动。

马克思、恩格斯在《共产党宣言》中说,"共产主义革命就是同传统的所有制关系实行最彻底的决裂;毫不奇怪,它在自己的发展进程中要同传统的观念实行最彻底的决裂。"②以前我国积贫积弱,现代化程度相当低,整个社会缺乏组织性和统一性。正是在和"传统观念的决裂"中,民众从旧的社会关系网和社会道德规范中解脱出来,获得了新的身份认同,树立起新的社会风尚。社会转型的过程也就是一个新旧社会观念、社会心理更迭的过程。借助于这一更深层面的变革——意识形态的改造,使得民众能够形成一个整体,国家就能够真正统合起

① 1951年3月29日的《天津日报》头版,报头旁边的通知栏上,并列着电台播放节目的通知和市教育局发给全市业余学校校长师生关于收听该节目的紧急通知,很能说明问题。

② 《共产党宣言》,《马克思恩格斯选集》第一卷,人民出版社,1972年版,第271页。

社会力量与各种资源来实现自己的意志。

新政权的建设，需要破除小农经济造成的社会结构和意识形态，建立起对应于社会化大生产的现代意识和统一的国家观念，以实现物质基础的积累。体现在广播这一宣传工具上，就是政治、社会教育功能的明显突出。这里，涉及到广播的特性和工具论的问题。

我国第一个由政府公布的有关无线电广播的政令是1950年4月《关于建立广播收音网的决定》。6月6日，《人民日报》发表社论《各级领导机关应当有效地利用无线电广播》，文中指出："无线电广播是群众性宣传教育的最有力的工具之一，特别是在我国目前交通不便、文盲众多、报纸不足的条件下，如果善于利用它，它就可以发挥极大的作用。""对于不认识字的人民是绝对必要的。"(列宁语)广播具有时效性、广泛性、远距离传输、现场感等媒体特性，十分切合当时昂扬的宣传情绪和热浪般的社会运动，以广播大会为例，这一媒介的作用被发挥到极致。

然而广播的这一功效被领导干部认识到，被人民接受，有一个过程。这是因为我们党长期处于农村，唯一的宣传工具是报纸，对广播很生疏。有些来自城市的干部也以为它只是一种娱乐形式，是"戏匣子"。"几次大的广播宣传之后，那些精心安排的形式多样的深入人心的节目，真正显示了广播这块阵地的重要，这一宣传武器的威力。"①在新的大一统的社会环境下，广播的凝聚和教育作用被视为改造社会形态的工具，这基本上在当时的中国是全社会的共识。

广播的工具性质，会影响到它的发展模式。在最初的这五年里，依赖行政力量的推广，注重宣讲教育节目的结果就是对象性节目投入很多精力，发展较好。而能够体现媒体独立性的新闻节目或者评论就有所忽视，从1950年下半年到1954年11月基本就放弃了自采新闻。②固然，那个时代的新闻和我们现在所讲的新闻不可同日而语，毕竟语境相差太

---

① 《天津通志·广播电视电影志》，第1052页。
② 《天津通志·广播电视电影志》，第117页。

多,但是依赖别的新闻来源就等于放弃了从自身观察社会的视角。

　　媒体工具论或"喉舌论",是个较大的问题,本书从略。要指出的是,任何媒介都有工具的属性,从广播事业建立的过程看,在我们国家,正是行政力量的推动,才使得广播得到快速和充分的发展。作为一类媒介,广播的地位迅速达到了和报纸一样的高度,甚至社会受众面更为广泛、影响更为明显。受众是媒体的根基,得到广泛关注的媒体才有可能具备社会地位,才可能在规模的基础上寻求效应。

　　中华人民共和国成立初期的天津广播,在社会转型中起到了塑型的作用,与此同时,它也在这一过程中被塑造起来。

　　可以说,天津广播电台在短短的八年时间里,找到了自己的发展之路,并坚定地走了下去,在发展的过程中不忘积极进取、与时俱进,取得了一定的成绩,在全国成为了发展较为迅速的一支广播团队。

二、对私营新闻传播业的改造

(一)私营报业的改造

　　中华人民共和国成立初期,我国存在了一段时期的党报与非党报并存,公营、私营、公私合营报纸并存的报业格局。关于解放后是否需要"民间报"的问题,周恩来总理1949年5月在中南海召集文化工作干部谈话时曾明确表示:"我们过去在山沟里办报,读者对象是工农兵和干部。入城后情况不同了,……我们的初步意见是北平、上海这样的地方,还可以保留几家民营报纸。"在党中央明确表示私营报纸存在的必要性后,先后下达文件《中共中央关于不要命令旧有报纸一律停刊给平津两市委的指示(1949年1月18日)》《中共中央对天津旧有报纸处理办法给天津市委的指示(1949年1月19日)》《中共中央对于〈大公报〉、〈新星报〉、〈益世报〉处理办法复天津市委电(1949年1月23日)》,指导天津的私营报业改造工作,对天津的几家大型的私营报纸进行了谨慎的改造工作。

　　天津本地私营报纸的改革工作的开展在文件中有明确的指示,例如:《益世报》是天主教报纸,因其常常公开表示反共,在1949年后即被查封,中央认为已然将其没收,就不必改变。《新星报》情况比较特殊,该报创刊于1947年6月1日,天津解放前夕被国民党禁停,天津解放后该报向军管会申请复刊。中央特别指示:"《新星报》反共反新政权反苏言论甚露骨,以不许其复刊为妥。"成为既不被国民党接纳,也不被我党认可的私营报纸。此外,天津的《中庸报》等六家具有反动政治背景的报纸和《自由晚报》《天津夜报》等几家私营而无显著政治背景的报纸被叫停。经过登记审查,保留了无显著政治背景的《新生晚报》《博陵日报》《华北汉英报》以及俄文的《新语报》等几家私营报纸。其中,《博陵日报》在日后因出现歪曲政策报道问题而停刊。

其中,天津《大公报》的改造最具代表性。中共中央在1949年1月23日复电天津市委的文件中,认为《大公报》过去对蒋介石一贯小骂大帮忙,可暂不要让它出版,希望改组后再考虑出版。此前的1月17日,中央曾电告天津市委:"大公报拟从内部革命,……改换名称,……使平津解放后除党报外有一党外的民主报纸配合。"遵照天津市军管会命令,天津《大公报》获得新生,毛泽东亲自为报纸取名为《进步日报》,说:"办报的自我检讨、自我批判就是进步。解放了,大家都要进步嘛!"于是,在1949年2月27日《进步日报》创刊了。从此,《进步日报》走上了公私合营的道路,体现了1949年后私营报刊业主与国家意志相配合的积极合作态度,虽然这期间会有种种思想上的想不通,但王芸生还是在关键时刻将自己对苦心经营多年报纸的留恋与不舍之情抛到一边,支持新政府的决策,他说:"我们就把大公报献给国家、献给人民。我想通了,不要大公报这个名称了。"天津私营报业的改造工作之所以在全国范围内开展得又快又好,离不开这些私营报人对政府工作的积极配合与努力。

(二)私营广播电台的改造

中央广播事业局成立后的又一项任务是对民营广播电台的指导和管理,其具体实施依据是1948年11月20日由中共中央宣传部下发的《对新解放城市中原有之管广播电台及其人员的政策决定》,对民营广播电台作如下处理:

1.其背景是国民党或其某一派系所经营,查明有据,专门进行反共、反苏、反人民的宣传者,一律没收。

2.纯粹系私人营业性质,靠商业广告及音乐娱乐以维持者,则在军管会管理之下,暂时准其营业,但必须:(1)转播新华台的节目;(2)不得有反对人民解放军及人民政府的任何宣传;(3) 广播节目须经军管会的审查。

3.由外国资本及外国人经营的广播电台一律令其停止广播。

4.私人经营的短波广播台,亦一律令其停止广播。

1949年2月,廖承志为中共中央宣传部、新华总社起草了给天津市委的电报——"关于天津私营广播电台管理办法的复电"①,明确指导了天津市私营广播电台的改造:

丑巧②,关于天津私营广播电台处理办法电已悉。

(一)处理私营广播电台方针,基本上依据中共中央宣传部戌哿③决定办理。新中国之广播事业,应当国营,但由于目前准备条件尚未成熟,如国营必须由国家宣布,倘在天津一地先实行全部接收,则恐怕上海等其他地方私营广播台会发生恐慌而逃避。同时考虑到私营广播台工作人员之安置等问题,故目前对某些私营广播台可以容许其继续广播,但应在下述六个条件之下:

甲,必须向市政府或天津广播事业管理处登记,具报资本来源,将波长(只容许中波)、播送节目等经过批准,并呈报广播台工作人员、播音员之籍贯、履历等。

乙,准许继续营业之私营广播台,必须由市政府领取执照,其执照每半年更换一次,即每届半年,旧者撤销,领取新执照。

丙,私营广播台,必须转播陕北新华广播电台由十九时三十分到

① 廖承志文集、传记、编辑办公室编,《廖承志文集》,人民出版社,1990年8月出版,第153页。

② 丑巧:电报韵母代日,即二月十八日。

③ 戌哿:即十一月二十日。

二十时之新闻节目,并转播天津新华广播电台之天津本市新闻节目。私营广播电台不得有其自行编撰之新闻节目。

丁,私营广播台除播送音乐唱片,及聘请艺人演播外,可以播送纯属商业性质之广告,但不得有任何其他性质,如寻人、函件等广告。凡有伤风与含有毒素而不适播送之音乐或唱片,另由市政府通告禁止,各广播台必须一律遵照执行。

戊,在军管期间,私营广播台之一切播送,由军管委员会及市政府派遣军事代表到场监督。

己,私营广播台倘利用其广播台设备作任何市政府批准节目范围外之活动时,其广播台之全波设备当即由军管委员会没收之。

(二)根据丑巧电中所述及私营广播台,大致可分作三类,其处置可依据来电所述办理,即:

甲,凡资本、经营,俱属国民党特务,而利用私营或其他面目出现之广播台,一律予以没收,并公布之。如天津文化广播电台、东声广播电台、中国广播电台、青联广播电台等。

乙,凡资本、经营,大多属于私人,而在国民党统治下时,藉国民党机关、三青团等招牌生存者,则除令其易名,并加以公开调查,倘无讹误,可根据第一条之六项办法准许其广播。

丙,凡资本、经营,概属私人,而与国民党并无特务关系者,则依据第一条六项办法,准许其广播。

(三)现在中央宣传部之下新增设中央广播事业管理处,管理全国各新华广播电台及私营广播电台。天津市既有数家私营广播电台,其管理监督等概须专人负责,天津应即设一广播事业管理处,与天津新华广播电台合署办公。倘目前无此能力,可暂由天津市市政府内制定专人负责管理私营广播台工作,天津市广播事业管理处成立后,再将工作移交给他们。

按照以上的政策,1949年后的非法私营电台得到进一步的清理。规范了广播内容,清剿了利用广播散播非法、反动言论的国内外组织。

天津作为沿海城市,自1925年出现了第一家广播电台以来,先后出现了多家民营广播电台：1934年至1936年是私营广播电台在天津迅速发展的时期，仁昌、中华、青年会、东方是4家较大的私营商业性电台；学校(南开大学)、企业(中原公司)、体育馆(河北省体育场)等公共团体也开办了自己的电台；甚至某些个人电台(新天津报社长刘髯公)也短时存在过。1937年，日本侵略者欲采用电波向中国人民散布侵华言论，先后在日租界福道街(今多伦道)设立两处广播电台，其中一座便为鲁荻等人收管的天津广播电台的前身。1942年1月，日本侵略者打着商业电台的旗号，向天津的外侨播出英语、俄语新闻节目，实际仍是为其侵略服务。日本投降后，日伪天津广播电台被国民党政府接管，改名为"中央广播事业处天津广播电台"，转身成为了国民党宣传反共思想、鼓吹内战的宣传工具。在这之后的一批私营电台，如中国、华声、中行、世界、有声、宇宙、青联、青年等陆续成立，还有一些军办或名为军办实为私营的电台，如军友、军声、阵中等也在经营中。

自1925年至1949年，有数据记载在天津已办或筹办的有据可查的广播电台共计39座。这其中多数小型私营广播电台由于资金等原因自行关闭，部分电台在1949年后被新政府接管 (如国民党的天津广播电台；1949年3月中旬，华声、世界、青联因曾进行特务活动被接管①)，部分电台经过调整后继续播音(如中行广播电台被天津人民广播电台收买，改为广告台，于1949年5月1日经调整后开始正式播音)。

天津的私营广播电台的改造严格按照上级有关规定，采取了分批、分类管理改造的方式，基本在平稳、有序的过程中顺利结束的，没有经过太大的波澜，这也为广播电台最终的公营化及顺利进入电台发展阶段奠定了良好的基础。

第二节 新闻宣传的重点和成就

一、开国盛典的报道

新中国在人民的一片欢呼和热烈的拥护下诞生了，1949年10月的

---

① 天津市地方志编修委员会办公室等编著：《天津通志·广播电视电影志 1924—2003》，天津社会科学院出版社，2004年版，第88页。

天安门广场俨然一片欢腾的节日场面。全国各界新闻媒体都派出了精兵强将来到祖国首都报道这一全国人民的盛世,急切希望能够以最快的速度把这个振奋人心的消息带回家乡。

1949年9月23日,中国人民政治协商会议第一届全体会议在北京召开。天津广播电台在当日即转播了北平新华广播电台播送的毛主席在此次会议上的致开幕词录音,这是天津人民广播电台首次播出毛主席的讲话,也是第一次现场直播来自党中央的声音。

在随后的25日至30日,天津人民广播电台在每天的18点至20点30分、21点30分,以三频率联播的形式,转播北平新华广播电台播送的中国人民政治协商会议首届全会上的代表发言录音及大会的重要消息。这是天津广播电台首次对重大会议实况录音进行转播,同时也为即将到来的10月1日开国大典盛况的转播积累了经验。当天津市民听到广播里传来的毛主席在开国大典的讲话——"占人类总数四分之一的中国人从此站起来了"时,喜悦之情油然而生。

《天津日报》在10月1日头版首要位置刊登大幅标语——"庆祝中华人民共和国成立 拥护中央人民政府",宣布了人民政协首届全会胜利闭幕的好消息,毛泽东当选为主席,朱德、宋庆龄、张澜、刘少奇、李济深、高岗六人当选副主席,并分别配有半身像。其中头版社论《庆祝中央人民政府成立 巩固中苏友谊保卫和平》,重申了中苏友好的国家立场,在新一届人民政府的带领下,会将中苏友谊向更深一步发展。《天津日报》还报道了天津各界人士在新中国成立之际,为祖国献上的美好祝愿,一致表示要以积极的行动,建设繁荣昌盛的新中国。"每周画页"版则刊登出了政协会议期间的照片及新一届中央人民政府委员会委员的照片,更加直观地为读者展现了政协会议现场的严肃与闭幕后一派欢腾的景象。

《进步日报》采用报头套红和在头版加印红色标语、祝辞的方式庆祝中华人民共和国的成立。头版刊登了《人民政协的组成和特点》,论述了新民主主义的建国基础、国号及其简称、"人民"与"国民"的划分、人民政协的继续存在等内容。《中央人民政府宣告成立》一文的主要内容是：毛主席昨发布公告通知各国政府，愿本着平等互利原则建立外交关系，并任命周恩来为政务院总理兼外长。

《进步日报》还特派记者前去北京亲临节日现场，发回"北京专讯"《国际主义的光辉　保卫和平大会第二日侧写》等稿件。中国政府及新中国的成立也得到了世界各国的庆祝，其中作为重点报道的是我国与苏联的友好关系。《苏联承认我人民共和国》，报道了我国与苏联正式建立外交关系并互派大使，并配以多篇评论性文章和读者来信，表示了中国人民对中苏友谊的热烈拥护。

《进步日报》侧重于报道市内群众的庆祝活动，重点报道了天津市三万群众聚集人民广场庆祝新中国成立的集会，其中还有国际友人参加盛会，受到了全场群众真挚的欢迎。大会群众表示了拥护中央人民政府的热诚，也显示了保卫世界和平的决心。《六路队伍提灯游行　全市人民彻夜狂欢》一文，介绍了全市近三十万群众提灯从晚9点到次日清晨5点，"兵分六路"，高呼口号彻夜狂欢的喜庆场面。

对开国大典进行报道，成为胜利谱写新中国政治新闻的开篇之作。天津市各报刊、广播电台的工作人员通力合作，在报道工作中，投入了对新中国美好的祝愿和极大的热情。刊发的稿件真情洋溢，对新中国的建设满怀信心，力图通过新闻稿件感染每一位读者。

二、《关于在报纸刊物上开展批评和自我批评的决定》之贯彻

1950年4月19日，中共中央发布了《关于在报纸刊物上开展批评和自我批评的决定》，《决定》中指出，"特别是党的干部在报纸刊物上作关于这些缺点和错误的自我批评，在今天是更加突出地重要起来了。因为今天大陆上的战争已经结束，我们的党已经领导着全国的政权，我们工作中的缺点和错误很容易危害广大人民的利益，而由于政权领导者的地位，领导者的威信的提高，就容易产生骄傲情绪，在党内党外拒绝批评，压制批评。"①正确地开展批评与自我批评，是巩固党与人民群众的关系，保障党和国家的民主化，加速社会进步的必要方法。《决

---

① 《天津日报》，1950年4月22日，第1版。

定》明确提出,要教育党员尤其是干部加强认识,正确对待人民群众在报刊上做出的自我批评,不应打击和嘲笑人民群众并非完全成熟与完全正确的思想,而是应该努力培养群众的觉悟性和积极性,吸引人民群众踊跃参加国家的建设事业。另外,《决定》还要求教育报纸刊物的编辑人员、记者、通讯员和人民群众去区别正确的批评和破坏性的批评。我们所提倡的批评,应为促进和巩固国家建设事业为目的的、有原则性有建设性的、与人为善的批评。对于破坏性的批评,特别是反革命分子破坏人民民主专政的言论,应该而且必须加以拒绝。为此决定可以顺利而有效地进行,中共中央特立四项办法:甲,凡在报纸刊物上公布的批评,都由报纸刊物的记者和编辑负独立的责任。报纸刊物的人员对于自己不能决定真伪的批评仍然可以而且应当征求有关部门的意见,但是只要报纸刊物确认这种批评在基本上是正确的,即使并未征求或并未得到被批评者的同意,仍然应当负责加以发表。乙,对于工农通讯员的稿件,同样适用上述办法。工农通讯员的工作,除由报纸领导外,并应由所属生产单位的党组织加以协助。工农通讯员的活动状况,应为监察报纸工作和各生产单位党的工作的项目之一。任何人不得滥用权力压制工农通讯员在报纸刊物上的批评,或加以报复。丙,报纸刊物在确保批评真实性的情况下积极发表批评稿件,并为作者保守本人基本信息。丁,批评在报纸刊物上发表后,如完全属实,被批评者应即在同一报纸刊物上声明接受并公布改正错误的结果。如有部分失实,被批评者应即在同一报纸刊物上作出实事求是的更正,而接受批评的正确部分。如被批评者拒绝表示态度,或对批评者加以打击,即应由党的纪律检查委员会予以处理。上述触犯行政纪律的部分,应由国家监察机关司法机关予以处理。

1950年4月22日,《决定》在《天津日报》的头版以头条新闻的重要地位刊发。并在当日报纸第五版上刊发了《决定》中提到的列宁《论我们的报纸》、斯大林《论自我批评》《反对把自我批评口号庸俗化》、毛泽东《论自我批评》和《俄共(布)第八次代表大会关于党的和苏维埃的报刊的决议》,作为各级党委和党报党刊在讨论和执行本决定时的学习资料。

翌日,《天津日报》即在第六版的《服务社会》中刊发了4篇读者来信的反馈意见。其中一篇《进行批评与自我批评　应有实事求是的精神》,对二零五橡胶厂一位工人提出的关于该厂内出现的三个问题的来信发表了意见。在经过进厂实地考察核实之后,对这位工人的疑惑进行了分析与解答,表示了报纸乐于与工人阶级团结起来,找出工作生活中的不良现象的积极态度,并进一步引导大家在进行批评与自我批评时一定要坚持实事求是的精神,这样的批评与自我批评才是真实、有效的。《天津日报》利用头版列出"修正错误　改进生产"的大字标语,反馈了中纺二厂及公营天津橡胶厂对于批评的答复和决定,并配发社论《保证正确的批评与自我批评》。24日的第4版《副刊》中还刊登了群众学习《决定》后的体会《正确使用批评的武器》一文,从此,《天津日报》掀起了群众进行批评与自我批评的一股热潮,仅自4月底开展活动以来至1950年5月,共发批评稿件43篇有余,平均每天就有1篇稿件发出,它还积极转发其他报纸刊发的相关社论,高屋建瓴地指导本报开展批评与自我批评,明确中央精神,加强人民群众对《决定》的深入理解,在总结阶段性批评成果的同时,不忘规范批评走向,为天津地区的其他报纸相关活动的开展做出了榜样。

《进步日报》也在《决定》发布后的第一时间在头版刊发了《决定》全文及五篇学习资料。1950年4月24日,在"生活"专版上刊发了《怎样进行批评与自我批评》及《从联系实际谈到批评与自我批评》等文章,从理论角度引领群众正确开展批评与自我批评,减少批评的盲目性。4月26日《进步日报》在头版刊发专论《苏维埃文学发展的规律　运用批评与自我批评的武器》一文,将苏联是如何通过批评与自我批评的好方法运用在文学建设上的介绍给广大群众,开阔了大众的眼界;又在5月3日的"生活"版中和大家讨论了《怎样接受批评》,并将批评与自我批评与纪念"五四"结合起来,在"'五四'三十一周年纪念特刊"中刊登了《用批评与自我批评来纪念'五四'》。

《决定》一声号响,为50年代的报纸舆论注入了更多活力,不仅增强了共产党员、政府机关与普通民众的沟通与交流,更使在报刊上进行批评与自我批评顿时成为一种社会风尚,为国家的建设、社会的安康、人民生活质量的提高发挥了重要的舆论监督作用。

三、"抗美援朝,保家卫国"在新闻界的体现及宣传经验

1950年,正当全国人民正在为全面落实党的七届三中全会的部署,积极恢复生产、繁荣国民经济的时候,6月25日,朝鲜战争爆发,随即美国迅速侵入朝鲜,并一步步向我国领土台湾靠近,对于中国来说与美国的一战不可避免。为了援助朝鲜人民、保卫中国领土,党中央决定出兵,中国人民志愿军遵照命令于10月16日向战火飞扬的朝鲜进发。从这时起,国内新闻媒体开始了对抗美援朝事件长达三年的连续报道。这三年来的报道在群众当中产生了极其热烈的反响,激起了群众反美抗美的热潮,全国上下齐心合力为在外浴血奋战的志愿军们加油鼓气,保家卫国的思想深入人心。这样一次时间久、任务重的新闻报道经历,为新中国的新闻工作者积累了宝贵的战地报道经验,也涌现出了一大批优秀的新闻工作者和优秀的新闻作品,为今后的重大事件的报道奠定了实践基础。

天津新闻界积极拥护党中央作出的关于抗美援朝的正确决定,并以实际行动配合开展抗美援朝在国内的媒体宣传工作。北京、天津、沈阳三个城市广播工作者组成"抗美援朝广播收音工作团",来到朝鲜一线,坚守岗位。面临枪林弹雨,这些战地记者们毫不畏缩,把自己视为来到战场的战士,浴血奋战、在所不惜。《进步日报》还派了记者团来到前线,为时刻关心战场消息的广大天津民众带来及时、深入的报道。《进步日报》还积极刊登由中国人民保卫世界和平反对美国侵略委员会编制的"抗美援朝专刊",从多角度多方面窥探美国社会的弊端,先后开辟专页"从文学看美国——腐朽的美国资产阶级文学"、"从哲学看美国",还设立了"美国侵华史辑专刊",检举美国有史以来对中国的侵略行为,以史为镜,认清美帝国主义的真实面目。

从开始报道直到朝鲜战争基本结束,天津各大报纸在这期间的新闻报道均坚持"美国是侵略者,朝鲜和中国是为保卫国家而战"的观

点,从未发生动摇,报道也都以鼓励战士迎难而上、号召国内民众支持国家决策、带领群众坚决认清美帝国主义侵略暴行为主题开展,报道了大量的前线战事,向全市人民展现了战争的残酷及美国侵略者的可耻行径。《天津日报》从1950年6月28日开始了对朝鲜战争的报道,在头版刊登本报讯《津反侵略委会定今日集会　研讨开展时事宣传计划》,中国保卫世界和平反对美国侵略委员会天津分会,召开了第一次工作会议,部署了全市开展抗美援朝时事宣传运动的具体工作。《天津日报》还在头版首要位置刊登读者志愿赴朝援助战事的来信,和读者分享全市各条战线上的工作者投身抗美援朝运动的高涨热情,号召全市人民积极投身到援助朝鲜人民的战斗中来。头版社论《全市人民紧张动员起来　深入开展抗美援朝运动》将群众情绪又一次调动高涨,并配有丁聪作漫画一幅,增强了宣传的形象性,在随后的报道中也经常使用这一搭配方式,收效显著。《天津日报》还积极开展"本报读者抗美援朝座谈会",反映了社会各个岗位上的工作者对这次运动的思考,会议内容以会议记录的方式经整理后刊登在报纸上供广大群众观摩学习。

利用多种宣传形式展开抗美援朝的报道,战地通讯、报告文学、人物通讯等,将志愿军战士的美好英雄形象,渲染得更加生动、感人。在《天津日报》的"朝鲜通讯"专栏,有报告战事的如《巨济岛地域景象》,真实刻画美方在巨济岛战俘营中残害我方被俘人员的血腥场景;有描写我党培养的优秀志愿军战士的人物通讯,如《志愿军空军英雄张绩慧》,并配有大幅人物照片,给读者留下更深刻的印象;也有像《万里纵横到处家》这样的报告文学的出现,用一段段生动、感人的战场事例触动读者的心灵。"每周画页"专版刊登了反美帝的专题漫画《中国人民的死敌——美帝!》,用漫画的方式向民众揭露美帝的罪恶行径,揭穿美帝的侵略阴谋。透过副刊上刊载的战士来稿《我永远是个战斗队员》可以看出在前线杀敌保卫祖国的战士们愿为祖国献身的豪情。歌曲《抗美援朝进行曲》《朝鲜人民啊!前进》《行动起来,抗美援朝!》等在副刊刊载,有的曲目在天津市人民电台综合台播出,报纸做出提醒,广大民众届时可以收听。

对天津曲艺界著名演员"小蘑菇"(常宝堃)、程树棠两位积极参与赴朝慰问团而在准备归国途中不幸罹难的消息进行了大量详尽的报道。天津著名相声演员常宝堃和著名弦师程树棠于3月参加中国人民赴朝慰问团,在朝鲜前线为中国人民志愿军进行慰问演出。4月23日在完成慰问演出任务后的归途中遭美军飞机扫射,光荣牺牲。天津市各界组成治丧委员会,于5月15日开始公祭3天。5月18日,天津市举行为常宝堃、程树棠烈士送殡大游行。中国人民赴朝慰问团团长廖承志,副团长陈沂、田汉及首都文化界代表专程来津参加。天津市市长黄敬,副市长许建国、周叔弢及各界人士15000人参加。约有数万市民在沿途为烈士送行。《天津日报》在5月14日的头版刊登了已完成慰问中朝人民军队任务的慰问团顺利返国的消息,又以更大篇幅多篇报道了常、程两位艺术家不幸罹难的消息。天津市各界群众惊闻噩耗,沉痛悼念常、程两位烈士,治丧委员会也已成立,向广大读者贴出"讣告",并发布了即将举行公祭的消息,《常程二烈士灵柩运津》介绍了当时灵柩到津时前去迎接的同志,并告知民众可来第一公墓殡仪馆为烈士送行。头版刊发社论《悼常宝堃程树棠二烈士》,肯定了常程两位文艺工作者在抗美援朝慰问工作期间的突出表现,并对两位烈士的不幸遇难表示沉痛的哀悼。本报记者还深入采访了烈士家属,做了题为《教育孩子为死者报仇!》《为祖国牺牲是光荣的!》两篇访问记,从中不难看出两位亲人的突然离去对其家属的打击是剧烈的,但烈士家属会很快从悲恸中走出来,并且将自己的热情投身于祖国建设中去,继续完成亲人未完成的使命。《常宝堃、程树棠遇难经过》一文详细描述了当时的危险场面和两位烈士不幸遇难的瞬间。在常程两位烈士噩耗传来之时,文艺工会邀请曲艺界同志进行座谈,座谈后与会者一致表示要加强抗美援朝、为死者复仇的强烈愿望。愿为烈士报仇雪恨的意愿从曲艺界扩散开来,从劳动模范到姚大娘这样的普通民众,一股强烈的爱国之情溢于言表。可以说,在编排、刊发常程烈士罹难消息始末的新闻过程中,得到了广大民众的热烈反响,营造了相当浓烈的爱国气氛,使普通民众更加痛恨帝国主义,也更加明确地认清帝国主义的罪恶本质和侵略行径,这有助于今后进一步开展反帝爱国运动的相关报道,积累了相当厚重的群众思想基础。

　　戳破"美国之音"试图利用心理战术打入我国人民内部的黑色阴谋,也成为《天津日报》一项重要内容。《天津日报》在不时接到读者提出的关于"美国之音"的问题后,曾刊登上海《新闻日报》所载士加列夫所作的《战争贩子的喇叭"美国之音"》,为读者提供参考。在副刊上多次设专题讨论,集中刊发关于"美国之音"的文章,其中还有不少译文,如《最后的广播》是世界保卫和平大会常设委员会委员约翰纳·斯史蒂尔(美)对苏联记者的谈话笔录,反映了美国人民与全世界人民一样的反战情绪和反法西斯主义的心情。天津群众剧团结合运动的需要,上演了苏联拉夫烈乌夫的名剧《美国之音》,在上演不到三场的时间后,《天津日报》就刊发了关于这部剧的评论。阿英在《真正的"美国之音"》中肯定了这部戏剧的演出,要吸取剧中人物基德的深刻教训,望中国人民认清美帝的真实面目。

　　总结以上三年来天津市报业对"抗美援朝"的报道,着实取得了不少成绩,积累了不少军事报道的经验:一是报道更加实事求是,实际反映战场情况,乐于描写战士的心理活动、思想情感,关注细节,增强报道的教育意义。在这次抗美援朝报道中,新闻媒体勇于朝着摆脱旧有思维、不求大不求全的真实客观报道方向进行实地采访,写出的文字真实可信,具有感染力。他们认识到,战争是残酷的,战场上没有常胜将军,中国军队也会遇到这样那样的问题,一时不能顺利解决,而新闻报道就要做到将战事如实呈现给读者,克服报道中的夸大和片面风气。二是积极运用各种具有强烈说服力的文体,如社论、专论、时事新闻等,揭露敌人的罪恶行径,在报刊上掀起对敌斗争的高昂斗志。纸媒抓住自身特点,应时而上,发挥文字说理深刻、煽动性强等优势,积极开展揭露敌人的斗争。三是多种文学体裁的运用,既考虑了读者的阅读兴趣,也为我国的军事报道增添了新的气息。对一些人物和战事的报道进行文学性的润色、加工,使得原本可能有些干涩的人物特写和战事叙述变得生动、有感染力，自然更加吸引读者阅读，也就扩大了报纸的宣传效果。当然，纵观天津这三年来抗美援朝的专题报道，也存在不足之处：转载的社论较多，有自己独到见解的评论性文字没有成为报道的主角；多种报道形式得以运用，但报道的深度还不够，仍需深入挖掘新闻本质；新闻报道写作暴露出公式化问题，存在新"八股文"现象等。

四、国民经济恢复和各项社会改革运动的宣传报道

1950年6月6日，中共第七届三中全会开幕，作为1949年后中国共产党召开的第一次中央全会，会议将讨论的重点放在国家的经济建设上，确定了我党在国民经济恢复时期的主要任务和应采取的策略方针。中国人民政治协商会议第一届全国委员会第二次会议召开，《天津日报》头版刊发了陈云《关于经济形势、调整工商业和调整税收诸问题》的报告，将当前中国的经济状况所处的位置概括为"三个转折点"，即在全国范围内改造半殖民地半封建经济而为独立自由的新民主主义经济的历史转折点，是由落后到进步、由坏情况到好情况的历史转折点。因此，积极采取对工商业的改造和对税收的调整成为了恢复国民经济步骤的重中之重。

天津新闻界十分重视两会召开，纷纷以头版大篇幅进行报道，积极宣传国家的经济方针，形成了良好的社会舆论，有助于促进国民经济的快速发展。

《天津日报》全文刊发了毛泽东在七届三中全会上的报告《为争取国家财政经济状况的基本好转而斗争》，并配有大幅半身像。全市各生产线积极开展劳动竞赛，以实际行动改进生产效率、提升劳动价值。刘秀峰同志于6月18日在天津市工厂干部及劳模大会上作了《五月份生产竞赛运动总结报告》，积极宣传天津市各项生产竞赛的开展情况。头版刊发专论《论天津的生产竞赛》，"职工生活"中也频频刊发工厂职工在劳动竞赛中的心得体会，其中也不乏对工厂进行的技术改革的疑问或者不满情绪，真实而客观地报道在全国经济恢复的关键时期全市职工的精神面貌和工作动态。"改进技术 自强奋斗"专栏报道了市内各生产干线上积极思考改进工作办法、提高生产效率的优秀职工。在读

者来信专栏发表《我厂是怎样端正劳资关系,改进生产的》等文。

《进步日报》的"经济周刊"刊登沪华成烟厂克服困难的经验之谈《顺利度过了淡月》《转变中的私营行庄》等文,介绍在执行国家政策的过程中各行各业是如何解决困难、平稳过渡的。《进步日报》还刊登上海私营行庄发生的剧变等文章,为天津市的工商业改革提供借鉴。头版刊发本报专论《私营工商业发展的道路》《如何克服私营工商业的困难》等文,全面客观地分析了当前的国家形势,为工商业改造描绘了美好的未来。

在国民经济恢复的重要时期,我国开展了土地改革、镇压反革命以及"三反"、"五反"等改革运动,这些改革都在很大程度上推动了国家经济的复苏。因此,这一时期充斥着大量相关报道的报纸成为党同人民群众、群众同群众之间交流的平台,发挥了新闻媒体应有的社会影响力。

《天津日报》报道了中国人民政治协商会议第一届全国委员会第二次会议开幕的消息,毛泽东在开幕词中指出,土地改革问题为此次会议的中心议题。关于土改运动的报道,主要体现在相关法律法规的颁布和广大人民群众对土地改革法的执行和学习体会。1950年6月30日,《天津日报》头版全文刊发《中华人民共和国土地改革法》,其中,重点阐明了施行土地改革法的重要目的是为了"废除地主阶级封建剥削的土地所有制,实行农民的土地所有制,借以解放农村生产力,发展农业生产,为新中国的工业化开辟道路"。刊登了刘少奇副主席的报告《关于土地改革问题的报告》。《进步日报》连载《论市郊土地改革》,详细论述了津郊地区土地改革的开展情况。南开大学经济研究所与中国金融学会天津分会合编的"经济周刊"于1951年5月8日利用大篇幅讨论土改相关问题。《在土地改革里看农村的经济》一文回顾了土改前农村不合理的土地制度,刻画了土改前得不到真正实惠的穷苦农民的形象。土改的到来,解放了生产力,增加了农民收入,并且组织了工农联盟,有了自己的组织,多方面的保障为农民增产增收创造了先决条件。《土改后的新农村》更是描绘了一幅欣欣向荣的丰收图,畅想了新农村的发展。天津市开展土改运动并非埋头独干,《天津土地改革参观团河南分团 参观河南省土地改革工作报告》详细总结了邻省的土改经验,为我市更好地开展土改工作做了铺垫。《进步日报》还刊登了各界人士参观外省市土改的经过和感想,使得土改相关报道更加深入人心。

在镇压反革命运动的宣传报道上,天津新闻界也有所突破和创新。天津人民广播电台于1951年3月29日至4月25日先后举行了"市、区各界人民代表扩大会议(关于镇压反革命问题)实况直播"及"彻底摧毁反动会道门"等广播大会,收听民众近300万人次,起到了极大的社会效果。4月3日《人民日报》发表社论《镇压反革命必须大张旗鼓》,肯定了电台将3月29日的镇压反革命大会实况及时向全市民众广播的举措。《天津日报》还为此发表了《更有效地利用无线电广播》的社论,强调了广播电台在鼓舞群众、推动工作方面的优势,肯定了电台在宣传方面取得的显著成绩。广播与报纸两大重要的传播媒介相结合,促使新闻传播在群众当中形成了"覆盖文化层面广、受众人数多"的良好局面,大大发挥了媒体的宣传作用。这样的宣传方式在之后的"三反"、"五反"运动中也发挥了不小的作用。

《进步日报》发表社论《接受人民群众的要求 处决反革命首恶分子》,拥护政府处决反革命分子的决策。在头版还配发了大幅照片,反映了反革命分子处决现场大批来观民众高声欢呼的场面,极具现场效果。"读者之声"栏目里连续几日刊发群众来稿,表达普通民众对政府这一重大决策的拥护。

在这一次的镇压反革命的运动热潮中,胜利镇压圣母军成为了天津报界报道的主要内容。"圣母军"又称"圣母御侍团",1921年9月成立于爱尔兰都柏林,"圣母军"敌视共产党,反对共产主义,因此,中国一直都是"圣母军"开展活动的重要地区。作为西方敌对势力在华渗透多年的地下组织,"圣母军"在新中国成立之后嚣张气焰高涨,煽动组织成员抵制破坏土改运动、抗美援朝、天主教徒的爱国三自运动,试图对新生政权进行破坏。1949年后,圣母军在国内设立了三个分会,其中的天津分会主要管辖东北、山东地区的地下活动。因此,天津新闻界对打击圣母军地下组织十分重视，报道形成了一定规模。

1951年7月15日，《人民日报》刊发《保护正当的信仰自由，取缔反革命的"圣母军"》的短评，开始了全国新闻界内打击"圣母军"的热潮。天津作为"圣母军"活动较为猖獗的地区，打响了摧毁"圣母军"的第一枪。1951年7月，天津市军事管制委员会主任黄敬签署并发布了第21号布告，宣布对"圣母军"予以取缔，天津报界立即有所反应。

《天津日报》在当日头版的"资料"栏目中设专文从"圣母军"产生的政治背景、真正目的、其天主教内部反动法西斯秘密组织的真实身份及其在中国的破坏行动四个方面详细介绍了"圣母军"的相关资料，将其定性为秘密的反动组织，并加以批判，适时地引导了舆论导向。社论《取缔反动的秘密组织"圣母军"》以更加严肃有力的方式向广大读者呈现了"圣母军"的丑恶面目。报纸还团结天主教内部及相关人士，开展揭露"圣母军"、深刻自省的活动，并刊登部分人员文章，表示已经认清了"圣母军"的本质并积极拥护政府决策，愿为爱国爱教而斗争。

《进步日报》在头版刊登了详细叙述"圣母军"在天津地区罪恶活动的文章，试图帮助群众认清"圣母军"的丑恶本质。7月15日即刊登了津沽大学师生员工为控诉"圣母军"罪行举行的座谈会的相关情况。在座的不乏"圣母军"成员，他们勇于承认自己思想上的错误，并一举揭发"圣母军"在破坏国家稳定团结上的阴谋行径。《进步日报》还设专栏"控诉'圣母军'的罪恶"，专门刊发群众来稿，宣传对罪恶"圣母军"的深入反省。"时事杂谈"栏目的《瓦解"圣母军"》一文也多次强调了"圣母军"的种种活动是帝国主义在公开侵略中国失败后进行的隐蔽的、秘密的侵略，是披着宗教外衣进行的侵略，这样的侵略更不能为中国人民所忍，这就是瓦解"圣母军"的重大意义所在。

"三反"（在党政机关队伍中反贪污、反浪费、反官僚主义）、"五反"（在资本主义工商业者中反行贿、反偷税漏税、反盗骗国家财产、反偷工减料、反盗窃国家经济情报）运动的相关报道在天津媒体上形成了一定的规模，大力揭露了资产阶级妄图破坏革命果实、阻碍国家进步、腐蚀革命思想的阴谋罪行。其中刘青山、张子善盗窃国家财产被判处死刑的贪污案件以连续报道的方式在报纸上刊载,广播电台配合重大贪污案件的侦破,于2月18日在"反贪污反浪费反官僚主义特别节目"中播送了河北省人民公审贪污犯刘青山、张子善大会的实况录音。作为地委书记和专署专员,刘张二人非但没有为百姓谋福利,而是将国家财产塞进自己的腰包,这是资产阶级思想腐蚀的结果。报道中呈现的一个个触目惊心的数字让群众怒不可遏,纷纷表示要严惩这样的贪官污吏。报纸上大量刊登读者来信,倾听群众的心声。《进步日报》在社论《彻底坦白 勇敢检举》中强调:做好了反贪污、反浪费、反官僚主义运动,也就挽救了我们每一个人,因此,每一个人都有责任做到彻底坦白、勇敢检举。《进步日报》还在头版刊登了天津市总工会、妇女联合会等五个团体联合号召全市人民向贪污浪费现象作坚决斗争的消息,宣传大家应以对祖国对人民负责的态度大胆检举和揭发不良现象、开展批评和自我批评、消灭在各个领域的贪污浪费现象。《进步日报》贴出大幅标语"从各方面集中火力 对贪污浪费现象进行围剿",并对天津市为深入开展"三反"运动而开展的坦白检举大会进行了报道,其中会场内外共百余人参加,检举坦白三万四千余件。天津各大报纸除了对刘青山、张子善的贪污行径做了大范围报道外,还对其他较大贪污浪费案件做了详尽的报道。例如对费凤楼作为天津货栈业同业工会主任委员破坏"三反"运动并被逮捕的消息,作为头版头条刊发,可见此次报道的力度与重要性。另对天津木商业奸商王维生等15人被捕的消息也在头版重要位置刊登,并配发小幅照片,重现罪犯被捕现场。为推动国家经济建设,避免不必要的浪费现象发生,报刊转登《人民日报》社论《克服工业生产中的严重浪费》,还积极刊发群众来信,如《华北粮食公司运粮无计划 浪费现象严重应检讨》等文,营造群众踊跃揭发检举浪费现象的良好氛围。

在"三反""五反"运动中,新华社天津分社也积极投入人力,配发的内参稿件多次受到毛泽东的表扬。1952年2月6日,鲁西良记者撰写的内参稿件《天津十一区打大虎的经验》在总社内部刊物上刊登,报道了同志们向奸商进攻获胜的好消息。1952年2月8日毛泽东主席作了批示:"各中央局,转所属各大城市的党委同志们:……这是天津同志的有益创造,请你们加以研究,并予仿行。"之后,对在3月29日新华社内部刊物刊载的《天津几个大工业资本家已被保护过关》《天津召开市协商委员会安定资本家的心》等两条内部消息,毛泽东又给予很大重视,并在3月30日给当时担任中共中央办公厅主任的杨尚昆作了批示:"尚昆同志:请问新华社是否已将'五反'材料中的精彩部分发给各大中城市参考。例如这一期的前三条消息(还有《上海"五反"第一战役即将结束》一文)就都是可以发的。"1949年后毛泽东主席批示表扬的第一篇新华社国内分社内参稿即出自天津分社,而后连续几篇内参受到毛泽东主席的褒扬,这对天津分社的确是不小的鼓舞和激励。

1950年6月30日,在庆祝中国共产党建党二十九周年之际,中国共产党中央委员会,为了巩固中国人民革命的光辉胜利,进一步改善党员干部的工作作风,加强党与人民群众的联系,以便顺利实现争取国家经济财政状况的基本好转的伟大任务,决定在全党范围内进行一次大规模的整风运动。主要方式是阅读文件,总结工作,分析情况,开展批评与自我批评。《天津日报》在头版头条位置刊发《中共天津市委会整风计划》,配发社论《整风必须充分发扬民主》,充分听取了刘少奇同志在修改党章的报告中的观点:只有实行高度的民主,才能达到领导上的高度集中。要在充分体现民主精神下,开展整风运动。在《天津日报》的"批评与建议"专栏,即日就发表了读者来信,批评税务六分局个别工作人员作风不正,应该检查。

"三反"中的反官僚主义宣传与整风运动相结合。《天津日报》刊发了中共中央西北局第二书记习仲勋在1950年5月20日干部大会上的报告《反对官僚主义、命令主义》。在头版重要位置刊发了本报记者从津公营制革厂发来的报道,认为该厂的领导干部"高高在上脱离群众",忙于签名盖章,忽视职工合理化建议,领导分厂工作主要靠电话,存在严重的官僚主义作风。文牍主义作为官僚主义的一种表现,也经常在报刊上被批评,表现为"发行公文、不顾实际、打戳盖章、多不负责、手续繁琐、延误时机"。例如津路局本部在反官僚主义作风中发现严重文牍主义,立即见报,并责成各办公室研究改进。《进步日报》记者对有关人士进行专访,听取大家感想,例如《老舍谈整风》、萧乾的《从旧〈大公报〉到"新路"》及费孝通的《改良主义是我过去的基本思想》等。关于"三反""五反"运动的相关报道在一定程度上来说,客观地反映了当时的社会面貌和群众思想,但有的报道也犯有过度夸大事实、缺乏事实根据的毛病,由此伤害了部分无辜的被批评者。

五、《天津日报》的社会新闻报道

《天津日报》作为中共天津市委机关报,并非板着面孔进行消息的上传下达,而是积极谋求贴近群众、反映群众生活的新闻报道,其中,以社会新闻报道最为突出,在一定程度上反映了这一时期天津人民在中国共产党的领导下,积极开拓、勇于创新、共同建设美好生活的精神风貌。

《天津日报》作为党报要增强报纸的可读性,吸引更多读者,其社会新闻在区别于一般晚报和体现舆论导向作用这两者之间找到发挥的空间,兼导向性和可读性于一身。

党报社会新闻应当以关注社会的责任感来关注社会生活中的热点问题。让小新闻贴近大主题,以小见大、见微知著,洞察社会的各个角落。关于"王秀珍思想的讨论"在《天津日报》上开展了长达一个半月之久。王秀珍是天津恒大烟草厂的一名普通包烟女工。《天津日报》于1953年6月3日在头版刊登了她的一封来信,同来信发的编者按中提道:王秀珍过去经常无故违反劳动纪律,现在经过该厂领导的教育和小组同志们的帮助,开始有了觉悟,知道自己违反劳动纪律的行为不对,并且保证在今后的实际行动中认真改正。这样一位普通职工的心路历程具有一定的典型性,是值得各国营工厂企业职工学习讨论的。看似平常的一封来自工厂女工关于劳动思想转变的来信,其中包含了1949年后工人面对的很多新问题的讨论,因此,在《天津日报》上展开了一次时间长、范围广、程度深的大讨论。以"巩固劳动纪律,为完成与超额完成国家生产计划而奋斗!"为专题的讨论版块先后发表了40多篇来信来稿。天津市特等劳动模范李兆珍坚持"我们要向前看,不能有'歇一歇'的想法";《我们应该正确地对待文娱活动》中提出职工在劳动之余应进行适当的娱乐活动,但也赞成天津市总工会文教部的同志所说的"不能贪玩忘了生产";工人阶级作为一支进步队伍,相关领导要"经常向工人进行劳动纪律教育,才是维护工人阶级的根本利益",并且要克服小生产者在进入工厂后仍然存在的自私自利的思想,让全体职工共同进步。这次大讨论,让很多群众从中受到教育,意识到了理论学习的重要性,要提高阶级觉悟就必须不断加强政治学习,个人利益必须服从国家利益,目前利益必须服从长远利益。来信参与讨论的人对王秀珍同志的检讨都抱着欢迎的态度,只有正确开展批评与自我批评,不放松和不掩饰自己的缺点和错误并且勇于改正才能成为真正的先进阶级。7月26日,刊登了王秀珍同志的来信《在同志们的帮助下,我认识到过去的错误,决心遵守劳动纪律,努力生产》,至此关于王秀珍思想的讨论告一段落。这次关于王秀珍思想的讨论引起了天津社会各界民众的关注,包括工厂干部、职工、学生等,话题由一个女工的思想转变扩大到工厂劳动纪律的建立和遵守,以及工人阶级如何从思想上保持先进,继续领导中国人民恢复国民经济。

运用正反事例对比报道的方法,提高群众对社会问题的分辨能力,以增强新闻报道对社会舆论的导向作用。《婚姻法》作为我国1949年后颁布的第一部法律,于1950年5月1日公布施行。废除包办强迫、男尊女卑、漠视子女利益的封建主义婚姻制度。新《婚姻法》是维护男女婚姻自由、一夫一妻、男女权利平等、保护妇女和子女合法利益的新民主主义的婚姻制度。自《婚姻法》颁布之日,《天津日报》快速出击,立即将这一好消息带给了天津民众。以漫画形式和大家分享了邵秀英、孙田均自由结婚的故事,占了整整一个版面,颇为引人关注。还在版面的显著位置配发标语:"反对封建残余思想,坚决贯彻《婚姻法》!"并刊载各派出所、居委会在学习《婚姻法》之后的心得和检讨。其中为《永安里派出所全体警员认真检讨封建残余思想》一文还配发了短评《永安里派出所警员学习〈婚姻法〉的方法值得推广》,增强了报道的思辨性和服务性。在《天津日报》的"社会服务"专栏开辟的"读者与编者"版块中,《"一子两不绝"即一夫多妻不合于新〈婚姻法〉的原则》一文,刊登了读者的一篇来信,反映了发生在自己身上的由于家人封建思想根深蒂固而导致的逼子重婚的事情。本报编者立即作出回应,对这样的做法坚决不予以赞成,并指明这是违反新《婚姻法》的做法,应立即进行劝阻。一则正面报道、一则反面报道,两者相结合的报道方式,让群众在旁观事件的同时增强了甄别能力,对新《婚姻法》的顺利贯彻、实施起到了一定的积极作用。

将部分政治、经济新闻采用变换角度的方式,以社会新闻这种易于群众接受的报道方式将消息传递出去,满足百姓的阅读视角。例如天津解放后,社会上仍存在大批在码头上剥削搬运工人的封建把头,众百姓痛恨不已。天津市政府对此事十分关注,公安局立即投入警力,专项治理这一封建社会的遗留问题,《天津日报》也陆续报道了多个封建把头被捉拿归案的好消息。《剥削工人、敲诈商民、阴谋破坏、企图复辟 罪恶昭彰的大脚行头刘德山等七名昨就捕》一文详细介绍了七名封建脚行的首要作恶分子的罪行,并配发半身照。其中社论《彻底消灭搬运事业中残余的封建把持制度》一文,从一定高度强调了铲除封建把持制度的重要性,并表示应将这项工作继续下去,彻底粉碎顶在搬运工人头上的压迫。在同版刊发的由许可成、柳心撰写的《天津"脚行"罪恶史》以更加故事性的笔法为广大读者介绍了自封建社会以来就以"欺行霸市"闻名的封建把头的历史,更加具有可读性。《"开大会,吐苦水,群情激奋"第一、三、七、十一区搬运工人痛斥脚行头子罪行 联名具状控告要求政府依法严惩》一文,反映了搬运工人受脚行头子多年压迫的辛酸岁月,将封建把头的恶劣形象公之于众,迎来更多读者的痛斥和关注。

"社会服务"专栏,报道社会不良现象,并通过新闻力量解决百姓生活中的实际问题。例如:《有些糖果包装不讲卫生 小孩吃了危险很大》,刊登了一封读者来信,其中描述了一种不合格糖果,目的是引起广大家长的注意,避免儿童食用后出现危险。在天津日报社记者同志的帮助下,联系到公共卫生局的有关人员并立即封存了部分不合格食品。《关于陈少云改嫁问题及其他》占了半个版面,涉及陈少云在之前来信中提到的政府干涉自己婚姻自由的问题,经过多份资料的研读,发现多处漏洞,报方将材料整理转至最高人民法院,依法研究处理。《信托公司接受读者批评 检讨付款迟缓原因并向捷成公司陈杰臣致歉》《河东小集派出所来函检讨 处理违警事件有不妥处 》《关于东郊吴家嘴继母虐待女儿的调查经过 天津人民法院答读者》等类似文章也经常出现在"社会服务"专栏,表明经过《天津日报》"社会服务"的努力,的确为遇到困难的群众解决了不少问题。

第三节 新闻工作改革

1956年4月,《人民日报》的改版对全国的新闻工作产生了巨大的影响,天津也不例外。

《人民日报》改版并非空穴来风,这其中的直接原因是苏共二十大的召开。1956年2月的苏共二十大会议,批评了对斯大林的盲目个人崇拜,指出了斯大林的部分错误领导。这给一直以来以苏联为榜样的党中央一次不小的震撼。毛泽东主席在4月25日的中央政治局扩大会议上作了题为《论十大关系》的报告,指出:一切民族、一切国家的长处都要学,政治、经济、科学、技术、文学、艺术的一切真正好的东西都要学。但是,必须有分析有批判地学,不能盲目地学,不能一切照抄、机械搬运。他们的短处、缺点,当然不要学。对于苏联和其他社会主义国家的经验,也应当采取同样的态度。①这一次历史性的变化也涉及到了我国新闻事业的发展走向。《人民日报》抓住先机,意识到之前全盘学习、照搬苏联《真理报》的做法有失妥当,率先开展新闻界的大改革。

1956年4月,《人民日报》内部的新闻改版工作开始了。当月即召开新闻工作改革动员大会。4月2日,《人民日报》编委会通过了《关于讨论改进〈人民日报〉工作的计划》,着重对如何改进、丰富报纸内容;怎样消灭错误及处理版面等做了安排。编委会还成立了七人小组和八个问题研究小组,分别涉及统筹规划改版事宜和具体改版问题的研

---

① 毛泽东:《论十大关系》,文字改革出版社,1978年版,第46页。

究工作。七人小组制订了《搜集读者对报纸意见的计划》,向广大读者搜集意见书300多封,为《人民日报》献计献策,积极拥护党报改版。八个问题研究小组也在具体新闻报道资料的研读后,提出了改版建议:扩大选题范围;改进选稿标准,不能只是"没有错误",要有新鲜内容;开展学术讨论;增加体裁品种。

经过一个多月的深入探讨与总结,即5月15日上呈关于改4版为8版的首份报告后,《人民日报》总编辑邓拓、副总编辑胡绩伟于6月20日将第二份报告报送中央。

1956年7月1日,《人民日报》刊登改版社论《致读者》,正式向全国人民宣布改版的消息。社论强调:"《人民日报》是党的报纸,也是人民的报纸。从它创刊到现在,一直是为党和人民的利益服务的。"社论还指出,改革的目的是为了更好地充当党和人民的喉舌,《人民日报》"期望全国广大的读者给我们更多的帮助,更多的批评和指示"。

改版后的《人民日报》在新闻内容、讨论的开放程度、报纸批评的数量等方面都有新面貌呈现。紧跟国家建设需要加大了经济新闻的报道条数;在"双百方针"的讨论中,坚持倾听各方意见、解放思想;报道中涌现了更多的批评稿件,确实反映了社会中存在的不良现象和思想弊端,形成了良好的社会舆论氛围。为响应《人民日报》的改版号召,推动全国新闻界改革,推动天津市新闻质量的提高,提升报刊、广播在群众当中的喜爱拥护程度,天津市也投入到新闻界的大改革中来。

一、天津报业改革

天津报业的改革秉承《人民日报》改革的先进理念,以《天津日报》为例,从细处着手,重新深刻认识自身作为党的舆论喉舌的重要地位,由上至下传达党中央的方针政策,由下而上真实反映民情民意,做党的报纸、人民的报纸,为党和人民的利益服务。

《天津日报》作为中共天津市委机关报,积极参与报纸改版,首先体现在报纸社论等评述性文章数量增加、质量有所提高。改版以前的社论数量上不及改版后,且改版后的社论更加实事求是,更贴近社会,取材更广泛。有分析国家重要政策、方针的《坚决反对官僚主义 贯彻执行群众路线》《严肃而又谨慎地执行党的纪律》;也包括关心群众生活的《正确对待落后职工》《多为基层单位着想》等,这些短小有力的社论都刊发在《天津日报》头版的显著位置。有的文章采用组合的方式,一篇叙述性新闻稿配一篇即时短评,既报道了新闻事件又发挥了媒体舆论监督的作用,将民众思想向积极方向引导。例如《他为什么自杀》一文说的是一名在公私合营工厂做工的青年工人犯错后受到种种不平等待遇,导致青年的不幸自杀,本文旨在呼吁大家关心青年人的健康成长。在文章下方即有《天津日报》配发的短评《反对用粗暴态度对待犯错误的青年》,希望能够引起各级青年团组织的再三深思。

其次,重视读者的声音,及时给予反馈。改版前的《天津日报》也有"读者来信"版块,但反映的问题大多是生活琐事,改版后的《天津日报》同时增加了反映读者积极思考工作、为社会进步献计献策的文章,例如由河北师范学校教育系主任刘付忱谈的《对全面发展教育方针的体会》《关于修改教育方针的我见》;天津市统计局的赵静同志关于《制发调查统计报表中的官僚主义与主观主义》的思考;对"反对党八股"相关文章中的问题提出异议的《笔可以不必"飞"了》。这样的突出读者思考、体现读者思想的意见型文章在《天津日报》改版后层出不穷,到1956年中后期,平均每日一篇,制造了良好的社会舆论。

再次,刊登的来信来稿中的批评性稿件增多。1956年10月10日《天津日报》转发《人民日报》社论《不要害怕反对的意见》,其中提到:"如果有少数人从反面提出一些不同的意见,对于我们防止偏差减少错误,尤其有重要的意义。"广大群众随即投入对社会现象的针砭时弊中来。有的从自身工作岗位思考,比如天津市立第二中心医院外科副主任屈满翰,设想将"双百方针"带到自己的医务岗位,写了《谈谈医务界开展"百家争鸣"的问题》一文;有的群众对反对浪费人才作了深入思考,反问各位读者——《卫生局需要这么多医务人员吗》;本报记者也不忌讳报道社会中的负面现象,实地进行采访,比如1956年12月14日刊登的《"独角戏"及其他》,批评的就是高校人浮于事的现象,多数高校的办公室都出现"办公荒",学校的行政机构像吹气球一样膨胀起来;对一些文艺作品的评价,也让读者直抒胸臆,刊登了《不欢迎〈四郎探母〉重登舞台》《对周立波同志"谈'三国演义'"一文的两点意见》等,活跃了大众的精神生活。

最后,副刊及各种专刊、专页的设立,兼具知识性与趣味性。《天津日报》的副刊与文艺副刊在改版前就已存在了很长一段时间,自改版以来,两刊的气氛更加活跃了起来,刊登的文艺作品更具有可读性、趣味性,反映市井生活的作品增多了,单幅漫画、多格漫画增多了,歌谱、诗歌这些不常见的文艺形式也常见了。《天津日报》中出现了《学术》《历史周刊》等这样具有一定学术研究水平的专家学者撰写的知识性文章专版,其中有为纪念鲁迅做的专刊以及讨论孔子教育思想的专刊等,具有一定的研究价值。

这次的报纸改版不仅局限于各地党报,天津的其他报纸,如《进步日报》《新生晚报》也都遵循着《人民日报》改版所取得的经验,从加强舆论导向作用、广开言论、广纳真言、拓展专刊视域等方面着手,提升报纸整体质量。在《人民日报》改版这一契机之下,天津的报业又有了一次长足的进步与发展,进一步解放了思想,为办好既具有社会主义的内容又体现中国特色的报纸而努力奋斗。

二、天津广播事业改革

在党报改革的带动下,全国各地的广播电台也开始了大张旗鼓的改革。

1956年5月28日,中央广播事业局向中共中央汇报广播事业发展规划,得到了刘少奇副主席的十条方针性意见,分别是:(1)发展农村有线广播很重要,要依靠群众,但不要加重群众的负担;(2)要加强对国外广播;(3)要尽快创办电视,自己生产电视发射机和电视接收机,先黑白,后彩色;(4)要降低收音机、广播喇叭、广播扩大器的售价,使更多的人能买得起;(5)不要急于收取广播收听费,不要因收费而影响广播事业的发展,将来如果要收费也要慎重,广播电台应该播广告;(6)加强对广播事业的领导;(7)广播系统独立负责自己的技术工作很好,应该采用新技术;(8)要创办广播大学,培养自己的专门人才;(9)中央广播事业局改为总局,下面分若干局;(10)广播宣传要密切联系人民的思想和生活,应该关心所有听众关心的问题,特别要关心人民的生活问题。

适逢第四次全国广播工作会议于7月在北京举行,其中主要讨论的议题就是关于进一步推进整个广播事业的发展。会议明确了广播内容的六条指导思想:(1)新闻节目是广播电台的主要节目,要努力改进,做到又多又快又短又好;(2)扩大取材范围,加强同群众的联系,使广播节目更接近、更能体现人民生活;(3)要在广播中开展批评;(4)要根据广播特点对待"百家争鸣",由于广播不宜播送艰深和长篇的文章,一般只介绍学术讨论的情况;(5)要贯彻"百花齐放"的方针,办好文艺节目;(6)调整和增加节目,满足听众多方面的需求。

根据以上的方针性意见及指导思想,天津作为最早成立的直辖市广播电台紧跟中央广播电台的步伐,率先全面启动改革。

1956年9月10日,天津电台的组织机构调整为三室两部五科。三室:台长室、总编辑室、办公室;两部:政治广播编辑部、文艺广播编辑部;五科:人事保卫科、行政科、工务科、实验科、录音科。共有干部职工323人。经过机构调整之后的天津电台加强了党的领导,下级分工明确,将政治广播与文艺广播作为天津电台播音内容的重头,突出发展电台特色。

1956年1月2日,天津电台提出《关于天津市郊区建立有线广播站的初步规划报告》,并于8月底基本建成。截至8月20日,进行播音的广播站有:南郊区(2275个喇叭),北郊区(2574个喇叭),西郊区(2602个喇叭),东郊区(2307个喇叭),塘沽区(1114个喇叭),工农联盟农业社(3991个喇叭),光明之路农业社(329个喇叭)。①

为做到深入理解"双百方针",切实贯彻"双百方针",天津电台注重播送短而精的文章,努力办好文艺节目,时刻注意社会变化,积累素材和增加富有时代气息的节目。为发展农村有线广播,加强同群众的

---

① 天津市地方志编修委员会办公室等编著:《天津通志·广播电视电影志1924—2003》,天津社会科学院出版社,2004年版,第34页。

联系,使节目更加贴近生活,1956年5月1日,电台开办了第一个对农村广播节目——《建设社会主义新农村》。在节目中和农民朋友介绍各地庄稼的收成情况、讲解粮食种植技术、播放农民喜闻乐见的文艺节目,极大丰富了村民们的业余文化生活。随着全国性体育比赛及国际赛事的增多,利用广播推广赛事普及成为向大众介绍体育活动的又一个好办法。1956年9月1日,天津电台在刚建成的天津市人民体育馆首次转播罗马尼亚国家篮球队与天津市篮球队的比赛实况,在这次转播中,天津台记者还第一次担任了比赛解说。国庆期间,为欢度国庆节,天津电台与北京人民广播电台联合举办了一次京津两市互播的剧场转播节目。京津两台在节日期间各选一台最精彩的节目进行两台互播,使听众能收听到另一城市上演的精彩好戏。当时天津转播的是天津河北梆子剧团三大头牌韩俊卿、银达子、金宝环合演的《打金枝》,王玉磬主演的《辕门斩子》和宝珠钻主演的《三娘教子》。北京台转播了北京京剧团在北京长安戏院演出的《杨家将》全剧,由北京京剧团三大头牌马连良、谭富英、裘盛戎合演。

这次由《人民日报》牵头,扩大为全国新闻界大调整的改革活动,并没有以圆满收场,而是中途夭折。1957年3月10日,毛泽东在同新闻界代表座谈时指出:"目前思想偏向有两种:一种是教条主义,一种是右倾机会主义。右倾机会主义的特点是否定一切,教条主义则把凡有怀疑的都一棒子打回去,肯定一切。教条主义和右倾机会主义都是片面性,都是用形而上学的思想方法去片面地孤立地观察问题和了解问题。"毛泽东指出了这一时期的新闻改革存在着反教条主义极端化、全盘否定过去一直以来坚持的学习苏联经验的做法等,认为过于极端化的做法是不正确的。随着6月反右斗争的开始,全国新闻界的这次大改革无疾而终。

第八章　政治运动中的天津新闻传播业
（1957—1976）

　　1957年以后，中国政治局势发生变化，"反右派""大跃进""反右倾"，政治运动接连发生，极"左"思潮不断演进。1960年下半年，全国国民经济开始实施"调整、巩固、充实、提高"的八字方针，新闻事业也随之进行调整。1962年9月，中共八届十中全会强调阶级斗争为纲和反对修正主义思想倾向，新闻事业的调整随之中断。之后，极"左"思潮愈演愈烈，终于导致1966年爆发了长达十年之久的"文化大革命"。在近二十年的极"左"思潮演进过程中，新闻界迎合政治运动的需要，丧失了独立的思考能力，刊发违背真理的言论，不仅损害了党和人民的利益，自身也成为受害者。"文化大革命"时期，毛泽东同志特别强调党的新闻媒体的政治宣传功能，并将党的新闻传播事业逐步培养成为反映与推动"文化大革命"的政治宣传工具，尤其在"四人帮"的野心驱动下，将新闻媒体作为阴谋篡党夺权的工具，利用新闻媒体这一发言渠道发号施令，制造舆论，排除异己，严重违背了新闻媒体实事求是的优良传统。这既是时代的错误，也是新闻事业发展不够成熟的表现，教训惨痛而又深刻。

　　在这一时期，天津的新闻传播业有所发展，1959年，天津继北京、上海、黑龙江后创办了中国的第四家电视台，并在较短的时间内形成了一定的规模，成为当时天津具有较高宣传报道能力的新媒体。从此之后，天津形成了包括报刊、广播、通讯社、电视在内的新闻传播媒介系统。但就总体而言，天津媒体和全国其他地方新闻媒体一样，也走了一些弯路。在贯彻紧跟中央精神的同时，一味上传下达，对错误指令"一呼百应",使地方媒体基本成为中央新闻媒体的转载媒体。天津媒体在反"右派"斗争、"大跃进"、反"右倾"政治运动中,尤其是在"文化大革命"中,都出现了丢失专业精神、丧失社会责任感的失实报道,在本地区和全国造成了不良影响。

第一节　"反右派"斗争中的新闻宣传

一、鸣放中的《天津日报》

1957年我国开始了全面建设社会主义时期,4月27日,中共中央发出《关于整风运动的指示》,开始在全党范围内进行整风运动,要求把正确处理人民内部矛盾问题作为这次整风运动的主题,要求检查"百花齐放,百家争鸣"方针和"长期共存,互相监督"方针执行的情况,并实行开门整风,欢迎党外人士自愿参加,帮助党整风。

在整风"鸣放"以前,自1956年上半年中共中央提出"百花齐放,百家争鸣"的方针以后,报纸上就开始注意"鸣放"的宣传了。1957年1月《天津日报》在对天津市医药卫生学术讨论会的报道时就出现了"百家争鸣"的字眼。也是从这个时候开始,《天津日报》上陆续开始了对各行业的研讨会的报道,如1957年2月19日,《天津日报》副刊第四版发表文章《天津作家座谈当前文艺情况》[1]以及1957年3月19日对天津科联举行的会员学会代表大会的报道。一时间,报纸上提供了一片浓烈的自由讨论的环境。

对于"百家争鸣"最先发表看法的是《天津日报》1957年4月16日发表的《关于知识分子受教育和百家争鸣问题》一文,南开大学物理系副主任陈仁烈发表了对"百家争鸣"的看法,他认为争鸣与扩大民主的关系,应该是"互相监督,长期共存"[2]的。在鸣放的报道中,最先在报纸上展开讨论与回应的是戏曲界,1957年5月4日《天津日报》报道的《对王靷同志对书场茶社的看法的不同意见》[3],是继4月12日该报发表了

---

① 《天津日报》,1957年2月19日。

② 《天津日报》,1957年4月16日。

③ 《天津日报》,1957年5月4日。

天津市戏曲学校副校长王靭同志《戏曲界"放"得还很不够》一文后,收到耿树青、滕进翔、陆平、邵增涛几位同志的来稿,对王靭同志对书场茶社的看法提出了不同意见。紧接着,学校、各民主党派、各行业、各学术界等都纷纷展开了大面积的争鸣讨论,一时间,"鸣"与"放"也成为了新闻标题中出现频率最高的字眼。《天津日报》中出现较多的是关于批评宗派主义、官僚主义以及党与非党人员之间的问题、党群关系问题的报道。

二、"反右派"斗争中的《天津日报》

1957年,在毛泽东主席的指示下,从6月8日开始,在全国开展了反"右派"斗争。《天津日报》是当时"反右派"斗争的一个重要阵地,有力地指导和推动了这场斗争,它的宣传报道对这场运动起到了特别重大的作用。

在《天津日报》上,1957年6月17日《以实际行动回击右派分子反共叫嚣 染化七厂生产提高工人团结增强》[①]一文,首次对关于"反右派"斗争的内容展开了报道。

在整风运动中,天津新闻界本身并没有展开大范围的争论与讨论,而在反右派斗争开始后,天津的新闻界也被点燃了。

1957年5月21日《天津日报》报道了天津市新闻工作者座谈会,其中,《新晚报》记者刘书申认为市委宣传部对他们的限制过多,帮助不大,没有考虑到晚报的特点,《新晚报》是在夹缝中求生存,应取消统一发稿,允许自由竞赛。

紧接着《天津日报》在1957年5月22日又在天津市新闻工作者座谈会的后续报道中报道了《天津青年报》副总编辑肖获的发言,他认为要明确机关报的责任,《天津农民报》记者肖迪、阎雪晶、袁宏俊等谈了农民报的未来发展等等。

《天津日报》展开了对天津新闻界"反右派"斗争的一些列报道。在1957年5月28日《天津日报》刊登了《对本报的批评和建议》[②]一文,发表了

---

① 《天津日报》,1957年6月17日。

② 《天津日报》,1957年5月28日。

唐士英、张子秋、王文林等读者来信中对该报工作提出的一些意见。

1957年5月29日《曲艺不被重视 书籍又缺又滥 民进天津市委员会邀请文艺出版界座谈》①一文中,天津人民广播电台广播曲艺团编导王家齐谈到曲艺这朵花没有得到领导的重视。天津人民出版社编辑柯玉生谈了做编辑的苦衷。

把天津新闻界的"反右派"斗争推向高潮的是1957年7月12日《天津日报》发表的文章《天津市新闻界开展反右派斗争 揭露孙肇延鼓吹资产阶级"新闻自由",进行反党活动 新晚报丧失警惕在一个时期内政治方向模糊》②以及1957年7月13日发表的文章《"改正错误,吸取教训,继续前进"》③,对《新晚报》总编室主任孙肇延以及《新晚报》在一个时期内政治方向模糊的反应进行了报道。

后续还有对《天津画报》和《天津青年报》的副总编肖荻和马贤铎,天津市人民电台工业组副组长路广业和苏本一,《天津工人日报》记者李暖的"右派"观点进行批判的报道。天津新闻界内部的"右派"言论的批判及斗争并没有大规模展开,持续到1957年9月下旬就基本结束了。

在这场"反右派"斗争中,虽然波及天津新闻界内部的人并不多,但是在整个"反右派"斗争的报道过程中,天津的新闻事业和新闻界也受到了较大的影响,有不少经验和教训。

其中有一些错误报道,在报道某些所谓"右派"的言论上,煽风点火,夸大了事实,例如,1957年5月31日《天津日报》报道的在工商界召开的鸣放座谈会上,工商联常委荣子正进行了发言,他认为马列主义在中国的运用很多地方对不上号,认为理论要根据实际,不能强调一面而轻描另一方,如果把年代已久、国情不合的马列主义著作,不加选择地搬来,生教硬学,结果只会是越学越不通。

随后报纸上便展开了对荣子正的不同意见及批评,荣子正被划为"右派",在《天津日报》上对荣子正的批判从1957年6月20日持续到

---

① 《天津日报》,1957年5月29日。
② 《天津日报》,1957年7月12日。
③ 《天津日报》,1957年7月13日。

1957年9月14日。

九三学社天津市分社副主任，南开大学历史系教授雷海宗在1957年4月21日和22日《人民日报》"天津的教授们关于'百家争鸣'的座谈"和《天津日报》5月9、10、11日所载《天津市大学教授座谈记录上》提出，他认为马克思主义者关于历史的研究"一直处在停滞状态之中"，同时，在雷海宗致《人民日报》的复信中谈到历史科学中的教条主义时，提到"马克思主义关于资本主义以前的各种社会的说法"不合中国国情。

5月16日，《天津日报》刊登了孙延龄、张忠全两位读者的来信，信中对雷海宗所发表的言论提出了质疑，要求雷海宗进一步加以申诉和解释。此时，该事件并没有扩大化。雷海宗也并未在报纸上作出回应，《天津日报》在5月23日和6月4日分别刊登了雷海宗的文章《只有相见以诚 才能谈到互相监督》，谈到他对"长期共存，互相监督"这一方针的认识，认为党与非党之间应该交朋友，做到相见以诚，无话不说，发展成为健康的朋友关系，和转载了新华社的文章《南大雷海宗教授对划分社会阶段提出新看法 认为世界史上没有奴隶制度》。

此后直到1957年8月14日，报纸上渐渐展开对雷海宗的批判，针对雷海宗此前关于"马列主义"和"党与非党"发表的言论进行了批判，《天津日报》上对雷海宗的批判集中在1957年8月和9月，之后仅在12月19日发表了最后一篇批判雷海宗的文章。

1957年4月25日《天津日报》的《认真贯彻"百花齐放，百家争鸣"的方针》专栏，刊登了何迟的《谈谈戏剧，曲艺界存在的问题》一文，何迟认为"毫无保留的畅所欲言的讨论空气，在戏剧界内部还没有很好的发扬起来"[1]，必须放手发掘和整理传统剧目，艺术方面的矛盾要通过"争鸣"来解决，并且分析了戏曲工作干部当中存在的矛盾和产生分歧的原因。随后，在1957年8月，报纸上开始如火如荼地展开反"右派"斗争时，何迟便也成为了被批判的对象，对何迟的批判也主要集中在了8月和9月。

---

[1]《天津日报》，1957年4月25日。

批判展开最为迅速的是对农工民主党天津市委员会筹委会委员、天津市第一中心医院院长杨济时。1957年5月27日《天津日报》对卫生局党组织与医学院党委和高级医务人员座谈会进行了报道,其间,杨济时谈到卫生局贯彻党的政策很生硬的问题,他说卫生局将政策传达下来后,党员对政策并没有很好地消化理解就去做,以致在执行政策上不断出现问题。

随后在1957年5月29日《天津日报》发表的文章《第一中心医院院长杨济时说:剥削阶级取消了又出现了新阶级 并认为"中西医团结"的口号提得不恰当》中,杨济时认为共产党的宗派主义倾向严重,并且提出共产党提出的"中西医团结"的口号不恰当,以及"剥削阶级取消了""但,又出现了新的阶级:共产党是第一阶级,民主党派是第二阶级,群众是第三阶级"的言论。[①]紧接着在6月10日报纸上就出现了反对杨济时的说法的意见,对杨济时言论的批判从6月一直持续到了10月。

在《天津日报》对"鸣放"的报道中,1957年4月、5月、6月有一小部分鸣放的报道,9月、10月、11月、12月,开始连续地、大规模地对各界展开的鸣放热潮进行报道,一直到1958年1月到达报道的高潮。1958年1月的《天津日报》上几乎每天都有关于各行各业"鸣放"开展情况的报道。

第二节　"大跃进"中的新闻宣传

一、《天津日报》在"大跃进"中的宣传

经过1957年的"反右派"斗争,中共中央和各级党委加强了对新闻事业的领导,在贯彻毛主席的指示下,新闻报道与实际工作的联系更加紧密了,在随之而来的"大跃进"的报道中,新闻媒介成为推动这场运动的强有力的工具。

"大跃进"最早在《天津日报》上出现是1957年12月16日《用革命英雄主义的干劲 组织农业生产的大跃进》一文,文中对上海、陕西、河北、福建、四川等地的"大跃进"计划进行了报道。

---

① 《天津日报》,1957年5月29日。

1958年1月1日,《天津日报》发表文章《津市今年经济建设将大跃进 地方大工业产值将提高20%,粮食将增产10%》,在天津市新年经济建设目标中正式提出了"大跃进"的口号,随后便在陆续的报道中迅速营造出"大跃进"的舆论氛围,和汹涌而来的"大跃进"的宣传报道。

1958年1月时,《天津日报》上还没有大范围地展开"大跃进"以及生产建设成就的报道,而还是停留在街道、中小学的"鸣放"情况的报道中。

从1958年2月开始,《天津日报》上才展开了声势浩大的"大跃进"的宣传报道。在报道的初期,天津新闻界的报道中还夹杂着"反保守反浪费"的"双反"推动"大跃进"的报道,还有一部分"又红又专"的报道。

天津新闻界对"大跃进"的宣传主要集中在对钢铁工业、机器工业的报道上,也有一些机电行业、纺织厂、高校科研的宣传报道,农业生产成果的宣传报道较少。

在天津新闻界对"大跃进"的宣传报道中,出现了以下的特点:

第一,宣传口号浮夸,报道成果不切实际。在对各行各业的生产成就进行宣传时,报道的标题大都写得斗志昂扬,营造出一番热火朝天的"大跃进"氛围,并且不顾实际地提出宣传口号,如1958年2月7日《天津日报》以《快马加鞭 飞速跃进 赶上英国》为通栏大标语,对天津钢厂为了赶超英国而重订计划追加钢产量进行的报道。还有类似的1958年2月9日对天津自行车厂的报道, 也用了 "开足马力赶英国""'飞鸽'质量两年追上'凤头'"的语句。而1958年7月13日在对街道开展"大跃进"的报道中更是出现了"津市街道居民一个月办起一百六十个工厂"的浮夸报道。

同时"大跃进"的浮夸之风也吹到了高校,如《天津日报》1958年9月3日的报道《卫星飞满天 工厂遍校园 南开大学苦战20天,制出491种新产品,有97种达到或超过国际水平;要以更大成绩向国庆节献礼》等①,这些虚报的进展神速的科研成果超出了实际的可能,而报纸上的

---

① 《天津日报》,1958年9月3日。

大肆宣传对高等学校的科研跃进推波助澜。

再如,在对天津钢厂制定的"大跃进"计划的报道中,1958年2月7日首先提出天津钢厂要赶超英国,将年产值的目标增加40%,在3月14日又提出要"苦战一年 赶上上钢",8月24日变成了"保证超额完成计划 钢产量要翻一番",8月28日时,"工期再缩短五天"。一再缩短工期,盲目更改计划。

在对天津钢产量的报道中则把进展描述得更为神速,9月15日"津钢二号炉日产量达350吨",10月31日"津市各区竞放卫星钢的日产量达八千多吨",11月8日更是达到了"津市日产钢两万四千多吨"。

第二,在"大跃进"的报道中,频频出现展现各行各业争分夺秒的激战和表现恢弘气势的词汇,把高速度的口号喊得惊天动地,如1958年8月24日"时间就是钢",1958年8月25日"力争高速度",1958年8月28日"一身是胆 日夜激战",1958年9月6日"与流光竞赛 向时间夺钢",1958年9月15日"紧紧抓钢铁 一刻值千金",1958年10月31日"八十万人日夜奋战",1960年10月29日"抓紧抓细 分秒必争"。这些宣传口号或是通栏大标题,或配以醒目的红色大标题和宣传图片、照片,更不乏1958年9月2日"冲锋号角惊天地 钢铁英雄斗志豪 天津钢铁大军万马齐奔"这样高调激昂的大头条。宣传的声势浩大,煽动人心,营造出一番轰轰烈烈、热火朝天的"大跃进"景象。

第三,空头计划,动辄立下誓言,保证完成任务,空头许诺一些超出实际的计划,如1958年2月7日报道天津钢厂决心赶英国而计划钢产值"将增加40%",2月17日又报道天津市今年工业产值"将达50亿元",8月8日又"立下壮志 力争全国各大城市冠军"、"保证超额完成计划 钢产量要翻一番"等,这些忽视经济发展规律,对不切实际就制定计划的做法的浮夸报道,更是推动了各行业盲目制定生产计划,浪费人力物力不果后又开始虚报产量的因果链。

天津新闻界的这些报道,由于急于求成,违反了经济和社会发展的客观规律,历史的事实证明,这个努力是不成功的。连续三年的"大跃进"对国民经济造成了很坏的影响,而当时的新闻传播界对这个过程起到了推波助澜的作用。《天津日报》作为当时天津地方的主要媒体,也在这个时期,在《人民日报》"左"的思想的影响下,加大了对"大跃进"过程的宣传和报道。正是由于新闻界大量宣传了"左"的思想和许多生产建设成就方面的浮夸风与推广先进经验方面的瞎指挥会,给天津市的工农业生产方面造成了严重的破坏。

在1958—1960年这段"大跃进"时期,由于天津是工业化城市,《天津日报》在报道农业方面所表现出来的特色不是很明显,而在工业上,轰轰烈烈的"大炼钢铁"运动在天津的报纸上并没有特别明显的迹象,在机械制造和轻工业方面比较突出。另外,《天津日报》重视社会生活各个方面在"大跃进"方面的宣传报道,为"大跃进"运动起到了推波助澜的作用。

1961年1月,党的八届九中全会召开,党中央放弃原有的唯心主义、脱离实际的思想作风,对整个国民经济实行了"调整、巩固、充实、提高"的八字方针。《天津日报》作为天津的主流媒体,密切配合形势,及时报道党中央关于深入调查研究的方针政策,在刊发新华社通稿的同时,注意结合自身实际,立足社会生活的各个方面,在大体与全国保持一致的背景下,并没有失去地方特色,保持了地方报纸服务地方群众的本色。它尽管不可避免地出现过一些不利国民经济和居民生活的错误导向,但总体失误不明显。与全国大部分报纸相比,《天津日报》相对低调、细腻,不过分张扬,应该是比较有责任感和公信力的地方媒体。

二、新华社天津分社在"大跃进"中的发展及宣传工作

1958年2月6日,天津市与河北省合并,天津成为河北省的省会。因此,新华社天津分社与河北分社合并为河北分社。直至1966年5月天津市又分离出河北省独立出来,才恢复了天津分社的人员配置,并挂名新华社天津记者站。在合并之后不久,又出现了一次较为重大的体制变动,国家要求将新华社各分社与人民日报社驻外记者站合并为一家。但由于当时《人民日报》没有驻天津的记者站,所以天津分社的记者们"一人分饰两角",新华社天津分社同时也是《人民日报》驻天津记者站。此时,记者们既可以以新华社记者名义发稿,也可以以《人民日报》记者发稿,同时可以听取双方领导的意见,对记者业务能力的提高很有益处。在这段合并分社的时间中,原天津分社的同志们也没有减弱工作的热情,积极奋战在报道第一线上。但在这段特殊的历史时期,有些同志受了"左"的错误思想的影响,没有坚持实事求是的报道原则,出现了很多突出问题。在1958年"大跃进"时期,天津分社的稿件存在报道失实的现象,例如有关天津东郊区新立村亩产11.6万斤稻谷的报道,成为了为"大跃进"浮夸风推波助澜的典型。

1959年在新华社全国社务会议上,天津分社获得了总社颁发的一面锦旗,鼓励天津分社一年来在评论性文章上做出的努力和突破。可以说这是天津分社在多年的实践锻炼中紧跟党中央领导,服从总社整体要求,深入挖掘新闻素材的丰硕成果。天津分社实现了大跨步的前进,由此迈上了一个新台阶。

1958年3月14日,来自天津分社的首篇社论被刊发在了《人民日报》头版显著位置。这也是新华社国内分社第一次为《人民日报》撰写社论。天津分社的记者同志一改往日对社论存有神秘感的想法,就从身边对社会、对人民有意义的事情着手进行采访,并做深入报道。在对天津第二印染厂副厂长参加跟班劳动一事进行采访后,又撰写了评论文章,一并发给了中央组织部部长安子文审阅批改。在提出了详细的修改意见后,天津分社的石坚同志又经反复修改后寄给了人民日报社,很快这一社论就发表在了《人民日报》上。

喜事成双,一个多月后,天津分社的又一社论刊登在了《人民日报》上。这篇社论是在天津棉纺一厂半工半读学校成立的一则消息的基础上,对天津如何进一步开展职工教育的问题进行的评论,题为《举办半工半读的工人学校》。1958年5月29日,此篇社论全文刊发,对其他各省市职工教育工作的开展提供了很好的借鉴。

随着《人民日报》上一篇《向技术革命进军》的社论的刊发,全国掀起了技术革命的热潮,天津作为大工业城市应该走在全国各大中城市的前列。为此,天津分社对本地区群众开展的各项活动进行深入采访,写成了社论《搞技术革命必须发动群众》,提出在全国提升科学技术能力的同时,不能忽视人民群众的力量,并用天津织染厂在提高技术生产能力的同时不忘紧密联系群众的事例进一步说明。

连中三元后,天津分社更加注重在新闻报道中挖掘深刻、有指导意义的新闻采写点,并努力写成评论文章。从1958年3月到9月,分社的18名文字记者,有12位同志写了评论,共计24篇社论、评论、短论等文章,其中的10篇被《人民日报》采用,另外两篇被中央其他报纸采用。这对天津分社的记者们是一个不小的鼓励。

三、天津电视事业的起步

中国电视既是社会主义建设高潮时期艰苦奋斗的产物,又是当时国际电视事业发展的结果。1958年春,在各方面通力协助之下,中国第一套黑白电视广播系统试制成功,并且从国外引进了一些必要关键性设备,开办电视的基本条件初步具备。1958年5月1日,中国第一座电视台——北京电视台(后改为中央电视台)正式开始试播,同年9月2日,正式播出。随着中国电视事业起步的浪潮,1960年,天津电视台成为继北京、上海、黑龙江后中国创办的第四家电视台。

(一)天津电视台的诞生

由于国家广播电视事业的普及发展,中央广播事业局责成中央广播事业管理训练班组织全国有关省(市)的技术人员进行电视技术方面的培训,因此;天津电视台的起步工作最先从技术开始。1958年6月10日,从电台技术部门抽调的陈宝珍、关兆方、李恩久、张体恭、邢武池组成技术小组到达北京,进行电视原理和专业技能的培训学习。同年10月,在天津人民广播电台领导下,成立了天津电视筹备委员会,着手进行天津电视台的筹备工作。1959年元旦天津电视台进行了第一次技术性试播,只播送了格子信号和伴音,春节时播放了电影,开创了天津电视广播从无到有的新篇章。为加速筹备工作进度,同年5月,在抽调王日兰等4人充实技术组,以加快电视试播设备的研制和系统设备筹集的同时,成立电视编辑部,为电视台开播后文艺节目和专题节目的编导工作做准备。

1959年7月1日进行节目试播,天津电视台的台标第一次出现在当时全市仅有的100余台黑白电视接收机的屏幕上。1960年元旦,用简陋的设备播出了一台内容丰富的晚会节目。试播过程不仅锻炼培养了天津电视台的编播技术人才,积累了宝贵的从事电视广播的经验,也开辟了新的宣传阵地,满足了天津人民的文化需求。1960年初,天津电视台购置了正规的国产电视演播中心设备,在北京广播器材厂订购的五讯道电视演播系统设备到货、安装并调试成功,包括15个设备立柜、5部超正析像管摄像讯道,以及音响控制和导演切换台等。随着黑白电视中心设备筹建齐全,天津电视台于1960年3月20日正式播出,至此,天津电视台成为继北京、上海、黑龙江后中国创办的第四家电视台。3月20日晚上,在大演播室里举行了隆重的开播仪式并进行现场直播。1960年4月底,黑白电视转播车到货使天津电视台增加了现场转播的能力。是年,郭沫若为天津电视台题写台名。

(二)建台初期电视节目设置

1959年7月,播出了天津广播剧团程昌运朗诵的《松树的风格》,这是天津电视台播出的第一个文艺节目。随后又播出了大型纪录片《不尽长江滚滚流》。这意味着天津电视台的电视试验播出正式开始。试播阶段播出的所有节目都是在一间400多平方米的电台百人录音室改装而成的电视演播室里,用小摄像机摄制并进行直播的。在这样的条件下,通过编播、技术人员的努力,每周按时播出一次,在国庆节、元旦和春节等重要节日,还增加了播出次数,试播节目既包含了图片、影片、讲话、歌曲、曲艺等小型节目,还包含了复杂的大型戏曲活动和舞蹈节目。1960年3月20日,天津电视台开始正式播出后的第一个节目是陈宝珍讲解摄影机和接收机的工作原理,其他节目有骆玉笙的京韵大鼓、于淑珍的歌曲、歌舞剧院的《孔雀舞》和苏联科教片《电视》等。自建台初期至1966年"文化大革命"前夕,天津电视台转播舞台演出约200余场,组织大演播室各种类型文艺节目180多台,播放电影60多部。从开播至1961年4月期间,每周播出3次(每周四、六、日);1961年4月开始每周播出5次(每周二、三、四、六、日);1962年4月改为每周4次(即每周二、四、六、日);从1965年9月开始了每周6次播出(周一休息),延续了多年。

1.新闻性节目

从节目试播起至1966年,天津电视台的播出规模逐步扩展,着重体现在自办新闻性节目数量上的增加。1959年8月15日,首次播出了《图片报道》——《天津市灭蝇灭蚊大战》。8月22日,首次播出了《图片新闻》节目。当时的新闻节目还有中央新闻纪录电影制片厂摄制的《新闻简报》《世界见闻》《河北新闻》等。1960年4月3日开办了《电视新闻》节目,第一次播出的是纪录片《全国人民代表大会第二届第二次会议开幕》。至1961年,共开办了《电视新闻》《当代英雄谱》《体育转播》和《国际新闻》节目,社教服务类节目陆续开办了《少儿节目》《科学知识》《体育与健康》《祖国各地》《文化生活》《生活常识》等,文艺类节目陆续开办了《戏曲晚会》《曲艺晚会》《现代戏晚会》《星期评书》《故事会》《诗与歌》等,每周自办节目平均播出七八个小时。

2.专题片、纪录片

从新闻专题报道演变而来的专题片、纪录片逐步派生出新闻类专题片、社教类专题片、电视纪录片和电视系列片。1959年10月2日晚间播出,长度约十几分钟的《河北省天津市各届人民庆祝建国十周年》是天津电视台试播阶段摄制播出的第一部新闻专题片。另外还有天津电视台自己设置完成的第一部较为大型的电视纪录片《天津人民庆祝中华人民共和国成立十周年》。

3.文艺节目

建台初期至"文化大革命"时期电视文艺节目,主要是选择社会上演出的节目。当时电视这一媒体对社会上演出的节目,采取了精选的"三个一"原则,即每周必须播出一部最新故事片,转播一次剧场演出实况,组织表演团体到演播室演出一次节目。1960年5月15日,天津电视台开播不久,第一次在中国大戏院向全市实况转播剧场演出,全市人民可在电视屏幕上清楚地观看艺术大师梅兰芳主演《霸王别姬》的风采,受到了观众的欢迎。1961年12月30日,天津电视台还在电视演播室里播出了第一场大型综合性文艺晚会。这场晚会荟萃了天津市京、评、梆、曲艺、杂技、歌舞、朗诵等方面的著名演员,如厉慧良、李文芳、骆玉笙、常宝霆、白全福、董湘昆等人,集业余、专业演出团体为一体,约有100多人,在400多平方米的演播室里上演了近3个小时的文艺演出。1964年,邮电部京津960路微波电路建成开通,北京电视台(现中央电视台)的电视节目随之通过这一干线传至天津北站电信局。同年9月,天津电视台成功向北京电视台传送了由天津歌舞剧院和天津曲艺团演出的文艺晚会,这是全国地方台第一次向中央台输送电视节目,天津电视台成为当时全国首家完成电视节目城市间转播的省级电视台。国庆期间,通过微波电路,天津人民既能收看到自己所在城市的庆祝活动,又能收看首都天安门广场的游行情况。

4.电视剧

经过一段实践,文艺节目编导开始摸索着进行电视化再度加工创作节目。1960年至1966年,为天津电视台电视剧的初创阶段。创作播出黑白电视剧共计5部(集),在当时全国电视剧创作中属前列。1964年春节,在大演播室播出了根据同名独幕话剧改编的第一部电视剧《搬家》。该剧描述了一位青年工人为追求安逸的生活只顾自己换房而影响其他工作,导致工厂发生事故,后在工会主席和老工人的帮助下得以改正的故事。拍摄这部剧的时候条件非常简陋,只在演播室搭了3个场景,用的是老式工业用摄像机采用直播方式进行播出。当时虽然采用了直播形式,但事先还将有些场景拍成胶片插播进去,以弥补演播室独幕话剧的缺憾。这部电视剧是配合当时的社会形势,搞好安全生产,做后进青年人的思想转化工作,播出后在社会上引起很大震动,在当时的社会背景下有着重要的社会教育意义。

5.体育节目

体育专栏节目在天津电视台起步较早,但由于受到技术条件的限制,前进步伐较慢。建台初期,体育专栏节目由文艺组负责。1960年开始,天津电视台曾开办了《体育与健康》节目,主要是介绍一些体育知识、举办讲座等。1962年天津电视台开办了《体育转播》节目。当年,转播了一场由北京演员队和天津演员联队进行的篮球比赛,这是天津电视台首次进行体育比赛的现场直播。

6.少儿节目

于1960年8月14日正式开播的少年儿童节目,是天津电视台创办的最早的对象性节目。第一期播出的节目是"小小座谈会",由天津市和平区甘肃路小学、兴安路小学的同学谈暑期活动,同时由河西区少年宫小红旗歌舞团演出了小合唱等文艺节目。

(三)电视编播人员培养

由于全国广播电视事业的普及发展,中央广播事业管理局责成中央广播事业管理局训练班(中国传媒大学前身)组织全国有关省(市)的技术人员进行电视技术知识的培训。天津电台技术部门抽调了陈宝珍、关兆方、李恩久等人于1958年6月10日到达北京,参与电视原理和专业方面的学习。1959年6月成立了电视编辑部,并从各部门抽调人员从事文艺节目和专题节目的编导工作。同时,天津电视台也诞生了第一位播音员——李孝华(播音名李笑)。1959年天津电视台试播阶段,编播人员只有七八个人,技术装备仅有1台从旧货商店购买的费尔姆16mm摄影机、1台M16摄影机和几台照相机。

天津电视台建台初期,新闻编辑部人员很少,只有十来个人,记者和编辑没有明确分工,往往要求一个人既要负责采访、写稿,还要负责编辑、摄像。1960年9月,才有一名编辑。1961年10月,天津电影制片厂撤销,新闻组增加了12名摄影、剪接、放映、照明工作人员及大学毕业生,全组人员达到25人,分工才比较明确。"文化大革命"开始以前的5年,除受经济困难的影响之外,以"阶级斗争为纲"的"左"倾路线,已经严重地影响了职工队伍的建设。不少领导骨干、业务骨干脱离了电视职工队伍,被调离现岗或下放劳动。

综上所述,这一时期,天津电视事业的起步在探索中取得了突破性的成就,积累了不少经验,从"土法上马"模式中成功转型。但是,由于技术以及节目制作能力、水平等多方面因素的限制,在电视非常稀少的时代,这一媒介难以实现和报纸、广播相匹敌的影响力。

第三节 "文化大革命"时期的天津新闻传播业

在"文化大革命"中,全国的地方新闻传播业,全部从属于中央文革宣传政策的领导,基本上是中央文革新闻业的"地方版","千报一面、舆论一律"的现象遍布全国,天津也不例外。在十年浩劫中天津地方新闻传播业遭到严重的破坏,《天津晚报》停刊,《天津日报》作为"天津党委机关报",逐步成长为以反映中央"文革"指示、批斗精神,反映天津地方响应中央"文革"号召、结合天津地方情况进行斗批改等情况的传声筒。新华社天津分社也一度陷入瘫痪状态,直到1969年底驻分社的工宣队撤走,才正式恢复了分社的建制。天津广播事业也受到重大损失,自办节目陆续被停播。1967年1月27日,天津人民广播电台全部转播中央人民广播电台的节目,这期间播出的节目十分单调。"文化大革命"期间,"四人帮"对电视领导权的篡夺严重影响了电视事业的正常发展,除上海和广州未停播,其余地方电视台一律停播,天津电视台也未能幸免。虽然1968年后又陆续恢复重建,但直到1976年党中央一举粉碎"四人帮",天津电视事业才随着历史大背景回归正轨。

一、《天津日报》在"文化大革命"前期的新闻宣传(1966—1968)

(一)批吴晗及其《海瑞罢官》

1962年,党的八届十中全会提出了"千万不要忘记阶级斗争"的警告。1964年开始在文化、史学、哲学、经济学界开展一系列批判活动。同年,中央成立了中央文化革命小组,彭真任组长。1965年11月,发表姚文元评吴晗的《海瑞罢官》。毛泽东指出:《海瑞罢官》的要害是罢官,嘉靖皇帝罢了海瑞的官,1959年我们罢了彭德怀的官,彭德怀也是"海瑞"。由此开始,对《海瑞罢官》的学术批判演变成了政治批判。《解放军报》在《人民日报》之前,于11月29日转载了姚文元的文章,并发表"编者按语",公开声称《海瑞罢官》是反党反社会主义的"大毒草"。

1966年2月,彭真召集文化小组会议,通过了《文化革命五人小组关于当前学术讨论的汇报提纲》,又名《二月提纲》,希望能借此将学术问题控制在学术讨论的范畴,防止其上升为政治问题,但这违背了毛泽东关于批判《海瑞罢官》的战略部署。在毛泽东的干预下,中共中央在4月中旬撤销了文化革命小组和《二月提纲》。

1966年2月,《天津日报》转载了2月1日《人民日报》的批判文章,《田汉的〈谢瑶环〉是一棵大毒草》,文中点名批评了吴晗、田汉、孟超的作品,直言不讳地将他们的作品称为"大毒草"。次日,又将《海瑞罢官》《谢瑶环》《李慧娘》这些剧本的作者定性为"反党、反社会主义的大毒草"。①

随后,《天津日报》对吴晗、田汉的批判不断增多,批评之声不绝于耳,且都奉行一边倒政策,只有批判,没有肯定。《天津日报》在《学术》专栏专门开辟了版面选登来自中央媒体以及天津地方群众来稿,理论性较强,经常是利用整版来进行对吴晗等人的大肆批判。

从1966年3月5日第一九三期《学术》开始,对吴晗、田汉的批判运动拉开帷幕。《"海瑞骂皇帝"还是海瑞爱皇帝?》中说道:"所谓'海瑞骂皇帝', 实际上正是死心塌地地爱皇帝, 是为了挽救明王朝垂死的命运,是为了使明王朝千世万代的统治下去,才冒着杀头的危险,披肝沥胆地向皇帝敲警钟、进献统治之术。"《吴晗同志的"古为今用"和"为古而古"》中提道:"吴晗同志的《海瑞罢官》,是资产阶级政治挂帅反对社会主义,反对毛泽东思想的产物。他所说的'站稳了'无产阶级立场,完全是骗人的鬼话。剥开皮来看,他的许多言论是反马克思主义的,他的立场是反动的。"②《本市部分大中学生批判〈海瑞罢官〉》中反映道:"在南开中学学生的壁报上,南大和天师学生的课堂讨论上,在河大中文系同学的试卷上,吴晗同志的论点遭到一致批判。同学们批判的问题很多,而锋芒所向,最突出的集中在吴晗的政治立场上:吴晗掀起一股资产阶级思潮的逆流向党冲击;诬蔑劳动人民,歪曲人类历史;宣传解决阶级矛盾的方法是向'清官'告状,用'清官'和贪官之争顶替阶级斗争,散布阶级调和论等修正主义思想。"③

---

① 《天津日报》,1966年2月2日,第4版。

② 《天津日报》,1966年2月26日,第3版,第194期《学术》,署名梁川。

③ 《天津日报》,1966年2月26日,第3版,第194期《学术》。

随后，批判的触角又伸向了历史界的翦伯赞，1966年3月26日《天津日报》出现了中央文革小组成员戚本禹与林杰、阎长青合写的《翦伯赞同志的历史观点应当批判》，声称："翦伯赞同志为什么要大讲特讲'历史主义'呢？因为在他看来，马克思列宁主义的阶级斗争观点有片面性，不能完全用它来解释历史。翦伯赞同志大叫要用'历史主义'去评价历史人物。其实，他不仅用资产阶级历史主义去反对阶级分析方法，美化帝王将相，而且根本否认马克思列宁主义关于国家和法的理论，把国家和法当作调和阶级矛盾的工具来歌颂。"[1]

（二）批"三家村"

继吴晗、田汉、翦伯赞之后又出现了新的批判对象，这就是《燕山夜话》和《三家村札记》，涉及三位作者邓拓、吴晗、廖沫沙，这也是"文革"期间新闻界最早、最大的一个冤假错案。著名的《燕山夜话》和《三家村札记》被断章取义，在中央文革小组成员的笔下成了邓拓、吴晗、廖沫沙的罪证。1966年5月10日，《解放日报》《文汇报》发表《评"三家村"——〈燕山夜话〉〈三家村札记〉的反动本质》，文中说"三家村"是三人"合股开办的一个黑店"，执行的是"反党反社会主义的右倾机会主义即修正主义的路线"。[2]

1966年5月9日《天津日报》开始在第二版和第三版位置连续刊登批邓拓及其作品的文章，甚至还专门将《邓拓的〈燕山夜话〉是反党反社会主义的黑话》编纂成集全文暴露于报纸版面上。前言中表述："从一九六一年以来，邓拓在《前线》《北京日报》《北京晚报》等报刊上，发表了一系列的反党反社会主义的文章，对党对社会主义进行了猖狂的进攻。邓拓的反党反社会主义面目也无法掩盖了。因此，《前线》和《北京日报》才匆匆忙忙地发表了《燕山夜话》的摘要材料，加了编者按。"[3]这也间接批评了北京市委两份报刊《前线》和《北京日报》保护邓拓的

---

[1]《天津日报》，1966年3月26日，头版，原载于《红旗》杂志。
[2] 孟云剑、杨东晓、胡腾著，《共和国记忆六十年·编年纪事》，中信出版社，2009年版，第100页。
[3]《天津日报》，1966年5月9日，第2版、3版。

行为。

《天津日报》除了转载中央级和上海主要报刊文章之外,还刊登了来自天津各领域的工农兵以及普通读者的来稿,对邓拓的批判也由此开始,可谓连篇累牍、日夜不休,体裁虽然多样,但态度却一日重于一日,其思想之深刻,信仰之虔诚,令人折服。而这些言语多数都来自一个又一个工农兵群众之手,内容千篇一律,毫无新意,千万工农兵群众的语言思想如出一辙。令人难以置信的是,那么多完全不了解邓拓的人能用无比恶毒的语言进行所谓的"批判"。比如:1966年5月18日,《天津日报》刊登了南开大学外文系五年级学生王学维写的《我要控诉邓拓黑帮对青年的毒害》中就有类似语汇:"读了《燕山夜话》,我滋长了个人主义思想,忘了过去阶级苦,一心想'成名成家',走上了只专不红的道路,是党挽救了我,使我看清了邓拓这个反党分子的反动面目,邓拓,你阴谋腐蚀青年一代,使青年成为复辟资本主义的马前卒,这是白日做梦。"①

随着批判不断走向深入,《天津日报》关于"三家村"的批判也不断显现出纵深与延展性,将批判"三家村"与学习毛主席著作相联系,甚至从"三家村"追溯到"大跃进",将"三家村"与"苏修"挂钩等等,不断扩大批评对象和范围。批判的结局是,邓拓自杀,吴晗冤死狱中,只有廖沫沙在饱受冤狱的折磨后侥幸活了下来。

(三)《五·一六通知》

1966年5月,中共中央政治局扩大会议在北京召开,通过了毛泽东主持的《中共中央通知》,又名《五·一六通知》,作为"文化大革命"的纲领性文件,《通知》要求全党全国军民彻底批判和清算资产阶级代表人物,彻底批判文化思想领域的反动思想,批判打倒反动学术权威。

《人民日报》等北京的主流报刊总是在报道上滞后于上海报刊,使毛泽东大为不满。江青、陈伯达等人趁机将批判的矛头指向北京市委和首都新闻界。1966年6月,陈伯达宣布解除吴冷西人民日报社社长职

---

① 《天津日报》,1966年5月18日,第2版。

务。1966年5月初，《人民日报》迫于压力，每天用4个版的篇幅宣传"文化大革命"，各版均用标语口号式的通栏标题。1966年5月27日，《解放军报》用半个以上版面的篇幅刊登林彪语录："念念不忘阶级斗争，念念不忘无产阶级专政，念念不忘突出政治，念念不忘高举毛泽东思想伟大旗帜。"

这也为全国各地的报纸提供了编排上的模式，《天津日报》上也同样出现了类似于《人民日报》和《解放日报》的版面、标题以及毛主席语录。从《天津日报》在"文革"期间的版面来看，报眼往往固定放置毛主席语录，新闻尤其是中央革委会指示的新闻标题善于使用大字通栏多行标题，字数多，且善于使用感叹句和疑问句，形同口号、决心、标语，以表达情绪、内心活动甚至是未来行动。此外，头版的报名位置经常因为重大指示而进行调整，报名时而位于头版最下部中间位置，时而位于头版右下角位置，以突出头条新闻的重要性。遇到重大事件、重大指示，还经常使用红色大字通栏多行标题以示其重要性。

《五·一六通知》的下发，标志着"文化大革命"的正式开始。不仅天津的报社出现大调整，新华社天津分社也险些没能经受住"文化大革命"的猛烈冲击。当时的天津分社刚同河北分社分开不久，仍挂着新华社天津记者站的牌子，因为没有独立的编委会，因此天津分社的群众就同河北分社的群众联合批判联合编委会的领导，致使天津分社的领导班子几近瘫痪。从1967年开始，天津分社先后被"军宣队"、照相机厂派来的"工宣队"和天津染化四厂工人组成的"工宣队"领导，统领分社的内部运动和宣传报道工作。

(四)"横扫一切牛鬼蛇神"

1966年6月1日，《人民日报》发表陈伯达等人炮制的社论《横扫一切"牛鬼蛇神"》，宣告"一个势如暴风骤雨的无产阶级文化大革命高潮已在我国兴起"。当晚，中央人民广播电台向全国广播了北京大学聂元梓的大字报，"文化大革命"的序幕正式被拉开。1966年6月4日，《天津日报》第2版发表本报讯《本市广大工农兵和学校师生欢呼：北大一张大字报贴得好，斗得好！坚决支持北大七同志揭露"三家村"大阴谋的

革命行动 誓同全国人民并肩战斗再接再厉横扫一切牛鬼蛇神》,同年6月13日头版发表了《无限信仰毛泽东思想 就是信仰真理 无限崇拜毛泽东思想 就是崇拜革命 本市广大工农兵坚决用毛泽东思想做武器横扫一切牛鬼蛇神》,以表达天津地方民众对中央指示的认同与响应。

　　为响应和执行中央"横扫一切牛鬼蛇神"的号召,天津市也"揪出"了不少文艺、教育界的"反动权威",《天津日报》作为党的机关报,首当其冲为批判这些"牛鬼蛇神"提供了场所,通过编者按、发表评论以及公开搜集刊登读者来稿等方式推动了"打倒反动权威"的活动,极具煽动力的标题和文字促成了一个又一个"冤假错案"。1966年8月1日《天津日报》本报讯《本市大中学校广大革命师生热情声援南开大学革命师生 同仇敌忾怒斥反党黑帮分子娄平①罪行》《高举毛泽东思想伟大红旗 彻底打倒一切牛鬼蛇神 本市广大工农兵声援南大革命师生,声讨娄平罪行》;8月2日本报讯《南开大学革命师生高举毛泽东思想伟大红旗乘胜追击 揭开反党黑帮急先锋吴大任②的反革命凶恶面目》,"广大革命师生成千上万张大字报揭露的铁的事实证明:吴大任是一个混进党内的反动透顶的资产阶级代表人物,是南大反党黑帮中推行资产阶级教育路线的急先锋, 广大革命师生一致表示坚决把他斗倒斗臭,坚决把反党黑帮铲除干净,不获全胜绝不收兵",以及南开大学大字报选登:《撕碎吴大任亲手炮制的反动 "学则"》《戳穿吴大任"教授治校"篡党篡政的大阴谋》《不准吴大任迫害工农出身的同学》《吴大任制定的反动"学则"是残害工农出身学生的一把屠刀》;8月3日本报讯《我市广大革命师生和革命干部高举毛泽东思想伟大旗帜英勇奋战 声讨资产阶级代表人物王金鼎③反革命罪行》,声称王金鼎"压制革命群众运动,抵抗无产阶级文化大革命,一贯反对毛主席教育思想,依靠资产阶级知识分子统治学校,极力推行修正主义教育路线;实行资产阶级对无产阶级专政,打击工农,革命干部子女,妄图把学校变成培养资产阶

---

① 时任南开大学副校长。
② 数学家,教育家,我国积分几何研究的先驱之一,时任南开大学副校长。
③ 时任南开大学教授、副教务长、党委书记,中共天津市委文教部部长。

级接班人的阵地。他是一个地地道道的混进党内的反党反社会主义反毛泽东思想的资产阶级代表人物"。8月11日第4版署名贡文声《驳孙冶方①的修正主义"经济纲领"》,认为孙冶方"把'人与物的矛盾'说成是'社会主义经济的最深远的内在矛盾'、实质上就是反对毛主席关于阶级和阶级斗争的学说。……把价值规律抬高到至高无上的地位,就是要使社会主义经济退化为资本主义经济。……主张利润挂帅、企业自治,就是取消党和国家对社会主义国民经济的领导"。8月13日第2版的《彻底清算李曙森②的反革命修正主义罪行》,引用了《河北日报》的编者按:"八年前的今天,毛主席到天津大学视察,对怎样办好社会主义大学作了重要指示,天津大学革命师生员工,他们没有辜负党和毛主席的期望,在轰轰烈烈的无产阶级文化大革命中,他们向党内走资本主义道路的当权派猛烈开火,揪出了反党反社会主义反毛泽东思想的党内走资本主义道路的当权派,资产阶级代表人物、大学阀、修正主义分子李曙森,取得了文化大革命的又一个新胜利。要乘胜前进,彻底斗倒、斗垮、斗臭反党反社会主义的右派分子,横扫一切牛鬼蛇神,取得无产阶级文化大革命的彻底胜利。"认为李曙森"恶毒地反对毛主席的教育,顽固地推行修正主义教育路线;妄图取消党的领导。推行资产阶级'专家治校';疯狂地破坏教育革命,反对师生参加阶级斗争;极端仇视半工半读,百般阻挠教育与生产劳动相结合;敌视党的阶级路线,排挤打击革命的工农子女;竭力反对用伟大的毛泽东思想教育青年,恶毒地用反动资产阶级'成名成家'思想腐蚀青年"。

(五)媒体"煽风点火"与"红卫兵"运动爆发

1966年8月9日《天津日报》头版,转发《中国共产党中央委员会关于无产阶级文化大革命的决定(一九六六年八月八日通过)》,以及新华社电《欢呼党中央的英明决定 欢呼战无不胜的毛泽东思想的最新

---

① 著名经济学家。

② 我国杰出的教育家,时任天津大学副校长、党委书记、名誉校长。

发展 京津工农兵最热烈拥护指导文化大革命的伟大纲领》,表示:"一定遵照党中央毛主席指示,坚决把无产阶级文化大革命进行到底。"

8月18日,毛泽东在北京天安门检阅了一百万红卫兵和群众,鼓舞了红卫兵的士气,掀起了"红卫兵运动"。《天津日报》在8月19日头版发布了这一消息,并做了精心的编排,上半版左边是毛泽东和林彪巨幅合影,右边是毛泽东左臂戴红袖标接见红卫兵的巨幅照片。并用红色大字通栏多行标题展示《无产阶级文化大革命是共产主义运动和社会主义革命的伟大创举 毛主席同百万群众共庆文化大革命 毛主席和林彪、周恩来等同志接见学生代表 检阅文化革命大军的游行》,"毛主席高兴地对林彪同志说:'这个运动规模很大,确实把群众发动起来了,对全国人民的思想革命化有很大的意义。'"8月22日在第2版转发了《红旗》社论《在毛泽东思想的道路上胜利前进》,并配发本报讯《本市六十万群众集会游行庆祝文化大革命 热烈欢呼:"伟大领袖毛主席万岁!万万岁!"》《永远做毛主席的红色小兵——记参加天津市庆祝无产阶级文化大革命群众大会的革命小将们》,并在第6版全文刊发了《本市庆祝无产阶级文化大革命群众大会侧记》。

毛泽东曾八次在天安门接见和检阅红卫兵。红卫兵受到巨大鼓舞,士气振奋,开始了毫无理性且遍及全国的造反运动,"把所谓资产阶级的'专家''学者''权威''祖师爷'打得落花流水,使他们威风扫地",还要"彻底破除旧思想、旧文化、旧风俗、旧习惯",走上街头强迫一些商店、医院改名,抄家、批斗。

8月23日头版转发《人民日报》社论《工农兵要坚决支持革命学生》和《好得很!》,并配发新华社报道《让每个街道每个商店每个行业都成为宣传和捍卫毛泽东思想的阵地 首都"红卫兵"举起铁扫帚扫"四旧"灰尘》。8月24日,《人民日报》发表了毛泽东关于"造反有理"的一段话。《天津日报》在同一天报道了《无产阶级文化大革命浪潮滚滚席卷海河两岸 天津"红卫兵"横扫"四旧"大树革命新风》,"红卫兵小将发扬无产阶级革命造反精神,在工农兵的热烈支持下,昨天促使上千家商店和数百条街巷更换上闪烁着无产阶级革命精神的新名称,剥削阶级的旧风俗习惯受到猛烈冲击。"①同时配发社论《欢呼"红卫兵"小将们的无产阶级革命造反精神》。

全国人民尤其是红卫兵小将对毛泽东的崇拜无限膨胀，渐入高潮，《毛主席语录》成为人民争相背诵的名言，"毛主席像章"成了人民争相佩戴的荣誉勋章，加之新闻媒体的强化宣传，对毛泽东的个人崇拜之风盛行且影响力十分深远。1966年底，全国的群众都被调动起来，党组织和领导机构陷于瘫痪，在批斗声中很多领导干部和知识分子被批斗关押，全国进入相对混乱的时期。这一时期，天津新闻媒体也进行了推波助澜、煽风点火式的报道，激发了更多的人民群众加入到批判运动的行列中来。

(六)"一月风暴"

1967年1月1日，新年的第一天，《天津日报》头版转载了《人民日报》《红旗》杂志发表的毛泽东亲自审定的元旦社论《把无产阶级文化大革命进行到底》，号召："1967年，将是全国全面展开阶级斗争的一年。1967年，将使无产阶级联合其他革命群众，向党内一小撮走资本主义道路的当权派和社会上的牛鬼蛇神，展开总攻击的一年。1967年，将是更加深入地批判资产阶级反动路线，清除它的影响的一年。"②并在第4版转发了《光明日报》社论《知识分子同工农群众相结合，把文化大革命进行到底》。1月，上海爆发"一月风暴"，张春桥认为当前的问题就是将领导权从走资派手里夺过来，把要害部门控制起来。他们终于在当月篡夺了上海市的党政大权。

天津市各界人士立即响应了中央文革小组夺权的旨意，并借助《天津日报》做了相应的宣传与鼓动工作。1月24日《天津日报》在第4版发表文章《天津必须大乱特乱》，1月31日在头版发表《论无产阶级革命派的夺权斗争》(《红旗》杂志一九六七年第三期社论)；3月3日在头版转发《首都大专院校红卫兵代表大会宣告成立》的消息，以及转载了

---

① 《天津日报》，1966年8月24日，第2版。

② 孟云剑、杨东晓、胡腾：《共和国记忆六十年·编年纪事》，中信出版社，2009年版，第105页。

《首都大专院校红卫兵代表大会宣言(一九六七年二月二十二日)》。3月14日头版发表了《天津市夺权筹备工作小组关于召开革命的工农学干代表会议的倡议》,随后还报道了《天津大专院校红卫兵代表大会诞生》《我市中等学校红代会胜利召开》《我市革命职工代表会议胜利召开》等消息,并刊载了《天津大专院校红卫兵代表大会宣言(一九六七年三月十八日)》《天津市中等学校红卫兵代表大会给毛主席的致敬电》和《天津市中等学校红卫兵代表大会宣言》。

从6月开始,天津市针对地方具体情况展开揪斗天津市委内部反革命集团的运动,相关报道也是铺天盖地,煽动性和鼓动性有增无减。《天津日报》在6月21日3版上发表文章《何其毒也! ——愤怒声讨天津市委内反革命修正主义集团疯狂镇压革命小将的滔天罪行》《天津市委内反革命修正主义集团 挑动工人斗学生的罪行必须彻底清算》,利用整版进行"彻底清算市委内发革命修正主义集团的滔天罪行"的运动,并以大字通栏标题的方式呈现这一口号,掀起了天津市委内部揪斗夺权运动的序幕。6月28日头版上方的通栏大字标语:"高举毛泽东思想的革命批判旗帜 彻底埋葬万晓塘①张淮三②反革命修正主义集团" 鲜明夺目,震撼人心,点名批判"万张"。并发表重要通知:

　　　　党内头号走资本主义道路当权派在天津的忠实代理人,天津党内最大的走资本主义道路当权派,万晓塘张淮三反革命修正主义集团,终于在无产阶级文化大革命中,被全市无产阶级革命派、红卫兵小将和广大革命群众揪出来了!我们热烈欢呼:这是战无不胜的光焰无际的毛泽东思想的伟大胜利!这是毛主席的无产阶级革命路线的伟大胜利!

　　　　长期盘踞在天津的万晓塘张淮三反革命修正主义集团,十多年来,干尽了反党、反社会主义、反毛泽东思想的种种坏事,妄图

---

①　1958年后任中共天津市委第一书记、警备区第一政委、中共河北省委书记处书记、天津市政协主席。1966年9月19日病逝。

②　中共天津市委书记处书记。

颠覆无产阶级专政,复辟资本主义。他们的反革命罪恶累累,现在是和他们算总账的时候了!

彻底埋葬万晓塘张淮三反革命修正主义集团的进军号吹响了!在深入批判党内最大的一小撮走资本主义道路当权派的同时,集中力量,集中目标,向万张反革命修正主义集团猛烈开火,口诛笔伐,万炮齐轰!在政治上、思想上、理论上把他们批深、批透、斗倒、斗臭!夺他们的权,专他们的政!把他们坚决打倒,彻底埋葬,叫他们永世不得翻身!

此外,还配发了本报社论《打倒万张反革命修正主义集团》。

从这天起,直到1967年12月,对万张集团的声讨、批判始终充斥着报纸版面,各个领域、各条战线、各个年龄段的市民都成了批判万张集团的主力,报纸对万张集团的批判也是连篇累牍,满怀愤恨,言语激烈,激发了革命群众夺权的信心和斗志。

12月初,迎来了天津革委会夺取领导权的日子。《天津日报》发表了社论《热烈欢呼天津市革命委员会诞生》,并整版刊发了《天津市革命委员会成立和庆祝大会给毛主席的致敬电》。随后几天,还配发了社论《大海航行靠舵手 干革命靠毛泽东思想——誓把天津办成红彤彤的毛泽东思想大学校》《天津市革命委员会成立和庆祝大会侧记》。为此,《天津日报》特意将报头位置调整至头版右下角,用竖排大字红色多行标题来强调其重要性和喜庆之意,比如《我们最敬爱的伟大领袖毛主席一直非常关心天津市文化大革命 全市军民欢呼天津市革命委员会在毛主席关怀下诞生 决心以实际行动感谢伟大领袖毛主席和党中央的关怀》。

自1967年军宣队入驻天津分社至1969年底工宣队的撤离,天津分社内的领导及不少职工也都受到了不同程度的迫害。当时的联合编委会成员林间、石子侃等人受到了群众的联合批判。记者史博因参加社会上的群众组织被扣上"反军"帽子,入狱五年之久。记者朱泽民由于家庭出身问题,被调至天津棉纺一厂劳动。在这样的革命风潮的冲击下,一线记者人数明显不足,天津分社这一阶段的工作受到了很大的影响。在强硬的政治压迫下,新闻报道的党性及真实性遭到严重破坏,分社的许多文章为求政治上不犯错误,样板化的文章占据主导。但到"文革"后期,这些问题都得到了纠正。

(七)批"中国的赫鲁晓夫"

早在1967年3月,林彪、江青反革命集团就借口发动了全国性的"抓叛徒"的活动,制造了"刘少奇叛徒集团组织路线""新疆叛徒集团""东北叛徒集团""南方叛徒集团"等冤假错案。5月,这股风潮愈演愈烈,江青甚至依照国民党伪造文件诬蔑周恩来,这些,都在1968年初被毛泽东以"此事早已弄清没事,国民党造谣诬蔑"为由平息了下去。但林彪、江青反革命集团的狼子野心并没有因此而消散。

1968年1月开始,天津将批斗的目标锁定在周扬①的"文艺黑线"、周扬在天津的代理人方纪②、白桦③的"反党罪行"上,并将1967年批判的万张反革命集团重新找出来继续批判,甚至将天津地方文艺战线的"反党势力"与万张集团的"罪行"结合在一起批判。因此从1月份开始直到11月份,《天津日报》在揭发批斗"中国赫鲁晓夫"的指示之下,对上述批斗目标进行了深入细致的宣传与报道。1月13日头版报道了"本市昨日召开电视大会,批斗文艺黑线总头目周扬在天津的代理人白桦、方纪"的消息,并配发社论《彻底算清白桦、方纪的反党罪行》,文中将白桦、方纪说成是"反革命修正主义分子,周扬在天津的代理人,结党营私,招降纳叛,培植亲信,排除异己,网罗牛鬼蛇神,反对党的领导,把天津文艺界变成了一个地下的独立王国,专了我们的政……在文艺界大搞物质刺激,推行'三名三高'政策的,实行和平演变,培养修正主义文艺的接班人……耍阴谋,放暗箭,开黑灰,负隅顽抗……"1月17日第2版刊发了《一场触目惊心的反革命复辟事件——揭开一九六

---

① 文艺理论家、文学翻译家、文艺活动家,中国科学院哲学社会科学学部委员。

② 现当代著名画家,1949年后先后担任《天津日报》编委、文艺部主任,天津市文化局局长,中共天津市委宣传部副部长,天津市文联党组书记等职。

③ 时任天津市副市长、中共天津市委宣传部部长。

一年八月"天津市文艺工作座谈会"内幕》,文中揭发了"反革命修正主义文艺黑线总头目周扬伙同万张反革命修正主义集团及其在文艺界的代理人白桦、方纪之流,利用文艺阵地疯狂进行反党活动的罪恶铁证"。声称"在这次变天黑会上,他们策动牛鬼蛇神疯狂地向以毛主席为首的无产阶级司令部发起进攻,为中国赫鲁晓夫的篡党、篡国阴谋,大造反革命舆论。这次会议之后,天津文艺界反革命复辟更加严重,迅速跌入了修正主义的泥坑。一九六一年八月,万张反革命修正主义集团,召开了'天津市文艺工作座谈会'。这就是臭名昭著的郑州道'八月黑会'。这个黑会,名曰'文艺'座谈会,实则是在庐山会议之后,万张反革命修正主义集团,为配合其黑主子中国赫鲁晓夫的篡党、篡国阴谋而召集的一次反革命复辟黑会,是一次策动文艺界牛鬼蛇神向党进攻的反革命动员会,也是他们进一步组织反革命力量,推行反革命修正主义文艺黑线,把天津文艺界变成资产阶级反党反社会主义的黑据点,变成中国赫鲁晓夫及其代理人进行反革命复辟的舆论基地的变天黑会"。

1968年4月1日,《人民日报》发表戚本禹的《爱国主义还是卖国主义?——评反动影片〈清宫秘史〉》,借此开始攻击刘少奇。5月8日,《人民日报》《红旗》杂志发表《论〈共产党员的修养〉的要害是背叛无产阶级专政》。7月,江青等组织批斗刘少奇和夫人王光美。《天津日报》在此期间基本上与中央"两报一刊"的报道基调相一致,直到1968年11月,报纸版面上方赫然出现了"彻底清算叛徒、内奸、工贼刘少奇的滔天罪行!"的大字通栏标语。11月10日在头版发表了社论《彻底批臭刘少奇》,批判"中国赫鲁晓夫"刘少奇的报道和评论接踵而至,一发而不可收。11月12日《天津日报》头版发表了文章《彻底批倒批臭刘少奇的"叛徒哲学""活命哲学"》,文中指出:"党的八届十二中全会决定把叛徒、内奸、工贼刘少奇永远开除出党,撤销其党内外的一切职务,并继续清算刘少奇及其同伙叛党、叛国罪行的消息传到四七九八部队三连的时候,全体指战员无不欢欣鼓舞,振臂高呼:'毛主席万岁!万万岁!'他们满怀对刘少奇的刻骨仇恨,立即展开大批判,以最大的革命义愤,声讨和批判了刘少奇散布的'叛徒哲学''活命哲学',决心把刘少奇批倒批臭,连同他所推行的反革命修正主义黑货一起扫进历史的垃圾堆。"11月13日3版还出现了《打倒刘少奇》的歌曲简谱。11月14日头版发布了反映天津地方批斗刘少奇的具体表现的相关新闻,如《本市广大军民认真学习、宣传、落实全会公报,以战无不胜的毛泽东思想为武器 彻底批判刘少奇反革命修正主义建党路线》。天津地方轰轰烈烈批斗刘少奇的风潮由此兴起。

二、《天津日报》在"文化大革命"高潮阶段的新闻宣传(1969—1972)

1969年4月1日至24日,中国共产党第九次全国代表大会召开,林彪作报告,以"无产阶级专政下继续革命的理论"鼓吹"文革"的丰功伟绩,第一次把在社会主义阶段的任何时候、任何情况下都要以阶级斗争为中心的错误指导思想,正式规定为"我党的整个社会主义历史阶段的基本路线"。会上将林彪作为"毛泽东同志的亲密战友和接班人"写入党章。林彪、江青集团的主要人员进入党的中央委员会以及中央政治局,掌握了更大的权力。他们加紧控制新闻宣传工具,继续推行极"左"路线。

(一)"斗、批、改"

这一时期的新闻宣传工作,在贯彻"九大"路线的基础上,为推动"斗、批、改"服务,也就是"斗走资本主义道路的当权派;批判资产阶级和修正主义;改革不合理的规章制度"。为了推动"斗、批、改"的开展,中央"两报一刊"反复强调要在哲学、历史、教育、新闻、文艺、经济、自然科学研究等各个方面"抓紧革命大批判",使"左"的错误在新闻界继续蔓延,混乱了思想,破坏了秩序,干扰了经济,践踏了文化。

从1969年1月中旬开始,在"九大"的指引下,《天津日报》的第3版成为专门批判刘少奇的阵地,比如:7月12日3版《为刘少奇复辟资本主义鸣锣开道的大毒草——评〈上海的早晨〉》,11月13日第3版天津师范大学批判写作小组的《大叛徒刘少奇妄图复辟资本主义的黑艺术标本——批判反动影片〈不夜城〉》,11月19日3版南开大学经济系革命大批判小组的《坚决走独立自主、自力更生的道路——从叛徒、内奸、工贼刘少奇的〈救护汉冶萍公司〉到其买办洋奴哲学的彻底破产》，以及11月21日第3版的《"独立自主自力更生"精神万岁——彻底批判叛徒、内奸、工贼刘少奇买办洋奴哲学、爬行主义的"学""买""仿"三字经》等等。

《天津日报》在1972年3月17日头版发表本报评论员文章《把路线教育和斗、批、改结合起来》，以响应路线号召。"斗、批、改"期间，报刊上还陆续报道了一些典型事件，在"为路线斗争服务"口号的指挥下，进行了若干夸张、煽情、片面的典型报道，从中央到地方，各级报刊都不同程度地报道了这些"制造出的典型"。

比如在当时影响力较大的关于"六厂二校"的典型报道。其中，六厂指：北京新华印刷厂、北京针织总厂、北京二七机车车辆厂、北京北郊木材厂、南口机车车辆厂、北京化工三厂。二校指：北京大学、清华大学。这些地方恰恰是毛泽东了解"斗、批、改"具体情况的据点、领导干部知识分子开展调查研究进而"接受工农兵再教育"的基地。《天津日报》为了响应中央革委会号召，从1969年3月27日开始，在头版发出了"向六厂二校学习"的口号，并通过一系列地方生产建设乃至教育领域的具体实践经历来证明向"六厂二校"学习的成果。

再比如"有路线斗争觉悟"的典型报道，出现了一些"有路线斗争觉悟"的先进典型，当时在全国颇有影响力的典型有两个：一是北京郊区农村基层干部王国福，为人民勤勤恳恳、任劳任怨，具有"拉革命车不松套，一直拉到共产主义"的革命精神。1970年1月20日《天津日报》在第2、3两版刊登了北京市革命委员会调查组、《北京日报》记者和新华社记者采写的新闻稿件《"拉革命不松套，一直拉到共产主义"——记无产阶级优秀战士王国福》。二是山西昔阳县的大寨大队，从1953年开始搞农业合作化，努力改变艰苦的农业生产条件，自力更生、艰苦奋斗，将国家给予的救济让给其他更加需要援助的地区，十分高尚，为了提倡这种大寨精神，周恩来总理在第三届全国人民代表大会上总结了大寨经验，随后中央提出"农业学大寨"的口号，此后，这一口号成为全国上下各级媒体宣传的重点。"文革"期间，《天津日报》也将这一口号置于报纸版面当中,并在此精神号召下,不断挖掘天津地方"学大寨"出成绩的"农业典型"。比如:1971年7月30日头版的本报评论员文章《鼓干劲 争上游 学大寨 夺丰收》,配发本报讯《市革委会召开农业会议发出号召 发扬大寨精神 誓夺秋季丰收》。但也因为全国上下各级媒体报道过分夸张,导致大寨成了毫无缺陷的完美典型,助长了大寨日后虚报成就等不良现象的出现。

这一时期的典型报道,多数出于"四人帮"之手,有着鲜明的政治目的。虽然基本事实是真实的,但在报道过程中,肆意夸大典型,任意拔高,没有一分为二、客观地看问题,将典型塑造得完美无缺、脱离了现实和群众生活,有违新闻媒体客观真实准确的基本原则。

(二)批极"左"思潮的斗争

"文化大革命"期间党报的传统被践踏殆尽,主要报刊沦为林彪、江青反革命集团的舆论宣传工具,为反革命活动服务,引起了周恩来的忧虑,但因中央文革小组取代中央政治局掌握大权,使得周恩来心有余而力不足。这种不堪的局面直到"九一三"林彪叛逃事件之后,才出现转机。1971年9月13日,林彪发动武装政变的阴谋被毛泽东察觉,林彪携家眷乘飞机外逃,摔死在蒙古温都尔汗。事后,毛泽东委托周恩来主持中央日常工作。周恩来主持中央工作期间,积极过问新闻宣传工作,要求开展批判极"左"思潮的斗争。

在进入"文化大革命"的高潮阶段,天津分社由于头顶过重的报道压力,出现了报道失实,公式化、样板化稿件频出等问题。在内参报道相对宽松的氛围下,记者遵循真实报道的新闻原则,写出了一些引起中央领导重视的好文章。

1972年,天津分社记者经过深入了解和采访,就天津驻军占用民房过多一事撰写了内参《天津驻军及部分负责同志占用民房过多 严重影响军民关系》,引起了中央领导的重视,并召集天津驻军负责人进京专门研究解决办法。负责人返津后,立即根据中央指示,将驻军撤出民房。此后,记者又专门撰写了《天津驻军认真贯彻中央领导同志指示 表示要全部迅速地把占用的房屋退回地方》等三篇后续报道,并在毛主席亲自批示之后,转发这四篇内参,《人民日报》还发了社论进行专门讨论。

虽然天津分社的内参报道遵循了新闻真实性原则,但在公开稿件的宣传上还是没有顶过歪风邪气的压迫,没有坚持一致的真实原则。作为全国重要的分社记者,应时刻保持政治的敏感,提高政治、思想水平,始终坚持党性原则和新闻真实性原则,一切从实际出发,实事求是,勇于说真话。

三、广播电视事业

(一)广播

1966至1976年,受十年"文化大革命""左"的路线的影响,天津广播事业受到重大损失,自办节目陆续被停播。1967年1月27日,天津人民广播电台全部转播中央人民广播电台的节目,这期间播出的节目十分单调,内容极度贫乏,多以空话、大话、假话为主。1968年2月恢复自办节目,天津电台重新开办了《新闻节目》和《本市新闻和报纸摘要》,同时,仍在转播中央台节目。

(二)电视

1966年5月开始了长达十年之久的"文化大革命","四人帮"趁机采用各种手段,把持全国的宣传工具为其夺权造势。江青、林彪等人对电视领导权的篡夺严重影响了电视事业的正常发展,除上海和广州未停播,其余地方电视台一律停播,天津电视台也未能幸免。

1.彩色电视系统夹缝中求生

由于江青、林彪等反革命集团的破坏,中国彩色电视的研究和试播速度缓慢,天津电视台也受此影响,直至1969年底,根据全国电视会议精神,通过全国彩色电视大会战,自力更生地发展中国彩色电视,彩色电视的筹建工作才正式步入轨道。会上全国共划分北京(北京地区)、上海(华东地区)、天津(天津和东北地区)、成都(西南地区)4个彩色电视会战区,协同作战,制定中国彩色电视广播制式并分别研制彩色电视设备。天津电视台选派邢武池、高国平、于建华和王玉贵等10名技术骨干参加会战。由天津市第二机械工业局、天津电视台和天津市科委计量所组建的第一攻关组,负责彩色电视设备研制生产和广播制式研究。以天津大学无线电系为基础,有天津电视台参加,组成了第二攻关组,主攻彩色电视广播制式和部分设备。天津电视台选派的技术人员和天津彩色电视会战区的工程技术人员一道,经过近两年的攻关奋战,制定出彩色电视广播制式方案数十种。天津彩色电视会战区参加了在北京举行的全国彩色电视会战成果展。经国务院批准,决定在北京、上海、天津、成都建立4个彩色电视试播台,并在当年的全国电视会议上宣布执行。

在彩色电视演播设备系统试生产过程中,天津电视台开始了彩色电视试播台的筹建工作。1971年秋,着手彩色电视演播楼和电视发射塔的设计工作。1972年7月1日破土动工,1973年底基本竣工交付使用。其中800平方米的电视演播室是当时全国最大的演播室。全国彩色电视设备集中设计后,天津会战根据统一设计的规定和要求重新研制了相应的设备系统。1973年,日本工业展览会留购的两台摄像机和NEC公司生产的彩色电视中心系统等设备,也加入了全系统于1973年10月1日利用天津人民五金厂研制的4频道1千瓦彩色电视发射机,进行了天津电视台彩色电视的试验广播,拉开了天津市发展彩色电视广播的帷幕。天津电视台演播楼建成后,天津市电视研究所为天津电视台试播生产的彩色电视设备陆续交货验收,组成了有5台摄像机的彩色电视中心系统,后又引进了彩色电视录像机,为彩色电视节目播出创造了有利条件。天津电视台于1974年5月1日,利用10千瓦彩色电视发射机,新辟第12频道,这标志着天津电视台彩色电视节目正式播出。

2.电视节目贫乏呆板

由于受"文化大革命"的冲击,天津电视事业的发展受到很大挫折,为尽量使整个宣传的面貌与当时的政治气候相吻合,"文化大革命"期间,天津电视台对节目的设置、内容、名称和各类节目的比例作了很大调整。

1967年1月至1968年2月,天津电视台的自办节目停播,全部转播中央电视台的节目。1968年2月,天津电视台恢复自办节目,每周播出两次,这时的节目内容贫乏,形式呆板。除了一些新闻片外,多是讲话、座谈会等。文艺节目主要是"样板戏"、语录歌和根据毛主席诗词谱写的歌曲,电影则只有《地道战》《地雷战》和《南征北战》。1970年底,天津电视台自办节目增加到每周三次,但节目内容、形式均没有多大改进。1970年10月1日,在天津市彩色电视大会战的基础上,天津电视台彩色电视文艺节目试播,1973年正式播出彩色电视文艺节目。1974年底,天津电视台彩色电视新楼竣工,800平方米大演播室在全国是最大的。可是,由于"四人帮"对文艺宣传的控制,播出的节目仅有8个"样板戏"、8首"革命歌曲"和《地雷战》《地道战》《南征北战》"三战"影片以及天津市工农兵演出的部分节目。已选播为主的电视文艺节目,被掐掉了节目源,刚刚开播的节目电视化探索尝试也被扼杀了,电视文艺一片萧条。1976年12月,在全国人民热烈庆祝粉碎"四人帮"伟大胜利的时候,天津电视台和天津电台率先在人民体育馆组织了大型文艺演出活动——"欢呼粉碎'四人帮'的伟大胜利文艺晚会",这在全国是罕见的。当时大胆解放思想,邀请了还关在"牛棚"里的著名相声表演艺术家侯宝林、郭保全,著名评剧表演艺术家马泰和著名曲艺艺术家关学增、刘司昌等来津演出。这是全国第一台大型组台演出。

1966年12月至1971年,因"文化大革命"少儿节目停播,1971年9月21日恢复播出。少儿节目刚刚恢复,播出时间不固定,节目也有长有短。从1972年6月开始固定在每周六晚上播出,时间为30分钟。除文艺节目和少儿节目受到"文化大革命"影响外,受挫最严重的是电视剧创作,因为只能转播中央电视台的电视节目,十年中,天津电视台没有生产创作一部电视剧。

自1969年底至1970年初开始的彩色电视会战,到会战成果参展;从1973年10月天津彩色电视的实验广播,到1974年5月彩色电视节目的播出,天津电视台在彩色电视会展的主线上,试制生产了全套彩色电视设备,实现了天津电视台彩色电视节目广播,并为改革开放后天津电视事业的发展奠定基础。

四、《天津日报》在"文化大革命"后期的新闻宣传(1973—1976)

（一）"批林批孔"与影射史学

1971年"九一三"事件发生后，新闻媒体上未曾见到关于林彪叛逃的只言片语，但林彪作为毛泽东接班人的种种迹象俨然已从公众的视线里消失。直到1973年，才略微出现关于林彪的种种批判，从不点名到点名在几个月之间迅速变化着。从1973年7月开始，到9月，毛泽东曾多次讲到孔子、秦始皇，对孔家儒学的批判日渐显露，不断指出林彪是"尊儒反法"的代表。由此，林彪驾机叛逃于蒙古温都尔汗坠毁的"九一三"事件不断浮出水面，"批林整风"的口号也从1973年9月起转变为"批林批孔"。

1973年4月下旬开始到8月份，《天津日报》的版面上零星出现过一些批判孔子的文章，比如8月9日2版上转载了《人民日报》理论文章《孔子——顽固地维护奴隶制的思想家》，其间仍不时出现批判刘少奇的文章和版面。直到9月份，林彪叛逃事件近二周年之时，《天津日报》终于出现了"批林"的文章，如9月14日和9月17日两天3版上方均有大字通栏标语："愤怒声讨林彪反党集团的滔天罪行"，林彪事件终于出现在人民的视线当中。同年9月18日第3版，成为天津地方各界批林的专版，如《在批林整风中加强"一班人"的思想建设》《以批林整风为纲加强党员教育——第二电子仪器厂党总支的经验》。9月20日3版发表了南开大学历史系的《孔子的"仁"的反动实质》以及《妄想复辟必然灭亡》《揭破孔孟"仁政"的假面具》等批林批孔的文章。9月21日2版转载了《红旗》杂志署名甘戈的文章《林彪是无产阶级专政的可耻叛徒》。

至此，点名批林与批孔得以结合，掀起了"批林批孔"运动，并在1974年1月出现了一个高潮，《天津日报》1月28日2版出现大字通栏标语："批林批孔 斩草要除根"，整版充斥着进一步深入"批林批孔"的文章，如《孔老二林彪鼓吹"克己复礼"都是为复辟旧制度》《林彪鼓吹"生而知之"的险恶用心》《从孔子"劳心者治人"到林彪攻击"五七"道路》。1月29日头版大字通栏标语为"抓紧头等大事 深入批林批孔"，并发表思想评论文章《批林必批孔 斩草要除根——谈必须抓好批林批孔这件头等大事》。1月30日头版出现大字通栏标语:"掀起批林批孔的高潮",同时刊载了思想评论《调动千军万马深入批林批孔——再谈必须抓好批林批孔这件头等大事》。这些文章表明了"批林批孔"运动的不断深化与高潮的来临。此外,从1974年6月开始,《天津日报》陆续出现整版的"法家代表人物和进步思想家及其著作"的解读性文章,如6月9日第2版梁效的《论商鞅》,标志着"批林批孔"运动与宣扬"法家经典人物和著作"相结合的开始,随后报纸第2、3两版成为介绍法家经典的专版,一直延续到1974年底。

当时直接控制"批林批孔"活动的是"四人帮",从1974年初开始,"四人帮"就组成了"北京大学、清华大学大批判组",又名"梁效",以及罗思鼎,一大批有关"批林批孔"的文章均出自梁效、罗思鼎之手,其实在"批林批孔"文章中,"四人帮"的笔锋是指向周恩来的,他们把矛头对准了这位指导中央工作、阻碍"四人帮"反革命活动的领导人,甚至污蔑周恩来是"宣扬折衷主义、中庸之道"的复辟资本主义分子。比如1974年3月7日2版天津市历史研究所大批判组的《阴险毒辣的中庸之道》以及6月24日2版北京师范大学大批判组的《评董仲舒的"独尊儒术"》等文章都在暗示污蔑周恩来。此外,周恩来还曾授意意大利导演安东尼奥尼来华拍摄关于中国的影片,当安东尼奥尼的作品《中国》完成后,竟引发了"四人帮"的不满,他们没有从纪录影片写实的专业原则出发,而是肆意扭曲意大利导演的初衷,将该影片定性为丑化中国的反动作品,间接对周恩来表示不满。《天津日报》在1月31日第3版转发了《人民日报》评论员文章《恶毒的用心 卑劣的手法——批判安东尼奥尼拍摄的题为〈中国〉的反华影片》,在2月17日第3版继续以"批判安东尼奥尼拍摄的题为《中国》的反华影片"为主题,用整版进行批判。随后在3月19日2版仍在批反华影片《中国》,还发表了《到底是谁家的"工具"? ——评安东尼奥尼的"申辩"》等文章。

(二)"反复辟"与"反潮流"

在周恩来主持中央工作期间,一些老干部重新走上工作岗位,他们为纠正"左"的错误作了许多努力,而"四人帮"却认为这种行为是

"倒退""复辟"。他们借"批林批孔"之机,制造出一些典型事件,并利用新闻媒体推出了一些"反复辟""反潮流"的典型。

1.白卷事件

早在1973年4月3日,国务院批转《关于高等学校一九七三年招生工作的意见》,提出要坚持选拔有两年以上实践经验的优秀工农兵上大学,坚持群众推荐和群众评议。在政治条件合格的基础上,重视文化程度,进行文化考查,了解推荐对象掌握基础知识的状况和分析问题、解答问题的能力。同时,也要防止"分数挂帅"。江青等人表示不满,认为文化考查是大学招生的弊病,是"智育第一""文化至上"。"四人帮"的骨干、中共辽宁省委书记毛远新和江青等人密谋,在辽宁挖出一个"反文化考查、反智育第一"的典型,以对国务院《意见》进行批判和斗争。[①]

于是他们就找到了辽宁县白塔公社枣山大队第四生产队队长、下乡知识青年张铁生。1973年6月30日,张铁生参加大学招生考试,在考卷背面写了一封给有关领导的信。随后引起轰动,这也引起了"四人帮"的注意,随后,辽宁省委书记毛远新指示将这封信发表于《辽宁日报》。7月19日该报以"一份发人深省的答卷"为题宣传了张铁生"反潮流"的行为,并加上了编者按。之后,《人民日报》《文汇报》等全文转载。张铁生很快成为"反潮流"的典型。《天津日报》在8月11日第2版发表文章思考《改革大学招生制度的深远意义》,并于8月12日头版针对张铁生交白卷事件展开讨论,并在版面下端开辟讨论专栏,主题为"选什么样的人上大学"并刊登了相关文章《要按毛主席"七二一"指示选送大学生》《这份"答卷"说出了俺们的心里话》。8月14日第2版,仍旧延续"选什么样的人上大学?"这一话题,对张铁生交白卷事件继续探讨,并通过选登《一定要把政治质量放在首位》《要坚持政治挂帅》等文章进行表态。《天津日报》1974年1月8日头版转发了《人民日报》的一篇文章

---

① 陈业劭主编,《中国新闻事业通史》第3卷,中国人民大学出版社,1999年2月第1版,第240~241页。

《张铁生的信促进了教育革命——〈一份发人深省的答卷〉在丹东市第六中学引起的变化》,《人民日报》编者按指出:"《一份发人深省的答卷》先后在《辽宁日报》和本报发表后,引起了一些人的议论。有的赞成张铁生同志的反潮流精神,有的说张铁生的信是不对的。两种看法,反映了教育战线两条路线、两种世界观的斗争,丹东市第六中学党支部抓住这个问题展开讨论,进行教育,批判修正主义,批判资产阶级世界观,提高了教师们的觉悟。他们做得对,做得好。这是抓大事,抓路线,抓政治思想工作的一个例子。"①肯定了张铁生事件的积极意义。张铁生一下子成为了众人瞩目的"名人""反潮流"的英雄,使"四人帮"有了攻击文化考查的实证。

2.黄帅事件

北京海淀区中关村第一小学五年级学生黄帅。1973年9月因与老师发生冲突,在父亲的帮助下,给《北京日报》写了一封信,起初这封信被刊登在报社内刊上,后来被"四人帮"的亲信发现,并于1973年12月12日,以《一个小学生的来信和日记摘抄》为题,刊登了这位小学生反对"师道尊严"的信和日记摘抄,报纸还加了编者按,称这个小学生具有反潮流的精神,提出了教育革命中的一个大问题,认为教育战线上的修正主义路线流毒还没有肃清。这篇报道引发了社会各界人士的广泛关注,其中就吸引了内蒙古生产建设兵团的三名同志,他们化名王亚卓给黄帅写信,规劝她不要被别人利用,"四人帮"趁机将这封信作为批判对象,并制造了一份黄帅给王亚卓的回信,并将其发表于1974年2月11日的《人民日报》,还加了编者按语。《天津日报》在1974年2月12日头版转载了《人民日报》文章《黄帅的一封公开信——复内蒙古生产建设部队十九团政治处王亚卓同志》,援引《人民日报》编者按:"革命小将黄帅的来信和日记摘抄在报纸上发表后,广大师生和群众都积极支持黄帅的反潮流革命精神,热烈赞扬在毛泽东思想哺育下一代新人茁壮成长。但是,也有人很看不惯,出来指责。王亚卓同志就是一个。

---

① 新华社北京一九七四年一月七日电,原载《辽宁日报》,《人民日报》有删节。

黄帅同学写了信,对他的错误思想一一加以批驳,说得有理,驳得有力,值得一读。教育战线广大师生要在当前的批林批孔斗争中,联系现实的阶级斗争和路线斗争,重温毛主席关于教育革命的一系列指示,肃清修正主义教育路线的流毒,把无产阶级教育进行到底。"黄帅很快成为"反潮流"的又一个典型。内蒙古建设兵团的三位同志也因此被打成反革命复辟势力,遭到迫害。

(三)深入批邓

1975年,周总理病情加重后,由邓小平主持党、国家和军队的工作。邓小平在主持工作期间,坚决整顿当时的混乱局面,提出把经济搞上去。在邓小平主持中央工作期间,各方面均有所改观。然而"四人帮"却心怀不轨,屡屡制造事端攻击邓小平。

1975年8月13日,毛泽东与身边工作人员谈话时讲到对古典小说《水浒传》的评论,认为《水浒传》只反贪官不反皇帝,宋江投降,是投降主义、修正主义。姚文元获悉后,建议将毛主席谈话印发给新闻出版单位,做好《水浒传》三种版本的印刷出版和评论工作,同时在《红旗》《人民日报》《光明日报》上开展评论活动。毛主席同意后,姚文元便开始组织写作班子炮制文章,一时间,评论《水浒传》以影射攻击周恩来支持下整顿中央工作的邓小平。1975年9月,《天津日报》上关于评论《水浒》的文章铺天盖地,9月1日头版转发了《红旗》杂志短评《重视对〈水浒〉的评论》,9月1日2版摘录了《鲁迅论〈水浒传〉》中的名句,并转发了《人民日报》的署名竺方名的《评〈水浒〉》,9月2日3版整版均为评论文章《宋江投降主义路线的大暴露——从改"聚义厅"为"忠义堂"读起》《一篇宣扬投降主义的反动宣言——评〈水浒〉第七十一回的"誓辞"》和《从晁盖之死到赚卢俊义上山》,9月3日第2版转发《红旗》杂志的《使人民都知道投降派——学习鲁迅对〈水浒〉的论述》,9月4日头版转发《人民日报》社论《开展对〈水浒〉的评论》,9月8日第2版的《宋江的篡权及其投降主义路线》等等。关于《水浒传》的评论贯穿了整个9月,形成了一股借《水浒传》"批邓"的潮流。

同年11月,"四人帮"取得毛泽东的支持,提出了"反击右倾翻案风"问题。1975年12月4日,《人民日报》转载《红旗》杂志署名北京大学、清华大学大批判组的文章《教育革命的方向不容篡改》,认为邓小平的教育改革是为"修正主义教育路线"翻案。

《天津日报》从1月份开始就在不断号召"沿着毛主席的无产阶级教育路线前进","以阶级斗争为纲,夺取教育界革命新胜利"。《天津日报》1月24日第3版还发表了南开大学大批判组的文章《决不允许在教育领域开倒车》,2月11日第2版发了一篇典型报道《一份回击右倾翻案风的好答卷》:"这里发表的是旅大市望海小学六年级女学生毛颖在一月份期末数学考试时作的一份答卷。这份答卷用辩证唯物主义的对立统一规律作指导,结合在开门办学中遇到的实际问题,编写和解答数学题,显示了六年级学生分析问题和解决问题的能力。它是在毛主席无产阶级教育路线指引下,坚持教育革命取得显著成果的一个具体表现。这对教育界那种把开门办学歪曲成'不讲学文化','知识质量差'的修正主义奇谈怪论,是一个有力的回击。"以及 2月24日第2版天津大学大批判组的《批判"智育第一" 回击右倾翻案风》,3月3日第3版《铁的事实是对右倾翻案风的有力回击——天津市一九七五年科研成果和新产品展览巡礼》,3月5日头版《坚持文艺革命,反击右倾翻案风》等文章,以实际行动表达出对中央文革小组及其"四人帮"理念的迎合,以及对邓小平"右倾翻案路线"的批判。

(四)"四五"运动

1976年1月8日,周恩来总理逝世,举国哀痛,人民群众自发举行了各种形式的悼念活动。"四人帮"却严密地控制新闻报道,压缩悼念周恩来的报道,将"集中批邓"作为报道重点。在周恩来逝世追悼会的前一天,《人民日报》头版头条,以通栏标题登载《大辩论带来大变化》,引起全国读者的愤怒。

4月4日,天安门广场聚集十万人,5日,群众的悼念活动被镇压,这就是"四五运动",又名"天安门事件"。

4月7日,经毛泽东批准,中央电台广播了姚文元指挥炮制的所谓现场报道《天安门广场的反革命政治事件》。4月8日,全国新闻媒体报道了"天安门事件"。《人民日报》刊载社论《天安门广场的反革命政治事件》,把矛头指向群众和邓小平,称这是"一小撮阶级敌人打着清明节悼念周恩来的幌子,有预谋、有计划、有组织地制造的反革命事件"。此后,把邓小平作为"罪魁祸首",展开了全国的批判,在全国形成了万炮齐轰的舆论局面。

《天津日报》4月8日第2版的大字通栏标语是"坚决拥护党中央的两个英明决议　愤怒声讨不肯改悔的走资派邓小平的罪行",并发表了文章《战斗在伟大领袖毛主席身边的首都工人阶级　热烈欢呼党中央的两个英明决议　愤怒批判不肯改悔的走资派邓小平的罪行》,指出:"工人们坚定地表示,一定要更紧密地团结在以毛主席为首的党中央周围,以实际行动保卫伟大领袖毛主席,保卫以毛主席为首的党中央,保卫毛主席的无产阶级革命路线,保卫社会主义祖国的伟大首都,粉碎阶级敌人的一切破坏阴谋,把反击右倾翻案风的伟大斗争进行到底。"以及文章《清华、北大革命师生员工举行全校集会 坚决拥护党中央的两个英明决议 愤怒声讨不肯改悔的走资派邓小平的罪行》,4月8日第3版还发表了《我市广大工农兵、革命干部和革命知识分子 坚决拥护中共中央的两个英明决议 愤怒声讨不肯改悔的走资派邓小平的罪行》,表示,"坚决支持首都工人民兵、人民警察、警卫战士粉碎反革命政治事件的革命运动,决心更紧密地团结在以毛主席为首的党中央周围,把反击右倾翻案风的斗争进行到底,进一步加强和巩固无产阶级专政,用实际行动发展大好形势,争取更大的胜利。" 4月9日头版发表《我市十多万群众集会满怀对毛主席和党中央的无产阶级感情欢呼中共中央决议 坚决拥护华国锋同志任中共中央第一副主席和国务院总理 愤怒批判邓小平搞修正主义妄图复辟资本主义的罪行 坚决拥护对制造天安门广场反革命政治事件的一小撮阶级敌人实行无产阶级专政》,"决心更紧密地团结在以毛主席为首的党中央周围,用实际行动保卫伟大领袖毛主席,保卫以毛主席为首的党中央,保卫毛主席的无产阶级革命路线,保卫社会主义祖国的伟大首都,粉碎阶级敌人的一切破坏阴谋,把反击右倾翻案风的伟大斗争进行到底。"4月29日头版还转发了梁效的文章《邓小平与天安门广场反革命事件》。这些文章都直言不讳地在天安门事件与邓小平之间制造联系,将"批邓"引向深入。

(五)抗震救灾

1976年是中国历史上灾难频发的一年,不仅有政治地震,还有自然界爆发的地震。继周恩来逝世后,7月6日朱德逝世。毛泽东的病情也不断恶化,在5月27日会见巴基斯坦总理布托后,宣布今后不再在外交场合露面。这也就为"四人帮"以毛泽东之名制造阴谋诡计、篡党夺权创造了机会。

7月28日,唐山发生7.8级、震中裂度11度的地震,24万多人死亡,伤16万多人。在这种严重自然灾害面前,"四人帮"仍然指挥全国新闻界突出"批邓"。8月11日,《人民日报》发表社论《深入批邓,抗震救灾》。上海《学习与批判》还发表了题为《山崩地裂,视若等闲》等文章。

1976年的夏天,抗震救灾报道成为《天津日报》的主要报道任务。《天津日报》在7月29日头版发表文章《河北唐山、丰南一带发生强烈地震并波及津京 伟大领袖毛主席和党中央极为关怀 中共中央向灾区人民发出了慰问电 党中央号召灾区军民认真学习毛主席的一系列重要指示,以阶级斗争为纲,深入开展批邓、反击右倾翻案风的伟大斗争,团结起来,向严重的自然灾害进行斗争》《在伟大领袖毛主席和党中央国务院亲切关怀下 河北省委天津北京市委领导人民投入抗灾斗争 灾区人民决心在批邓、反击右倾翻案风斗争取得伟大胜利的大好形势下,发扬人定胜天的大无畏革命精神,团结起来,奋发图强,夺取抗灾斗争的胜利》,并配发社论《以阶级斗争为纲,夺取抗震救灾斗争胜利》,以及本地消息《在伟大领袖毛主席和党中央亲切关怀下,在兄弟省市自治区大力支援下 我市军民团结战斗奋勇抗震救灾 中共天津市委采取紧急措施,领导全市军民深入批邓、反击右倾翻案风,向严重自然灾害进行英勇顽强的斗争,奋发图强,自力更生,发展生产,重建家园,夺取抗震救灾斗争的胜利》。8月11日在头版转发了《人民日报》社论《深入批邓 抗震救灾》,8月12日头版发出大字通栏口号"深入

批邓 抗震救灾"。并发表《天津站党委在抗震救灾斗争中 坚持把学习批判放在首位 全站职工斗志昂扬,决心做学习的模范,批邓的先锋,抗震救灾和抓革命、促生产的闯将》《抗震斗争任务重 学习批邓越不放松 第八塑料厂党支部以阶级斗争为纲,举办战地学习班,组织干部和群众深入批邓,全厂呈现一派人定胜天,团结战斗的革命景象》等天津地方新闻。8月21日第3版《地动山摇 抓阶级斗争不动摇》,8月22日第2版全版 "深入批邓 抗震救灾",把抗震救灾的现场当作批邓的战场,8月23日头版转发《人民日报》社论《抓住要害 深入批邓》,以及本地新闻《本市农村各级党组织以阶级斗争为纲,带领群众深入开展农业学大寨群众运动 深入批邓 抗震救灾 夺取全年农业丰收 广大贫下中农决心沿着毛主席的革命路线胜利前进,把邓小平反革命的修正主义路线干扰破坏和自然灾害造成的损失夺回来,为社会主义革命和社会主义建设做出新贡献》等等。这种将抗震救灾与深入批邓相结合,并且将批邓作为首要任务的新闻占据着报纸的绝大多数版面,直到1976年10月"粉碎四人帮"才宣告结束。

(六)粉碎"四人帮"

1976年10月6日,中共中央政治局执行党和人民的意志,一举粉碎"四人帮",夺回了"四人帮"长期操纵的新闻舆论阵地。10月24日,新华社播发了首都百万军民热烈庆祝粉碎"四人帮"的消息。

10月22日《天津日报》头版,用红色竖排多行标题展现了《首都一百五十万军民举行声势浩大的庆祝游行 热烈庆祝华国锋同志任中共中央主席、中央军委主席 热烈庆祝粉碎"四人帮"反党集团篡党夺权阴谋的伟大胜利》,10月22日2版发布本地新闻《本市一百五十万军民兴高采烈豪情满怀举行声势浩大的庆祝游行 热烈庆祝华国锋同志任中共中央主席、中央军委主席 热烈庆祝粉碎"四人帮"反党集团篡党夺权阴谋的伟大胜利》,反映出天津人民的喜悦心情。直至1976年底,批判"四人帮"的文章占据着版面,其中,粉碎"四人帮"喜悦之情的新闻图片与文字相结合,版面更加生动形象,使报刊沉浸在粉碎"四人帮"的欢悦中。

在全党揭发、批判"四人帮"的罪行、清查同"四人帮"篡党夺权阴谋活动有牵连的人和事(简称"揭、批、查"活动)开展以来,天津分社紧随党中央号召,紧跟新华社总社要求,立即投入到"揭批查"的运动中来。并将天津地区"揭批查"的开展情况作为报道的重点,采写了大量稿件。

"揭批查"活动开展初期,天津分社针对"文化大革命"期间"四人帮"对周总理的攻击,集中进行为纪念周总理逝世一周年的宣传活动。刊发了《磨不灭的光辉砍不断的怀念——新华社记者对姚文元破坏悼念周总理的宣传报道的控诉》《"四人帮"反对周总理激起天怒人怨》等稿件。

在"揭批查"活动开展的关键时刻,天津的民众也纷纷投入"揭批查"中来,要求同"四人帮"密谋篡党夺权阴谋有联系的当地负责人要将问题坦白清楚,并由相关部门专门开会调查、讨论。为此,天津分社刊发了《天津市委召开党委扩大会议由解学恭同志说清楚市委和他的问题》《市委机关贴出大字报强烈要求解学恭同志离职检查》等内参并上报党中央,为协助党中央处理天津相关问题起到了协助作用。

针对"四人帮"迫害革命同志和知识分子的罪行,天津分社投入了大力到宣传党的相关政策落实情况的报道中。仅1978年发到总社及人民日报并被采用的文字稿件就有38篇之多。其中较有代表性的稿件有《天津市委对文化大革命中五大案件进行平反甄别》《天津市在招生工作中落实家长有问题子女政策》《范权这样的专家是"资产阶级权威"吗?》等。

"四人帮"被粉碎,宣告了"文化大革命"这"十年动乱"的结束,我国的新闻传播事业也由此进入了一个崭新的历史阶段。

第九章　改革开放至 20 世纪末的天津新闻传播业
（1978—2000）

1976年10月6日，"四人帮"被粉碎后，"文化大革命"的十年浩劫至此结束。中国的新闻事业也从多年的禁锢中解放出来，被停刊的各种报纸纷纷复刊，在深入揭批"四人帮"等肃清流毒的斗争中，发挥着重要的作用。特别是1978年12月中共十一届三中全会召开后，随着中国的历史翻开了崭新的一页，中国的新闻事业也步入了新的历史时期。从饱经风霜的"文革"阴影到拨乱反正的改革之春，从昔日的东亚病夫到今日的体育强国，从深圳经济特区到沿海开放城市，他们忠实记录着多少风云；从国庆三十五周年的"小平你好"到国庆五十周年的大阅兵，从1997年的香港回归到1999年的澳门回归，从"渤海二号"沉船事故到1998年南方罕见的特大洪水，他们从容面对着多少悲喜；从联产承包责任制到分田到户，从大寨到华西村，从京九铁路到三峡大坝，他们亲身见证着多少精彩；从高考恢复到大学入学的普及，从人民解放军百万大裁军到"治理整顿、深化改革"，从总设计师邓小平到以江泽民为核心的第三代领导集体，他们深刻感悟着岁月。

改革开放后至20世纪末期，天津新闻传播业的发展经历了三个历史阶段。

第一阶段从1978年至1981年，为天津新闻界的拨乱反正阶段。随着1978年在全国范围内掀起的"真理标准"问题大讨论，重新确立了解放思想、事实求是的思想路线，推动了各行各业大规模彻底平反冤假错案工作的顺利开展。"文革"时期新闻工作背离实事求是的原则，一切以阶级斗争为纲，"报喜不报忧"的报道方式一去不复返了。

第二阶段从1982年至1990年，为天津新闻传播事业全面改革阶段。1982年9月1日，中国共产党第十二次全国代表大会在北京召开，邓小平同志在总结了1949年以来的历史经验之后，正式提出了"建设有中国特色的社会主义"的新命题。在全面开创社会主义现代化建设新局面的背景下，天津的新闻传播事业也进入了全面改革阶段，《今晚报》的创刊在这一时期产生了较为深刻的影响。天津电台、电视台及《天津日报》等媒体在这一时期都将工作的重点放在了对经济改革的宣传报道上。

第三阶段从1991年至1999年，为深化改革中的新闻传播。1990年以来，中国新闻媒介在宣传上以"团结、稳定、鼓劲"为基调，坚持"以正面宣传为主的方针，配合党和政府的中心工作，在宣传改革、宣传社会主义建设等方面发挥着重要作用。《天津日报》在这一阶段开展了较为典型的报道，如北京亚运会的宣传报道、香港澳门回归祖国的报道、国庆五十周年的盛大报道等。《今晚报》经过了初步发展后，通过几次大规模的改版，树立了良好的品牌形象。天津电视台《都市报道》的开播，填补了天津电视台民生新闻的空白，并在经历了几次改版之后，发展成为一档较为成熟的栏目。这个时期的新华社天津分社的工作也进入了全面快速发展的新时期，大力宣传改革开放、经济建设和天津社会日新月异的面貌，并全力打造属于天津分社自己的品牌。

第一节　拨乱反正中的新闻传播（1978—1981）

1978年12月中共中央十一届三中全会召开，天津新闻界发挥舆论机关的功能，从理论和思想上为整个局面的拨乱反正扫清了障碍，中国进入了新的历史发展时期。

一、《天津日报》的重要新闻报道

（一）关于"实践是检验真理的唯一标准"的讨论

关于真理标准问题的大讨论，既为中国共产党十一届三中全会的召开作了重要的思想准备和舆论准备，同时也是党的建设史上一次空前规模的马克思主义思想路线的自我教育运动。讨论大致可以分为两个阶段。

　　第一阶段是从1976年10月粉碎"四人帮"到1977年底,主要内容是坚持"两个凡是"还是坚持实事求是的争论。当时中共中央主要领导人华国锋坚持"凡是毛主席作出的决策,我们都坚决维护,凡是毛主席的指示,我们都始终不渝地遵循"(即"两个凡是")的错误方针,拨乱反正难以深入进行下去,"文革"期间的冤案难以彻底平反。邓小平曾多次和老同志谈话,指出"两个凡是"是错误的。1977年7月,邓小平在中共十届三中全会上更是强调,"两个凡是"不符合马克思主义,应当准确完整地理解毛泽东思想的整个体系。"不能只从个别词句",而"必须从毛泽东思想的整个体系去理解毛泽东思想"①。这实际上成为后来开展真理标准问题讨论的先导。

　　第二阶段是从1977年底到1978年11月召开中共中央工作会议,这是广泛开展讨论的阶段。1978年5月11日,《光明日报》刊登了题为《实践是检验真理的唯一标准》的特约评论员文章。5月17日《天津日报》将此6300字全文转载。《实践》一文共有四部分,包括检验真理的标准只能是社会实践;理论与实践的统一是马克思主义的一个最基本的原则;革命导师是坚持用实践检验真理的榜样;任何理论都要不断接受实践的检验。此后文章中"凡是有超越于实践并自奉为绝对的'禁区'的地方,就没有科学,就没有真正的马列主义、毛泽东思想,而只有蒙昧主义、唯心主义、文化专制主义"成为这个时期的政治宣言。这篇文章一发表,立刻引起了两种截然不同的反响。一方是党内外的广大群众干部热烈赞扬这篇文章,另一方坚持"两个凡是"的人则对这篇文章檄文四起,因它"违反中央精神和反对毛泽东思想"。据《实践》一文原作者南京大学哲学教师胡福明后来回忆道,当时他已经开始向妻子安排"后事","我已经有思想准备了。我准备要坐牢"②。1978年6月2日邓小平在全军政治工作会议上发表讲话,"精辟地阐述了毛主席关于实

---

① 丁淦林:《中国新闻事业史》,高等教育出版社,2002年版,第89页。

② 孟云剑、杨东晓、胡腾:《共和国记忆六十年编年记事》,中信出版社,2009年版,第162~163页。

事求是的光辉思想,强调指出马列主义、毛泽东思想的基本原则我们任何时候都不能违背。但是一定要实事求是、从实际出发、理论和实践相结合,总结过去的经验,分析新的历史条件,提出新的问题、新的任务、新的方针。这是马列主义、毛泽东思想的根本观点,根本方法。"①这篇讲话精辟而深刻地回答了什么是真正的毛泽东思想,实事求是是毛泽东思想的精髓所在,它给新闻界、理论界正在开展的关于真理标准问题的大讨论以强有力的支持和肯定,使这场讨论如火如荼地开展起来。在随后的8月23日,9月3日、5日、13日、26日,10月3日、16日,11月7日、11日、16日,《天津日报》旗帜鲜明地发表了《检验真理的标准只能是社会实践》《讨论实践是检验真理的标准问题》《实践高于理论》《坚持辩证唯物主义的真理观——也谈实践是检验真理的唯一标准问题》《哲学史上关于真理标准问题的部分观点》《一切主观的东西都要接受实践的检验》《全国各地热烈讨论实践是检验真理的唯一标准》《一切事物都是一分为二的》等多篇文章。在这场长达数月的真理标准问题的讨论中,《天津日报》及时、立场坚定的宣传和报道,冲破个人崇拜和"两个凡是"的束缚,使全国人民彻底认清了"两个凡是"的错误路线,荡涤了因循守旧、故步自封的传统意识,重新确立了解放思想、实事求是的思想路线,推动了各行各业拨乱反正的顺利开展。其中,天津的电台、电视事业得到了一定程度的恢复与发展。

(二)对冤假错案的平反

"文革"十年制造了大量冤假错案,据统计,仅国家干部立案审查的就占当时国家干部总数的17.5%,其中中共中央、国家机关副部长以上和地方副省长以上的高级干部,被立案审查的则高达这类干部总数的75%②。大量的冤假错案如果不加以彻底平反昭雪,就不能调动各方面的积极性,也将大大损害中国共产党的形象。

1.为刘少奇同志平反的报道

---

① 《天津日报》,1978年6月3日,第1版。

② 汤应武:《1976年以来的中国大写真》,经济日报出版社,1997年版,第118页。

　　刘少奇同志是伟大的马克思主义者，伟大的无产阶级革命家、政治家、理论家，党和国家主要领导人之一，中华人民共和国开国元勋，是以毛泽东同志为核心的党的第一代中央领导集体的重要成员。1966年"文化大革命"开始后，他受到错误的批判，并遭到林彪、江青反革命集团的政治陷害和人身摧残，于1969年11月12日病逝。1980年2月中共十一届五中全会为恢复他的名誉作了专门的决定，撤销八届十二中全会强加给刘少奇的叛徒、内奸、工贼的罪名和把他"永远开除出党，撤销党内外一切职务"的错误决议，撤销原审查报告，并且高度肯定和评价了刘少奇的一生，"前中共中央副主席、中华人民共和国主席、伟大的马克思主义者和无产阶级革命家刘少奇同志，几十年来一贯忠于党和人民，把毕生精力献给了无产阶级革命事业，在我国新民主主义革命、社会主义革命和社会主义建设中，建立了不可磨灭的功绩"①，从刘少奇被正式开除出党到平反从申年到申年，整整一轮——12年，不禁令人唏嘘。1980年3月1日《天津日报》发出消息《热烈拥护党中央为刘少奇同志平反　党外同志完全赞同全会解决的问题》，3月2日《完全赞同五中全会解决的问题　党中央为刘少奇同志平反表达全国人民的愿望》，之后又通过消息、评论、通讯、图片等多种新闻体裁陆续报道了对刘少奇同志的平反、追思、缅怀、学习，如1980年3月4日的《刘少奇同志天津讲话是马列主义的》、3月12日的《刘少奇同志在延安的旧居重新开放》、3月13日《工人阶级一位勇敢的战士——刘少奇同志在一九二五年》、3月17日《在反帝斗争中建立功勋——刘少奇同志在一九二七年》、3月22日《满洲省委的卓越领导者——刘少奇同志在一九二九年》《刘少奇同志在津活动资料》《少奇同志，人民怀念你》、3月24日《为人民忍辱负重　为革命委曲求全》、3月25日《刘少奇同志一九三六年在天津》、4月4日《刘少奇同志在〈天津讲话〉的历史作用》、4月11日以《刘少奇同志在天津》为题的8张照片、5月16日《恢复毛泽东思想的本来面目——论为刘少奇同志平反》。5月17日刘少奇同志追悼大会在北京人

---

　　① 《天津日报》，1980年5月16日，第1版。

民大会堂隆重举行,代表中共中央致辞的邓小平,在会场握住刘少奇夫人王光美的手说:"是喜事!是胜利!"

另外在对刘少奇同志平反工作中的一项重要内容就是重新肯定其思想。"文化大革命"中,林彪、"四人帮"一伙对刘少奇在新中国成立前后关于我党工作的许多重要讲话,断章取义,大肆歪曲和诽谤。在对刘少奇同志的平反中,《天津日报》重新整理了其许多重要论述和讲话,刊发了许多相关研究文章,恢复了刘少奇思想的本来面貌,掀起了学习少奇同志思想的热潮。如1980年3月7日刊登《正气磅礴 大义凛然——〈哲学研究〉发表吴黎平重读〈论共产党员的修养〉的文章》、3月12日《做一个好的党员 建设一个好的党》(1940年7月1日的文章)、3月15日《〈论共产党员的修养〉重新出版发行》、3月18日《加强共产党员的道德修养——重读〈论共产党员的修养〉的一点体会》、5月15日的《共产党人就是要加强修养——学习〈论共产党员的修养〉》等等。

2.关于"天安门事件"平反的报道

"天安门事件",亦称"四五运动",是指1976年4月5日发生的以在天安门广场悼念逝世的周恩来总理事件为代表的反对"四人帮"的全国性的群众强大抗议运动。但当时在"四人帮"的操控下,被错误地定性为"天安门广场反革命事件"。1978年11月16日《天津日报》在头版上用醒目的大字标题转载了新华社《天安门事件完全是革命行动》的报道,对因悼念周总理、反对"四人帮"而受到迫害的同志要一律平反,恢复名誉。同时还刊发了新华社消息《天安门诗抄》即将出版,《人民日报》评论员文章《实事求是 有错必纠》,指出"纠正错案要一抓到底"。随后《亿万人民的心愿——喜闻北京市委宣布天安门事件完全是革命行动》(11月17日)、《天安门广场革命群众运动的颂歌》(18日)、《华主席为〈天安门诗抄〉题写书名》《参加天安门事件被捕的同志已彻底平反》《人民力量的伟大胜利》(19日)、《献给中华民族的子子孙孙——访问〈天安门诗抄〉的编者童怀周》《人民的力量不可阻挡》《碧血再开革命花》(20日)、《中共天津市委宣布一九七六年清明节前后悼念周总理的活动完全是革命行动》《天安门事件真相——把"四人帮"

利用〈人民日报〉颠倒的历史再颠倒过来》《威武雄壮 震撼千古》(22日)的陆续报道,或客观公正、实事求是,或引经据典、有理有据,或图文并茂、感人肺腑,使广大人民群众更加深刻地感受到了天安门广场群众运动所表现出的大无畏革命精神,更加看清了"四人帮"的滔天罪行,也更加深切地体会到一个对人民负责的政党的勇敢担当和英明果断。

在迈出了艰难的第一步之后,很多问题的解决也就是顺理成章的事情了。《天津日报》先后转发了一系列好消息:党的老一辈无产阶级革命家彭德怀、陶铸等平反了;因反对林彪、江青而惨遭杀害的张志新被追认为烈士了;"文化大革命"中新闻界的第一个大冤案——"三家村反党集团"一案彻底平反了;一大批在"文革"中惨遭迫害的新闻工作者如邓拓、范长江、潘梓年、邹韬奋、孟秋江等人得到了昭雪;甚至对"文化大革命"前遗留的一些历史问题也作出了实事求是的处理,如蒙冤多年的党的早期领导人瞿秋白、李立三等也先后得到平反昭雪恢复名誉,1955年在思想文化领域影响巨大的错案——"胡风反革命集团"案也得到了平反。

(三)对"渤海二号"沉船事故的报道

被称为"中国建国后损失最为惨重的海难事故"的"渤海二号"沉船事故,发生在1979年11月25日凌晨3时30分左右。石油部海洋石油勘探局的"渤海二号"钻井船,在渤海湾迁往新井位的拖航中翻沉,当时船上74人,72人死亡,直接经济损失高达3700万元。然而事发后,石油部的某些领导却掩盖事实真相,竟把"丧事当喜事办",大张旗鼓地进行表扬:隆重召开遇难同志追悼大会,提出追认英雄烈士,并命名"渤海二号"钻井队为"英雄钻井队"。这样不负责任的做法不仅引起广大群众的不满,更让不少群众寒心。1980年7月22日《人民日报》和《工人日报》克服重重阻力,率先披露了这场特大事故的真相。1980年7月29日《天津日报》转载了《人民日报》的《从渤海2号事故看石油部的领导作风》将批判锋芒直指石油部的某些领导,指出他们对待这一事故的错误态度和做法,"公平而论,造成这次事故的原因,是同石油部领导人不顾主客观条件,强行下达任务有关";"必须指出,海洋石油勘探局当时这种错误做法与石油部某些领导人的态度并非没有关系。这些情况完全不像石油部5月29日写给国务院的报告中提到的那样,1月下旬'我部也派出工作组,帮助海洋石油勘探局调查研究,总结经验教训'"①。之后又通过8月27日—30日《"渤二"事故死难者家属来信拥护国务院决定可以告慰死难者英灵了!》《深刻的教训》《从"渤海二号"事件吸取什么教训》《坚决拥护国务院处理"渤海二号"事故的决定》《吸取教训解决生产安全问题》、9月1日、3日、5日《认真吸取"渤二"事故的教训》《公审"渤二"事故案直接责任者》《渎职有罪》《听审拾零——九月二日法庭公审"渤二"案旁听札记》等多篇的报道,综合运用消息、评论、通讯、专栏等各种新闻体裁,从党中央国务院对"渤海二号"事故的处理决定、各单位应从"渤海二号"事故中吸取的教训等方面,对"渤海二号"事故进行了全方位的报道。这样就在批评报道方面实现了巨大的转变,由原来对重大事故"捂着""盖着"转变为公开报道,由昔日的对高级领导干部的错误不公开批评转变为在公开批评的基础上向全国的人民群众汇报处理结果,由过去的"只打苍蝇"转变为"连老虎一起打"。总之,关于"渤海二号"事故的报道,在端正党风,促进经济建设方面发挥着不容小觑的作用。

二、天津广播电视事业的初步改革

(一)广播事业改革初期

1978年,中共十一届三中全会召开,拨乱反正,随着党的工作重心的转变,国家进入了以经济建设为主要工作的改革开放新时期。天津广播事业也进入了改革发展时期,发生了一系列的重大变革。1981年,继黑龙江、上海之后,天津成为全国第三家开办立体声广播电台的城市。1983年,天津电台安装并接通了模写机设备,及时抄写新华社电稿。尽管技术操作比较复杂,但依靠这些设备,稿件周转时间被大大缩短,提高了新闻时效性,使得当年电台广播早、晚新闻播出的许多稿件

---

① 《从渤海2号事故看石油部的领导作风》,《天津日报》,1980年7月29日。

往往早于日报和晚报,在一定程度上满足了听众"先听为快"的需求。

　　党的十一届三中全会以后,天津电台在节目设置方面也有了诸多变化。1980年底,新闻台开始改革,一方面增加信息量,加强评论,增强新闻节目报道的深度,另一方面增加自编自采新闻的数量,与此同时还在不断地扩充新闻节目的内容,加强与兄弟台的合作,广辟稿源。随着党的中心工作开始转移到以经济建设为中心的轨道上来,天津广播也开始加大经济建设方面的新闻的宣传力度,经济类节目也就得到了发展的机会。值得一提的是,1977年11月14日,天津人民广播电台创办了一档知识性节目——《科学普及节目》,这是电台向广大听众传播科学技术知识的一个重要的阵地。其主要任务是从社会主义现代化建设的实际需要出发,通俗生动地介绍科学技术知识,提高人民的科学技术水平,树立爱科学、讲科学、用科学的社会风尚,为社会主义精神文明和物质文明建设服务。节目播出的大量的医学知识、卫生保健知识中的一部分后来还结集成《家庭卫生一百讲》一书。

　　虽然这一时期天津电台在新闻、经济、文艺、服务、教育等方面都有了发展,但是受到电视的冲击,广播仍然在求新求变中苦苦寻找出路和发展。

　　(二)改革起步期的天津电视事业

　　十一届三中全会以来,天津电视事业得到迅猛发展,播出规模明显扩大。天津电视台自1960年开始运行使用20年的黑白电视播出设备系统,至1980年淘汰,完全让位于彩色电视播出,进而完成了黑白发射机彩色化的技术改制任务。同年5月,天津电视台的5频道和12频道两个现有频道全部播出了彩色电视节目。其中,第12频道转播中央电视台第一套节目,第5频道为天津电视台自办节目,两套节目每天播出。1981年8月24日,又将两个频道播送的节目内容对调,改为第12频道播送天津电视台自办节目,第5频道转播中央电视台节目。1983年,天津电视台引进日本设备,在800平方米演播室,组建了第一个节目制作中心,实现了电视节目录制和播出的分离,结束了电视节目制作与电视节目播出共用一套电视中心系统的历史。

(三)电视节目陆续恢复

改革开放后,文艺复兴,电视剧创作得到了热情扶助和迅猛发展。1978年1月播出了天津电视台第一部录像儿童短剧《一把小红尺》。同年2月1日,天津电视台播出第一部彩色评剧电视戏曲片《花木兰》。《花木兰》是天津电视台第一次采用彩色电视摄像机,实行两机并用,分别用两个讯道同期声录制的拍摄方法,其镜头可自由移动,多角度、多侧面、空间广、范围大,录制可分段进行。这部电视戏曲片,前后只用了11天就录制完成。1985年该剧被认定为"中国第一部电视戏曲片",1987年载入大型丛书——《当代中国》广播电视卷。1979年10月1日,播出了天津电视台第一部电视小说《人民选官记》。

十一届三中全会以后,改革最显著的当属"文化大革命"十年空白的电视剧创作。随着彩色电视录像设备的引进,天津电视台的电视节目制作逐步发展起来,天津电视台的电视剧制作也得以迅速发展,利用ENG设备拍摄了第一部电视剧《现在正是早晨》。沿着多门类、多样式、多风格的创作发展方向,天津电视台先后拍摄了电视报告文学片、单本剧、连续剧、儿童剧、系列剧、戏曲电视剧、短剧、小品等,儿童电视剧、小品喜剧(包括系列喜剧)、天津地方民俗电视剧,成为天津电视台电视剧创作中特色鲜明的三大剧种。受现实环境影响,这一时期电视剧多以体现时代风貌,塑造社会新人,关注现实生活,挖掘地方特色的题材居多,兼有人物传记、历史题材以及舞台加工剧的样式。其中现实题材电视剧占的比重最大,约占总量的85%,人物传记题材约占6%,戏曲电视剧约占2%。

此外,天津电视台对新闻性节目的报道也有新的突破。对全国瞩目的重点工程——引滦入津工程的连续报道,其持续时间之长、报道量之大是天津电视台建台以来少有的。1981年冬季施工准备阶段开始,至1983年底为止,历时达两年多之久。在两年多的时间里,天津电视台的新闻报道及时配合了施工各个阶段的进展,先后播出了有关工程的上百条新闻,其中被中央电视台采用播出60多条,另外有63条口播新闻、10部专题片。这些报道宣传了引滦工程的宏伟面貌和先进人物、先进经验。

(四)天津电视台编播人员恢复工作

天津电视台建台初期并没有设立文艺组,只在电视台编辑部设三四名负责文艺的编辑。文艺编辑与导演分开的工作机制一直持续了十多年。本来就人才稀缺的文艺节目在"文革"期间又流失了骨干人才,许多文艺编导被调离岗位,下放到工厂。粉碎"四人帮"以后,有些编辑、导演陆续回到电视台工作。1977年成立文艺组,1979年与社教组合并,成立文教部。1980年又分开,成立文艺部和社教部,文艺部编辑、导演共10人,充实了文艺节目的编播人员。20世纪70年代后期,新闻部为做到分工明确,成立了编辑组,把编辑、剪接、配乐、播音员、录音员集中在一起,负责新闻的后期加工制作。前期记者仍实行编摄合一的做法。80年代后期逐步形成责任编辑、通联编辑、前期编辑、后期编辑、口播编辑、栏目编辑、专题片和纪录片编辑的具体分工。

1983年召开了第十一次全国广播电视工作会议,确定了改革和发展广播电视事业的一系列重大方针、政策,号召全国的广播电视工作者立志改革,这也为天津电视事业的全面发展打开了新局面。

第二节　改革开放中的新闻传播(1982—1989)

一、《天津日报》对改革开放热点问题的报道

《天津日报》在改革开放中,沿革一贯的党报作风,在处理好政治、经济、军事、文化等多方面新闻报道的同时,深化理解、突出重点、报道详实,更注重突破创新,尤其在经济报道中,紧跟国家形势,较好地完成了报道任务。

(一)改革开放中的经济报道

党的十一届三中全会之后,中国进入了一个以经济建设为中心的新时期。随着全党工作重点的转移,新闻工作也由过去的以宣传报道政治活动为主转变为以报道社会主义经济建设为主。1979年3月中共中央宣传部召开的全国新闻工作座谈会,对新闻工作的重点转移进行了有力的动员和有力部署,胡耀邦在会议上强调,要把发挥新闻工作

者的积极性、主动性、创造性同加强党的集中统一领导密切结合起来，各级党委要加强对新闻工作的领导等问题。

1.为农村联产承包责任制的开展创造良好的舆论氛围

我国的经济改革首先是从农村推行联产承包责任制开始的。邓小平同志在十一届三中全会上提出的"解放思想，实事求是，团结一致向前看"成为了《天津日报》农业宣传的总的指导思想。作为一个农业大国，长期以来，中国在农村提倡"一大二公"，习惯吃大锅饭，搞平均主义，要想改变这种根深蒂固的恶习，新闻界的宣传是必不可少的法宝之一。《天津日报》对联产承包责任制的宣传报道，大致经历了三个阶段。第一个阶段（1978—1979）宣传的重点主要是农村恢复行之有效的政策，尊重生产队自主权，恢复社员家庭副业，开放集市贸易等方面。第二阶段（1980—1981）中共中央于9月召开会议，讨论制定了《关于进一步加强和完善农业生产责任制的几个问题》的座谈会议纪要，打破了多年来形成的包产到户等于分田单干，等于资本主义的僵化观念，是党在农村政策理论上的一次重大突破。这个文件的贯彻执行，使包产和包干到户的家庭生产责任制迅猛发展起来。其实在这之前联产承包责任制一开始还是遇到一些阻力。在1980年1月国家农委召开的座谈会上，认识分歧很大，争论的焦点是包产到户究竟是社会主义还是资本主义。最后向中央政治局汇报。邓小平在讲话中说，对包产到户这样大的问题，事先没有通气，思想毫无准备，不好回答。但他提出一个重要问题，就是20世纪达到小康目标，人均收入1000美元（后改为人均800美元）。要按照这个目标，考虑中国经济方针速度和农村的发展。以后的几个月，推行包产、包干到户仍然阻力重重。在这关键时刻，邓小平同志又一次出来讲话：1980年5月，他说，农村政策放宽后，一些适宜搞包产到户的地方搞了包产到户，效果很好，变化很大。有的同志担心，这样搞会不会影响集体经济。我看这种担心是不必要的。只要生产发展了，农村的社会分工和商品经济发展了，低水平的集体化会发展到高水平的集体化，集体经济不巩固也会巩固起来。根据邓小平的谈话精神，《天津日报》转发了《人民日报》文章《联系产量责任制好处多》,介绍安徽的经验,从舆论上予以支持,引起了极大的反响。5月11日《积极稳步地调整农业内部结构》,强调"调整农业内部结构,必须全面地正确地贯彻执行'农林牧副渔'同时并举和'以粮为纲,全面发展,因地制宜,适当集中'的方针……调整农业内部结构,必须坚持积极稳步的方针。能否做到态度积极、步子稳妥,关键在于正确对待粮食生产问题"。5月15日的评论《变晚秋为早秋 夏天减秋田补——谈谈全民动员打好当前农业生产突击仗的重要意义》、5月22日的消息《西郊区上下协力打生产突击仗》等报道,又从不同的方面对联产承包责任制进行了总结、补充等,但总体来说这一阶段对于农业生产责任制的报道还是持较为审慎的态度,主要是从思想、理论,辅以较为成功的例子帮助群众提高认识,加快对政策的了解,进而转化为行动上的支持。第三阶段以1982年1月中共中央转批《全国农村工作会议纪要》为标志,《天津日报》开始重点报道农业生产责任制的典型经验,同时对农村出现的新事物、新问题、新趋势进行了研究报道。

2.为城市经济体制改革献计献策

城市经济体制改革是伴随农村经济体制改革而开始并逐步展开的,1984年中国改革的重点转向了城市,截至1988年城市改革的全面展开及其所取得的成就,冲破了旧有体制和僵化观念的束缚,使中国的社会主义开始焕发出勃勃生机和活力。城市经济体制改革首先是从扩大企业自主权的试点开始,把企业经营好坏同职工的物质利益挂钩,同时适当划分中央和地方的管理权限。随着试点的深入,人们越来越遇到如何使企业把责、权、利进一步结合好,把自主权行使好等问题。针对这一问题,《天津日报》较为成功的宣传是1980年8月5日的评论《是前进不是倒退》,文章对物资回收公司国营企业与集体企业分开经营给予了高度肯定,"事实证明,把集体企业从国营企业里分出来,发挥了两种经济的积极性,结束了吃'大锅饭'的状态。这一管理形式的改进,按经济规律办事,不是倒退,是前进"。1980年1月《发挥市场调节作用,加速工业企业发展》、3月6日《良机不可失 勇于迈大步——初探天津市多快好省地发展工业生产的路子》、7月24日《撤大锅开小

灶 提高经济效果——天津自行车厂实行分计奖的经验》、8月7日《衬衣厂扩大自主权获效益》等宣传报道也受到了广大人民群众由衷的欢迎,甚者在一些关键时刻,他们把《天津日报》发表的文章当作"风向标"和行动的依据。

随着城市经济体制改革的深入,关于城市组织经济的作用越来越多的被提及。《天津日报》紧跟形势,推出了一系列经济评论,如1980年7月11日的《扬长避短,充分发挥天津的经济优势》、12日《把天津建成一个重要的出口基地——再论发挥天津的经济优势》、15日《路子宽一点好——三论发挥天津的经济优势》、18日《打破封锁才能真正发挥优势——四论发挥天津的经济优势》、22日《把商品流通搞好——五论发挥天津的经济优势》、25日《发展手工艺品生产——六论发挥天津的经济优势》、27日《大力发展农村商品生产——七论发挥天津的经济优势》、8月1日《专业化是扬长避短好形式——八论发挥天津的经济优势》、8日《加快发展交通运输事业——九论发挥天津的经济优势》、9日《发挥科学技术的关键作用——十论发挥天津的经济优势》。这些评论围绕着如何发挥天津经济优势这个大主题,从衣食住行等不同的角度对经济改革中出现的焦点问题进行了深入浅出的分析,对改革中出现的难点问题进行了深入解读,对改革中的疑点问题提出了恰当的建议,对改革中的盲点适时提醒,从而帮助人民群众了解改革的前景,正视改革过程中的困难与问题,增强信心,通过实际行动参与到改革中去。还有1980年7月31日的评论《发挥天津的优势》,文章指出:"天津是个工业城市,要在现有的基础上发展提高。天津市发展工业要根据自己的特点和优势,突出重点,向高、精、尖方向发展。节能是发展经济的重大措施。"另外尤为值得一提的是1980年8月1日起《天津日报》开辟"为实现四化立功 为建设新天津献计——怎样发挥天津的经济优势"专栏,截至20日共推出11期,频率之繁、力度之大都是不常见的。这些文章将四化建设与天津经济的发展相结合,突出天津在城市经济发展中所起的重要作用,有效地配合了城市经济体制改革的宣传声势。

城市经济体制改革成败的关键之一是企业是否具有活力,而一批锐意改革的厂长们则是企业的灵魂人物,《天津日报》对于他们的宣传也是颇有特色的。原天津市委书记、时任天津无缝钢管厂厂长张立昌就是《天津日报》在这一时期树立的典型。其通过1980年1月《学会开动"三只车轮"的厂长——记天津无缝钢管厂厂长张立昌》、当日的评论《做又红又专的厂长》、2月的《干四化需要这样的带头人——我们支持张立昌厂长》、4月的《谈谈我们的好厂长张立昌》等在报纸上突出、显著位置上的文章,肯定了张立昌同志的创新精神,推广了他的改革经验,引导广大群众深思,同时达到支持和肯定企业改革的最终目的。

流通体制改革是城市经济体制改革试点的又一内容。从1979年开始,国务院重新限定农副产品的统购和派购范围,重申了三类产品和完成派购任务的二类产品可以自由上市。1980年又进一步放宽农副产品的购销政策,三类产品和完成征购、派购、计划收购任务的一、二类农副产品(棉花除外),都可以自由运销。基层公社可以出县出省购销,集体所有制商业、个体商贩和农民可以长途贩运。提倡厂矿挂钩、产销直接见面等,使集体和个体商业大发展,贸易货栈、小商品批发市场、农工商联合企业等多种经营形式相继出现。以关于个体工商业的报道为例,《天津日报》先后推出《积极发展集体商业服务事业》《发挥集体商业服务业的优越性》《学会文明经商——谈改善服务态度提高服务质量》《适当发展个体工商业》《包工制好》《商业要支援工业发挥优势》等多种形式的报道。

3.突出对外经贸合作的报道

1980年天津就诞生了第一家中外合资企业。对外经贸合作的报道是新时期天津工作最具特色的方面,同时也是《天津日报》最有影响力的报道方面。据不完全统计,仅1980年2—3月间就陆续发表《给出口产品穿上漂亮衣裳》《发展外贸天地广阔》《全党动手 大办外贸》《天津发展外贸大有可为——再论全党动手 大办外贸》《扩大出口关键在于生产——三论全党动手 大办外贸》《努力扩大工艺行业的生产能力——四论全党动手 大办外贸》《本市对外贸易首季持续大涨》《一定把物资交流搞活》等多篇文章,向全市乃至全国人民汇报了天津发展外贸的可行性及喜人成绩。

1984年,党中央决定,全面展开以城市为重点的经济体制改革,并提出进一步扩大对外开放。3月26日至4月6日,中共中央在北京召开沿海部分城市座谈会。根据邓小平的建议,会议确定:进一步开放天津等14个沿海港口城市,并扩大地方权限,给予外商若干优惠政策和措施,作为中国实行对外开放的一个新的重要步骤。作为口岸城市,天津的进出口贸易、对外劳务输出发展迅速。《天津日报》对以上情况在认真分析的基础上,作了充分报道。不仅对利用外资的进展情况作了详细地报道,如《进出口贸易合资经营谈判富有成效》《对外开放打开利用外资大门》《我国十年使用外资四百亿美元》《新的突破——本市引进外资综述》《开发区引进外资前景乐观》《外贸体制改革势头良好 天津口岸提前完成今年出口计划》,而且重视报道天津市改善投资环境的种种举措,比如《外汇管理局积极扶持外资企业》《为发展外向型经济献计》《绿色通道——天津海关促进外向型经济侧记》《天津工商部门保护知识产权受外商称赞》,这些报道都收到了广泛的社会好评。

4.关于价格、工资改革的报道

1988年8月15日至17日,在北戴河召开的中共中央政治局第十次全体会议讨论并原则通过《关于价格、工资改革的初步方案》。会议认为,"价格改革的总方向是,除少数重要商品和劳务价格由国家管理外,绝大多数商品价格放开,由市场调节,以转换价格形成机制,逐步实现'国家调控市场、市场引导企业'的要求。工资改革总的要求是,在价格改革过程中,通过提高和调整工资、适当增加补贴,保证大多数职工实际生活水平不降低,并随着生产发展而有所改善,同时进一步贯彻按劳分配原则,解决工资分配中一些突出不合理的问题"。①随后《天津日报》又先后发表《价格工资改革是整体深层改革》《以实际行动支持价格工资改革》《市政协举行座谈会 为价格工资改革献计》《通过做好当前物价工作稳定市场重要决定》《要为稳定市场做好工作》《京沪

---

① 《进一步开放天津等十四个沿海港口城市》,《天津日报》,1988年8月19日。

控制物价稳定市场》《进一步做好物价工作稳定市场》《积极安排中期
国庆市场供应》《市场平稳是人心所向》《全国人大常委会议进行大会
发言》《认清大好形势 坚定改革信心》等文章,这些新闻报道对于帮助
广大人民群众及时了解政府决策、坚定改革信心,把改革引向深入,发
挥了重要的舆论导向作用。

5.治理整顿将改革引向深入

1988年7月,国家统计局公布的物价上涨幅度为19.3%,为改革开
放以来的最高纪录。在此情况下,政府紧急叫停"物价闯关",从9月起,
中国进入了三年治理整顿阶段。中共中央政治局召开的两次会议和
中共十三届三中全会,确定了"治理经济环境、整顿经济秩序、全面深
化改革"的指导方针。要求在1989年和1990年把改革和建设的重点放
到治理经济环境、整顿经济秩序上来。《天津日报》在各新闻单位广泛
宣传治理整顿的方针和相关的政策、措施上起到了较好的表率作用。
1988年9月12日、14日、10月4日、7日、11日、14日、22日的专论《不可小
视通货膨胀——论治理经济环境整顿流通秩序》《不要把中国的事情
看得太简单——再论治理经济环境整顿流通秩序》《物价改革不能孤
军深入——三论治理经济环境整顿流通秩序》《评"官倒"——四论治
理经济环境整顿流通秩序》《欲速则不达——五论治理经济环境整顿
流通秩序》《调整是为了更好地前进——六论治理经济环境整顿流通
秩序》《关键是抑制基建规模膨胀——七论治理经济环境整顿流通秩
序》,9月21日的记者述评《金融市场涨落观》,9月26日的《稳定物价是
"四个稳定"的关键》,27日、28日的专栏《本市大规模清理整顿市场》,
28日的专刊《治理经济环境 整顿经济秩序》,9月13日、10月17日、21
日、29日、30日的消息《国务院公布现金管理暂行条例》《以稳定物价为
中心搞好治理整顿》《市府进一步部署财税物价大检查》《物资供应保
重点压一般》《国务院发出严格控制物价上涨决定 提出九条要求确保
明年上涨幅度明显低于今年》,将宣传报道的重点放在控制投资规模
和社会集团的购买力,制止非法倒卖,全面整顿当时经济生活中特别
是流通领域中出现的各种混乱现象上,使困扰改革的一些社会问题在

很大程度上得以纠正和克服。

(二)改革开放中的军事报道——中国人民解放军裁兵百万

进入20世纪80年代中期以后,国内、国际形势都已发生重大变化,中国对国防建设和军队工作的指导思想也实行了战略性变革:由过去立足于早打、大打、打核战争的临战准备状态,真正转入和平建设轨道,充分利用今后较长时期内大仗打不起来的和平环境,在服从国家经济建设大局的前提下,抓紧时间,有计划、有步骤地加强以现代化为中心的军队建设,提高部队的军政素质,增强我军在现代战争条件下的自卫能力①。这一转变的标志就是1985年5月23日至6月6日中央军委在北京召开的扩大会议,会议的主要内容就是贯彻党中央、国务院关于裁减军队员额100万,军队进行精简整编和体制改革。1985年6月11日《天津日报》刊登消息《邓小平在军委扩大会议上宣布 我政府决定减少军队员额一百万》,文中指出,"中国要集中力量搞经济建设,我们需要有一个和平的国际环境。中国人民解放军减少员额一百万,是中国政府和人民有力量、有决心的表现。它表明拥有十亿人口的中华人民共和国,愿意并且用自己的实际行动对维护世界和平作出贡献。"②因当时邓小平在会上提到裁军一百万时,同时伸出了一根手指代指一百万,就有媒体形象地称"邓小平伸出一根手指,解放军裁员一百万"。6、7月间《天津日报》相继发表报道《改革军队体制 实行精简整编》《全国军队转业干部安置顺利 已接受安置的八四年度军转干已占有百分之九十八》《党政军通力合作 安置好转业干部》《要满腔热情欢迎军队转业干部》《神兵荟萃演武场——武警总队首届比武大会侧记》《解放军在精简整编中前进 杨得志总长"八一"前夕谈军队体改和整编进展情况》《尊重爱护军队 支持军队改革和建设》,从不同视角阐述了裁军之后,我国军队方方面面的情况。

1985年由此成为我国的"裁军年",这一年,精简掉的是各种臃肿

---

① 滕建群:《讲述85年百万大裁军的外交故事》,人民网,2008年11月25日。

② 《邓小平在军委扩大会议上宣布 我政府决定减少军队员额一百万》,《天津日报》,1985年6月11日。

的编制,中国人民解放军三总部机关的人员编制,比整编前精简了近一半,县市人武部改归地方建制,干部战士退出了现役,各级领导班子都减少了副职的干部,机关、部队的76种职务,由军官改为士兵担任。精简后的部队基本上形成了梯次结构年龄,军队干部、战士的知识结构也进一步改善,"在中国的裁军大舞台上,上演的不只是简单的大裁军,一批适应未来作战需要的兵种相继成立"。

(三)改革开放中的城市建设报道

"少说空话,多干实事,坚持不懈地、尽心竭力地为人民解决实际问题"是天津市委市政府20世纪80年代的指导思想,也是《天津日报》报道的重点。1981年的天津临建棚、垃圾堆随处可见,交通拥堵,市民情绪低落,使得市委市政府下定决心改变当前状况。1983年3月《天津日报》连续刊载《天津市人民政府今年为改善人民生活办几件事》《李瑞环宣布为人民办好事的计划》,被视为天津把为群众办实事作为一种制度固定下来的最早报道。之后1987年8月30日《改善农村人民生活十件大事形势喜人》、1989年9月6日《天津市政府7年为民办实事130件》等文章的相继报道,受到了人民群众的广泛赞扬。另外每年的天津"两会"前后,《天津日报》、新华社天津分社等主要媒体都会对前一年市委、市政府为全市人民办的实事进行回顾,对新一年要办的实事向海内外广为报道。

为解决城市用水问题,中共中央、国务院决定,实施引滦入津工程,把滦河水引到天津,《天津日报》连续刊发数篇文章,从多个角度介绍该工程以及天津市民的热烈反应。1982年4月11日《天津居民又一福音——引滦入津根本解决吃水难》,从群众最关心的吃水问题介绍了工程。1982年12月6日播发的关于引滦入津的长篇调查报告《一项富有开创新局面精神的大型水利工程》,对于后来被党中央肯定的"引滦精神"进行了最早的概括:改革、创新、实事求是、依靠群众。1982年10月14日《天津七万人参加引滦入津工程义务劳动》,着重报道了十年内乱以来,天津市组织的第一次大规模义务劳动,领导干部和群众一起劳动,群众情绪高涨。1983年7月13日的《发动群众各献其长自己动

手改造城市 天津市群众义务劳动建设海河公园》。1983年8月17日《学习引滦入津工程建设者同"扯皮"作斗争的经验》,报道了引滦入津工程如何以高昂的民气驱散被称为痼疾的扯皮歪风。1983年8月20日《天津市有三百万居民尝到滦河水》、8月27日《滦河水质比京沪水质还好 天津市民争购高档茶品尝甜水》,反映天津千家万户满怀喜悦、品尝用滦河水沏泡香茶的情景,显示人民群众对引滦入津工程的高度关注①。1983年9月7日的《引滦入津工程正式通水》、12日的《天津人民喝苦咸水的历史宣告结束了》,标着着天津的城市用水问题从根本上得到了解决。当天津市民打开自来水管,甘甜清澈的滦河水流进千家万户时,天津举城欢腾,许多人流下了激动的眼泪。

为解决居民用气问题,天津市委市政府采取了一系列切实有效的措施,《天津日报》对此进行了及时、有效的报道。如1985年7月推出关于搞好煤气化的专栏、1987年6月30日《功在当代 福及子孙——热烈祝贺民用气化工程顺利竣工》、1987年1月3日《天津六十七万户居民家庭用上煤气》等,这些体裁多样、角度新颖的文章,力求点面兼顾,在报道的深度和广度上做文章,从不同的侧面反映了天津城市建设的可喜变化。

在天津当地曾流传过这样一句顺口溜:天津市一大怪,汽车没有步行快。这是因为天津城市街道依海河而建,道路狭窄、弯曲,拥堵现象严重。随着中心城区出行总量的持续增加,导致主干道路机动车运行速度逐年下降,原有的交通网络系统越发无法满足日益增长的交通需求。1985年,天津市委、市政府为从根本上解决城市交通拥堵问题,顺应改革开放的需要,提出了城市总体建设规划,把改善道路状况列为重点建设项目来抓,要求尽快形成由内、中、外3条环线和14条射线组成的干道系统。1985年7月2日,《天津日报》在头版刊登了《天津建成一条市区交通干线》,即中环线(西半环)全线胜利通车,这也预示着中环线正式启用。中环线工程是市政府当年改善城市人民生活的十件实

---

① 《纪念新华社天津分社建社60周年》,新华网,http://www.tj.xinhuanet.com/misc/2009-01/14/content_15453123_2.htm.

事之一,也是当时本市最大的一项市政工程。"整个工程自勤俭桥起,经勤俭道、复康路、吴家窑大街、围堤道、四新西道到四新桥,全长18.36公里。加上同时改造的京津公路北段7公里,共计25.36公里。在这条25公里多的专线上,除对原有道路进行改造、拓宽外,还新建3座大型立交桥和两座人行过街天桥,改建6座过河桥,修筑道路85万多平方米,桥梁总面积达4万多平方米。路面为快慢车道分设的三块板式结构,沿线交通信号采用计算机控制系统。"集高速度、高质量、高水平于一体的中环线工程,建成通车后,为市民生活带来了便捷,在城建发展史上写下了浓重的一笔。1987年10月1日,《天津日报》以题为《外环线建成今日通车》的报道告知了广大市民外环线正式启用的消息。"据了解,外环线工程仅用十个月的时间就全线竣工。全长71.44公里的外环线,用时二十五天完成了挖河和路基土方任务,六个月的时间完成了主体工程。在这条路上,共建造构筑物64项、浇筑混凝土93000立方米、筑路面积150万平方米、路宽50米,道路桥梁上下行分离,快速车道时速可达80公里。"1987年10月2日,《天津日报》在头版用整版的篇幅介绍了外环线,并报道了外环线的竣工典礼,称外环线将"难以实现的魅力幻想"变成了现实。外环线的建成通车,使市内道路南北不通、东西不畅的交通状况得到了根本的改变,有媒体认为它不仅为市民提供了方便,同时也为天津经济的快速发展奠定了坚实的基础。另外尤为值得一提的是"三环十四射"的格局中的中山门蝶形立交桥曾被邓小平同志高度赞誉,邓小平对其设计者胡习华说:"这座桥很漂亮,你为人民做出了贡献,谢谢你。"

二、《今晚报》的创刊及初期发展

　　《今晚报》诞生于1984年7月1日,是在1983年8月14日中共天津市委办公厅、中共天津市委宣传部正式发出《关于恢复出版〈天津晚报〉的批复》精神下创办的①。其前身《天津晚报》作为1949年前中国最早晚报《新生晚报》的延续,在全国范围内产生了广泛的影响。

---

　　① 王军杰 张维功:《从〈新生晚报〉到〈今晚报〉》,《今晚报》,2009年6月23日,第17版。

说《今晚报》的诞生是千呼万唤后的结果,一点不为过。虽然创刊时间是1984年,但呼唤它上场的愿望和需求从1978年改革开放就已经在酝酿了。对于《今晚报》来说,出现的意义不只在于"创刊"还在于"复刊",不只在于"创立"还在于"恢复"。它的出现既是天津城市发展,市政府为顺应时代、社会发展而采取的决策性行为,也是天津市民对晚报需求的表达,更是20世纪70年代末80年代初中国晚报业日趋活跃、推动天津晚报发展的结果。

1978年党的十一届三中全会实行改革开放,活跃了思想,也给新闻业带来了生机。我国晚报业日趋活跃起来,"文革"前停刊的晚报纷纷借此机会复刊,同时也创刊了一些新的晚报,出现了"文革"后晚报发展的第一次高潮。"文革"后第一份复刊的晚报是1979年11月恢复的《南昌晚报》,"文革"后最先创办的第一份晚报是1980年1月在云南昆明创立的《春城晚报》。截至1982年年底,全国已有晚报19家。《今晚报》就是在这次晚报发展高潮的驱动下出现的。《今晚报》第一任社长李夫说过,"《今晚报》的诞生,是改革开放的结果。如果没有党的十一届三中全会,如果没有邓小平理论及其提出的路线方针政策,就没有《今晚报》。"①

说"创刊",是因《今晚报》将以全新的面貌呈现给天津市民,有全新的办报思路和理念,有自己的办报特色。说"复刊",是因《今晚报》还承载着延续《天津晚报》生命的责任。晚报业空白了近20年的天津,渴望1966年停刊的晚报能得到恢复。改革开放后天津城市建设发展、经济变迁、人民生活变迁等变化的出现,对报刊宣传提出了新的任务,也为报业发展提供了大量的信息,而党报机关报主导下的单一化报业体制格局,在提供信息服务方面存在着很多局限,仅靠党报机关报已经无法满足市民的信息获知需求。此外,晚报通俗易懂、雅俗共赏,兼有信息提供与娱乐服务的功能,以及适应市民生活工作、娱乐休闲需要

---

① 李夫:《小平为我们写报头——为纪念邓小平同志诞辰一百周年、庆祝〈今晚报〉创刊二十周年而作》,贾长华主编:《我与晚报二十年》,百花文艺出版社,2005年8月版,第4页。

的定位和办报策略,显然,更加受到市民的喜爱。因此,无论是城市发展需要,还是市民文化生活需要,都成为晚报复刊的推动力。市人大代表在市人民代表大会上,市政协委员在市政协会议上,也屡次对恢复《天津晚报》提出建议、上交提案,直到1983年7月1日,由原社长李夫正式起草的"关于恢复《天津晚报》(暂名)的请示报告"终于上报到天津市委,同年8月5日市委常委会第38次会议正式讨论决定:恢复出版《天津晚报》,8月24日,中共天津市委办公厅作出《关于恢复出版〈天津晚报〉的批复》。所以在筹备初期,《天津晚报》的名称仍被作为未来晚报的代称。不过,为了有一个全新的面貌,新晚报面向全市公开征名,《今晚报》三个字也因全面突出了未来晚报的时代特色、地域特色、办报特色脱颖而出。

《今晚报》的总体定位是市民报、家庭报,也就是要立足天津,面向家庭,总体思路可概括为"一报在手,应有尽有",主要任务是"宣传党的主张,传播知识信息,反映群众呼声,回答现实问题,丰富文化生活,以鼓动、组织人民群众为实现四化、振兴中华而努力奋斗"。[①]基本特色在报名上就有所体现:首先,"今",代表的是新闻传播的时代性、时效性、时新性和地域性,正如《创刊号》上所言,"今者,非往非来,是时也。从时效讲,力图迅速传播当今新闻知识信息;从内容说,力求反映当前时代精神;从意境看,革除陈旧,力谋新意。故名'今'。"此外,"今"与天津的"津"谐音,也就是晚报要突出天津地域文化特色,宣传天津政策、城市发展、社会变迁与人民生活,即"报出版于天津,自应有鲜明的津门特色"。[②]其次,"晚"指的是发行时间和阅读时间,也就是要在晚上发行,供读者晚间阅读。所谓"晚者,非晨非午,为暮也。它适合晚上回到家里,憩时拈来一读","每到夜晚,走街串巷,进百家,入万户,做您灯下客"。[③]另外,晚报还要兼顾引导性和群众性,力求将思想性、科学性、知识性和趣味性融合在晚报中,使其风格轻松活泼,雅俗共赏,最终达到"做宣传于谈天论地之际,寓教育于潜移默化之中"[④]。再者,《今晚

---

①②③④《创刊号》,《今晚报》,1984年7月1日,头版。

报》还明确定位了自己与读者之间的关系,主动拉近与读者的距离,提出:"《今晚报》愿为读者友。它不正襟危坐,作夸夸其谈之说教,而愿与知己推心置腹,促膝谈心。"①并向读者明确表态,晚报绝对奉行新闻职业道德,"它不捕风捉影,说假话,唱高调,而求切实论说,言之凿凿,不尚空谈。"②即新闻要真实,言论要准确,摒弃虚假新闻、不实报道和不实言论。

截至1987年,"天津市区平均每2.08户人家就有一份《今晚报》"③,可以说,基本实现了晚报创刊时向读者许下的"愿为读者友"的承诺,成了深受市民喜爱的"灯下客"。在取得一定成绩和市民认可后,《今晚报》为适应时代发展、天津城市发展以及晚报自身的发展需求,在遵循自身定位的基础上,进行了第一次扩版,时间是1987年10月1日,《今晚报》由原来的平日4开4版、周末4开8版,扩大为对开4版,专刊部成立。此次扩版,晚报提出"三不变":"一、办报方针不变,即仍立足天津,面向家庭;二、报纸任务不变,即仍宣传党的主张,传播知识信息,反映群众呼声,回答现实问题,丰富文化生活,以鼓动、组织人民群众为实现四化、振兴中华而努力奋斗;三、办报指导思想不变",依然遵循晚报晚出;"四、报纸风格不变,即仍'今'字扑面,短小精悍,生动活泼,雅俗共赏,保持自己独特的晚报特色。"④此外,还提出扩版后晚报发生的"变化":"除报头由横变竖外,新闻将更加多而翔实,内容将更加丰富多彩,以崭新的面貌呈现在读者面前。"⑤此外,还诚恳地告知读者晚报扩版后"将适量增加广告",并坦陈了原因,望读者理解并给予支持:一是经济发展加快、社会交往频繁以及人民生活水平不断提高,"客观需要发展广告事业",既满足广告行业的发展需要,也满足市民生活的信息需求;二是《今晚报》的"自负盈亏"的经营需要,"需靠广告收入维系正常出版发行"。⑥

至此,《今晚报》总体发展方向得以确立,并在实践中初步实现了

---

①②《创刊号》,《今晚报》1984年7月1日,头版。
③④⑤⑥《扩版的话》,《今晚报》1987年10月1日,头版。

晚报个性化品牌形象的树立。但鉴于当时所处的仍是计划经济体制环境,《今晚报》从自身主动性上还缺少品牌意识,品牌营销这一市场经济的产物还没有真正被晚报接受并实施。此外,《今晚报》在创刊前被确立的与《天津日报》一套编制与运作体系的体制机制局限,自创刊后直至1989年底从天津日报社完全撤出的大约5年时间里,《今晚报》还不是独立之身,尚未实现完全独立。创刊之前,《今晚报》就已经被天津市委明确规定,"晚报属市委宣传部领导,在《天津日报》编委会领导下, 由正副总编辑负责。" 所以在创刊初期的这5年中,《今晚报》从编制、机构设置到印刷、发行乃至办公设备等,都从属于《天津日报》。直到1988年7月22日, 在天津市新闻单位改革座谈会上,当时的市长李瑞环同志在听取晚报的汇报后,终于提出了日报、晚报机构分设的两个方案,并决定成立两报分设筹备领导小组。1989年年底,今晚报社全部从天津日报内撤出,1990年年底,市委宣布今晚报社机构独立、成立编委会,从体制机制到基本的业务运营实现了初步的独立。

不过,这也决定了《今晚报》虽然是晚报,但却带有明显的机关报色彩。"《今晚报》要做到'兼有':要有党委机关报的重要性,同时摒弃枯燥无味的'硬邦邦';要有都市报的社会性、服务性,同时摒弃缺乏精神内涵的'轻飘飘'。"[1]这种兼有晚报与党报机关报双重属性的角色定位,从创刊开始践行,二十几年虽然不断调整思路,但这双重属性却从未变更过。

从创刊到独立的5年,是《今晚报》在摸索中前行的5年,从前期的筹备、走访全国各地知名晚报取经,到组建班底,被市民接受,并逐步上轨道,是《今晚报》初步树立品牌形象的阶段,但客观上也决定了《今晚报》的办报理念是在计划经济体制主导下的产物,缺少市场意识与运作行为,机关报属性的渗入使晚报的宣传功能大于新闻功能。

---

① 贾长华:《二次创业 再铸辉煌》(代序),贾长华主编:《我与晚报二十年》,百花文艺出版社,2005年版,第2~3页。

第三节 深化改革中的新闻传播（1990—2000）

1989年11月25日，李瑞环在中共中央宣传部举办的全国省、市、自治区党报总编辑新闻工作研讨班上，发表题为《坚持正面宣传为主的方针》的长篇讲话，指出改进新闻工作需要研究和解决的问题很多，但关键的问题是新闻报道必须坚持以正面宣传为主的方针，这是社会主义新闻事业必须坚持的一条极其重要的指导方针。坚持这个方针，就是要准确、及时地宣传党的路线、方针、政策，实事求是地反映社会现实生活的主流，让人民群众用创造新生活的业绩教育自己，形成鼓舞人们前进的巨大精神力量，造成一个有利于稳定局面的舆论环境。

11月28日，江泽民在会见研讨班的同志时就新闻工作的地位、作用、性质、基本方针、"新闻自由"问题、新闻的真实性问题以及党对新闻工作的领导问题发表了重要讲话。江泽民指出：我们党历来非常重视新闻工作，始终认为，我们国家的报纸、广播、电视等是党、政府和人民的喉舌……社会主义的新闻事业作为我们意识形态的重要组成部分，必须遵循为社会主义服务、为人民服务的基本方针……在任何国家都不存在绝对的毫无限制的"新闻自由"，新闻的真实性就是坚持党的一切从实际出发、实事求是的思想路线。

一、《天津日报》的深度新闻报道

1990年以来中国新闻媒介在宣传上以"团结、稳定、鼓劲"为基调，坚持"以正面宣传为主"的方针，配合党和政府的中心工作，在宣传改革、宣传社会主义建设等方面发挥着重要作用。《天津日报》在这一时期较为突出的报道有：

（一）1990年北京亚运会的宣传报道

1990年9月22日—10月7日第十一届亚运会在北京隆重举行，这是第一次在中国的土地上举办的综合性国际体育大赛。随着中国掀起"办好亚运会、当好东道主"的活动，新闻界当仁不让地在亚运会前后进行了大量的宣传报道，《天津日报》在其中也发挥着积极的舆论引导作用。从9月4日的第一条新闻《第十一届亚运会我体育代表团名单》到10月25日的最后一条新闻《本市圆满完成迎亚运各项任务》,仅在9、10月份就发布新闻100余条,其中既有亚运火炬在中华大地上传递的壮观景象及各地经济建设的突出成就,如《亚运火炬18日传递到津》《心向亚运 本市迎亚运圣火准备活动就绪》等;又有亚运村各比赛场馆的介绍,如《亚运村举行开村仪式》;还有亚运会后勤服务的开展情况,《开展达标检查 做好迎宾准备》《亚运会安全保卫部强调 进入赛场必须接受安检》;亦有亚运会上中国健儿摘金夺银的英姿、金牌榜的时时更新和各国健儿的赛场友谊,如《中国健儿再夺八枚金牌》《亚运第三天我选手战果辉煌》《我国金牌已超过总数一半》《团结 友谊 进步——亚运会开幕式侧记》《曲终情不散——写在亚运会闭幕之后》;更有亚运会开闭幕式时的宏大场面及大国气象,如《第十一届亚洲运动会在京隆重开幕》《第十一届亚洲运动会昨日胜利闭幕 大型文艺演出〈今夜星光灿烂〉气势恢宏异彩纷呈》《北京亚运精神光耀神州》;甚至还有亚运会之后的经验总结、反省与深思,《中国体育代表团召开总结大会 保持清醒头脑 向新高度进军》《亚洲体坛格局变化之思考》等等。特别是从亚运会开幕的22日起,《天津日报》开辟第四版作为"亚运专刊",全方位地报道亚运会的情况,在报道中坚持"以我为主",有效配合亚运宣传声势,充分反映了一个大国的从容与自信。北京亚运会的成功举办不仅为中国的体育赛事的宣传报道积累了宝贵的经验,而且向亚洲、更向世界展示了一个正在崛起的社会主义中国的强大与富强,加之中国亚运军团的傲人战绩,为申办奥运会打下了基础。其实早在1990年7月3日,邓小平在视察亚运村时,就向随行人员问道:"你们办奥运会的决心下了没有,为什么不敢干这件事呢? 建设了这样的体育设施,如果不办奥运会,就等于浪费了一半。"中国此后开始了申办2000年奥运会的艰难历程。

(二)巨星陨落,举国同悲——关于邓小平同志逝世的报道

1997年2月19日,中国改革开放的总设计师邓小平在北京逝世,享年93岁。这天距离香港回归仅有131天,这位老人希望坐在轮椅上到

香港经历回归之夜的愿望终究没有实现。更多的人是在第二天的早晨和全世界一起知道这一消息的。《天津日报》在2月20日在头版以显著的黑字报道了小平同志逝世的噩耗,"敬爱的邓小平同志永垂不朽"向全国乃至全世界人民诉说着我们对小平同志最后的珍重。从2月20日到25日小平同志遗体告别,《天津日报》先后播发消息,从小平同志的逝世引起举国人民的哀悼到世界人民的悲痛缅怀,从小平同志光辉伟大的一生到全国人民认真学习他的生平事迹,从首都各界人士长街洒泪送伟人到追悼大会在北京隆重举行,从继承小平同志遗志坚持党的基本路线到高举邓小平建设有中国特色社会主义理论的旗帜,这些报道在寄托对一代伟人哀思的同时,更是化悲痛为力量,将小平同志的遗志发扬光大。尤其是之后的《小平同志 天津人民永远怀念您》《海河挥泪悼伟人》《继承邓小平同志遗志 加快发展振兴天津》《继承遗志 再创辉煌》等报道,把对小平同志的哀思与天津经济建设结合起来,鼓舞着天津人民化悲痛为力量,在建设有中国特色社会主义理论的旗帜下,为天津地方建设贡献自己的一份力量,这也是对一代伟人最好的怀念。

(三)1998年关于长江及淮河特大洪水的报道

1998年的夏天长江发生了自1954年以来的又一次全流域性大洪水。灾区人民在党和政府的坚强领导下,在全国人民的大力支援下,在解放军战士和武警官兵的奋勇救灾中,发扬了大无畏的抗洪精神,进行了可歌可泣的奋斗,取得了抗洪救灾的最后胜利。从灾害发生的那一刻起,全国各地媒体就自发地以灾情为命令奔赴地震灾区最前线,电视、广播、报纸等各类媒体相互配合,取长补短,形成传播合力,使十几亿中国人乃至全球的目光,全部集中在中国南方那片广袤的土地上。在抗洪救灾期间,具有近50年悠久历史的《天津日报》作为党和人民的耳目喉舌,在抗洪报道的过程中及时地传达了党和政府的声音,准确地反映了灾情和民意,宣传颂扬救灾中涌现出来的感人事迹,为抗洪救灾斗争取得胜利提供了强大的精神动力和舆论支持。

党报姓"党"名"报",不仅具有"上传下达"的功能,还具有党性原则要求;不仅具有信息传播属性,还具有重要的意识形态特征。《天津日报》在抗洪救灾的报道中积极寻求新闻价值与政府宣传的契合点,面对政府、公众这两个报道取向的时候,综观全局,在把握正确的宣传导向时聚焦社会问题。一方面以正面宣传报道为主,及时向外界公布灾情,对稳定灾区人民群众的情绪、调动全国人民的热情支援灾区起到了积极的作用。另一方面,根据现实情境,在最大程度实现新闻价值的同时,正确引导社会舆论。从7月6日开始到9月30日结束,它共播发抗洪救灾文字稿件300余篇,新闻图片100多幅,利用报道和评论相结合的方式,从不同的方面对抗洪救灾中的灾情信息(如《长江中下游高水位时间延长》《今明两天长江中下游地区将有中到大雨》《两批防汛物资运往长春合肥》《又一批救灾物资起运》)、党和国家领导人对灾情的高度重视(《做好迎接更大洪水准备 确保人民生命财产安全》《湖南汛情再度告急 朱镕基总理致电慰问》《江泽民关切长江洪峰通过武汉》《江泽民向抗洪部队发出最新指示》)、应当注意的问题和采取的措施(《认清当前汛情雨情严峻形势 百倍警惕加强值班严阵以待》《市领导分路检查市防指一号令落实情况》《全力以赴支援各地防汛抗洪工作》《增强水患意识 加强工程建设》以及对在抗洪救灾中涌现的英雄人物(《大江中永生——记"抗洪英雄"高建成》《特别党费》)进行了有针对性的报道和述评。

于是我们在报纸上看到了这样的内容:党和政府高度重视灾情、心系灾区人民、采取了积极的应对措施;奋战在抗洪救灾一线的武警官兵、解放军、医务工作者以及许许多多普通人忘我抢救伤员的崇高精神;国内支援全面展开等等。上述种种,通过报纸的放大功能,深深地印在公众心中,很好地树立起了全国人民与灾区人民"同呼吸、共命运"的直观感受。尤为值得一提的是对于抗洪英雄的报道,《天津日报》在8月30日推出《学习抗洪英雄 推动天津工作》专版,截至9月30日共出版7期,从不同的角度对如何结合天津地方工作,学习抗洪英雄进行了报道。还有《人在堤在的启示——一论学英雄见行动》《一个党员一面旗——二论学英雄见行动》《发展是最大的事情——三论学英雄见行动》等六篇评论,探讨如何以实际行动学习抗洪英雄,这些评论虽篇幅不长,却写出了学习英雄的实质,富有历史纵深感,起到了鼓舞人心,引导舆论的作用。其实许多事实告诉我们,可怕的不是突发性灾难事件,而是在灾难面前媒体不知如何从容应对,从而造成谣言四起,人心涣散,加重了灾难事件对社会、对公众的危害。

(四)关于香港、澳门回归祖国的报道

1.香港回归祖国的报道

位于珠江口东侧的香港在许多人看来只是弹丸之地。诚然总面积约1095平方公里,主要由香港岛、九龙半岛及新界三部分组成的香港,面积仅为全中国面积的万分之一多,人口也只有700多万。但正是这样一个貌似微不足道的地方,承载了中华民族太多的辛酸与苦难、梦想与希望。1997年,经历了百年沧桑的香港正在回归的路上疾进,就要回到祖国母亲的怀抱。它的回归,有利于推进祖国的和平统一大业,有利于促进我国的社会主义现代化建设,有利于促进香港地区的稳定、发展和繁荣,同时也标志着"一国两制"伟大构想的成功实践。作为主流媒体,如何报道好这一世纪盛况,成为了必须思索与面对的问题。所幸,《天津日报》不辱使命,它围绕着"回归"这根主线,多角度报道香港的历史变迁、沧海桑田、政治沿革、经济发展、风土人情等。概括起来,报道内容主要有以下几个方面:第一,阐述"一国两制"和我国解决香港问题的一系列方针、政策,如1997年6月22日的评论《为祖国统一率先垂范——香港回归对解决台湾问题的启示》,文章中说道,"'一国两制'的出发点是尊重历史,尊重现实,一切从民族的利益出发,而不是从意识形态出发,是为了找到一个各方面都能接受的和平解决问题的方法……实践表明这一方针和由此采取的一系列政策深得人心……香港最终实现了平稳过渡,保持了繁荣稳定。"①第二,介绍我国政府对

————————

① 《为祖国统一率先垂范——香港回归对解决台湾问题的启示》,《天津日报》,1997年6月22日。

香港恢复行使主权的各项准备工作和香港特别行政区的筹组进程,如
1997年6月12日《天津日报》在头版刊登报道《江泽民主席将率团出席
香港政权交接仪式》、18日《中国政府代表团名单确定》、29日《国务院
授权特区政府接收原香港政府资产》等。第三,及时报道天津各地举
行的迎接和庆祝香港回归的重要活动,抒发天津人民对于香港回归的
热切期盼和真实感受,如6月份推出的"香港回归"专栏(6月22日起更
名为"天津喜迎香港回归"),每日一期,从不同角度、以不同方式对于
天津市民们各种各样的庆祝活动予以报道,还有23日《本市庆祝香港
回归活动安排就绪》。第四,从历史、现实、文化、经济、社会等多角度
报道香港的特色。

1997年6 月30日23时42分,香港会议展览中心五楼大会堂灯火辉
煌,中英两国政府香港政权交接仪式正式开始。23 时59 分,英国"米
字旗"和港英的皇冠狮子旗在英国国歌乐曲声中缓缓降落。随着"米
字旗"的降下,英国在香港一个世纪的殖民统治宣告结束。7月1日零
时,中华人民共和国国旗和香港特别行政区区旗同时升起,中华人民
共和国国歌响彻仪式大厅,雷鸣般的掌声经久不息。江泽民主席随后
宣布:"中华人民共和国政府今天对香港恢复行使主权了! 香港的新
纪元开始了! "

7月1日《天津日报》通过彩印、套红、大字号通栏标题,辅以大幅照
片等方式及时突出地报道了这一盛事,且着重突出地方特色,给人以
浓墨重彩、美不胜收之感。7月1日的《天津日报》共推出16版,除有头
版《中国对香港恢复行使主权》、二版《中华人民共和国香港特别行政
区成立暨特区政府宣誓就职仪式在港隆重举行》、三版《历史,将铭记
这一刻——中英两国香港政权交接仪式纪实》、四版《人民解放军驻港
部队接管香港防务》等关于中英两国香港政权、防务交接仪式以及特
区政府宣誓就职仪式的重头稿件外,还推出了包括"不夜的香港"、全
国各地欢庆香港回归盛况和东南亚一些国家对于香港回归后前景预
测的报道,例如《向着国旗敬礼——香港回归后天安门广场十万群众
观升旗》《当国歌再次奏响的时候——写在香港特区政府成立之际》

《四海波涛涌香江 华夏儿女心逐浪——海外华人华侨在香港回归的时刻》《百年梦圆普天同庆 万众欢呼香港回归》《沸腾的香江——回归夜香港纪实》《日经济界对香港前景表示乐观》《泰国对香港前景表示乐观》等。第十三版以报道天津本市庆祝香港回归的具体活动等为主打,刊登报道《天津市人民庆祝香港回归祖国大会隆重举行》,配以右侧精彩纷呈的文艺节目表演及庆祝大会上众人齐唱国歌的大幅照片,显得庄重热烈、气势宏大。该版右下角的《回归后的第一个航班》更是以航班为切入点,表达了人们对于香港回归的喜悦之情及百年雪耻的自豪。还有《津城涌动爱国情 海河儿女庆回归》《百年圆梦欢庆日 花满津城不夜天——写在天津人民喜庆香港回归祖国的时刻》《圣火回归夜》《沧海还明珠 天涯共此时——海河儿女香港回归祖国大联欢侧记》《牢记历史 共创未来——大沽口炮台遗址纪念碑揭幕仪式侧记》等多篇报道,通过侧记、特写、通讯等形式,由点及面,充分体现出了天津人民对于香港回归祖国的浓浓喜悦之情,独具天津特色。另外颇有特色的是第十六版题为"举世聚焦一瞬 香港回归祖国"的画刊,通过四幅视角不同、取景不同的照片,勾勒出了香港回归的大致过程,留下了极具典型意义的永恒瞬间。图文的默契配合使读者的目光在图片与文字之间不停地来回穿梭,不断充实与强化主题思想,从而引发出感慨、联想与思考。

2.关于澳门回归祖国的报道

《天津日报》在关于澳门回归的报道上,因为有香港回归报道的珠玉在前,澳门回归祖国的报道,基本上采取的是固定的范式,澳门回归当天《天津日报》头版头条是中葡两国在澳门举行交接仪式的消息;中华人民共和国澳门特别行政区成立暨特区政府宣誓就职仪式的相关报道;发表回归献辞(社论);党和政府的活动有澳门回归晚会消息,全国各地为庆祝澳门回归举行的各种各样的庆祝活动,尤以报道天津市民的庆祝活动为主;国际版有驻外使领馆招待会,外国领导人贺电;此外还有新闻摄影专版或文艺副刊。在澳门回归前夕,有反映澳门历史、现状及成就的系列报道作为迎接回归的前奏曲推出,分量很重。

(五)国庆50周年的盛大报道

每年的10月1日——新中国诞生的日子,中国的媒体都会浓墨重彩地报道近年来国家的成就与辉煌,高唱爱国主义的主旋律。尤其是1999年10月1日是新中国成立50周年的大日子,半个世纪的风雨沧桑、惊人巨变,各大媒体的报道自然必不可少。《天津日报》作为党报,按照党中央的总要求,忠于历史,又不拘泥于过去,烘托气氛,讲究实效,在激发广大群众的爱国热情,唱响祖国颂、社会主义颂和改革开放颂的大型乐章中奏出了最强音,起到了非常好的导向和宣传作用,向党和人民交出了一份满意的答卷。具体表现在:

首先《天津日报》在反映50年辉煌历史、沧桑巨变时不是事无巨细地简单罗列、堆砌材料,而是截取在天津发展史上有历史意义的片断进行"定格",让人们在"瞬间定格"中感受天津50年的巨变,进而折射出共和国50年的发展历程。《天津日报》从8月16日起,推出"国庆50年50版"专栏,选取在天津城市发展中留在人们脑海的重大事件、人物进行历史回顾,《咱们工人有力量》《海河谣》《知识改变命运》《小康之路(票证回眸)》《走科技路吃科技饭》等等这些立意好、视角新、有气势、有思想性的新闻作品勾起了人们许许多多对于往昔的回忆,几番对比之中又让人们看到了祖国前进的步伐,使人们在历史的厚重感中平添几许豪迈、几许自信。

其次,在不同的阶段宣传内容主次分明。从8月份《天津日报》正式拉开国庆宣传大幕到9月30日,属于国庆节的前期报道,以50年来全国各地的喜人成就及各地举行的迎接和庆祝50年大庆的重要活动为主。10月1日至10月2日,主要将两方面作为主要报道内容。一方面是节日时党和政府的活动,主要以阅兵活动为主,宏大的场面报道,令人热血沸腾,如《普天同庆盛世大典 万众欢腾唱祖国》《庄严的检阅——江泽民检阅受阅部队特写》《世纪大阅兵》等报道,尤其是《庄严的检阅——江泽民检阅受阅部队特写》,文中这样写道:"五十响礼炮的回声还在广场上空激荡,'红旗'牌检阅车驶出天安门,中共中央总书记、中华人民共和国主席、中央军委主席江泽民身着中山装,神采奕奕地站立在检阅车的中央。'同志们好……''首长好!''同志们辛苦了……''为人民服务!'伴着气势磅礴的军乐,军委主席的亲切问候和检阅官兵的响亮回答,汇成一股股巨大的声浪,响彻十里长街",每每读来总让人激动不已。另一方面选择节日时较有代表性的群众活动进行报道,以反映全国人民激动的心情和社会生活积极向上的一面。摄影和文艺副刊也与整体宣传基调相一致,突出主旋律,欢乐、祥和的气氛,跃然纸上。

最后,版面、标题制作颇有特色。10月1日《天津日报》使用了套红字体、大字号栏题,使这一重大的日子的宣传洋溢着轰动、热烈的气氛,它们与内容翔实、文采飞扬的报道交相辉映,引人入胜。10月2日《天津日报》继续推出30版报道了国庆50周年的盛事,除一版刊要闻外,2至30版分别制作了栏题:2版《时代强音》、3版《欢庆锣鼓》、4版《继往开来》、5到8版《海河欢歌》、9版《庄严时刻》、10到12版《金水桥畔》、13到16版《钢铁长城》、17到20版《世纪之剑》、21到24版《普天同庆》、25至28版《五洲同庆》、29到30版《精彩回放》,四字栏题简洁明快、韵律整齐,配以主题明确的大幅照片,给人大气磅礴、鲜亮夺目的感受,体现了党报的大报风范。图片形象因文字的叙述更添情感冲击与心灵震撼,文字因图片的魅力而倍加丰富动人,两者辉映互补。

(六)关于天津城市形象的报道

《天津日报》作为中共天津市委的机关报,凭借其自身特色与定位,始终保持着"权威媒体、大报风格"的风尚,并且不断融入到天津的政治、经济、历史文化当中,成为天津这座城市的重要组成部分和典型代表。主要表现为早在20世纪80年代初,它就开始出现关于天津城市形象的报道。随着时间的推移,城市形象报道范围越来越全面,涉及的问题深度越来越深,报道形式越来越丰富,最终形成了固定的报道类型。使得《天津日报》奠定了自身在报业市场的地位,又折射出了天津社会发展的历史进程,实现了媒介的社会功能,一举而多得。

具体来看,《天津日报》的城市形象传播策略分为传播前、传播中、传播后三个时段。在城市形象传播前,它以敏锐的识别能力进行信息整合,找准传播定位,有针对性地进行选题策划,以期达到传播效果的最大化。在城市形象传播过程中,及时、客观地进行形象传播的报道。在信息真实、准确畅达的基础之上通过议程设置等方式关注"告知效果",使城市形象传播锦上添花。在城市形象传播之后进行反思与总结,探究在今后的传播过程中应如何发挥作用、发挥何种作用,以达到更好的城市形象传播目的,塑造城市在公众心目中的良好形象。

1.报道前,整合信息,有的放矢

(1)进行合理定位,提升城市美誉度

针对城市形象的传播目标、传播对象,结合城市形象各构成要素中突出优势特征和个性特征,进行城市形象定位,打造城市名片,提升城市美誉度。改革创新已成为城市形象的重要组成部分,要针对人们存在的偏见,着力强调思想观念创新、体制机制创新和科学技术创新,形成积极创新、正面创新的良好印象,把天津建设成为富有活力和竞争力的繁荣城市。

(2)秉承"三统"原则,有效传播城市形象

"三统"原则是传播的系统性、传播内容的统一性以及传播过程的统一性三原则的简称。

第一,传播的系统性。以《天津日报》为例来说,无论是城市形象的构成还是传播,都是一个完整的系统。因此,在进行传播时,必须充分考虑城市形象中各种要素的关联性,并在此基础上,进一步强化天津城市形象传播的主题和与之相符的具体创意设计。

第二,传播内容的统一性。在明确形象传播主题的基础上,应当用整合的手段来消除城市形象传播中可能存在的不同步与不协调。

第三,传播过程的统一性。在这种过程中的统一性分别可以体现在城市形象传播的长期规划和短期操作中的统一。对媒介而言,在长期形象规划的过程中,由于天津处于其特有的自然、文化、历史等客观背景中,当其形象传播随着时代的发展和城市的发展而有所变化和侧

重时,必须要具有传承性和延续性;在短期形象传播的操作中,由于涉及具体的形象传播实施方案,更要注意不同传播项目在实施过程中与前期项目、与整体规划的统一。

(3)策划选题,重拳出击

第一,把握时代脉搏,立足于全局选题。

城市形象的新闻策划需要紧扣时代脉搏,在国家社会经济发展的宏大历史背景下进行选题策划、考察和研究。在城市形象报道选题中,要时刻以科学发展观为指导,既要全面客观地揭示事实,又要使天津以"整体形象"示人的同时(即政府、经济、社会、市民形象等城市形象协调发展),突出优势形象。

第二,从政府工作的重点、群众关心的焦点中策划选题。

城市形象的塑造与传播是提高人民生活质量的一个重要方面,也是想群众所虑、急群众所难、谋群众所求的大问题,是策划选题的出发点和落脚点。每年不同的主题,都来自政府和群众最关心的热点。围绕主题,媒介运用舆论监督"利剑",既当人民"喉舌",又做政府"耳目",对城市形象的塑造意义重大。

第三,抓准问题,选好时机。

一个选题能否引起受众的强烈共鸣,一定程度上取决于选题是否抓准了时机,触动了人们普遍关注的那根神经。这要求策划要考虑当时当地的具体情况,对当时当地的城市形象有通盘的考察分析。

第四,公关意识的确立。

这里的公关意识既包括媒介本身自我形象树立中的宣传,也包含在新闻报道中根据事态发展而进行的技巧传播。如在城市形象传播过程中对负面新闻的报道,目的不是为了取悦受众、哗众取宠,或者为了提高发行量、收视率。它应是媒体社会责任的具体体现,应该是揭示矛盾,沟通意见,有利于社会问题、社会矛盾的化解与解决。

2.积极发挥媒体议程设置功能,把握舆论导向性,力争舆论引导和舆情反馈的双重实现

传媒以何种价值理念建构城市形象、以何种意图和心态"再现"

城市变化、向公众灌输对城市形象的何种认识,直接关系到对城市形象认识的正确与否,决定着社会信心的促进抑或消弭,最终影响着社会的和谐与稳定,关系着地区的发展与前景。这就要求媒介在城市形象的传播中,充分行使告知功能,及时发布新闻,有意识、有目的地在公众心中逐步树立一座城市的正面形象,保证社会秩序的正常运转。

(1)营造公共话语空间,搭建城市形象,构建平台

公共空间来自公共领域这一概念,延伸到新闻传播领域,即媒体的信息传递过程。实际上这也是解释框架的传播过程,是沟通平台的搭建过程。它为受众构造真实的话语平台,为公众利益提供诉求空间,为公众提供多元丰富的内容服务,降低公众在非正式传播渠道的信息损耗,使城市形象传播渠道顺畅。

(2)在话语之间寻求事实与观点的平衡

《天津日报》姓"党"名"报",不仅具有"上传下达"的功能,还具有党性原则要求;不仅具有信息传播属性,还具有重要的意识形态特征。在城市形象的报道传播中积极寻求新闻事实与观点的契合点,面对事实、价值这两个报道取向的时候,综观全局,在把握正确的宣传导向时聚焦社会问题。一方面诉诸感性,以宣传制造认同,唤起公众的热情与激情,积极投身于城市形象的建设之中,使参与无处不在;另一方面,诉诸理性,用大量发生在公众身边的事实,揭示城市形象建构中问题的实质,树立起公众解决问题的信心。具体可以采取以下两种报道策略:第一,全方位新闻报道策略。在城市形象媒介传播的关键阶段,传播主体借助各媒介的传播力度,向受众提供全方位的城市形象。第二,针对性专题报道策略。相对于新闻报道而言的专题栏目,能够更好地传播城市形象的历史文化、人文精神以及举办的重大活动。如《天津日报》1987年开办的"满庭芳"副刊,内容说的是身边人,写的是身边事,展示的是人间真情,弘扬的是时代精神,告诉我们身边发生了什么,或正在发生什么,无不具有鲜明的地方特色且常有介绍本地名人轶事的文章,充分挖掘了地方文化资源,展示了天津这座历史文化

名城的人文风貌。另外一定时期内开设的专题专栏报道将更加集中和系列地对城市形象的某方面进行宣传。

(3)运用隐喻式手法构建认知,引导受众实现城市形象主体性构建

隐喻,是修辞上的一个术语,是比喻中相对于明喻而言的一个范畴。通过隐喻的手法,媒介将自己的价值体系暗含其中输送给受众,从而使受众的主体价值观得以建构。在"情"与"理"中进行平衡,就是通过隐喻手法传达价值的最常用也最有效的报道技巧。媒介的责任在于提供能够深入人类心灵的报道,让人们能批判性地认识、改变或重建那种现存的社会环境和社会结构。对城市形象的报道而言,需要把握的一个原则是:晓之以理,动之以情——在理智型报道和情感型报道之间找到一个平衡点。在摆事实讲道理的基础上进行适当的感情报道,这样的报道才更能打动人。

(4)重视信息传播的立体性,满足受众"兼听则明"的需求

第一,多种新闻体裁的运用,报道深刻而全面。

在城市形象的传播、塑造过程中,《天津日报》综合运用了多种新闻体裁。不仅有动态的消息,满足受众在第一时间内对信息的迫切需求;还有大篇幅的通讯,进行事件报道和人物报道以凸显现场感;更有被认为最能传达观点与建议的评论。评论作为党报新闻宣传的重要环节,在体现舆论导向方面具有不可替代的作用。在所抽取的样本中,《天津日报》的人民时评、本报评论员文章等结合具体形势和思想矛盾,以独到深刻的思想认识、生动多样的表达方式,从理论和实践两方面反复思索,努力追求宣传效果的最大化,追求党报舆论引导力的最大化。

第二,通过多种多样的信息渠道来传播信息,形成立体化的信息传播。

城市形象的塑造往往是地区性的、局部性的,身居其中的人们在对本地媒体的报道熟知了解之际,对本地域之外的看法、反应、态度也比较关注。因此有选择地转载别家媒体、其他媒介,特别是权威性媒体的报道,既顺应了消息来源多元化的形势,客观上起到印证的作用,又

可以满足广大受众"兼听则明"的认知要求,大大提升舆论的强势和透明度,一举而两得。

3.城市形象报道后,媒体的反思不可缺少

历史发展的足迹证明,许多文明和进步都来自人们的事后反思。因此一轮城市形象进入尾声之后,媒体应对整个传播过程中所暴露出来的各种问题以及在形象传播中所获得的经验教训进行反思,对受众的反馈意见进行总结。适时调整相关传播策略以应对新一轮的城市形象传播,从而形成城市形象传播的良性循环状态,引导社会的关注点转向社会维度的纵深角度,为城市的发展带来契机,深化新闻报道的社会效益。

(七)关于国企改革报道

国企改革是经济体制改革的中心环节,国企改革报道是经济报道的重头戏。《天津日报》作为中共天津市委机关报,20世纪90年代按照天津市委市政府搞好经济宣传的要求,通过观点讨论、政策解读、典型宣传等形式,呈现给读者一个宏大、深刻、鲜活的国企改革图景,为推动国企改革、促进经济发展做出了积极贡献。《天津日报》20世纪90年代对于国企改革的报道主要分为以下阶段:

1.治理整顿期(1990—1992)

在治理整顿时期,天津国企和全国的国企一样,出现了经济效益差、亏损增多乃至停产局面。针对国企普遍缺乏资金,《天津日报》按照指示,开辟"抓质量、求生存、促发展"专栏,引导企业从产品质量上下功夫;又响应天津市委"变困难为机遇"号召,"变困难为机遇访谈录"报道企业的经理、厂长战胜困难的决心;根据市政府的双增双节(即增产节约、增收节支)指示,"开展双增双节、提高经济效益"专题报道企业成功经验,引导国企树立信心,"我们天津的优势有独特的可贵之处,最大的优势是天津人心齐劲足,容易干成事情"①,这样的句子特别能鼓舞士气。1991年开展质量品种效益年活动,以"让老工业基地焕发

---

① 《转变观念　增强开放意识》,《天津日报》,1990年8月25日。

青春"专题为例,1991年9月到11月,共收到各类读者讨论稿件百余篇,仅该报头版专栏,就"编发各类消息、通讯、评论、访谈录、调查报告、署名文章37篇。在理论与实际的结合上,在新闻宣传与实际工作的交叉点上,从不同侧面、各个层次,就重振天津工业雄风这一问题,展开了灵活多样的讨论"。①

2.国企改革突破期(1992—1997)

1992年3月31日,《天津日报》全文转发原载于3月26日《深圳特区报》的文章《东方风来满眼春——邓小平同志在深圳纪实》,开始了学习邓小平南方谈话的进程,党的十四大确立了社会主义市场经济体制,随后十四届三中全会提出国有企业改革的方向是建立现代企业制度。《天津日报》按照1994年3月天津市"用8年左右时间把天津的大中型国有企业嫁接改造调整一遍"②的目标,开辟"国有企业必须搞好能够搞好"等专栏,解读国企改革政策;对改革中的先进企业典型报道;对改革中先进人物典型宣传,人物通讯《美德颂》③见报后反响强烈,《天津日报》进而提出"社会呼唤刘乃兰式企业家"④。这段时期该报撰写出一批企业调研报告和对国企改革具有指导作用的文章。"本报今日向读者推荐市交通局的改革经验,用意在于引发思考,结合实际,推动改革的深入,一个办法,一种模式,究竟哪些单位适合,哪些单位不适合,要具体情况具体分析。但是,一种新的改革方式出现了,它必然要引发两种观念的碰撞,荡涤灵魂深处的积淀,并产生物质上的效应与裂变,我们也因此就教于企业的领导者与广大职工群众。"⑤同时,值得指出的是,《天津日报》注重报道的客观性,全面审视国企改革现状:"很久很久了,我们的新闻一直习惯于去攀附那些成效卓

---

① 《愿天津工业青春常驻——"让老工业基地焕发青春"讨论综述》,《天津日报》,1991年11月4日。

② 《三五八十目标取得重大进展》,《天津日报》,1995年2月19日。

③ 《美德颂》,《天津日报》,1994年12月30日。

④ 《本报一篇报道引起强烈反响 社会呼唤刘乃兰式企业家》,《天津日报》,1995年1月7日。

⑤ 《小包租启示录——兼为交通局的改革者铭记》,《天津日报》,1994年7月3日。

著或一败涂地的典型,对之不惜篇幅,再三炒作;这当然无可非议。但是,我们不应因此就忽视众多千回百转既未看见峰顶也未跌入谷底的人们,特别是对于时下摸石头过河的改革年代,后者为数更多,更具有普遍意义。"①

3.国企改革攻坚期(1997—1999)

(1)下岗再就业工程报道

下岗现象在1994年、1995年开始显现,到1996年至1998年集中出现,来势迅猛。②它是国有企业改革带来的必然结果,也是国企改革报道绕不过去的话题。到1998年2月,天津市30多万下岗人员已得到安置。③《天津日报》1997年、1998年集中报道下岗就业问题。重点在:一方面宣传市委市政府解决下岗职工生活和困难的政策措施;另一方面报道自立自强、重新就业或创业的下岗职工先进事迹。并撰写大量时评,引导下岗职工认清市场形势、树立竞争意识。"在国外,很多年龄较大的人经常会出现在大学或其他各类培训中心的课堂上。他们有的是暂时失业的,有的却是在职学习。他们随时为寻求下一个工作机会作准备,以应付经常出现的社会变化和职业变动。人家是吃着碟里的,想着碗里的,没下雨,就修房,我们也不能只盯着手里的这个碗,眼看着碗里的饭少了,没了,还恋恋不舍扔不下这个碗;或屋里漏了雨,才想起去修房。俗话说,人无远虑,必有近忧,这时候就难免要吃亏。"④

(2)创新讨论报道

1998年江泽民在俄罗斯科学城的演讲全面阐述科技创新论。天津市十五届三中全会提出千方百计要在创新上下功夫,强调创新,提倡创新。《天津日报》从1998年11月开始创新讨论,近3个月共发表讨论、

①《我们还有多远———家老批发企业尚未成功的改革纪实》,《天津日报》,1995年2月7日。

② 余世仁:《转型期下岗再就业问题初探》,《重庆工业管理学院学报》,1998年第10期。

③《朱镕基在天津考察时指出:再就业工程关系国有企业改革成败》,《天津日报》,1998年2月16日。

④《迫切的是提高素质》,《天津日报》,1996年3月3日。

访谈、报道136篇。①并把强调创新落到国企改革上，1999年7、8月发表10篇《国企改革看创新》，从负重创新、政企分开、抓好调整、重视科技、发现人才、善于学习等方面指出在深层次矛盾集中凸显、国内外市场发生变化的情况下，国有企业只有在技术、机制上不断创新，才能应对市场挑战。"搞好国有企业的改革与发展必须扭住创新不放，要有创新的思想、创新的意识、创新的招法、创新的行动。"②为攻坚阶段的国企改革指出新的出路。正如创新讨论开篇所说"我们的目的是催人奋进"③。同时开辟"创新报道"系列，从1999年4月25日起，先后报道天津液压机械集团公司等企业通过创新，获得新的发展。"天津液压机械集团公司在创新大讨论中，认真查找思想上、工作上、机制上存在的差距，制定整改措施，有力地促进了生产经营的发展。"④"公司领导从自身变化中得出这样一条认识：企业要发展，就必须创新，唯有不断创新，才有新的发展。"⑤

（八）关于危陋平房改造工程的报道

1993—2000年堪称天津城市建设的一个重要历史时期，本时期市委市政府对市区成片危陋平房进行了大规模改造，到2000年底基本完成。七年来，全市共拆除危陋平房836万平方米，新建住宅2073万平方米，有30多万户、110多万居民喜迁新居。1999年6月10日，江泽民总书记为这项历史性工程欣然题词："牢记党的宗旨，造福人民群众。"

从1986年天津市就开始了"三级跳坑改造工程"，到1993年7月，市委书记张立昌同志召开市内六区区长办公会首次提出"用五至七年基本完成市区成片危陋平房改造"之后，天津对危陋平房改造工程建设又进入到"世纪危改"的重要阶段。《天津日报》在本时期用各种新闻体裁记录了天津危房改造的全部过程，为进一步落实市委市政府长期以

---

① 《永无止境——创新问题的讨论综述》，《天津日报》，1999年2月12日。
② 《政企分开是关键：二论国企改革看创新》，《天津日报》，1999年7月16日。
③ 《我们的目的是催人奋进——创新讨论专栏开篇》，《天津日报》，1998年11月23日。
④⑤ 《液压机械集团何以实现首季生产高起步——差距变压力 创新变动力》，《天津日报》，1999年4月25日。

来的"想人民所想,急人民所急","一切为了人民,一切依靠人民"的基本工作思路。

《天津日报》1993年至2000年对于危改的报道主要分为以下阶段:

1.蓄势待发时期(1993)

这一时期,《天津日报》的报道主线是解释政策,明确目标。1993年7月18日,《天津日报》以头版头条刊登了题目为《张立昌在平房改造工作现场会上强调:下大力量改善群众住房条件——经过五至七年努力把市区成片危陋旧平房基本改造完成》的通讯。文中明确指出:"各级政府必须把平房改造、解决群众住房困难作为一项非常紧迫的任务,横下一条心,集中力量抓紧、抓好,做到年年有明显变化,五至七年力争把市区成片危陋旧平房基本改造完毕。"在解释政策目标的同时,《天津日报》利用地方党报的优势,积极明确了奋斗目标。1993年7月23日又集中报道了《河西平房改造势头强劲——上半年开工72万平方米》和《河东引进资金加快平改》这两篇报道,利用精确的数字和明了的区域性文字,明确了危改建设的大小目标。

2.全面建设时期(1994—1996)

天津危改的建设区域是天津的市内六区:河西区、河东区、河北区、和平区、南开区和红桥区。《天津日报》除了延续上一年的标题区域性之外,采取了更多样的报道形式,并且注重运用精确新闻报道让市民直观地了解到危改的建设进程。例如,"截至昨天,南开11片平改区6000多户居民已乔迁新居。"[1]"据河北区介绍,截至目前,该地区竣工在建的住宅楼共达103万平方米。春节前,王串场21段、16段、13段又有近1000户居民已陆续迁回新居。"[2]"到昨天,仅一个月时间,就拆除陋房1.3万平方米。开工12万平方米,还迁2000多户居民,一季度该任务提前完成。"[3]1996年1月31日,登载了标题为《本市今年危改任务确

---

①《告别危陋蚁患三级跳坑:南开6500户居民乔迁新居》,《天津日报》,1994年2月4日。

②《王串场9万平方米老屋拆除:节前千户居民迁回新居》,《天津日报》,1994年2月5日。

③《南开打响危改头一炮:一季度拆迁开工提前完成》,《天津日报》,1995年2月8日。

定:拆陋房94万平方米 施工780万平方米 竣工289万平方米 还迁安置27124户》的通讯。《天津日报》大多采用精确新闻报道,做好政府和市民的沟通桥梁,运用精确的数据,服务于人民,同时也为市政府提供了各种信息。

3.奋力攻坚时期(1997—2000)

1997年9月,河西区完成危改任务;1998年7月,和平区完成危改任务;1998年8月,南开区完成危改任务;1998年10月,河东区完成危改任务;1998年12月,河北区完成危改任务;1999年底,红桥区完成危改任务。这一时期,《天津日报》在延续之前的报道特色的同时,最大的亮点在于1997年5月25日至1997年5月31日,开辟以"打好危改攻坚战"为题的连续报道和集中版面的主题性报道,《天津日报》分别在六天介绍了市内六个区的危改发展业绩。1997年5月25日:《打好危改攻坚战 拆迁"闪电战"——南门西及王家楼片危改纪实》(通讯);《立足难点 招商引资 梯次开发:南开区危改取得突破性进展》(通讯);《打通黄金要道带动危改开发广开四马路开始拓宽改造》(通讯)。1997年5月26日:《打好危改攻坚战迎难而上 创造辉煌——河东区三年危改综述》(图片新闻);《河东区探索危改新路:"区企结合"改造中山门》(通讯);《拓路带危改 呈现喜人效果:大直沽开发改造全面展开》(通讯)。1997年5月27日:《打好危改攻坚战 利用本区优势 狠抓招商引资:和平区危改四年跨越三个台阶》(通讯);《公开公正 取信于民:蛇口道危改创造成功经验》(通讯);《以路带危改见成效:开发商看好南市地区》(通讯)。1997年5月28日:《打好危改攻坚战 圆梦之路——记红桥区危改建设》(通讯);《招商引资 分步实施——丁字沽工人新村平改纪实》(纪实通讯);《以拓路带危改前程似锦——芥园西道两侧成投资建房热点》(通讯)。1997年5月29日:《打好危改攻坚战辉煌巨变王串场;广厦新曲今唱成——河北区危改建设巡礼》。1997年5月31日:《打好危改攻坚战建设新城小区 危改取得成果:4500户居民安居乐业》(通讯)等等。

《天津日报》这样的主题性报道形式,不仅站在政府的立场,从加快城市发展、树立城市形象的角度,为城市工作鸣锣开道,同时,站在市民立场上,关注民生①,营造和谐的舆论氛围。

　　2000年,天津市内六区危改任务已经全部完成,《天津日报》充分发挥了报纸的媒介互动功能。2000年2月5日,《除夕夜访危改户》这篇报道,使用大量图片,运用整个版面报道危改户乔迁后的首个除夕夜,视觉冲击力强,在当时的党报报道中富有明显的特色。2000年4月25日刊登了《情系世纪危改 再铸天津辉煌:天津日报每日新报"世纪危改"大型策划宣传活动启动》的消息。这是《天津日报》拓展报道思路的展现,利用同市民的互动,充分展示市民眼中的危改后取得的成绩。2000年6月13日和2000年6月14日,《天津日报》继续敢于突破创新,以三组十二块专版的规模,对造福百万群众,重塑津城神韵的世纪危改做全景报道,并将这组大型组合报道,献给本市历史上最大的危改工程宣告胜利的日子。天津的危改可谓是历史的奇迹、人民的壮举,危改工程对天津发展的影响是巨大的,成效是多方面的,其意义是深远的。危改的胜利,是万众一心,共创大业结出的丰硕成果。②为了铭记危改的硕果,《天津日报》以7篇连载社论,七论危改精神:2000年6月19日《牢记党的宗旨 造福人民群众——一论危改精神》;2000年6月20日《最有力的思想政治工作——二论危改精神》;2000年6月21日《敢走别人没走过的路——三论危改精神》;2000年6月23日《智慧力量来自群众——四论危改精神》;2000年6月24日《事在人为 路在脚下——五论危改精神》;2000年6月25日《万众一心 大业必成——六论危改精神》;2000年6月27日《天津一定会发生新的历史性变化——七论危改精神》。

　　危改这一国内少有、世界罕见的浩大工程,在城市居民住宅改造史上谱写了新的篇章,《天津日报》于1993年至2000年,在第一版和第二版共刊登了268篇危改的报道,利用文字和图片的形式记录的危改工程的全部过程,体现了市委市政府造福人民、知难而进、万众一心、共创大业的举措,在加速天津城市精神文明和物质文明建设进程中发

---

①　陈仕洪:《城市报道的人本视角》,《中国记者》,2008年第1期。
②　《历史的奇迹 人民的壮举》,《天津日报》,2000年6月14日。

挥了巨大作用,它的报道规模和多样的形式也成为自身新闻报道的一
大亮点。

二、《今晚报》的深度新闻报道

(一)《今晚报》的品牌推广

良好的品牌形象,对提高报纸的权威性、公信力、影响力和竞争力
至关重要。"一个好的品牌形象是报纸经营的重要无形资产。"①1992
年邓小平南方谈话到1997年"十五大"社会主义市场经济体制初步确
立,市场的概念逐步深入报业,中国晚报业出现了"文革"后的第二次
高潮。如果说,品牌的创立是在缺乏品牌意识与自觉的情况下实现
的,那么市场化概念逐步深入的90年代,尤其是1995年都市报在报业
市场上的异军突起,既让晚报看到了发展机遇,也让晚报开始主动地
接受市场化,主动地引入品牌营销的理念与战略,除党报机关报以外
的报业市场被晚报一报独占的局面被都市报扭转了,晚报不得不考
虑如何推广自己的品牌,优化自身的品牌形象。不过,该时期的品牌
推广,也多是借助组建报业集团、优化业务、扩大发行、创新技术、促
进广告经营等报纸原本所固有的传统手段来进行,并没有成立专门
的品牌营销部门,也没有成体系的品牌战略,即所谓的非专业化、粗放
型的品牌营销阶段。

从获得独立到完全上轨道,从计划经济体制主导到市场经济体制
的逐步确立,《今晚报》也逐步实现了从宣传规律支配办报思路到新闻
规律与市场规律"两手抓"的转变。20世纪90年代,改革开放步入一个
新的阶段。编委会提出了自己的"两手抓"方针:"一手是按照新闻规律
抓好宣传报道,一手是按照市场经济规律抓好经营管理。"②从20世纪
90年代初到90年代末的十年,是晚报逐步转变思维、不断适应市场和
受众需求调整办报行为、不断完善报社体制机制设置、探索报业管理
体制和经营机制,以及不断将自身品牌形象推广开来进而作出影响力

---

① 林书荣:《报纸如何塑造品牌》,《管理与财富》,2007年第1期。

② 《艰苦迎来辉煌天——〈今晚报〉十年纪实》,《今晚报》纪念画册:《愿为读者灯下
客——〈今晚报〉十年(1984–1994)》,《今晚报》新闻研究所提供。

的十年。1991年1月2日,《今晚报》从迁址南开区川府新村起,发行量与广告收入逐年攀升,1993年4月1日成立今晚报业集团,对资源进行了整合,形成了"四报一刊一网"的强势媒体报刊体系,1995年形成了自己的"红报箱"自办发行网络,1997年今晚大厦,实现了设施的现代化和管理的自动化,办公环境的改善、办公地点的固定,也标志着《今晚报》优化配置各项资源后的一个新阶段的开始。

十年中,在主客观发展需要的推动下,《今晚报》继1987年第一次扩版后,又进行了三次规模不同的扩版。

1992年10月1日,《今晚报》迈出了具有重要历史意义的一步:第二次扩版——由对开4版,扩大为对开8版。这次改版的原因,总体来看,主要有两点:"一曰形势的需要"①,也就是报纸篇幅,已经无法满足改革开放、经济发展和人民生活的现实需要,无法适应时代的发展面貌。认为报纸的主要功能是"传播新闻知识,刊载舆论",当时的问题是,因版面限制,大量新闻价值较高、宣传政策、反映群众呼声的稿件难以刊登,浪费了大量新闻资源,如果不加以改善,势必会影响对改革开放和经济建设的传播效果。"二曰读者的需要","时值信息时代,国际形势如此复杂多变,国内改革开放如此风起云涌,经济发展如此跌宕迅猛,人民生活如此丰富多彩,社会节奏如此快捷,广大读者更需要从报端捕捉更多转瞬即逝的信息。"当时晚报的版面数量限制了信息量,而受众的信息需求却在成倍增长,供给与需求之间出现失衡,为了最大限度地保证读者通过晚报满足自身的信息获知愿望与需求,扩版进而扩充信息量势在必行。

1994年1月1日,《今晚报》进行了第三次扩版,在第二次扩版的基础上,扩大为平日对开8版、周六对开12版。目的是扩大信息量,满足广大群众日益增长的文化需求。首先在经济报道、国内和国际重大事件报道上作了调整,以适应读者对经济生活和国内外重大事件的关注,开辟了"经济新闻版",将"国际、国内新闻"单独设立一版。其次,

---

① 《为什么扩版?》,《今晚报》1992年10月1日,头版。

每逢周六增出一大张,内容为"今晚周末""五彩文苑""缤纷体坛"。另外,对专刊进行了调整。专刊部撤销,各专刊全部由各部主办。"家庭"版划归新闻部,"科学与生活""都市方圆"版划归老年时报编辑部,"翰墨苑"版划归摄影美术部,文化部增出"人物"版,"天外天"版扩大编委队伍、增至每周5期,"艺术世界"(含摄影)增至每周1期,"旅游"版停刊。

四年后,1998年1月1日,《今晚报》进行了第四次扩版。主要任务是:调整专刊,增加信息量。主要调整内容为:一是增加新闻版,将当时的"国际国内新闻"版一分为二,分别出版"国内新闻"版和"国际新闻"版;将1997年增设的"证券新闻"版一分为二,"证券新闻"独立成一版,再另辟一版"股市行情"。二是调整专刊,新设服饰、假日、健康文摘等专刊。本次改版的主要目的依然是"为了跟上时代的步伐,为了满足读者的需求",提出"我们这次扩版的宗旨,就是离您近些,再近些"[1]。始终努力不懈办高质量的晚报。

通过1992年、1994年和1998年的三次扩版,《今晚报》信息量加大、信息内容覆盖面拓宽、信息服务功能增多,开始重视不同读者群体的不同需求,并逐步实现了部分版面的专刊化,成长为一张大型综合性晚报。

扩版既是市场化推进、信息需求增加的结果,也是晚报自身发展要求自主创新的表现,更是晚报应对都市报强化危机意识采取的对策。《今晚报》这十年,可谓独立发展,开始走市场的适应阶段,也是初步尝试报业集团规模化经营的时期,虽然呈现出中国晚报业整体发展的共同趋势和特色,但也有自己的发展特点,诸如,天津报业市场在这十年中仍未出现有竞争力的都市报,报业格局与20世纪80年代中后期相比没有太大变化,致使《今晚报》有机会推广自己,在天津报业市场和天津市民心目中的地位在逐步深入和巩固,影响力和公信力得以在缺乏有效竞争的传播环境里不断积累和扩大。当然,《今晚报》也存在

---

[1]《让我们永远是朋友——兼说本报扩版》,《今晚报》1998年1月1日,头版。

着经营模式单一、资源整合效益不高等问题需要改进,还没有进入真正意义上的集团化经营、规模化竞争的阶段。

(二)《今晚报》对下岗再就业工程的报道

随着改革开放的进行和社会主义市场经济体制的建立,一大批国有企业由于不掌握先进的生产技术或是不适应激烈的市场竞争而逐渐败下阵来并被市场所淘汰,而与之相应的则是大量出现的国企员工下岗失业问题。在90年代中后期,席卷全国的国企改革和减员增效导致大量职工下岗,如何安置他们成为一个全社会关注的难题。

《今晚报》立足天津,面向家庭,当然会将下岗职工、国企改革和困难群体作为那段时间报道的重点。1995年的元旦期间《今晚报》在头版开设了帮扶慰问困难户的专栏,以连续27天的时长,在一版报道了市委市政府和各区县有关部门帮扶全市困难群众,为他们带去新春慰问的新闻。这次的连续报道专栏设计形式新颖,《今晚报》将专栏标题设置成类似于对联的形式,以诸如《新年新月新气象 送温送暖送情谊》《送来温情家家乐 驱走严冬户户暖》《一方遇困八方助 一家有难万家帮》这样的标题来呈现,既表现了元旦时期红红火火、气氛祥和的特点,又展现了对困难职工的关心和爱护,同时这些新颖且符合读者审美需求的设计也能在最大程度上吸引读者的注意力,提高读者的阅读兴趣。

由于中国从1992年开始实行市场经济体制,摒弃原有的计划经济体制,并在具体实施过程中将一大批国有企业投入市场,接受市场的检验。由于国有企业经历了相当长的计划经济时期,因此很难一时间适应市场经济的竞争模式,一些企业在与其他企业或国外企业的较量中逐渐败下阵来。面对改革中国有企业遭受的困境,国家决定通过体制转轨的措施建立起现代化的企业制度,具体来说就是以"抓大放小"的策略对国有企业实行战略重组,采取改组、联合、兼并、出售等形式放开放活中小企业。

在国企改革的过程中, 人员过多是一个突出的矛盾需要着力解决。而鼓励兼并、规范破产、下岗分流、减员增效则成为了最主要的方法,时任国家主席江泽民和时任国务院总理朱镕基都曾就国企改革问题表态,均表示确保国企改革和发展目标的实现,必须解决富余人员过多的问题。

可以说,国企改革中的减员增效很大程度上导致了90年代末期中国出现的大规模职工下岗浪潮,这些职工由于单位经济效益差而在改革中被调整了下来。面对众多的下岗职工,如何解决他们的吃饭和出路问题,是社会面临的又一个难题。而天津市作为中国北方重要的老工业基地,国企改革和下岗职工众多的矛盾尤为突出,合理地解决下岗职工再就业问题是当时市委市政府面临的重要任务。

《今晚报》在当时的时政新闻和社会新闻报道中敏锐地抓住了这一重要的民生课题,从下岗职工问题尚未非常突出的1995年就开始了对此类问题的关注。从当年的7月18日至21日,晚报连续4天开设《职工下岗再就业随谈》系列评论,鼓励下岗职工面对现实,自谋出路,放下面子,接受挑战。

1996年天津市的下岗职工矛盾逐渐突出,《今晚报》又推出了"推动再就业系列报道"专栏,并与天津市劳动局、天津市经委、天津市总工会和天津市妇联联合主办了针对下岗职工的招聘会。专栏持续开设近一个月,报道了从市委市政府对下岗职工的关怀到各用人单位积极吸纳下岗职工再就业的举措,以及各区县应对下岗职工就业难采取的措施和下岗再就业典型的优秀事迹等不同类型的新闻稿件数十篇。紧接着在1997年5月7日到19日晚报再度开设"再就业之路"专栏,以一版大篇幅专门报道下岗再就业的优秀典型。这些生动的故事吸引了读者的关注,也将晚报与下岗职工的距离再次拉近了。

到了1998年,面对国有企业兼并改造的更大浪潮,《今晚报》从元旦过后的1月5日就开始了更大规模的下岗再就业系列报道。专栏"我的再就业之路""实施再就业工程——我们共同的责任""再就业义务培训大行动"的相继开设使晚报对下岗职工的关注从1月一直持续到7月。在报道再就业典型和针对下岗职工就业的各项优惠政策的同时,晚报再次组织全市100多家培训单位开展面向全市下岗职工的再就业义务培训,在全社会掀起了帮扶下岗职工再就业的热潮。新华社也对此活动进行了关注。①在这次大规模的报道和培训中,天津市共有1.5万下岗职工接受了再就业培训,其中有三分之一相继实现了再就业。

《今晚报》对下岗再就业工程的报道,不仅是立足本职工作进行新闻报道的体现,同时也是其不忘社会责任展示负责任的大报形象的一次生动案例。联合天津市相关单位和众多企业帮扶下岗职工再就业,为社会减轻了负担,《今晚报》的各项举措不仅赢得了读者的关注,同时也为报社赢得了声誉和尊敬。

(三)关于天津城市建设的报道

天津作为中国历史上一个特殊而重要的城市,在近代曾遭受过多个国家的瓜分,租界林立。五大道等地区由于遍布其间的各国风格建筑而得名,天津也因此享有"万国建筑博物馆"的美誉。可是在1949年后相当长的一段时间里,由于各种原因的制约,天津的城市建设脚步慢了下来。特别是"文革"十年的混乱使天津的经济社会发展全面陷入停滞,市政建设也因此原地踏步。放眼当时的天津,几乎都是在20世纪五六十年代建设的低矮平房,甚至还有很多1949年前就已存在的危陋房屋仍在继续居住使用,一家三代数口人挤在一间不足十平米的平房中的现象不胜枚举。为了解决市民住房困难的实际问题,天津市政府曾在20世纪80年代和90年代连续两次开展大规模的危房改造工程,力争在2000年以前解决市民的住房问题。而《今晚报》作为天津城市发展变化的见证者和记录者也从始至终关注着这项重要的民心工程进展。

1985年11月28日,晚报刊登了消息《改造"三级跳坑"住房 我市万户居民受益》并配发通讯《从"坑"里跳出来的人们》。关注了当时天津市正在进行的"三级跳坑"改造工程,掀开了晚报报道危房改造工程的序幕。1987年4月26日,时任市长李瑞环召开了关于加快天津市城市住

---

① 《助下岗职工求知学技》,《今晚报》,1998年7月19日,第1版。

宅建设新途径的意义及规划设想等问题的记者招待会,提出了依据国情市情充分利用多种形式改善居民住房条件的思路。当天,《今晚报》就在头版头条的位置报道了这次会议,并通过对专业人士的采访总结了天津住房建设及改造的四个途径。之后,《今晚报》在是年5月2日到7月18日的一段时间内持续对包括河北区王串场联排式小二楼样板工程在内的市内各区的平房改造工程进行了报道,其间综合运用消息、通讯、评论和图片报道等多种形式记录了平房改造的进展情况,将本次改造工程全方位地展现在了读者面前。

1991年,为了响应当时国家推行的城市住房制度改革,天津市也出台了相应的城镇住房制度改革实施方案。为了保证房改的顺利进行,《今晚报》在实施方案出台前的8月22日到25日,先期在报纸上刊登了介绍包括广州、唐山等在内的全国部分已经进行或正在进行住房改革的城市的先进经验和可喜成绩,同时也通过专家分析等不同方式介绍了住房改革必须实施的原因,为接下来天津市的住房制度改革预热。8月26日,晚报刊登了题为《统一思想 加强领导 依靠全市人民 积极稳妥推进住房制度改革》的消息,标志着天津市住房制度改革进入一个新阶段。一天后,晚报正式向社会及读者公布了天津市城镇住房制度改革实施方案(讨论稿)。8月28日开始,《今晚报》在头版开设了"房改热线电话"专栏,邀请市房屋改革办公室有关人员向读者解答他们提出的关于房改的各种问题。同时晚报通过连续刊载《房改势在必行 群众献计献策》《从房屋管理看房改必要性》《居民从住房角度谈房改》等报道,从各个角度探讨了房改进行的正确性和必要性,既为读者解除了困惑,又让读者对房改产生了认同。

1993年底天津市委提出了用五到七年时间基本完成市区内成片危陋平房改造的任务。《今晚报》继续围绕危改这一主题进行报道并刊发多条稿件报道危改工程进行情况。1997年5月24日《今晚报》在一版开设了"危改捷报"专栏报道天津市各个区县在危改工作中的成绩,五天时间分别报道了南开区、河东区、和平区、红桥区和河北区的旧区改造和新区开发情况,引起了读者,特别是在危房改造中受益的读者的广泛共鸣。

1998年,天津市危改工程进入第5年,取得了举世瞩目的成绩。16个危陋平房区消失,313个花园小区建立,新建2122.7万平米住宅,50余万人受益。①《今晚报》从当年的9月23日起,开设"天津建设成就知多少"专栏,以问答的形式介绍天津建设,特别是危改建设成就。同时开设的还有"逛津城"专栏,该专栏以百姓的视角看天津的变化,新闻体裁以人物和事件通讯为主,内容多以市民生活的变化反衬城市发展和居住条件的变化。从9月23日的《看房》到9月28日的《不夜的津城》,专栏报道内容丰富、题材新颖且贴近性强,使读者产生了强烈的共鸣。

在组织力量进行报道的同时,《今晚报》也不忘发挥自身优势,将各国家级媒体对天津城市建设成绩的报道展现给市民读者。1999年5月到9月,晚报陆续刊登或转载了中央电台的长篇报道《天津,正在告别危陋平房》、新华社采写的《天津人何以买得起房》和新华社对时任天津市市长张立昌的采访《喜得广厦千万间》等报道。

2000年,历时七年的危改建设取得阶段性目标的胜利成果,从6月11日开始,《今晚报》先后用三天三个头版整版的篇幅连续刊载了《鞠躬尽瘁造福万民——天津危改决策实录》《改善居住条件 带动相关产业》《地上路桥纵横 地下管线如网》三篇稿件,全面细致地剖析了天津危改7年来的各项工作完成情况。6月14日,晚报在一版报道危改阶段性目标胜利实现的消息时使用了全彩印刷,并在当天的5到8版设立专刊登载"心里装着老百姓 危改圆了新居梦"的系列照片,以图文并茂的形式报道七年危改以来取得的巨大成就。

在将近二十年的危改进程中,《今晚报》作为忠实的报道者如实地记录了天津城市发展变迁的步伐,将"三级跳坑""三不管儿""危房改造"等名词引入了市民生活当中,用报纸记录了天津从平房连片到高楼林立的改变,为百姓认识天津、天津走向全国作出了贡献。

---

① 《危改攻克难点大片》,《今晚报》,1998年9月24日。

三、天津广播电视事业的深化改革

（一）广播事业深入发展

1.细化系列台

虽然天津电台不断改进节目内容，提高时效性，但是仍然不能适应形势的发展和听众的要求。1987年，为了适应经济改革的发展，电台在兄弟台及天津50年代办台经验的基础上，决定在宏观和整体上对广播的现行体制和机制进一步进行改革调整，按照广播传递信息、发布政令及进行社会服务、社会教育和文化娱乐等不同功能，分类设台，形成广播系列台，细化为新闻经济台、专题服务台、文艺台、教育台等。后又进一步细化，1987年3月30日，天津广播电台在全国率先摆开了5个分台的系列化布局，涉及新闻台、专题服务台、文艺台、教育台，同时于1989年1月1日创办经济台，完善系列台布局。天津电台经济台也成为继珠江、上海、辽宁之后，在中国建立的第四家省级经济台，全天播音15小时30分。

1991年，天津广播电视塔落成，与此同时，适应主持人直播节目的经济台直播间也建成投入使用，再加上在国内广电系统率先安装新华社稿件收稿系统，天津广播电台多面开花。1998年12月28日，新闻、经济、音乐台的节目送上亚洲二号卫星播出，并于2000年实现了中波调幅、超短波调频双频播出。经过一系列的发展改革，随着天津人民广播电台滨海台的正式开播，天津电台共开办新闻台、经济台、文艺台、音乐台、交通台、生活台、滨海台7个分台，节目直接覆盖天津及华北大部，以及华东、东北部分地区，共计1亿多人口。

2.打造品牌栏目

1989年元旦，天津人民广播电台成立了华北地区第一家、全国第四家经济台，开办了整点新闻、半点信息以及直播、录播两类版块节目。天津电台经济台本着"新闻、信息一条线，两类版块串成串"的理念，设置了三类节目：一类是主持人直播版块节目，如《天津早晨》《千家万户》；一类是新闻和信息节目；再一类是专题节目，如《经济天地》《企业园地》《津沽大地》等。1991年3月4日，天津电台再次进行节目调整，特别是经济台突出了经济特色,《天津早晨》节目的播出时长由原来1小时扩展为3小时,将《城乡经济》《津沽大地》等节目扩充为60分钟,同时还开办了主持人直播版块节目《经济大世界》,充实了每逢半点播出的各类经济信息。1992年7月2日,天津电台召开新闻发布会,发布天津人民广播电台经济台更名为天津经济广播电台的消息,并于7月6日正式开播,同时新开办《欢乐今宵》《七色花》《都市现代风》等多档节目,至此,经济广播电台全天实现了节目版块化,9个版块节目都由主持人直播。为完善管理机制,经济广播电台在各系列台中率先实行频率承包,成立广告信息部,专门负责广告承揽和信息节目的编辑,在宣传管理、人、财、物上都具有一定的自主权,成为一个相对独立的实体。

1993年4月12日,新闻节目实现全天直播,整点新闻贯穿全天,播出版块节目15个,形成时政台的整体优势。这些节目集新闻、服务、知识、娱乐为一体,大部分节目开辟了热线,贴近生活,突出了群众的参与性。1994年以后,新闻台进行深入改革,加强新闻的时效性、互动性以及舆论引导性,其中新闻类节目《新闻909》中的《公仆走进直播间》突出群众的参与性,成为名牌栏目。

1999年5月5日,时任市长李盛霖提出将1994年创办的《周三办公热线》栏目改名为《公仆走进直播间——周三办公热线》,充分体现市政府立党为公、执政为民的思想,进一步强化了监督和为民办实事的功能。栏目名称更改后,播出时间增加到30分钟,由每期设定一个话题增加到数个话题,扩大了解决问题的广度和深度,实现了听众、领导、解决问题单位负责人三方通话交流,取得了很好的效果。节目内容丰富,涉及的话题广泛,包括市政建设、春节市场供应情况、天津市高等院校、中小学及职业教育等招生工作、房子维修、下水道堵塞、社会治安、下岗再就业、平房改造、房屋置换、房改政策、冬季供暖、和平路金街改造等民计民生问题。该节目直接听取听众意见,现场解答疑难问题,迅速解决各种困难,多角度、全方位地维护了群众的切身利益,受到广大听众和社会舆论的好评。同时提高了政府和职能部门的威信,并且有效地促进了政府职能部门工作作风的转变和办事效率,深受听众的喜爱。2000年,第二届中国新闻名专栏评选中,《公仆走进直播间——周三办公热线》成为天津台国家级的名牌栏目,天津电台贴近听众、精办节目的观念,使广播真正为广大听众服务。

(二)电视事业深化改革

20世纪80年代末90年代初,随着改革开放的逐步深入,特别是第十一次全国广播电视工作会议后,各地方电视部门掀起了全面改革的热潮。

1.增设电视频道

1984年9月3日,天津电视台增开了17频道。1986年9月,增开了23频道。1991年10月1日,415.2米高的天津广播电视塔建成投入使用后,新增了29频道和36频道开播。加上之前开播的5频道和12频道,天津电视台共播出6套节目,其中有三套转播中央电视台节目,3套为自办节目。1998年12月28日,天津卫视开播。至2000年底,天津电视台3个自办频道共设72个栏目,每天播出46个小时,其中自制节目10小时。随着天津电视台彩色电视中心系统的创建开播、运行发展、更新换代,电视设备系统也随之发展变化,70年代末起步兴建,80年代巩固发展,90年代充实提高,20世纪末期随着电视技术的发展,模拟电视向数字电视转化,实现了质的飞跃。为达到安全优质,根据10年左右为一个发展周期的规律,天津电视台对电视播出中心进行了两次重大的改造。1986年,针对彩色电视会战中试制生产的设备系统不完整所产生的节目播出安全等一系列问题,天津电视台筹划了第一次中心改造,并建立了天津电视台节目调度中心。新建的第12频道播出中心于1988年3月20日开播,成为省级电视台中第一个实现了电视节目源集中管理、统一处理、合理调度、节目共享以及电视节目播出自动化的单位。1990年5月1日,利用单板机实现对电视节目实施控制的APS–905半自动播控系统研制成功并应用于第17频道播控中心。为配合天津广播电视塔落成,根据市政府要求增加一套自办电视节目的精神而兴建的第29频道电视播控中心系统于1990年10月1日开播。至此,天津电视台三套自办节目基本实现了自动化播出。

天津电视台的第一次电视中心改造是对电视节目进行的科学化管理和对播出自动化的一次革命,而1997年进行的第二次电视中心改造,是在电视设备面临由模拟方式向数字化转化的特殊时期,在现有的数字设备还不够成熟、新的设备在不断发展中有待改进提高、系统改造又没有方案借鉴的情况下进行的。1998年10月1日启用开播的新建的电视播出中心涵括了3个自办电视频道的播出分控、播出总控、卫星传输机房和电视节目检验程序输入环节,及随后新建的广告节目上载机房。1998年12月28日,天津电视台节目通过卫星向亚太地区转播发送,实现了电视节目从制作播出到传送接收的全数字化。

2.电视节目快速繁荣

第十一次全国广播电视工作会议确定了"以新闻改革为突破口,推动整个广播电视宣传的改革",以及"自己走路""扬独家之优势,汇天下之精华"的方针。受此影响,天津电视台把新闻改革放在突出地位,提高时效性、扩大报道面、增加信息量,同时在报道的题材和形式上也有所突破。受此影响,文艺节目、电视剧、体育节目、少儿节目等不断创新,快速繁荣。

(1)新闻性节目

80年代末期,天津电视台开始引进广播级1/2英寸磁带录像机、广播及电视电影转换设备以及模拟分量制作系统,使电视节目制作质量和电视节目的自制能力提高到一个新的阶段。90年代初,在部分省市电视台开始兴起以节目性质划分的"一条龙"节目制作体系,是电视台节目制作的一种模式。1990年3月,首先在新闻部建立了新闻节目制作中心。新闻节目的采访拍摄、编辑合成和节目串编,均在新闻制作中心完成。

1995年5月1日至14日,第43届世界乒乓球锦标赛在天津举行。天津电视台共播出世乒赛新闻234条,其中,中央电视台《新闻联播》节目共采用天津台提供的世乒赛新闻39条,创造了天津台上《新闻联播》的历史最高纪录。新闻部还开辟了《世乒赛专题报道》,每天15分钟,共播出210分钟,每天还给中央台提供两个以上专题,共提供390

分钟。在1997年迎庆香港回归报道中,天津电视台新闻部从5月12日香港回归倒计时50天起,在《天津新闻》栏目中开设《喜迎香港回归》专栏,及时报道全市迎接香港回归的动态消息。据统计,从香港回归倒计时10天起,在《天津新闻》《今晨相会》《12点报道》《晚间新闻》和《经济信息》等新闻类节目中,共播发了185条消息,其中被中央电视台采用了19条,在《新闻联播》中播发7条。从6月30日至7月3日6点的72小时内,天津电视台向中央电视台传送了15条消息和新闻专题,全部被采用,其中有两条上了《新闻联播》。1999年迎庆澳门回归活动中,新闻部和中央台进一步加强联系,在天津台及中央台的报道量基本保持了与迎庆香港回归报道的水平。自2000年开始,在全国"两会"召开期间,天津电视台新闻部均派记者参加,并开辟"北京演播室",向天津发回报道。在天津市"两会"报道中对开幕、闭幕都进行直播,并在现场搭起直播间,请代表做访谈类报道,突破了以往只直播开幕式以及形式单一的情况,对会议期间的报道,首次采用了在新闻中切入播出的安排。

(2)文艺节目

80年代初,天津电视台开始与北京、上海、广东等台合办节目。1994年,形成京、津、沪、浙、粤、川、豫、鄂8省市节目交流会。1992年8月,天津、上海、河北、河南、辽宁等11家电视台联合开办了《八面来风》栏目。1994年2月,天津、营口、山西、陕西、湖南等14家电视台联合创办了《渤海潮》栏目。除此之外天津电视台还组织了大型文艺演出,如每年的新年春节联欢晚会;1989年10月1日,庆祝中华人民共和国成立40周年文艺晚会;1990年,大型赈灾义演《四海同心》;1993年,《天津市纪念毛泽东诞辰100周年文艺晚会》;1995年,第43届世界乒乓球锦标赛的开、闭幕式;2000年12月31日,《世纪颂——天津市迎接新世纪文艺晚会》等节目。

(3)译制片

天津电视台是全国电视台在译制国外电影、电视剧方面起步较早的电视台之一。1984年天津电视台第一次引进译制日本电视剧《家兄》和《二十四只眼睛》,当时该台尚无专门的译制机构,也没有固定的译制人员,虽然是业余译制班子,在当时没有录音棚和良好设备的条件下,因陋就简,却填补了天津电视台译制片史上的空白。这两部译制片于1985年10月和1986年8月相继在天津电视台播出,引起空前反响。这两部译制片的播出标志着天津电视台译制队伍的形成及天津电视台开放引进及对外合作交流文化形态已呈现雏形。1993年天津电视台加入了中国广播电视学会电视译制研究委员会,并成为该会的理事。

(4)电视剧

1984年1月4日天津电视台电视剧部正式组建,这标志着天津电视台电视剧创作步入了新的发展时期。随着连续剧的兴起,电视剧在数量、内容与深度开掘上有了不同程度的提高。1984年4月30日播出了天津电视台第一部电视连续剧《泥人张传奇》。这部剧叙述了晚清时期天津泥人张第一代传人张明山的一段传奇经历,散发着天津地方特色和浓郁的乡土气息,在国庆35周年全国电视节目展播中获"优秀节目奖",并于1985年2月参加了第二届"东京电视艺术交流会"交流节目并获嘉奖。这是天津电视台电视剧第一次走出国门,在国外举办的国际交流会上亮相。自1984年至21世纪初,天津电视台电视剧每年均有2部以上优秀剧目在全国和地区性电视剧评比中获得最高奖项。

20世纪90年代,天津电视台电视剧创作队伍不断壮大,题材与数量又有了新的突破。随着改革开放的不断深入,电视剧在新的发展时期已不单纯是一种精神产品,而且也具有了一定的商品属性。为适应社会发展需要,满足人们日益增长的文化需求,不断推进电视剧市场化进程,1997年天津电视台依照"政治家办台,产业化经营"的思路,对电视剧部的机制进行了改革,将电视剧部改为电视剧制作中心,下设4个实体型工作室和3个专题节目制作组,实行新的运作方式。天津电视台的电视剧制作在主要依靠自己力量的同时,也重视与外单位的联合制作,包括与政府机关及兄弟省市电视台的联合,与文艺团体、影视公司的联合,与工矿企业、机关事业单位的联合,与港台地区的联合。

(5)体育节目

天津电视台1960年建台初期,就在新闻、文艺、教育节目中报道体育活动,但是一直没有专人负责体育报道工作。1975年才设立专职记者。1982年成立体育组,隶属于专题部,该组开始全面负责天津电视台体育新闻的报道。1988年天津电视台成立体育部。进入20世纪80年代后期,天津电视台的体育节目数量有了较大的提高,在每周全台共有十几个小时的自办节目中,体育节目就有1个多小时,这在全国是名列前茅的。此后,体育部加强了新闻性报道,对于足球世界杯外围赛、中日围棋擂台赛、世界室内田径锦标赛等重大赛事进行了一系列成功报道,一批新闻报道陆续在全国和省市级评奖中获奖。1997年,在上海举行的第八届全国运动会成为天津电视台体育新闻报道发展过程中的里程碑。每隔十分钟的新闻报道通过卫星回传至天津当天播出,及时、全面、准确地报道了天津健儿在八运会上的表现和全运会的盛况。1999年,天津市承办了第34届世界体操锦标赛,为了搞好赛事报道,天津电视台作了充分准备,添置了大型彩色电视转播车一部和部分电视设备。进一步充实了电视节目制作和实况转播手段,提高了电视节目制作能力。

(6)少儿节目

1984年9月3日,天津电视台第17频道开播。根据天津市政府关于普及中等教育和增播少年儿童节目的精神,播出天津市电视中专课程。播出系统较为简单,设在电视微波机房,仅为播放录像带。1986年是天津电视台迅速发展的一年,第23频道的全套电视播出系统设备到货安装。6月份开始动工兴建的天津电视台第一个卫星地面接收站,于9月20日建成开通,传送中国教育电视台教学节目,通过第23频道播出。12月20日,全市人民瞩目的电视文艺台在第17频道正式开播。这是全国建立的第一个电视文艺台。积极贯彻"二为"方向,"双百"方针,提供健康文明和知识性、欣赏性、娱乐性兼备的文艺节目,满足广大观众的需求,是文艺台的办台宗旨。

(7)经济节目

1993年6月10日,天津电视台内部建立天津经济电视台,同时撤销天津电视台经济部。10月1日天津经济电视台正式开播,一座以经济新闻、经济信息为骨架,融经济、科技、文艺为一体的大众型、开放型电视台诞生了。天津经济电视台使用29频道,每天晚上播出5个小时左右的节目,其中自办经济类节目每天大约30分钟。1998年6月1日天津电视台正式取消天津经济电视台呼号,经济节目重新调整,新闻类节目和综艺性栏目分别归入新闻部和文艺部。

3.品牌民生栏目《都市报道60分》的开播及发展

20世纪90年代初,天津的电视社会新闻栏目崭露头角,天津电视台的第一档民生新闻栏目《都市报道60分》在经历了频道整合、节目调整、资源重新分配的十几年过程中,取得了不小的成绩,成为了天津电视台社会新闻中一档较为重要的民生栏目。

《都市报道60分》的前身,即天津电视台开播的第一档民生栏目《生活快车》,起始于1997年12月的天津有线电视台。作为以社会新闻为主的新闻版块栏目,《生活快车》以其新闻快捷、鲜活、贴近社会、贴近生活、贴近百姓而得到了不少观众的喜爱。它报道了一些重大题材的新闻,如在深入揭批“法轮功”邪教组织过程中,《生活快车》在一个月的时间里播发了78条新闻和8个专题节目,被中央电视台《新闻联播》《中国报道》《新闻30分》等栏目中采用的就有20多条。[①]但是《生活快车》的时长只有15分钟,而且只有在有线台综合频道的一次首播和图文信息频道的一次重播,所以仍然属于“小本经营”的“小作坊”阶段。

虽然早期天津电视台和有线台的两档社会新闻栏目《今晨相会》和《生活快车》仍处于发展的初期阶段,并没有产生特别大的社会影响,但需要指出的是,随着社会新闻栏目的初生,培养了一批精通社会关系、谙熟社会新闻报道方式的社会新闻采编人员,这为今后由社会新闻栏目向民生新闻的转变打下了基础,积蓄了力量。

———————————

① 《天津通志——广播电视电影志1924—2003》,天津社会科学院出版社,2004年版,第432页。

1999年10月1日,《生活快车》改版为《都市报道》,时长30分钟,每天在有线电视台自办的3个频道定点播出5次,成为天津电视新闻史上播出时间最长的一档日播新闻栏目,率先在社会新闻报道方面更进一步。其内容包括"本市新闻""外省市新闻传真""社区新闻""国际新闻"和深度专题新闻"视角",以及每周一期的"访谈"①。

改版之后的《都市报道》作为天津本地播出规模最大的,在内容上以社会新闻为主同时包含国际、国内要闻的新闻栏目,得到了迅速的发展。在社会新闻方面,1999年底到2000年初,《都市报道》连续报道了离散十年的张景方、张军父子在天津得以团聚的新闻,引起了观众极大的关注和反馈;与此同时,其独家采发的新闻短消息《长江源头楚玛尔河断流》以其新闻主题重大、采编制作精良和时效性极强而获得了第十一届中国新闻一等奖,这也是天津电视界迄今为止所获得的新闻最高奖项②。

在天津台和有线台两台合并之后,2003年4月7日天津都市频道开播,在这一轮资源的重新整合过程中,都市频道吸纳了原天津有线台的大部分班底,而《都市报道》也顺理成章地成为了都市频道的龙头节目。与此同时,《都市报道》为了配合都市频道的整体规划,栏目划分成了"都市早报道""都市午报道"和"都市报道"三种形态,每天5次滚动播出,每次30分钟,由于有了"早、中、晚"的时段之分,新闻的时效性有所增加,而随着频道内龙头节目地位的确立,《都市报道》的报道实力得到了进一步的扩充,节目影响力不断扩大,成为了天津地区电视社会新闻报道方面的"领头羊"。

随着节目制作及收视率的竞争日趋激烈,《都市报道》也面临了改版的问题。如何在稳步发展中求得突破是《都市报道》栏目组接下来要解决的重大问题。不过,《都市报道》的前期努力,为2004年4月的调整,逐步实现后来的"立足小民生,打造大民生","坚持导向性与平民视角的统一","坚持监督的有理、有力、有情、有度","以品牌活动扩大节目

---

①②《天津通志——广播电视电影志1924—2003》,第433页。

影响"等做法,打下了良好的基础。

4.有线电视的建立及发展

天津市有线电视建设始于20世纪90年代初。为解决电视收看效果差、节目套数少的问题,有线电视网络应运而生。1994年7月18日,天津有线电视台对外正式播出,标志着天津的广播电视事业进入了一个新的阶段。

(1)设备完善

建台初期,摄录制作以大1/2摄录设备为主,全台只有两台前期摄像机、两套对编。演播室只有一套简陋的设备录制口播新闻。1996年2月13日,春节前夕,天津有线电视台与市内六区有线电视的联网任务胜利完成,60万户家庭收看到清晰的有线电视信号。1997年7月,正式确立《天津日报》《今晚报》、天津电台、天津电视台、有线电视台的"两报三台"的新闻格局,确定天津有线电视台为天津市的重要新闻媒体之一。为进一步完善有线电视的设备系统,1997年开始购进BETARM摄录机器代替大1/2机型。1999年,有线电视台在新的台址内设有整个一层编辑机房,拥有5套数字对编、2套模拟对编、1套数字串编、1套模拟串编、3套非线性编辑、1套3D动画制作系统。为满足访谈类节目、专题栏目节目的需求,有线台还先后设置2个虚拟演播室。

(2)频道及节目

有线台建台之初的方针是节目以引进购置为主,自制为辅。引进购置的节目中,大部分来自兄弟台和社会制作公司。开播之初,11套节目中有两套自办节目,即"综合频道"和"图文信息频道";另9套节目分别转播中央一、二套,天津电视台一、二、三套,北京电视台二套以及山东、浙江、云南、贵州、四川、新疆等省、自治区、直辖市的卫星电视节目。综合频道从开播初的每天播出4个小时到1997年每天播出10个小时。"图文信息频道"开播采用新华社新闻电讯信息,24小时滚动播出。到1997年,有线台自办的信息节目和股市行情安排在"图文信息频道"播出。

随着有线电视事业的不断发展,1999年10月1日,天津有线电视台

频道资源整合,节目全面改版,由原来的两套节目增至三套节目,分别
设置为影视频道、生活娱乐频道、体育频道,每个频道平均每天播出17
个小时,播出的节目按专业化频道的定位,分别包括新闻、影视、社教、
综艺、经济、少儿、娱乐、休闲、服务、体育等多门类的节目。

改版后的天津有线电视台共设置41个频道,其中自办3个频道;市
内6区有线电视中心共用1个频道;37个频道分别转播外省市卫星电视
节目。3个自办频道为一套影视频道、二套生活·娱乐频道、三套体育频
道,实现了频道专业化。其中自办新闻节目有《有线新闻》《生活快车》
《都市报道》等;社教节目《百姓生活》《百姓家居》《百姓人家》等,另外还
有综艺娱乐节目、信息服务节目、体育节目和少儿及广告节目。

(3)人员设置

1994年有线台建台时,有编辑、记者、播音员、主持人总共12人。
编辑负责自办频道的节目的审查与串编;记者负责自办社教栏目《咱
们天津卫》的拍摄和制作;播音员录制全天节目预告和口播新闻"有线
新闻"。1999年,节目全面改版,自制节目每天达到3小时,一批具有较
高素质人员充实到有线台新闻专题部、节目部、体育频道及总编室,承
担有线台新闻、综艺、社教、体育等多门类节目的采访、拍摄、编辑、播
音和主持工作。

5.区县电视台

1984年12月,蓟县广播电视局成立,成为全市第一家县级广播电
视管理机构。1985年,宝坻、静海、宁河、武清4个县也相继成立广播电
视局。1986年,塘沽区建立广播电视局。1991至1994年,大港、汉沽及津
南、北辰、东丽、西青均成立广播电视局。至此,市属12个行政区县均
成立广播电视局。1985年,第十一次全国广播电视工作会议提出"四
级办电视,四级混合覆盖"的方针。宁河县1986年建立天津市第一家
县级电视台。建台后的电视节目从数量到质量均有很大提高,开始有
了较为丰富的自办节目,增设了栏目和专题片。自1991年开始,其他
区县也相继成立电视台。有线电视的兴起不仅增加了传送的节目套
数,而且大大提高了图像的清晰程度。经广电部批准,塘沽区于1992

年成立全市第一家区域性有线电视台。1993年至1995年间,除塘沽区外的11个区县及天津开发区也都相继成立有线电视台。1993年,天津市政府将市内六区建有线电视列入为民办的20件实事之一。1993年至1996年,河西区、和平区、南开区、红桥区、河北区、河东区先后建立有线电视台,又改称天津有线电视台。1999年,中共天津市委宣传部决定将市内六区有线电视台统一改名为区有线电视中心。

6.对外交流与学术研究

天津电视台建台初期设置的与国外交流的电视片,主要是时效性不强的电视专题片。当时,涉外电视片输出有严格的规定,地方台的对外宣传电视片,一律经过北京电视台(中央电视台前身)外宣部门统一输出。1962年,由新闻组拍摄的《消防演习》是天津电视台第一部出国片。1974年拍摄的《大港油田在前进》是天津电视台第一部出国的彩色纪录片,通过北京电视台送往英国电视网,向72个国家和地区播出。中共十一届三中全会后,天津电视台对外合作交流得到了很大发展。1980年至1983年期间,天津电视台向中央电视台提供的出国片已由新闻短片发展为20分钟左右的电视纪录片。1984年1月,天津电视台成立了对外宣传部,至1986年,每年有10多部电视片被中央电视台对外宣传部采用并送往国外100多家电视台。在全国省级电视台中,天津电视台选送的出国片数量连续3年居全国之首。

天津电视台的业务研讨会始于20世纪80年代,大都以座谈、讨论的形式对电视宣传报道中的某些问题进行专题分析研究,达到加深理解、提高认识、指导工作的目的。对获奖节目进行研讨,进一步总结经验,这也是天津电视台进行业务研究的一种形式。为了激励编辑、记者在研讨会的基础上更深入地进行业务研究,不断提高业务水平,天津电视台还从20世纪80年代开始进行电视论文评选。1999年9月出版了《当代电视·天津电视台论文专刊》,该刊刊登了46位作者的论文37篇,约12万字,照片、片头约100幅。除发表在各种刊物上的论文和文章外,另一个广播电视宣传业务研究的重要成果,是相关著述的出版。较多的学术著作和有关广播电视著作的出版,是从20世纪90年代开始的。1994年7月出版的32万字的学术专著《电视幽默论》对电视幽默现象进行了分类研究,包括30余种构建电视幽默的手段和十余种电视幽默体裁,对电视幽默的创作和欣赏有重要的参考价值。杨斌的这部著作也被视为天津广播电视系统第一部引人关注的专著。除了有关学术方面的论著之外,还有可作研究和借鉴以及扩大传播效果的广播电视作品集。

为方便业务学习,天津电视台还建立了音像资料库,对以往节目录入存档,音像资料主要是电视台采编录制的为电视节目的制作服务的音像资料以及已制成的电视节目,还有一些也是为制作电视节目而搜集的音像资料。天津电视台音像资料库建于1980年,当时的库房不足20平方米。1998年,天津电视台新的办公楼投入使用后,资料库的使用面积达到了280平方米。截至2000年底,天津电视台音像资料磁带库储存的节目带共有58163盘,节目素材带、节目周转带18600盘,文书档案30卷,储存的主要类别有文艺、体育、少儿、经济、新闻、科教、专题、综合文艺、戏曲、曲艺、纪录片,按档案管理归档永久保存。目前天津电视台保存最早的音像资料是1957年1月1日制作的戏曲片,由京剧名家主演的《借东风》,原来用BVU磁带保存,1996年转SP磁带保存,质量较好。

在学术团体方面,1987年8月30日成立的天津市电视艺术家协会是天津市文学艺术界联合会的团体会员,还是中国电视艺术家协会天津分会。按照《中国电视艺术家协会章程》,五年换届一次,由于1987年至1997年天津市广播电视局领导班子成员变化较大,协会一直未进行换届工作。1997年12月23日召开天津市电视艺术家协会第二次会员代表大会,完成换届工作。协会成立后不仅使得电视剧数量大幅度增长,而且涌现出许多电视文艺节目的新栏目,包括一些电视艺术的新品种。除此之外,协会还开展电视艺术理论、作品研讨和评论专题活动,举办有关电视艺术方面的讲座和各类学习班、培训班。

7.人事制度改革

为了探索电视宣传科学管理的新途径,适应节目调整的配套要求,充分调动编辑、记者的积极性和创作性,遵循电视节目制作的运行规律,实施名牌带动战略,天津电视台从1996年10月1日起,在编辑部门试行制片人制,并于1996年8月23日出台《天津电视台关于编辑部门试行制片人制的管理办法》。21世纪始,天津电视台迎来了新的机遇与挑战,为了不断向市场化迈进,天津电视台在原有人员的配备和机构建制上作了相应调整,实行竞聘上岗,优化组合。

8.天视网开播

天津电视台顺应网络媒体兴起的势头,于2000年1月10日筹建天津电视台网站。5月1日,天津电视台网站试运行,此举为电视台开拓第四媒体开创了良好的开端。2000年10月1日天视网站正式开播上传。网站以本台电视节目为依托,以宣传栏目、服务栏目和延伸栏目为宗旨。每逢临时遇到重大事件或特别节目,还能及时配合栏目进行网上宣传, 与此同时还实现了部分电视节目的网上同步直播,收到了很好的效果。充分利用网络媒体的实时、可储存、可互动等特点,让广大电视观众和网友从各个角度欣赏电视节目,并参与栏目的选题、制作、评论,以达到宣传本台、宣传栏目、更好地为广大观众服务的目的。

从1960年正式开播到2000年的整整40年中, 天津电视事业有着许多变化, 但真正发展和繁荣起来是在党的十一届三中全会以后,电视宣传的改革适应改革开放的新形势,坚持抓导向、保安全、创名牌、出精品的办台方针,不断进行制度创新、节目创新、技术创新,不断提高节目质量,形成地方特色,以丰富多彩的节目满足观众的文化需求。至80年代后期和90年代初期,又广泛采用电视特技及微波双向传送等高科技手段,使节目形式不断趋于多样化,内容也更加丰富多彩。

四、新华社天津分社的深化改革

20世纪90年代以来,新华社天津分社的工作也进入了全面快速发展的新时期。一方面它紧跟时代步伐,适应国家经济和社会发展的需要,大力宣传改革开放、经济建设和天津社会日新月异的面貌。另一方面,它面对日益加剧的竞争,未雨绸缪,锐意改革,从凸显核心优势、聚焦资源等方面着手,全力打造属于天津分社自己的品牌。

(一)强化对外报道

作为全国四大直辖市之一,天津的地理位置优越,尤其是其拥有北方最大的人工港——天津港,有30多条海上航线通往300多个国际港口,是从太平洋彼岸到欧亚内陆的主要通道和欧亚大陆桥的主要出海口,与世界160多个国家和地区都有经贸往来,是对外报道的重点城市。但在改革开放之前甚至是80年代初期,天津分社的对外报道都相对薄弱,人员配备、稿件数量严重不足。天津分社领导相当重视,通过业务研讨会的形式,积极采取一系列切实有效的措施,从观念上予以重视,从人财物上予以倾斜,例如1988年,分社对外记者增加到3人,达到总社有关国内分社对外记者编制的要求;1992年,分社制定了关于加强对外报道的决定,要求对外记者在完成规定数量对外稿件的同时,必须保证重点稿件和专稿的完成;分社还发动全体记者采写对外稿,并给每人下达了对外发稿指标①。经过全社上下的共同努力,天津分社的对外报道取得了显著成效,逐步扩大了天津消息总汇对外报道力度。从数量上来看,1984年发稿数量突破百条大关,1989年达到200条,1992年达到336条,1995年达到492条,2000年以后达到500条以上;从稿件质量上来看,近20年来共有5条社级好稿、60多条部级好稿,1994年天津分社还被总社评为"对外报道先进分社"。对外经贸合作的报道后来成为天津分社最有影响力的报道亮点。

(二)聚焦资源,优化效益

聚焦资源就是要把通讯社的一切资源都有效地集中到核心优势上,让有限的资源均以树立品牌核心价值为目标,以保证其在市场竞争中的优势地位。主要体现在以下的两建两革上。

---

① 《纪念新华社天津分社建社60周年》,新华网,http://www.tj.xinhuanet.com/misc/2009-01/14/content_15453123_2.htm。

1.更新技术设备——天津分社发展的物质基础

作为现代通讯社,一流的技术设备保障是必不可少的。改革开放以来,新华社天津分社首先改善了工作条件,在南开区迎水道盖起了办公大楼,买下办公原址睦南道114号院子的产权,结束了分社建社50年没有属于自己办公楼的历史。其次,装备了国内分社一流的技术室,记者写稿、发稿实现了无纸操作。再次,通讯技术实现了现代化,由过去的电话、电报、邮寄等方式,发展到现在的宽带多媒体综合保密数据通信网。1991年安装着3B计算机的通讯机房建成,开始用计算机编辑系统编辑稿件。以后又陆续引进了办公用计算机局域网、记者用UNIX编辑系统、卫星通讯设备、交换机、XH-100图片处理系统、NT新编辑系统等40余套设备,大大提高了通讯技术水平。最后,为通讯记者配备了台式电脑、笔记本电脑、录音笔、数码相机等高科技产品,实现了文字摄影齐头并进。

2.组建经营事业——天津分社发展的经济基础

天津分社的经营工作开始于1981年,主要任务是为新华社总社计划出版的大型工具书《中国工商企业名录》征集刊户和广告。之后随着形势的发展,分社于1983年4月成立经理室,正式开始其经营工作。1986年又成立了天津市新闻发展公司,并开始了以企业名义对外经营的新阶段。除继续代理总社的经营项目外,更多的是经营挂历印刷、企业产品样本和说明书的制作等自营项目。截至1992年,天津分社共组建了新华社天津信息社、天津市新闻发展公司滨海公司、天津市新华经济贸易公司、塘沽渤海咨询服务部、天津市新闻咨询中心等6家经营机构,加上没有独立注册的新闻供稿中心和新华公关公司,共有8个经营单位。1991年上缴分社利润50.9万元,1993年猛增到170万元。1994年突破200万元大关。经营工作的开展,不仅为天津分社积累了大量的资金,还大幅度地提高了分社在全国范围内的知名度、美誉度和影响力,可谓一举两得。

3.发展新闻用户,向电台提供音频——天津分社发展的社会基础

1992年,天津分社一改长期以来通稿只向《天津日报》《今晚报》和

天津人民广播电台等天津主要媒体提供的做法,转而向更多的非主要媒体有偿提供,大力发展企业等非媒体用户。短短两年时间,就发展新闻用户30多家。天津媒体采用新华社通稿的数量得以成倍增加,新华社记者撰写的文字见诸于各大媒体报端。

进入新世纪之后,天津分社又积极探索新的发展之路,在全国首创向电台销售新华社音频稿件,开创了新华社供稿史上文字、图片、音像、记者声音皆备的历史,使"新华社记者的声音在电台响起来"了。

4.变革新闻业务——天津分社发展的业务基础

(1)坚持新闻性和宣传性的统一

对于新闻事业来说,"内容为王"始终是各个历史发展时期不变的定律。作为国家级通讯社的新华社,一直以来都是党和国家的喉舌,把握正确的舆论导向,宣传党和国家的方针政策是其重要职责。天津分社积极寻求新闻价值与政府宣传的契合点,面对政府、公众这两个报道取向的时候,统观全局,在把握正确舆论导向的同时聚焦社会问题。如1994年9月中旬,为迎接"十一"的到来,天津市政府在水上公园布红伞造景。但10月1日上午,红伞美景就被游人损坏殆尽。在第二次布伞之后,天津分社等众多媒体作了大量报道,在突出红伞事件的同时,加强了对市民的宣传教育,引发了广大市民关于社会公德问题的热烈讨论,产生了强烈的社会反响。

(2)坚持指导性和可读性的统一

指导性是新闻事业固有的属性,指通过报道和评述新闻事实,有意识地影响和引导社会公众的思想和行为的策略。可读性是指寓教育因素于新闻报道之中,把思想性、知识性、趣味性结合起来,吸引更多的公众来关注报道。长期以来中国的新闻报道往往忽视内容的可读性,片面追求新闻的指导性,最终导致花费精力最多、采访时间最长、指导性最强的新闻,读者反而不爱看。天津分社在总结经验、教训的基础上,强调新闻指导性和可读性的统一。如在对静海县大邱庄的报道中就通过广阔的视角、富有深意的内容、亲切活泼的文风增强了文章的指导性和可读性。《农村欣欣向荣,天津女知识青年石家明重返农村(大邱庄)落户》《这里令人向往》《圆了农民百年梦》《走出大邱庄——从大邱庄看中国农民迈向市场的新动向》等都成为传诵一时的佳作,受到了读者的热烈欢迎。

(3)坚持正面报道为主和舆论监督的统一

作为舆论信息载体的媒体不是被动、机械地负载舆论信息,而是积极主动地发挥其"议程设置"的功能,能动地选择舆论、引导舆论,使一些舆论信息扩张,另一些舆论信息消退,以达到引导舆论,形成强势舆论气候的作用。天津分社在2008年对汶川地震的报道中,一方面以正面宣传报道为主,及时向外界公布灾情,对稳定灾区人民群众的情绪、调动全国人民的热情支援灾区起到了积极的作用;另一方面,根据现实情境,在最大程度实现新闻价值的同时,正确引导社会舆论,发挥舆论监督作用。

(三)打造优秀管理团队,建设专业队伍

美国著名的青年教育家卡姆拉斯说过:"一切的关键在于人。"媒介的经营中更是如此,人才是媒介竞争制胜的最终决定性因素,是媒介获得经济、社会效益的最直接创造者。天津分社在2001年的改革过程中,实行优胜劣汰制度,从中心主任到一般工作人员,全部竞聘上岗,同时还要对相关人员定期考核,考核不合格人员一律解聘。另外它还通过刊登广告公开招考新闻从业人员,只要符合条件都可以报名竞聘。经过在社内外人员中竞聘中心各部门主任和工作人员,引进了一批经营人才;通过竞聘上岗,中心初步形成一支有活力的营销队伍。

(四)配套绩效考核

在物质待遇上,天津分社对优秀记者予以重奖,以此来刺激大家工作的积极性。1980年初天津分社便开始实行"定额管理超定额奖励办法",将总社下达给分社的国内通稿、对外稿、图片稿,按数量、质量要求分解落实给每个记者;半年结算一次,超额奖励;1983年分社又进一步细化定额管理,实行"计分制"的"文字记者责任制实施方案";1993年它实行新的计分稿费制和加奖制,进一步向重点报道、专题调研和高质量、社会反响好的稿件倾斜……2003年建立了营销和管理两方面的考核制度,出台了采编、营销和管理三个方面的考核细则,使考核范围进一步扩大,考核办法进一步完善。这样一来能使每位工作人员明确工作的目标和努力的方向,避免不必要的资源浪费;二来能激励工作人员工作的积极性,加强他们工作的责任心,对于配合引进、留住人才也具有重要作用;三来可以有效地实施财务上的管理,聚焦优势资源。

主要参考文献

(一)主要著作

戈公振:《中国报学史》,商务印书馆,1927年版。

《远生遗著》,商务印书馆,1927年版。

赵超构:《战时各国宣传方策》,独立出版社,1938年版。

张友鸾:《到敌人后方去办报》,中山文化教育馆,1939年8月。

杨德惠:《上海之工商业》,中外出版社,1941年版。

程其恒编著:《战时中国报业》,桂林铭真出版社,1944年版。

胡道静:《新闻史上的新时代》,世界书局,1946年版。

刘豁轩:《报学论丛》,益世报社,1946年版。

《季鸾文存》下册,大公报馆,1947年版。

《英敛之日记遗稿》,台北文海出版社,1974年。

陈纪滢:《胡政之与大公报》,台湾掌故出版社,1974年版。

王栻:《严复传》,上海人民出版社,1976年版。

林志浩:《鲁迅传》,上海人民出版社,1976年版。

毛泽东:《论十大关系》,文字改革出版社,1978年版。

赖光临:《中国近代报人与报业》,台湾商务印书馆,1980年版。

《孙中山全集》,第二卷,中华书局,1982年版。

胡光麃:《影响中国现代化的一百洋客》,台湾传记文学出版社,1983年版。

徐铸成:《新闻艺术》,知识出版社,1985年版。

杨光辉、熊尚厚、吕良海、李仲明编:《中国近代报刊发展概况》,新华出版社,
1986年版。

方汉奇:《中国近代报刊史》,山西人民出版社,1986年版。

《汪康年师友书札》,上海古籍出版社,1986年版。

徐铸成:《报人张季鸾先生传》,三联书店,1986年版。

胡太春:《中国近代新闻思想史》,山西人民出版社,1987年版。

来新夏主编:《天津近代史》,南开大学出版社,1987年版。

《廖承志文集》,人民出版社,1990年版。

金冲及、胡绳武:《辛亥革命史稿》,第三卷,上海人民出版社,1991年版。

温济泽:《九一八和一·二八时期抗日运动史》,中国工人出版社,1991年版。

周雨：《大公报人忆旧》，中国文史出版社，1991年版。

方汉奇：《中国新闻事业通史》第一卷，中国人民大学出版社，1992年版。

李喜所、元青：《梁启超传》，人民出版社，1993年版。

周雨：《大公报史》，江苏古籍出版社，1993年版。

罗澍伟主编：《近代天津城市史》，中国社会科学出版社，1993年版。

周雨：《大公报史》，江苏古籍出版社，1993年版。

吴廷俊：《新记〈大公报〉史稿》，武汉出版社，1994年版。

余子道：《抵抗与妥协的两重奏——"一·二八"淞沪抗战》，广西大学出版社，1994年版。

徐培汀、裘正义：《中国新闻传播学说史》，重庆出版社，1994年版。

程抚主编：《中国共产党在天津》，天津人民出版社，1994年版。

汤应武：《1976年以来的中国大写真》，经济日报出版社，1997年版。

《民国著名人物传》，第3卷，中国青年出版社，1997年版。

胡太春：《中国报业经营管理史》，山西教育出版社，1998年版。

《周恩来早期文集》，中央文献出版社、南开大学出版社，1998年版。

陈业劭主编：《中国新闻事业通史》，第3卷，北京：中国人民大学出版社，1999年版。

戴元光、金冠军：《传播学通论》，上海交通大学出版社，2000年版。

《近代天津十二大报人》，天津人民出版社，2001年版。

张元卿：《民国北派通俗小说论丛》，山西古籍出版社，2001年版。

中共中央文献研究室二部：《周恩来自述》，解放军文艺出版社，2001年版。

《我与大公报》，复旦大学出版社，2002年版。

丁淦林：《中国新闻事业史》，高等教育出版社，2002年版。

郭长久主编：《梁启超与饮冰室》，天津古籍出版社，2002年版。

苏珊·L·卡拉瑟斯：《西方传媒与战争》，新华出版社，2002年版。

哈罗德·D·拉斯维尔：《世界大战中的宣传技巧》，中国人民大学出版社，2003年版。

方汉奇：《方汉奇文集》，汕头大学出版社，2003年版。

方汉奇等：《〈大公报〉百年史》，中国人民大学出版社，2004年版。

白润生：《中国新闻通史纲要》，中央民族大学出版社（修订本），2004年版。

陈卫星：《传播的观念》，人民出版社，2004年版。

赵玉明主编:《中国广播电视通史》,北京广播学院出版社,2004年版。

黄志伟 黄莹:《中国近代广告》,上海学林出版社,2004年。

陈培爱:《广告学原理》,复旦大学出版社,2004年版。

马艺:《天津新闻传播史纲要》,新华出版社,2005年版。

李秀云:《〈大公报〉专刊研究》,新华出版社,2007年版。

李秀云:《中国现代新闻思想史》,中国社会科学出版社,2007年版。

王瑾、胡玫编:《胡政之文集》,天津人民出版社,2007年版。

吴廷俊:《中国新闻史新修》,复旦大学出版社,2008年版。

(二)主要资料汇编

《最近之五十年》,申报馆五十周年纪念,申报馆,1923年。

《京津新闻事业之调查》(日伪),"中华民国新民会中央指导部调查科"1938年。

"中国近代史资料丛刊"《戊戌变法》,第三册,神州国光社,1953年版。

《中国近代史料丛刊·辛亥革命(八)》,上海人民出版社,1981年版。

杨光辉、熊尚厚、吕良海、李仲民编:《中国近代报刊发展概况》,新华出版社,1986年。

天津市总工会工运史研究室、天津社会科学院历史研究所合编:《新民主主义革命时期工人运动记事》,1986年版。

陈德仁编:《天津地下党斗争》(内发),1992年10月。

《解放战争时期天津学运史料》(下),天津古籍出版社,1996年版。

《华北治安强化运动》,中华书局,1997年版。

《帝国主义在天津的殖民统治》,天津人民出版社,1998年版。

张之华主编:《中国新闻事业史文选》,中国人民大学出版社,1999年。

《天津通志·出版志》,天津人民出版社,2001年。

王芝琛、刘自立编:《1949年以前的〈大公报〉》,山东画报出版社,2002年。

《大公报一百年新闻案例选》,复旦大学出版社,2002年。

《天津通志·广播电视电影志》,天津社会科学院出版社,2004年版。

贾长华主编:《我与晚报二十年》,百花文艺出版社,2005年版。

《中国广播电视年鉴》,中国广播电视年鉴社,2006年。

孟云剑,杨东晓,胡腾:《共和国记忆六十年编年记事》,中信出版社,2009年版。

天津日报新闻研究室编:《新闻史料》,第2辑。

天津日报新闻研究室编:《新闻史料》,第11辑。

天津日报新闻研究室编:《新闻史料》,第14辑。

天津日报新闻研究室编:《新闻史料》,第29辑。

《天津文史资料选辑》第3辑,天津人民出版社,1979年版。

《天津文史资料选辑》第39辑,天津人民出版社,1987年版。

《天津文史资料选辑》第42辑,天津人民出版社,1988年版。

《天津文史资料选辑》总第82辑,天津人民出版社,1999年版。

《天津文史资料选辑》总第89辑,天津人民出版社,2001年版。

《天津文史资料选辑·天津报海钩沉》,天津人民出版社,2003年版。

《文史资料选辑》第9辑,中华书局,1960年。

《文史资料选辑》第25辑,中华书局,1962年4月。

《文史资料选辑》第26辑,文史资料出版社,1962年6月。

《文史资料选辑》第27辑,文史资料出版社,1962年8月。

《文史资料选辑》第28辑,文史资料出版社,1962年10月。

《天津出版史料》第5辑,百花文艺出版社,1993年。

《新闻业务》,新华社新闻研究所主办,2011年第6期。

《新闻研究资料》总第7辑,新华出版社,1981年。

《新闻研究资料》总第60辑,新华出版社,1993年1月。

《新闻研究资料》总第59辑,新华出版社,1992年。

(三)主要论文

马艺、张培:《〈北洋官报〉——中国第一份新式官报》,《天津日报》,2009年4月5日,第5版。

吴廷俊:《论中国文人办报的历史演变》,《新闻春秋》总第6辑,1998年。

侯杰、姜海龙:《益世报九十载》,《天津日报》,2004年7月10日。

王军杰、张维功:《从〈新生晚报〉到〈今晚报〉》,《今晚报》,2009年6月23日,第17版。

武月卿:《泛论社会服务版》,《新闻学季刊》,1941年第2期。

方明东:《罗隆基政治思想研究(1913—1949)》,馆藏国家图书馆优秀硕博论文库。

罗国干:《新记〈大公报〉的经营管理——媒介经营管理研究之三》,《广西大学学报》(哲学社会科学版),2006年10月。

　　方汉奇:《前言:再论大公报的历史地位》,方汉奇等著:《〈大公报〉百年史》,中国人民大学出版社,2004年版。

　　林开明:《严复第一次来津》,《今晚报·副刊》2004年6月24日,第18版。

　　陈振江:《严复与李鸿章情随事迁》,《今晚报·副刊》2004年8月6日,第18版。

　　郭剑林:《严复与〈国闻报〉》,《今晚报·副刊》,2004年7月17日,第10版。

　　吴廷俊:《论中国文人办报的历史演变》,《新闻春秋》,1998年。

　　周英才:《走进罗隆基》,《文史精华》,2001年第1期。

（四）主要报刊

《国闻报》

《直报》

《庸言》杂志

《大公报》

《益世报》

《新民意报》

《南开日刊》

《天津学生联合会报》

《妇女日报》

《庸报》

《新天津报》

《天津日报》

《今晚报》

附录1

天津近现代报纸一览表

天津中文报纸

名称	创刊时间	停刊时间	刊期	创办者或负责人（所有者、经营者）	出版者（地）	每份张数	备注
《时报》	1886年5月16日	1891年6—9月间	日报	天津海关税务司德璀琳（德国人）与英商怡和洋行总理茄臣集股创办。李提摩太任主笔	天津时报馆		一般认为其创刊为1886年11月6日，实为其英文版创刊日。雷穆森《天津》一书载：1891年停刊，内容涉及洋务运动、西学教育、社会要闻等，以京津地区为主
《直报》	1895年1月26日		日报	德国人汉纳根创办，主要编辑为杨荫庭	天津直报馆		后称《老直报》。严复于1895年2月至6月陆续发表大作。1904年2月被袁世凯查禁。同年6月改为《商务日报》，不久停刊，后改名《中外时报》
《国闻报》	1897年10月26日	1898年12月	日报	严复、王修植、夏曾佑等创办	紫竹林海大道，国闻报馆		为天津国人自办的第一种刊物。"维新派"报纸。共发表24篇社论，大多出自严复之手，为变法维新运动进行宣传。此报设有论说栏，国内外新闻及本地新闻，侧重北方各省。该报后期转售给日本人经营，与上海的《时务报》同属维新喉舌
《天津报》	1899年5月前后				天津报馆		《湖北商务报》1899年第四册录有该报文章
《咸报》	1899年			日本人西村博办	天津咸报馆		日本人创办的中文报纸
《天津日日新闻》	1901年前后		日报	日本人经营，方若任主编。日租界旭街			据《廿世纪初天津概况》一书载，光绪二十七年七月一日发刊，开始为日文，后改中文，发行量与《大公报》不相上下
《北洋报》	1901年				天津北洋报馆		《中国近代出版史料初编》作"老北洋报"，1931年改组为"时间报"
《大公报》	1902年6月17日（光绪二十八年五月十二日）		日报	英敛之创办。1916年由王郅隆接办。1925年11月27日停刊。此年9月由新记公司盘收。经理：胡政之。总编辑：张季鸾。历任主笔：方定六、刘孟杨、王瀛孙、黄与三、郭定森、樊子熔、唐梦初	天津大公报馆。开始在法租界30号，后迁至日租界旭街27号	3张半至5张	1937年至1945年抗战期间迁内地，胜利后复刊。发行35000—50000余份，有资料记载出版者号称发行100000份。栏目：社评、国内外要闻、各地新闻、本市新闻、专载、论坛、周刊、文艺、经济、小说、体育等

《北洋官报》	1902年11月	1911年10月	1902年—1905年为二日刊。1906年以后为日刊	由直隶总督所经营	天津北洋官报局，河北狮子林		以上谕、奏议为主，分各省的部门载其记事。1905年冬起增编《白话报》随报分送。又称《直隶官报》
《民兴报》	1903年（一说1909年创刊）	因官场干涉停刊		开始时经理：李镇桐，主笔：顾叔度。后由革命党人谢迈度接办	天津民兴报馆		谢迈度接办后言论转为激烈，经常攻击前任经理。前任经理创办《民心报》与之论战
《民心报》	1903年	1903年，因顾叔度猝然死亡停刊		顾叔度主编	天津民心报社		曾与《民兴报》进行过笔战
《北洋商报》	1904年6月14日（甲辰年五月）（一说1905年）		日报	（德）汉纳根创办刘孟杨主编，资金由总督所商务局支出	法租界万国桥北首西洋商报馆		登载普通新闻
《中外时报》	1904年9月1日（一说8月31日）	1915年因中国对轴心国宣战被封	日报	德国人创办（一说由德璀琳出资，主编刘某，见《二十……》）	英租界海大道广东路，天津中外时报馆		言论代表德国政府
《经纬报》	1904年	1911年后自行歇业		李镇桐创办	天津经纬报社		1906年官府强令创办人李镇桐退出报业，派其属员接办
《天津晨报》	1904年				特别二区	四页（2张）	发行份数3000
《天津晚报》	1904年				特别二区		发行份数4000
《青龙报》	1905年前后		日报	日本人佐藤铁次郎同中国人合作创办	日租界旭街青龙报馆		日本人办的中文报纸
《白话开通报》	1905年				天津白话开通报馆		
《多闻报》	1905年		日报		天津多闻报馆		

《津报》	1905年		日报	天津商务总会王贤宾等创办,主笔:魏铁珊	天津宫北大街津报馆	
《学报汇编》	1905年				北洋官报总局	
《直隶白话报》	1905年5月	1906年		顾限主办		
《北洋官话报》	1905年冬到1906年春(戊申年初)				北洋官报局	疑即《北洋官报》的白话副刊
《敝帚千金》	1906年前后				天津大公报馆	天津《大公报》的白话附刊
《北洋学报》	1906年1月	1906年12月	周刊		北洋官报局	附《北洋官报》发行
《朝野报》	1906年正月			以英商马某的名义,实则由中国人合资而成		由于《多闻报》的股东发生摩擦,一度解散,改名为《朝野报》,主要在英租界推销,另每周出一副刊曰《游戏报》
《北方日报》	1906年2月		日刊	主编是李大义	日租界旭街	由《繁华报》《白话报》合并而成
《通报》	1906年9月中旬(光绪三十二年七月下旬)			原天津津报馆主自筹资本创设	天津通报馆	
《爱国报》	1906年			中国人合资创办	日租界旭街	
《天津警务官报》	1907年			天津警务官报局		1908年间曾附出白话报一种。《天津警务官报》,有官方令各州县派销
《竹园白话报》	1907年9月			丁国瑞主编		丁氏在该报上发表的时评文章编辑为《竹园丛话》
《醒华日报》	1908年4月	1912年	日刊		天津醒华画报馆	每天出两张四版,有一张是画页,旁附文字说明,其余均为新闻和告白

《忠言报》	1909年			天津南马路忠言报社	革命派报刊
《中国萃报》	1909年8月				
《公民白话报》	1910年	1911年	温世霖办		温氏因领衔向国会请愿于1911年1月7日被捕,1月9日解京,该报解散
《北方日报》	1910年5月9日	出版一天即被查封	日报	北方日报馆	因广告中有"监督政府,响导国民"字样,被直隶总督指控为"大不敬"遭查封
《醒报》	1911年		日刊	总理:王建侯,经理马秋圃,总编:郭养田,主笔:董荫狐	
《天津白话报》	辛亥革命前后			天津正风画报社	
《农学报》	辛亥革命前后			天津农学报社	
《晨钟白话报》	辛亥革命前后			晨钟白话报社	
《醒狮报》	辛亥革命前后			天津醒狮报社	
《国风日报》	辛亥革命前后		国民党直隶支部		据载为同盟会背景
《大中华日报》	辛亥革命前后		负责人:胡鄂公		由一群革命青年集资3000元创办出版
《公民日报》	辛亥革命前后				
《新春秋报》	辛亥革命前后				
《赤县新闻》	辛亥革命前后				
《民意报》	1911年		日报	李石曾、赵铁桥、张煊、罗世勋任编务	法租界,民意报社	京津同盟会的机关报,为革命党人的秘密联络机关。后为袁世凯封禁,并定以"言论激烈"四字罪名
《克复学报》	1911年	创刊不久停刊		李季直主编,撰稿有童启曾、童启贤等		天津第一份革命派报纸。是同盟会外围组织"克复学会"的机关报,以"排满和恢复汉族统治"为宗旨,出版几期即停
《民国报》	1911年9月			甄元熙任社长,总编孙炳文,编辑任维坤、梁漱溟		京津同盟会的机关报,天津创刊不久即迁往北京
《旭日报》	1912年		日刊	周彩臣创办,王炳勋任社长	公安一区广兴大街	主要内容包括:要闻、琐闻、小言、游艺、小说等,每日出2400份

《白话晚报》（又名天津晚报）	1912年4月8日		日刊	创办人兼经理：白幼卿，社长：刘仲赓	公安一区广兴大街。又载特别二区大马路东第一号	一小张	栏目：国内要闻、本市新闻、小说等。出版5500份
《白话晨报》（又名天津晨报；晨报）	1912年10月10日		日刊	同上	公安一区广兴大街	一小张	内容：国内要闻、本市要闻、小说等。日出5500份
《新报》	1912年						
《直隶公报》	1913年1月	1928年5月			直隶省长公署		
《天津晨报》	1914年4月		日刊	主笔：张文斋、孙昌年	特别二区六马路		
《天津晚报》	1914年4月		日刊	主笔：张金锐	特别二区六马路		
《图解日报》	1915年6月1日						
《益世报》	1915年10月1日	1949年1月14日，（1937年抗战时停刊，1945年复刊）	日刊	比利时传教士雷鸣远与刘守荣（浚卿）创办，刘任社长，刘豁轩任主编	社址初在南市荣业大街，民国四年后移至小洋货街，民国四年再迁至意租界大马路	大三张	内容：社论、国内外要闻、本市新闻、各地新闻、经济、游艺及文艺、小说、经济等，日出35000份
《天津午报》	1916年9月		日刊	社长：刘仲赓，经理：白幼卿	南市广兴大街	两小张半	主要内容：国内要闻、本市新闻、文艺、小说。日出19000份
《天津午报》	1917年1月		日刊	主笔：吕卓瀛	特别二区六马路		
《汉文京津泰晤士报》	1918年	1934年	日刊	熊少豪创办、郝东晞为编辑，官竹心接办后一时期		两大张	复刊名"快哉亭"
《国强报》	1918年2月15日	卢沟桥事变后	日刊	创办人：杨松林，社长：杨庆山（一说杨少林），主笔：吴我素	南市平安大街	一张四开	小报

《天津学生联合会报》	1919年7月21日		周恩来主编	又称《学联报》			
《工商日报》	1919年8月筹备出版			原北京《国权报》的杜公度任经理,主笔为张天放,编辑为尹益三	南马路附近		"拟于九月中旬出版"
《北方新闻报》	1919年9月筹备出版		日刊		南市广兴里		
《天民日报》	1919年4、5月间		日刊	负责人:谢迈度	日租界电灯房前		
《北方新闻》	1919年		日刊	负责人:王敬生	南市广兴里		
《益世报晚刊》	1919年		日刊	刘明泉负责	意租界大马路,天津《益世报》馆		"五四"后停刊,1931年"九一八"后复刊,1934年又停刊。
《中英文东方时报》	创办于"五四"时期,1926年在天津复刊,英文部停办	1927年年底	日刊	英人辛博森创办。总编:王小隐	东门外小洋货街《益世报》旧址	两张,副刊占半张,名"东方朔"。	以反对安福系、支持学生运动,在京名噪一时。以英文为主。直奉第一次战争后停版。第二次战争后,奉军入关,1926年在津复刊,杨宇霆负责。资金、人事均由奉系控制
《大中华商报》	1920年8月28日			负责人:萧润波(萧润之)	南市广兴街		
《启明报》	1920年11月1日(一说1919年)		日刊	创办人兼社长:尹小隐(注:另有苏明甫、苏启明两种说法)	南市广兴大街	一大张	主要内容:要闻、新闻、文艺等,日出1100份
《新民意报》	1920年9月15日	1925年		马千里、时子周、孟震侯创办,后由刘铁庵主持	南市广兴大街		以"讨论社会问题,提倡平民政治"为宗旨,传播革命学说,推动新文化运动
《来报》	1921年1月4日	20天左右被停刊		谌小岑、胡维宪任编辑。	法租界。		被法租界工部局查封后,迁出租界,改名《津报》继续出版,不久停刊

报名	创刊时间	停刊时间	刊期	创办人/社长/主笔	地址	篇幅	主要内容
《评报》	1921年3月1日		日刊	刘霁岚创办并自任社长，主笔：高辑五、王宝珍	地址四迁，先在荣业大街，随后移至大舞台东，又移至法租界24号，1930年移至意租界大马路98号		主要内容：要闻、评事、小说、琐闻。1934年该报发表题为"蒋中正中正不正，不能扶正"的评论，遭到国民党军警的抄砸与查封，停刊半个月，后经多方疏通，方才复刊，但不得使用"评"字，而改"平"字，转而以文艺评论为主。日出10000份
《华北新闻》	1921年8月1日	1933年10月	日刊	创办人：钱芥尘，社长：周拂尘（1922年1月由周接办）	法租界4号路	两大张	主要栏目：要闻、新闻、文艺、小说。1923年因揭发鲁嗣香的卖国渔利行为，惹出一场所谓"公然侮辱罪"的讼案。日出3400份（一说日售7000份）
《震报》	1923年						
《通俗报》	1923年1月筹备出版			由中华自治会天津支会李仲培等筹办			《益世报》1923年1月1日载"已呈请警厅备案，大约明年一月出版"
《时报》	1923年5月1日		日刊	刘霁岚创办，并自任社长	意租界大马路40号（一说38号）	一大张	主要栏目：国内要闻、本市新闻、琐闻、杂录等，日出2000份
《健德报》	存在于1923年至1924年间			直系国会议员创办		小长条型	
《快报》	1924年		日刊	社长：左小蓬，主笔：吴微哂	特别一区		
《社会日报》	1924年（一说1935年间）	1948年注销	日刊	负责人：蒋明德（一说：主编：王竹影，编辑：杨春霖、姚桂忠）	南市荣业大街		
《新天津报》	1924年9月10日	1944年4月30日最后一期	10日刊	创办人兼社长：刘髯公，总编：薛月楼	意租界大马路11号	三张四页四小张小周三周四	主要栏目：国内要闻、都市新闻、小说、省区要闻、体育教育、经济、游艺、国际要闻。日出23200份。
《绝交报》	1925年6月上旬			南开大学师生成立之经济绝交研究社主办			

报名	创刊时间	停刊时间	刊期	主办/创办人	社址	版面	备注
《新公报》	1925年6月			天津各界联合会主办			小报
《救国日报》	1925年7月下旬		日刊	社长：郭静华，主编：李逸。中共天津地委通过各界联合会创办			
《天津晚报》	1925年10月30日			日本人雇用中国人所办	日租界伏见街求实路2号		
《报纸》	1925年10月	不久即停		国民党议员所办			
《天津新闻》	1926年		日刊		日租界大罗天后身伏见街求实路2号		
《庸报》	1926年5月26日（又说为6月26日）	1949年	日刊	创办人：王镂冰与董显光，社长：蒋光堂	法租界26号路27号	两张对开	主要栏目：国内外要闻、社论、小说、体育、经济、天津及地方新闻、游艺等。日出16000份
《现世报》	1927年夏		日刊	创办人兼社长：史鹤雏，	公安一区慎益大街	一小张	主要栏目：国内要闻、本市新闻、小说、杂记，日出4000份。
《华北晚报》	1927年6月1日		日刊	创办人兼社长：周拂尘	法租界4号路（一说河北公园内《报学季刊》）		主要栏目：要闻、新闻、游艺、小朋友、小说。日出7200份。原名《四点钟》，于1924年5月创刊
《快报》	1927年	1937年	日刊	创办人兼社长：赵仲轩	公安特别第一分局墙子河		主要栏目：国内要闻、社会新闻、小说、文艺、快语（同垃圾新闻），日出4200份
《津津报》	1928年1月10日		三日刊	闵镇华等集资数千元所办，聘朱晓英为总编辑	法租界紫阳里8号		
《天津商报》	1928年5月10日		日刊	总经理：王镂冰（创办人），主笔：唐定尧	法租界二十四号路（一说特别二区二经路3号）	三大张	初时，每份两张。1930年一月增为三大张，同时并出一种画报，每周两次。主要栏目：社评、国内外要闻、专载、本市新闻、游艺、经济与商情、画报
《民益报》	1928年5月起筹备			由在新闻界服务多年的黄文卿、朱晓芙等组织	筹备处：法租界23号路北头		自购机器，印刷精良，资本雄厚，消息务求详确，已向法国工部局禀请立案
《天津唱报》	1928年6月		日刊	社长：陈眉翁，主笔：孟师弘	河北昆纬路		

《新天津晚报》	1928年6月1日		日刊	创办人兼社长:刘髯公	法租界24号路	一小张	主要栏目:国内新闻、本市新闻、小说、游艺
《静海日报》	1928年10月12日准备出版			该县公民朱英涵、徐风伍等创办			为启发民智,开通风气起见,经县政府批准立案
《大中时报》	1928年11月16日	1948年8月	日刊	创办人兼社长:徐余生,主编:王晴霓	出版时在南斜街。1929年11月被公安局查封。1930年4月移广兴大街,1931年移至意租界大马路32号	两大张	主要栏目:社论、国内要闻、专载、教育、本市各地、新闻、文艺、小说、简报
《天津县日报》	1928年11月拟出版		日刊	县党务指导委员会宣传部主办			
《建设日报》	1928年		日刊				
《正报》	1928年		日刊				
《平津快报》	1928年		日刊				
《消闲新闻》	1928年		日刊				
《天津旭日报》	1928年	1935年	日刊	周芹舫为发行人兼社长。刘子权为经理,袁无为任总编辑	南市广兴大街(徐世昌为其写牌匾)	四开小报,日出四版	
《天津日报》晚刊	1929年		日刊		日租界福岛街	一小张	
《新春秋报》	1929年		日刊				
《好报》	1929年		日刊				
《民报》	1929年2月1日		日刊	创办人兼社长:鲁嗣香,编辑主任:沈信民	日租界须磨街	两张	主要栏目:社评、要闻、本市新闻、各省新闻、小说、游艺。不久沦为换报头报纸
《工人话报》	1929年4月			天津市总工会主办			

报名	创刊时间	停刊时间	刊期	负责人	社址	版面	内容
《天津晶报》	1929年4月10日,(一说1929年10月,《新北方》)		三日刊	创办人兼社长:陈眉翁	昆纬路骏骥里10号	一张小	主要内容:杂记
《亚东日报》	1929年6月10日		日刊	尹鸿方创办兼社长		一张	1929年7月前出一大张。8月改一裁四一张,后以纸贵改为小张。主要栏目:评论、国内要闻、本市新闻、游艺、小说
《好报》	1929年8月上旬			中共顺直省委主办,公开发行			
《民国日报》	1929年12月1日		日刊	国民党中宣部党报。社长:鲁荡平,总编辑:王一凡	特别三区三经路(后迁至第一区罗斯福路373号)	三张大	主要栏目:社评、国内外要闻、本市新闻、各地新闻、经济、副刊、文艺、教育、小说
《天风报》	1930年2月20日		日刊	创办人兼社长:沙大风,编辑:何维湘	日租界福岛街	一张小	国内要闻、本市新闻、小说、杂记
《东方日报》	1930年5月1日		日刊	创办人:程平原,社长:刘不同,总编辑:张越尘	意租界东马路十四号	一张小	主要栏目:国内要闻、本市新闻、文艺
《明星报》	1930年5月	1934年1月21日	日刊	创办人:李桐林,社长:周芹如	意租界六马路宏健里六号	一张小	主要栏目:国内要闻、社会新闻、戏剧、小说、垃圾新闻,后改晚报
《中华新闻报》	1930年6月		日刊	社长:袁润之,主笔:王醒愚	南市大舞台东		
《中南报》	1930年11月1日,(一说12月1日)		日刊	创办人兼社长:张隐公,经理:王笨夫(一说社长张幼丹,主笔陈子良),编辑:李醒我	南市广兴大街路西(一说荣业大街)又说南市大舞台东大街		主要栏目:国内要闻、琐闻、小说、杂谈
《小时报》	1930年11月		日刊	社长:刘曜厂,编辑:李容权	南市广兴大街	一张小	小报
《民声报》	1930年12月20日		日刊	创办人兼社长:王墨林,经理:齐文轩	公安一区平安大街,后迁至东兴大街	一张小	后改组。1931年3月20日停刊,4月16日迁址后复刊。主要栏目:国内要闻、本市新闻、文艺、小说
《民风报》	1930年12月		日刊	社长:裴健吾,经理:张士栋	南市广兴大街	一张小	小报

《合众日报》	1930年12月	不久即停刊	日刊	经理:蒋逯总,编辑:唐际清	特别区兴隆街	二张半	一小
《益世报》晚刊	1930年		日刊	刘明泉任社长(负责)	意租界大马路	一小张	一说1919年创刊,"五四"后停刊,1931年"九一八"后复刊,1934年又停刊
《中外日报》	1930年		日刊				
《小钟报》	30年代		日刊	沈浮自办			
《公言日报》	1931年4月1日		日刊	创办人兼社长:谢友兰	公安一区慎益大街	一大张半	主要栏目:专载、要闻、新闻、小说、文艺
《民间日报》	1931年5月		日刊	社长:王再为	南市	一小张	小报
《天顺报》	1931年6月20日(一说5月)		日刊	周虎臣创办并兼社长	意租界大马路	一小张	主要栏目:国内要闻、本市新闻、文艺、小说、异闻
《新时代》	1931年6月		日刊	社长:刘福清	南市	一小张	小报
《指南日报》	1931年6月		日刊	社长:赵阜	南市	一小张	小报
《治新日报》	1931年12月13日(一说1932年)		日刊	社长:田树雨,主笔:马春田	意租界小马路天柱里十四号(一说天津特三区四经路)		
《民强报》	1932年4月20日		日刊	负责人:刘树平	估衣街84号		
《天津晓报》	1932年11月5日		日刊	社长:袁无为,主笔:杜子瑜	南市大舞台东(一说南市广兴大街内。见《七十年报业史》)		
《直言报》	1932年6月10日		日刊	负责人:王梦青	南市荣业大街	一张四开	
《天津游艺新报》	1932年6月13日		日刊	负责人:熊伯寅	特别区二经路6号		
《民铎报》	1932年9月15日		日刊	负责人:祁仁山			

《新天津晓报》	1932年9月1日	日刊	社长:刘中儒	意租界大马路十一号	
《天津导报》	1932年9月10日	日刊	负责人:陈一郎	意租界小马路28号	
《津沽民报》	1932年	日刊	负责人:孙福昌(一说为翟纯)	意租界三义里九号(一说三益里)	
《国权报》	1933年2月20日	日刊	负责人:王文翰	南市天西一坊48号	
《燕赵日报》	1933年5月15日	日刊	负责人:张兰居	河北天纬路青云里2号	
《观察日报》	1933年5月1日	日刊	负责人:公学行	法租界26号路208号	
《天津生活报》	1933年6月1日	三日刊	负责人:高峥嵘	特别三区二经路9号	
《大众日报》	1933年7月5日	日刊	负责人:刘悟农	法租界西开教堂后老三槐	
《东陲报》	1933年7月20日	日刊	负责人:高尔瞻	河北大胡同文华馆宾内	
《天津明星报》	1933年8月4日	日刊	由冷香九、李伯长创办	侯家后小马路8号(一说单子街博陵公寓)	
《亢报》	1933年9月1日	日刊	创办人:金必亢(一说为金必之)	南市广兴大街	偏重影、剧、曲艺,趣味性强
《天津大报》	1933年10月14日	日刊	刘云若创办	法租界兆丰路义兴里3号(一说兴义里)	
《天津实言报》	1933年10月20日	日刊	沈剑影创办	南市永安大街84号	
《民族报》	1933年11月1日	日刊	富双禄创办	估衣街归贾胡同对过	

《复兴报》	1933年11月1日		日刊	于尝谏创办	南市官沟大街155号	
《玫瑰画报》	1933年		日刊	负责人:包注第	法租界26号路	
《实话报》	1934年1月			中共河北省委宣传部主办，负责人:李铁夫		揭露日本侵华真相,介绍天津工人阶级的反日斗争
《实事报》	1934年7月16日		日刊	张铭负责	南市慎益大街四箴里内(一说南市永安大街)	
《博陵日报》	1934年			社长:刘震中,总编:杨春霖	河北月纬路	四开小报	抗战后出版,解放后仍被批复刊,是私营报纸仅存的一家,1952年后自动停刊
《新中国报》	1934年	张廷谔下台		社长:张树德		
《晓报》	1935年前后			社长:张幼丹,编辑:李然犀(笔名大梁酒徒)、张吉人、杨石	南市荣吉街	小报
《大华报》	1935年4月11日		日刊			
《广播日报》	1935年9月1日	1937年3、4月间	日刊	社长袁无为,编辑孟晋之、杨石	南市广兴街	以刊登当天电台节目为主
《钢报》	1935年10月10日		日刊	社长:吴卫泉(一说吴卫霖),主笔:陈明甫	河东特二区大马路大致安里51号	四开小报
《新报》	1935年		日刊	负责人:刘曜厅、张梦雄,主笔:张松年	意租界复东印刷局	
《明报》	1936年11月1日					
《捷报》	1936年		日刊	社长:薛幼青,主笔:顾学	北门内大宜门口(一说日租界户逆街)	
《今日新闻》	1936年		日刊	社长:赵子情,主笔:董馥棠	法租界14号路	
《大方报》	1936年		日刊	社长:陈达公	法租界32号路	

《东亚晚报》	1936年		日刊	负责人：郑知依，主笔：朱通儒	日租界香取街	
《抗日小报》	1937年7月			中共天津市委编辑出版		
《天津纪事报》	1937年底（一说10月）				法租界中国街万桥旁百福大楼	未得出版
《新都会》	1938年	不久停刊		童滴珊创办		
《商务日报》	1945年日本投降后	解放前夕	日刊	创办人：李东序，总编：李植林		
《解放日报》	日本投降后					
《民党日报》	日本投降后			国民党地下人员临时出的小型报纸		
《河北新闻》	1946年初	1946年10月	日刊	总编：钱政，社长：姜般若	罗斯福路芦庄子口南	四开立型两版
《中国新闻》	1946年4月18日	同年8月停刊		负责人：张树德	第一区南京路42号	地下发行
《新生晚报》	1946年7月31日		日刊			
《天津卫报》	1947年		日刊	发行人：戴玉璞，编辑：王热冰	第一区迪化道31号	
《老百姓报》	1947年上半年	1948年8月注销		由本市新闻界王嘉禄、李伟祺、周乃拯、姚星五联合津界名流所办	第一区兴安路90号	
《老百姓日报》	1947年上半年		日刊	王嘉禄、李伟祺、周乃拯、姚星五等创办	特别一区兴安路90号	
《新星报》	1947年6月1日		日刊	负责人：张师贤	第二区博爱道23号	
《时事日报》	1947年9月9日		日刊	任卓如、李诵明等共同创办	一区兴安路167号	四开型
《民国晚报》	1948年3月29日		晚刊	发行人：卜青茂	第一区罗斯福路373号	
《天津日报》	1949年1月17日					
《工人日报》	抗战后					
《人民晚报》	抗战后					

《夜报》	抗战后					
《新兴报》	抗战后					
《中国新闻》	抗战后					
《真善美》	抗战后					
《衡报》	1922年					
《少年报》	1922年					
《黄报》	1926年	日刊	办报人：薛大可，据说为张宗昌出资	日租界	一大张	
《时代晚报》		日刊	负责人：王洪钧			
《天津新生晚报》		日刊	负责人：李清贤	罗斯福路240号		
《天津中华晚报》		日刊	负责人：袁润之			
《中华日报》		日刊				
《自由晚报》		日刊	负责人：何剑心，发行人：钟石奇	一区兴安路168号		
《民国日报》晚刊		日刊	负责人：卜青茂			
《振报》			主笔：白逾桓			
《大北报》			社长：李枕流			
《天津实报》		日刊	负责人：郭学正	南市广兴大街内		
《东亚晨报》		日刊	社长为郑万瞻，郑亚余任经理及总编，编辑主任为吕鸿基	宫北大街16号		后郑亚余任社长，卢沟桥事变后在天津成为与《庸报》并存的大报
《中美晚报》		日刊	社长为岑某，日人三谷亨任总编。编辑、记者有邵润章、刘景博、吴太源、刘瑶章、谢玉川等			
《小说日报》			刘铁庵办			社会新闻及小说，小报

报名							
《新中华报》							
《实报》			管翼贤创办				
《北方时报》		日刊		日租界 Long hwa kai			
《大路晚报》							
《远东晨报》			负责人：范承藻，主笔：王文藻、王宝珍	河北大经路			
《新世界日报》						登记证字号：京警津字36号	
《我们话报》						登记证字号：京警津字33号	
《中国新闻》							
《大陆新闻报》						登记证字号：京警津字64号	
《繁华报》						是《爱国报》内另外发行的一小副刊新闻	
《赳赳正武报》		日刊	武氏创办，刘君宜任主编			出版两天即停	
《民兴报》		日刊	负责人：涂培元	意租界六马路39号			
《大陆报》			华延九创办	大陆广告社出版			
《农民呼声》		日刊	负责人：裴清正				
《燕报》		日刊	负责人：范汝贤、魏宗枢				
《时闻简报》		日刊	负责人：张桂藩				
《河北民声日报》		日刊	负责人：刘平之				
《天津星报》		三日刊	负责人：袁无为	特三区二经路35号			
《泰东日报》		日刊				1937—1940年在天津立案之报纸	
《梨园日刊》		日刊				1937—1940年在天津立案之报纸	

《华洋公论报》		日刊	负责人:卢梦颜	法租界京城道	
《医药卫生浅说报》		周刊	负责人:卢谦	东马路	
《河北日报》		日刊	负责人:边法卿	南市广兴大街	
《民强报》		日刊	负责人:李玉楼	日租界恒利后	
《北洋商报》		周刊	O.D.Rasmussen	英租界中街82号	
《天津日报》		日刊	日本人西村	日租界寿街	
《中言报》		日刊	负责人:张凤秋	法租界马家口	
《中华新闻》		日刊	负责人:管孟仁		
《国风报》		日刊	负责人:张化南		
《华北汉英报》		日刊	负责人:宋基友		
《乐报》		日刊	社长:成一平	河北辰纬路	
《津报》			社长兼主笔:泷口尧	日租界	
《民生报》		日刊	广东人办,后兑于王敬。薛不器、吴云心任编辑		王系《东方时报》营业部负责人。吴、王在《东方时报》停办后,改操办此报
《天声报》		日刊	社长为谢龙阁,后为吴临清。(一说由吴氏创办,李志新为编辑主任)	南市平安大街中间	日本特务报纸
《赤县新闻》					
《戆言》					
《大风报》					见《天津海关十年报告书》(1902—1911)

《革新报》					见《天津海关十年报告书》(1902—1911)
《时闻报》		日报			见《天津海关十年报告书》(1902—1911)
《民牖报》					见《天津海关十年报告书》(1902—1911)
《公论报》					见《天津海关十年报告书》(1902—1911)
《青年报》		周刊	负责人:郝瑞满	东马路青年会	*The China Year Book* 1921—1922
《中华民报》					见《天津海关十年报告书》(1902—1911)
《民约报》					见《天津海关十年报告书》(1902—1911)
《学生日报》					《益世报》1925年11月8日报道。该报拟于1926年元月创刊。但未获其出版信息
《商情日报》	1948年8月注销	日刊	负责人:李佑康		
《中报》	1948年8月注销		负责人:李闻州		
《天津晚报》	1948年8月注销	日刊	负责人:刘宾如		
《复中日报》	1948年8月注销	日刊	负责人:李辉		
《光明报》	1948年8月注销		负责人:王述先		
《通俗白话报》		日刊	负责人:谢迈度	日租界电灯房前	*The China Year Book* 1921—1922
《天津公论》					民国初年报纸
《大华晚报》	1948年8月注销		负责人:齐协民		
《天津真报》	1948年8月注销		负责人:李仲华		
《诚毅报》	1948年8月注销		负责人:邵华		
《洪钟日报》	1948年8月注销	日刊	负责人:朱启炎		
《天津日报》	1948年8月注销		负责人:刘宾如		

《民生导报》	1946年	1948年8月注销	日刊	社长:刘子威,发行人:秦丰川	第一区兴安路218号		
《三津报》		1948年8月注销	日刊	负责人:黄涛			(一说《三津街报》)
《中国人报》		1948年8月注销	日刊	负责人:詹幼庭			
《大陆新闻(报)》		1948年8月注销	日刊	负责人:张剑华			
《天津青年日报》	1945年		日刊	负责人:李东序	英租界海大道105号		
《中华日报》			日刊	负责人:齐协民	日租界福岛街41号		
《新时报》			日刊	负责人:王润秋	第一区林森路21号		
《天津工商日报》			日刊	负责人:左甦	一区河北路88号		
《天津建国日报》			日刊	负责人:钟石奇	宫北大街14号		
《服务报》			日刊	负责人:陈加			
《新报》			日刊	白幼卿创办,社长:刘仲庚,主笔:黄秋圃(一说刘铁庵任社长)	南市广兴大街(一说Sikai Peikoo《1926名录》)。	一小张	
《经世日报》			日刊		南市东兴大街(Tung Hsing Ta Chiieh)		《英文名录》

天津的英文报纸

中文名称	原文名称	文种	创刊日	停刊日	刊期	编者(负责人)	备注
《中国时报》	*The Chinese Times*	英文	1886年11月	1891年	日刊	Mr.Alexander Michie任主笔	
《京津泰晤士报》	*Peking and Tientsin Times*	英文	1894年		每周一至周六出版	H.G.W.Wood-head任主笔,Wilfred Pennoll继任(1938年10月)	英国,英租界维多利亚路181号
《华北明星报》	*North China Star*	英文	1918年		日刊	Dr.Charles J.Fox任主笔	美国,特别一区苏州路37号
《京津泰晤士周报》	*Peking and Tientsin Sunday Times*	英文			周日刊,每周日出版	H.G.W.Wood-head任主笔,Wilfred Pennoll继任	
《华北日报》	*North China Daily Mail*	英文			晚刊	R.Bate任经理 T.G.Fisher任主笔	
《华北星期报》	*North China Sunday Times*	英文			周刊	R.Bate任经理 T.G.Fisher任主笔	法租界中街(大法国路19号),为《华北日报》又一出版的周报
《星期画报》	*China Illastrated Review*	英文			周刊	H.G.W.Wood-head任主笔	天津印字馆出版
《中国评论家》	*The China Critic*	英文	1904年		日刊	英国人纽曼主持	原名《中国评论》。1907年1月改称《中国评论家》
《中国时报》	*The China Times*	英文	1901年		日刊	科恩兄弟主持	初创时在北平,三个月后移入天津英租界
《公闻报》	*The China Advertiser*	英文	1919年9月			日本人松村利男组织	这是日本人在天津创办的英文报纸,设于日租界山口街
《天津英文晚报》	*Tientsin Evening Journal*	英文			晚刊	瑞格德主持(Rogard Bernard S.)	赤峰道30号
《天津英文时事日报》	*The Tientsin Chronicle*				日刊	Liang Thomas H.Pro. Liang,P.J.Managing ed	6,Woodrow Wilson Str. 为《北平英文时事日报》天津分版
《华北汉英报》							

天津的日文报纸

名称	创刊日	停刊日	刊期	编者（负责人）	地址	备注
《华北时报》	1901年		初为周刊，后改隔日刊，最后改日刊	西村博主持	日租界	初名《华北新报》，改日刊后称《北洋日报》，1907年称《华北时报》
《天津日日新闻》	1902年				日租界旭街	
《时闻报》	1906年				日租界协和里	
《天津日报》	1911年（明治四十四年一月）(一说四十三年)		日刊	西村博任社长	日租界寿街	该报由《北清时报》(或称《北清日报》)及《北支那每日新闻》合并而成
《京津日日新闻》	1918年（大正七年十月三十一日）		日刊	发行人兼编辑：森川照太	日租界寿街	
《Keishin Nichi - Nichi Shimbun》	1920年		早晚发行		日租界秋山街	
《天津经济新报》	1920年（大正九年五月二十八日）		周刊	发行兼编辑人：小宫山繁	日租界明石街	
《日华公论》		(1923年)大正十二年	日报	S.Ogura（经理）K.Yamanchi（编辑）	日租界 Sakai Road24号	
《华北商报》			日刊	主笔为藤田辰雄	日租界明石街29号	其前身为"华北通信社日刊新闻"
《天津商业会所时报》						
チヤイナ ツリビユ ーン	1909年（明治四十二年）				日租界吾妻街	日本
ノースチイナテリメイル	1906年			社长テイ・ジ・フイツシヤル	法租界10号路19号	英国。(軍部密接關係)亲日派报纸
ドヰッチ・チーネルフインダーシリフテン	1930年			社长ウユッツル	特一区中街14号	獨逸领事館機關紙
チヤイナタイムス	1903年（明治三十六年）				英租界	英国
《新晚报》	1935年12月15日				特二区福安街致远里2号	

天津的俄、法、意文报刊

中文 名称	原文 名称	文种	创刊日	停刊日	刊期	编者 (负责人)	备注
	The Nasha Zaria	俄文	1928年		日刊	Miller.I.L	302-4 The Bund;Ti-entisn(一说Taku Rol, I-pin Building)
	The Russkoe Slovo	俄文			日刊	P.Artynoff ed	19 Rue de France 大法国路
《北洋德华日报》	*Tayeblatt für Nordchina*	德文	1904年	1915年	日刊	主编初为马拉茨德,后为克劳茨克	与《上海德文新报》合作
《德军报》	*Deutsch Brigade Zeitung*	德文	1902年	1906年3月	周刊	驻津德军编辑	
《德华日报》	*Deutsch -Chinesisch Nachrichten*	德文	1929年(一说1903年)		日刊	Wetzel, A.F 任主编、经理	威尔逊路10-22号,纳粹政府垮台后,该报停办
《德国新闻》	*German News*	德文	1939年9月(一说6月)		日刊	德海通讯社主办,编辑A.Baner	特一区中街14号
《权务报》	*L'Ec De Tientsin*	法文	1905年		日刊	M.Saulais. Prop	法租界京城道。又译《天津回声》;《中国回声》
	Le Tientsinois	法文	1922年		日刊	Nachbaur.A	68, Rue Dillon(狄总领事路)
	Vozrojodenie Asii	法文			日刊		46,W.Wilson St. (威尔逊路)
	L'Ancre De Chine	法文			每月第一、三周星期天出版	French Greneral Staff	,9.Rue de I'Ami-raute (水师营路)
《天津俄文新声日报》	*Nash Golos*	俄文			日刊	Spoorgot M.C.ed	225 Taku Road(大沽路)
	Russian Daily News "Novosti Dnia"	俄文			日刊		95-97 Truman Rd

附录2

天津近现代期刊一览表

刊名	创刊	停刊	开本	刊期	负责人及编辑出版（刊址）	备注	出处
《国闻汇报》	1896年				日商创办	佚，1905年5月12日《大公报》载"丙申（1896年）创办"	
《国闻汇编》	1897年12月	1898年2月		旬刊	主编为严复、夏曾佑等；天津国闻报馆出版（法租界紫竹林）	中国人集资创办的最早期刊。以刊登外国新闻及翻译文章为主。仅出6期	
《华北时报》（日文）	1901年			周刊，后改隔日刊，最后为日刊	负责人：西村博	日本人在津创办，初名《华北新报》，日刊后改名《北洋日报》，1907年名《华北时报》	
《青年会报》	1901年				基督教会办	佚，1905年5月25日《大公报》载"辛丑（1901年创办，乙巳（1905年）改名《星期报》）"	
《北洋官报》	1902年12月1日	1912年1月		隔日刊，后改日刊。	袁世凯倡办	20世纪初中国第一家官方报纸。1912年5月改为《北洋公报》。又5月12日载"癸卯（1903年）创办"	
《北洋官报汇编》	1902年12月			周刊	北洋官报局		
《时事画报》	1902年			月刊	黄姓等四人倡办	1902年11月16日《大公报》载：该刊仿《觉民录章程》拟招股创办	
《北洋学报》	1902年12月（一说1906年）	1906年		周刊（隔日刊）	北洋官报局，张云团孝廉曾任主笔	1903年12月1日《大公报》载：11月初一发刊为隔日刊，又5月12日载"甲辰（1904年）创办"	
《教育杂志》	1904年11月	1911年9月		半月刊	天津直隶学务公所图书馆	1907年3卷起更名《直隶教育杂志》，1909年5卷起更名《直隶教育官报》	
《直隶白话报》	1905年2月			半月刊			
《北清评论初稿》	1905年10月29日			周刊	中东对译；日租界常盘街该社		

《北洋学报汇编》	1906年1月	1906年12月		周刊	北洋官报总局	
《北洋法政学报》	1906年9月	1910年11月	大32开本	旬刊	北洋官报总局(三岔河口水师营东,今金家窑大街东口)	原名《法政杂志》,自第7期起改为本名,一作"政法"
《北洋美术画报》(日文)	1906年			月刊	天津美术会,编辑:大和正夫	日本人在津创办
《醒俗画报》	1907年3月		石印,大32开,后改为大16开	初为旬刊后为五日刊、三日刊	社长:吴芷洲,主笔:陆莘农;该社出版(北马路启文西阅报社)。	开天津石印画报之先,为天津最早的图文并茂的通俗画报。1908年更名为《醒华画报》,改为三日刊,后增发双日刊,后改为日刊
《人镜画报》	1907年6月	1907年11月		周刊	温世霖主办;该报社编发(日租界天仙茶园北时务印字馆内)	
《醒华》	1908年			五日刊	醒华画报馆(北马路启文西阅报社)	前身《醒俗画报》,1908年5月4日第72期改为三日刊,后增发《醒华日报》,1910年8月两报合并为双日刊(《河北省通志》出版志载:后一期为1912年5月)
《正化画报》	1909年1月		4开	每周三次	河东旧奥租界大马路	
《天津两日画报》	1909年1月29日			二日刊	醒华报馆总发行	
《自治励学报》	1909年3月				凌庆藻、周行齐、马千里等组织创办;南开学校	南开学校刊报之始
《中国公论》(英文) CHINA TRIB-AML	1909年			周刊	日本松本君平创办(日租界)	又名《大宝报》
《醒华杂组》		1910年				

《地学杂志》	1910年2月			月刊，后改双月刊	编辑部长：白毓昆；中国地学会（天津河北第一蒙养院）	中国地学会创办的第一份地学期刊。1912年秋迁至北京（《河北省通志》出版志载"1月创刊，1937年停刊"）	
《直隶警察杂志》	1910年9月	1911年		半月刊（一说月刊）	杨以德负责；天津直隶杂志社编印	《1921年中国年鉴》（英文京津泰晤士报）作"月刊"）	
《中国实业杂志》	1910年9月	1919年3月		月刊	该社出版	在日本东京创刊，1917年8卷8期起迁至天津	
《北洋政学旬报》	1910年11月	1912年7月		旬刊	北洋官报总局		
《北洋兵事杂志》（兵事杂志）	1910年				北洋陆军兵事杂志社出版		
《全球画报》	1910年				主编：费希礼		
《天津评论》（日文）	1910年	1921年		月刊	日本人基督教青年会主办；编辑：佐藤忽一郎		
《克复学报》		1911年			克复学会	所见最早的革命派报刊	
《正风画报》	辛亥革命前				该社	通俗画报	
《广益录》	1911年			周刊	天主教同人（天津三岔河口诚止学堂）	宣传教理	
《天津益世主日报》	1911年3月（一说1912年9月或1925年12月）			周刊	编辑主任：雷鸣远（天津西开老教堂）	原名《广益录》（一说《益世录》）。1946年27卷19期起改名《益世周刊》。后迁于益世报馆	
《北洋旬日画报》	1911年2月						
《北洋浅说画报》	1911年4月				主笔："达菴"、"慎之"（旧日租界常盘街）		
《实业杂志》	1911年（一说1912年8月）	1913年（一说1915年12月）		原为半月刊，后改为月刊	原天津直隶劝业公所实业杂志编辑处编印，后改为直隶省商品陈列所编印	1913年11月起改名《直隶实业杂志》（《河北省通志》出版志载"7月创刊"）	
《天津杂志》	1911年			半月刊		1911年2月19日《大公报》记载：在警务公所请准立案	

《中国医学白话报》	1912年11月	1913年		周刊	该报馆		
《庸言》	1912年12月1日	1914年6月		原为半月刊,后为月刊	主编梁启超(日租界旭街17号,今和平路17号)	1914年2卷起改为月刊	
《天津青年》	1912年			半月刊,后改为月刊	天津基督教青年会		
《直隶农会报》	1912年			月刊	直隶省农会		
《言治》	1913年4月	1913年11月		月刊后为季刊	主编:李大钊、郁嶷;天津法政学会。	天津最早的法制期刊之一,北洋法政学会定期刊物。共出6期,中有停刊	
《进修报》	1913年12月	1915年12月			天津直隶水产学校学生出版		
《法政白话旬报》	1913年			旬刊	天津法政专门学校主办		
《日华公论》(日文)	1913年			周刊	森川照太、小仓章宏创办	日本人在津创办(《日本人在天津的报业活动》目录载,1912年创刊)	
直隶教育界	1913年(一说1916年2月)	1917年5月		月刊	编辑:胡家琪、张佐汉;直隶教育会主办发行		
《政学旬报》	1914年1月	1915年1月			北洋印刷局		
《南开星期报》	1914年5月4日	1915年6月14日		周刊	周恩来参与编辑工作(另说,马千里总理,学生负责人陈纲);南开学校出版	1915年6月14日停刊,同年8月30日续出,至70期改名为《南开校风》	
《教育公报》	1914年6月			原月刊,后改双月刊。	教育部编审处	1927年改为双月刊,期数另起	
《敬业》	1914年	1917年		半年刊	天津南开学校敬业乐群会编辑部	共6期,为普通中学创办的第一家学术期刊	
《希光报》	1915年2月				直隶省立天津中学堂	为该校出版物之创始。仅出1期	
《售品所半月报》	1915年2月25日	1916年3月			宋则久创办兼编辑;天津工业售品所出版	1920年复刊,1925年停刊	

《杂说》	1915年5月			月刊	南开学校丙班戊班同学组织的杂说社出版（一说天津杂志社）	
《广智星期报》	1915年8月	1937年7月	4开	周刊	社长：林墨青，编辑：韩补庵；广智馆编辑部（天津西北城隅）	原名《社会教育星期报》，1929年1月改为本名，期数另起
《南开校风》	1915年8月30日	1920年	大32开	周刊	该校校风报社	是我国北方学校最早的校刊之一。原名《校风》，1919年5月26日休刊，11月7日（一说10月7日）复刊，期数续前
《南开季报》（英文）The Nankai Quarterly	1915年9月	1916年			南开学校英文会主办。主笔：刘琪，编辑：查良钊等，经理：李广钊	综合性英文刊物
《北洋大学校季刊》	1915年12月			季刊	北洋大学季刊社编辑发行	严修题刊名。曾改为半月刊、月刊
《天津青年会会务杂志》	1915年			周刊		
《图解日报》	1915年		32开		经理：孙自乾，编辑：周筱山，发行人：丁亚侨；（旧俄租界火车站）。	
《新学镜》	1915年			半月刊	天津新学书院	
《直隶商品陈列所月报》	1916年1月	1917年10月			天津直隶商品陈列所（一说直隶劝业公所）	
《励学》又名《励学报》	1916年2月	1917年			南开学校自治励学会创办	共2期
《直隶第一女子师范校友会会报》	1916年4月	1918年	16开本	每年出两次	直隶第一女子师范学校校友会图书部编辑总务部发行	

《青年》（青年报）	1916年10月		半年刊	南开学校青年会编辑发行	共1期	
《南开人》（THE NAN KA-IAN）英文	1916年12月		半年刊	南开学校中学部及专门部的教工和学生共同主办英语研究会出版	系综合性刊物,是当时全校唯一的英文期刊	
《新学书院季报》	1916年12月	1918年3月		新学书院		
《天津日本商业会议所时报》(日文)	1916年		周刊	日本商业会议所出版,编辑：小林阳之助	日本商业会议所机关报	
《商学杂志》	1916年	1921年1月	月刊	河北商学院		
《铎声报》	1917年8月		季刊,后改为月刊、周刊	直隶省立第一中学校出版部编印，后改为"三育促进会"发行	月刊后更名《进修》	
《直隶教育旬刊》	1917年11月	1927年10月		直隶省教育会（天津直隶教育旬刊社）		
《南开思潮》	1917年12月	1920年2月	半年刊（一说季刊）	南开学校学生组织	由《敬业》《青年》《励学》三刊合一，共出5期。	
《三科会报》	1917年			直隶省立第一中学校三科会	主要转载国文、英文、数学三科等内容	
《天津劝学月刊》	1917年			该社		
《进修》	1918年前后	1919年	周报	直隶省立第一中学校"三育促进会"编辑出版		
《校钟》	1918年前后		不定期	直隶省立第一中学校演讲会	文学刊物	
《新民小说报》	1918年6月		旬刊	负责人：高新民；天津新民小说报社编发		
《警民画报》	1918年6月12日			段凤楼、刘桂亭、姚静轩等创办		
《星期天》	1918年10月	1919年2月	周刊	中华基督教会美以美会		
《春柳》	1918年12月	1919年10月	月刊	该社编辑出版(河北公园后)		

《商学季刊》	1918年	1927年			天津商学会出版部	
《直隶商品陈列所报告》	1918年	1924年10月		季刊（一说半月刊）	直隶商品陈列所（直隶劝业公所）	
《直隶实业公报》	1918年（一说1919年1月）	1921年12月		月刊	直隶实业厅编辑发行（天津新车站北）	
《实业月报》	1919年1月				直隶实业厅编发	1922年更名为《实业来复报》周刊
《教育》	1919年4月	1920年4月			天津教育学术编译社	
《南开日刊》	1919年5月26日	8月12日（一说13日）	4开4版		南开学校学生救国团	前身为"敬业乐群会""自治励学会"主办的《南开校风》和《南开思潮》。共出版60期
《醒》	1919年5月26日		4开	日刊	直隶省立一中学校学生救国团体	
《北洋大学日刊》	1919年6月	1919年7月21日		日刊	北洋大学学生会创办，经理：谌小岑	
《醒世》	1919年6月	1919年12月（一说8月）	原为油印，后改为铅印	周刊	主编：蒋云，卢棘瑜负责发行，直隶第一女师学生团编；天津女界爱国同志会出版（后改为直隶学生服务团出版）	"五四"时期天津第一份妇女出版的刊物
《天津学生联合会会报》	1919年7月21日（一说1920年初）		对开4版	初日刊，后改三日刊、日刊	主编：周恩来	"五四"时期天津学生联合会机关报。同年9月22日停刊，10月7日复刊，前后共出一百多期
《天津国货调查月刊》	1919年8月			月刊	天津国货调查会编辑出版	
《天津工商学院校友会》	1919年8月			年刊		
《河北零售物价指数月报》	1919年9月	1931年			河北省政府工商厅	后更名《河北物价指数季刊》，卷期另起
《导言》	1919年11月（一说1918年前后）			半月刊	直隶省立第一中学校学生会编辑（一说天津新心学会）	继《醒》报出版，二期后停刊

刊名	创刊	停刊	开本	刊期	主办/编辑	备注	
《斯卡依纳突马斯周刊》(英文)	1919年11月			周刊	美国人创办(法租界)		
《平民》	1919年11月1日	1919年11月24日	16开本	半月刊	天津学生联合会、女界同志爱国会合编	仅出3期(一说2期)①	
《新生命》	1919年11月1日	1919年11月24日	32开本	半月刊	南开学校姜般若组织的天津真学会编印	以工人为主要读者的通俗读物。仅出3期(一说4期)②	
《又新》	1919年12月12日(一说1920年12月)			周刊	主编天津又新学社	宣传新思想,追求新生活	
《广北校刊》	1919年			旬刊(一说周刊)		因经费问题曾停刊	
《民钟》	1919年		4开4版			北京学联和天津学联联合刊物。仅见两期	
《向明》	1919年(一说1923年)			半月刊	陈镜湖、韩麟符等创办的"向明学会"编辑出版	仅出2期,后更名《导言》	
《七天评论》	1919年底		4开4版		主编:张朝庐		
《直隶教育厅旬报》	1919年	1935年			直隶教育厅编印		
《北洋医学学友会会报》	1920年	1925年			该校学友会编		
《励进报》	1920年			月报	直隶省立第一中学校自治励进社		
《天津公理会月刊》	1920年	1935年			天津公理会		
《天津市第一小学校刊》	1920年						
《天津经济新报》(日文)	1920年1月			周刊	小宫山繁负责创办(日租界明石街,今山西路北段)		

---

① 《天津出版史料》第5辑第127页,《天津党史大事记》第148页。

② 《天津出版史料》第5辑第125页,第3辑第45页。

《觉悟》	1920年1月20日	1920年1月29日	大32开	月刊	主编:周恩来	为"五四"时期天津学生团体觉悟社社刊。仅出1期
《新生》	1920年4月1日	1920年秋被查封			主编:安幸生;官立中学(今第三中)韩麟符、陈镜泊、于方舟等组织的"新生社"出版	
《来报》	1921年1月4日			周报	天津社会主义青年团主办,编辑谌小岑、胡维宪(法租界)	仅出版20天左右,被法租界工部局查封,后改名《津报》继续出版,不久停刊
《南开周刊》	1921年4月	1926年1月			南开学校出版委员会	原名《校风》,编号另起。1925年9月14日调整,卷期另起。后停刊,1947年5月18日复刊
《星期小说》	1921年			周刊	星期晚报社	
《直隶省商品陈列所年报》	1921年	1923年			该所	
《实业来复报》	1922年1月	1922年12月		周刊	直隶实业厅编辑处	原为《实业月报》,1922年1月起改为本名,1923年又更名《实业丛刊》月刊
《南开季刊》	1922年1月15日	1923年		半年刊	南开学校出版委员会	系《南开思潮》之变相刊物。半年为一季
《微波》	1922年3月			月刊	该社	
《企新月刊》	1922年11月15日				编辑企新学社	
《秋声杂志》	1922年				天津晚报社	
《双星》	1922年			半月刊	张影香、梅健盦、罗康伯负责	
《新铎》	1922年			半月刊	编辑:焦菊隐、王穆如	
《清晨菊》	1922年底					有南开学生参加的杂志
《星火》	1923年初	1924年	16开6页	日刊	主编:马千里	《新民意报》副刊之一,是由《国民良友》改组而成

《虹纹》	1923年1月		季刊	编辑：焦菊隐；天津直隶一中学校出版部(天津城西铃铛阁街)	天津文艺季刊	
《快乐家庭》	1923年1月	1923年11月	半月刊	光华印刷公司出版部		
《明日》	1923年1月5日		旬刊	主编：吕一鸣，天津"马氏学会"创办	天津《新民意报》副刊之一，出版3期	
《女权运动同盟会直隶支部特刊》	1923年1月		16开4版	邓颖超、王贞儒负责，女权运动直隶省同盟会主办	天津《新民意报》副刊之一，出版3期	
《觉邮》	1923年4月5日	1924年3月	8开油印	不定期	主编：邓颖超、谌小岑；觉悟社出版	天津《新民意报》副刊之一，出版9期
《女星》	1923年4月	1924年9月底	16开	旬刊，后改周刊	主编：李峙山，审校：谌小岑、邓颖超，由邓颖超、李峙山、谌小岑发起，女星社创办(河北大经路达仁里10号，今中山路)	宣传妇女解放。天津《新民意报》副刊之一，后改为《妇女日报》副刊
《天津广北小学校七十周年校刊》	1923年6月				该校编辑部	
《青声》	1923年7月	1923年10月		不定期	天津新问题讨论会创刊	天津《新民意报》副刊之一，共出17期
《鹃声》	1923年7月7日		周刊	梅健厅、童剑虹发起(河北大马路雍和里21号)	文艺周刊	
《南中半月刊》	1923年11月			南开学校中学部		
《朝霞》	1923年11月		日刊	编辑：赵景琛；撰稿者多为平津文学青年，邓颖超曾在此发表文章	《新民意报》副刊之一	
《大学校闻》	1923年		每周三次	编辑：郑达如；南开学校出版		

《德华杂志》	1923年		月刊	天津特别一区德华学会总发行	
《诗园》	1923年				
《诗坛》	1923年			天津绿波社	
《水产季刊》	1923年（一说1920年）	1922年（一说1923年）		直隶水产学校出版	
《同光》	1923年			天津学生同志会出版	
《小说旬刊》	1923年				
《新民意报副刊》	1923年	1925年	月刊	经理:马千里;该社编发	
《新纪元》	1923年				
《直隶法专十八周年纪念特刊》	1923年			天津法政专门学校	
《直隶实业丛刊》	1923年	1927年6月	月刊	天津直隶实业厅第一科	
《直隶自治周刊》	1923年	1926年		天津直隶全省自治筹备处编辑科	
《晨曦》	1924年上半年			中国社会主义青年团天津地委创办，主办人:张昌旭	仅出版1期
《天津青年》	1924年上半年			中国社会主义青年团天津地委创办，主办人:崔溥	附《华北新闻》出版
《津保青年》	1924年下半年			中国社会主义青年团与保定团组织合办，主办人：李志新	
《改进》	1924年1月	1926年1月		陕北改进社	
《电影周刊》	1924年3月	1924年9月		电影周刊社（河北三马路36号）	
《影剧世界》	1924年3月		隔日刊	津沽文人编辑	1924年3月10日《大公报》载"拟于3月12日出版"
《中国工商月报》	1924年3月	1925年5月		天津中国工商月报社	

《南开大学周刊》	1924年4月21日	1932年6月		周刊	南开大学出版		
《明德月刊》	1924年5月	1927年			编辑、主任:刘子青;天津回教联合会出版		
《文学》(文学旬刊)	1924年6月(一说5月)1日	同年12月	半月刊,后改旬刊		南开中学文学社主办	1925年5月第8期改为《文学旬刊》	
《南开大学季刊》	1924年6月18日				南开大学出版		
《青年文艺》	1924年7月17日	1924年8月	16开8页	不定期	中国社会主义青年团、天津地委机关刊物主办	天津地委机关刊物。仅出3期,被奉系查封	
《服务半月刊》	1924年9月				主任:高剑北;天津社会服务团发行(法租界西开)	1925年改为月刊,更名为《服务》	
《明德报》	1924年11月				编者:曹恕伯;天津回教联合会出版;新民意报社印刷	原为《明德月刊》	
《国闻周报》	1924年			周刊	胡政之创办;大公报社(法租界30号路161号)	在沪创刊,1927年迁津,1936年迁回沪	
《红纹学刊》	1924年						
《釜世青报》	1924年			周刊	社长:丁茂昶,主笔:刘守荣		见1938年《北支那文化便览》
《京津工商月报(刊)》	1924年				该社(河北昆纬路)		
《启明》	1924年				启明学社		
《天津指南周报》	1924年				该社		
《新天津副刊》	1924年				新天津报社		
《学余月报(刊)》	1924年				北洋大学甄琳、吴钟秀等学生组织出版	反映学生的课余生活	

《艺林丛刊》	1924年				河东郭庄子实技英文夜校校长徐炳瑞组织	英文刊物
《育德月刊》	1924年				天津基督教会	
《榆中旬刊》	1924年				陕西榆林中学	天津《新民意报》副刊之一
《中州文艺》	1924年					
《旭光》	1925年5月24日			半月刊	南开中学旭光社主办	
《晨风》	1925年6月(一说11月)	1925年12月		半年刊(一说半月刊)	南开中学晨风社主办	
《矿学汇报》	1925年6月	1926年5月		年刊	南开矿学会	
《雪耻特刊》	1925年6月				天津各界妇女联合会主办	
《工人生活》	1925年7月	1927年春	64开	不定期,后改为半月刊	主编:李季达,编辑:于方舟、李希逸、陶卓然等;中共天津地委编印,天津总工会出版	天津总工会机关报,中共地委直接领导的第一个工运内部刊物。共出十余期
《甲寅周刊》	1925年7月	1927年2月			该社	原在北京出版,名为《甲寅杂志》,自37期迁至天津出版
《南中旬刊》	1925年12月	1926年		旬刊	南开中学校中学部学生会	
《会报》	1925年			月刊	电政同人公益会在津出版的内部刊物	1929年迁沪
《粒星》	1925年			不定期	编辑南开女中同学	
《南中旬刊》	1925年	1926年			南开中学校学生会出版股	
《乙丑级刊》	1925年				南开大学乙丑班	该校1925年乙丑毕业班纪会册
《矿学月报》	1925年底				南开矿学会月报编辑部	
《励进报》	1926年1月				共产党青年团天津地委主办,主办人:李延瑞、于兰田	
《绿竹》	1926年3月			旬刊	南开中学绿竹社主办	文艺旬刊
《南中周刊》	1926年3月29日	1927年			南开中学出版委员会	

刊名	创刊	停刊	开本	刊期	主办/地址	备注
《北洋画报》	1926年7月7日	1937年7月	8开	初为周刊,后改为三日刊、隔日刊	冯武越、谭北林创办,主编:吴秋尘(法租界27号路华卫里6号)	
《扶轮》	1926年8月	1928年5月			天津扶轮出版社	
《文艺之花》	1926年9月1日			月刊	天津青年文艺研究学会	
《电影杂志》	1926年			月刊	主编:杏梅室(河北新大路骏骧里10号总发行)	
《南铖》	1926年				南铖社	
《生趣》	1926年			月刊	该社	
《天津佛教居士林刊》	1926年	1929年		月刊		
《文艺之花》	1926年			月刊	天津文艺研究学会	
《小说月报》	1926年(一说1924年)				刘铁庵主办	1924年2月27日《大公报》载:拟是年三月一日发刊
《星夜》	1926年				绿梦社	
《实业镜》	1927年3月	1927年4月		月刊(一说半月刊)	中国实业促进事务所	
《北洋周刊》	1927年6月	1937年,1948年10月			北洋同学会、北洋工学院学生会、北洋学生自治会(西沽)	曾名《国立北洋大学周刊》《北洋校刊》,1937年抗战时期停刊。1947年5月复刊,期数另起
《絮语周刊》	1927年6月				天津日租界厚西里30号	
《海事》	1927年7月	1937年7月		月刊	负责人:刘华式;海事编译局(英租界三多里2号)	原名《海事杂志》,在武昌创刊,后迁辽宁、青岛、天津等地出版
《渤海风》	1927年8月	1927年9月		半月刊	通信地:天津日租界须磨街新德里8号	

《妇女杂志》	1927年8月			月刊	主编:陈伯任,编辑:杏梅室主;该社(河北新大陆骏骥里10号)	
《明星画报》	1927年8月				明星剧院	系电影与戏剧之作,以赠送为主
《南金》	1927年8月	1940年6月(一说1928年2月)		月刊	负责人:姚灵犀;该杂志社姚灵犀编发	姚灵犀系《采菲录》作者
《伊光》	1927年8月1日			月刊	负责人:王文清;该社(北关西大药王庙前)	一说为1935—1937年,1946年复刊
《商学汇报(刊)》	1927年10月	1937年6月		不定期	南开大学商学会	1935年改为《商学汇刊》期数另起
《北洋大学季刊》	1927年11月				社长:徐钟陆,编辑部长:何杰;北洋大学季刊社编发(天津西站)	第一号为谭锡畴所写的《矿冶工程部》
《鸥枭》	1927年11月	1928年1月		旬刊	鸥枭社	
《女师季刊》	1927年12月	1930年		年出4期	河北女师中学部学生自治会	
《统计丛刊》	1927年12月			不定期	南开大学经济研究所	为本所历年实地调查及统计研究之专著
《古城》	1927年			周刊	该社	
《国家周报》	1927年	1927年底				因抄袭转登北京《新国家杂志》被控查封
《工商学报》	1927年	1930年		年刊	工商大学	
《华北影》	1927年	1931年		三日刊	该社	
《京津画报》	1927年					
《绿波》	1927年				该社	《新民意报》副刊之一
《坦途》	1927年(一说1930年)	1930年		周刊	该社	
《玄背》	1927年			不定期	京津玄背社编辑	

《莹辉杂志》	1927年			月刊	天津啼莺社	
《南开双周》	1928年1月	1932年12月			南开学校出版委员会	初名《南中双周》，1928年3月19日改本名
《暖流》	1928年1月			半月刊	天津奇峰出版社	不久被查封
《天津工人》	1928年1月		油印		主办人：赵世炎、邢克让，天津总工会主办	
《新生命》	1928年1月	1930年12月		半月刊	新生命半月刊社	
《津津》	1928年1月10日			三日刊	总编辑：朱晓英（法租界紫阳里8号）	文艺刊物
《乐园》	1928年2月			月刊	负责人：王锐；私立秀山第一小学（河北四经路）	
《天津基督教女青年会十五周年纪念会特刊》	1928年3月				该会	
《月华》	1928年5月				天津出版社（河北新大路骏骥里10号）	
《河北周刊》	1928年7月	1929年1月			国民党河北省党务指导委员会宣传部	
《天津秦镜》	1928年8月5日			三日刊	法租界35号路老华利里文香书局	
《天津市政府公报》	1928年8月	1937年3月		月刊	市政府	原名《天津特别市政府公报》，自24期起改为本名
《反日周刊》	1928年9月	1929年5月			天津特别市反日会宣传科	
《海王》	1928年9月	1949年9月	4开	旬刊	范旭东主持，主编：阎幼甫海王社出版发行	创刊于天津，1932年迁塘沽，抗战时南迁
《河北教育公报》	1928年9月	1948年9月		初为旬刊，后改为半月刊、月刊	河北省教育厅编发（河北黄纬路中间）	原名《河北教育公报》旬刊，1935年8月更名《河北教育半月刊》，卷期另起。1936年1月又更名《河北教育公报》，期数另起，抗战时期停刊。1947年6月在保定复刊，更名《河北教育》月刊
《民众呼声》	1928年9月	1929年2月		周刊	民众呼声社	

《常识画报》	1928年11月			周刊后改半周刊	主编:赵光宸	
《河北省建设公报》	1928年10月	1934年9月		月刊	河北省政府建设厅	河北省政府建设厅机关报
《华北水利月刊》	1928年10月	1937年4月			华北水利委员会	
《绿蕖画刊》	1928(一说1929)年10月		16开	周刊	绿蕖画会刊行(天津特别二区二马路河东中学内)	一度因经费问题辍刊,1935年6月复刊
《民生》	1928年10月			旬刊	该社	
《新游园》	1928年10月28日			周刊	法租界新天津报馆内	
《出路》	1928年11月16日	1929年8月31日	油印		陈潭秋主持	内部发行。中共顺直省委机关刊物。共出13期
《工商月报》	1928年11月				政府工商厅秘书处	
《奋进》	1928年			半月刊	国民党天津市党务指导委员会	
《公安旬刊》	1928年	1929年			公安局公安旬刊编辑室	
《河北省财政公报》	1928年	1935年			河北省财政厅	
《河北高等法院公报》	1928年			月刊	该院编辑室刊行	1937年3月迁北平,改由该院书记室编,期数另起,抗战时期停刊,1947年复刊
《经济周刊》(统计周刊,经济研究周刊)	1928年	1948年底			主编南开大学经济研究所,后改为经济学院	《天津史文献目录》云:原名《统计周刊》,1930年3月更名《经济研究周刊》,1933年1月(一说3月)改为本名
《军魂》	1928年			半月刊	警备司令部政治训练部宣传科负责,编辑:王联之	

《南开统计周报》(Nankai Weekly Statistical Service) 中英文	1928年			周刊,后改为月刊、季刊	南开大学社会经济研究所创办,何廉负责	1933年停刊,1934年改为《中国经济月报》,重新出版。1935年改为《南开社会经济季刊》,1937年停刊,1944年5月于天津复刊
《天津华北画报》	1928年			周刊	天津华北电影公司(英租界华北电影公司编发)	
《天津汇文戊辰年刊》	1928年				罗玉东、余坤琛等负责	
《铁路公报-北宁线》	1928年			旬刊	北京铁路管理局	
《邮星》	1928年	1934年9月		月刊	河北邮务职工会邮星社,负责人:张国桢;(特别三区通馀里2号)	
《一中校刊》	1928年				直隶省立第一中学学生自治会编辑	后改为《一中双周》《一中文艺》,1931年改为《一中周刊》,1933年改为《津中周刊》
《北方红旗》	1929年春	1930年停刊,1932年复刊——1933年后			主编:省委秘书胡锡奎	顺直省委机关报。共出55期,1932年3月复刊改为省委党报
《北辰月刊》	1929年2月10日	1948年4月		半月刊、半年刊	负责人:蒙福;工商学院北辰社(马场道崇德堂)	1933年至1934年第5至6卷更名《北辰杂志》半月刊,从1935年7卷该为《工商学志》半年刊
《天津青年》	1929年3月		16开	月刊	主编:王士钧,天津学生联合会编印(法租界29号路天津市局发行)	仅出两期
《天津特别市卫生局月刊》	1929年3月	1931年1月			该局	

《天津晶报》	1929年4月10日			三日刊(后改日刊)	陈眉翁负责(一说陈伯仁),赵雪公、范病蝶曾担任主编		
《星星》	1929年4月30日	不久停刊	32开本	半月刊	主编:蒋晓海、符号;中共顺直省委领导的"星星文艺社"出版	天津济难会机关刊物。是党在天津公开出版的第一份文艺刊物。仅出1期	
《电键》	1929年6月	1930年8月		月刊	王亦民、钱轫初负责;天津电报局该社编辑出版	天津电信职工主办的群众性公开出版的电信刊物	
《玲珑画报》	1929年6月28日		4开	周刊	该画报馆,刘先礼主办(特别二区福安街庆阳里6号)		
《天津特别市土地局土地行汇刊》	1929年6月			年刊	该局		
《北洋半月刊》(月刊)	1929年7月	1937年7月停刊,1947年5月复刊		初为半月刊,后改为月刊	北洋大学学生会	1929年11月起改为月刊,卷期另起	
《社会月刊》	1929年7月				天津社会局	1929年12月后曾停刊,1931年3月复刊,同年续出2卷1期	
《士兵呼声》	1929年7月				中共顺直省委出版		
《天津学生》	1929年7月				天津学生联合会		
《好报》	1929年8月	1930年4月	4开	三日刊	刘天章、李予昂、宋少初等创办	中共顺直省委领导的群众宣传刊物	
《将来》	1929年9月	1930年2月		月刊	该社		
《中国卫生杂志》	1929年10(一说5)月	1932年5月		月刊	该社		

《南开教学》	1929年10月17日	1933年3月		季刊	南开中学教务课主办	非卖品	
《华北影声》	1929年11月	1930年6月		周刊	华北电影公司		
《益世报副刊》	1929年11月1日			不定期	天津益世报馆	创刊号有熊佛西、谢冰心的文章	
《夜鹰》	1929年12月		16开	半月刊	韩麟符、蒋晓海、符号等人组织的"夜鹰文艺社"编印	党的文艺刊物。仅出两期	
《朝华》	1929年12月	1932年6月		月刊,后改季刊	河北省女子师范学院主办	1932年3卷起改为季刊	
《国立北洋大学周刊》	1929年	抗战时			北洋大学学生会改由北洋工学院学生会编印	原名《北洋周刊》,1947年5月复刊,1948年更名《北洋校刊》	
《北洋月刊》	1929年				北洋大学学生会	原名《北洋半月刊》,第4期后改为本名,卷数另起	
《公安月刊》	1929年				天津市公安局	原由天津特别市公安局秘书处出版,1930年改为天津市公安局出版,1931年期数另起,1936年4月期数又另起	
《国庆特刊》	1929年						
《河北省国贸陈列馆月刊》	1929年				天津河北省国贸陈列馆		
《检验月刊》	1929年	1943年			商品检验局	原名《工商部天津商品检验局月刊》,1931年5月更名《实业部天津商品检验局月刊》,卷期另起,1932年9月改为本名,以年计期。1935年7月更名《天津商检月刊》,卷期另起	
《教育公报》（天津市教育局教育公报）	1929年	1937年			市教育局公报处	1936年1月后一度停刊,同年9月复刊,卷期另起	
《津声周刊》	1929年				天津特别市党务整理会宣传部编发		

《南开化学周刊》	1929年	1936年			南开大学出版部		
《天津特别市公安局周年纪念特刊》	1929年				公安局秘书处编印		
《天津妇协旬刊》	1929年				天津特别市妇女协会	原名《天津妇协月刊》，1929年后改为本名	
《天津双周》	1929年				国民党天津特别市执委会宣传部		
《天津特别市工务局半月刊》	1929年				该局		
《天津特别市公署教育局教育公报》	1929年	1937年		半月刊	天津教育局公报处	1935年后曾停刊，1936年9月复刊，期数另起	
《天津特别市公安局周年纪念特刊》	1929年				天津特别市公安局秘书处编印		
《新天津》	1929年			周刊	社长：刘子情，主笔：王夫		见 1938 年《北支那文化便览》
《训练半月刊》	1929年（一说1927年）				国民党天津党务整理委员会训练部		
《银幕舞台画报》	1929年			周刊（一说旬刊）	总经理兼编辑：刘先礼；（特别二区青阳里1号）		
《一中双周》	1929年	1930年			河北省立第一中学校刊社		
《废娼号》	20年代				天津学生同志会女权股发行		

《工人周刊》	20世纪20年代	1924年			
《国会议员通讯》	20世纪20年代	1923年9月		在津"反直派"议员创办	
《天津基督教女青年会会务季刊》	20世纪20年代			该会	
《天津小学生杂志》	20世纪20年代			徐颖溪、赵景深、顾俊霄组织	
《我的季刊》	20世纪20年代			绸布纱店员分会发起创办	
《图画新闻》	二三十年代	1937年	隔日刊	创办人：冯武越，主编：王小隐	
《天津画报》	20世纪20年代		日刊	南市广兴大街北口路东	
《奔流》	1930年1月	1930年8月		中共顺直省委创办的北方书店(法租界24号路,今长春道劝业场旁)	1930年8月15日被查封
《萌芽》	1930年1月	1930年8月		中共顺直省委创办的北方书店(法租界24号路,今长春道劝业场旁)	1930年8月15日被查封
《蜜丝》	1930年1月1日		不定期	祁素愫编辑,天津良友美术公司出版(法租界基泰大楼)	
《语丝》	1930年1月	1930年8月		中共顺直省委创办的北方书店(法租界24号路,今长春道劝业场旁)	1930年8月15日被查封
《理科学报》	1930年2月	1935年3月	半年刊	南开大学理科学会	原名《理科学会会刊》
《北宁铁路车务公报》	1930年3月	1931年3月	周刊	北京铁路管理局车务部编发	后改为《北宁铁路运输公报》
《女师学院周刊》	1930年3月		周刊	齐国梁负责(天津河北天纬路河北省女子师范学院)	
《前夜》	1930年3月			华北无产阶级文化同盟	机关刊物。出版了3期
《绿焰画刊》	1930年4月		半月刊	负责人：叶影芦；绿焰社出版	
《四海半月刊》	1930年4月	1933年8月	半月刊	天津海事编译局,刘华式负责(英租界 三多里2号)	原为月刊,由辽宁东北海事译局编,1931年6月出版的第2卷3期改为半月刊,从1931年8月2卷7期起改为天津海事编译局编

《公安画报》	1930年4月7日		4开	周刊	天津特别市公安局刊行	
《小世界》	1930年4月			周刊	天津小世界社	儿童读物。1930年3月22日《大公报》载：定于4月19日出版
《北宁铁路商务会议汇刊》	1930年5月				北京铁路局编；天津大公报馆出版	
《飞沫》	1930年5月15日				南开大学飞沫社主办	
《中国文艺月刊》	1930年5月				主编：周翼飞，社长：李仙舫；中国文艺社发行（南市广兴大街）	
《字学杂志》	1930年5月	1930年10月		半年刊	楷学励进社编发（河北月纬路）	
《河北中学季刊》	1930年6月	1935年7月			该校	
《华北工业季刊》	1930年6月	1931年6月			河北省工业实验所	
《民众教育》	1930年6月	1932年5月		月刊	天津教育局民众补习学校	
《天津棉鉴》	1930年6月	1937年	大16开	月刊	实业部天津商品检验局；天津特三区大经路天津商品检验所发行	1934年8月4卷12期后停刊，1936年5(8)月复刊，卷期另起

《天津特别市识字运动宣传委员会会刊》	1930年7月				该委员会		
《天津商报画刊》	1930年7月6日		8开	三日刊(一说二日刊)	主编:王伯龙,负责人:王镂冰;商报社刊行(法租界24号路)	原为《天津商报》副页,随报附送,后单独发行。曾用名《天津商报图画半周刊》《天津商报每日画刊》	
《天津商报图画刊》	1930年7月	1931年	8开	原为周刊,后改半周刊	商报社刊行(法租界24号路)	1933年11月改为半周刊	
《工业丛刊》	1930年8月			不定期	南开大学经济研究所		
La Naknkin Esperantsto (《南开世界语》)	1930年8月			半月刊	南开学校世界语协会出版		
《中国民众自治丛刊》	1930年9月			月刊	该社		
《范孙楼落成纪念册》	1930年10月		大32开		南开学校校友会会刊		
《图书馆双周》	1930年10月				南开大学图书馆编辑		
《中国卫生丛刊》	1930年10月10日			不定期	王桐林负责;(天津河北昆纬路南头开源里12号)。		
《法商季刊》	1930年12月	1934年		周刊,后改为季刊	省立法商学院(河北区志诚道33号)		
《我们的半月》	1930年12月				河北省立女子师范学院部学生自治会		
《新人》	1930年12月				该社		
《一中文艺》	1930年12月				河北第一中学出版物		
《北宁铁路月刊》	1930年				北京铁路局运输处编印		
《东方画报》	1930年			半月刊	主编:高龙生,社长:刘不同,经理:程平	《东方日报》副刊,随报赠送	
《工业周刊》	1930年	1937年6月			河北省立工业学院周刊社		

《三三半月刊》	1930年		半月刊	南开中学初三三组同学文艺研究会组织	
《市一校刊》	1930年	1936年		天津市一小学校印行	
《天津工人》	1930年			顺治省委与天津市委主办,主办人:陈复	
《天津市第二十二小学校刊》	1930年			该校	
《天津特别市公安局公安月报》	1930年	1931年		该刊编辑部	
《向导》	1930年		周刊	毛泽民主其事(一说南开大学);(英租界广东道,今唐山道)	党内秘密刊物
《新开月刊》	1930年			总编:周宝璞;法商学院商职部文书学会主编发行	
《一炉》	1930年(一说1928年)	出版三个月	半月刊	吴秋尘组织创办	
《野马》	1930年			私立中日中学	
《嘤鸣》	1930年		月刊	南开中学	
《人间》	1930年底至1931年初			南开中学学生曹京平等人成立的"新人社"创办并主编	
《电影世界》	1931年1月	1931年4月		月刊	华北电影研究会	
《呼哨》	1931年1月			南开中学呼哨社主办	
《天津市工务月刊》	1931年1月			工务局刊印,编辑主任:高兼	
《新北方》	1931年1月		月刊	该社(意租界南东马路16号)	
《自治丛刊》	1931年2月		月刊	创办人:关铨澄,兼社长;该社(公安五区二马路)	
《白鹅》	1931年3月	1931年5月	周刊	南开中学进步学生编印(一说新北方月刊社)	共出10期

《河北物价指数季刊》	1931年3月	1934年6月			河北省实业厅	原为《河北零售物价指数月报》
《中华画报》	1931年3月	1933年9月(一说1937年)		周刊,后改半周刊、二日刊	社长:管孟仁,主编:王受生;该社(法租界33号路营口道仁和里)	1934年改为日刊,更名《中华新闻画报》
《家政汇刊》	1931年4月				河北省立女子师范学院家政系	
《文昌》	1931年4月			半年刊	天津师范附小第一部	刊载本校学生作文。1935年6月改名《文昌言》,卷期续前
《师中月刊》	1931年5月				河北省立女子师范学院中部学生自治会	
《河北实业公报》	1931年5月	1934年9月		月刊	河北省实业厅	河北省实业厅机关刊物。共出41期
《南开女中月刊》	1931年5月			年刊	南开女中出版委员会编	1932年6月改为《南开女中校刊》
《伴速》	1931年6月			半年刊	河北省立女师范	
《津逮季刊》	1931年6月(一说1932年2月)	1934年1月			河北省立天津师范学校该社发行(河北新开河)	
《市十校刊》	1931年6月				第十小学编辑部(西北城隅城隍庙内)	
《水产学报》	1931年7月	1935年	16开本	半年刊,后为年刊	张光弟负责;河北省水产专科学校出版委员会(河北新车站东该校)	
《法商学院年刊》	1931年8月				法商年刊编委会	
《河北第一博物院半月刊》	1931年9月	1937年7月			该院编发(新车站种植园大街10号)	1935年8月出版的101期更名《河北博物院半月刊》,80卷起更名《河北博物院画刊》,1935年8月1日第101期起更名为《河北博物院半月刊》
《河北民政刊要》	1931年10月	1935年7月		月刊	河北民政厅编辑室	
《抗日旬刊》	1931年10月	1932年5月			河北省立法商学院反日救国会	

《美术丛刊》	1931年10月	1934年1月		半年刊	美术馆（河北中山公园）	
《家庭周刊》	甲种1931年5月		16开	周刊	编辑：朱惠民；该社（英租界张庄大桥义庆里9号）	天津沦陷时停刊，1946年复刊
	乙种1932年2月		32开			
《白河》	1931年	1933年5月		周刊	编辑：王延初；该社	出版3期
《北洋抗日救国周刊》	1931年			周刊	北洋大学	出至6期停刊
《磁铁》	1931年				天津特别市中小学党义教师党义研究会编发	
《督察汇刊》	1931年				天津市教育局督学处	
《二六校刊》	1931年			年刊	天津市教育局督学原为该校师生合办，后为天津市立第二十六小学学生会自治会出版股（河东粮店后街南口）	
《妇女旬刊》	1931年				天津妇女文化促进会	
《工业年刊》	1931年	1934年（一说1932年）				1934年更名《河北省立工业学院学报》
《合众周刊》	1931年				该社发行（日租界秋山街21号）	
《家乡》	1931年				天津市立第二十二小学编发	
《津汇年刊》	1931年				天津汇文中学年刊委员会编	天津汇文中学刊物
《精诚》	1931年			半月刊	国民党特别市党务整理委员会宣传科	
《梦旦》	1931年			不定期	天津山东学会	
《魔笛》	1931年				天津音乐学会	音乐杂志
《天津邮工》	1931年	1934年		半月刊	天津邮工月刊社干事会	
《天津基督教女青年会季刊》	1931年				该会	

刊名	创刊	终刊	开本	刊期	编者/出版	备注	
《天津商品检验局季刊》	1931年	1932年			天津市商品检验局		
《天津私立南开中学学术观摩会会刊》	1931年				该校		
《校友季刊》	1931年	1948年			乐永庆主编；南开学校校友会"季刊委员会"出版	1935年10月更名《南开校友》月刊，1937年3卷起迁至重庆，1946年12月（一说7月）复刊返天津出版	
《婴孩卫生季刊》	1931年			季刊	天津英瑞炼乳公司编发（天津法中街该公司）	原名《勒吐精婴孩卫生季刊》	
《法函半月刊》	1932年2月	1936年12月		半月刊	法律专科函授学校学生会（法租界37号华卫里）		
《体育周报》	1932年2月	1933年			周科征、沈祖徽等五人创办；天津志同教育用品公司总经理（法租界26号路基泰大楼19号）		
《经济统计季刊》	1932年3月			季刊	主编：何廉、吴大业；南开大学经济学院出版	后更名《政治经济学报》	
《南开大学周刊副刊》	1932年3月	1936年4月		周刊	南开大学出版委员会	1936年更名《南大周刊》	
《南中学生》	1932年3月	1933年12月16日	16开本	月刊（一说双周刊）	主编：南开中学学生自治会（一说南开中学出版部）	系《南开双周》更名	
《青春画报》	1932年3月		4开	十日刊，后改周刊	天津西南隅南开中学该社编辑部（法租界32号路93号）		
《法律汇刊》	1932年4月			月出两期	河北法政学社（河北天纬路青云里该社）		
《法律汇刊合订本》	1932年4月	1933年1月		半月刊	负责人：梁介卿；河北政法学社（河北天纬路青云里2号）		
《国货月刊》	1932年4月	1933年9月					

《华北民众言论》	1932年4月1日			半月刊	负责人:张铭(南市慎益大街四箴里内)	
《大北周刊》	1932年5月			周刊	高石萍负责（义租界河沿马路2号）	
《评论周报》	1932年5月				苏上达负责（特别三区一纬路西口7号）	
《三二校刊》	1932年5月				天津第三十二小学学生自治会	
《四月》	1932年5月15日	1932年5月31日	16开	半月刊	戴南冠、李霁野、姜公伟组织的"四月社"主编 左翼文艺刊物	
《文学周刊》	1932年5月				南开大学中国文学研究会主办	
《河北省立工业学院二十一年毕业纪念册》	1932年6月		16开		该校二十年毕业同学纪念册筹备委员会编	
《铃铛》	1932年6月	1937年3月		年刊（一说半年刊、季刊）	省立天津中学出版委员会刊行(市一中西北城隅)	1945年复刊,出版1期
《民风旬刊》	1932年6月20日				刘耀庵负责（义奥租界交界20号）	
《南鍼》	1932年6月			旬刊	该社	
《农业经济丛刊》	1932年6月			不定期	南开大学经济研究所	
《壬申》	1932年6月	1932年9月		半月刊	编辑:赵祖望;该社	
《民众生活》	1932年7月	1935年8月		月刊	天津市立民众教育馆	
《东风月刊》	1932年7月				该社（天津英租界）	
《抗日半月刊》	1932年7月				平定中学校学生抗日救国会编	
《医学汇刊》	1932年7月				该社（天津法租界）	
《国货研究月刊》	1932年8月	1933年1月			负责人:范锐;天津国货研究所编发（法租界2号路14号）	
《民风》	1932年8月	1933年10月		周刊	民风社出版	
《另外一页》	1932年9月1日	1936年年底			主编:姜公伟	系天津《庸报》副刊,左翼文艺阵地
《行键》	1932年9月18日			月刊	负责人:苏上达;（北马路精华印书局）	见1938年《北支那文化便览》

《保健月刊》	1932年9月				负责人：苏石凤	
《文化周刊》	1929年9月				负责人：高石萍	
《法商月刊》	1932年10月				天津法商学院学生自治会出版	
《河北省立民众教育实验学校周刊》	1932年10月10日	1935年5月5日	16开	周刊	负责人：李泊生；（新开河河北省立民众教育实验学校）	
《紫光》	1932年10月			周刊（一说半月刊、月刊）	该社（梨栈极星里35号）	文艺刊物
《电影与文艺》	1932年11月	1933年4月		周刊（月刊）	主编徐盈；该社出版	左翼文艺刊物。共出5期
《国货展览会纪念特刊》	1932年11月				天津国货售品所编	
《河北省工程师协会月刊》	1932年11月	1936年		月刊	该会编辑部（河北黄纬路）	
《国货调查录》	1932年12月				天津市商会	
《经济史丛刊》	1932年12月			不定期	南开大学经济研究所	
《黑白体育周刊》	1932年12月	1933年1月			该社	
《河北省立女子师范学院中学部季刊》	1932年				该院	
《河北省立女子师范学院小学部汇刊》	1932年				该校汇刊编委会	
《墨痕》	1932年				该社（英租界华阴里）	
《沙漠周刊》	1932年			周刊	沙漠社出版	只出6期
《天津文化》	1932年（一说1933年3月14日，实际出版3月18日）	1933年10月被禁	16开本	双周刊（一说半月刊）	张秀岩、吴砚农、王士钟指导编辑出版	左翼文化总同盟机关综合性刊物
《文津》	1932年				文津阁藏书处	

《现代社会》	1932年	1946年5月	原为月刊,后为旬刊	庞宇振负责（天津公园后佑安里5号）	中间停刊	
《星火》	1932年	1933年				
《弦》	1932年	1932年	旬刊	河北女子师范学院国文学会		
《醒吧!》	1932年					
《正谊周报》	1932年			天津特别三区		
《伴侣旬刊》	1933年元月			津门作家组成该社		
《晨曦》	1933年1月	1934年3月	原为周刊,后改半月刊	耀华中学校晨曦半月刊社		
《风月画报》	1933年1月1日	1937年7月	4开 每周两期	叶庸方创办,魏病侠主持;该社（法租界兆丰路兴义里3号）	1935年11月因改良印刷,暂时停刊月余,12月复刊	
《河北省立女子师范学院期刊》	1933年1月	1936年6月	半年刊	负责人:齐国梁,该校出版课编辑（河北天纬路）		
《河北月刊》	1933年1月	1937年5月		河北省政府月刊社编发(河北地纬路)		
《救国》	1933年2月		旬刊	负责人:韩明公(南市慎益大街四箴里内)		
《天津律师公会旬刊》	1933年2月			负责人:李洪岳;该会编辑出版（河北黄纬路律师公会）		
《一中周刊》	1933年2月26日		周刊	西北城隅河北省立第一中学		
《北洋理工季刊》	1933年3月	1937年6月		北洋工学院出版组编印		
《火线》	1933年3月18日	1936年（一说1938年底）	油印32开 半月刊	主编先后有朱理治、李大章、赵非	中共中央北方局和河北省委机关刊物。天津沦陷后迁到平西	
《天津警察杂志》	1933年3月		月刊	刘孟扬编辑；天津警察厅		
《飞流》	1933年4月		月刊	主编:南开大学学生孟英	左翼文学刊物。仅出2期,1933年12月复刊。(1933年3月12日《大公报》载:通讯处天津工商大学梦应君)	
《文艺新声》	1933年4月					

《旅行周报》	1933年5月（一说1934年7月）			周刊	发行人:徐遂实;英租界世界里发行	
《明日文艺》	1933年5月			月刊	青年文学家同人编辑出版(南市治安大街)	
《南开初中》	1933年5月8日	1937年6月		不定期	南开中学初中部,于长振任总干事兼总编辑	
《南开高中副刊》	1933年5月15日	1933年6月18日			南开高中半月刊干事会	
《南开大学半月刊》	1933年4月			半月刊,后改月刊	主编:南开大学出版社	
《天津青年》	1933年6月		16开本	月刊	编辑:南开中学学生高文通	共青团半公开刊物。仅出2期
《科学新闻》	1933年6月1日				编辑:南开中学曹京平(端木蕻良)、臧云远	北方左联机关刊物
《天津生活报》	1933年6月1日			三日刊	负责人:高峥嵘(特别三区二经路9号)	
《南开高中半月刊》(南开高中学生)	1933年6月5日			半月刊,后改月刊	南开高中半月刊干事会	1933年11月更名《南开高中学生》,月刊,卷期另起
《广北小学校校刊》	1933年7月					此为该校十七周年纪念刊。1919年曾出版周刊,后停刊
《民众丛书》	1933年7月	1935年		月刊	民众教育馆	
《新天津画报》	1933年8月	1937年	4开	周刊	负责人:刘仲儒,新天津报社(义租界大马路)	
《导光》	1933年9月15日			周刊	编辑:谭宪澄(特别一区马场道)	
《地方财政丛刊》	1933年9月			不定期	南开大学经济研究所	
《星期医报》	1933年9月20日			周刊	编辑:王翰麟(宫北大街章家胡同)	
《导光半月刊》	1933年9月	1937年6月		半月刊,后改周刊	工商学院导光社	
《天津半月刊》	1933年9月	1934年			主编:潘凫公;该社	本刊于1934年2期起更名《天津杂志》
《文艺与电影》	1933年					原为《隐声》,第四期改为本名
《津中周刊》	1933年10月				河北省立天津中学刊行(市西头铃铛阁)	
《南开新闻》	1933年10月10日			不定期	负责人:董龙辰(南开学堂大街20号)	

《北风》	1933 年 11月	1934年	旬刊(一说双周刊)	该社(义租界三益里9号)		
《华艺》	1933 年 11月		半月刊	华艺图书杂志公司		
《支部生活》	1933 年 11月			中共天津市委出版		
《创作与批评》	1933 年 11 月 21 日		十日刊			
《啼笑》	1933 年 12月		半月刊(一说月刊)	负责人：王浮生；该社		
《大道半月刊》	1933 年 12月	1934 年 12月		新民编辑社(英租界广东路)		
《涛声月刊》	1933 年 12月			耀华中学"涛声文艺社"		
《北国文学》	1933年		旬刊			
《北宁日刊》	1933年	1937年		北宁铁路管理局总务处文书课编		
《华北民众言论》	1933年		半月刊	华北民众言论社		
《今天》	1933年		月刊			
《开明》	1933年					
《两周创作》	1933年		双周刊			
《绿萍》	1933年					
《骆驼》	1933年					
《孟子》	1933年		半月刊			
《民风》	1933年	1934年				
《南开大学应用化学研究所报告书》	1933年	1937年	年刊	南开大学应用化学研究所		
《汽笛》	1933年		双周刊			
《青年》	1933年					
《曙光》	1933年					
《时诠》	1933年					
《天鹅》	1933年		周刊			
《天津体育协进会年刊》	1933年			谢希云等编撰；本会出版(东马路青年会内)		
《文艺十日》	1933年		旬刊			
《新星》	1933年		半月刊			
《学生月刊》	1933年			天津私立通惠商科职业学校同学自治会		
《野草文艺丛刊》	1933年					
《一五十》	1933年					
《远东》	1933年		旬刊	天津远东探讯社		

《大道月刊》	1934年1月	1937年6月			天津大道函授学院该社出版	
《大漠》	1934年1月			半月刊		
《法商半月刊》	1934年1月		4开		河北省立法商学校学生自治会	
《工商新闻》	1934年1月	1935年11月		周刊	该社	
《国文学会特刊》	1934年1月	1935年5月			河北省立女子师范学院国文学会出版（河北天纬路）	
《萌芽》	1934年1月				新学中学	
《天津》	1934年1月（一说1935年11月）		16开本	月刊	编辑：李已凡；该社（天津英租界21号路松寿里56号）	系本市文艺青年创办
《曦光》	1934年1月			半月刊		
《新光》	1934年1月	1944年		旬刊	该社	青年文艺刊物
《北支那》（日文）	1934年2月			月刊	高木翔之助创办（日租界荣街支那研究所）	日本人在天津创办，又名《北支那公论》
《中央公论》	1934年2月			半月刊	该社（英租界义庆里）	
《诗歌月报》	1934年3月20日				王一心主编	稿源主要来自中国诗歌会会员
《国术月刊》	1934年4月15日	馆藏至1935年4月			天津市国术馆编审科编印	旨在发扬国术真谛，普及国术运动
《北宁馆专刊》	1934年5月				第二届铁展北宁馆筹备处编	
《民族战旗》	1934年5月				吉鸿昌、南汉宸等在津组织的"中国人民反法西斯大同盟"出版（今花园路5号）	宣传抗日民族统一战线
《天津漫画》	1934年5月		大16开	月刊	主编：周维善，编辑：高龙生；天津漫画社出版发行（法租界24号路）	

刊名	创刊时间	停刊时间	开本	刊期	编辑出版	备注	
《天津市立通俗图书馆月刊》	1934年5月	1937年4月			该馆编辑委员会编发,主任:萧纲;(天津东马路)		
《现代伴侣》	1934年5月			半月刊	主编:杨浩,发行人:杨闲	内容与《国闻周报》相似,封面由高龙生设计	
《国医正言》	1934年5月	1937年		月刊	国医研究会		
《方舟月刊》	1934年6月(一说1933年)	1937年7月			东亚毛纺厂创办,编辑:刘慧斋,储揖唐等(英租界2号路西口,一说意租借界二马路西口)		
《河北省国货陈列馆国货年刊》	1934年6月				该馆编辑发行（河北中山公园内）		
《河北省立天津中学三十一周年纪念刊》	1934年6月				该校编辑	该校成立于光绪二十九年(1903)	
《南开大学电工会刊》	1934年6月			不定期	该校出版股编辑	南开大学电工会会刊	
《农业经济》	1934年6月		4开	月刊	法商学院农业经济研究会		
《当代文学》	1934年7月(一说6月)	1934年11月被禁(一说1937年)	16开本	月刊	主编:王余杞	北方左联机关刊物。第5期后被禁	
《新生活周刊》	1934年7月	1936年3月			新生活周刊社		
《健康生活》	1934年8月	1941年7月		原半月刊,后月刊	中国健康学会主编(天津伦敦路世界里42号该社)	1937年后迁汉口、上海等地出版	
《河北省立工业学院学报》	1934年9月	1937年6月	16开	年刊	河北省立工业学院图书馆	原名《工业年刊》	
《冀星丛刊》	1934年9月			月刊	河北黄纬路东兴里41号		
《新人》	1934年9月	1937年			新人月刊社（一说新天津报社）		
《北极》	1934年10月			旬刊	三山文艺社		
《改进专刊》	1934年10月	1937年3月		月刊	北宁铁路管理局改进委员会		
《河北省立女子师范学院图书馆月报》	1934年10月	1935年1月			该学院图书馆		

《南开高中学生三十周年纪念特刊》	1934 年 10月			南开高中出版干事会编	
《穷人生活》	1934 年 10月			天津市委机关出版	出一期
《天津卫》	1934 年 10月			天津市委机关出版	出一期
《现代诗歌》	1934 年 10月			现代诗歌社主编	刊登青年作家白莹、亚平、胡楣等人作品
《野烟三周刊》	1934 年 10月	1935年		左翼进步青年主办,天津博古书店出版发行	文学期刊
《大声半月刊》	1934 年 11月			该社	
《一般》	1934 年 11月		半月刊	曹舞霜等编	小型刊物
《正中半月刊》	1934 年 11月			朱剑华等倡办	
《工商学志》	1934 年 12月		半年刊	北辰社(特一区马场道)	工商学院校刊,原为《北辰杂志》
《化学工程》	1934年	1949年	季刊	中国化学工程学会	抗战时迁重庆出版,1948 年返津,1950 年与《化学工业》合并,改为《化学工业与工程》
《教育学会》	1934年			河北省立女子师范学院教育学会	
《津汇月刊》	1934年	1937年	16开	后改为半月刊	天津汇文中学学生自治会学术部编辑出版	1936 年 2 月改为半月刊,期数另起,同年5月12期起又改为月刊
《旅行周报》	1934年			天津旅行周报社	
《南开校友会》	1934年		月刊、年刊	南开校友会	该刊分月刊和年刊两种
《南开指数年刊》(中英文)	1934年	1937 年(一说1936年)		天津南开大学经济研究所	

《喃喃》	1934年			天津扶轮中学（今铁路一中）学生创办,姜思毅编辑出版	
《气象月报》	1934年			华北水利委员会天津测候所(意租界五马路)	
《市政评论》	1934年		半月刊	市政问题研究会编发	原附刊于《华北日报》,后独立发行
《天津南开大学经济研究所事务报告》	1934年	1935年		该所	
《天下篇》	1934年		半月刊	主编:吴微晒	进步文学期刊。只发行3期
《新生活运动》	1934年		周刊	天津河北大马路仁寿里	
《医学知识》	1934年		半月刊	内科小儿科沈其震诊疗所(英租界17号路球场东门对过)	
《中国经济研究》	1934年		年刊	南开大学经济研究所	系从《经济周刊》中遴选之论著
《正风》	1935年1月	1936年1月	半月刊	主编:吴柳隅、郑大洲、张东荪、王新吾等(天津租界13号路该社)	文艺刊物
《天活》	1935年2月		半月刊		文艺刊物
《新妇女》	1935年2月(一说3月)	1935年4月	8开 周刊	经理:朱效熹,编辑主任：吕晓红;该社(河东兴隆街)	
《短小教育》	1935年3月		月刊	王强儒等筹办	
《诗歌月刊(报)》	1935年3月	1936年4月	16开	主编:周行;天津草原诗歌会刊印	
《国术周刊》	1935年1月(一说2月)			主编：金警钟;该社(金钟桥)	
《小学生》	1935年4月		周刊	主编:李继昌;鼓楼南古楼书店出版	
《耀华校刊》	1935年4月(一说2月)			该校学生会编	
《艺话》	1935年4月		月刊	青玲艺话团主编	
《北方》	1935年6月		双周刊	北方文化流通社刊行	
《河北省省立天津中学毕业纪念录》	1935年6月		16开		

刊名	创刊	停刊	开本	刊期	编辑出版	备注	
《人生与文学》	1935年6月(一说1937年4月)			原为月刊,后改季刊	主编:柳无忌、罗皑岚、黄燕生、胡立家;南开大学该社	1936年2卷起改为季刊,由外文教师柳无忌等师生创办	
《齿科月刊》	1935年7月			月刊	齿科月刊社(英租界中街139号)		
《天话》	1935年7月			半月刊			
《消夏》	1935年7月30日		16开		南开大学消夏团主办,主编:张镜潭	休闲性刊物	
《泡沫》	1935年8月	1936年3月		周刊	该社		
《维纳丝》(Venus)	1935年8月	1936年		半月刊,后改月刊。	该社编发(法租界31号,一说庆丰里8号)	出版2期后改为月刊	
《卫生月刊》	1935年8月				市政府第四科编发		
《艺群》	1935年8月(一说1934年)			半月刊	编辑:李云子,发行人:李国珍,经理:杨鼎三(河北大街通义栈)	文艺刊物	
《红绿》	1935年9月(一说10月)			半月刊,后改三日刊。	编辑:杨剑秋;该社发行	小型刊物,1935年12月改为三日刊,社址迁到特一区大营门8号	
《知识往来》	1935年9月	1935年12月		半月刊	新民学会编发		
《商职月刊》	1935年9月15日	1937年6月			天津公立商科职业学校(东马路)	原名《一八月刊》	
《天津伴侣》	1935年9月18日			周刊	该社(河北天纬路东口三号)		
《南开童子军》	1935年10月17日			不定期	南开童子军团主办,总编:郭树声		
《北洋工学院工科研究丛刊》	1935年11月	1937年5月			北洋学院出版组(天津西站)	第一号为谭锡畴的论著《矿冶工程》	
《津师周刊》	1935年11月	1936年			天津市立师范学校		
《市师周刊》	1935年11月				市师范学校		
《性科学》	1935年11月	1937年8月(一说1936年)		月刊	中国健康学会		
《天津学生报》	1935年12月				天津学联创办,主编:庄金林、阮务德		
《北调》	1935年	1936年8月		月刊	主编:李已凡、王子云;该社发行(天津新大路居安里50号)		
《东西》	1935年						

《儿童报》	1935年		6开	周刊	河北省立师范学生创办（大经路仁寿里79号）	
《法函校刊》	1935年	1936 年12月			法律专科函授学校	
《河北省立法商学院纪念刊》	1935年		16开		该校大学部第一届毕业同学编印	
《河北省新生活运动促进会会刊》	1935年			月刊	该会创办	
《津南农声》	1935年	1936年		季刊	津南农村生产建设实验场	
《劝业月刊》	1935年				河北黄纬路马公祠6号	
《三津报特刊》	1935年			周刊	经理：华贯生；该社（东门内二道街5号）	中间停刊，1947年4月24日复刊
《三六校刊》	1935年				第三十六小学	
《四十周年纪念画刊》	1935年				天津国立北洋工学院	
《天津南开大学经济研究所事务月报》	1935年				天津南开大学经济研究所	
《经济汇刊》	1936年1月	1936 年12月		季刊	河北省立法商学院经济学会创办	
《玫瑰画报》	1936年2月（一说3月）	1937年7月	4开	每周二次	总编：王伯龙、吴秋尘、王卓等（法租界26号路116号）	
《天津儿童》	1936年2月1日			周刊	该社（西北城角严翰林胡同）	本市师范学校学生创办
《防空月刊》	1936年3月				该社(河北三经路)	
《社会局公报》	1936年3月	1936年8月		半月刊	该局编发	
《溪流》	1936年3月			旬刊		

刊名	创刊	停刊	版本	刊期	编辑发行	备注
《小科学半月刊》	1936年3月	1936年8月		半月刊	天津科学杂志社主编发行(法租界26号路)	
《妇女园地》	1936年4月		油印,16开本	不定期	天津妇女救国会长秀岩负责,主编:董劲秋	后改为《天津妇女》
《佛教月报》	1936年4月				该社编,佛经流通处发行(法租界4号路)	
《银线》(画报)	1936年4月			周刊	张圭颖主编	小型画报,天津影院、游艺界、影评人等联合出版
《华艺图画杂志》	1936年5月				王元福、庞兴泽、陈乃勇等数人创办;该杂志公司(法租界33号97号)	类似上海《良友》
《市师》	1936年5月11日				师范学校	
《天津妇女》	1936年5月	1937年抗战前	16开本		主编:董劲秋	天津妇女救国会机关刊物。前身《妇女园地》,共发行5期
《长城》	1936年6月20日	1937年7月	16开本	半月刊	主编:姚依林;知识书店发行	中共中央北方局机关刊物。后改名《国防》《中国人》《人民之友》
《常谈》	1936年6月	1936年12月		月刊	该社编发(日租界福岛街)	
《三三校刊》	1936年6月				天津市立第三十三小学出版委员会编发	
《天津私立特一校刊》	1936年6月,1937年6月				该校刊委员会编辑发	天津私立特一中学建于1932年7月,1934年刊印第一次纪念册
《紫房子画报》	1936年6月	1937年		半月刊		非卖品
《中国画报》	1936年7月				天津生生合作社主办,范我佛编辑。	
《改良碱地月刊》	1936年8月	1937年3月			天津财政部长芦盐区改良碱地委员会	
《工商杂志》	1936年8月	1937年5月		月刊	该社	

《诗歌小品》	1936年8月（一说10月）	1937年3月（一说同年12月）	16开本	月刊	邵冠祥主持，天津文艺团体"海风社"编辑出版（天津大经路）	文艺刊物。后更名《海风》
《天津棉规复刊号》	1936年8月				天津商品检验局出版	
《天津市社会局行政周刊》	1936年8月	1937年7月			该局	
《木铎》	1936年9月	1937年7月		半月刊	该社编发（天津法商学院内）	
《语美画刊》	1936年9月	1937年7月（一说6月）	16开	周刊	天津联艺社创办，主编：李幼珉、赵元礼；王守恂、王襄等人供稿（东门外大街43号）	
《兢生》	1936年10月	1936年11月		月刊	兢生学社	
《民鸣月刊》	1936年10月1日	1939年5月			该社编辑；南市广兴大街63号发行	提倡国学，1937年10月13期更名为《民治月刊》，期数续前。系政治、经济、文化月刊
《星期周报》	1936年10月	1937年5月			天津德文《德华日报》中国数人组织的星期周报社（特一区中街14号）	综合性刊物
《大晶报》	1936年11月			三日刊，后改日刊	主编：赵雪公	小型报纸
《天津文化界追悼鲁迅先生大会特刊》	1936年11月				海风社、草原诗歌会、青玲艺话团、铁流等文艺社团及南大、业余教育团等13个团体编发	
《支那问题研究所报》（日文）	1936年11月			旬刊	船越寿雄创办（日租界宫岛街）	
《文地》	1936年11月	1936年12月		月刊	负责人：唐诃，天津"文地社"	
《宏丰画报》	1936年11月15				天津大百货商号宏丰线店出版	
《牢骚》	1936年12月	1937年6月		月刊	主编：赵广吉；该社（特三区一纬路22号）	
《诗讯月报》	1936年12月	1937年			编辑：张洛英、邵冠祥、李灵、徐寿云；天津海风诗歌小品社（大经路134号）（东门内大街84号该社）	三、四期合刊

《妇女》	1936年下半年（一说1938年秋）			不定期	负责人:阎国珍,河北省立女子师范学院进步学生组织的"女同学会"编印	仅出版2期	
《草原》	1936年				草原诗社		
《大路》	1936年			周报			
《抵羊声》	1936年				天津东亚毛呢纺织公司		
《儿童生活》	1936年			周刊	河北省立师范学院毕业生数人联合创办;社址：河北西窑大街159号	拟9月15日出版	
《法汉季刊》	1936年12月	1938年10月			法汉学校	原名《法汉公教季刊》	
《扶中学生》	1936年			半月刊	扶轮中学学生会		
《行进通讯》	1936年	1937年春			汇文中学、中西女中学生组织的"行进读书会"创办,霍世章,王远馨等编辑		
《晶晶画报》	1936年			二日刊		随《天津晶报》附送	
《剧影画报》	1936年	1937年			王墨琴主编,14期起聘王伯龙夫人丹玲任社长,雷欧任编辑,经理为王敏女士		
《梨痕》	1936年			不定期	梦梨道人编辑	小型戏剧画刊	
《孟子》	1936年				进步青年组织社团"海风社"出版	杂文刊物	
《民德》	1936年			季刊(一说月刊)	天津私立民德中学校男生部出版委员会		
《民德体育》	1936年			专刊	私立民德中学校学生出版委员会		
《渠梁》	1936年			月刊	天津女师		
《三三画报》	1936年			月刊	该社（南门内小刘家胡同后门）		
《诗神》	1936年				田畴,甘运衡		
《少年时代》	1936—1937年					纯儿童读物	
《市政月刊》	1936年				马彦羽,市政府	见 1938年《北支那文化便览》	
《天津华艺半月刊》	1936年				创办人:王元福,总编辑;庞兴泽;该社出版发行（法租界33号路97号）		
《天津乐报画报》	1936年			隔日刊	该社（河北辰纬路东首）		

《耀华年刊》	1936年				该校	
《宗教与文化》	1936年				天津益世报馆	
《警务半月刊》	1937年1月				天津公安局秘书处	
《绿蕖》	1937年1月	1937年6月		月刊	绿蕖美术会	
《民德女中》	1937年1月				民德女中出版委员会	
《青年文艺》	1937年1月					
《时代知识》	1937年1月			三日刊		
《支那经济旬报》(日文)	1937年1月				支那问题研究所（日租界宫岛街）	
《居留地》(日文)	1937年2月				日本山形隆创办（日租界宫岛街）	
《支那统计月报》(日文)	1937年2月				支那问题研究所（日租界宫岛街）	又名《支研统计月报》
《世界》	1937年3月1日	1937年7月	16开	旬刊	姚依林领导，南开大学经济研究所李文定负责	中共天津市委机关刊物，半公开发行。共出9期（一说12期）
《紫星画报》	1937年3月			周刊	王洛斯、张圭颖负责（北马路北海楼内该社）	
《文学丛刊》	1937年3月				主编:沈从文,中共天津市委负责人易吉光领导的知识书店创办	
《艺电画报》	1937年3月		6开	周刊		
《国民防疫》	1937年4月			月刊	国民防疫专刊社	
《国学》	1937年4月	1937年8月		月刊	天津国学研究社编辑出版	
《铁流》	1937年4月			月刊		
《文艺画报》	1937年4月				负责人:简凌、欧阳超等;激流社	未发行
《新诗刊》	1937年4月				新诗刊社	未发行
《星火》(星火诗坛)	1937年4月（一说5月）				革命青年文学团体星火社创办	
《国际知识》	1937年5月			月刊	主编:沈志远,发行人:吴作民;天津知识书店（法租界21号）	
《回民公报》	1937年6月				清真大寺教义研究室	

《儿童时报》	1937年6月			每周三、六刊	小学教育界数人创办，天津辰纬路18号东门		
《妇女周刊》	1937年7月16日				主编：天津妇女救国会		
《美术》	1937年7月		16开	季刊	市立美术馆		
《天津诗坛》	1937年7月				天津诗歌作者协会拟出版	邵冠祥、曹镇华在向国民党天津当局申请登记时被捕	
《抗日小报》	1937年8月	1938年3月	胶印16开	不定期	姚依林直接领导，李启华、李青、姜思毅编印	内部刊物	
《时代周刊》	1937年8月天津沦陷后	1938年9月	油印16开本		编辑：张致祥；华北人民抗日自卫会出版（小白楼忠厚里，今徐州道2号）	华北人民抗日自卫委员会机关刊物	
《灯塔》	1937年9月（一说8月）	1939年8月	油印32开	月刊（一说旬刊）	中华民族解放先锋队天津地方部办（英租界小白楼崇善里，今开封道14号后）	救亡刊物	
《风雨同舟》	1937年9月	1937年10月	油印	周刊	姚依林直接领导，主编：姜思毅、李占圻	原为《抗日小报》	
《红光》	1937年9月			日刊	党员参加的抗日组织编印		
《时报》	1937年9月25日	9月底	8开		华北人民抗日自卫委员办，张致祥编印（意租界大马路）	停刊后改名《新闻报》出版	
《生存》	1937年10月			初为日刊，后周刊	主编张家彦、于锦章		
《大华报周刊》	1937年10月17日		油印8开	周刊	华北人民抗日自卫委员会办（意租界东马路）		
《天津市治安维持会教育局教育公报》	1937年12月				该局		
《工商学生》	1937年			月刊	工商学院校刊委员会编发		
《合力》	1937年				华北各界救国联合会		
《河北省立工业学院二十六年班毕业纪念册》	1937年		16开		廿六年毕业同学纪念册编委会		
《和平建国月刊》	1937年—1940年在津立案						

《华北海关进出口贸易统计年报》	1937年		年刊	天津海关		
《解放》	1937年	8开	周刊	华北人民抗日自卫委员办		
《警务月刊》	1937年			编辑:天津警务局秘书处;本局发行		
《梨园月刊》	1937年—1940年在津立案					
《民会生活旬刊》	1937年—1940年在津立案			该社(天津河北月纬路2号)		
《民众新报》	1937年		月刊	北洋大学民众新报社		
《南小》	1937年			南小新闻社		
《时代常识》	1937年		半月刊	冯志仁、曹镇华、曹淦、王璐、赵绩、陈铃等创办	综合性刊物,被认为是"中学生良好的课外读物"	
《天津东亚毛呢纺织有限公司特刊》	1937年		年刊			
《新闻月刊》	1937年		月刊	法商学院创办		
《新学年刊》	1937年			新学中学		
《尊古书画半月刊》	1937年(一说1940年)			该社(河北月纬路2号)		
《中华月刊》	1937—1940年在津立案					
《中国儿童》	1937年		月刊	教育界人士主持并执笔(东南隅中公所砺明小学该社)		
《支那物价周报》(日报)	1937年			支那问题研究所(日租界宫岛街)		
《天津特别市警察局半年刊》	1938年1月			该局秘书处编印		
《北方通讯》	1938年2月	8开油印	周刊	华北人民抗日自卫会出版	抗日统一战线刊物	

《影闻周报》	1938年5月			美商福斯影片公司编译部	前5期刊名为 "20TH Century Fox news"
《图画特刊》	1938年9月			天津基督教青年会	
《民教》	1938年11月	1942年12月	月刊	天津社会教育编审会	
《新青年》	1938年11月	1939年3月	月刊	该社	
《画报周刊》	1938年				
《炼铁工》	1938年		油印	天津钢铁工人主办	
《铁蹄下的华北》	1938年				通讯刊物
《天风画报》	1938年	1945年		该社	
《天津海关进出口贸易统计月报》	1938年				
《天津市立二十六小学十年纪念专刊》	1938年			天津市立二十六小学校刊委员会	
《中山》	1938年初		8开	旬刊	华北人民抗日自卫委员会办
《统计专刊》	1939年1月			商品检验局秘书室编发(特一区海河路)	
《天津特别市政府公报》	1939年4月			周刊	市政府宣传处	原名《天津特别市公署公报》,1944年1月改为本名
《妇女新都会(画报)》	1939年6月		4开	三日刊	社长:尹梅伯,编辑:方竹筠(特别一区福州路26号)	
《新民教育》	1939年6月	1940年3月	月刊	伪天津新民会天津市指挥部教育公会	
《少年友》	1939年7月		半年刊	新民少年团本部编辑出版	
《天津圣经神学志》	1939年7月		季刊	圣经神学院编发	
《社会统计月刊》	1939年12月			天津特别市公署社会局	1941年更名《社会月刊》,由天津特别市公署社会局第三科编辑出版

刊名	创刊时间	开本	刊期	编印发行	备注
《东亚快览》	1939年			东亚快览社	
《工商学院毕业纪念册》	1939年	16开		直隶印字馆承印	
《华北海关进出口贸易统计月报》	1939年			天津海关（英租界达文波路50号中外印字馆）	
《津海月刊》	1939年			天津新民会津海道指导部	
《商业经济周刊》	1939年			合众实业公司图书部发行	
《天津特别市公署警察局二十八年年刊》	1939年			该局编辑印刷	
《新天津画报定期增刊》	1939年	4开	周刊	社长：沙大风，编辑：刘云若（日租界福岛街）	
《法令旬刊》	20世纪30年代			天津律师公会	
《河北省立女子师范学院季刊》	20世纪30年代			负责人：杨鹤；该院（河北天纬路河北省立女子师范学院）	
《救国半月刊》（日文）	20世纪30年代			（日本）中山晴雄主办（日租界）	
《津市警察三日刊》	20世纪30年代			天津市公署警察局	
《商民评论》	20世纪30年代		周刊	该社	
《商学会报》	20世纪30年代			南开大学商学会出版股	
《天津贸易年报》	20世纪30年代			天津日本商工会议所	
《同中同学会会刊》	20世纪30年代				
《新学校刊》	20世纪30年代			校刊委员会编辑部	
《政治经济学报》	20世纪30年代			主编：张纯明（一说南大经研所出版）	原名《经济统计季刊》，1934年10月第3卷1期起改为本名
《中道三日刊》	20世纪30年代	油印			

刊名	创刊	停刊	开本	刊期	编辑出版发行	备注
《中华基督教会半年刊》	20世纪30年代				天津仓门口中华基督教会编印	
《中华新闻副刊》	20世纪30年代			双日刊		
《天津邮刊》	1940年2月	1941年10月		双月刊	天津邮票会	该会1940年1月成立
《游艺画刊》	1940年4月15	1945年9月(一说1948年8月)	16开	半月刊	发行兼主编:潘侠风;该社(南市华林公寓3号，后为特一区墙子河路4号)	
《工商向导》	1940年5月				编辑:姜贤弼、苗达魁；工商学院出版委员会发行	
《天津特别市公署教育局小学体育研究会年刊》	1940年12月				天津特别市公署教育局该会编辑出版（河北大胡同市立第二小学校内）	
《华北银线画报》	1940年	1945年		三日刊	编辑:阎鹏乌、高尔公、杨鲍等,社长:张圭颖（特二区兴隆街85号）	原名《银线画报》
《天津杂志》	1940年	1943年		月刊	编辑:张圭颖；该社（东马路大狮子胡同97号）	
《经济研究季报》	1941年3月	1941年6月			达仁学院经济研究所	
《每月科学》	1941年5月	1945年7月	16开	月刊	主编兼发行人:孔赐安（英租界车站昆纬路）	1943年3卷起更名《每月科学画报》,1945年1月起卷数另起
《工商生活》	1941年6月	1944年8月(一说1946年5月)		月刊	工商学院出版委员会	1946年6月19日政府责令暂缓出版
《育大校刊》	1941年6月				育大校刊编辑室;(英租界11号路170号)	
《天津私立含光女子中学校校刊》	1941年夏		32开			
《迎新特刊》	1941年9月		16开		工商学院1941届迎新团编辑,该学院发行	
《商钟半月刊》	1941年11月	1945年			编辑:王日强（王月嵩）,社长:刘从同;该杂志社（南开杨家花园）	
《大亚月刊》	1941年				该社（南市保安大街宏星里6号）	

《公教学生》	1941年（一说1940年12月）	1943年		季刊	工商学院公教出版社		
《京津事情》（日文）	1941年（昭和十六年）		32开	月刊	编辑兼发行人：井上今朝一（日租界须磨街）		
《津津月刊》	1942年2月	1943年12月	16开	月刊	天津特别市公署宣传处	1944年1月更名《大天津》月刊，1945年停刊	
《中学生》	1942年3月15日	1946年	16开		天津工商中学生编委会	《中学生》	
《北洋校友通讯》	1942年5月				北洋大学同学会		
《天津高级职业函授学校校刊》	1942年7月			月刊	天津高级职业函授学校编印（特别行政区张庄大桥义庆里9号）		
《治强通讯》	1942年10月				新民会天津特别市总会编发		
《新光杂志》	1942年（一说1934年1月）	1944年		旬刊	该社		
《搏斗》	1943年1月			月刊	中共蓟县、宝坻、三河联合县委在熊羔峪组建油印股，对外称"搏斗社"	文艺刊物，宣传抗日	
《新国民运动特刊》	1943年3月1日			月刊	天津市署宣传处编印	计印6000份，分发市民	
《天津女青年会三十周年纪念刊》	1943年3月25日				该会编发		
《边疆人文》	1943年9月	1947年12月		双月刊	南开大学文科研究所主办	创刊于昆明，1947年4卷起迁至天津出版	
《工商学院女院成立纪念刊》	1943年9月						
《明星画报》	1943年（一说1947年5月4日）		大16开	周刊	发行人：郝伯珍（天津第四区李家台大街31号）		
《梦碧词社刊》	1943年	1948年			该社编印（东门外南斜街）	共出10期	
《三中首届毕业班纪念刊》	1943年		16开				

《统计年刊》	1943年				天津特别市公署财政局编	
《大天津》	1944年1月	1945年5月		月刊		
《现代诗》	1944年3月	1947年5月		月刊	天津工商学院附属中学	
《工业月刊》	1944年4月	1948年12月			编辑兼任发行人：王瑞基，编辑主任：梁晨	创刊于西安，自1946年8月3卷8期起至天津出版
《南开统计周报》	1944年5月	1945年8月				原名《政治经济学报》
《天津物价年报》	1944年				天津中国联合准备银行总行	
《天声半月刊》	1944年	1945年			编辑：李山野、张恺（南市荣业大街）	原为《天声报》
《银线画报丛书》	1944年			三日刊	张圭颖，该社（第1区58号路义得利(20号)	《银线画报》外集
《海涛》	1945年5月		油印8开	原为半月刊，实为不定期	中共渤海区委城工部学生在市立女二中组建的"读书会"编印出版	天津进步学生刊物。1945年9月改名《文疆》（铅印）
《支部生活》	1945年5月13日				中共静海、大城县委编印的党刊	
《青年之友》	1945年9月18日（一说10月）	1945年12月	油印16开，后铅印	半月刊	中共天津工委地下学委编印	是中共指导学生运动的刊物，11月列为学委机关报，出版6期。1945年12月25日改名《同学们》，只出1期
《天津导报》	1945年9月	1945年12月	石印8开	三日刊，后改二日刊	中共天津工作委员会创办，社长兼总编：娄凝先；南开区太平庄刘家西胡同14号发行	中共天津工作委员会领导的刊物。在胜芳编印，秘密运津销售
《友联》	1945年10月	1946年7月		月刊	省立中学进步学生成立的"友联"创办，康文锦编印	
《文联》	1945年10月（一说11月）	1946年6月被禁	16开	周刊，后改半月刊	应授天负责（一说潘希言），天津文化人联合会编印	文学刊物。1946年3月2卷4期起改为半月刊
《乌合》	1945年10月	1946年6月19日被禁	油印、铅印	月刊	天津木斋中学学生叶嘉宾、郑久贵主办	共出4期
《学生》（《五四》）	1945年10月	1946年6月被禁	16开	半月刊，后月刊	耀华中学地下党支部主办	共出4期，1946年2月1日更名《五四》月刊

《新 二代》	1945 年 10 月 10 日	1946年	32开, 后 改 16 开 对折	原为半月刊, 后月刊, 不定期	王仁凤、吴儒贞、王钧等组织的"儿童福利社"编辑出版(桂林路协兴里8号)	儿童刊物。共出19期	
《岗位》	1945 年 11月					学生刊物	
《耕余》	1945 年 11月			月刊	市立一中进步学生创办,津中耕余社编发	共出2期	
《吐露》	1945 年 11月	1946年3月(一说1月)	16开	月刊	市立三中学生文艺研究社创办	共出3期(一说2期)	
《天津青年》	1945 年 11月	1946年		半月刊	青年日报社 (大沽路105号)		
《中学生文艺》	1945 年 11月		25开	半月刊,后月刊	编辑:市立第一中学中学生文艺社	共出4期	
《爝火》	1945 年 12月	1946年6月	8开	月刊	张稚生负责编印;天津市青年学生民主促进会出版	中共外围组织——天津市青年学生民主促进会会刊 (一说由《文疆》改名)	
《天津民国日报画刊》	1945 年 12月	1947年7月(一说11月)	8开	周刊	负责人:卜青茂;天津民国日报社 (法租界21号路)		
《火线上》	1945 年底	1946年					
《北斗星》	1945年	1946年			南开中学		
《奔流》	1945年	1946年					
《灯塔》	1945年	1946年		半月刊	河东中学		
《喉舌》	1945年	1946年		旬刊			
《惊叹》	1945年	1946年					
《琅珰》	1945年	1946年					
《铃铛》	1945年	1946年			河北省立天津中学		
《现实生活》	1945年	1946年					

《1945年市立三中纪念刊》	1945年				编辑:孙思潭、刘思诚	又名《天津特别市市立第三中学第三届毕业生纪念刊》
《自由城》	1945年	1946年			耀华中学	
《北方周刊》	抗战时期		油印	周刊	进步知识分子冯之捷主编出版	
《唤起》	抗战时期					
《火炬》	抗战时期				姚依林负责编审工作，天津民先队队部编辑出版	
《吼声》	抗战时期		油印	周刊	国民党中央社天津分社社长陈纯粹主办	面向青年学生及各党派宣传联合抗日思想
《群众》	抗战时期					
《民众之路》	抗战时期					
《民众周报》	抗战时期				编辑：朱光天、袁心湖、于琦,徐达负责出版	
《讨倭月刊》	抗战时期					
《文稿》	抗战时期					
《耀华月刊》	抗战前				该校中学生会主办	
《真理》	抗战时期					
《中日评论》	抗战时期			半月刊		
《瑯环》	1946年1月1日				发行人:曹绩昉,该社(北门西北项家胡同)	
《读者生活》	1946年1月				该社发行	
《河北省银行经济半月刊》	1946年1月	1947年10月			该行经济研究室	1948年2月更名《河北省银行月刊》,卷数另起

《华北劳动》	1946年1月	1947年5月	月刊	主编：阮子平，该社（英租界21号路62号）	
《民言》	1946年1月	1946年6月被禁	半月刊（周刊）	天津民言出版社主办（海大道江厦里第2号）	民主刊物
《青年魂》	1946年1月		半月刊	青年出版社	
《天津学联》	1946年1月20日（一说1945年12月）	1946年6月被禁		天津市学生联合会	天津学生联合会机关报。共出6期
《纵横》	1946年1月		三日刊	该社	稿件均为平津作家之撰文
《火把》	1946年2月	1946年6月19日	月刊	地下党人进步文化人创办，发行人：任恩和；该社出版	1946年6月19日政府责令暂缓出版
《人民世纪》	1946年2月（1946年11月1日）	1947年4月（一说11月）	半月刊	该出版社（天津一区西藏路19号）	9期因"言论不妥"奉令停止发行，10期照常出版
《天津市经济统计月报》	1946年2月	1948年11月	月刊	天津市政府统计室编刊（第十区中正花园）	原名《天津市经济指数及金融物价行市汇报》，自6期起用本名
《一二一》	1946年2月1日		16开 月刊	主办人：罗瑞和、张稚生；河北省立女子中学（今海河中学）学生自治会编辑出版	
《读书生活》（《现实生活》）	1946年2月15日（一说1945年12月31日）	1946年6月（一说7月）	原为油印，后改铅印 月刊	私立工商学院附属中学进步学生刘增祚创办，主编：杭天申	因与三联书店出版的《读书生活》重名，故更名《现实生活》
《鲁迅文艺》	1946年2月25日		16开 月刊	天津文化人联合会鲁迅研究组主办，编辑：杨大辛、曹也白	《文联》的姊妹刊物
《怒吼》	1946年2月		半月刊	奇峰出版社	《怒吼》
《刊联》	1946年3月5日		8开	天津青年刊物联合会创办，编辑：张稚生	天津青年刊物联合会会刊。仅一期
《工商周刊》	1946年3月			该社	
《天津区粮食储运旬刊》	1946年3月			河北田赋粮食管理处，天津区储运处旬刊社编发（第十区北平道29号）	

《天津文化》	1946年3月（一说1948年9月）		(逢三、六、九日发刊)半月刊	发行人：王余杞(一区多伦道文化会堂)。	
《自由周报》	1946年3月	1946年6月19日	周刊	李克简、杨大辛主持，编辑：李子英	综合性刊物。1946年6月19日政府责令暂缓出版
《经济通讯》	1946年4月		月刊	天津新闻界经济界人士发起组织"经济通讯社"发行	
《经济资料汇编》	1946年4月		月刊	中央农四行联合办事处天津分处编印	
《劳动月报》	1946年4月	1946年9月		联合勤务总司令部平津被服厂	原由军政部华北被服呢革总厂平津劳动月报社编印，自6期起迁至天津
《怒潮》	1946年4月				
《现代文献》	1946年4月		月刊	该社	刊有沈从文、茅盾、郭沫若、王芸生、刘念渠等人的文章。1946年6月19日政府责令暂缓出版。7月刊出第三期
《中国新闻》	1946年4月	1946年8月		朱子强、董东、简群等创办，社长：张树德	中共在津所办的灰色报纸
《至博旬刊》	1946年4月	1946年8月		编辑：曹聪孙，陈克宁发行	1946年6月19日政府责令暂缓出版
《一周》	1946年4月7日		周刊	编辑：吴云心、李植林、柴寿广；天津青年日报社李东序发行	综合性刊物
《华北工矿》	1946年5月	1946年8月	月刊	天津华北工矿月刊社	1946年6月19日政府责令暂缓出版，7月允继续刊行第二期
《青年半月刊》	1946年5月	1946年6月19日被禁		董事长：王任远，社长：姜贤能，发行人：崔宏刚，编辑主任：杨佑方；该社(天津一区山西路412号)	1946年6月19日政府责令暂缓出版(一说1948年5月，疑误)，7月底出版五、六期合刊

《时事杂志》	1946年5月	1946年6月		半月刊	该社	1946年6月19日政府责令暂缓出版	
《天下》	1946年5月	1946年6月19日		周刊	天津第一区辽宁路该社	1946年6月19日政府责令暂缓出版，撰稿人有朱光潜、俞平伯、沈从文等等	
《新动力》	1946年5月	1947年2月		原为月刊，后为半月刊。	编辑：赵越石、陶醒今，发行人：李春光；(一区赤峰道28号)	1946年11月起改为半月刊，卷期另起	
《星期六画报》	1946年5月(一说7月)	1949年(一说1947年)	16开	周刊	主编兼发行人：张瑞亭；(第一区多伦道盟友电影院对过)	1946年6月19日政府责令暂缓出版	
《晨曦》	1946年6月(一说1945年)	1947年3月		月刊	编辑：缪瞻云；该社发行(市第十区长沙路永安里5号)		
《新中国半月刊》	1946年6月				该社出版		
《国风画刊》	1946年7月		大16开	三日刊	发行人：张化南(南市广兴大街道北)		
《天津市政府统计月报》	1946年7月	1948年6月		月刊	市政统计室		
《星期六画报增刊》	1946年7月	1949年	大16开	月刊(一说不定期)	主编兼社长：张瑞亭(第一区罗斯福路189号)		
《直接税月刊》	1946年8月	1946年9月			财政部天津直接税局经济研究室	便利商民纳税	
《公能》	1946年9月23日				天津南开中学公能社	该校学生刊物。以张伯苓校长之校训为刊名	
《工友周刊》	1946年9月23日				工界同志发起		
《美丽画报》	1946年9月	1948年3月			主编：李逊梅；该社出版		
《星期二午报画刊》	1946年9月	1947年1月(一说6月)		周刊(一说旬刊)	发行人：刘铁庵，编辑：郑重(第一区嫩江路29号)	抗战前出版，1946年9月3日复刊	
《银声歌集》	1946年9月				天津市银声乐社出版	收录国外电影名曲	
《工人周刊》	1946年10月	1948年10月			该社		
《平津被服总厂厂庆专刊》	1946年10月				联合勤务总司令平津被服总厂编印	该厂成立于1945年10月，此为周年纪念刊	

《银都画报》	1946 年 10 月	1947 年 10 月(一说4月)	16开	旬刊(一说周刊)	发行人:刘缄三,编辑:陈书田(一区大沽里33号)		
《自治月刊》	1946 年 10 月	1947年			天津地方自治协进会创办(第一区罗斯福路189号)		
《东方渔业》	1946 年 11 月 25 日		16开	周刊	天津东方渔业公司		
《今日儿童》	1946 年 11 月	1947年5月		半月刊	该社		
《今日妇女》	1946 年 12 月 5 日	1947年			编辑:王岚、柴寿厂,发行人:张才中;人民世纪杂志社出版(第一区西藏路19号)		
《二十世纪科学画报》	1946 年 12 月试行				由青年人主办	小型刊物	
《万象画报》	1946 年 12 月				编辑:张振华、陈书田、张鹤琴等;万象画报社		
《天津市》	1946 年 12 月	1949 年(一说1948年)	8开	周刊	主任:陈嘉祥,政府秘书处编译室编辑出版(天津中正路)		
《真善美画报》	1946 年 12 月		4开	三日刊（日刊）	社长:王真,总编:陈庸生(南市荣业大街庆记大楼)	1946年12月22日试刊。1948年11月16日因新闻报道有"为匪张目"之嫌,12月13日被勒令停刊3天	
《大同半月刊》	1946年						
《儿童生活》	1946年			半月刊	该社编辑发行(第十区宜昌道永丰里62号)	1946 年 6 月19日政府责令暂缓出版,11月准予复刊,12月1日出版	
《广播半月刊》	1946年	1946年6月19日			该社	1946 年 6 月19日政府责令暂缓出版	
《国光》	1946年			月刊	社长:张树棠,编辑:王仲民;(第十区杜鲁门路147号)		
《(国立)国体师专校刊》	1946年	1948年		季刊	(国立)国体师专出版组		
《吼声》	1946年			月刊	耀华中学吼声社		

刊名	创刊	停刊	开本	刊期	主办单位	备注	
《津电月刊》	1946年	1947年			该社（一说天津电信局秘书室）编辑；天津电信局职工会宣传部发行(南门内)	一说1935年12月至1937年4月，由该社学术部出版，1947年复刊	
《南钟》	1946年（一说1945年11月）	1947年	16开	月刊	南开中学南钟社编辑出版		
《商情变动》	1946年			月刊	河北平津区敌伪产业管理局		
《天津妇女》	1946年				张维三负责，天津妇女工作委员会出版		
《天津县政府公报》	1946年			周刊	政府秘书处		
《小扬州画报》	1946年	1947年10月	大16开	三日刊	发行人：沈健颖，主编：李然犀(第七区荣业大街126号)		
《新二代》	1946年				儿童福利社		
《新生画报》	1946年（一说1945年）		大16开	每月三期	新生杂志社编发（一区大沽里39号）		
《艺威画报》	1946年	1948年		周刊	该社	游艺图画刊	
《北戴河》	1947年1月	1948年8月		周刊	李逊梅、石愚吾主办		
《汇文》	1947年1月1日试刊		16开	月刊	主编：崔秀琪；汇文中学创办出版	学生文艺刊物	
《津纺简讯》	1947年1月			周刊	中国纺织建设公司天津分公司秘书室	又名《中纺简讯》	
《中国工人》	1947年1月						
《国大与制宪史地丛刊》	1947年2月				发行人：苏子白；南开中学史地研究会国大编辑社		
《河北省立工学院半月刊》	1947年2月	1948年9月			该院出版委员会	1948年起更名《河北省立工学院月刊》	

刊名	创刊	停刊	开本	刊期	主办/编辑	备注
《民治周刊》	1947年2月	1948年11月			刘炎臣、王曰强等主编,该社出版	
《天津市临时参议会第一届第二次大会会刊》	1947年2月					
《商联周报》	1947年3月				发行人:张述之;编辑:郭泗、崔谦(第一区滨江道170号)	
《大地》	1947年4月			周刊	浙江中学男高三主办	综合性刊物
《海风》	1947年4月21日		16开	双旬刊	天津私立渤海中学学生自治会主办	共出3期
《红叶画报》	1947年4月	1947年6月		周刊	发行人:胡以庆,编辑:崔赫云;(南市大兴街光裕里11号)	
《宇宙画报》	1947年4月(一说5月)	1947年10—11月	12开	周刊	发行人:张北候,总编:王鹤亭,编辑:王润珊(河北博爱道荆华西里5号)	平津名作家二十余人轮流执笔,10月以"黄色书刊"被禁停3个月
《征信新闻》	1947年4月	1948年5月			经理:张果,后为王正生,天津联合征信新闻所	
《海运月刊》	1947年5月	1947年7月			海运服务社	
《诗生活》	1947年5月				南开大学新诗社出版	出版3期
《育才校友》	1947年5月				育才高级商科职业学校校友会编委会编辑发行	
《北方青年》	1947年6月			初月刊,后半月刊	该社(罗斯福路)	1948年底2卷改为半月刊
《中华戏剧》	1947年5月			月刊	该社(天津第一区长春道泰隆里5号)	
《渤海月刊》	1947年6月		16开	月刊	渤海月刊社编发(河东金汤2号路17号)	三民主义青年团天津县分团部主办
《国民新闻》	1947年6月6日	1947年8月		月刊	记者蒋慕钧筹创	
《海涛旬刊》	1947年6月12日				发行人兼主编:沈伯任(一区哈密道139号)	
《美星杂志》	1947年7月					电影杂志
《实业之友》	1947年7月	1948年1月		月刊	该社编辑,实友出版企业公司印行(中正路百福大楼4号)	

《银都小画报》	1947年7月5日					《银都画报》之兄弟刊，小型刊物	
《今日科学》	1947年8月	1948年4月		月刊	社长：朱瀚云；该社		
《卫生工程》	1947年8月	1948年8月			中国卫生工程学会平津学会		
《星期五画报》	1947年8月1日	1948年11月	16开	周刊	发行人：曹天培；编辑：王秋风(二区胜利路39号)	综合性刊物	
《天津市救济院院刊》	1947年9月				发行人:刘绛雯；该院编辑室编辑（天津西关街）		
《文叶》	1947年9月		32开	月刊(一说周刊)	编辑：谢溶音；发行人:刘秉中；该社出版(河北路149号)	出3期	
《霓裳画报》	1947年9月8日	1947年10月	16开	周刊	发行人：田士林，编辑：曹聪孙，后为李铁生(一区赤峰道79号)		
《助学特刊》	1947年9月				天津助学运动委员会创办		
《生活杂志》	1947年10月	1947年11月		周刊	经理:姚国宾	一名《生活周刊》	
《医光》	1947年10月	1948年11月			河北省立医院		
《扶风画报》	1947年11月		16开	周刊	社长兼发行人：蔡君梅，编辑：安乐然(第二区胜利路北头10号)	内容以文学为主	
《华夏》	1947年11月				该社		
《教育与青年》	1947年11月(一说1946年9月)	1948年11月		双月刊	天津市教育促进会创办，编辑：金世培、张维民，发行人：徐治(第一区罗斯福路258号)		
《天琴》	1947年11月(一说1948年)		16开	半月刊	编辑:杨坚白;知识书店发行	只出3期	

《中国纺织学会天津分会第一届年会年刊》	1947年11月				中国纺织学会天津分会编印	
《光华》	1947年12月			周刊	编辑：曹聪孙，发行人：陈克宁	
《天津市训练团团刊》	1947年12月			旬刊	该团编印（湖北路85号）	
《新闻周报》	1947年12月				该社	
《中国内幕》	1947年12月	1948年9月		双周刊	该社	
《学生圈》	1947年底	1948年8月	油印8开		地下党任佐、联雁、韩进等领导出版	
《长江》	1947年			半月刊	发行人：田茂典，总编：冯小卓；该社（北门内大街94号）	
《晨钟杂志》	1947年				南开晨钟通讯社	
《东亚声》	1947年			双周刊	东亚企业股份有限公司	本刊为庆祝本公司创立16周年专刊
《法政》	1947年				法学政治编委会	
《纺织建设》	1947年			月刊	中国纺织建设公司	
《冀北役政月刊》	1947年				社长并发行人：李兆锁，天津冀北师管区司令部兵役月刊社编辑部编辑（第十区镇南道30号）	
《老乡》	1947年			旬刊	该社	
《梦碧月刊》	1947年				天津梦碧吟社	
《圣功校刊》	1947年					
《星期日画报》	1947年（一说1948年）		16开	周刊	发行人：宋晋璠，编辑：王霞村（十区西安道55号）	
《中纺简讯》	1947年			周刊	中纺公司天津分公司秘书室	
《综艺》	1948年1月			半月刊	天津综艺艺术杂志社编发（一区辽宁路93号）	有徐悲鸿、叶浅予、李桦、蒋兆和等人作品
《北洋新闻》	1948年3月		4开	半月刊	北洋大学出版	1948年3月5日《大公报》载已出6期，3月1日扩版创刊
《黄河》	1948年3月	1948年6月		周刊	社长：施新峤，发行人：李正卿；天津黄河社（第六区威尔逊路31号）	

《骆驼》	1948年3月	1948年9月		三日刊	发行人：陈克宁，编辑；曹聪孙、陈沉		
《北洋校刊》	1948年4月			月刊	北洋大学（西沽武库）		
《河北省立女子师范学院四十二周年校庆特刊》	1948年4月				该院特刊委员会编发（河北天纬路）		
《津纺统计年报》	1948年4月				中国纺织建设公司天津分公司秘书室统计股编		
《黎明周报》	1948年4月			周刊	负责人：王锐；河北四经路秀山第一小学校		
《天津合作》	1948年4月	1948年9月		周刊	该社		
《华北工商》	1948年5月			月刊	华北工商月刊社		
《黄埔之友》	1948年5月			半月刊	社长：李世杰，总指导：严家诰[本市第六区上海道11(15)号]		
《新生命半月刊》	1948年5月	1948年9月			该社		
《中华画刊》	1948年6月	1948年9月		周刊	负责人：齐协民；该社编辑（一区多伦道40号）		
《会计知识》	1948年7月				主编：石毓符，发行人：朱如淦，中国会计学社天津分社出版委员会出版		
《新游艺画报》	1948年8月		16开	周刊	发行人兼主编：梅琥，总编辑：哈杀黄（二区建国道20号）		
《内幕新闻》	1948年9月	1948年12月	16开	旬刊	编辑兼发行人：张瑞亭；星期六画报社丛书部出版（一区罗斯福路189号）		
《大流》	1948年10月15日			月刊	该社（嫩江路同兴里7号）		
《南开三日刊》	1948年10月				南开大学学生自治会主办	1948年12月14日改为《南大每日》	
《天津民意》	1948年10月			半月刊	天津市参议会出版，该社（六区威尔逊路61号）		
《垦荒与洗碱》	1948年11月				农林部垦业农场		

《天津教育》	1948 年 11月			月刊	天津国民教育研究会、中等教育研究会、社会教育促进会联合组织，该社(一区万全道66号)	
《文艺风》	1948 年 11月		16 开本	月刊	该社(长春道光华里9号)	
《国立北洋大学三十七年班毕业纪念刊》	1948年				该校三十七年班学生编辑	
《海河诗刊》	1948年				笔友联合会	
《天津市第九区区民代表会会刊》	1948年				第九区区民代表会秘书处	
《天津市周刊分类索引》	1948年				政府编译室	
《天津教育月刊》	1948年				天津教育界名流创办	5月筹委会曾发起筹备基金义演活动
《维纳斯画报》	1948 年(一说1947年9月)			周刊	编辑:萧礼(社长)	
《解放歌声》	1949年2月	1949年4月		半月刊	该社	
《生活文艺》	1949年4月			月刊	生活文艺社	
《大众影剧》	1949年6月	1949年9月		周刊	该社	
《新津画报》	1949年7月	1949年8月		周刊	新津画报社	
《碱工业》	1949年				天津市财政经济委员会	内部期刊
《社会生活》	20世纪40年代			旬刊		
《曙光》	20世纪40年代				宁均维、黎智、孔学诗等出版	天津新学书院进步学生刊物

《天津卫》	20世纪40年代				1946年6月19日政府责令暂缓出版	
《现代春秋》	20世纪40年代		月刊			
《新生杂志》	20世纪40年代			该社		
《燕妮》	20世纪40年代			圣功学校（今劝业场小学）地下党李芝云组织进步学生编印	天津新学书院进步学生刊物	
《北方周刊》		油印		出版及主编：冯之捷		
《北宁铁路管路局局报》						
《北洋学生》				北洋学生会出版		
《北洋旬日画报》						
《长芦盐务公报》						
《慈惠学校二十周年纪念刊》				该校编辑委员会		
《慈惠学校年刊》				该校校刊编辑部（英租界10号路）		
《电影新歌集》				电影新歌集出版社		
《辅导通讯》				天津训练团		
《歌舞升平》				游艺画刊社		
《河北合作通讯》				天津中国银行		
《河北月刊》				私立河北中学学生出版委员会		
《工务月刊》				工务局编辑室		
《交通部直辖津浦铁路管理局公报》			日刊，后改旬刊	该局总务处编查课编；天津总局发行（河北大经路）	1918年改为旬刊	
《津大陆新闻》		4开			1947年7月1日被社会局令停刊三日	
《京津工商月报》				工商月报社（天津昆纬路）		
《绝交报》				南开大学师生沪案后援会经济绝交研究社主办		
《天津佛教居士林林刊》			月刊	天津佛教居士林		

刊名			刊期	出版	备注	
《民众半月刊》				天津特别市整理委员会民众训练委员会		
《前哨》			月刊			
《青年军人》			旬刊	青年军人社出版（英租界24号路3719号）	1934年被查禁	
《青年世纪》	1946年6月19日被禁				进步刊物	
《少年十日》				天津市立师范学校		
《商学季刊》	1929年			天津商学会		
《社会法规汇编》				天津政府社会局		
《生活与学习》				地下民青成员创办（张稚生家或大陆印刷厂）		
《时代生活》	1922年	1935年		姚玄女士主编，天津时代公司出版		
《诗园》						
《顺德周刊》			周刊	河北三马路三乐里		
《水产半月刊》				水产专科学校		
《天津市新学校刊春季旅行特号》				总编：张公，编辑：宋宝琨，校刊委员会		
《天津特别市公署警察局二十八年年刊》				天津特别市警察局		
《铁路月刊》				铁路局		
《文地》			月刊			
《文青》			不定期	毕基初等创办	文艺刊物	
《未名》				天津市初中学生组织的"读书会"创办	手抄小报，是当时一些青年学生自办的报刊	
《武清周刊》			周刊	负责人：杨荫庆；武清县城劝学所出版		
《星期小说》			周刊	晚报社		
《戏剧》					《新民意报》副刊之一	
《小学生》				天津市立师范学校		
《新港公报》	1948年8月		周刊	交通部塘沽新港工程局		

《新民半月刊》			新民学会编辑部（天津英租界14号路181号）	
《新生》	1946年6月19日被禁			1946年6月19日政府责令暂缓出版
《薪胆周刊》		周刊	负责人：阎敏斋（天津河东公议大街接福巷2号）	
《宣传工作指导》		不定期		地下抗日宣传刊物
《雪花》				
《艺林初步》			中西女中	
《银声歌集》			天津市银声乐社出版	收录国外电影名曲
《幽林》			王德华、赵恩沫创办	文艺刊物
《中华星期报》（英文）		周刊	天津印字馆发行	

附录3

天津现代通讯社

名称	设立时间	社长 (负责人)	地址	备注
捷闻通讯社	1922年2月	王仲英	东马路马棚胡同	
中外通讯社	1923年 (一说1926年3月)	王华堂	北门内义顺里	又记地址于:估衣街万隆栈楼
民益通讯社	1926年11月 (一说10月)	王质仁	南市	
天津平民通讯社	1928年5月	戴听潮	河北元纬路元福里3号	又记地址于:估衣街万隆栈楼
亚东通讯社	1928年4月 (一说1925年7月)	牛斐然	河北小关韦驮庙大街	
平民通讯社	1928年5月	载德潮	估衣街万隆栈楼	
津风新闻社	1928年6月	王叔鸣	东北城角三多街	
市民通讯社	1928年12月21日	娄震寰	河北西窑洼中兴胡同	
大无畏通讯社	1929年10月	邢国珩	意租界大马路	
新大陆通讯社	1929年11月	胡剑光	河北李公祠	
光明通讯社	1929年11月	王墨林	城内运署西街	
同舟通讯社	1930年2月	吴慕升	宇纬路	
中华新闻社	1930年5月	管墨林	东马路袜子胡同	
世界新闻社	1930年7月	徐鹏飞	日租界旭街	
大中华通讯社	1930年8月	刘君宜	河北宙纬路	
新大华电讯社	1930年9月1日	施冰厚	河北大经路择仁里36号	
黎明通讯社	1930年11月	牟松龄	日租界华中公寓	
东北新闻社	1930年12月 (一说1931年1月)	高尔瞻	河北月纬路宜安里	后迁至南市鸣珍旅馆。
建国通讯社	1930年12月	高滋尘	河北宇北路	
博文通讯社	1930年12月	周芝忱	南马路	
天津国风通讯社	1931年1月	张乾哉	法租界二十四号路226号	又记载:地址在南市建物大街清平巷二记庙
五方通讯社	1931年2月	李似君	南市	
新华新闻通讯社	1932年8月	程寒华	南市广兴大街11号	
中原新闻社	1933年6月	刘子权	大经路德成公转运公司内	
公言通讯社	1933年6月	刘霁岚	意租界大马路38-40号	
天津世界新闻电讯社	1933年8月	沈剑影	南市慎益大街四箴里29号	
民治通讯社	1933年9月	王质仁	南市永安大街	

多闻通讯社	1933年9月	范承先	河北月纬路西头	
经纬通讯社	1933年10月	金占元	天津乡区五所小刘庄中街	
民中新闻社	1933年11月	李治中	侯家后河沿小马路137号	
河北新闻社	1933年11月	朱鸣轩	河北四马路丰厚里	
电闻通讯社	1934年1月	凌昌炎	特二区福安大街	
华北新闻社	1934年3月	薰凤仪	北大关	"薰"疑为"董"
中联通讯社	1934年8月	刘君宜	河北三马路	
博陵通讯社	1934年11月	刘震中	河北三马路仟公里	
新联通讯社	1936年1月	刘君宜	河北三马路	
致中通讯社	1936年2月	张世诚	河北大经路	
时代通讯社	1936年4月	刘绍庭	南市西安大街	
新声通讯社	1936年6月	王文藻	河北黄纬路	
博闻通讯社		张芳斋	河北黄纬路马公祠6号	
经济通讯社	1946年	秦丰川		四十年代存在
商闻通讯社				四十年代存在
时事通讯社				
联友通讯社		徐醉云		1948年
中央社天津分社	1933年	陈纯粹	英租界十一号路达文波大楼四楼	
远东新闻社		郑祥茂	河北月纬路大吉里2号	
天津华洋电讯社		赵雪公	法租界二十四号路226号	
天津光华新闻社		董凤仪	河北西窑洼中兴胡同15号	
大陆新闻社		张穆尧	侯家后老君堂胡同5号	社长姓名，一说张慕尧，一说张穆要
新经纬通讯社		柏光荣		
民兴新闻社		张光亚	特二区福安街教益里	
天津今日新闻社		华连瀛	广兴大街万有派报社内	
中国联合电讯社		王濯源	河北公园后吉安里	
异虹通讯社		孟异虹		
中兴新闻社		马之秦		
北方新闻社		王介谌		
津东通讯社		周公季、董佛珠		
时闻通讯社				
联合征信所平津分所	1947年			刊发《征信新闻》1948年停办

附录4

天津当代报纸一览表

名　称	创刊日期	停刊日期	出 版 者	备　注
天津日报	1949年1月		天津日报社	
今晚报	1984年10月		今晚报社	
歌词月报	1987年			后改为《歌词》
天津教育报	1994年9月		天津市教育委员会	家庭教育专刊；未成年人专刊；招生考试导刊；自学考试专刊
大众生活报	1993年		该社	
天津广播电视报	1955年1月		天津广播电视局	
天津农民报：天津日报农村版	1962年10月16日		天津日报社	
天津晚报	1960年7月1日			
红领巾报	1985年		共青团天津市委	
中老年时报	2010年3月1日		今晚报社	
华北信息报	1986年		天津计委、河北计委	
天津工人报	1949年7月1日		天津市总工会	
假日100天	2001年8月8日		天津日报社	
天津老年时报	1992年7月1日		今晚报社、天津市老龄委	
新晚报	1952年6月15日		该社	
家庭报	1985年9月5日		天津市计划生育委员会、天津市宣传中心	
天津汽车报	1987年1月14日		天津汽车工业公司	
农工商时报	1995年		天津市委农工委	
天津工人	1969年			
天津邮政	2000年8月18日		天津市邮政局	
天津工业大学报	1982年5月5日			2002年9月1日更名
革命职工报	1967年5月16日			
天津邮报	1988年6月20日			
球迷	1985年7月2日		该社	
书报文摘	1993年10月5日		天津市出版研究室	
天津公安报	1992年			
天津政法报	2001年1月1日		天津市委政法委	
每日新报	2000年1月1日		每日新报社	

天津商报	1996年1月2日		天津市社会科学界联合会	
天津邮电报	1991年			
天津交通安全报	1996年			
天津法制报	1997年		天津市司法局	
天津财经大学报	2009年			
今晚经济周报	2001年12月28日		今晚报社	
求知报	1985年		该社	
天津科技大学报	2009年		中共天津科技大学委员会	
天津财院报	1992年		天津财经学院	
天津青年报	1983年3月5日		共青团天津市委	
天津工商报	1994年1月6日		天津市工商行政管理局	
渤海早报	2008年9月1日		今晚传媒集团	
北方经济时报	2001年1月1日		天津市消费者协会等	
采风报	1984年11月1日		天津日报社	
城市快报	2004年3月1日		天津日报报业集团	
健康周报	1984年4月		天津市健康教育所	
天津书讯	1982年11月15日			
天津理工大学报	2004年6月			
天津新生晚报	1949年3月复刊		该社	
北方市场导报	1994年4月2日		天津日报社	
天津农民	1957年		该社	
天津工人日报	1959年8月11日		市总工会	

附录5

天津当代期刊一览表

刊名	出版时间	刊期	主办者(责任者)及编者	出版者	备注
八小时以外	1980年—	双月刊,后月刊	天津市新闻出版局主办,现任总编辑:黄沛,执行总编辑:古丽,编辑总监:贾瑞兰	天津人民出版社	创刊号刊有邓拓的杂文《生命的三分之一》。2008年7月由天津人民出版社与智慧工场传媒集团合作,将杂志全新改版定位。1990年获全国期刊展览"整体设计奖"
百花	1982年—	季刊	百花文艺出版社		文艺刊物
半导体杂志	1981年—	双月刊,后季刊	孙鹰九天津市电子学会		
保鲜与加工		双月刊	国家农产品保鲜工程技术研究中心(天津)和天津市农科院信息研究所共同主办		是我国目前唯一的以农产品保鲜与加工为主要内容的专业性技术期刊
北斗星	1993年—	季刊,后双月刊	滑富强,天津市北辰区文学艺术界联合会	天津市北辰区文学艺术界联合会	
北方美术:天津美术学院学报	1994年—	季刊	姜陆,天津美术学院		
北方市场导报	1996年	月刊	邱允盛,天津日报社		
表面活性剂工业	1984年—	季刊	藕民伟,天津市轻工业化学研究所 中国洗涤用品工业协会表面活性剂专业委员会		
渤海农垦	1950年5月	不定期	王心田,渤海农垦局		
玻璃工业	1979—1987年	季刊	天津市玻璃研究所	该所	
长芦盐业	1994年—	季刊	天津市长芦盐务管理局	天津:该刊编辑部	
长寿	1980—1994年	双月刊	天津科学技术出版社,长寿杂志社编辑出版,主编:于伯海		1990年参加全国期刊展览"整体设计奖"评选
采风报	1984年—	月刊、周刊	天津日报社		综合性文摘报

慈善	2000年—	双月刊	中华慈善会、天津市慈善协会、和平文联主办,社长:陆涣生,主编:航鹰,执行主编:李玉林		
城建监察	1994年—	双月刊	李革中国城科会城建管理监察研究会 天津市市容环境管理委员会	中国城科会城建管理监察专业委员会会刊	1993年改为《城建监察》
城建政工研究	1993年—	季刊	中共天津市委城建工委	天津市城建系统政治	工作研究会
城郊农机实用科技	1993年—	双月刊	天津市农业机械管理局 天津市农业机械学会	该刊	
城市	1988年—	季刊,后双月刊、月刊	王明浩天津市城乡建设管理委员会 天津市城市科学研究会		
城市环境与城市生态	1988年—	季刊,后双月刊	于锡忱天津市环境保护科学研究院 天津市环境科学学会	中国环境科学出版社（天津市南开区复康路17号）	
城市减灾	1993年—	季刊	尹集刚天津市灾害防御协会 天津市人民保险公司	天津市灾害防御协会编辑出版委员会	
城市煤气	1964—1981年	季刊,后双月刊	天津市政工程设计院	该院	
城市人	1987—1997年	月刊	天津市和平区文联 天津市和平文化宫	该刊	
齿轮机床消息	1965年—		天津齿轮机床研究所		
船舶安全与防污	1996年—	双月刊	交通部天津海上安全监督局	该刊	
大地形变测量	1985—2001年	季刊	国家地震局测量大队情报资料室	该室	
大沽化工	1974年—		倪镇生李增禄天津大沽化工厂情报资料室 天津大沽化工有限责任公司信息资料室 天津大沽化工厂		
大众花卉	1982年—	双月刊	天津市园林学会 天津市园林管理局	该刊	

大众投资指南	1994年—	月刊	李天麻 黎旭 李炳寅 天津市新闻出版管理局 天津信托投资公司	
当代工会	1993—1998年	双月	天津工会管理干部学院	该刊编辑部
党课	1993年—		贾锦石 中共天津市委支部生活社	天津
党史资料与研究	1989—1996年	季刊	中共天津市委党史资料征集委员会办公室	该刊
党员教育	1993年—			天津
道德与文明	1985年—	双月刊	陈瑛 张博颖 李奇 中国伦理学会 天津社会科学院	
德育研究	1995年—		中共天津市委教育卫生工作委员会	天津教育报刊社
地热能	1994年—	双月刊	中国能源研究会地热专业委员会	该刊编辑部
地质找矿论丛	1986年—		冶金工业部天津地质研究院 天津地质研究院	
电力系统及其自动化学报	1989年—		张美珍 李修恕 全国高等学校电力系统及其自动化学术年会 天津大学	天津大学出版社
电气传动	1959年—		天津电气传动设计研究所 中国自动化学会	
电视技术通讯	1973年—		天津市电视技术研究所	该所
电源技术	1977年—		汪继强 电子工业部天津电源研究所 天津电源研究所	
电子材料快报	1994年—	月刊	天津市电子材料研究所	该刊
电子仪器仪表用户	1994—2000年	双月刊	天津市自动化仪表(集团)公司	该刊

电子与金系列工程信息	1998年—	月刊	张尚仁 天津市电子仪表信息研究所 天津市电子学会		
东方企业家	1989年—		郑法清 纪宝祥，百花文艺出版社 中国重型汽车集团公司		
东风	1958—1961年		中共河北省委		
动态分析与测试技术	1983—1997年	季刊	天津市电子仪器厂	该厂	
动态与资料	1981年—		天津出版局出版研究室	内部刊物	
动物科学与动物医学	1999年—	双月，后月刊	叶月皎 天津市畜牧局 天津市畜牧兽医研究所		
对外经济贸易	1987年—	季刊	中国国际贸易促进委员会天津分会 天津社会科学院对外经济研究所	该刊	
儿童画报	20世纪80年代	月刊	天津人民美术出版社儿童画报编辑组	该社	
儿童画报：小伙伴	1995年—	月刊	赵骞 张安吾 于化鲤 天津人民美术出版社 天津华夏未来基金会		
儿童健康	1993—1994年	季刊	天津市劳动卫生职业病研究所	该刊	
儿童图书馆与中小学图书馆	1980年—	季刊	天津市少年儿童图书馆		
法制心理研究	1990—1995年	季刊	天津商学院 天津市法制心理学会	该刊	
法制与心理	1994年—	双月刊	天津市法制心理学会 天津市高级人民法院		
房地产会计	1996年—	季刊		天津市房管局财务处	
房产通讯	1980—1983年		天津市房地产管理局	该局	

刊名	年份	刊期	主办单位	编辑单位	
纺织高教研究	1988年—				
废旧物资研究	1980—1988年	双月刊	天津废旧物资科研所情报资料室 全国废旧物资科技情报中心站		
橄榄林	1994年—	双月刊	天津日报社 天津市公安局	该刊编辑部	
高等职业教育：天津职业大学学报	1997年—	双月刊	天津职业大学		
高教研究	1987—1993年		天津商学院学报编辑部	天津商学院高教研究室	
高教研究与探索	1994年—		天津大学 该刊编辑部		
港口工程快报	1994年—	月刊	交通部第一航务工程局科技信息中心	天津港湾工程研究所	
港工技术	1983年—	季刊，后双月刊	李卫国 毕梦雄 顾民权 中交第一航务工程勘察设计院有限公司	天津	
港工勘察	1980—1988年		交通部港口工程勘察技术情报站，天津站		
港口经济	1995年—		王海评 开益国际咨询研究中心		
歌词	1999年—	年刊	天津市音乐家协会 天津市音乐文学学会	该报社	
歌词月报	1987—1998年		中国音乐家协会天津分会 天津市音乐文学学会	该报社	
歌迷与明星	1994年—	双月刊		该刊	
个人电脑	1995年	月刊	邓又强 南开大学		
革命职工报	1969年—				
工程机械	1973年—	双月刊，后月刊	邢宝华 许文元 机电部天津工程机械研究所 北京工程机械研究所		
工程机械文摘	1994年—	双月刊	高衡 天津工程机械研究院		

工程机械信息	1994年—	月刊	苗臻先 天津工程机械研究所		
工程设计与应用研究	1986年	季刊	郭州 张会义 机械电子工业部第五设计研究院技术情报处	天津	
工程施工机械	1986—1990年	季刊	天津市工程机械工业公司	该公司	
工人文化	1950年3月登记		知识书店	知识书店	
工业炉	1982年—		刘金贵 戴兰生 机械电子部建设司 机械工业第五设计研究院		
工业水处理	1982年—	季刊，后双月刊、月刊	姜泰万 刘燕飞 化工部天津化工研究院 天津化工研究设计院		
故事画报	1981年—	双月刊	天津人民美术出版社	1984年改为半月刊	
股票信息报	1992—1994年		天津科达信息中心	该刊	
股票信息周刊	1994年—		天津科达信息中心 天津市股份制试点工作领导小组		
骨科动态	1999年—		邱贵兴 中华医学会骨科分会天津医院		
管理工作研究	1998年—	季刊	天津行政学院		
管理科学学报	1998年—		成思危 天津大学 国家自然科学基金委员会管理科学部		
光电子·激光	1991年—	双月刊	巴恩旭 张光演 国家自然科学基金委员会信息科学部中国光学学会光电技术专业委员会		
光学与光谱技术	1980年—	季刊	天津市光学仪器情报站 天津光学仪器厂情报室	该编辑者	
光学与光谱技术	1980年—	季刊	天津市光学仪器情报站 天津光学仪器厂情报室	该编辑者	

广告人:声屏世界	1993年—	双月刊,后月刊	陈树林 杨庆华 中国报业协会广告委员会 中国广告协会报纸委员会	天津一中印刷厂	
广扬	1951—1960年		天津市天主教革新运动促进会	该会	
国防交通	1994年—	双月刊	国家交通战备办公室总后军事运输部	该刊编辑部	
国画家	1993年—	双月刊	杜滋龄 姚有多 中国美术家协会 中国画艺委会 天津人民美术出版社	天津人民美术出版社	
国际纺织品流行趋势	1997年—	季刊后双月刊	梁勇 中国纺织科技信息研究所 天津纺织装饰品工业研究所	北京	
国际妇产科学杂志	1998年—	双月刊	周福纲 天津市医学科学技术信息研究所		
国际金融探索:华北西北国际金融学会会刊	1990年—	双月刊	中国银行天津国际金融研究所 中国银行天津分行		
国际经贸研究	1992—1998年		天津对外贸易学院	该院	
国际内分泌代谢杂志	2003年—	双月刊	方佩华 中华医学会 天津医科大学		
国际生物医学工程杂志	2003年—	双月刊	冷希岗 中华医学会 中国医学科学院生物医学工程研究所		
国际生殖健康/计划生育杂志	2004年—	双月刊	王维国 天津市医学科学技术信息研究所		
国外第四纪地质	1982—1993年		天津地质矿产研究所	该所	
国外电气自动化	1987—1992年		天津电气传动设计研究所	该所	
国外电子材料	1982年—		该刊,电子工业部一四四六研究所		
国外防痨与肺部疾病	1994—1995年	季刊	天津市肺科医院	该院	
国外机械	1982年—		天津大学图书馆		
国外经济管理	1994年—		天津财经学院经济研究所		

国外医学·妇产科学分册	1982年—	双月刊	李淑滟 天津市医学科技情报研究所 天津市医学科学技术信息研究所		1990年参加全国期刊展览"印制质量奖"评选
国外医学·计划生育/生殖健康分册	1986年—	双月刊	王维国 天津市医学科学技术信息研究所		
国外医学·计划生育分册	1982年—	季刊	张志成 天津市医学科学技术信息研究所		1990年参加全国期刊展览"印制质量奖"评选
国外医学·临床放射学分册	1980年—	季刊，或双月刊	吴恩惠 天津放射治疗研究培训中心 天津市医学科学技术信息研究所		1990年参加全国期刊展览"印制质量奖"评选
国外医学·内分泌学分册	1981年—	季刊后双月刊	谭郁彬 天津医学院 中华医学会		
国外医学参考资料·计划生育妇产科学分册	1974—1978年	季刊	天津市医药科学技术情报站	该站	
国外医药·植物药分册	1994年—	双月刊	刘德延 国家医药管理局天津药物研究院 天津药学会		
海河水利	1989年—	双月刊	李红有 冯焱 水利部海河水利委员会	天津	
海河说唱	1957—1960年		天津群众艺术馆	天津人民出版社	
海军后勤学术研究	1994年—	双月刊	海军后勤部	该刊编辑部	
海洋通报	1982年—	季刊或双月刊	国家海洋技术中心	海洋出版社	
海洋文摘	1981年—	双月刊	徐承德 国家海洋信息中心	该刊编辑部	
海洋资料情报	1977年—		天津国家海洋资料情报网	该刊	
焊接技术	1986年—	双月刊	吴维 天津市焊接研究所 中国工程建设焊接协会		

焊接通讯	1973—1985年	季刊	天津市焊接研究所	该所	
河北美术	1961—1965年		河北美术社	该社	
合作住宅	1996年—	双月刊	中国合作住宅促进会	该刊	
红外与激光工程	1996年—	双月刊	熊辉丰 中国宇航学会光电技术专业委员会 天津津航技术物理研究所	天津航天工业总公司第三研究院8358研究所	
华北海员	1950年5月	月刊	马丁 海员工会	该会	
华北金融	2000年—	月刊	吴超 黑延成 郭明奇 中国人民银行天津分行 天津市金融学会		
华北人防	1996年—	双月刊	天津市人防办公室	天津市人防办公室	
华北信息报	1997年—	月刊	天津计委 河北计委		
华北有色地质管理	1994年—		该刊编辑部	该刊编辑部	
华人文化世界	1995年—	双月刊	陈骧龙 天津海外联谊会		
华夏长寿	1995—2000年	月刊	陈大可 天津科学技术出版社	天津科学技术出版社	
化工设计与开发	1979—1996年	双月刊或季刊	该院，化学工业部第一设计院		
化学工程	年代不详				
化学工业与工程	1950年6月	季刊	天津化联 杨石先	天津化联	
化学工业与工程	1980年—		天津化工学会 天津大学		
环渤海经济瞭望	1991年—	双月刊	林开明 环渤海地区经济信息协会、天津经济信息中心		
环境卫生工程	1986年—		鲁长发 天津环境卫生工程设计研究所 天津城市环境卫生协会华北联络组	天津市南京路233号环境卫生工程设计研究所	
环境与健康杂志	1985年—	双月刊	王撷秀 董善亨 天津市卫生防病中心 中华预防医学会		

火柴工业	1994年—	季刊	张增深 中国日化协会火柴分会 全国火柴工业信息中心等	天津	
会员通讯	1950年3月	不定期	宋宝琨 市基督教青年会		
机关生活	1998年—	双月刊	中共天津市委市直机关工作委员会	该刊	
机械设计	1986年	双月刊,后月刊	天津市机械工程学会 中国机械工程学会机械设计专业学会机械传动专业学会		
计算机产品与流通	1998年—	双月刊	胡茜明 天津市电子计算机研究所		
继续医学教育	1994年—	季刊	张愈 天津职工医学院 天津医学高等专科学校		
继续医学教育·培训学分专辑	1994年—	季刊,后双月刊	张愈 天津职工医学院 天津医学高等专科学校		
家长	1994年—	双月刊,后月刊	张遵融 天津教育杂志社		
家庭·育儿	1985年—	月刊	周修平 天津市科学技术协会		
家庭报	1997年—		仪宏伟 天津计划生育协会 天津市宣传中心		
驾驶园	1992年—	月刊	赵鹏万 中国机电报社 天津市汽车制造厂		
建筑市场与招标投标	1994年—	双月刊	中国土木工程学会建筑市场与招标投标研究会 天津市建设工程招标管理办公室	该刊编辑部	
建筑通讯	1994年—	季刊	该刊编辑部		
健康文摘	1985年—	季刊,后双月刊、月刊	甄国才 天津市卫生宣传教育所 天津市健康教育所		
舰船导航	1972年—	双月刊	中国船舶工业总公司第七研究院第七〇七研究所	中国船舶重工集团公司第七〇七研究所	
交电商品通讯	1981年—	季刊	天津交电采购供应站	该站	

交通环保	1980年—	季刊，后双月刊	李树华 交通部环境保护科技信息网 交通部天津水运工程科研所	天津	
胶管工业	1994年—	季刊	化工部橡胶工业科技情报中心站胶管分站，天津橡胶工业研究所	天津橡胶工业研究所	
教学研究	1984年—		天津纺织工学院		
教育改革	1993—1998年	双月刊	天津市教育科学研究院	该刊	
接班人		月刊	新蕾出版社		
解放军预防医学	1988年—	季刊，后双月刊	顾景范 军事医学科学院卫生学环境医学研究所 中国人民解放军预防医学中心		
今日天津	1996年—	季刊	刘凤银 天津市对外文化交流协会		
金融与市场	1996年—	月刊	郭明奇 中国人民银行天津分行 天津市金融学会		
津沽地名	2001年—		天津市地名委员会办公室、天津市地名分科学会主编	天津市和平区西康路60号	
津沽农垦	1949年—		天津津沽区农垦管理局	该刊	
津图学刊	1983年—	季刊	来新夏 天津市高校图书馆工作委员会	天津市高校图书情报工作委员会发行	
津仪情报	1971年—		天津电子仪器厂资料室	该刊	
津中月刊		月刊	韩天耀 中国银行	该行	
经济金融信息	1995年—				
经济问题参考资料	1995年—	双月刊	天津社科院		
经纬线	1994年—	月刊	天津市纪律检查委员会、天津市监察局主编:李佩林,副主编:张建琪、王筠	天津市河西区福建路32号	

经营与管理	1984年—	月刊	宋福成，天津市企业管理协会南开大学管理学系	
精细石油化工	1984年—	双月刊	中国石化天津石油化工公司	天津：中国石油化工集团公司精细石油化工科技情报中心站
警察学研究	1994年—	季刊		该刊编辑部
静电季刊	1984—1998年		天津辽宁河北物理学会静电专业委员会	该刊
决策与决策支持系统	1991—1997年		天津大学信息与控制研究所	
军用汽车	1982年—	双月刊	解放军总后勤部车船研究所	天津：该刊编辑部
酒文化	1994年—	双月刊	社长:韩玉兰、曲来云，副社长:王汉明，主编:鲁中、孙福新	
开发报	1985年—	月刊	张启 李世森 国家经委经济研究中心 天津市科学技术协会	
开卷有益:求医问药	1982年—	双月刊，后月刊	赵录生 刘振武 张道明 天津市医药集团有限公司	
科技发展	1993年—	月刊	天津市科委规划预测处 天津市科技信息研究所	
科技新能源	1999年—	季刊	杨金城 国家经贸委节能信息传播中心 中国—欧盟能源 (天津)培训中心	
科学浪花	1980—1986年	双月刊，后月刊	天津市科普创作协会	天津科普杂志社
科学与生活	1980年—	双月刊	天津科技出版社	该社
科学学与科学技术管理	1980年—	双月刊，后月刊	天津市科学学研究所 中国科学学与科技政策研究会	
课内外辅导	1985—1998年	月刊	天津市教育局	天津教育杂志社
口岸卫生控制	1996年—	季刊，后双月刊	王文正 天津市国际旅行卫生保健协会 天津市预防医学会	

蓝盾	1989年—	月刊	朱其华 天津市法学会 天津日报读者服务公司		
劳动工作与研究	1983—1987年	双月刊	天津市劳动学会 天津市劳动局	该刊	
浪花	1994年—	季刊	天津市塘沽文联	该刊编辑部	
离子交换与吸附	1989年—	季刊	南开大学高分子化学研究所		
理论与现代化	1989年—	月刊	喻宗浩 天津市社会科学界联合会		
历史教学	1951—1966年，1979年—	月刊	刘文君 岳林 李梦芝 天津古籍出版社 历史教学社	历史教学社	1979年1月20日复刊
历史学习	1986年—	双月刊，后月刊	冯士钵 任世江 天津古籍出版社 历史教学社		
临终关怀杂志	1996—1998年	季刊	天津医科大学	该刊	
录井技术	1996年—	季刊		天津；该刊	
鲁迅研究资料	1978年—	丛刊	天津人民出版社		1980年改为季刊
伦理学与精神文明	1982—1984年	双月刊	中国伦理学会 天津社会科学院哲学研究所	该刊	
麻醉与临床相关医学	1993—1998年	季刊	天津市第三医院	该刊	
煤气与热力	1982年—	双月刊	项友谦 中国土木工程学会城市煤气专业委员会 中国市政工程华北设计研究院	天津	
民航教育研究	1994年—	季刊	中国民用航空学院	天津	
摩托车技术	1989年—	双月刊，后月刊	王秉刚 中国汽车技术研究中心	天津	
南开管理评论	1998年9月—	双月刊	李维安 南开大学国际商学院 南开大学商学院		
南开经济研究	1986年—	双月刊	刘佛丁 南开大学经济学院		
南开教育	1992年—		该刊编辑部		

南开教育论丛	1986年—	季刊			
民风	1987年—		天津民研会及《民风》编辑部	该会	
民族魂	1998年—		丛林 天津市延安精神研究会		
内燃机学报	1983年—	季刊，后双月刊	中国内燃机学会		1990年参加全国期刊展览"整体设计奖"评选
农业环境与发展	1994年—	季刊，后双月刊	王锡吾 顾方乔 全国农业环境保护科技信息网 农业部环境保护科研监测所	天津	
年画艺术	1983年—	年出2期	天津人民美术出版社		
女士	1994年—	月刊	姜翠娥 常爱华 天津市妇女联合会		
七彩画报	1993—1997年	双月刊	天津人民美术出版社	该刊	
企业管理研究	1994年—	季刊			
企业秘书与写作	1985—1987年	双月刊	天津市企业秘书工作研究会	该刊	
企业之友	1990年—	双月刊	李元春 李升奎 天津市经济管理干部学院		
汽车标准化	1995年—	季刊		天津	
汽车大市场	1993年—		张正智 中国汽车工业信息网		
汽车工程师	1988年—		天津市汽车工程学会 天津市汽车研究所	天津	
汽车情报	1994年—	月刊	刘雨亭 冯超 长春汽车研究所 中国汽车工业信息网	天津	
汽车生活	1999年试刊		黄沛 天津人民出版社	天津	
汽车运用	1993年—	双月刊，后月刊	杨启忠 解放军运输工程学院 中国人民解放军军事交通学院	天津	

启蒙:0-7岁	1988年—	双月刊，后月刊	黄丽珠 天津市教育局 天津教育杂志社		
南开通讯	1950年3月登记	半月刊	吴大任 南开大学		
女青年会会讯	1982年—		天津基督教女青年会		非正式
墙改与节能	1994年—	季刊	天津市墙体材料改革办公室	天津：该刊编辑部	
青春阅读	2000年—	月刊	张少敏 谭成建 天津市作家协会		
青少年科技博览	1994年—	月刊	周绍禄 天津教育学院		
青少年心理健康	1987年—	双月刊	林秉贤 吴铁城 天津市心理卫生协会 天津市法制心理学会		
求贤	1994年	月刊	路平 中共天津市委组织部 天津市人事局		
求知	1987年—	月刊	高效琨 中共天津市委党校	天津	
群众歌声	1956—1966年		天津群众艺术馆		
染料情报	1984年—				
燃烧科学与技术	1995年—		史照熙 天津大学		
热固性树脂	1987年—	季刊,后双月	张津华 天津市合成材料工业研究所	全国环氧树脂行业协作组等	
人口 家庭	1993年—	季刊	天津人口情报中心	该刊	
人口情报与研究	1988—1992年	双月刊	天津人口情报中心	该刊	

人口与生殖健康	1995年—	季刊	天津市人口学学会	天津	
人与法	1992年—	月刊	李万江 天津市司法局		
日用织物	1980—1985年	季刊	天津市日用织物科技情报站	天津市日用棉织品工业公司技术研究室	
软件	1979年—		张尚仁 中国电子学会 天津电子学会	天津市电子仪表情报所	
商业管理与教育	1996年—	季刊	天津市财贸管理干部学院	该刊	
少儿美术	1998年—	双月刊后月刊	张安吾 杨景芝	该刊	
少年小说	1999年—	月刊	詹岱尔 天津市作家协会		
社会心理科学	1996年—	季刊，后双月刊	车文博 章志光 天津市社会科学界联合会 中国社会心理学会理论与教学专业委员会		
社会学与现代化	1983年—	季刊	南开大学社会学系		
生产技术与工艺管理	1989—2004年	季刊	孟宪忠 武玖玲 天津市工艺管理协会	天津市工艺管理协会	
生物医学工程与临床	1997年—	季刊，后双月刊	翁铭庆 天津市生物医学工程学会 天津市第三中心医院	天津市第三中心医院	
食品研究与开发	1985年—	季刊	赵丽 严日仁 张铭铎 天津市食品研究所 天津市食品工业生产力促进中心		
食品与健康	1989年—	双月刊，后月刊	杨松筠 食品与健康杂志社 天津市科技期刊编辑学会		
散文	1980年—	月刊	天津百花文艺出版社	该社	1990年获全国期刊展览"整体设计奖"
世界汽车	1994年—	双月刊，后月刊	赵航 朱德照 中国汽车技术研究中心	天津	
世界文化	1994年—	季刊，双月刊，月刊	修刚 天津外国语学院		
市场与价格	1993—1997年	月刊	天津市物价局 河北省物价局	该刊	
市政工程国外动态	1984年—	双月刊	曹锡俊 天津市市政工程科技信息中心		

市政工程译丛	1974年—		天津市市政工程局科学技术情报站	该刊	
石油工程建设	1986年—	双月刊	中国石油集团工程技术研究院,中国石油工程建设(集团)公司		1990年参加全国期刊展览"整体设计奖"评选
石油化工化纤	1985年—	季刊		天津	
石油施工技术	1980年—	双月刊	石油工业部施工技术研究所:石油工业部石油施工技术情报协作组	天津	
书报文摘	1997年—	月刊	天津市出版研究室 《书报文摘》编辑部		
蔬菜	1985年—	季刊,后改双月刊、月刊	天津市农业科学院情报室 北京市农业科学院情报所		
数理译丛半年	1983年—		天津理工学院	该刊	
数学教育学报^	1994年—	季刊	王梓坤 天津师范大学 中国教育学会		
水处理信息报导	1994年—	双月刊	中国化工学会工业水处理专业委员会 化工部工业水处理信息站	天津	
水道港口	1980年—	季刊	交通部天津水运工程科学研究所	天津	
水电设备	1971年—		天津电气传动设计研究所	该所	
水电站机电技术	1985年—	季刊	全国水利水电机电技术情报网 全国水利水电机电技术信息网	天津	
水利水电测量	1994年—	季刊	李辉光 水利水电测量技术情报网		
水利水电工程设计	1995年—	季刊	王晓红 颜济奎 水利部电力工业部天津勘测设计研究院 天津市水力发电工程学会		
水泥技术	1984年	季刊,后双月刊	朱祖培 天津水泥工业设计研究院 中国水泥发展中心		1990年参加全国期刊展览"整体设计奖"评选

水运工程标准与造价管理信息	1995年—	季刊	天津：该刊编辑部	
水运工程造价管理信息	1994年—	季刊	交通部水运工程定额站 天津：该刊编辑部	
顺酐通讯	1988年—		天津第二石油化纤工厂情报组	
思想政治工作研究	1994年—	双月刊	天津市思想政治工作研究会	
塑料技术	1986年—	双月刊，后季刊	天津市塑料研究所 天津塑料工程学会	
特殊战线	1994年—	季刊	该刊编辑部	
体坛风云	1993—1997年	季刊	天津市体委 该刊编辑部	
体育古今	1990年—	季刊		
体育教学与科研	1981—1987年	季刊	天津体育学院《体育教学与科研》编委会	该会
天发报导	1992年—		天津发电设备总厂情报室	
天津百货	1983年—		天津百货站该刊编辑部	
天津半导体技术	1976—1980年	季刊	天津市半导体技术研究所	天津半导体专业情报网
天津保险	1989年—	双月刊或季刊	胡文芳 天津市保险学会 天津市保险行业协会	该刊
天津标准化	1987—1989年	季刊	天津市标准计量管理局 天津市标准化协会	该编辑者
天津财会	1979年—	双月刊	陆丽珍 天津市会计学会 天津市财政局	该会
天津财税	1994年—	月刊	崔津渡 天津市财政局 天津市国家税务局	原名《津沽财会》
天津财政年鉴	1996年—		主任：吕延年，总编：崔津渡，天津财政年鉴编委会	
天津成人高等学校联合学报	1999年—		龙德毅 天津市成人教育学会 天津市新华职工大学	

天津成人教育	1986—1998年	双月刊	天津市第二教育局 天津市成人教育学会	该编辑者	
天津城建学院学报	1994年—		天津城市建设学院 该刊编辑部		
天津城市建设学院学报	1992年—		刘云兆 包欢 天津城市建设学院		
天津城市金融	1985—1996年	月刊	中国工商银行天津市分行	中国工商银行天津市分行	
天津城乡金融	1994年—	月刊	中国农业银行天津分行		
天津赤脚医生	1976年—	双月刊	天津医学杂志社		
天津出版工作	1980年—		天津市出版研究室编辑		内部刊物
天津船舶	1992年—	季刊	该刊编辑部	天津：该刊编辑部	
天津大学学报·社会科学版	1988年—		单平 天津大学		1990年参加全国期刊展览"整体设计奖"评选
天津大学学报·自然科学与工程技术版	1986年—		单平 天津大学		
天津党史	1997年—	季刊	中共天津市委党史研究室	该刊	
天津党校学刊	1993年—	季刊	吕希晨 中共天津市委党校		
天津档案史料	1996年—		主编:孙志廉、董铁岭,副主编:于学蕴,常务主编王成,编辑:周利成	天津市南开区复康路	非正式出版物
天津道路运输	1995年—		天津市道路运输协会		
天津地质矿产研究所所刊	1990年—	季刊	天津地质矿产研究所	该所	
天津地质学会志	1983年—	季刊	天津市地质学会	该会	
天津第二医学院学报	1986—1994年	季刊		该院	
天津电大学报	1999年—	季刊	史学忠 赵志华 天津广播电视大学		

天津电镀	1973—1981年	季刊	天津市电镀学会	该会	
天津电工	1971年—				
天津电教	1994年—	季刊		该刊编辑部	
天津电缆	1977—1992年		天津电缆厂	该厂	
天津电力技术	1980年—		天津电力学会 天津电力试验研究所	该编辑者	
天津电讯	1950年7月—	不定期	魏善伦 邮电工会	邮电工会	
天津电业	1996年—		天津电力新闻中心		
天津店员	1950年9月	月刊	刘亚 店员工会		
天津法制报	1997年—	月刊	李继远 天津市司法局		
天津房产科技	1994年—	季刊	天津市房地产科技信息网	天津：天津市房地产科技信息网	
天津房地产	1994年—		天津市房地产管理局	该刊编辑部	
天津纺织工学院学报	1982—2000年	季刊	天津纺织工学院	该院	
天津纺织科技	1978年—	季刊	天津市纺织局情报站 天津市纺织工业研究所		
天津纺织科技通讯	1971—1977年		天津纺织工业研究情报组	该刊	
天津妇女	1951年—				
天津钢管	1994年—	季刊	艾国安 天津钢管有限责任公司	该刊编辑部	
天津港口	1994年—	双月刊	天津港务局	该刊编辑部	
天津高教研究	1994年—	季刊	天津高等教育学会		
天津歌声	1976—1992年		天津群众艺术馆	该刊	
天津工程	1950年—		天津市工程师学会编印	该会	
天津工程科技	1984年—	季刊			
天津工人文学	1994—2002年	双月刊	天津市第一工人文化宫主办,主编:黄华昶、董建国,副主编:李洛明,常务主编:李淑敏	该刊创作社（天津市河北区民族路47号	20世纪90年代改为《劳动者文学》
天津工商	1950年—	月刊	天津市工商联合会天津工商编辑委员会	该会	

天津工商报	1994—2000年	月刊	天津市工商行政管理局	该报	
天津工商史料丛刊	1983年—		天津工商业联合会文史资料委员会		
天津工业大学学报	1993年—		陈振翼 天津工业大学		
天津工业经济研究	1995年—		天津工业经济研究室		
天津工运	1994年—	月刊	天津市总工会	该刊	
天津公安报	1992—2000年	月刊	天津市公安局	该刊	
天津公证	1995年—	季刊	天津市司法局公证工作管理处		
天津广播	1951年—				
天津广播电视	1985年—	双月刊	天津市广播电视局广播电视研究室 天津市广播电视学会	该室	
天津广播电视报	1996年—	月刊	段树德 天津广播电视局		
天津广播电视技术	1979年—		天津市广播事业局技术情报室 天津市广播电视局技术情报室	该室	
天津广播电视史料	1993年—		天津广播电视局		
天津航海	1994年—	季刊	天津市航海学会		
天津合作通讯	1949年—				
天津护理	1994年—	季刊, 后双月刊	张愈 天津市中心妇产科医院 天津护理学会		
天津画报	1953—1996年	月刊	天津美术工作室编辑	天津人民美术出版社	
天津化工	1971年—	季刊,或月刊	余占海 天津渤海化工集团公司 天津市化工学会		
天津机械	1972—1983年	季刊	天津市第一机械局技术情报总站	该站	
天津集邮	1986年—	季刊, 后双月刊	臧宪盈 贾英栋 天津市集邮协会		
天津计时	1984年—		该刊技术研究所		

天津技术监督	1989—1993年	季刊	天津市技术监督局	该刊	
天津检察	1994年—	双月刊	赵屹松 韩桐辰 天津市人民检察院		
天津建材	1983年—	季刊	张方 天津建材集团总公司 天津市建筑材料集团(控股)有限公司		
天津建工	1998年—	季刊			
天津建设科技	1993年—	季刊，后双月刊	滕绍华 天津市城乡建设管理委员会 天津市科学技术委员会		
天津建设科技信息	1995年—	月刊			
天津交电商品通讯	1978—1980年		天津交电采购供应站	该站	
天津交通	1994年—	季刊	天津市交通运输协会	该刊编辑部	
天津交通安全报	1996年—	月刊	天津市公安交通管理局		
天津教工	1992—1996年	双月刊	中国教育工会天津市委员会	该刊编辑部	
天津市教科院学报	2000年—	双月刊	王宗敏 天津市教育科学研究院		
天津教研	1988年—	双月刊	天津市教育教学研究室	该刊	
天津教育	1950—1951年	月刊	天津市教育局	该刊	
天津教育	1976年—	月刊	隋艳春 郑世著 黄丽珠 天津市教育委员会 天津市教育局		
天津教育报	1996年—	月刊	韩军 天津市教育委员会		
天津教育学院学报	1988年—		天津教育学院	该院	
天津教育学院学报·自然科学版	1989—1998年	季刊	天津教育学院	该院	
天津教育学院院刊	1985—1986年	季刊	天津教育学院	该院	
天津教育学院院刊·社会科学版	1987年—	季刊	天津教育学院	该院	
天津教育学院院刊·自然科学版	1987年—		天津教育学院	该编辑部	

天津教育资料汇编	1959年—				
天津节能	1987—2001年	季刊	天津市经济委员会能源处	天津市节能技术服务中心	
天津金融通报	1950年3月登记	周刊	赵步崇 人民银行	该行	
天津金融月刊	1979—1995年		天津金融学会 天津金融研究所	该刊	
天津经济	1990年—	双月刊,后月刊	陈皓东 天津市发展计划委员会 天津市计划学会		
天津经济简讯	1949年—	月刊			
天津经济年鉴	1986年—		总编:黎干 天津经济年鉴编辑部	2000年更名为《天津年鉴》	
天津剧作	1982年—	季刊后双月刊			
天津科技	1992年—	季刊	梁福长 安冈 天津市科学技术委员会 天津市科学技术信息研究所		
天津科技情报	1958年—		天津科技大学		
天津科技消息	1974—1992年	双月刊,后月刊	天津市科学技术情报所	该所	
天津劳动	1988年—	月刊	天津市劳动学会,天津市劳动局		
天津老干部	2000年—	月刊	中共天津市委老干部局	该刊编辑部	
天津理工大学报	1983年—		中共天津理工大学委员会		
天津理工大学学报	1984年—	双月刊	曹作良 天津理工大学		
天津理工学院学报	1993年—	季刊	曹作良 雷程远 天津理工学院		
天津历史资料	1964年—		天津市历史研究所	该所	
天津粮食	1992年—	季刊	天津市粮食局	天津市投资书局代理	
天津粮油科技	1975—1998年	季刊	天津市粮油科学研究所	该所	
天津律师	1984年—	双月刊	主编:徐兴云 天津市律师协会	该刊编辑部(天津市河西区友谊北路61号)	
天津毛纺科技	1984年—	双月刊	天津毛纺织技术研究所		
天津盟讯	1994年—	月刊	中国民主同盟天津市委员会		

天津煤气	1994年—	季刊		天津：该刊编辑部	
天津民间组织	1999年—	季刊	周克丽 天津市社团管理研究会 天津市社团发展促进会	该刊	
天津民建	1997年—	季刊			
天津民政	1993年—	季刊，后双月刊	天津市民政局	该刊编辑部	
天津内参	1998年—		新华社天津分社	该刊	
天津农村	1996年—	月刊		该会	
天津农村金融研究	1981—1993年	双月刊	天津农村金融研究所	该刊	
天津农村经济	1985年—	半年刊			
天津农机	1982年—	年刊			
天津农林科技	1991年—	季刊，后双月刊	王树 蒋凡凡 天津市农林局 天津市农学会		
天津农民	1957—1958年	月刊	该报社		
天津农民报：天津日报农村版	1994年—	月刊	曹风彦 天津日报社		
天津农学院学报	1994年—	季刊	刘茂春 天津农学院		
天津农业科学	1974年—	季刊,双月刊	天津市农业科学院 天津市农业科学院信息研究所		
天津农业区划	1996年—	季刊	天津市农业区划研究所		
天津皮革	1983年—	季刊	天津皮革技术研究所		
天津气象	1986年—	季刊	天津市气象局	该局	
天津汽车	1981年—	季刊，后双月刊	天津市汽车工程学会 天津市汽车研究所		
天津汽车报	1987—2002年	月刊	天津汽车工业(集团)公司	该报	
天津轻工	1989年—	季刊	天津市第一轻工业局	该局	
天津轻工业学院学报	1986年—	半年刊，后季刊	邬义明 天津轻工业学院		
天津青年工作	1993年—	双月刊	共青团天津市委员会	天津市共青团委员会研究室	

天津区县年鉴	2000年—		郭凤岐 该年鉴编辑部	天津古籍出版社	
天津人大工作	2001年—	月刊	天津市人民代表大会		
天津人身保险	1996—1997年		天津市社会保险公司	该刊	
天津日报索引	1949年—	月刊	天津日报社	该社	
天津日报通讯	1975年—	双月刊			
天津日化简讯	1971—1984年	月刊,后季刊	天津市轻工业日用化学研究所情报研究室	该组	
天津三电	1993年—	双月刊	天津市三电办公室	天津：该刊编辑部	
天津商报	1996年—	月刊	赵大明 天津市社会科学界联合会		
天津商情物价	1951年—				
天津商学院高教研究	1994年—	季刊	夏德昭 天津商学院		
天津商学院学报	1981年—	年刊、季刊	天津商学院		
天津商业经济	1994年—	双月刊			
天津社会保险	1997年—	双月刊	黄桂芳 天津市社会保险基金管理中心		
天津社会科学	1973年—	双月刊	赵景来 尹靖 天津社会科学院 天津市哲学社会科学学会联合会		
天津社联通讯	1994年—	月刊	天津市社会科学界联合会	天津社联学会工作部	
天津社联学刊	1986—1989年	月刊	天津市哲学社会科学学会联合会	该会	
天津社团研究	1993—1998年	季刊	天津市社团管理研究会	该刊	
天津审判	1994年—		天津市高级人民法院	该刊编辑部	
天津师大学报·社会科学版	1988年—	双月刊	天津师范大学	该校	
天津师大学报·自然科学版	1983年—	半年刊,后季刊	陈俊雅 天津师范大学		

天津师大学报	1982—1987年	双月刊	天津师范大学	该校	1990年参加全国期刊展览"印制质量奖"评选
天津师范大学学报·基础教育版	2000年—	季刊	汪耀进 天津师范大学	该刊	
天津师院学报	1974—1982年		天津师范学院	该院	
天津师专学报	1994年—	季刊	汪耀进 天津师范高等专科学校		
天津石化	1995年—	季刊	天津石化公司		
天津食品科研	1980—1984年	季刊	天津市食品研究所	该所	
天津食品与发酵	1975年—		天津市工业微生物研究所		
天津市财贸管理干部学院学报	1999年—	季刊	李昌军 天津市财贸管理干部学院		
天津市对外经济贸易年鉴	1996年—		主任:王述祖 该编辑部	天津市对外贸易委员会	
天津市工会管理干部学院学报	1999年—	季刊	马成云 天津市工会管理干部学院		
天津市国产机械制品分类编改电器技术	1950年—				
天津市教科院学报	2000年—	双月刊	王宗敏 天津市教育科学研究院		
天津市情	1990年—		天津市人民政府研究室、天津市统计局		
天津市政	1949—1951年		天津市人民政府研究室	该室	
天津市政法管理干部学院学报	1999年—	季刊	兰绍江 天津市政法管理干部学院		
天津市政工程	1993年—	季刊	赵德臣 天津市市政工程局 天津市土木工程学会		
天津市政工作统计	1950年—				
天津市政周报	1960年—		天津市人民委员会办公厅	该厅	

天津市职工现代企业管理学院学报	1999年—		张世平 天津市职工现代企业管理学院 天津企业管理培训中心		
天津史志	1985年—	双月刊	天津市地方史志编修委员会主办,顾问:毛昌五,总编辑主任:李克简,主编:郭凤岐	天津市和平区马场道106号	
天津书讯	1982年—	月刊	新华书店天津发行所		
天津水产	1975年—	季刊	朱福庆 天津市水产学会 天津市水产研究所		
天津水利	1981—2009年	季刊	天津市水利科技信息中心	该站	
天津水利年鉴	1998年		王耀宗 天津市水利局 天津市引滦工程管理局		
天津塑料	1974—1985年		天津市塑料研究所	该所	
天津台讯	1994年—	双月刊	该刊编辑部	该刊编辑部	
天津体育年鉴	1995年		主任:仇涌 主编:张志明 体坛风云杂志社年鉴编纂委员会	该社	
天津体育学院学报	1988年—	季刊	李宗浩 陈家琦 天津体育学院		
天津铁路分局年鉴	1988—2004年		主编:王路 天津铁路分局路史编辑委员会	该局	2005年3月天津铁路分局撤销
天津统计年鉴	1983年—	年刊	天津市统计局		其创刊有1984或1985年之说,笔者则见到1983年版是书
天津通信技术	1991年—	季刊	滕勇 张智江 天津市邮电管理局 天津市通信学会		
天津通用机械	1977年—		天津市通用机械公司技术情报标准化中心站	该站	
天津统计	1980年—		天津市统计学会 天津财经学院统计教研室		

天津统计信息	1997年—		天津市统计局信息咨询服务中心		
天津统一战线	1994年—	月刊	朱勇 中共天津市委统战部		
天津投资管理	1987—1996年	双月刊	建设银行天津市分行投资研究所 天津市投资研究会	该编辑者	
天津团讯	1979年—				
天津外国语学院学报	1996年—	季刊、双月刊	钱自强 天津外国语学院		
天津外经外贸信息月刊	1996年—		天津市统计局 天津市商务委员会	该刊编辑部	
天津微生物	1983—1996年	季刊	天津市工业微生物研究所	该所	
天津卫	1990年—	双月刊	天津市民俗博物馆主办,社长:米新华,主编:韩树森	天津市古文化街天后宫内	
天津文史丛刊	1983年—		天津市文史研究馆	后改为《天津文史》16开	
天津文学	1986—1999年	月刊	中国作家协会天津分会	该刊	1990年获全国期刊展览"印制质量奖"
天津文艺	1951年—	双月刊		知识书店	
天津物价	1957年—		天津第一、二、三商业局及各专业公司	该公司	
天津物流	1981—2001年	季刊	天津市物资流通协会 天津市物资经济学会	该刊	
天津乡镇企业	1990—2000年	月刊	天津市乡镇企业管理局	该刊编辑部	
天津橡胶	1986年—	季刊	熊世炎 邵巍 天津橡胶学会 天津市橡胶工业研究所		
天津橡胶简讯	1975—1979年	月刊	天津橡胶工业研究所	该所	
天津消防	1980年5月	月刊	白建国 天津市公安消防局 天津市消防协会		
天津信访	1994年—	月刊,后双月刊	孙琴仙 中共天津市委信访办公室 天津市人民政府信访办公室		
天津行政学院学报	1999年—	季刊	于明月 天津行政学院 天津市管理干部学院		

天津畜牧兽医	1994年—	季刊	叶月皎 天津市畜牧局 天津动植物检疫局		
天津宣传	1989—1998年	半月刊	天津市委宣传部	该刊	
天津YMCA会刊	2000年—	不定期	天津中华基督教青年会主办,主编:罗世龙,责编:傅雁秋	天津市河西区宾友道文静里52-1	由原《会讯》改版
天津演唱	1976—1987年	双月刊,后月刊	天津群众艺术馆	该刊	
天津药学	1989年—	双月刊,后季刊	聂建国 董志立 天津市医药信息所 天津市药学会		
天津冶金	1988年—	季刊,后双月刊	刘林勋 张国庆 天津市冶金局科技情报研究所 天津市金属学会		
天津一轻科技	1979—1988年		天津市第一轻工业局	该局	
天津一轻职工大学学报	1994年—	季刊	天津市第一轻工业局职工大学	该刊编辑部	
天津医科大学学报	1995年—	季刊	郝希山 天津医科大学		
天津医学院学报	1977—1994年	季刊		该院	
天津医药	1950年1月登记	月刊	吴永明 刘宝祥 天津市医学科学技术情报研究所 天津市医学科学技术信息研究所		1990年参加全国期刊展览"印制质量奖"评选
天津医药·骨科附刊	1978—1980年	季刊	天津市医药科学技术情报站 天津市医药科学技术委员会		
天津医药·肿瘤学附刊	1978—1983年	季刊	天津市医药科学技术情报站	天津市医药科学技术委员会	
天津医药	1959—1966年	双月刊,后月刊	天津市医药科学技术情报	该刊	
天津医药杂志·输血及血液学附刊	1963—1966年	季刊	天津市医学科技情报研究所	该刊	
天津艺术	2000年—		天津市艺术学校	天津市艺术学校	
天津印刷	1994年—	季刊	天津市印刷技术协会	该刊编委会	
天津应用微生物通讯	1972年—				

天津邮电报	1996年—	月刊	天津市邮电局		
天津邮工	1950年登记	旬刊	李家琦 邮政工会 天津工委会		反映生产情况
天津邮学	1950年3月登记	月刊			
天津有色金属	1994年—	季刊	天津市有色金属研究所等	天津有色金属工业公司	
天津远洋	1994年—	月刊	天津远洋运输公司	该刊编辑部	
天津造船	1994年—		天津造船公司	该刊编辑部	
天津造纸	1985年—	季刊	戎学珍 黄永兴 天津市造纸学会 天津市造纸研究所		
天津造纸通讯	1971—1978年	季刊	天津市造纸技术情报站	天津市造纸技术研究所	
天津政法	1988—1998年	季刊	天津市政法管理干部学院	该刊	
天津支部生活	1988年—		中共天津市委	该社	1990年参加全国期刊展览"整体设计奖"评选
天津职业大学学报·综合版	1994年—	季刊	天津职业大学		
天津职业技术师范学院学报	1999年—	季刊	王宪成 天津职业技术师范学院		
天津中学生	1994年	双月刊	李连义 天津青少年报刊总社		
天津中医	1984年—	双月刊	中西医结合研究会 天津卫生职工学院		
天津中医学院学报	1994年—	季刊	郭霭春 天津中医学院		
天津铸工	1964—1983年		天津市铸造学会	该会	
天津宗教资料选辑	1986年—		天津市宗教志编辑室编		
天籁：天津音乐学院学报	1999年—	季刊	姚盛昌 天津音乐学院学报（天籁）编辑部 天津音乐学院		
天铁报	1993年—	双周报	天津铁厂		内部报
天外天	1988—1989年		天津市群众艺术馆	该刊	
田径指南	1987—1999年		中国田径协会 全国田径情报网	全国田径情报网	
铁路工程造价管理	1994年—	季刊，后双月刊	顾敏娟 铁道部建设司工程定额所 铁路工程定额所		

铁路中专教育	1994年—	季刊		该刊编辑部	
童话王国·梦幻乐园	1996年—	月刊	新蕾出版社		
通俗小说报	1986年—	月刊	中国作家协会天津分会 天津市作家协会		
同学少年·高中版:作文	1998 年 9月—		隋艳春 张遵融 天津教育杂志社		
统计科学与实践	1998年—	双月刊	吴振远 天津市统计局 天津市统计学会		
土产商情	1950年7月		刘毅 中国土产公司	该公司	
图书馆工作与研究	1979年—	季刊,后双月刊	陆行素 天津图书馆 天津图书馆学会	天津图书馆等	
涂料信息	1994年—	月刊	天津市涂料情报中心该刊编辑部		
涂料与应用	1989年—	季刊	天津市油漆总厂 天津灯塔涂料股份有限公司技术中心		
透析与人工器官	1990年—	季刊	马腾骧 中国生物医学工程学会人工器官分会	天津市泌尿外科研究所期刊杂志社	
外国教育动态	1979年—	双月刊	天津人民出版社		
微小型计算机开发与应用	1984—1998年	双月刊		天津:天津市电子计算机研究所	
卫视周刊	2000年—		师宜和 天津市报刊信息咨询服务中心		
文谈	1982年—	双月刊	天津市文联	该部	
文学探索	1985—1987年		天津社会科学院文学研究所	该院	
文学自由谈	1986年—	双月刊,后季刊、双月刊	冯骥才 滕云 天津市文学艺术界联合会		
文艺	1982—1989年	双月刊	天津日报社	该报	
文艺学习	1950年—	双月刊	天津文学工作者学会	天津知识书店	
文艺增刊	1979—1981年	季刊	天津日报	该报	
无机化工信息	1997年—	月刊、双月刊、季刊	全国无机盐信息总站	天津	
无机盐工业	1970年—	双月刊、季刊、月刊	李玉祥 化工部天津化工研究设计院 化工部无机盐信息总站		

武警指挥学院学报	1999年—	季刊(增)	马荣玉 中国人民武装警察部队指挥学院	
现代财经	1993年—	双月刊，后月刊	刘治泰 天津财经学院 天津财经大学	
现代会计	1989年—		于玉林 天津石油化工公司会计学会 天津财经学院会计学会	
现代技能开发	1994年	月刊	王宪成 劳动部职业技能开发司 天津职业技术师范学院	
现代日本	1988年—	季刊	天津市现代日本研究所	该所
小说导报	1985年—	双月刊、月刊	中国作家协会天津分会	该刊
小说家	1983年—	年出4期,后改双月刊	百花文艺出版社	该社	1985年改双月刊,1990年获全国期刊展览"整体设计奖"
小说月报	1980年—		百花文艺出版社	该社	以刊登中篇小说为主,1990年参加全国期刊展览"整体设计奖"
小型内燃机季刊	1971—2001年		天津内燃机研究所	该所
小型内燃机与摩托车	2001年	双月刊	薛天经 天津大学	
小学生学习天地·数学	1999年—	月刊		天津青少年报刊总社
小学生学习天地·语文版	1995年—	月刊		天津青少年报刊总社
小学生作文	1990年—	月刊	新蕾出版社	
消防科学与技术	1999年	季刊,后双月刊	杜兰萍 中国消防协会	天津
哮喘与肺部疾病	1996—2002年	季刊	三北地区哮喘科研协作组 天津市肺科医院	该刊
新儿童	1949年—	半月刊	知识书店	
新港	1956年7月15日—	月刊	中国作家协会中国天津分会		该会机关刊物
新闻探索	1989年—			
新作家	1988—1999年	双月刊	天津市作家协会	该刊编辑部
信息—电子与自动化仪表	1982—1997年	双月刊	天津市电子学会 天津市仪器仪表学会	天津市电子仪表情报所
信息系统工程	1988年—	季刊,后月刊	马驰 周宏仁 中国自动化学会经济与管理系统专业委员会 天津市信息中心	

宣传手册	1952年—				
学习	1950年3月登记	周刊	张云莹 天津市总工会	市总工会	
系统工程学报	1986年—		中国系统工程学会	天津：该刊编辑部	
亚太经济参考	1999年—		天津市市场信息中心		
研究与实践	1996年—	双月刊	杨振隆 天津市思想政治工作研究会		
养马及马术运动	1995年—	季刊	天津市畜牧兽医研究所 深圳赛马会	天津市畜牧兽医研究所	
盐务生活	1950 年 5月—				
盐务研究	1950 年 5月—				
盐业经济科技信息	1994年—	月刊	中国盐业总公司	天津：全国海湖盐工业科技情报站	
医疗卫生装备	1995年—	双月刊，后月刊	裴雪友 军事医学科学院卫生装备研究所	天津	
医学情报资料	1983年—	双月刊		天津	
冶金地质动态	1986—1999年	月刊	该院,冶金工业部天津地质研究院		
冶研科技通讯	1976年—		天津市冶金局材料研究所情报资料室		
仪电技术	1981年—	季刊	天津市第二机械工业局情报计量站		
艺术家	1988年—		任芙康 冯骥才 天津市文学艺术界联合会		1990年参加全国期刊展览"印制质量奖"评选
艺术研究	1994年—	季刊		天津	
音乐学习与研究:天津音乐学院学报	1985—1998年	季刊	天津音乐学院	天津音乐学院	
营养学报	1956 年 7月—		顾景范 中国生理科学会 中国营养学会		1990年参加全国期刊展览"印制质量奖"评选
迎春花:中国画丛刊	1979—1992年	季刊	天津人民美术出版社	该社	1990年参加全国期刊展览"印制质量奖"评选
影剧美术	1980—1982年	双月刊	天津人民美术出版社	该社	
影像技术	1989年—	季刊	全国轻工感光材料科技情报站 轻工感光材料质量检测中心	天津：全国轻工感光材料科技情报站	

影像医学	1987年—	季刊	天津第二医学院 日本放射线技师会	该编辑者	1990年获全国期刊展览"整体设计奖"
油气田勘探开发科技信息	1994年—		大港油田公司油气勘探开发技术研究中心	天津:该中心	
邮电经营	1995年—	季刊	天津市邮电企业管理协会		
油墨	1998年—	季刊	杨红 全国油墨信息中心	天津	
运动与健身	1995年—	月刊	陈金铨 天津体育学院		
运河文学	1995年—	季刊	天津武清文联		
再生胶工业	1994年—	季刊	天津橡胶工业研究所	该刊编辑部	
再生资源研究	1994年—	月刊,后双月刊	张玉奇 中华全国供销合作总社再生资源管理办公室 中国再生资源开发公司		
针织工业	1973年—	双月刊	孙栋成 全国针织工业科技情报站 天津市针织技术研究所		
证券研究	1995年—		徐宗俭 天津市证券研究学会 天津证券交易中心		
政工师指南	1995年—	双月刊	谢国祥 天津市政工师协会		
政治学校校刊	1950年9月—	周刊	戴东 政治学校	政治学校	
支部生活	1949年—	半月刊	中共天津市委支部生活社	该会	1962年12月停刊,1979年10月5日复刊
职大教学研究	1985年—		天津市新华职工大学		
职业教育研究	1985—1993年	双月刊	天津职业技术师范学院	该院	
职业教育研究资料	1982—1984年	双月刊	天津职业技术师范学院	该院	
职业与健康	1985年—	双月刊	张印德 天津市化工局劳动卫生研究所 天津市卫生防病中心		1990年参加全国期刊展览"印制质量奖"评选
质量春秋	1989年—	月刊	王占忠 天津市质量管理协会		
质量监督与消费	1994年—	双月刊	邓士铭 天津市标准化协会 天津市计量测试学会		

智慧树	1980年—	双月刊	《智慧树》编辑部 新蕾出版社	该编辑部	科学文艺刊物
智力	1983年—	月刊	顾汉良　天津市科学技术协会		1990年参加全国期刊展览"整体设计奖"评选
制鞋动态与市场信息	1994年—	月刊	中国百货商业协会鞋帽专业委员会	天津：全国海湖盐工业科技情报站	
中草药	1996年—	月刊	聂荣海　赵国强国家医药管理局天津药物研究所中草药信息中心站		
中等数学	1983年—	双月刊	侯国荣　天津市数学学会 天津市师范大学数学系		
中共天津市委党校学报	1999年—	季刊	刘润忠　冯德华中共天津市委党校		
中国城乡企业卫生	1992年	双月刊	汤双振　曲学申中华预防医学会天津市卫生局		
中国储运	1991年—	季刊，后双月刊	中储发展股份有限公司	该刊	
中国房地产	1984年—	月刊	李家祥　王金泽中国房地产业协会 天津市房地产管理局		
中国港湾建设	1999年—	双月刊	刘亚平　王海滨中国港湾建设（集团）总公司中国交通建设股份有限公司	天津	
中国给水排水	1985年—	季刊，后双月刊	丁堂堂　建设部中国市政工程华北设计研究总院	天津	
中国惯性技术学报	1989年—	季刊	中国惯性技术学会	天津：该刊编辑部	
中国氯碱	1994年—	月刊	中国氯碱工业协会	天津	
中国肿瘤临床	1986年—	季刊，后双月刊、月刊	张天泽　郝希山中国抗癌协会天津市肿瘤研究所		1990年参加全国期刊展览"印制质量奖"评选
中国燎原信息报	1997年—	月刊	孙瑞增　国家教委 天津市教委		
中国慢性病预防与控制	1994年—	双月刊	曲学申　天津市卫生局 中华预防医学会		

中国漫画	1990年—	月刊	王复羊 于化鲤 张安吾 中国美术家协会漫画艺术委员会 天津人民美术出版社	天津	1990年参加全国期刊展览"印制质量奖"评选
中国农业银行天津金融管理干部学院学报	1994年—	季刊	该刊编辑部	该刊编辑部	
中国轻工教育	1998 年 9月—	季刊，后双月刊	张建国 天津轻工业学院 天津科技大学	该刊	
中国书画报月刊	1991年—		肖元 中国教育学会书法教育研究会 天津美术学院		
中国危重病急救医学	1994年—	双月刊，后月刊	天津市急救医学研究所 中华人民共和国卫生部医政司		
中国乡镇企业卫生	1986—1988年	双月刊	天津市卫生局	该刊	
中国修船	1989年—	季刊，后双月刊	高连泽 张书清 中国造船工程学会修船技术学术委员会 交通部中国船舶工业总公司沿海修船科技情报网		
中国应用生理学	1987年—		中国生理学会军事医学科学院	天津	
中国油画	1987年—	季刊，后双月刊	清白音 张安吾 朱乃正 天津人民美术出版社 中国美术家协会油画艺术委员会		原名《画廊》1985年改本名,1990年获全国期刊展览"整体设计奖"
中国哲学史研究	1980年—	季刊	天津人民出版社		
中国中西医结合风湿病	1992年—		中国中西医结合学会风湿类疾病专业委员会	该会	
中国中西医结合急救	1999年—		王今达 中国中西医结合学会	天津	
中国中西医结合外科	1995年—		中国中西医结合学会	天津	
中国肿瘤临床	1986年—	季刊	张天泽 郝希山 中国抗癌协会 天津市肿瘤研究所		1990年参加全国期刊展览"印制质量奖"评选

中华骨科	1981年—		邱贵兴 郭世绂 中华医学会		
中华劳动卫生职业病	1984年—	双月刊，后月刊	王生 刚葆琪 中华医学会	天津	
中华少年	1984年—		新蕾出版社		原名《革命接班人》，1979年改为《接班人》
中青年经济论坛	1985年—	双月刊	经济日报社 共青团天津市委	该编辑者	
中西医结合实用临床急救	1994—1999年	双月刊，后月刊	天津市天和医院 中国中西医结合学会	该刊	
中学生语数外·初中生适用	1991年—		新蕾出版社	该社	
中学教与学	2000年—	月刊	庞宗星 天津师范大学		
肿瘤临床	1984—1985年	季刊	天津市肿瘤研究所	天津市医学杂志社	
铸造生产	1983年—	季刊		该刊	
装饰织物	1986—1997年	季刊	天津市装饰织物科技情报站	天津市纺织装饰品工业研究所	
资料信息月刊	1997—1998年		天津市党校系统图书资料中心	中共天津市委党校图书馆	
资料月刊	1987—1996年		天津市党校系统图书资料中心 中共天津市委党校图书资料室	该编辑者	
资源节约与环保	2002年—	季刊，后双月刊	天津市经委资源处 天津市节能协会	天津：天津市经委资源处	
自动化与仪表	1985年—	季刊，后双月刊	王炯 沙察民 天津市电子仪表局自动化仪表管理处 天津市自动化仪表公司		
组合夹具	1982年—		机械工业系统组合夹具技术情报网 天津市组合夹具研究所	该编辑者	
作品与争鸣	1981年—	月刊	百花文艺出版社		
作文通讯	1988年—	月刊	新蕾出版社	该社	

后　记

　　自2005年带领几个年轻教师共同完成天津市哲学社会科学规划资助项目——"天津新闻传播史",正式出版《天津新闻传播史纲要》后,我先后收到全国新闻史学术界许多专家和同行的来信,对我们项目组全体成员的研究成果给予了充分的肯定和评价。我国新闻史研究泰斗——方汉奇先生在给我的来信中说到:"这是一部为后人研究天津新闻史提供的蓝图,对全国各地新闻研究都有着促进作用"。新华社"每日快讯"、《中国新闻出版报》、《天津日报》集团、天津人民广播电台等十几家报纸等媒体对此书进行了报道。《天津社会科学》还刊载了中国新闻史学会副会长、中国新闻教育史研究会会长、北京大学新闻学研究会副会长兼导师、华中科技大学新闻与信息传播学院院长、博士生导师、吴廷俊教授为这本书撰写的书评——《举尽芳华看津沽》。记得为这本书撰写序言的吴廷俊教授、白润生教授和王醒教授都曾对我说过,天津新闻史研究还有很大空间,"希望你们能一如既往地下大力气做好天津新闻传播史的研究工作,预祝你们在不久的将来,能奉献出论述更为精详的有关天津新闻传播史研究的佳作来。"正是在这些前辈和同行的鼓励下,我萌生了提升天津新闻传播史研究的规格——申报国家级研究项目的想法。

这个想法很快得到了我校许多位领导的支持。2006年6月学校批准了我的申请,正式成立"天津地方新闻史研究所"。记得时逢中国新闻史学会常务理事会议在我校召开,中国新闻史学会会长赵玉明教授和在会的许多史学专家为"天津地方新闻史研究所"成立举行揭牌仪式。

我校党委书记李家祥教授,中国新闻史学会副会长;复旦大学党委书记秦绍德教授、中国传媒大学副校长丁俊杰教授、华中科大新闻与信息传播学院院长吴廷俊教授、武汉大学新闻与传播学院副院长张昆教授;中国新闻史学会常务理事:黄瑚、郭镇之、陈培爱、乔云霞、曾宪明、刘亚、李文、李磊、王大龙等教授及学会秘书刘书峰博士,天津师范大学新闻传播学院党总支书记、院长籍祥魁、刘卫东,新闻系主任孙瑞祥教授等都参加了揭牌仪式并合影留念。(合影照片在此书中)会后,《天津日报》对这个研究所的成立进行了报道。

正由于全国同行学者和前辈领导的支持,我在2006年申报的"国家社会科学基金项目"——《天津新闻传播史》获得批准。

天津是近现代中国新闻事业发展的重镇。在旧中国,天津的报刊种类齐全,报刊活动家云集之地,其中不乏在中国新闻传播史上占有重要地位。面对浩如烟海的需要研究的内容,不是一件轻松的事情。从2007年至2011年,我带领项目组主要成员,学院中青年骨干教师李秀云、王薇、刘镪、陈娜等,先后走访了天津新闻界老前辈徐景星先生和许多媒体的领导及新闻工作者,收集了不少相关资料。为了尽快完成这个项目,我们每年都给自己部分研究生指定了研究天津新闻传播史的写作计划。苦耕五载后,终于在2011年倾力完成了八十多万字的研究成果。提交全国哲学社会科学规划办公室后,又根据有关专家的意见,对该项目成果进行了为期两年的全面修改。为了协调章节的内容比例,忍痛删除了二十多万字的内容,最终在2013年2月获得了全国哲学社会科学规划办公室颁发的准予结项证书。

为掌握一手资料,我继续特聘天津图书馆刘桂芳和张岩二位同志为这个项目的主要成员。正因为有了她们的努力,将有关天津报纸、期刊、通讯社、广播电台电视台等资料进行了重新细致的整理,才使得我们这项复杂而艰辛的工作有了保障,为我们的研究提供了蓝图。对此,我向她们表示诚挚地感谢。

《天津新闻史》付梓之前,中国新闻史学会副会长、华中科技大学新闻与信息传播学院博士生导师、中国新闻教育史研究会长、北京大学新闻学研究会副会长兼导师吴廷俊教授,为这本书撰写了序言。在此,我向他深表谢意。

本研究课题在立项之前及写作过程中,得到了《天津日报》集团、《今晚报》集团等媒体许多领导和编辑记者、中共天津市委党史研究室、天津市档案局、天津社会科学院、天津师范大学社科处、新闻传播学院以及曾经帮助过我的同事和朋友的支持。在此,我代表项目组的全体成员表示衷心的感谢。特别还应该感谢的是天津人民出版社的领导,当贵社得知我这个研究项目后,立即和我取得了联系,并得到了万新平先生的大力支持,列入他主编的"天津通史专题研究丛书"。万先生对书稿的内容和形式提出了很多有价值的意见,在此表示由衷的感谢。对贵社责任编辑伍绍东等同志为此书付出的辛劳,我代表项目组全体成员表示衷心的谢意!

本书撰写人分工如下:

绪　论(马艺)

第一章　天津新闻传播业的出现(李秀云)

第二章　辛亥革命前后的天津新闻传播业

第一节　英敛之时期的《大公报》

一、《大公报》的创办人英敛之(李秀云)

二、《大公报》的报道特色(李秀云)

三、辛亥革命中《大公报》的政治倾向(王志辉、李学智)

第二节　天津的官报与商业报刊(王薇、马艺)

第三节　天津的白话报与画报(王薇)

第四节　《庸言》杂志(李秀云)

第三章　"五四运动"前后的天津新闻传播业

第一节 《益世报》

一、《益世报》的创办人雷鸣远(王薇)

二、《益世报》创办初期及其宗教宣传(王薇)

三、"五四运动"中天津《益世报》的宣传报道(马欣)

四、《益世报》的水灾报道(马欣)

五、周恩来的旅欧通讯(狄媚婷)

六、《益世报》在"五卅运动"中的宣传报道(杨佳琳)

第二节 《新民意报》(刘镪)

第三节 天津的学生报刊(刘镪、马欣)

第四节 共产党建立初期的新闻活动(马艺、刘镪)

第四章 十年内战前后的天津新闻传播业

第一节 新记《大公报》(李秀云、关淼)

第二节 《益世报》

一、刘豁轩与《益世报》(武慧芳)

二、罗隆基与《益世报》(王薇、杨东伶)

三、"九一八事变"中《益世报》的宣传策略及特点(罗晶晶)

四、"一·二八"抗战时期的《益世报》(刘旸)

五、《益世报》副刊(王薇、冯帆)

六、"社会服务版"的社会服务(陈奇)

第三节 中共天津地下党领导出版的报刊(马艺)

第四节 天津广播电台与《广播日报》(张曦文、马艺)

第五章 沦陷时期的天津新闻传播业

第一节 日伪报刊和广播电台

一、日伪报刊(李秀云、杨东伶)

二、日伪广播电台(张曦文、马艺)

第二节 中共天津地下党的新闻宣传活动(马艺、郭晓莹、戴元祥)

第三节 坚持抗战的油印小报(马艺、郭晓莹、戴元祥)

第六章 解放战争时期的天津新闻传播业

第一节 新记《大公报》的复刊与改组

一、新记《大公报》的复刊(李秀云)

二、新记《大公报》的改组(李秀云)

三、新记《大公报》专刊的复刊与发展(郎晶)

第二节 《益世报》

一、《益世报》复刊及发展概况(王薇)

二、《益世报》复刊之初的言论内容(陈娜)

三、《益世报》复刊之初的言论特点(陈娜)

四、《益世报》复刊之初的言论价值(陈娜)

五、《益世报》复刊之初的言论立场(陈娜)

六、《益世报》本时期的副刊(王薇)

第三节 中共地下党的新闻传播业(马艺、郭晓莹、戴元祥)

第四节 晚报(冯帆)

第五节 广播电台(张曦文、马艺)

第七章 新中国成立初期的天津新闻传播业(1949—1956)

第一节 社会主义新闻事业在天津的创建

一、中华人民共和国成立初期天津新闻传播业的调整与发展(孟夏、张曦文、武慧芳、冯帆、马艺)

二、对私营新闻传播业的改造(孟夏、马艺)

第二节 新闻宣传的重点和成就(孟夏、马艺)

第三节 新闻工作改革(孟夏、马艺)

第八章 政治运动中的天津新闻传播业(1957—1976)

第一节 "反右派"斗争中的新闻宣传

一、鸣放中的《天津日报》(葛夏、马艺)

二、"反右派"斗争中的《天津日报》(葛夏)

第二节 "大跃进"中的新闻宣传

一、《天津日报》在"大跃进"中的宣传(葛夏、李泽)

二、新华社天津分社在"大跃进"中的发展及宣传工作(孟夏、马艺)

三、天津电视事业的起步(张曦文)

第三节 "文化大革命"时期的天津新闻传播业(张培、张曦文)

第九章 改革开放至20世纪末的天津新闻传播业(1978—2000)

第一节 拨乱反正中的新闻传播(1978—1981)

一、《天津日报》的重要新闻报道(马淼、马艺、郭晓莹)

二、天津广播电视事业的初步改革(张曦文、马艺)

第二节 改革开放中的新闻传播(1982—1989)

一、《天津日报》对改革开放热点问题的报道(马淼、江金珩、孙庆秀、郭晓莹)

二、《今晚报》的创刊及初期发展(张培、冯帆)

第三节 深化改革中的新闻传播(1990—2000)

一、《天津日报》的深度新闻报道(马淼、马艺、郭晓莹)

二、《今晚报》的深度新闻报道(冯帆、张培)

三、天津广播电视事业的深化改革(佟欣、张曦文)

四、新华社天津分社的深化改革(冯帆、马淼)

附录1 天津近现代报纸一览表由张岩辑录；

附录2 天津近现代期刊一览表由刘桂芳辑录；

附录3 天津现代通讯社；

附录4 天津当代报纸一览表由张岩辑录；

附录5 天津当代期刊一览表由刘桂芳辑录；

插图照片由天津师范大学新闻传播学院实验中心副主任刘杰实地拍摄。

部分插图照片由天津师范大学津沽学院宣传部窦晓进收集。

插图照片解释文字由天津师范大学津沽学院新闻与传播系教师冯帆撰写。

本书从制定写作大纲到最后统稿及各章前言均由马艺、李秀云完成。

天津是我国新闻事业发展最繁荣的重地,各类媒体浩如烟海。这项研究是一项浩大的工程,尽管项目组全体成员付出了很大努力,但由于结项时间紧迫,毕竟人员力量单薄,水平有限,资料难寻,有许多空间和珍贵的内容还没来得及发掘,缺点遗憾多多。故诚恳企盼天津读者和新闻界老前辈、国内外专家的批评指正。吴廷俊教授也在本书序言中提到:"《天津新闻史》的问世,只是天津新闻史研究的开始而不是结束。天津新闻史是中国新闻史研究的富矿,衷心希望马艺教授以及天津的新闻史学家们,一如既往地辛勤工作,不断开挖,续写新篇。"我相信,肯定在不久的将来,后来者一定会撰写出更详实的真正令人满意的天津新闻史的佳作。

项目主持人:马艺

2015年2月于天津翠薇园